中国青少年田径大纲教法指导

国家体育总局青少年体育司
中国田径协会　　编

人民体育出版社

图书在版编目（CIP）数据

中国青少年田径大纲教法指导 / 国家体育总局青少年体育司，中国田径协会编. -- 北京：人民体育出版社，2021（2022.3 重印）

ISBN 978-7-5009-4571-0

Ⅰ. ①中… Ⅱ. ①国…②中… Ⅲ. ①青少年－田径运动－体育教学－教学参考资料－中国 ②青少年－田径运动－运动训练－教学参考资料－中国 Ⅳ. G820.2

中国版本图书馆 CIP 数据核字（2020）第 251276 号

*

人 民 体 育 出 版 社 出 版 发 行

北 京 建 宏 印 刷 有 限 公 司 印 刷

新　华　书　店　经　销

*

787×1092　16 开本　41.5 印张　877 千字

2021 年 3 月第 1 版　2022 年 3 月第 2 次印刷

*

ISBN 978-7-5009-4571-0

定价：135.00 元

社址：北京市东城区体育馆路 8 号（天坛公园东门）

电话：67151482（发行部）　　邮编：100061

传真：67151483　　邮购：67118491

网址：www.sportspublish.cn

（购买本社图书，如遇有缺损页可与邮购部联系）

编写组成员

主　　编：于洪臣

副 主 编：王　楠　隋拥军　蔡　勇　田晓君　朱玉青

责任主编：陈　雷　黄　炜　付维波　李建臣

责任副主编：李厚林　阚福林　章碧玉

编写成员（按姓氏笔画排序）：

王　林　王水琪　王君侠　文世林　叶奎刚　许占鸣　孙　楠
李秀梅　李国强　李建臣　李厚林　李晓慧　李铁录　吴　峰
何幼棣　张景龙　张增惠　欧喜元　周　伟　赵文姜　胡亚川
徐　诚　徐　政　徐向军　郭元奇　黄健民　章碧玉　葛　青
韩　慧　阚福林　谭正则　熊　瑛

PREFACE 前 言

为了适应田径运动教学与训练科学化的发展趋势，更好地培养高质量的田径业余训练的专门人才，提高广大基层教练员的执教与执训水平，中国田径协会组织全国部分优秀教练员和部分体育院校专家、学者共同组成了《中国青少年田径大纲教法指导》（以下简称本书）编写组。本书是在《全国田径青少年业余训练大纲》基础上编写而成的，包括13章内容。在内容体系安排上，本教材不仅突出了田径运动的青少年业余训练与教学特点，还突出了对业余田径运动员的综合训练能力培养，以及业余训练与教学的专业性和实用性，并在结合专项体能特点的基础上强化了训练技能、教学与训练方法手段等方面的针对性和可操作性。

本书由陈雷、黄炜、付维波和李建臣任责任主编；李厚林、阚福林、章碧玉任责任副主编。本书具体编写分工如下：李厚林、王君侠（第一章）；周伟、李铁录（第二章）；李国强、王林（第三章）；徐向军、吴峰（第四章）；张增惠、葛青、李秀梅（第五章）；章碧玉、谭正则（第六章）；郭元奇、何幼棣（第七章）；黄健民、韩慧、文世林（第八章）；徐政、孙楠、许占鸣（第九章）；阚福林、李建臣（第十章）；李建臣、王水琪（第十一章）；李晓慧、张景龙（第十二章）；叶奎刚、赵文姜、欧喜元（第十三章），最终由陈雷、黄炜、付维波和李建臣完成全书的串稿与统稿工作。其中，熊瑛、徐诚和胡亚川协助责任主编进行了统稿、定稿、组织协调等具体工作。

本书的编写工作得到了首都体育学院和人民体育出版社的大力支持与帮助，在此深表谢意。由于编写时间有限，难免存在值得进一步商榷和探究之处，恳请广大同仁和读者批评、指正。

CONTENTS 目 录

第一章 竞 走

第一节 竞走项目特性与发展趋势

一、项目特性

竞走是田径项目中唯一由裁判员主观判罚的项目。竞走裁判员对竞走运动员比赛的全过程实施监控和判罚，严重违背竞走定义的犯规将被取消比赛资格。由于技术定义和裁判方法的特殊性，竞走技术被认为是竞走项目的生命线。竞走是以有氧代谢为主的耐力性项目，但是在专项强度训练时，在比赛中大强度的竞争中，在最后的冲刺中，竞走项目的供能形式则以无氧代谢为主。

现代竞走项目是以有氧代谢训练为主，而在提高专项能力和速度耐力训练中，则以在无氧阈值及以下的耐乳酸能力的训练为主。竞走项目属于典型的耐力与技术相结合的以有氧供能为基础的体能类周期性运动项目。由于竞走运动员长时间、单调的大负荷训练，使得对运动员比赛心理稳定性及坚强的意志品质的培养变得尤为关键。竞走的技术表象呈现出步幅大、节奏快，髋关节围绕着身体垂直轴前后转动，同时又围绕着矢状轴上下转动，围绕额状轴左右转动的特点。竞走是单腿支撑与双腿支撑交替进行的周期性运动项目，这是竞走与跑的本质区别。

现代竞走项目的训练理念，首先是掌握好规范的竞走技术，在打好一般耐力素质的基础上，发展适合竞走特性的速度、柔韧、灵敏、力量、专项耐力、心理和运动智能。因此，世界竞走强国都致力于运动员竞走技术与运动员综合能力的培养与训练，奥运会及世界大赛冠军获得者，都是技术与运动能力完美结合的典范。

二、发展趋势

竞走技术是竞走项目的生命线，不抓好竞走技术，只重视能力的训练，具有极大的风险性。竞走也是有和无的项目，技术好可以充分发挥在训练中所获得的专项能力，从而在比赛中获得好的成绩与名次；反之，因技术被罚下，各级领导及相关部门多年的投入，教练员多年训练付出的劳动，运动员个人多年付出的汗水和辛苦均付诸东流。

1996 年，由于竞走定义的修改，促使了竞走水平进一步提高，男女竞走世界纪录大幅度提高。

女子 20 公里世界纪录成绩为 1：24：38，该成绩是由我国选手刘虹在 2015 年创造的。这一成绩在 20 世纪一般男子运动员也很难达到。男子 20 公里日本选手铃木雄介在亚锦赛上以 1：16：36 创造了世界纪录，男子 50 公里的世界纪录 3：32：33 是由法国选手迪尼兹于 2014 年创造的。

竞走项目成绩的再提高仍具有一定的空间，那就是在没有人眼可见的腾空规则下，要求竞走技术更加流畅、完善和规范。

竞走运动员需要掌握正确的竞走技术，打好坚实的有氧训练与身体训练基础，经过系统、科学和艰苦的训练，提高专项训练运动水平和战术能力。

竞走项目负荷量大、运动时间长；项目性质和距离决定了这是一个艰苦的运动项目，除对心血管系统和呼吸系统功能要求高之外，运动员还必须通过大负荷的训练来提高个体的有氧耐力水平和专项能力。

竞走项目对竞走运动员身体综合素质要求也很高，发展与竞走项目性质一致的素质和体能，否则综合素质的低下会制约专项能力的发展。

重视竞走项目选材，选材是发现和培养世界优秀运动员的基础。选那些身体条件好，生理、生化指标好，运动智能高，自然走技术好的优秀苗子至关重要。

第二节 竞走技术

根据竞走规则的定义：“竞走是运动员与地面保持接触、连续向前迈进的过程，没有（人眼）可见的腾空。前脚从触地瞬间至垂直部位应该伸直（即膝关节不得弯曲）。”

一、竞走技术分析与要点

竞走技术分为 5 个阶段，即“前摆、前摆着地（前支撑）、垂直支撑、后蹬（后支撑）和后摆”（图 1-1）。

竞走是单腿支撑与双腿支撑交替进行的周期性运动，双支撑是前摆着地瞬间（前支撑）与后蹬离地瞬间（后支撑）同时触地形成的竞走技术表象。

规范的竞走技术：两臂前后有力摆动（图 1-1①、⑦），前摆着地腿能伸直，足跟着地明显（图 1-1①、⑧），后蹬充分有力（图 1-1⑤、⑥），步幅开阔，重心平稳，与髋关节协同配合，形成良好的竞走步态（图 1-1）。

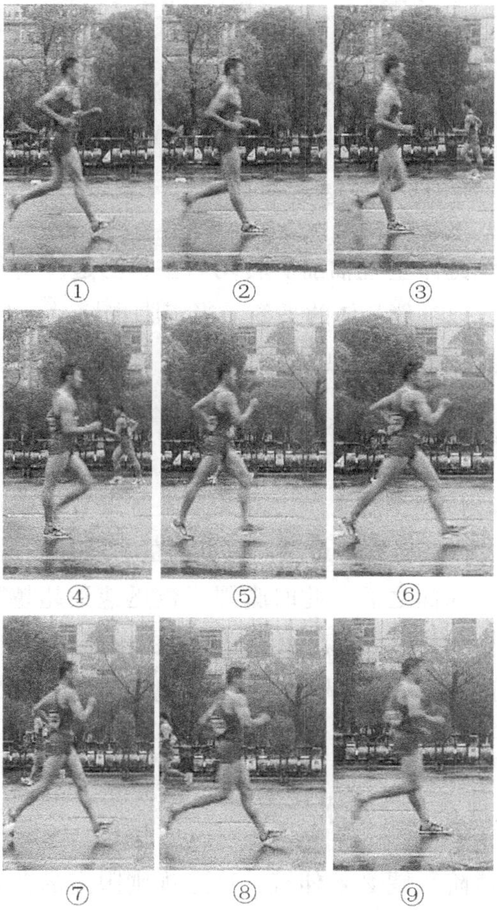

图 1-1 竞走技术图

（一）躯干与摆臂技术要点

竞走时躯干正直或稍前倾，眼睛平视，颈、肩部放松，两肩连线与髋关节连线横轴形成交叉状前后运动（图 1-2③、④）。两臂有力前后摆动，屈肘约 90 度，半握拳，前摆至下颚，臂屈略小于 90 度（图 1-2①、②）前摆时支撑腿侧髋高于摆动腿（图 1-2③）。后摆时上臂与地面接近水平（图 1-2①）。

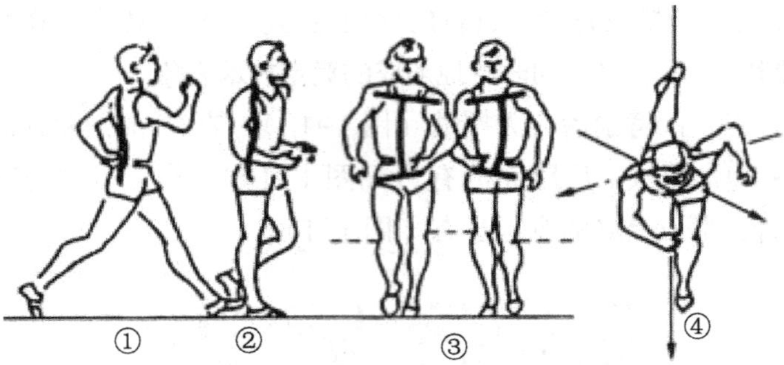

图 1-2　竞走上体与髋、肩关系图

(二) 步幅与髋的转动技术与要点

竞走是以髋关节围绕身体垂直轴前后转动为主，当迈步前行时髋部同时出现围绕矢状轴和额状轴的转动，以补偿身体的平衡，当双脚支撑时，两腿夹角大（图 1-2①、图 1-3①），规范的竞走技术见图 1-1。

(三) 后蹬、前摆及双支撑技术与要点

后蹬时由髋部发力，传导至膝关节、踝关节、趾关节产生伸屈力；当传导力通过足跟着地滚动到前脚掌，由脚趾蹬离地面时，此时的后蹬势能最为有力。

当膝摆过身体垂直支撑面之后，此时脚踝积极迅速地超越膝关节向前摆，同时要求脚部应贴近地面向前摆动，形成以足跟明显着地的前摆技术（图 1-1③、④）。

后蹬离地瞬间，正值前摆脚着地瞬间，形成了竞走周期中的双支撑技术现象（图 1-1⑥、⑦）。

(四) 前摆着地及垂直支撑技术与要点

前摆着地至垂直支撑阶段腿必须伸直，这是规则限定的，垂直阶段左右两脚近乎重叠，摆动腿膝关节放松（图 1-1④）。当脚摆过垂直支撑点后，摆动腿脚踝快速超越膝部（图 1-1②、③、④、⑤）至摆动腿前摆伸直落地（图 1-1①、⑦、⑧、⑨）。

前摆腿落地足跟着地，滚动到前脚掌，脚尖自然翘起（图 1-1①、⑥、⑧），但不必刻意勾脚尖，以免造成膝关节、胫骨前肌和脚踝部紧张。

(五) 双支撑技术结构比较分析

尽管竞走定义中指出，“没有（人眼）可见的腾空”，但在竞走技术结构中：“单腿支撑与双腿支撑交替进行的周期性运动”的特征没有改变。竞走的技术阶段是竞走技术结构的表象（表 1-1），如果竞走技术结构改变，会出现违背竞走定义的现象。现

将我国运动员双支撑技术进行比较分析（图 1–3）。

图 1–3　双支撑的黄金分割

（六）双支撑的黄金分割

后蹬离地瞬间，正值前摆脚着地瞬间，形成了竞走周期中的双支撑技术表象。双支撑技术前摆着地与后蹬离地瞬间，其比例应为前摆着地至垂直部位占整个步长的三分之一，垂直部位至后蹬离地瞬间占三分之二，我们称为双支撑的黄金分割（图 1–3）。

图 1–4 中，能明显看出两者前脚均即将着地，同处双支持阶段，王浩后蹬腿很充分，呈现出规范的双支撑阶段；而女运动员在前摆腿足跟即将着地时，后蹬腿大腿早已离地靠近了前摆腿，看不出双腿支撑阶段，与竞走技术的周期性结构差异很大，违背了竞走定义。

因此在对少儿竞走运动员进行技术训练时，必须重视竞走技术结构规范化的训练。

①世界及全运会冠军王浩　　②某女运动员

图 1–4　双支撑技术比较

二、竞走技术阶段中的技术训练要点

竞走技术阶段中的相关技术训练要点见表1-1。

表1-1　竞走技术阶段中的相关技术训练要点

阶段	技术要点	训练要点
前支撑阶段	脚着地点在身体重心投影点的正前方，前摆落地时应保持膝关节伸直	膝摆过垂直支撑后，足、踝加速超越膝关节位置，使膝前摆着地时伸直膝关节；足跟着地，脚尖呈自然翘起状
后蹬阶段	从垂直支撑到脚尖蹬离地面，脚由足跟滚动至前脚掌	通过快速走、负器械后蹬专门性练习，上坡走等练习提高后蹬蹬伸力量
后摆阶段	脚蹬离地面至膝摆过垂直支撑面时，两脚几乎重叠	大腿带动小腿向前摆动，膝关节自然折叠，小腿与脚不应向上抬
向前摆动阶段	大腿前摆带动小腿向前摆，踝迅速超越膝部至脚跟着地	注意下肢肌肉的放松和牵拉练习，髋关节和膝关节的放松练习，脚贴地面前摆
垂直支撑阶段	支撑腿垂直，摆动腿膝摆过垂直面，两脚呈重叠状，此时身体重心最低	支撑腿必须伸直，身体与髋部放松
双支撑技术	前摆着地与后蹬离地瞬间形成的技术现象，此时身体重心最高	后蹬离地脚不应过早离地，以防造成双支撑不明显，而破坏竞走技术结构
摆臂技术	肩以身体垂直轴前后摆，臂以肩关节为轴前后上下摆动	加强肩关节的柔韧性练习，动作放松，摆臂幅度大而有力，以适应不同速度走的要求
髋关节技术	以垂直轴前后转动为主，身体重心轨迹保持平稳，速度越快重心起伏越小	注意髋关节三轴的转动技术 ，加强髋关节的灵活性练习，控制重心起伏的高度

第三节　竞走运动员选材

选材是指选择未来在竞技运动方面有发展前途，能创造优异成绩的少年或儿童。选材好，加之科学训练，就有可能培养出高水平的竞技人材，取得“事半功倍”的效果。

运动员科学选材的核心在于把具有从事某项运动先天竞技能力的少年儿童选拔出来，进行专门的训练，使他们先天的能力得到充分的发挥和发展，进而达到较高的竞技能力水平。

选材是一门综合学科，涉及面很广。根据国内外优秀竞走运动员的身体形态条件与身体能力特点，确定我国竞走项目选材的指标，选拔那些经过系统训练可达到世界水平的优秀苗子。

(一) 选材的主要因素与方法

后备人才的选材，应在综合分析所选少年发育特征优势的基础上，确认是否具有培养成为世界优秀运动员的潜质。

选材主要因素表现在以下几个方面。

（1）遗传因素：除考虑父母身高、体型的遗传因素外，还可参考隔辈遗传和近亲遗传因素。选材时要了解、观摩这类亲属的发育、生理和形体特征。

（2）身体形态：选拔身高适中、体形匀称、腿型修长、骨盆较窄且髋转动灵活，膝关节自然伸直，膝、踝围适中，且踝伸屈幅度大的。

（3）年龄与发育：儿童少年在生长发育过程中，存在着两个不同的年龄，即日历年龄和生物学年龄。在发育过程中，受遗传、营养、疾病、环境等因素的影响，发育程度并不一致，显然单一用日历年龄来考虑选材，不能真实反映与评价每个运动员的运动能力。那些发育晚且发育时间长的少年运动员颇具潜力。

（4）学习技术：让被选的运动员，从普通大步走开始，强调不得屈腿，要足跟着地走，通过观察评价，分析少儿自然竞走技术好，掌握技术能力好而快的，并在一定速度下技术不变形的运动员。

（5）生理机能：肺活量、心率、心输出量、血红蛋白、血睾酮等指标，并在定量负荷下恢复快，以及最大摄氧量等机能较好和较强的。上述指标通过心率测评，教练可编排几组/次不同内容的练习，在每一练习完成瞬间第1、第3、第6分钟计取心率，评价被选运动员恢复的快慢，以鉴定内脏功能的优劣。

（6）综合身体素质：身体素质选材是各级教练员、教师常用的选材指标，选拔的是优秀运动人材，必然要考虑身体素质。身体素质主要包括：速度、力量、耐力、柔韧、灵敏、心理与运动智能等内容。

常用方法包括30米、60米、100米、400米、800米、1500米跑，立定跳远，立定三级跳远，4~5步助跑5级单足跳、15米单足计时跳，10秒高抬腿，坐姿或仰卧快速蹬腿，体前屈，铅球（或实心球）背抛，垒球掷远，背力、握力、技巧类练习，以及竞走专门性练习的部分内容。

（7）心理素质表现：让少儿通过简易的运动项目或游戏，可发现不同的心理表现；那些喜爱竞走、有着强烈训练欲望的、动作协调、意志顽强、吃苦耐劳、勇于拼搏、思维敏捷、运动智能与悟性较好是可选拔的苗子，当然还需家长倾力支持。

（8）竞技能力与意识：可以通过正式比赛发现人才，成绩是依据之一，更重要的是运动员的竞技能力、意志品质、战术意识，特别是那些能在比赛中超常发挥的运动员，潜力更大。

（9）对那些从事过耐力项目训练的或练过其他运动项目的少年运动员，如果掌握竞走技术快、竞技意识好、悟性高，愿意转行练竞走的也可作为选材的对象。

（二）选材指标

少年竞走运动员选材，关系到为取得高水平竞走运动成绩而储备人才的关键阶段，高水平运动员都是比较早地开始专项训练，他们是在更早开始全面身体训练的基础上，严格按照青少年年龄和身体发育水平不断完善竞技能力的过程中成长起来的。因此，每个阶段的选材都要考虑他们的年龄特点和训练水平。青少年选材主要分为初级训练阶段（12~13 岁）选材、复选阶段（14~15 岁）选材和奥运会预备阶段（16~17 岁）选材。

少年竞走运动员的选材主要包括身体形态、身体机能、身体素质、竞走技术四个方面及心理素质诸方面（表 1-2①~③）。

1. 初级阶段（12~13 岁）选材

这个阶段的运动员，注重全面身体训练发展，培养从事体育锻炼的兴趣和从事竞走的独特动机，教授其竞走运动的基本技术是主要任务，初级阶段选材可参照表 1-2①。

表 1-2①　各阶段选材重点和标准

12~13 岁选材标准				
选材重点	（1）要考虑遗传因素 （2）身体形态匀称，腿型好，膝关节自然伸直，髋关节转动灵活，髋、膝、踝柔韧性好 （3）相关生理、生化指标优秀，具有很强的竞争意识和顽强拼搏精神 （4）喜爱竞走、思想稳定、吃苦耐劳、家长支持			
选材指标	类别	内容	男	女
	身体形态	身高（厘米） 体重（千克） 体重/身高×1000	150~165 41±5 280~330	150~165 41±5 270~320
	机能	血红蛋白（克/分升） 肺活量（毫升）	13~15 2500~3500	12.5~14.5 2500~3800
	身体素质	60 米跑（秒） 立定跳（米） 俯卧撑（次） 800 米跑成绩 踝柔韧性 前后劈叉	8.6 2.00~2.10 15 2：40.0 全蹲不后坐 前后劈叉，上体直 全手掌着地	9.5 1.90~2.00 10 2：45.0 全蹲不后坐 前后劈叉，上体直 全手掌着地
技术评定	技评	中等速度 400~2000 米竞走	优良 强度：（2：40±5）	优良 强度：（2：45±5）

2. 复选阶段（14~15 岁）

本阶段选拔目的是在教学-训练年龄组整个阶段的测试和教学观察的基础上，掌握合理的竞走技术，为过渡到完善经济水平阶段，并确定具备下一步所必需的条件。在复选阶段选材中，参照表 1-2②。

表 1-2② 各阶段选材重点和标准

<table>
<tr><th colspan="5">14~15 岁选材标准</th></tr>
<tr><td>选材重点</td><td colspan="4">身体发育正常，身体形态匀称，腿型好，膝关节自然伸直，髋关节转动灵活有幅度
思维敏捷、悟性好、灵敏协调，节奏感好，运动智能高
心肺功能好，恢复较快，最大吸氧量值优
疲劳时技术不变形，意志坚强，吃苦耐劳，有献身竞走事业的精神，能承受较大负荷训练</td></tr>
<tr><td rowspan="4">选材指标</td><td>类别</td><td>内容</td><td>男</td><td>女</td></tr>
<tr><td>身体形态</td><td>身高（厘米）
体重（千克）
体重/身高×1000</td><td>170±3
46±5
300~340</td><td>165±3
46±5
290~330</td></tr>
<tr><td>机能</td><td>最大摄氧量［毫升/（千克·分钟）］
血红蛋白（克/分升）
肺活量（毫升）</td><td>55~65
13~15.5
3000~4000</td><td>55~65
13~15
2800~3500</td></tr>
<tr><td>身体素质</td><td>100 米跑（秒）
立定三级跳（米）
俯卧撑（次）
800 米跑（女）
1500 米跑（男）
踝柔韧性
前后劈叉</td><td>13.5
7.20
25~30
4：35.0
全蹲不后坐
前后劈叉，上体直，全手掌着地</td><td>14.8
6.00
15~20
2：40.0
全蹲不后坐
前后劈叉，上体直，全手掌着地</td></tr>
<tr><td>技术评定</td><td>技评</td><td>800~2000 米竞走</td><td>优
强度（2：20.5±5）</td><td>优
强度（2：30.5±5）</td></tr>
</table>

3. 奥运预备阶段选材（16~17 岁）

本阶段选拔的目的是根据完善竞走技术水平和成绩表现，确定国家队的人选，完善技术水平，并确定具备下一步参加国际大赛的能力和水平。奥运预备阶段选材可参照表 1-2③。

表 1-2③　各阶段选材重点和标准

16~17 岁选材标准				
选材重点	身体发育正常，身体形态匀称，髋关节转动灵活有幅度，竞走技术放松规范 思维敏捷、悟性好、灵敏协调，速率节奏感好，运动智能高 心肺功能好，恢复较快，最大吸氧量值优 疲劳时技术不变形，意志坚强，吃苦耐劳，有献身竞走事业的精神，能承受较大负荷训练 比赛顽强，能够发挥训练水平			
选材指标	类别	内容	男	女
	身体形态	身高（厘米） 体重（千克） 体重/身高×1000	175±3 55±5 300~340	165±3 48±5 290~330
	机能	最大摄氧量［毫升/（千克·分钟）］ 血红蛋白（克/分升） 肺活量（毫升）	55~65 13~15.5 3000~4000	55~65 13~15 2800~3500
	身体素质	30 米跑（秒） 立定三级跳（米） 俯卧撑（次） 10 公里跑 踝柔韧性 前后劈叉	13.5 7.30 25~30 33：30~35：30 全蹲不后坐 前后劈叉，上体直，全手掌着地	14.8 6.10 15~20 37~39 分钟 全蹲不后坐 前后劈叉，上体直，全手掌着地
技术评定	技评	10000 米竞走	优 强度（40：00±5）	优 强度（45：00±5）

表 1-2 中选材指标仅为部分素质的指标，对于生理、心理、神经系统还需测试、观摩、调研、诱导进行分析评价。教练员可以根据条件、设备、环境自行设计制定相关选材指标。

第四节　竞走运动员各年龄阶段训练任务与要求

一、年龄阶段划分与生长发育的训练要点

（一）年龄阶段划分与任务

田径后备人才基地创建后，专家组根据我国少儿身体发育特点，结合我国的教学

体制，将运动员的年龄分为三个阶段，即引导训练阶段（12~13 岁）、基础训练阶段（14~15 岁）、初级专项训练阶段（16~17 岁）。

（二）发育特点和训练要点

1. 12~13 岁发育特点与训练提要

（1）12~13 岁发育特点。

①生长发育特点：男子处于青春发育前相对缓慢阶段，但脑神经系统向成人水平发展；女子已具有青春发育特征，处于发育加速期，可塑性减少，脂肪出现积存。宜进行多样化、多项目化的练习。

②神经系统特点：此年龄段神经发育具有很多成熟的特点，神经活动的兴奋性和灵活性已高于成人，但不稳定。男子兴奋与抑制转化快，稳定性差，可塑性强；女子出现注意力下降现象。

③心血管系统特点：男子心血管系统发育增长速度加快，女子心血管系统发育落后于心脏发育水平，表现出青春期发育特征。

④骨骼与肌肉特点：此时期骨骼、肌肉发育十分显著，男子骨骼发育快于肌肉，关节柔韧性好，肌肉力量显著提高，女子骨骼与肌肉发育加速，运动能力自然增长加快，有的初露锋芒；但出现体重增加较快，相对力量和柔韧性下降。

（2）训练要点：该年龄段的训练要注意男女之间发育的不同，注意区别对待要重视速度、有氧代谢与灵敏协调等素质的发展，多进行游戏、克服自身体重的练习。

2. 14~15 岁发育特点与训练提要

（1）14~15 岁发育特点。

①生长发育特点：男子处于青春发育前期，身体各系统发育步入加速阶段，女子发育处于逐渐稳定平衡阶段，男女差异显现。

②神经系统特点：男子兴奋抑制转化加快，但神经系统进入稳定阶段，可塑性降低；女子神经系统稳定，但抗疲劳能力下降。

男子、女子兴奋和抑制相对稳定，大脑分析能力增强，智力和自身调节能力较强。但仍处于发育阶段，尚未达到成人的承受压力和心理负荷能力。

③心血管系统特点：心室腔小，心脏收缩力量差，心脏调节功能也尚未完善，此时，女子心肺功能发展速度进入稳定阶段。在训练手段上，竞走项目属耐力性的特点，因此必须重视心室腔小和心脏收缩力量的提高。

④骨骼与肌肉特点：男子骨骼发育快于肌肉，关节柔韧性下降快，骨骼、肌肉能力提高；女子肌肉含水量加大，柔韧性降低。因此，要重视女运动员此时身体形态的塑造。

（2）训练提要：该年龄段要强调男子柔韧性和力量的练习，女子身体强调形态的塑造；男女均需加强心血管系统的有氧耐力训练，促进心室容量的发育。此阶段要控制高强度的速度训练，以防心肌增厚，心容量腔发育受阻，导致心室容量不足。

3. 16~17 岁发育特点与训练提要

（1）16~17 岁发育特点。

①生长发育特点：男子生长发育处于相对缓慢、稳定阶段，大多数男子仍有发展的空间；女子发育则基本完成，其男、女训练的区别日趋明显。

②神经系统特点：男、女均处于稳定阶段，但分化抑制能力显著，综合分析能力正在发展但尚不完善。教练员在此阶段，要注意在诸多方面对运动员的培养教育。

③心血管系统特点：男女心血管系统的发育水平日趋稳定，调节功能趋于完善，要根据不同性别，不同的运动能力，生理、生化特点区别对待。

④骨骼与肌肉特点：骨骼与肌肉系统随身体发育而趋于稳定，男子肌肉发育迅速，女子因力量的增长，柔韧性降低。训练过程要对该年龄段的男女运动员进行形体和姿态训练，以确保符合成人专项训练过程对骨骼肌肉类别的要求。

（2）训练提要：该年龄段男女均需要稳定的技术，加强有氧耐力训练、逐步加强专项速度耐力的训练，打好技术基础、身体素质全面发展的基础和有氧代谢的耐力基础，为进入成人化训练做好准备；此年龄应形成个体化的运动特点。

二、各年龄段竞走技术训练要点

体育后备人才基地应随着运动员年龄的增长，技术的掌握程度，训练水平的不断提高，有目的地逐渐参加适龄的比赛。无论哪个年龄阶段，必须以竞走定义为准则实施竞走技术训练；竞走的核心技术就是髋部转动的技术。

（1）12~13 岁年龄组：首先是入门训练，从技术基础抓起，打好身体素质全面发展的基础，由于从事耐力性竞走训练，运动员还需不断地、循序渐进地发展有氧代谢水平。对该年龄段的运动员不可急于求成，要控制训练负荷，掌控比赛次数。

进行竞走的基本技术及竞走技术专门性练习，初步掌握较规范的竞走技术；初学者技术容易泛化，技术的专门性练习和完成技术练习，必须贯穿于训练的始终。

在这个年龄段，要重视竞走技术过程的细节上，始终要强调前摆着地时，足跟自然着地，摆动腿、着地腿必须伸直。

这个年龄神经系统发育处于加速期，理解和掌握技术的能力显著提高，是学习和掌握竞走技术的黄金时期。训练中在多样化的身体全面发展中掌握多种运动项目技能，特别要注意发展速度、灵敏协调和保持较高动作速率的能力。

（2）14~15 岁年龄组：是打好基础训练的重要年龄，是培养该年龄段运动员事业心的关键时期，他们可塑性强。同时，要注意这个年龄段最易出现拔苗助长的现象，教练员应学会控制性训练。

在进一步改进和完善竞走技术的基础上，使竞走技术协调，技术动作更加流畅、规范；加强竞走专门练习和规范竞走技术，防止技术泛化；在注意足跟自然着地的同时，摆动腿、着地腿必须伸直，要求在提高强度的同时，不能缩小步长；应有一定的步幅，防止“小步幅、快频率”技术的出现。

此年龄段大脑综合分析能力增强，神经系统基本达到成人水平，但毕竟处于发育阶段，骨骼、肌肉正处于快速发育过程，不应急于让他们承受成人的心理、生理和运动负荷。

（3）16~17 岁年龄组：已具有一定的训练水平，技术基本稳定，但仍要抓好技术细节训练。在专项能力不断增强的同时，总的训练负荷也在不断提高，此时应注意防止过度训练和出现伤病。

根据个体情况，对技术细节进一步规范，在不断进行调整和改进的基础上，使竞走技术更趋完善和稳定，并形成个人的技术风格。这个年龄段女子发育基本成熟，男子相对成熟，技术相对稳定，并形成了个人的技术表象和特点，他们的专项练习增加，个体能力不断提高，此时切记不要过早进行成人方法训练，更不应因强度训练而破坏竞走技术，重要的是竞走水平和速度提高过程，竞走技术结构不能改变，更不能在训练和比赛中投机取巧。

依据个人身体形态和素质特点，将步频与步长有机结合，使竞走技术更为合理、实效，竞走技术动作自如、舒展，并将规范的、完美的竞走技术结构贯穿于整个训练与比赛中。

第五节　竞走技术评价与综合评价指标

根据竞走项目的特点，对基地竞走运动员的技术评定、身体素质、专项成绩三个方面进行评定与考核，将三个方面的成绩按比例计算，所得总分确定训练成效的排序。三个方面的比例分别为：技术评定 50%，身体素质 30%，专项成绩 20%（表 1-3①~③）。

表 1-3①　竞走技术评价标准（50%）

等级	优秀	良好	及格
评价内容	无腾空和屈膝	无腾空和屈膝，不够稳定	无明显腾空或屈膝，不稳定
	节奏好、幅度大、速率快	节奏较好、幅度较大、速率较快	节奏稍差、小步频、速率波动
	技术稳定，动作放松、自然、协调	动作技术较为稳定、放松、自然，但局部较紧	技术动作紧张、僵硬，技术不稳定，动作粗糙
	技术保持能力好、无变形	技术保持较好，基本无变形	技术常有变形现象

（续表）

等级	优秀	良好	及格
得分	95 分×50%	85 分×50%	75 分×50%

注：技术训练时的技评由教练员进行评定；在比赛和测验时，可就地聘请竞走裁判员和专家进行技术评定；在参加各级竞走比赛时，可根据竞走裁判判罚情况检查评定技术问题。

表 1-3② 身体素质测试内容和参数（30%）

年龄		12~13 岁		14~15 岁		16~17 岁	
性别		男	女	男	女	男	女
100 米	优	13.5	14.4	12.8	14.0	12.3	13.6
	良	13.8	14.6	13.3	14.3	12.6	13.8
	及格	14.2	14.8	13.6	14.6	13.0	14.2
立定三级跳远（米）	优	6.00	5.20	7.40	6.20	7.80	6.80
	良	5.80	5.00	7.20	6.00	7.50	6.50
	及格	5.60	4.80	6.80	5.80	7.30	6.20
俯卧支撑屈伸腿（次/60 秒）	优	50	45	55	50	60	55
	良	45	40	50	45	55	50
	及格	30	30	45	40	5	45
4 千克铅球背抛，12~13 岁 3 千克（米）	优	8.30	8.00	10.00	9.00	12.00	10.00
	良	7.80	7.50	9.50	8.00	11.00	9.00
	及格	7.30	7.00	9.00	7.00	10.00	8.00
3000 米跑（13 岁以下）	优	11：00	12：10	10：40	11：50	10：00	11：30
	良	11：20	12：20	10：50	12：00	10：10	11：40
	及格	11：45	12：30	11：00	12：20	10：20	11：50
5000 米跑（14 岁以上）	优			17：50	22：00	17：30	20：40
	良			18：10	22：30	17：45	21：00
	及格			18：30	23：00	18：00	21：20
柔韧评价	（1）体前屈手触地	优秀：手掌全触地。良好：握拳触地。及格：手指触地					
	（2）左右腿劈叉手触地	优秀：手掌全触地。良好：握拳触地。及格：手指触地					
	（3）全蹲（脚掌全着地）	优秀：臀贴足跟全蹲抱膝。良好：大小腿折叠全蹲不后坐。及格：全蹲脚腿角度大于 45°					
身体素质分值（30%）的分配		优：15 分；良：10 分；及格：5 分					

表 1-3③ 各训练阶段专项成绩指标（20%）

年龄			12~13 岁		14~15 岁		16~17 岁	
性别			男	女	男	女	男	女
专项成绩评价指标占20%	3000 米竞走	优	15：40	16：30	14：00	14：45		
		良	16：00	16：45	14：15	15：00		
		及格	16：30	17：00	14：30	15：20		
	5000 米竞走	优			24：00	25：40	22：15	24：55
		良			24 ：30	26：00	22：35	25：20
		及格			25：00	26：20	24：00	25：45
	10000 米竞走	优			50：00	55：00	44：30	47：30
		良			51：30	55：30	46：30	49：00
		及格			53：00	56：10	48：30	51：30
	20 千米（仅限 17 岁）	优					1：35：00	1：46：30
		良					1：40：30	1：58：00
		及格					1：55：00	2：10：00
	专项成绩（20%）的分配为优：10 分；良：7 分；及格：3 分							

第六节　竞走训练计划

一、制订训练计划

认真制订训练计划是教练员实施训练必须的重要环节。训练计划是执行训练工作的依据；是检查训练效果、制订后继训练计划的基础；训练计划是训练负荷实施与控制及掌握训练节奏的依据；坚持认真地制订训练计划，有利于提高训练计划的系统性、延续性和科学性。

教练员反复研究自己的训练计划和执行情况，是提高个人业务能力最好的途径，是提高运动训练学，生理、生化认知能力和水平的重要实践课堂，还能够使教练员做到对运动员当时的状态心中有数。每一位教练员在从事系统训练过程中，既是教练员也是育人的老师，更是具体实施科学训练的实验员。教练员要善于积累训练资料，训练计划就是训练信息资料的积累与成果，教练员也会因此拥有必要的科研论文及编写专著的第一手资料。

总之，训练计划是训练工作的依据，组织实施训练的主要文件，是科学训练的保证，是训练检验的文件，是调整训练的参考，是科研工作的资料，是训练工作成败的试金石。教练员，特别是基层教练员更应认真完成好训练计划的制订工作。

二、训练周期的划分与训练计划的制订

训练计划的划分主要是根据比赛的周期来安排的，奥运会、亚运会、全运会、省运会均为四年一个周期，因此对于选拔的少年儿童运动员，教练员必须有省运会以上的多年规划，即所选运动员几年后达到什么水平，可参加哪个级别的比赛。

(一) 多年训练计划

假设所选运动员 12 岁，设想要参加四年一届的省运动会，并能以二级运动员水平参加 15~17 岁组的比赛，力争进入前三名以上名次的目标；教练员至少也应有一个四年训练周期的计划。

多年训练计划属于宏观计划，因此，根据运动员四年周期内，发育的变化、成绩的提高、思想、心理的不同状态，可对周期的任务和特殊情况进行调整（表 1-4）。

根据选材的目标，运动员年龄和发育程度，运动员在省运会及全国相应年龄段比赛发展表现的潜力，继续确定 8~12 年或 2~3 个全运周期、奥运周期的宏观计划；教练员所制订的每四年一个周期的训练计划，即为训练的大周期。

当运动员进入青年至成人后，随着成绩的提高有望参加全运会、亚运会乃至奥运会，教练员必须有一个训练两个周期，甚至 3~4 个周期的 8~15 年以上的规划，根据运动员年龄和发育程度，以及运动水平提高的程度，制订相应的周期训练计划，这就是多年训练计划。

如果运动员 12 岁开始竞走基础训练，经过 8~12 年，在 20 岁左右达到世界水平，在 22~26 岁夺取奥运会奖牌甚至金牌，是在我国竞走项目上已经成功实现了的。

四年周期的初始阶段，运动员年龄小，发育迟缓，运动员成才可预测性风险大，多年训练计划属于宏观训练计划，属框架式的。因此，可以根据运动员实际情况，检查训练效果，如运动水平提升的快与慢，运动员发育、素质发展的不平衡、身体形态的变化、比赛意识、比赛表现的差异等，可调整宏观的训练计划（表 1-4）。

表 1-4　多年训练计划的阶段性任务

训练阶段	年限	训练任务
基础训练阶段	3~5 年	全面发展身体体能，发展一般运动能力
专项提高阶段	3~4 年	提高专项竞技能力
最佳竞技阶段	4~8 年	创造专项优异成绩
竞技保持阶段	2~5 年	努力保持专项竞技水平延长运动寿命

（二）年度训练计划

在四年一个周期中，每一年需遵循延续大周期的目标和任务，制订该四年周期的每一年度的训练计划。值得注意的是，还应根据运动员发育程度、身体健康与体能水平、运动成绩与水平的表现程度，制订年度训练计划，这便是年度训练计划。

四年周期中每一年的训练计划，应根据当年的比赛任务确定训练目标，制订切实可行的训练计划。目前，运动训练比赛较多，几乎全年都有比赛任务（含室内比赛），因此，在苏联马特维耶夫年度训练周期中，冬训期、训练期（春训、夏训）、过渡期，以及全年两个竞赛高峰的划分，已不适应当代竞技比赛的形势。年度训练计划的划分亦呈多样化特征，基本可分为训练期、比赛期和调整期，呈现出多周期、小周期的特点。

四年的大周期，一般是在奥运会（全运会）后一年进入调整年，其后在下届奥运会前两年呈现一个训练的峰值，奥运会前一年加强专项训练，完善技术，积极培养竞技状态，使得奥运会年处于最佳竞技状态中。

年度训练计划是年度竞技比赛最显著的目标，是以年度训练作为系统训练的基本单位，因此，制订年度训练计划是系统训练不可缺少的重要环节。

年度计划仍然属宏观计划，只有在年度比赛计划发生改变或发生突变的任务（或事件）时方可调整训练计划。

（三）各年龄段专项训练负荷

各年龄阶段训练负荷参数由训练时间、训练负荷量（含竞走和跑）和训练比重构成（表1-5）。

表1-5　各年龄训练阶段的年训练负荷

分　类	负　荷　方　面	12~13岁	14~15岁	16~17岁
训练时间	课时间（小时）	1~1.5	1.5~2	1.5~2.5
	周训练课次	5~6	5~7	6~8
	月训练课次	20~25	25~30	32~40
	年训练课次	200~280	280~340	340~480
训练负荷（千米）	周训练负荷	40~60	70~90	100~130
	月训练负荷	160~240	280~360	400~520
	年训练负荷	1600~2500	2800~3800	4400~6200

（续表）

分　类	负　荷　方　面		12~13 岁	14~15 岁	16~17 岁
训练比重（%）	专项技术训练		40	25	10
	专项能力训练	一般和专项耐力	25	35	45
		专项速度	5	10	15
		专项力量	10	15	20
		柔韧、协调、灵敏	15	10	5
	恢复训练		5	5	5

（四）阶段训练计划

在年度训练计划中，应根据当年最重要的比赛任务，确定该年度的训练阶段，如冬季训练可分为初期、中期和（后期）赛前期及室内比赛期，也有的分为外训期（北方寒冷南下训练）、高原训练期、春训期、夏训期、比赛前期、比赛期和过渡期（冬训前期）。这些划分特征体现了围绕比赛的需求划分为不同的训练阶段；反映出随着现代运动竞技全年比赛的增多，多周期、小周期训练周期的特征。

各个阶段时间的长短，也是以全年计划比赛（含省市的比赛）多少次，来确定每阶段训练时间的长与短，一般不低于一个月。

在制订阶段训练计划时，通常在年度总计划中，以周训练计划为单位进行制订。每一周内又依据负荷的要求，制订课时训练计划来完成本阶段具体的训练任务。

制订阶段训练计划的要点：

（1）明确当年主要比赛日期与任务。

（2）确定当年的主要训练阶段，确定整个训练阶段的时间与季节的安排划分。

（3）制订每一阶段的训练计划。

（4）每一阶段应有各自的任务，每一阶段应有时长、方法、手段、负荷的要求。

（5）每一阶段应有检查、督导、评定及阶段小结。

阶段训练计划既是引领也是过渡，即引领周和课时计划执行年度训练计划的任务，使年度训练计划过渡到周和课时训练计划，因此，阶段训练计划仍属于宏观的训练计划，但起着承上启下的作用。

在全年训练与竞赛中，由于任务、季节、高原及训练条件与环境的不同，以及训练工作管理的需要，往往会变换训练环境，采用异地训练、高原训练，甚至进行封闭式训练，这些训练计划的制订仍属阶段训练的范畴（表 1-6）。

表 1-6 阶段训练计划范例参考

<table>
<tr><td>阶段训练</td><td></td><td>训练周数</td><td>周</td><td>训练总时间</td></tr>
<tr><td>训练任务与要求
预期训练的期望
训练保障系统及
训练管理措施</td><td colspan="4"></td></tr>
<tr><td>训练内容</td><td>所占比重</td><td colspan="3">主要方法与手段</td></tr>
<tr><td>一般身体训练</td><td>%</td><td colspan="3" rowspan="6"></td></tr>
<tr><td>专项身体训练</td><td>%</td></tr>
<tr><td>技术训练</td><td>%</td></tr>
<tr><td>专项训练</td><td>%</td></tr>
<tr><td>战术训练</td><td>%</td></tr>
<tr><td>测验与比赛</td><td>%</td></tr>
<tr><td>生理生化检测</td><td>次数：</td><td colspan="3">数值：</td></tr>
<tr><td colspan="2">训练负荷安排：</td><td colspan="3">负荷曲线：</td></tr>
</table>

①该表仅供参考，空格处由制订者自行填写；

②根据项目特点可以修订表格及内容；

③阶段的总结在本阶段训练结束后另行完成，不在此表中体现。

(五) 短期集训训练计划的制订

无论是基层或专业队的训练，在承担年度训练任务的过程，常会出现短期集训的形式，经选拔推荐的运动员在赛前进行短期集训，统一训练，明确比赛任务和要达到的集训目标。

1~3 个月内的集训，均可称为短期集训。短期集训仍然需制订阶段性训练计划，提出任务、目标、完成比赛的指标等。短期集训如果短于 1 个月，应以赛前训练制订集训计划，如长于 3 个月则按年度的某阶段训练计划对待。

根据年度训练和比赛的任务，为保证某次重要比赛的任务，可将分散各单位或省市的运动员集中训练；为了排除干扰，对运动员进行封闭式训练是常采用的短期集训方法。高原训练一般安排 3~4 周的训练。

管理人员和教练员要对集训运动员进行调研分析，然后制订符合实际的短期集训的训练计划。

基层常通过田径运动会选拔可参赛的运动员，入选后经过短暂调整，即可投入训练；专业队训练的运动员可执行原年度计划，延续系统训练，但集训时应根据集训队伍的安排进行微调，保持一定的灵活性。根据田径集训的实际和集训的天数，实施集训训练。超过3个月的训练被视为年度训练的一个阶段周期，并制订阶段计划。

短期集训一般在4~6周，训练应体现短而精，紧凑而有实效。短期集训也需明确划分阶段，分为4个阶段：恢复适应期、短期集训基本期、赛前训练期和比赛期。现提供某省参加全国大学生运会田径比赛短期集训的范例，供参考（表1-7）。

表1-7 短期集训宏观训练方案

	集训适应恢复期	短期集训基本期	赛前训练期	比赛
时间	6.1~6.8	6.9~7.6	7.7~7.18	7.19~7.23
任务	恢复体能和专项训练，逐渐增加训练负荷	提高专项能力、提高和保持身体素质，提高效率质量，提高负荷强度，增加专项及技术训练，提高效率和质量，不断提升强度	强化专项训练和技术训练的质量，加大心理训练力度，适当测验和热身	使竞技状态调整到最佳，全力投入比赛
负荷	中等负荷量度、强度	前期注意负荷量度的提高，力争达到此次训练的最高值，后期注意强度的提升	此阶段使强度达到峰值，保持其已获得的状态，始终掌控强度与状态	表现出最佳比赛强度
备注		因人而异，区别对待	因而体现了水平掌控强度	

（六）赛前训练原则与计划的制订

运动训练的目的是为了在比赛中表现出优异的成绩。运动员通过系统训练，在身体素质、技术、战术、专项能力上得以提高，最终通过比赛来检验成效。

赛前训练就是为了培养运动员竞技状态，使之在体能、技术、战术、心理等诸方面训练获得的能力，能在比赛中表现出最佳竞技状态。

人体神经细胞最适宜的工作能力是有时限的，有关学者研究认为“7~10天”是最适宜的，这样赛前一周的训练就成为最关键的时期。

（1）少年赛前训练至少在比赛日的前四周，就要制订赛前训练计划，训练负荷强度逐渐提高，负荷量度逐渐下降，专项练习增加，技术训练与身体训练要重视质量，保证身体素质不下降，竞走技术更趋完善和稳定。

少年竞走运动员根据年龄、训练水平和个体差异实施赛前训练，赛前训练要考虑到不同的负荷所需要的恢复时间，进行科学安排。由于少年运动员恢复较快，根据年龄和个体差异，选择在赛前7~10天制订赛前一周的训练计划。一般情况下，赛前一天做赛前准备活动，赛前第二天积极性休息；赛前训练计划可采用倒计时方法来制订。

（2）根据比赛日程，至少在比赛开始的 4 周前就要制订赛前训练计划，否则很难完成竞技状态的培养过程。负荷强度逐渐提高，负荷量度逐渐下降，专项练习增加，身体训练要强调质量，保证运动素质不要下降，是赛前训练的规律。

竞走运动员还需在赛前训练中，注意规范的完整技术练习，不应因强度的提高而忽视技术的练习。

（3）如何在比赛中充分发挥运动员上述诸方面所获得的能力所涉及的因素很多，所以赛前训练就成为十分重要的一个环节。教练员要对比赛的训练做专门的安排，把赛前，特别是重大比赛前，作为一个训练的阶段实施训练。

（4）竞技状态有其内在规律的，不会凭主观意志而出现，须经过周密的安排、科学合理的专门训练来实现。

竞技状态是指运动员达到优异成绩所处的最适宜的准备状态，实际就是运动员本人在参赛前训练的准备程度。准备程度越高，在比赛中创造本人最佳成绩的可能性也就越大。

（5）赛前训练与竞技状态的培养，是力求把运动员在前一周期和前一阶段训练所获得的技能得以巩固和转换，转换到比赛所需要的方向，使机体适应比赛的要求，不断培养竞技状态、强化竞技意识，以求在比赛中表现出最高水平。

赛前训练的内容更应专项化，练习的组织形式更接近比赛的特点和环境条件，要有计划地参加热身赛和测验，以提高专项强度、培养竞技状态和积累比赛经验。

（6）赛前训练负荷的特点是提高负荷强度，负荷强度若得不到提高，便起不到赛前诱导作用。总负荷在赛前训练阶段要逐步下降，具体下降的比例要结合项目特点，如以技术类和体能类为主的项目总负荷下降的差异就不同。

赛前训练要提高负荷强度，但不是越大越好，不应盲目追求强度，否则赛前状态难以恢复至最佳，应通过生理、生化指标监控训练。

（7）赛前训练要考虑到不同的负荷所需要的恢复时间进行科学安排，如专项训练、无氧训练、力量训练后恢复的时间稍长，可安排在前期和赛前一周的前几天，而有一些练习，如有氧训练，某些手段训练对机体刺激相对较小、恢复快的，可安排在靠近比赛的后几天，使身体所产生的超量恢复，在比赛日达到最佳状态。

（8）在赛前 7~10 天，若负荷达到较高，甚至超过了原训练水平，一定要控制训练负荷与强度，控制运动员的兴奋点。教练员此时更不要幻想赛前再提高一点，那有可能前功尽弃；而是应保持专项能力，使技术更完善，保持身体素质不下降，充满信心投入比赛。

（9）重大比赛前的热身赛是一种特殊有效的训练方式，利于最佳竞技状态的培养。赛前训练与热身赛属于比赛前的终极训练阶段。

以赛代练虽可取但不完整，主要取决于比赛的目的。以赛促练是现代竞技体育频繁比赛的一种趋势。

赛前训练计划依据阶段计划的原则，按任务和目标以周和课时计划的办法制订。

（七）周训练计划

（1）周计划是属于训练周期结构体系中的小周期，全年训练和比赛应有46周以上。周训练负荷安排应体现大、中、小相结合；根据比赛的需要，应使负荷量和负荷强度以“波浪”式变化。

（2）周训练计划内容包括一周的训练任务、要求、次数、时间、运动量、恢复措施及每次训练课的具体内容、要求、时间、运动量及负荷等。

（3）周训练计划安排一般有两种：一种是以技术、战术训练内容为主体进行安排；另一种是以训练负荷为主体进行安排（表1-8）。

表1-8 训练期周训练计划范例参考（以14~15岁男子为例）

时间	课的任务（主要课次）	早操（早训）5：30—7：00（春夏）	上午	下午 15：00—17：30	运动量
周一	速度与身体训练	15分钟慢跑，拉伸，改进技术	文化课学习	改进技术，素质训练，小肌群力量，游戏	中
周二	一般耐力	柔韧与拉伸与协调（一般性练习）		大摆臂大步走20~25分钟，各种走的专门性练习，持续走或变速走10~12千米	大
周三	身体素质全面发展	慢跑或大步走，柔韧与拉伸练习（或休息）		球类活动或持续中速走、发展腰腹及核心部位以下部位小肌群力量	中
周四	调整或积极性休息	5千米慢跑，柔韧及竞走专门性练习		球类活动或持续改进技术的放松走，灵敏协调练习或游戏	小
周五	竞走技术与节奏	5~8千米慢跑（控制速度），柔韧与拉伸练习	文化课学习	中速走40~50分钟，也可分两组：200米放松大步走4~5组	大
周六	一般耐力与全面发展			20~30分球类项目或游戏，40~50分钟持续走或越野跑，拉伸与克服自身力量练习	中

续表

时间	课的任务（主要课次）	早操（早训）5：30—7：00（春夏）	上午	下午 15：00—17：30	运动量
周日		持续走或 30~40 分钟跑，柔韧与拉伸练习		休息	小
备注					

①此计划适合 14~15 岁经过两年以上训练的运动员，供参考；

②表中内容是框架式的、粗放的，若为某周具体的课时计划提供参考模版；还需根据运动员的特点、训练水平制订。

③日程和课时安排，各训练单位可以根据本单位的作息时间调整。

（八）课时训练计划

课时训练计划是运动训练中，最具体的训练计划，运动员的训练是最直接执行计划的载体，是影响运动员成绩最关键的环节（表 1-9）。

（1）依据年度和阶段周期训练计划的框架，课时训练计划则应考虑上一周和上一次课的完成情况，制订本周训练计划中的课时计划，并要和周训练计划的节奏、任务、目标一致。教练员要做好本周每一次训练课的任务及应达到目标，制订严谨的课时训练计划。

（2）课时计划包括：训练任务、开始部分、准备部分、基本部分、结束部分和课后小结。

（3）课时计划对每一组、次练习都应有具体的数量、强度要求。

（4）课时计划对每一组、次练习的技术标准都要有质量的要求。

（5）课时计划应针对运动员个体差异调节训练内容和调换手段，以利于区别对待。

（6）训练时运动员状态会因训练前、中时段各种因素出现变化，教练员要善于把握运动员的状态，不能因状态不好，就用过激的语言刺激，强制完成训练任务；也不能因运动员本次课很兴奋而增加训练次数和强度。

（7）田径项目是表现个人最大能力的运动项目，不像那些具有较强技巧表现、战术运用类项目；因此，在田径专项课训练中，随意加、罚、骂、打是不可取的。

教练员要善于把握本次课运动员训练的命脉，感到计划制订欠火候时，可以调整或增加训练量度和难度；感到训练时运动员出现困乏，可以调整训练的负荷与难度，这是科学的、实事求是的训练观。

表 1-9　课时训练计划范例　　　　年　月　日　第　周

	课时训练计划内容
课的任务	①发展一般耐力过程中改进竞走技术 ②身体素质全面发展
负荷	中大
开始部分 3~5 分钟	①集合整队、考勤 ②主教练讲述本课训练任务及主要内容 ③提出本次课的安排、注意事项及要求 ④安排和处理伤病运动员的训练
准备部分 15~20 分钟	①原地徒手热身操 6~8 个手段 ②围绕 400 米跑道大摆臂、大步走，既能热身又可改进技术；大步走 800 米后，视练习质量可继续再运用上述练习，不超过 2000 米
基本部分 50~55 分钟	（1）行进间竞走专门性练习 ①直臂向后绕环 30 米×2 组 ②直臂向上下绕环 30 米×2 组 ③手放肩上屈肘向后绕环 30 米×2 组 ④手放肩上屈肘向前绕环 30 米×2 组 ⑤双手向前伸配合前后转髋走 30 米×2 组 ⑥双手抱头走 30 米×2 组 ⑦体前屈双手扶膝走 30 米×2 组 ⑧体前屈双手前伸触脚走 30 米×2 组 ⑨脚尖翘起足跟走 30 米×2 组 ⑩足跟着地滚动至前脚掌走 30 米×2 组 要求：上下肢配合，练习结束返回起点采用大步走 （2）中等强度持续竞走 6、5、4 千米各 1 次，以改进技术、发展有氧代谢能力为主，间歇以心率不低于 130 次/秒为宜。起步走均以 70%速度强度走开始，具体速度要求：2：20/400 米、2：15~2：10/400 米、2：10~2：00/400 米；有训练基础的运动员 4 千米走速度可在 2：00/400 米以内，不高于 1：50/400 米 （3）专项力量练习 ①哑铃或胶带摆臂 100 次×2~3 组 ②发展腹背肌力量（仰卧直腿左右腿交替上举，手臂与双腿收腹举腿（两头起），手臂与双腿背躬举腿，侧卧侧举腿 （4）小腿与脚踝灵敏、灵活性练习 ①软梯练习快速脚尖走，快速脚尖软梯间变换位置走练习，左右脚快速前后左右变化位移练习，20 米×3 组 ②体前体后手触脚跳 30 秒×2 组
课后小结 3~5 分钟	①集合整队，主教练对本次课小结与点评 ②肯定成绩，指出问题，布置下次课练习的主要任务

①此计划仅供参考，亦可根据各省市体校统一的教案本撰写；

②对于强度时间和生理生化监控数据可以撰写在每练习组之后；

③该计划范例适 14~15 岁男子组。

第七节 竞走训练方法与手段

一、竞走技术训练方法与手段

竞走技术的训练应根据运动员的年龄、形体和个人状况，选择适宜的技术训练方法和手段。

1. 上肢技术训练方法

（1）原地摆臂：原地站立，双脚并拢或前后开立，两臂屈肘前后摆动，前摆稍向内，手不超过身体中线，后摆稍向外，与肩齐平。

（2）原地摆臂转髋：原地站立，双脚并拢，两臂屈肘前后摆动，腰髋配合前后转动，两膝交换前送。

（3）在竞走练习过程中，教练员要不断强调摆臂技术的规范性，不断改进、不断提示在大脑中逐渐会建立起正确的技术概念。

（4）运用大量的图片、视频、现场录像，观看、观摩国内外优秀运动员的摆臂技术，通过表象重现法提高竞走技术的规范化程度。

2. 髋部技术训练

髋部的技术练习十分重要，俄罗斯和意大利教练员非常重视髋部练习，我国竞走外教组主教练、意大利知名教练员达米拉洛认为，“竞走技术的关键在髋关节”。可见，重视和加强髋部技术的练习十分重要。

进行原地转髋练习时，主要是围绕身体垂直轴前后转动，当迈开步子向前走时，髋关节会产生上、下和左、右的三轴（垂直轴、额状轴、矢转轴）转动。髋关节的练习方法和手段有很多，现介绍经常采用的一些练习方法。

（1）原地转髋练习：双脚并拢或稍左右开立，以髋关节围绕身体垂直轴前后转动，两臂有力地前后摆动，以增大髋部前后转动的幅度。在上述练习基础上，做前脚掌跳起的转髋练习；此练习还可以配合摆臂，原地轻跳起前后转髋。

（2）行进间转髋交叉步走：练习者左腿向右侧前方摆动，以脚跟先着地，然后右腿向左侧前方摆动，以脚跟外侧着地，交互前进；一定要注意脚跟着地和在触地瞬间保证该腿伸直。

（3）原地转髋：练习者手扶支撑物，原地站立，两脚分开约 1 米长，左腿足跟着地时，右腿足尖着地，利用髋关节转动，交换成左腿足尖着地时，右腿足跟着地，反复进行。此练习是以髋部带动腿部左右转髋，即为常说的：“脚尖脚后跟转动。”

(4) 在栏架端小腿绕环：练习者一脚支撑，另一腿体前直腿连续由外向内，再做由内向外在栏架一端环绕（栏高可根据身高决定）练习；完成既定次数后换另一腿，两腿交换练习。

做此练习时，还可以增加难度，由前原地绕环改为支撑腿小跳环绕，重复练习上述动作，此练习既可以发展髋部的灵活性，又可以提高髋部和腿部及小腿、踝关节力量。

(5) 选用5~8个栏架，每栏架前后间隔1~1.5米，运动员在栏间，栏间双腿成侧平拉姿势分别向后，再向前绕栏架练习；此练习可以根据栏架多少变通练习手段，如双腿依次向后，双腿再依次向前连续做；两栏间连续向前做上述练习。

(6) 运用跨栏技术起跨腿侧屈前摆的练习，在栏侧做起跨腿向前摆的练习，即常说的侧平拉腿在栏侧做前摆练习，此练习栏间距可6~7米三步一跨连续做；也可栏间距1.5~2米一步一跨连续做多个栏架，这样的练习可以发展髋部力量和灵敏协调性。

(7) 仰卧交叉转髋摆腿：练习者仰卧在垫子上，两手侧平举撑地，左腿侧摆动至右手方向，髋随腿的方向转动；然后还原，右腿侧摆动至左手方向，反复进行。练习时摆动腿相对伸直经体侧绕过头前摆至另一侧（常习惯称为仰卧大转髋摆腿）。

(8) 原地双脚开立，两手放松左右展开，左右转髋，当转向左方时，形成左脚足跟着地右脚脚尖着地姿势；向右时反之。

(9) 原地左右转髋交叉步练习，此练习同前（2）行进间转髋交叉步走，只是原地做而已：练习者左腿略屈膝向右前方摆动，以脚跟领先着地，然后右腿略屈膝向左前方摆动，以脚跟外侧着地，余类推反复练习，此练习以髋的转动带动摆动腿向侧做交叉步练习。

3. 下肢竞走技术训练

(1) 直臂摆大步走：两臂在体侧大幅度摆动，配合两腿大步竞走，要求前后摆时，两臂与地面近乎平行。

(2) 足跟着地直腿走：以足跟着地竞走，步子小，配合腿的前摆，上体前倾腿伸直，手与臂呈摸足尖状。

(3) 足跟着地小步高频走：以足跟着地做小步高频率竞走；注意做此练习时由足跟先着地，滚动至脚掌、前脚掌，然后通过脚趾蹬离地面。

(4) 体前屈竞走：两臂自然下垂，两臂配合摆动腿前摆，前摆腿以足跟领先着地，并滚动至全脚，在后蹬结束瞬间，另一腿交换向前迈步，此时呈上体前屈与地面平行。

(5) 绕“8”字或弯道竞走：沿着两个直径5~8米的圆圈竞走，或沿弯道做顺时针和逆时针方向的竞走；竞走时，随着身体重心的变化，调整动作的幅度和转髋的方向，可增加趣味性竞赛走。

(6) 沿直线竞走：两脚沿跑道线侧着地竞走。

（7）“S”形竞走：距离为30~50米，每隔3~5米放标志物或画线，沿两侧绕标志物或线以“S”形往返竞走；改进技术，发展灵敏，可增加趣味性竞赛走。

（8）上下坡竞走：沿着20°以下的坡道，进行上下坡的竞走。上坡时，注意身体的前倾角度，步长适当缩小并加强后蹬；下坡时，注意身体的后倾，步幅适当加大并防止腾空。

（9）变频与变速竞走：每隔50~100米的标志物，进行变换频率与速度的竞走；根据练习者的技术情况与能力，选择距离与段落，确定竞走的速度和动作的频率。

（10）利用跑步机做竞走技术练习，根据个人技术选择一定的倾斜角度（坡度）竞走。

在训练中，参照竞走技术训练要求经常性地评定技术，由教练员对运动员进行评定；在技术训练和测验时，可就地聘请竞走裁判员和专家进行技术评定；在参加各级竞走比赛时，根据竞走裁判员判罚情况检查评定技术问题。

上述学习竞走技术的练习，均可采用表象重现法进行。运用大量的图片、视频、现场录像，观看、观摩国内外优秀运动员的摆臂技术，利用大赛机会有针对性地组织运动员观摩优秀运动员的技术。

运动员之间可以把技术好的队友作为“模板”，学习建立正确的技术表象，并贯穿、深入个人的技术中。运动员之间的技术存在差异，可以运用教学法中正误对比法，相互学习，改进完善竞走技术动作，通过表象重现法使竞走技术达到规范化。

教练员可以利用训练条件及环境，创造性地编排改进技术的练习；但须注意练习内容，一定要和竞走定义要求吻合，在保证技术的基础上扩展练习内容。

二、竞走专项能力训练方法

1. 耐力训练

耐力就是长时间工作的能力，从运动训练学的角度看，则为长时间运动的能力，因此不应单纯地认为耐力就是长跑、竞走。诸多运动项目都可以发展耐力水平，可以用心率频次来掌握。

（1）长跑、越野跑发展一般耐力。

（2）长时间的登山、骑自行车、游泳、滑冰（雪）各项球类练习发展一般耐力，心率控制区间为100~140次/分。

（3）保持有氧状态下的匀速走，根据年龄和训练年限，安排3000~15000米间不同段落走，提高走的能力。

负荷强度控制：心率120~150次/分；乳酸值2~3毫摩尔/升。

2. 竞走速度与速率训练

竞走速度与速率训练要保证技术不变形的条件下，通过竞走专门性练习和短段落的加速走、快速走等进行练习，如足跟过渡到脚尖的快速竞走30~50米×3~5组；60~100米加速竞走；300~800米段落的快速反复走；200米快速走+200米放松大步的变速走等。

负荷强度控制：心率130~190次/分，乳酸值4~6毫摩尔/升。

3. 专项能力（耐力）与节奏训练

（1）专项能力反复走，根据年龄可选用800米~3000米间不同段落走，可采用段落与距离倒置的办法，即距离短的组数多；反复走应在一定强度要求下，以匀速走的节奏为主，组间间歇根据负荷量与强度测评心率，一般以3分钟—5分钟—8分钟左右为宜。

负荷强度控制：心率140~180次/分，乳酸值6~10毫摩尔/升。

（2）速度与节奏训练时，速度要求在准备期训练应以比赛速度或接近比赛平均速度与节奏为主，竞赛期训练则应高于比赛平均速度和节奏进行。

（3）递增速度练习时，在选择短于800米以内的匀速走训练过程，要求强度一组高于一组，以男子13岁年龄为例：400米×5组，每组强度分别示例：

①2：40±5、②2：38±5、③2：32±5、④2：25±5、⑤2：15±5；

负荷强度控制：心率150~186次/分；乳酸值6~12毫摩尔/升。

（4）等距离变速走或不等距离变速走，如600米快走+200米慢走；400米快速走+200米慢速走；300米快速走+100米慢速走；200米快速走+200米慢速走等段落组合；教练员应根据练习目的和少儿运动员的训练水平，确定强度要求和组次。

快段强度控制：心率160~186次/分，乳酸值6~15毫摩尔/升；慢段强度心率不低于120次/分，乳酸值2~4毫摩尔/升。

上述手段可有效发展竞走运动员的专项能力，使内脏器官、运动器官有一个逐渐适应和渐进加快过程，可培养后程不减速、最后能加速的能力，以及培养良好的参赛心理素质，培养坚毅顽强勇于拼搏的精神。

三、竞走运动员身体素质训练方法

（一）竞走一般身体素质训练

加强竞走一般素质训练是基础，少年运动员应本着打好基础、全面发展的原则，提高和改善少年运动员的综合运动素质。

1. 克服自身力量的练习

常采用转髋、各种跳跃、支撑练习、徒手体操、垫上运动、健身游戏、拉伸练习、草地、沙滩做各种克服自身体重的练习。

2. 借助器械的练习

通过各种健身器械，如平衡球、平衡垫、杠铃、哑铃、壶铃、沙袋、胶带等来发展力量素质练习。

3. 多项运动训练

通过体育运动各个项目的练习，发展一般身体素质，如各种球类、田径各单项、户外运动、拓展训练、体操、游泳、自行车等，促进速度、力量、灵敏协调和身体素质的全面发展。

（二）竞走专项身体素质训练

少年运动员在一般身体训练基础上，应逐步进行专项身体训练。竞走专项身体训练要注意与竞走技术的结合，竞走各种专项身体素质练习时，均应有改进竞走技术练习的效果。

1. 发展膝关节、踝关节、小腿及脚部肌肉力量

（1）支撑前倾提踵，脚尖站立台阶做上下提踵或负轻重量立踵；

（2）连续跳绳与花样跳绳练习，发展力量和灵敏协调性；

（3）多级跳、跨步跳、蛙跳发展髋部、膝部、踝部的蹬伸力量；

（4）纵跳、纵跳摸高、跳深练习，综合器械发展膝、踝、足小肌群力量和肌肉灵敏反应。

（5）脚踝负胶带（沙袋）向前摆腿呈足跟着地状，发展髋、膝、踝力量和改进竞走摆动技术。

2. 竞走专项力量训练方法与手段

（1）仰卧和俯卧摆腿练习（可负沙袋）：仰卧在鞍马或跳箱上，两手支撑，两腿交互上下直腿摆动，两脚的最大距离在 1~1.2 米。

（2）仰卧侧向摆腿练习（大转髋）：仰卧在垫子上，两手侧平举撑地，两腿举起直立，摆动至右侧地面，髋关节随腿转动，然后还原，两腿摆动至左侧地面，反复进行。

（3）前倾提踵练习：身体前倾斜 60°左右，两手支撑固定物体，两膝伸直，做提踵练习。

(4) 跑台竞走练习：从4~5千米/时的速度开始，每3~5分钟或每1~2千米逐渐增加速度（0.5千米/时）。根据练习者的水平设定练习时间和速度，根据力量和技术训练需要设定跑台倾斜度。

(5) 利用平衡球、平衡垫发展核心部位力量；采用徒手和负重发展腹肌、背肌、体侧肌的练习，发展核心部位力量。

(三) 力量耐力循环训练

力量耐力循环训练是将多个单一练习力量的方法组合起来，视为一组练习循环进行，是当前竞走及其他耐力性项目最接近专项特点的练习方法，可以有效促进专项力量、专项耐力的提高。

介绍循环训练的练习要点：

(1) 循环练习编排时要注意上肢、下肢、核心部位（腰、腹、髋部）的练习交替进行，使各部肌肉既受到训练，又可以休息，而耐力性项目所需要的内脏器官始终保持工作状态，如做上肢练习时，下肢、腰腹部位相对休息；做下肢练习时上肢、腰腹相对休息；核心部位的腰腹练习时上、下肢相对休息；而耐力性项目最重要的心血管系统、呼吸系统、循环系统却始终保持运动状态。这正是耐力性项目最需要的体能训练与内脏器官结合的训练途径。

(2) 竞走专项的力量耐力循环训练，应以发展髋部周围的核心力量和腿部力量为主，以提高髋关节转动幅度、力量、灵敏和协调素质；兼顾上肢、下肢、腰腹肌群及各关节周围肌群的协调发展，练习通常以负轻重量或克服自身体重的练习为主。每一个练习内容与下一个练习内容衔接进行，几乎没有间歇，以循环进行为原则。如果觉得一组练习时间较短，可采用组与组的连续循环视为一套，如连续循环2~3组为一套，也可连续循环4组为一套。

(3) 该循环训练初次练习时会感到很艰苦，适应以后应改变循环练习的内容，或增加难度和组次，或创建新的练习组合；始终单一的循环练习会使运动员疲惫，效果减缓，需经常根据训练条件，创编新的循环练习手段（图1-5）。

图 1-5 竞走身体循环训练（王林提供视图）

（四）身体素质训练测试指标

身体素质训练必须通过测试来检查训练效果，通常情况下，在训练的各阶段中均要安排测试与考核，以便监督训练和检验训练效果，根据训练效果分析前期训练，以调整、修订后续训练。

在准备期（基本期）的训练中至少要进行 2~3 次的测试或考核；比赛期也应选择部分指标进行测试或考核，测试指标见表 1-10。

表 1-10 身体素质测试内容和参数（30%~40%）

年龄		12~13 岁		14~15 岁		16~17 岁	
性别		男	女	男	女	男	女
100 米（秒）	优	13.5	15.0	13.0	14.6	12.5	14.5
	良	14.0	15.5	13.5	15.0	12.8	14.8
	及格	14.6	16.2	14.0	15.5	13.4	15.2
立定三级跳远（米）	优	5.80	5.60	6.20	5.80	7.50	6.50
	良	5.50	5.30	5.80	5.40	7.20	6.20
	及格	5.20	4.80	5.50	5.00	7.00	5.80

（续表）

年龄		12~13 岁		14~15 岁		16~17 岁	
性别		男	女	男	女	男	女
俯卧支撑屈伸腿（次/分）	优	45	40	55	50	60	55
	良	40	35	50	45	55	50
	及格	30	30	45	40	50	45
3 千克实心球（12~13 岁、2 千克）（米）	优	9.50	7.60	11.00	6.80	13.00	8.20
	良	8.50	6.60	10.40	6.40	12.50	7.80
	及格	6.50	6.00	10.00	6.00	12.00	7.30
3000 米跑（13 岁以下）	优	11：00	12：10	10：40	11：50	10：00	11：30
	良	11：20	12：20	10：50	12：10	10：20	11：50
	及格	11：45	12：30	11：00	12：30	10：40	12：10
5000 米跑（14 岁以上）	优			18：10	21：30	17：50	20：50
	良			18：30	21：50	18：10	21：20
	及格			18：50	22：20	18：30	21：50
柔韧评价	①体前屈手触地	优秀：手掌全触地。良好：握拳触地。及格：手指触地					
	②左右腿劈叉手触地	优秀：手掌全触地。良好：握拳触地。及格：手指触地					
	③全蹲（脚掌全着地）	优秀：臀贴足跟全蹲抱膝。良好：大小腿折叠全蹲不后座。及格：全蹲脚腿角度大于 45°					
身体素质分值（30%）		优：30~26 分。良：25~22 分。及格：21~18 分					

注：各年龄段所占比例不同，12~13 岁占 40%，14~15 岁占 35%，16~17 岁占 30%。

四、测验和比赛

一般性的测验和比赛，也是训练手段与选材的延伸，有利于发现问题、巩固成果、弥补不足，以便制订出符合个体特点的科学训练计划；对于青少年运动员不应“以赛代练”。

测验与比赛应按不同年龄段，选择短于、接近或超过专项距离的比赛与测验。青少年竞走运动员每年要有计划地参加各年龄组的比赛和测验。

（1）结合全国竞走比赛，每年安排 2~3 次全国基地组或国少队组的竞走比赛（不含本地、市、县的比赛）；

（2）每年利用 2 周时间的训练营集训，安排技术评定、专项和身体素质的测验。

根据年龄段及训练程度的不同，12~13 岁的运动员不建议参加全国性比赛，可参加学校、区、县级的比赛；14~15 岁可参加全国 5 公里竞走比赛；16~17 岁可参加 10 公里竞走比赛。

第八节 竞走运动员的心理训练、训练监控、恢复训练与伤病预防

一、竞走运动员的心理训练

（一）竞走心理训练手段和方法

由于竞走时间长，动作单一，在长期的训练过程中易形成厌烦情绪，因此在平时训练中，可通过各种心理手段进行调节。心理训练，主要是通过专门的心理方法和手段，对运动员心理施加影响的训练过程。

在训练和比赛中不仅消耗大量的身体能量，也会消耗心理能量。如果没有经过良好的心理训练，即使具有很好的体能和技术水平，在当今的高水平比赛竞争中也很难取得理想的运动成绩。

（1）自我暗示法。

越野走是竞走训练的常用方法之一，一般走的距离较长，长时间单一的连续运动会使运动员产生厌烦情绪。若运用自我暗示法，这种厌烦情绪可得到缓解，如厌烦距离长则可把要走的距离分为若干段落，随着逐段完成厌烦情绪也随之化解，也可通过体会技术和进行自我技术暗示等方法。

（2）参赛信心不足。

可通过“鼓励暗示法”与“表象训练法”相结合，运用暗示自己找到身心平衡，并想象自己进入竞技状态，以“过电影”的形式重温技术练习、身体训练、过去最佳竞技状态时的技术表现和比赛场上胜利在望的身心感受，以加深对技术、战术的理解，提高参赛意识，坚定取胜信心。

（3）音乐调节法。

要消除疲劳，缓解紧张心情，可选择优美动听、节奏轻快的音乐，如圆舞曲等轻快音乐。如情绪忧郁时可选择节奏明快、充满激情的音乐；情绪亢奋激动时可选择曲调悠扬、节奏舒缓的抒情乐曲。

（二）赛前的心理训练

对于赛前过早兴奋可采用注意力转移法减少与比赛中有关的信息输入，避开紧张气氛，力求思想“超脱”。可根据运动员的性格特点、业余爱好选择一些内容适中、形式新颖的活动，使注意力暂避比赛，以便于养精蓄锐。除此之外，针对参赛信心不足和音乐调节法可参照日常心理训练的内容。

二、竞走项目训练监控

运动成绩是建立在运动负荷基础上的，正确科学的负荷量度与强度，可改变身体原有的机能水平；同时在负荷之后必然会带来机体能力的下降，产生疲劳，而正常训练后的疲劳经过恢复，可以使运动技能得以提升；加强运动员的训练监控和疲劳恢复的重现，是非常重要的，甚至比训练负荷更为重要。

1. 自我监控

运动员可运用自我检查的方法，在训练日记中记录自己训练的状态、身体反应和健康状况；教练员可以通过以下内容和运动员配合实施监控。

（1）主观上：训练欲望、睡眠状况、食欲和排汗量的表现；

（2）客观上：脉搏、体重、脸色与对事物的表现。

2. 生理生化指标监控

（1）定期对血清 CK、LDH 进行测定，并对营养水平进行监控；

（2）心血管系统机能监控：日常的心率、血压、心电监控；

（3）血液载氧系统机能评定与监控，如血红蛋白、红细胞数量、压积及血清铁蛋白等；肝、肾及物质代谢的监控，如血尿素、尿蛋白及代谢产物等；

（4）内分泌系统的监控：阶段性血清总睾酮、游离睾酮、总皮质醇、总睾酮与总皮质醇的比值等。

三、竞走运动员的恢复训练

（一）恢复训练

运动训练就是要改变原有人体技能水平的，经过承受大负荷的刺激后使机体发生变化，同时产生机体的疲劳。疲劳会使机体的工作能力下降，经过适度的恢复训练，则可提升机体的技能水平，甚至超过原机体的运动能力，但不适宜的恢复或恢复训练不足、不当，反而会使机体产生劣变，机体运动能力难以提高，严重的会造成过度训练（或称过度疲劳）。对体能类耐力性竞走项目而言，恢复的意义显得更为重要。

青少年运动员训练易疲劳，也易恢复，但他们的负荷需要根据年龄、发育和训练年限不断变化，超越适宜负荷的训练，同样会带来过度疲劳，甚至导致机体患病或损伤，因此，青少年运动员的训练同样需要恢复训练。

（二）恢复训练原则

竞走项目的恢复不应局限在一般的手段上，首先要从训练周期上进行恢复训练的安排。在年度训练计划以上周期性训练计划中，要安排休整期或调整期；在阶段训练和课时训练中，应安排调整训练（周、课）或积极性休息等，一周中通常在周三或周四进行调整训练；一次课中，每一练习间歇的安排，也是一种恢复的手段，这是科学训练的体现，是完成限时训练和后继训练的保证。

不同训练内容负荷需要的恢复时间不同，注意科学控制训练节奏，重视利用生理、生化指标监控训练，确定下一组次的间歇与再启动，亦是恢复训练的体现；恢复手段的运用，是科学安排训练计划，取得良好训练效果的保证。

（三）青少年竞走恢复的方法与手段

周期训练和阶段训练过程出现的疲劳现象，主要通过训练监控认定身体疲劳程度，实施训练负荷的调整及训练节奏变换来实现恢复。

恢复的方法与手段基本包括了五个方面：训练周期恢复、训练自身恢复、借助性恢复、生理生化恢复和心理恢复。

（1）训练周期的恢复。在各训练周期中安排恢复手段，如奥运会、全运会后的一年作为调整恢复年；在年度比赛后安排休整期；在阶段训练周期中安排调整期；在周训练中安排的调整课；在课时训练中每一内容练习后及每组、次练习的间歇，均体现出运动训练的恢复措施。

（2）训练自身恢复。运动员训练后，通过慢跑、自我放松、自我拉伸练习、休息睡眠、游戏与文娱活动等方法进行自我调节性的恢复。

（3）借助性（物理性）恢复。通过双人相互拉伸、相互按摩和抖动，以及理疗、电光能疗、针灸、热水浴、桑拿浴等方法进行恢复；利用冷敷、冰敷防止受伤部位充血肿胀，以利于保证训练。

（4）生理生化恢复。青少年随年龄的不同，自身会产生调节功能；少年儿童生理生化恢复，主要利用充足的睡眠、食补、维生素、营养物质等在体内产生生理、生化效应来实现恢复。

（5）心理恢复。根据青少年发育的年龄和心理特点，他们尚难掌握心理恢复的意识，教练员利用词语暗示、关怀鼓励、情绪控制、思维转换、心理调节、改变训练环境、改变训练内容，甚至改变训练项目等多种方法，进行心理调整与恢复。

（四）青少年运动员身体机能恢复与评价

青少年运动员身体机能的恢复程度，在日常训练中教练员主要以心率恢复水平来判断。教练员通过个人的实践经验对运动员的面色、情绪、食欲、排汗状况和睡眠状况的分析，均可作为判断青少年运动员的恢复依据。

青少年运动员身体恢复状况可以通过心率、血液、尿样 3 个方面来检验，其检验内容很多，现推荐简易的常用方法以供教练员选用和参考（表 1-11）。

表 1-11　常用身体机能恢复的评价

心率	训练间歇后恢复快；晨脉恢复至正常值
血红蛋白	低于正常值（参考值：13.0 克/分升）机能属下降未恢复（男子低于 11.5 克/分升，女子低于 10.5 克/分升为缺血性贫血）
血乳酸	运动后血乳酸消除快，恢复时间短
血尿素	运动次日晨或训练周达 4~7 毫摩尔 /升以下，为机能恢复
尿蛋白	运动后 4 小时或次日晨尿蛋白消失是身体机能恢复的标志

四、竞走运动员的伤病防治

训练后机体产生疲劳属正常反应，但疲劳积累就会产生过度疲劳现象，使神经系统紊乱，心理系统产生逆反，生理系统疲劳会导致动作不协调，会发生肌肉、韧带和骨骼损伤，影响训练。这就需要建立训练预防与保障机制，防止机体出现不良的症状，造成过度疲劳和伤病。

（一）产生疲劳与伤病的主要原因

（1）运动负荷不当，疲劳积累，造成机体各系统紊乱，从而产生伤病；

（2）准备活动与放松整理活动不充分，运动时机体局部负担过重和运动技术错误而导致运动损伤；

（3）训练时动作不规范，甚至出现错误动作导致运动损伤；

（4）客观环境防备不足，如安全保护、天气变化和场地条件受限而造成运动损伤；

（5）着衣不顾及冷暖，餐饮不注意卫生，生活无规律及其他不良习惯引发了疾病。

（二）常见运动损伤

（1）训练负荷过大，生理生化指标不正常，出现运动性贫血现象，严重的会造成神经系统紊乱，出现过度疲劳。

（2）竞走运动员常见运动损伤主要出现在：髋关节、膝关节、踝关节、脚部肌肉韧带、胫骨前肌等部位；部分运动员还会出现坐骨神经、腰部肌肉或腰椎损伤等。

（3）青少年竞走运动员由于正处于发育阶段，骨骺尚未完全愈合，常会出现胫骨前肌、胫腓骨痛，严重者会出现胫腓骨骨膜炎；青少年还常出现足跟骨痛的现象，这是足跟骨骺尚未愈合发生的。

（三）应对措施

运动损伤发生后，应及时采取措施，防止伤病对运动员的机体带来破坏，影响正常训练，根据基地少儿发育特点应考虑以下应对措施。

（1）根据产生伤病的原因，采取有效的科研、防治和保障机制。

（2）加强科学研究，组织运动训练与监控科技服务，经常到训练场地，保障训练计划执行的科学性和竞走技术的规范性。

（3）每次训练课应做好准备活动。拉伸练习是有效预防肌肉、韧带损伤的方法；训练结束也应做相应的放松整理和拉伸活动。

（4）加强训练后的管理，教育青少年运动员养成有规律的生活习惯，注意学习、休息、娱乐、餐饮、更衣。

（5）发生急性损伤，需紧急处理，并及时送医疗室治疗。

（6）青少年竞走运动员出现胫腓骨骨膜炎、跟骨疼痛现象，主要是局部运动负荷过大、跑跳过多或硬地上跑跳过多，运动员正处于发育阶段，此时应调整练习手段和负荷量。

（7）伤病发生后，应积极治疗、康复，配合医生、教练员进行伤病外的局部训练以保证机体能力尽快恢复。

损伤的预防是非常重要的，教练员应加强运动员对防伤防病的认识，要让运动员认识到伤病会影响训练与比赛。

第二章 短跑

第一节 短跑项目特性与发展趋势

一、项目特性

短跑是短距离跑的简称。目前，国际田联承认的短跑世界纪录有 100 米、200 米、400 米和室内 50 米、60 米、200 米、400 米跑。

从能量供应角度看，短跑是一项以无氧供能为主，通过肌肉做功推动人体在单位时间内获得最长位移距离，即获得最高水平速度的速度力量型项目。

从动作形式看，短跑运动具有周期性运动的特点，即在跑动过程中，下肢的支撑与摆动、上肢的前摆与后摆都是循环往复、交替进行的。

由此可见，短跑是一项要求运动员以无氧供能为主，利用肌肉快速做功、以最短时间完成规定距离内向前移动的周期性速度项目。

为追求在最短时间内完成规定距离的比赛，选手需要具有良好的先天爆发力（肌肉快速收缩能力）、灵敏素质和心理素质，以及在对手面前勇敢拼搏的竞争意识。同时，运动员还需要通过长期科学、系统的训练，掌握经济实效的合理技术。只有技术合理了，才能最大程度地提高能量供应的效率。这些技术主要体现为以髋为轴，两大腿的高速摆动与两大腿的快速剪绞；在跑动中上、下肢的协调摆动，且摆动幅度大而有力；前脚着地“扒地”时动作积极主动；在高速跑动中要保持放松等。其中，以髋为轴的高速摆动——平动运动成为短跑运动技术的核心。

因此，强大的肌肉爆发力和快速收缩能力、合理的跑动技术、良好的和灵敏性及稳定的心理状态、强烈的竞争意识和自我调节能力是从事短跑运动必须具备的条件。

二、发展趋势

1. 短跑技术与运动员个人特点的结合程度日趋完善

短跑运动强调伸髋和积极落地，这两项关键技术是优秀短跑运动员在技术方面的共性。随着短跑运动的进一步发展，一些优秀短跑运动员个性化技术逐渐表现出来。总体来看，国际高水平短跑选手追求运动技术的实效，体现出共性技术与个人特点有机结合的发展趋势。

2. 专项力量训练的手段、方法有了进一步的发展

自20世纪60年代后期，国际短跑运动水平整体持续进步。之所以会出现这样的现象，与该项目专项力量训练上的科学完善有着密切的关系。其中，在近20年中，我国短跑运动界在力量训练方面努力钻研，大胆创新，并取得了一些进步。因此，在专项力量训练的手段、方法及安排等方面进一步做出努力，将是短跑运动技术进步和发展的主要动力，青少年在专项力量训练时要以技术环节为重点来训练。

3. 练赛结合突破了传统的训练周期理论的束缚

二十多年来，国际田联采取一系列措施将田径运动推向市场，在市场机制的推动下，不仅使运动员获得了更多的参赛机会和选择余地，而且使训练和比赛更加紧密地融为一体，直接引发了训练领域内的一场变革，使包括短跑在内的许多田径项目突破了传统训练周期理论的束缚。短跑训练安排向着小周期、短节奏、多课次、适当缩短单课训练时间、每次训练任务相对集中和单一，以质量为中心进行要求、训练手段更趋于专项化及尽可能多地参加比赛、注重及时恢复等特点和方向发展，青少年根据情况来制定符合自己的训练周期和参赛次数。

4. 多学科综合研究参与训练工作

运动训练是一个复杂的系统工程，相应地，短跑训练应需要多学科间相互配合与合作。在现代短跑运动中，也不断出现更多有科技含量的投入。科学技术在短跑训练中的投入与引用，使得短跑训练在宏观安排与微观指导方面都取得了巨大进步，这都使得短跑训练质量得到了整体提升，运动成绩出现突破。因此，多学科综合研究成了发展短跑运动员竞技能力成为现代短跑运动发展的又一重要趋势。

5. 更加重视训练后的恢复工作

没有训练，就没有提高；没有训练后的良好恢复，同样不会有运动成绩的提高。

在过去短跑运动发展过程中，运动员训练后的身心恢复曾被人们视为训练范畴之外的事情而被忽视。但事实并非如此，随着短跑运动成绩不断提高、现代科技的不断发展，人们越来越意识到恢复对训练效果的重要性。恢复是与训练相互关联的，它是训练的一种延续，同时又是连接不同训练的纽带。尤其在国际短跑运动竞争日趋激烈的今天，没有恢复，就不能为次日的训练打好基础，更不会在训练中取得良好的训练效果。因此，训练与恢复应在竞技体育中具有同等重要的地位。运动员在制订训练计划、执行训练安排的过程中，必须认真考虑，将训练与恢复两个环节有机结合。

6. 加速距离延长，最大速度加快

近些年来，随着更多先进科技的介入，国际短跑运动在成绩方面不断突破。体现在运动比赛方面，便是加速距离逐渐延长，途中跑速度再次提高，这使得运动成绩整体提高。尤其在百米短跑运动中，加速距离由过去 50~60 米增加到 60~70 米，最大速度更是达到 12. 42 米/秒。这使得百米运动的速度更加接近人类极限。

第二节　短跑技术

一、短跑技术的分类

依据短跑运动员在不同距离比赛中的表现形式，可将短跑技术分为起跑、起跑后的加速跑、途中跑和终点跑技术。另外，协调放松跑技术、全程跑速分配和弯道跑技术及接力跑技术等也是短跑技术的组成部分。

二、短跑技术的要点

(一) 起跑技术要点

起跑是运动员实现由静止状态向运动状态迅速过渡的过程。起跑技术的好坏，将会对起跑后的加速跑技术产生直接影响，甚至，还会在一定程度上影响途中跑与后程冲刺跑的技术效果。通常，在短跑比赛中，采用蹲踞式起跑方式。起跑动作基本结构包括“各就位”“预备”后蹬起跑器和加速几个环节。短跑起跑技术要点主要包括以下几方面（图 2-1）。

（1）在比赛开始前，运动员需要形成最佳的起跑姿势。形成最佳起跑姿势是运动员完成理想起动加速目标的重要前提。其中，运动员可以通过调整前、后抵脚板间距离、抵脚板倾斜角度、抵脚板与起跑线间距离、双脚踩在抵脚板的位置、膝关节的弯曲角度等途径来实现这一目标。

（2）在做好预备姿势之后与发令枪发令之前，运动员需要精力集中。此时，运动员通常会应将注意力主要集中于枪响后即将进行的动作上，而不仅仅是枪声。在听到枪声后，两侧下肢应快速用力后蹬起跑器，实现强有力的蹬伸。

（3）选手在后蹬起跑器时，后侧下肢踝关节会做出由背屈向跖屈快速过渡的动作。待后侧下肢后蹬动作完成后，便迅速进入摆动状态。此时，选手应特别注意，摆动腿的前摆动作需要依靠摆动腿髋关节屈肌快速收缩发力来完成。在前摆过程中，摆动腿踝关节应尽量保持背屈，小腿避免向上撩，膝关节保持较大角度。这样，就使得摆动腿足部尽量贴近于地面，摆动腿重心较低，有利于前摆加速。通常，选手在蹬离起跑器后的第 3~4 步加速过程中，摆动腿均应放低重心，避免小腿向上折叠。

（4）在支撑腿完成起跑器蹬伸动作时，应与地面保持约 45°的倾斜角度。

（5）蹬离起跑器后的第一步，必须强调“短”与“快”，即步长要短、落地要快。

（6）选手在起跑加速过程中，上肢摆臂要有力并且做到放松，尤其在蹬离起跑器时，摆臂幅度相对较大。

（7）在身体起动时，应首先由前、后腿开始后蹬、前摆动作，而躯干应一直保持压低的姿势不变。

图 2–1　起跑技术

（二）加速跑技术要点

起跑后的加速跑是指“起跑步”到转入途中跑姿势的一个疾跑段。其任务主要是充分利用起跑所获得的初速度，通过持续加速跑，使人体奔跑速度尽快地接近或达到自己的最高速度。加速跑技术要点主要包括以下几个方面。

（1）为实现加大步频、加快步频、提高速度的目的，应该在此阶段充分利用大腿的前群肌肉强有力地收缩来完成蹬伸动作。

(2) 摆动腿向前高抬，然后积极快速下压，摆动腿迅速过渡为支撑腿。另外，在着地支撑瞬间，充分利用踝关节背屈—跖屈动作的快速伸缩复合效果，来加快步频，提高速度。

(3) 随速度加快，步幅加大，选手上体也逐渐抬起，由加速跑阶段平稳转入途中跑阶段。

(三) 途中跑技术要点

途中跑是短跑全程中距离最长、速度最快的跑段，也是最重要的跑段。途中跑的任务主要是继续提高跑速、尽可能较长距离地保持最高跑速。通常，正确的途中跑技术应具有自然流畅、节奏感强，向前实效性好、步幅大、步频快等特点。途中跑技术具体训练要点包括以下几个方面（图 2-2）。

(1) 在途中跑过程中，上体应保持正直或稍前倾，双眼平视前方，肩部放松，两臂有力地前后摆动，以此来保证完整技术具有较好的经济性与实效性。

(2) 支撑腿蹬离地面便迅速进入腾空阶段，此时，支撑腿转变为摆动腿。在后摆过程中，摆动腿小腿应避免出现向上撩的动作。

(3) 在摆动腿前摆过程中，充分利用髋部发力，大、小腿注意折叠，这样有利于缩小摆动半径，加快摆动速度。

(4) 在腾空阶段末端，摆动腿应积极主动地快速下压，并在着地之前，踝关节快速做出背屈—跖屈动作，充分利用小腿后群快速伸缩的效果，完成有力的扒地动作，缩短支撑时间。

图 2-2　途中跑技术

(四) 终点跑技术要点

冲刺跑是指在接近终点线至终点线的最后一个跑段，是途中跑的延续。其任务主要是尽力保持途中跑过程中已经获得的跑速和采用合理的撞线动作跑过终点线。在完成终点跑时，一定要注意身体放松。

(五) 弯道跑技术要点

由直道进入弯道后，运动员便开始弯道跑。由于人体沿着弯道做圆周运动时，需要一个向心力来克服圆周运动所产生的离心力。因此，需要运动员具备很好的弯道跑技术。在弯道跑时，运动员需要注意以下技术要点：

（1）身体向内倾斜，右肩稍高于左肩，右臂摆动幅度大于左臂。

（2）跑动时用左脚掌外侧着地，右脚掌内侧着地，沿跑道内侧向前跑进。

（六）全程跑技术要点

从全程短跑比赛来看，必须注意做好以下几个技术要点：

（1）起跑反应快，均匀加速。

（2）合理分配速度，注意全程节奏，加长最高速度跑进的距离。

（3）全程中没有明显的技术变形。

三、接力跑技术要点

接力跑是田径运动中唯一的集体类项目，既要求每个运动员具有较强的个人竞技能力，又需要运动员间具有很好的默契配合。因此，接力跑也是田径比赛中较受欢迎的体育项目。在夏季奥林匹克运动会比赛中，接力比赛设男子、女子 4×100 米、4×400 米项目。

在此，本书主要对 4×100 米项目的具体技术要求进行介绍。4×100 米接力技术包括短跑技术和传接棒技术。其中，该项目的技术重点在于传、接棒技术，它要求交、接棒队员之间在进行接力棒传递时协调配合，最终体现为以最快的速度、最短的时间、最舒服的方式成功完成接力棒的交接。近年来，4×100 米接力项目作为一项重要的集体项目，已成为我国短跑运动项目成绩走向世界的重要阶梯。

由比赛场地看，4×100 米接力项目共有 3 个接力区，每个接力区长度为 20 米。在 20 米接力区的起始端向后延长 10 米为预跑区。根据国际田联规定，接棒运动员可以在 10 米预跑区域内任选一处开始预跑，但交接棒动作必须在 20 米的接力区内完成。

1. 接力棒的握法

通常，在 4×100 米接力比赛中，不同运动员或运动队会采用不同的接力棒交接方式，同时，这也造成运动员在接力棒握法上存在一些差异。在此，对上挑式、下压式两种通用的交接棒方式中接力棒握法进行介绍。

（1）上挑式交接棒方式的接力棒握法：

接力棒置于食指、中指和无名指中间的位置，运动员握住棒的中端。

（2）下压式交接棒方式的接力棒握法：

接力棒置于拇指和食指中间的位置，握住棒的后端。

在交接棒过程中，第一、三棒运动员右手持棒，第二、四运动员左手持棒。

2. 起动时的身体姿态

第一棒运动员采用蹲踞式起跑，要求接力棒不得触及起跑线和起跑线前的地面，起跑技术与个人短跑比赛项目相同。

第二、四棒运动员预跑的位置位于靠跑道外侧的预跑线内（靠近接力区一端），正对内侧的第一、三棒运动员。右脚在前，左脚在后，前、后脚间距同蹲踞式起跑的距离，但左右宽度稍大，右手撑地，这样使身体保持平衡，身体重心稍偏右侧。

第三棒运动员位于跑道内侧，正对外侧的第二棒运动员。左脚在前，右脚在后，左手撑地，身体重心稍偏左侧，头部右转，目视传棒人的跑进和自己的起动标志线。

3. 助跑线的确定

助跑线的距离是由助跑区的后沿开始丈量。对于初学者而言，一般为 6 米左右，而高水平接力队员之间的助跑距离可达 9 米及 9 米以上。助跑线的确定因人而异，需要通过运动员之间长期的磨合训练最终确定。

在训练和比赛中，通常采用脚量法来确定这个距离，并用带有特殊颜色的胶带来做标记。

4. 传接棒的位置

在交接棒过程中，接棒运动员看到持棒运动员跑到起动标志线的标记处时，立即起动跑出。

4×100 米接力赛传、接棒的最佳位置应在接力区后 10 米，在接力区后 10 米区域内传、接棒队员的速度都能达到相对稳定的高速状态，即为传、接棒的最佳时机，这一最佳时机，一般约在接力区 14. 5 米处。如果在最佳时机完成交接棒，接力的整体成绩可以提高 0. 16~0. 22 秒。

5. 交接棒过程

在交接棒过程中采用的交接棒方式一般有三种，分别是上挑式、下压式和混合式。

（1）上挑式的技术要求：

接棒人的手臂自然向后伸展与髋部持平，掌心向后，手臂与躯干成 40°~45°，拇指与其他四指自然张开，虎口向下，传棒人将棒由下向前上方送到接棒人的手中。

上挑式传接棒的优点是接棒人向后伸手的动作比较自然，容易掌握；缺点是接棒后，接棒人的手握着接力棒的中断，为了避免在第三、四棒传、接棒时接棒人抓握的棒的前端部分越来越少而造成掉棒，需要在跑进中调整手握棒的部位，这容易引起掉棒。

（2）下压式的技术要求：接棒运动员的手向后伸展，保持水平，掌心向上，手臂与躯干成 50°~60°，手腕内旋，拇指与其他四指自然张开，虎口朝后。传棒运动员将棒的前端由上向下传到接棒人的手里。

下压式的优点是接棒人握住棒的一端，在下次传棒时把棒的另一端送到接棒人手中；缺点是接棒人的手腕动作较紧张。掌心朝上会引起身体前倾而影响其加速跑。

（3）混合式的技术要求：这种方法综合了上挑和下压式的优点，目前 4×100 米接力跑多采用混合式的传接棒方法。第一棒右手持棒起跑，沿弯道的内侧跑进，用上挑式将棒传给第二棒队员；第二棒用下压式将棒传给第三棒队员；第三棒队员沿弯道内侧跑进，用上挑式将棒传给第四棒队员，最后一棒运动员一直跑到终点。

在交接棒过程中，要求第三棒运动员切跑道内侧跑进，第二、四棒运动员切跑道外侧跑进，交接过程必须在接力区内完成；交接的过程节奏要快而迅速。

6. 接力成员的配置

4×100 米接力项目由 4 名短跑队员组成，在确定接力组合时，首先选定速度最快的 4 名队员，同时还要考虑到每个人的性格特点和技术特点（起跑的能力、弯道技术、后程加速能力等），最后确定棒次安排。

（1）第一棒运动员持棒跑动的距离为 106～108 米，所以，第一棒运动员应该是起跑好、擅长弯道技术、比赛发挥稳定、沉着冷静、具有良好心理素质的队员，他的良好表现会对全队士气和信心的鼓舞起到关键作用。

（2）第二棒运动员持棒跑的距离为 126～128 米，所以第二棒运动员应是全队速度能力最好的，并具有强烈的进取心和个性的选手，具备头脑清晰，传接技术全面和经验丰富的特点。

（3）第三棒运动员持棒跑的距离为 126～128 米，所以第三棒运动员应擅长弯道技术，传接棒技术好，并且是 200 米的专项选手最为合适。他肩负着前两棒运动员领先时要保持和扩大优势，而落后时能够奋力追赶的重任。

（4）第四棒运动员实际跑动距离约为 120 米，第四棒运动员应有稳定的竞争能力，心理状态沉着冷静，并有十分顽强的拼搏精神。

四、青少年短跑运动员各年龄段技术要求

（一）青少年短跑运动员各年龄段的划分与各年龄段的生理特点

通常根据青少年短跑运动员的年龄分布，大致可将其划分为三个训练阶段，主要有初选阶段，年龄为 12～13 岁；重点选拔阶段，年龄为 14～15 岁；优选阶段，年龄为 16～17 岁。其中，各年龄段运动员生理特点如下。

（1）初选阶段：12～13 岁。

①生长发育特点：男子处在青春发育前期，女子已进入青春发育期，身体形态发

育出现突增现象。

②骼和肌肉特点：骨骼富有弹性，但硬度小；肌纤维较细，肌力弱、易疲劳，身体各部肌肉发育不平衡。

③血管系统特点：心脏发育尚未完善，心容量较小，心率较快，但血管发育较好，血管壁弹性好，部分运动员开始出现青春期高血压。

④神经系统特点：神经活动过程不稳定，兴奋和抑制过程在皮质很容易扩散，表现为活泼好动，注意力易分散，动作不协调、不准确。分化能力尚不完善，掌握复杂精细动作困难，但女子分化抑制发展较早。

（2）重点选拔阶段：14~15岁。

①生长发育特点：男子进入青春发育期，身体形态有明显的变化。女子发育则渐趋平衡稳定，男女差异加大。

②骨骼和肌肉特点：男子肌肉生长落后于骨骼的生长，肌力和耐力都较差，关节柔韧性下降。

③血管系统特点：心容量相对较小，心脏收缩力量较差，心率较快，心脏调节功能尚未完善，出现青春期高血压的运动员增多。

④神经系统特点：神经活动过程趋于稳定，反应潜伏期缩短，分化能力提高，皮质抑制调节机能达到一定强度，综合分析能力明显提高，但分化能力尚不完善。青春期神经系统受内分泌腺活动的影响，会使稳定性暂时下降，少数表现出动作不协调的现象，少女更明显。

（3）优选阶段：16~17岁。

①生长发育特点：男子生长发育虽然趋于相对稳定、缓慢阶段，但仍有发展空间，女子发育则基本停滞。

②骼和肌肉特点：骨质钙化作用增强，骨的坚固性和负重能力增强，肌肉横向发展较快，小肌肉群也迅速发育，是躯干力量增长最快的时期，因肌力增长造成柔韧性下降。

③心血管系统特点：男女心血管系统的发育趋于完善和稳定。

④神经系统特点：男女均处于稳定阶段，分化能力进一步完善，能掌握和完成复杂精细的动作。

（二）各年龄段青少年短跑运动员技术要点

（1）12~13岁。

①全面发展运动员的身体素质，提高运动员的速度、灵敏和柔韧素质。

②初步掌握基本技术，培养运动兴趣。

③培养运动员高尚的道德和意志品质。

（2）14~15岁。

①建立正确的技术概念，学习跑的基本技术，适量安排各种短跑专门性技术性

练习。

②学习站立式起跑技术和加速跑技术，掌握正确的起跑技术和逐渐加速的方法。

③学习用前脚掌着地跑，跑直线。

④协调的摆臂动作，要求以肩关节为轴，肘的动作要小。

⑤支撑腿离地瞬间，髋、踝关节充分伸展。

⑥摆动阶段大小腿充分折叠。

⑦前摆阶段高抬大腿。

⑧摆动腿着地前小腿放松积极扒地。

（3）16~17岁。

①掌握正确的短跑基本技术。

②掌握蹲踞式起跑技术。

③提高加速能力，提高绝对速度能力。

第三节　短跑运动员选材

一、选材的主要因素

依据优秀短跑运动员竞技能力结构特点与青少年生长发育规律，结合短跑运动训练与比赛实践，认为在短跑运动员选材工作开展时，需要考虑以下几点因素：

（1）身体形态：身材匀称，中等以上身高，下肢较长，大小腿长度比值小，骨盆狭窄，跟腱较长。肌肉富有弹性，呈束状、皮下脂肪较少，瘦体重相对较大。臀纹线较高，臀部上翘，臀后、骨盆的纵轴短。

（2）身体素质：身体素质是人体各方面机能的综合反映，在短跑训练中占有重要的位置。短跑项目要求青少年运动员速度、爆发力较突出，身体素质起点水平较高，增长速度快，关节灵活、柔韧性较好，动作协调灵敏。

（3）身体机能：短跑项目要求青少年运动员磷酸原系统供能能力强，能承受较大强度运动负荷而不易疲劳，体内血红蛋白、血尿素及血睾酮含量较高。

（4）运动技术：跑的动作自然、合理、协调，步频较快、步幅开阔，向前性好，支撑时间短。

（5）心理特征：心理特征包括神经类型、性格类型、能力类型、兴趣类型四个方面。短跑运动员的个性心理特征应是神经兴奋性（又称胆汁质），自信心强、意志顽强，有较好的集中注意的能力及集中用力的能力，神经系统兴奋与抑制均衡，思维敏捷灵活，抗干扰能力强，反应速度快，速度感觉好，竞争意识强。

（6）其他因素，如对短跑有浓厚的兴趣等。

二、选材指标

根据国家体育总局竞赛年龄分组规定，将青少年短跑运动员的选材工作分为三个阶段：初选阶段（12~13 岁）、重点选拔阶段（14~15 岁）、优选阶段（16~17 岁）。其中，针对不同年龄段选手进行选材时，所参考的选材重点、选材指标与标准具有一定的差异，具体内容见表 2-1。

表 2-1　各选材阶段的选材指标和标准

阶段	选材重点	选材指标与标准					
		类别	内容	100 米		200 米	
				男	女	男	女
初选阶段 12~13 岁	(1) 选择身体形态匀称，跑跳能力较强、速度素质和动作协调性较好、心理品质优良的少年儿童参加短跑的基础训练 (2) 评定少年儿童发育程度和遗传因素影响较大的各项指标 (3) 反应快、心理稳定、活泼好动、接受能力强 (4) 动作协调放松、支撑时间短、蹬摆快 (5) 选材标准应适当放宽，各项指标达到中等水平	身体形态	身高（厘米）	160~165	155~160	160~165	155~160
			大腿长/（小腿长加足高）×100	≤95	≤96	≤95	≤96
			下肢长 B/身高×100	≥51	≥51	≥51	≥51
		机能	心功指数	≤10	≤10	≤10	≤10
		身体素质与专项成绩	60 米跑（秒）	8.0	9.0	8.0	9.0
			100 米跑（秒）	13.00	14.00	13.50	14.50
			立定跳（米）	2.20	1.80	2.10	1.60
			立定三级跳（米）	6.60	5.60	6.60	5.60
			后抛实心球（2 千克）	7.50	6.50	7.00	6.00
重点选拔阶段 14~15 岁	(1) 对经过一段时间训练的初选对象再次进行评定，选拔出在短跑项目上有潜力的少年继续从事短跑训练 (2) 重点评定身体形态、身体素质增长速度，鉴定发育期长短 (3) 评定学习基本技术的接受能力、心理适应能力和意志品质 (4) 心理健康、自信、吃苦耐劳、勇于拼搏、接受能力强、速度感觉好	身体形态	身高（厘米）	165~175	160~165	165~170	160~165
			大腿长/（小腿长+足高）×100	≤95	≤95	≤95	≤95
			下肢长 B/身高×100	≥51	≥51.5	≥52	≥52
		机能	心功指数	≤6	≤6	≤6	≤6
		身体素质与专项成绩	60 米跑（秒）	6.80	7.20	7.30	7.70
			100 米跑（秒）	11.60	8.00	11.80	13.00
			300 米跑（秒）	37.00	7.00	37.00	41.00
			400 米跑（秒）			54.0	1：03.0
			立定三级跳（米）	8.20	7.20	7.80	6.60

（续表）

阶段	选材重点	选材指标与标准					
重点选拔阶段14~15岁	（5）全程节奏好、动作协调放松、步频快、步幅大、向前性好	身体素质与专项成绩	后抛铅球（米）	11.00	8.00	10.50	7.50
			前抛铅球（米）	10.00	7.00	9.00	6.00
优选阶段16~17岁	（1）此阶段为决定性阶段，应更加细致地了解各项指标的增长速度，从整体上分析各项指标的发展水平 （2）以世界优秀运动员的模型特征评价受试者的专项成绩、身体素质和技术，选拔能够达到奋斗目标的青少年选手 （3）专项素质和专项成绩水平进步较快，具有较好的心理控制能力 （4）具有坚定的事业心、参加不同规模比赛的心理控制能力、承受较大训练强度的心理负荷能力 起跑能力、加速度效果好、全程节奏好、蹬摆速度快、动作放松	身体形态	身高（厘米）	170~175	165~168	170~180	165~170
			大腿长/（小腿长加足高）×100	≤95	≤95	≤95	≤95
			下肢长B/身高×100	≥51.5	≥51.5	≥51.5	≥51.5
		机能	心功指数	≤4.0	≤4.0	≤4.0	≤4.0
		身体素质与专项成绩	60米跑（秒）	6.50	7.30	6.70	7.50
			100米跑（秒）	10.90	12.40	11.00	12.30
			300米跑（秒）	35.70	39.70	35.50	39.50
			400米跑（秒）			49.80	58.05
			助跑十级跳（米）	32	27.00	30.00	26.50
			后抛铅球（米）	15.00	11.00	14.00	11.00
			前抛铅球（米）	14.00	10.00	13.00	8.00
		运动技术	步长/身高×100	≥1.10	≥1.07	≥1.10	≥1.07
			步频指数	≥8.0	≥7.4	≥8.0	≥7.4

注：凡60米和300米均为站立式起跑手计时，100米、200米和400米均为电计时。步频指数=步频×身高。男子和女子12~13岁组为2千克实心球，其他年龄组男女均为4千克铅球。

第四节 短跑运动员各年龄阶段训练任务与要求

不同年龄段的青少年运动员，在生理、心理等方面有着不同的特点。因此，在训练过程中，应根据运动员的自身特点来制定不同的训练任务，提出相应的训练要求。

其中，12~13 岁、14~15 岁、16~17 岁三个年龄阶段的短跑运动员训练任务与训练要求具体情况见表 2-2。

表 2-2　各训练阶段的训练任务和要求

	训练任务	训练要求
初级阶段 12~13 岁	（1）全面发展运动员的身体素质，提高运动员的速度能力、灵敏性和柔韧性 （2）初步掌握短跑基本技术，培养兴趣	（1）根据该年龄段的生理、心理特点，训练采用多样化的手段，发展基本技能、技巧和心肺功能 （2）着重发展速度、弹跳、灵敏、柔韧等素质 （3）培养正确的投掷意识和良好的意志品质 （4）训练负荷不宜过大，保持运动员的练习兴趣，防止训练成人化
基础训练阶段 14~15 岁	（1）全面提高运动员的身体健康水平 （2）全面发展短跑运动员的身体素质，着重培养运动员的节奏感、动作速率和爆发力 （3）学习正确的短跑基本技术和蹲踞式起跑技术 （4）学习与掌握跨栏、跳远、前后抛铅球等项目的基本技术 （5）培养良好的思想道德和意志品质 （6）评价专项潜在能力，为确定专项提供依据	（1）采用跑、跳、投和体操、球类活动或各类游戏，全面发展各项素质和一般技能，特别注意发展爆发力、踝关节力量 （2）采用各种跳跃和轻器械练习发展力量，开始进行大腿后肌群和韧带的柔韧练习 （3）多采用示范、观摩、观看录像等手段，帮助少年儿童掌握正确的短跑技术 （4）严格控制训练负荷，以利于少年儿童的正常发育和自然增长 （5）使运动员掌握协调、放松、自然的快跑技术，适当进行快速跑练习（注意反应速度、加速能力和最大速度的不同要求） （6）加强思想教育和生活管理
初级专项训练阶段 16~17 岁	（1）在进一步发展一般素质的基础上，逐步加强发展短跑的专项速度 （2）进一步巩固和提高跨栏、跳远、前后抛铅球等项目的基本技术 （3）进行初步的短跑专项训练，掌握跑的全程技术 （4）加强运动员的心理素质的培养 （5）了解和学习短跑的基本知识	（1）在全面训练的基础上，逐步增加专项训练的内容与手段，发展和提高专项素质 （2）注意协调发展运动员上下肢的各肌群。在加强大腿后群肌肉和韧带的柔韧性训练基础上，开始进行大腿后肌群力量练习 （3）要求运动员在快速训练中体会和发展协调放松技术，逐步形成正确的短跑技术 （4）逐步增加训练负荷，适当提高训练强度 （5）通过训练和比赛，提高技术水平和心理适应能力 （6）提高有氧能力

第五节 短跑运动员的专项素质、专项指标和训练负荷

一、各年龄段青少年短跑运动员的专项素质、专项指标（表 2-3、表 2-4）

表 2-3 各阶段身体素质测试内容与指标

年龄		12~13 岁		14~15 岁		16~17 岁	
性别		男	女	男	女	男	女
站立式 30 米（秒）	优	4. 30	4. 50	3. 80	4. 10	3. 60	3. 90
	良	4. 50	4. 70	3. 90	4. 30	3. 80	4. 10
	及格	4. 70	4. 90	4. 10	4. 40	3. 90	4. 20
站立式 60 米（秒）	优	8. 00	9. 00	6. 80	7. 60	6. 50	7. 30
	良	8. 50	9. 50	7. 00	7. 80	6. 70	7. 50
	及格	9. 00	10. 00	7. 30	8. 10	6. 90	7. 80
立定跳（米）	优	2. 20	1. 80	2. 70	2. 40	2. 95	2. 65
	良	2. 10	1. 70	2. 60	2. 30	2. 80	2. 50
	及格	2. 00	1. 60	2. 40	2. 10	2. 60	2. 30
立定三级跳（米）	优	6. 60	5. 60	8. 20	7. 20	9. 10	7. 80
	良	6. 30	5. 20	7. 90	6. 80	8. 80	7. 50
	及格	6. 00	4. 90	7. 40	6. 40	8. 20	7. 10
助跑十级跨步跳（米）	优					32. 00	28. 00
	良					29. 00	25. 00
	及格					27. 00	24. 00
后抛实心球（2 千克、米）	优	7. 50	6. 50				
	良	7. 20	6. 20				
	及格	6. 50	6. 00				
后抛铅球（4 千克、米）	优			11. 00	8. 00	15. 00	11. 00
	良			10. 00	7. 00	13. 00	9. 00
	及格			9. 00	6. 00	11. 00	8. 00

（续表）

年龄		12~13 岁		14~15 岁		16~17 岁	
性别		男	女	男	女	男	女
前抛铅球（4 千克、米）	优			10.00	7.00	14.00	10.00
	良			9.00	6.00	13.00	8.00
	及格			8.00	5.00	12.00	7.00

注：凡时间均为手计时站立式起动，抛球项目可以无障碍界线抛。

表 2-4　各阶段专项测试内容与指标

年龄		12~13 岁		14~15 岁		16~17 岁	
性别		男	女	男	女	男	女
100 米（电计时、秒）	优	13.00	14.00	11.60	12.80	10.90	12.40
	良	13.80	14.70	11.80	13.05	11.20	12.65
	及格	14.50	15.20	12.20	13.40	11.60	12.95
200 米（电计时、秒）	优			23.40	26.00	21.90	25.35
	良			23.80	26.50	22.40	26.20
	及格			24.00	27.20	23.10	27.35
150 米（手计时、站立式起动、秒）	优			17.30	18.90	16.40	18.20
	良			17.70	19.20	16.70	18.70
	及格			18.20	19.60	17.20	19.30
300 米（手计时、站立式起动、秒）	优			37.00	41.50	35.70	39.70
	良			38.00	43.00	36.50	41.50
	及格			39.60	45.00	37.20	43.00
400 米（电计时、分秒）	优			54.00	1：03.00	49.85	58.05
	良			56.00	1：05.00	50.50	59.15
	及格			58.00	1：08.00	52.00	1：02.00

二、各年龄段青少年短跑运动员的训练负荷（表 2-5）

表 2-5　各训练阶段的训练负荷

	基础训练阶段 13~15 岁	初级专项训练阶段 16~17 岁
一次训练课（时间）	1~1.5	1.5~2

（续表）

		基础训练阶段 13~15 岁	初级专项训练阶段 16~17 岁
每周训练次数		4~5	6~8
年训练次数		200~240	260~300
年比赛次数		6~8	8~10
训练比例	身体素质	60%	40%
	专项素质	20%	30%
	专项技术	20%	30%
年快跑量（千米）		30~40	60~80
技术训练量（千米）		20~30	30~40
速度耐力量（千米）		10~20	30~40

注：三集中和省市体育运动学校可以根据情况增加训练时间和训练课次。

三、各年龄段青少年短跑运动员训练负荷的基本要求

1. 短跑运动员的初级阶段（12~13 岁）

（1）全年下来，每周安排 4~5 次训练课，其中，每周进行 2~3 次的以提高协调能力和快速能力为主的训练课。

（2）快速能力的训练要在充分热身之后进行，不应在身体处于疲劳状态时进行。

（3）在进行快速能力训练时，注意力要集中，做到全身心投入。

（4）在距离设置方面，快速能力训练不要长于 60 米。

（5）在基础训练的开始阶段，一堂训练课的最大速度或快速能力的训练不超过 150 米，在结束阶段不超过 300 米。

（6）训练指南：

①每次训练课都要安排技术训练内容。

②在安静的环境下练技术。

③逐渐提高训练课的强度、运动量和跑的距离。

通过此阶段训练，青少年短跑运动员应该打下了坚实的基础，体现为拥有较快的步频、较大的步幅，且总体看来步频与步长有着较为适宜的配比关系。这一适宜配比关系，促使选手在跑动过程中动作放松、自然流畅。另外，在此阶段安排青少年短跑运动员进行训练时，建议以班级、学校、业余体校、区县为单位组织接力比赛，这样可以培养运动员的集体主义精神，使他们具有更强的责任感，进而调动他们自主训练

的积极性。总之，这样训练的话，既对运动员的成绩提高有帮助，而且还会在心理方面给予他们更强的自信心。

在此阶段制订短跑训练计划时，应从两方面确定训练目标。一方面是短期内整体训练水平要提高，另一方面是从长远角度看，运动员能力与成绩具有较大的提升空间。应该基于这两点，对训练的形式、方法、手段、负荷等进行相应的选择与安排。另外，在此阶段训练中，应避免训练量过大，训练内容则应以趣味游戏为主，采用团队竞争与个人竞争两种方式。这样能激发起他们对短跑运动的兴趣，进而提高每堂课的训练质量与训练效率。

2. 短跑运动员的基础训练阶段（14~15 岁）

对于 14~15 岁年龄段的短跑运动员来说，每周训练课应安排 6~7 次，其中，每周安排专项训练课 2~3 次。在训练过程中，应坚持在全面训练的基础上，逐渐增加专项训练的内容和手段，开始发展和提高专项素质；协调地发展运动员上、下肢肌肉力量，在快速跑中体会协调和放松的技术，逐渐形成正确的短跑技术；逐渐增加训练负荷，适当地提高训练强度。通过训练和比赛提高心理的适应能力。

（1）通过大量系统的技术性训练形成正确的技术概念和动力定型，提高快速奔路的能力。

（2）全面的身体肌肉负荷和训练。

（3）加强腿部后群肌肉和韧带的柔韧性训练。

（4）提高有氧能力。

（5）逐渐增加专项训练的内容和比例。

（6）通过比赛提高技术和心理水平。

3. 短跑运动员专项训练的基础和发展阶段（16~17 岁）

16~17 岁的青少年短跑运动员阶段应根据运动员本身的特点划分为短跑（100 米、200 米），长短跑（400 米）。训练课次增加至 6~8 次/周，专项训练课安排 3~4 次。通过训练主要提高短距离跑的能力、加速能力，实现因人而异的较稳定的理想技术。训练课的时间、密度、数量和质量也应系统地提高。这个阶段的青少年短跑运动员通过不同级别比赛要丰富自己的参赛经验，体会高水平的竞技感觉。他们中间的优秀者将有资格参加市、省级青少年田径运动会，全国青年田径锦标赛，亚洲青年田径锦标赛，甚至世界青年田径锦标赛。

专项训练的主要任务：①蹲踞式起跑后的速度提高；②达到尽量高的最大速度，且达到最大速度的距离应尽量长；③达到最大速度后的速度下降尽可能地少、慢；④正确地学习和掌握弯道跑的技术。

这个阶段训练框架重点是加速和最大速度阶段曲线的提高。在这个训练阶段之后，女生的最大速度可从 8 米/秒提高到 9 米/秒，而男生的最大速度可在训练阶段结束之后提高到 10 米/秒。这个阶段运动成绩的提高主要通过三个明显的标志来达到：①快速能力的提高；②纠正错误的动作，形成正确的技术；③训练后表现出的低乳酸能力。

四、各年龄段青少年短跑运动员竞赛安排要求（表 2–6）

表 2–6 各训练阶段的竞赛安排与要求

训练阶段	竞赛安排	竞赛要求
基础训练阶段 14~15 岁	6~8 次	本阶段运动员的主要任务是学习和掌握短跑的基本技术，形成良好的技术动力定型。根据年龄小、专项运动水平低但可塑性强的特点，应参加多种项目的比赛、测验或对抗性游戏等，以丰富的多种竞赛手段，培养运动员的训练热情和兴趣，促进身体健康水平和相应的身体素质的正常发育
初级专项训练阶段 16~17 岁	8~10 次	本阶段是运动员身体发育的敏感期，也是短跑基本技术大致形成的重要阶段。适当增加比赛次数并且以正式专项距离为主，目的是通过比赛检查和发现训练中存在的问题，提出更高的要求，使运动员达到本年龄段应该达到的专项成绩、技术要求和素质水平，需要注意的是，在这一阶段运动员专项成绩提高的过程中，包含着身体自然增长的因素，须特别注意不能以过度的竞赛成绩要求破坏身体的自然增长规律

第六节 短跑训练手段

一、跑的专门练习

（1）小步跑：以膝关节为中心，放松用力，踝关节灵活地发力蹬扒地面，步长以一脚为宜，逐渐提高动作的速度，主要提高踝关节的灵活性，快速屈、伸的能力，以及与全身动作配合的协调能力，在技术上要体现出积极着地的要求。

（2）高抬腿跑：膝关节抬至腰部，然后大腿迅速下压，并且膝关节要快速伸展，使小腿做出放松鞭打的动作。上体稍前倾，以腰为中心，摆臂幅度小而迅速为宜，主要训练摆、抬腿的屈髋肌群的力量，完整动作的协调能力，踝关节的支撑能力。

（3）跨步跳：在空中分腿，腾空要高，摆动腿充分前摆，向前送髋，支撑腿髋关节充分蹬伸，膝关节弯曲。支撑腿的蹬伸展髋动作幅度大是保证连续、快速完成分腿跨步腾跃的条件，主要训练腿部的弹跳能力，伸髋的力量，全身的协调能力。

（4）车轮跑：身体正直或稍后仰，髋关节周围肌群发力，膝关节高抬尽量接近胸口，大小腿充分折叠，膝关节放松大腿积极用力前伸，小腿伸出积极下压呈鞭打动作，主要训练髋关节的灵活性，小腿的鞭打下扒动作和踝关节的高支撑能力。

（5）后蹬跑：主要训练踝、膝关节的快速屈、伸能力。

（6）后踢腿跑：主要训练大小腿的折叠能力，动作的协调性。

二、协调跑的专门练习

（1）将不同形式的专门性跑练习进行串联，如小步跑 20 米+高抬腿 20 米+车轮跑 20 米+正常跑 20 米等。

（2）前倾高抬腿跑 20 米+正常跑 50 米。

（3）向不同方向跑。

（4）节奏跑，如与同伴同组跑，按照相同的步长和步频跑。

（5）改变步态跑，如配合节奏变快和变慢步频，加长或缩小步长的跑动。

（6）通过在跑道上摆设标记物和专用器械，控制步长和步频的标记跑。

（7）在不同的场地和质地上训练，如在沙滩、雪地、软道、山路等地训练。

三、不同要求跑的训练手段

1. 短距离的间歇跑

（1）练习方法：

①站立式起跑 30—40—50—60—80—100 米。

②蹲踞式起跑 30—40—60 米。

③行进间跑 30—40—60—80—100 米。

（2）练习要求：

①强度大，密度小。

②间歇跑时，必须等到脉搏恢复到一定程度后再进行下一次跑，每次跑都要求达到最大速度或规定时间。

（3）练习作用：发展加速能力和最高速度能力。

2. 不同距离的重复跑

（1）练习方法：练习距离包括 100 米、120 米、150 米、200 米、300 米、350 米、400 米和 500 米。

（2）练习要求：

①多采用放松中速匀速跑或放松中快速匀速跑

②改进跑的技术时，一般不要求选手进行全力跑。

③少年儿童不宜用极限强度进行快速跑。

④可以采用监控运动员脉搏的方式来作为间歇时间控制的依据。

（3）练习作用：发展速度能力和保持速度的能力，以及改进跑的技术和掌握正确节奏。

3. 不同距离组合的重复跑

（1）练习方法：

①从短到长，如 60 米跑、100 米跑和 250 米跑各一次。

②从长到短，如 500 米跑、300 米跑和 100 米跑各一次。

③从短到长到短，如 60 米跑、100 米跑、300 米跑、100 米跑和 60 米跑各一次。

（2）练习要求：

①可根据练习者的特点选择不同的距离进行组合。

②多采用放松中速跑和放松中快速匀速跑。

③在一定量的基础上，规定密度要求，以达到一定的练习要求。

（3）练习作用：发展速度耐力和改进跑的技术。

4. 不同距离的变速跑

（1）练习方法：

①一般快跑段用 50~200 米，如（100 米快跑 + 100 米慢跑）8 次为一组。

②快跑有时间要求，慢跑自由，如 50 米快跑（8 秒完成）+ 50 米慢跑（时间不受限制）。

③快、慢跑都有时间要求，如 50 米快跑（8 秒完成）+ 50 米慢跑（30 秒完成）。

（2）练习要求：

①快跑段中用放松中速跑或中快速匀速跑，不宜采用大强度跑。

②间歇时间可根据练习者的速度能力确定，并逐渐缩短。

（3）练习作用：

①发展身体有氧代谢能力。

②发展速度能力。

5. 下坡跑

（1）练习方法：

①跑的距离为 50~100 米。

②跑道坡度为前 60 米为 1~3 度，后 40 米接近水平，且两端要有 40 米的余地。

（2）练习要求：

①保持一定的高速度跑进，同时要做到放松。

②为保护踝、膝关节，地面最好为土地或较松软的地面。

（3）练习作用：发展速度和提高快跑中的放松能力。

6. 越野跑

（1）练习方法：距离为3~10千米。

（2）练习要求：

①要求跑一定的距离或一定时间，但不要过分要求速度。

②早晨在公园或森林练习长跑，会取得更好的效果。

（3）练习作用：发展一般耐力。

7. 加速跑

（1）练习方法：

①通常加速跑的距离为60—80—100—120米。

②速度节奏为：匀速跑—较高速跑—放松惯性跑—第二次加速跑；加速跑—高速跑—放松惯性跑—加速跑—高速跑—放松惯性跑。

（2）练习要求：

①要用前脚掌着地，动作放松且富有弹性。

②在加速、高速和惯性跑中应保持基本动作不变形。

③第二次加速应比第一次加速的距离长一些，速度也应稍快些。

（3）练习作用：提高加速能力和放松能力。

8. 抗阻起跑练习

（1）练习方法：

①拉橡皮条加速跑。练习者在腰部系一根橡皮条，有同伴或教练员在身后向反方向拉，给予阻力。

②拉雪橇加速练习。练习者拉雪橇，提高起跑加速能力。练习者可以根据自身运动水平与训练状态，在雪橇上附加不同的重量。

（2）练习要求：

①橡皮条的拉力不应过大，要随着练习者力量的增大逐渐增大。

②起跑时，保持正确的起跑技术。

③雪橇重量的选择应做到适宜。

④在练习起动加速能力时，选手摆动腿前摆时，一定要避免小腿向上撩，而是要求屈髋肌群快速前摆，摆动腿小腿贴近地面。

⑤通常要求运动员全力加速5秒时间。

（3）练习作用：

①发展起跑爆发力。

②体会蹲踞式起跑前 3~5 步的蹬摆配合技术。

③提高运动员无氧磷酸原供能能力。

9. 节奏跑

（1）练习方法：

在跑道放置多个标志物，如海绵块、标志盘等。根据标志物间的距离，来安排运动员进行节奏跑。通常，共放置标志物 15 个，首尾间总距离 30~40 米，每两个标志物间的距离可以根据运动员步长情况来具体安排。

（2）练习要求：

①由第一标志物至最后一个标志物，两标志物间距离有所增加。可以是逐渐增加，或前、后段分别采用同样的间距。

②根据不同练习目的，可以放置不同高度的标志物。

③可以借助下坡跑，在一定助跑速度下进行标志物间的节奏加速跑。

④在加速过程中，加强对速度变化的感受，提升加速节奏感。

⑤在加速过程中，要做出积极前摆并主动下压着地的动作，摆动腿后摆避免向上撩小腿，并且，在加速至最快时，应着重提高保持这一速度的能力。

四、跳跃练习训练手段

1. 跨步跳练习

（1）练习方法：

①规定级数的跨步跳，如立定十级跨步跳。

②规定距离的跨步跳，如 50~200 米的跨步跳。

③在一定助跑条件下的跨步跳，如 20 米助跑+六级跨步跳。

（2）练习要求：

①在完成跨步跳过程中，大腿应积极高抬并向前送髋，抬至最高位置后，大腿和小腿应迅速内收、积极下压，用全脚掌落地，充分发挥踝关节屈伸的快速伸缩复合能力。

②在完成第一种跨步跳时，应对运动员提出远度要求，而第二种跨步跳练习，则以远度为主，同时要求远度与速度有机结合。

③在采用长距离跨步跳练习时，运动员要有一个适应的过程，防止出现骨膜炎和小肌群受伤等现象。

④在进行助跑+跨步跳时，提示运动员要有节奏，注重上、下肢协调用力，以及踝关节充分发挥屈伸的快速伸缩复合能力。

（3）练习作用：发展快速力量和力量耐力。

2. 跳栏架练习

（1）练习方法：

①根据运动员的水平来确定栏架间的距离，一般可连续跳5~10个栏架。

②在练习时，两臂要积极摆动，两腿并拢跳，用前脚掌着地，着地后积极跳起。

③栏架的高度需要根据运动员的运动能力来确定，可以采用同一高度的多架栏，也可以各栏架高度依次升高。

④可以以5秒时间为一次练习持续时间，这样来确定跳跃栏架的次数，在这样的时间内进行快速发力，可以发展选手的磷酸原供能能力。

（2）练习要求：

①着重要求跳栏时的速度。

②教练员应注意在旁边保护。

（3）练习作用：发展髂腰肌和踝关节肌群快速伸缩力量。

3. 单腿跳箱练习

（1）练习要求：运动员一脚踩于跳箱上，一脚踩于地面。由置于跳箱上的下肢快速向上发力，同时，两臂协调向上摆动。左、右两侧分别完成8~12次。

（2）练习作用：发展运动员下肢快速伸缩力量及上、下肢的协调能力。

五、负重力量的训练手段（可用杠铃或其他器械）

1. 练习方法

（1）上肢和全身负重力量练习，如提拉杠铃、抓举杠铃、高翻杠铃、卧推杠铃等。

（2）下肢负重力量练习，如负重深蹲起、负重半蹲起、负重体前屈、负重足向上跳、负重弓箭步跳或走等。

2. 练习要求

（1）负重力量训练在准备期以量为主。

（2）在结束肌肉的“建设性”训练后，应转入大力量训练。

（3）在比赛期，力量训练的次数和负荷等应有显著地减少。

（4）注意力量发展的均衡性。

（5）接近专项用力需要。

3. 练习作用

发展基础力量。

六、其他训练手段

1. 前后抛铅球

(1) 练习方法:

双手握球上举，身体直立或稍前倾，两腿弯曲半蹲，全身协调用力，以最大力量将球向前或向后抛出。

(2) 练习要求:

①两腿充分蹬伸。

②可采用一定重量的实心球，并要求一定远度。

(3) 练习作用：发展爆发力和全身协调用力的能力。

2. 抬腿送髋传实心球

(1) 练习方法:

①两人面对面站立，将实心球放在后腿的髋关节处，并用同侧的手扶住球，向前抬腿时将沿着大腿向前滚动的球抛出。

②球抛出后向前跨一大步，成弓步着地，两腿交替做。

(2) 练习要求:

①抛球侧的髋积极前送，原支撑腿配合蹬地。

②上体保持正直不后仰。

(3) 练习作用:

①发展蹬腿、摆腿送髋的力量。

②加速蹬摆动作的配合。

第七节 短跑运动员的恢复训练与伤病预防

一、青少年短跑运动员身体机能的评定

科学训练离不开对运动员的竞技状态进行及时有效的监控，其中，对运动员身体机能进行定期评定就是为训练监控服务的。通常，对运动员身体机能进行评定的方式

主要有对生理生化指标的评定、运动员自我感觉及教育学观察等。由于运动训练是一个长时间系统过程，其中包括了多个训练周期。因此，对运动员机能评定的内容和计划，也应依据周期安排的特点来分层次、分阶段地实施，这样才实现训练监控有效服务于训练过程，达到提升训练质量这一根本目的（表 2-7）。

表 2-7　系统评定层次与短跑项目训练周期的关系

训练周期	系统评定	测试时间	主要指标
年周期	基础评定（双周期）	每周期结束后一周期开始前的调整期	最大摄氧量、心脏形态与功能、无氧功
小周期	阶段评定（数周～数月）	每个训练（比赛）小周期前（后）	血清睾酮（2~3 个月）、血红蛋白（5~10 天）、无氧功、心指数、反应时、免疫球蛋白
训练日	训练日评定	每日训练结束 1 小时后及次日晨	血尿素氮、磷酸肌酸酶、尿蛋白
训练课	训练课次评定	训练课中不同段落、强度、间隔时间后	心率、血乳酸

二、青少年短跑运动员股后肌群损伤的原因分析

股后肌群拉伤在短跑运动员训练和比赛中最为常见。由于短跑高速跑进中支撑腿支撑时间在 120 毫秒左右，时间短、速度快，股后肌群必须承受非常大的负荷，出现损伤的概率也很高。股后肌群在快速跑时通常出现在着地初期出现拉伤，在着地初期或者支撑前期肌力矩和外力矩都很大，股后肌群承受极大的负荷，这个时期是股后肌群损伤的高危阶段。因此，股后肌群力量不好且导致拉伤，是制约短跑成绩提高的重要因素。

（一）股后肌群的损伤原因

（1）对预防运动损伤的意义认识不足；
（2）下肢肌力发展不平衡；
（3）准备活动不充分；
（4）训练量过大及疲劳；
（5）股后肌群柔韧性差；
（6）肌肉的协调放松能力差。

（二）预防肌肉拉伤的措施

运动损伤的预防是针对运动损伤的原因而进行的。从运动损伤的特点和原因可知，

运动损伤的预防措施有以下几方面：

（1）加强防伤观念，时刻要有安全意识，克服麻痹思想；

（2）认真做好准备活动；

（3）合理安排好运动负荷；

（4）重视训练后的恢复放松；

（5）加强易伤部位的建设性训练；

（6）出现伤病后应及时治疗，在伤病恢复期间不宜进行大负荷训练。

（三）股后肌群损伤预防的练习手段

由于短跑运动员股后肌群损伤发生的时机主要在由向心收缩向离心收缩收缩过渡期，尤其在摆动腿快速伸膝着地时刻。此时，运动员股后肌群在克服离心做功方面力量不足的话，很容易出现拉伤现象。因此，在平时训练中，应加强对选手股后肌群离心收缩的训练。

力量训练是预防腘绳肌损伤的一种可靠方法。有一种北欧腘绳肌离心训练方法可以在 10 周内将腘绳肌力量提高 11%，将腘绳肌损伤发生率降低 57%。

发展专项能力、提高抗疲劳能力是预防腘绳肌损伤的有效策略，主要方法包括：增强腘绳肌力量、提高柔韧性、采取适当康复训练、穿热能裤、充分准备活动等。此外，尽量用闭链方式练习（如负重下蹲）下肢力量，避免用开链方式练习下肢力量（如坐姿伸膝），以防止腘绳肌/股四头肌比例失调。

北欧腘绳肌离心训练动作要领：运动员双膝跪在柔软稳定的地面上，助手握住运动员双腿，压向地面，固定。运动员重心前移，保持背部挺直，允许髋关节微屈，运动员要用腘绳肌对抗上半身前倒，时间越长越好，用上肢触地缓冲，身体下降到胸部接触地面，然后恢复开始姿势（图 2-3）。

图 2-3　北欧腘绳肌离心训练

第三章 中长跑

第一节 中长跑项目特性与发展趋势

一、项目特性

（一）中距离跑项目特性

现代成年800米优秀运动员无氧乳酸供能达到75%左右，成年1500米优秀运动员无氧乳酸供能达到65%左右。有氧供能占25%~35%。由于青少年中长跑运动员人体各个系统的发育不成熟、不完善，如心肺功能完全跟不上较长时间高强度运动的要求，青少年运动员心脏的每搏血液输出量、肺通气量等诸多指标都远远低于成年人，青少年选手完全依靠增加收缩频率提高总输出量，加上他们的心肌、血液、肌纤维等器官的水分远远多于成年人，所以青少年运动员的最大摄氧量的水平也远远低于成年中跑运动员，青少年中跑运动员的无氧乳酸供能仅仅达到25%~30%，年龄越小无氧乳酸供能越差。有氧供能占70%~75%，而且总负荷量也远远低于成年运动员。

（二）长距离跑项目特性

优秀成年长跑运动员以较大限度地提高个人最大摄氧量跑速（即有氧、无氧供能临界点的跑速）占60%左右。有氧供能占15%~20%用于调整跑。途中跑的变速跑，最后冲刺跑的无氧供能跑速占20%~25%，非乳酸能速度占5%~10%。

青少年长跑运动员的总跑量只有成年运动员的三分之一或二分之一，青少年长跑运动员有氧耐力跑占总跑量的比例为65%~75%，最大摄氧量跑速总跑量的比例占

25%~20%，非乳酸能无氧总跑量的比例占5%~10%。高乳酸能强度的训练负荷比例尽量少采用。

二、代谢特点

（一）中距离跑代谢特点

中跑体现的是高乳酸速度水平上的高速跑的代谢特征。成年优秀中跑运动员的乳酸值达到18~22毫摩尔/升，有的运动员更高。青少年运动员的乳酸值仅达到12~14毫摩尔/升。年龄越小，抗酸能力越差。如果我们采用过多的耐酸、抗酸训练必将导致青少年运动员的心肌、骨骼肌过早酸性化代谢特征，到了该出成绩的成年期这些运动员的运动水平却停滞不前。

（二）长距离跑代谢特点

成年优秀长跑运动员能够在较长时间高强度耐疲劳的跑速基础上突出专项耐酸的代谢特征。如成年长跑优秀运动员能在4~6毫摩尔/升乳酸值强度下完成40~60分钟的专项耐力跑；7~9毫摩尔/升乳酸值强度下完成15~25分钟的负荷量；10~12毫摩尔/升乳酸值强度下完成10~15分钟的负荷量。青少年运动员超过4毫摩尔/升乳酸值强度的负荷量呈现年龄越小其能力越差的代谢特征。

三、身体素质特点

（一）中距离跑特点

成年中跑运动员必须在遵循中跑专项供能特征和专项代谢特征的基础上不断提高大肌群力量耐力、速度力量等专项素质，并不断完善薄弱环节的专项身体素质，全面改进、提高途中跑技术，提高中跑专项速度的实效性。青少年中跑运动员由于肌肉组织的水分多，收缩力量、力量耐力等都远远差于成年选手，所以青少年中跑运动员重点突出小肌群力量素质，突出神经系统的速率、动作速度、灵敏性、柔韧性等素质。

（二）长距离跑特点

在遵循长跑专项供能特征和专项代谢特征的基础上长时间地改善、提高身体专项素质的薄弱环节，改进途中跑技术，提高长跑专项速度的实效性。青少年长跑选手以完善小肌肉群的力量耐力、动作速度、柔韧性、灵活性等素质为主。年龄越小身体素质训练的负荷量越小。

青少年中长跑运动员的训练原则：尊重客观规律、长远系统规划、稳步全面发展、逐年提高成绩、成年攀登高峰。

四、发展趋势

(一) 成年优秀中长跑运动员专项训练的发展趋势

在提高专项混氧能力的基础上进一步提高专项速度节奏和专项冲刺速度。

(二) 青少年中长跑运动员的专项训练发展趋势

根据青少年身体发育规律特点抓好一般有氧能力、短距离的速度、速率，小肌群的快速力量耐力等一般身体素质和专项身体素质，为成年高水平中长跑专项训练奠定扎实的基础。

第二节　中长跑技术

一、中长跑技术要点

中跑的完整技术包括起跑、起跑后的加速跑、途中跑和终点跑四个环节。在技术上要尽可能地减少体力的消耗以维持一定的跑速。跑得轻松自如、重心平稳、节奏明快，中跑各项目的技术基本相同，但由于距离的不同，强度的不同，跑的技术各环节也有不同程度的差异。

长跑的技术要求基本上与中跑相同，但在用力程度、动作的速度和幅度等方面低于中跑，而在经济地使用能量和在跑的全程始终保持正确技术等方面的要求又高于中跑。途中跑时，脚着地缓冲是长跑的重要技术环节。

二、12~13 岁中长跑运动员应学习、掌握的技术要领

12~13 岁中长跑运动员应学习和掌握正确的躯干姿势、自然的前后摆臂技术、支撑腿自然蹬伸的技术、摆动腿自然前摆的技术、良好的着地缓冲技术，途中跑合理的躯干姿势，减少多余动作，合理的支撑腿蹬伸技术，由上而下发力。

三、14~15 岁中长跑运动员应学习、掌握的技术要领

14~15 岁中长跑运动员应在 12~13 岁的基础上巩固和提高原有的技术，并逐步学

习、掌握合理的后蹬角、后蹬方向；掌握支撑腿蹬伸推髋前移技术；掌握合理的折叠前摆技术；掌握合理的蹬、摆配合技术。

四、16~17 岁中长跑运动员应学习、掌握的技术要领

16~17 岁中长跑运动员应在 12~13 岁和 14~15 岁的基础上巩固和提高原有的技术，并逐步学习和掌握轻松且自然地蹬与摆协调配合技术，形成较大的步幅，掌握自然的着地缓冲技术，尽量减少前支撑阻力，掌握跑进中轻松自然的送髋技术。

五、国内外优秀中长跑运动员跑的技术图片

（一）男子 800 米选手：尼尔斯·舒曼（德国，1978 年 5 月 20 日）

技术连续图说明：舒曼拥有理想的跑步姿势，他保持身体正直，头部直立平稳，臂部移动与肩肘形成良好角度。他平均步长是 2.17 米；步频为 3.57~3.47 步/秒。他的动作模式在脚落地时膝部稍弯，接近身体重心投影点前上方。以脚中部的外沿着地，在蹬离地面时，后支撑腿完全伸展（图 3-1）。

项目：800 米；身高：1.92 米；体重：77 千克。

成绩：1：46.08（2002 年 7 月 7 日，瓦滕沙伊德）。

最好成绩：1：44.16（2002 年 8 月 30 日，布鲁塞尔）。

2000 年奥运会冠军，1998 年欧洲冠军。

图 3-1　尼尔斯·舒曼（德国）

（二）女子长跑选手：王军霞（中国，1973 年 1 月 19 日）

技术连续图说明：王军霞的跑步技术动作非常轻盈，头部和躯干保持正直，两臂摆动积极，肘关节角度较小，髋部与肩部运动配合协调自然，身体重心运行平稳，步长较大，步频较快。脚的着地积极，缓冲好，但着地点距身体重心投影点稍远（图 3-2）。

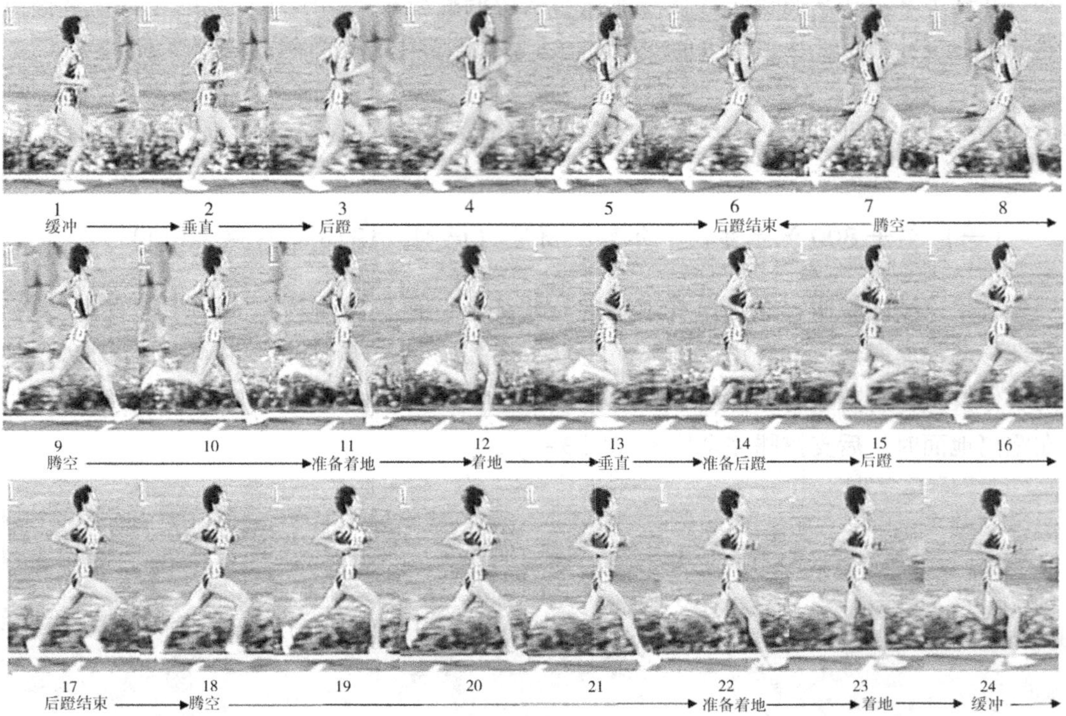

项目：5000 米、10000 米；身高：1.62 米、体重：50 千克。

5000 米成绩：14：59.88（1996 年 7 月 28 日，亚特兰大）。

10000 米世界纪录：29：31.78（1993 年 9 月 8 日，北京）。

1996 年奥运会冠军，1993 年世锦赛冠军。

图 3-2　王军霞

第三节　中长跑运动员选材

良好的选材是我们搞好高水平中长跑训练成功的一半。

一、青少年中长跑运动员的遗传方面选材

（1）父母的身材条件对子女有较大的遗传作用。

（2）小孩的长相像父亲，以后的身材趋向父亲。

二、青少年中长跑运动员形态方面选材

（1）身材匀称，下肢与躯干比例协调，跑动轻巧。
（2）小腿长于大腿，步幅较大。
（3）踝关节细，跟腱较长，踝关节的工作距离大而且有力量。
（4）胸腔要宽、厚，肺活量大，通常有氧、混氧能力较强。
（5）大脚趾粗而且短，扒地力量更足。
（6）骨盆窄，动作轻，髋关节灵活性更好。
（7）皮脂相对薄些，体重轻，体能消耗少。
（8）足弓深，踝关节力量相对足，不易疲劳。

三、各年龄段青少年中长跑运动员机能方面选材指标

（1）血色素指标：男子12.5~14.5克，女子11.5~13.5克。年龄越小，该指标越低。

（2）血睾酮指标：男子12~22纳摩尔/升，女子0.3~1.5纳摩尔/升。年龄越小，该指标越低。

（3）肌酸激酶指标：定量大负荷训练后第二天肌酸激酶值指标应为120~450国家单位/升。定量负荷条件下该指标越低说明运动员抗疲劳能力越强。

（4）最大摄氧量指标：男子3.2~3.5升/分，女子2.7~3.0升/分，年龄越小该指标越低，有氧、混氧耐力较差。

（5）肺活量指标：男子3200~3800毫升，女子2200~3300毫升。年龄越小该指标越低，能力越差。

（6）每搏心输出量：50~60毫升，年龄越小该指标越低。

（7）乳酸值指标：最大乳酸值高最后冲刺能力相对较强。青少年乳酸值为6~10毫摩尔/升。

四、青少年中长跑运动员心理、心态方面的选材标准

（1）具备顽强的意志品质者优。
（2）具备稳定的情绪者优。
（3）求胜欲望强烈者优。
（4）不惧强手有胆量者优。
（5）比赛意识清晰，应变能力强者优。
（6）具备良好的速度知觉者优。

第四节 中长跑运动员各年龄阶段生长发育特点、训练方向和任务说明

一、12~13 岁运动员发育特点、训练方向和任务说明

（一）发育特点

12~13 岁运动员正处于学习技术、打基础的黄金时期。他们的身体趋向生长发育的高峰期，各项身体素质在加速增长。同时，也是逐步形成性格特点、竞技能力、个人特长的关键时期。该年龄段运动员作为培养对象，少年运动员的水平高低直接影响后备人才建设。

（二）训练方向

女子 13 岁时平均增长值最高，通过调查研究，骨骼发育正常的运动员，他们在各个年龄阶段的身高变化不明显，都是平衡地增长，但是骨骼发育早熟的运动员，他们身高增长较快，接受能力较强，速度加快，力量增大，运动成绩有明显提高。

（三）训练特点

在有氧放松跑以 5 分/千米运动时心率为 160 次/分左右，以最大摄氧量强度运动时，12~13 岁运动员心率为 205 次/分左右，是动作速度、反应速度、动作速率、柔韧、灵敏等素质发展的敏感期。

二、14~15 岁运动员发育特点、训练方向和任务说明

（一）素质发展敏感期阶段

此年龄段是为训练而训练的阶段。这一阶段女性将出现两个力量素质发展的敏感期，第一个敏感期开始于生长发育高峰期出现之后，第二个敏感期开始于第一次月经期之后。男性力量素质发展的敏感期开始于生长发育高峰期出现之后的 12~18 个月。应当指出的是，有氧能力和力量素质的训练是依赖于运动员生长发育的水平，因此应该根据每个运动员不同的生长发育程度来安排训练。男子在 15 岁时最突出，骨骼发育晚熟的运动员在各个年龄阶段的身高增长较慢，但训练具有一定潜力。在运动员整个运动生涯中起着至关重要的作用，错过这一训练阶段的运动员将很难发挥他的运动潜能。很多运动员在他的职业生涯后期遇到训练的平台期，就是由于在这个阶段参加了

过多的比赛而忽略训练的重要性所致，采用强度小量大的训练方式。

（二）训练特点

在有氧放松跑以5分/千米速度运动时14~15岁青少年心率为150次左右，最大摄氧量强度运动时14~15岁青少年心率为200次/分左右。14~15岁为青少年小肌肉群快速力量、短距离位移速度、一般耐力、专项柔韧、灵敏等素质发展的敏感期。

三、16~17岁运动员发育特点、训练方向和任务说明

（一）素质整合与优化阶段

此阶段是进一步优化体能，提高专项技术及专项表现能力的阶段。本阶段，运动员全年的训练重点是参加高强度的比赛及进行个人专项技术训练。在训练过程中，运动员要学会如何将已经熟练掌握的专项技战术应用到不同的比赛环境中。通过模式化的训练和比赛来着重强调最适度的备战方式。在制订体能、康复、心理及技战术的训练计划时，应根据每个人的优势和劣势有针对性地量身定制。应采用双周期或多周期的训练结构安排。这一阶段是为了选拔能够向世界水平冲击的运动员，并检测其基础训练水平和评定高级阶段的起始水平。该阶段也是专项训练高级化的初级阶段，是基础训练阶段向高级训练阶段过渡的关键时期，这一阶段训练效果会直接影响到田径运动员的成长。

（二）训练特点

在有氧放松跑以5分/千米速度运动时，16~17岁青少年心率为130次/分左右，以最大摄氧量强度运动时，16~17岁青少年心率为190次/分左右。16~17岁青少年也是混氧耐力，中、大肌肉群力量、力量耐力、抗酸能力等素质发展的适宜期。

四、青少年中长跑运动员训练的原则和目标

（1）在不影响青少年中长跑运动员正常发育机能和健康的前提下，稳步地提高青少年运动员的一般有氧耐力水平。

（2）提高青少年中长跑运动员30米、60米、100米等短段落的速度和速率。

（3）提高青少年中长跑运动员一般身体素质，小肌群的力量耐力、柔韧性、灵敏性等素质。

（4）随着年龄的增长，逐步安排混氧耐力、速度耐力等专项训练。

（5）青少年中长跑运动员的训练目标是：通过系统训练有效地提高青少年中长跑

选手的健康水平，促进正常发育，并根据各种素质敏感期的特点提高相应的专项素质，为成年高水平中长跑专项训练奠定扎实的基础。

五、青少年中长跑运动员负荷量、强度与人体机能变化的关系

（1）一个阶段内运动负荷的量越大，血红蛋白的含量、血睾指标均会不同程度地下降，只要在正常值范围内波动均属正常。

（2）课训练强度越大，人体的乳酸值越高、尿蛋白越多，心率越快。

（3）大运动量、大强度的专项身体素质训练后肌酸激酶值较高，通常在500国际单位/升以内均正常。

六、青少年中长跑运动员技术和专项身体素质的关系

良好的技术离不开专项身体素质作保障，技术和专项素质是紧密相连的整体，如跑进中支撑腿蹬伸不充分往往与腿部环节肌肉力量弱相关；青少年中长跑运动员后程动作变形，往往与专项能力、力量耐力较差、体能下降有关；跑进中两腿的夹角小、步长短往往与髋关节紧、灵活性差、蹬伸和前摆无力有关。所以青少年中长跑运动员掌握合理的技术除了对理解技术外，更重要的是专项身体素质能否跟得上合理技术的需求。

第五节　中长跑运动员综合指标评价与考核

一、专项身体素质指标评价与考核（表3–1）

表3–1　专项身体素质指标评价与考核

<table>
<tr><td rowspan="6">中长跑专项素质评价指标占10%（10分）</td><td colspan="2">年龄</td><td colspan="2">12~13岁</td><td colspan="2">14~15岁</td><td colspan="2">16~17岁</td></tr>
<tr><td colspan="2">性别</td><td>男</td><td>女</td><td>男</td><td>女</td><td>男</td><td>女</td></tr>
<tr><td rowspan="3">立定跳远（米）</td><td>优</td><td>2.4</td><td>2.3</td><td>2.6</td><td>2.4</td><td>2.8</td><td>2.5</td></tr>
<tr><td>良</td><td>2.3</td><td>2.2</td><td>2.4</td><td>2.3</td><td>2.6</td><td>2.4</td></tr>
<tr><td>及格</td><td>2.2</td><td>2.1</td><td>2.3</td><td>2.2</td><td>2.5</td><td>2.3</td></tr>
<tr><td colspan="8">立定跳远：优1.5分，良1.2分，及格1分</td></tr>
</table>

（续表）

中长跑专项素质评价指标占10%（10分）	1分钟俯撑屈伸腿（次）	优	55	50	60	52	60	55
		良	50	45	55	46	55	50
		及格	45	40	50	42	50	45
	俯撑屈伸腿：优2分，良1.5分，及格1分							
	1分钟小肌肉练习（次）	优	50	50	60	55	70	60
		良	40	40	50	45	55	50
		及格	35	30	40	35	45	40
	小肌肉练习：优1.5分，良1.2分，及格1分							
	柔韧（前后劈叉角度）	优	180°	180°	180°	180°	170°	180°
		良	160°	170°	160°	170°	160°	170°
		及格	140°	160°	140°	160°	150°	160°
	柔韧练习：优1.5分，良1.2分，及格1分							
	30米绕杆跑间隔1.5米（秒）	优	30	32	27	30	25	28
		良	32	34	29	33	28	32
		及格	34	36	32	35	30	34
	30米绕杆折返跑：优1.5分，良1.2分，及格1分							
	30米综合协调练习（秒）	优	40	41	37	39	35	37
		良	43	44	40	42	38	40
		及格	47	48	45	47	42	45
	30米综合协调练习：优2分，良1.5分，及格1分							

二、专项能力指标评价与考核（表3–2）

表3–2　专项能力指标评价与考核

中长跑专项能力指标占总分10%（10分）	年龄		12~13岁		14~15岁		16~17岁	
	性别		男	女	男	女	男	女
	100米速度	优	12.80	13.50	12.00	12.80	11.50	12.60
		良	13.20	14.00	12.50	13.20	11.80	13.00
		及格	13.50	14.50	12.80	13.50	12.20	13.30
	速度3%：优3分，良2分，及格1.5分							

（续表）

	年龄		12~13 岁		14~15 岁		16~17 岁	
	性别		男	女	男	女	男	女
中长跑专项能力指标占总分 10%（10 分）	300 米专速*	优	45.00	48.00				
		良	47.00	52.00				
		及格	50.00	55.00				
	500 米专速*	优			72.00	80.00		
		良			75.00	85.00		
		及格			78.00	88.00		
	600 米专速*	优					82.00	90.00
		良					85.00	95.00
		及格					88.00	98.00
	专速 3%：优 3 分，良 2 分，及格 1.5 分							
	4000 米专耐*	优	13.00	13.20				
		良	13.20	13.40				
		及格	13.50	14.10				
	8000 米专耐*	优			24：30：00	28：30：00		
		良			24：50：00	28：50：00		
		及格			25：20：00	29：20：00		
	12000 米专耐*	优					36：30：00	40：00：00
		良					37：00：00	41：00：00
		及格					37：30：00	42：00：00
	耐力 4%：优 4 分，良 3 分，及格 2 分							

三、专项成绩指标评价与考核（表 3–3）

表 3–3 专项成绩指标评价与考核

	年龄		12~13 岁		14~15 岁		16~17 岁	
	性别		男	女	男	女	男	女
中长跑专项成绩评价指标占 20%（20 分）	800 米	优	2：10	2：25	2：05	2：18	1：54	2：12
		良	2：13	2：27	2：07	2：21	1：56	2：14
		及格	2：15	2：30	2：10	2：24	1：58	2：16
	1500 米	优	4：45	5：10	4：35	4：40	3：55	4：30
		良	4：58	5：20	4：25	4：50	4：00	4：35
		及格	5：10	5：30	4：15	5：00	4：05	4：40
	2000 米障碍	优					5：50	7：00
		良					5：55	7：08
		及格					6：05	7：15
	3000 米	优			9：10	10：15	8：35	9：45
		良			9：20	10：25	8：50	9：55
		及格			9：30	10：35	9：00	10：05
	专项成绩：优 20 分，良 15 分，及格 10 分							

四、专项成绩与专项素质评价比例（表 3–4）

表 3–4 专项成绩与专项素质评价比例

内容等级	12~13 岁			14~15 岁			16~17 岁		
	专项成绩	素质和能力	总分	专项成绩	素质和能力	总分	专项成绩	素质和能力	总分
	40%	60%	100%	50%	50%	100%	60%	40%	100%
优（分）	40	60	100	50	50	100	60	40	100
良（分）	32	48	80	40	40	80	48	32	80
及格（分）	28	42	70	35	35	70	42	28	70
注：专项能力、专项素质和专项成绩三方面的总成绩占总分 40%。输送占 60%									

五、输送考核评价（表 3-5）

表 3-5 输送考核评价

奥运会、世界锦标赛得分分值	前三名	200=120 分
	4~6 名	180=108 分
	7~8 名	160=96 分
	入选奥运、世锦赛资格	140=84 分
亚运会、亚洲锦标赛得分分值	前三名	120=72 分
	4~8 名	100=60 分
	入选亚运会资格	80=48 分
全运会、全国锦标赛输送国青、国少队得分分值	前三名	70=42 分
	4~8 名、入国青队	60=36 分
	入全运会决赛、入国少队	50=30 分
其他得分分值	入省、市专业队	40×60%=24 分
注：输送得分占总分 60%，输送分不封顶		

六、各年龄段中长跑运动员负荷的合理安排（表 3-6）

表 3-6 各年龄段中长跑运动员负荷的合理安排

内容 \ 年龄			12~13 岁	14~15 岁	16~17 岁
训练时间	课时间		40 分钟~1 小时	1.2~1.5 小时	1.5~2 小时
	周课次		5~6 次	7~9 次	10~12 次
	月课次		22~26 次	28~35 次	44~52 次
	年课次		250~300 次	350~430 次	500~600 次
训练负荷跑量	课跑量（千米）	中组	4~6	8~10	10~14
		长组	6~10	10~14	14~20
	周跑量（千米）	中组	30~40	60~80	90~110
		长组	50~70	80~100	110~160
	月跑量（千米）	中组	130~170	250~330	370~450
		长组	210~290	330~410	450~620

（续表）

内容 \ 年龄			12~13 岁	14~15 岁	16~17 岁
训练负荷跑量	年度跑量（千米）	中组	1500~2000	2800~4000	4500~5500
		长组	2600~3500	3800~5000	5500~7500
专项能力（跑量）不同代谢的比例（%）	有氧能力	中跑	75~80	65	60~50
		长跑	80	70	60
	混氧能力	中跑	10	15	20~25
		长跑	10	22	25
	无氧乳酸能	中跑	5	10	10~15
		长跑	5	8	10
	无氧非乳酸能	中跑	10	10	8
		长跑	5	5	5~10

七、青少年中长跑运动员训练负荷控制的简易心率操作方法

（一）青少年中长跑运动员各有效负荷强度的心率参考

（1）青少年中长跑运动员有氧耐力强度：即刻心率 25~27 次/10 秒。

（2）青少年中长跑运动员混氧耐力强度：即刻心率 28~30 次/10 秒。

（3）青少年中长跑选手无氧乳酸能强度：即刻心率 31~32 次/10 秒（注：年龄越小无氧乳酸能训练的比例应相对少些，游戏、球类活动应多些）。

（4）较合理的恢复心率：运动结束后 1 分钟恢复心率 22~23 次/10 秒。

（5）运动结束后 2 分钟恢复心率 19~20 次/10 秒。

（二）各年龄段青少年中长跑运动员各种专项素质训练的合理安排

（1）小肌群力量：快速力量、力量耐力。

（2）大肌群力量：快速力量、力量耐力。

（3）柔韧性：包括上肢、腰腹、下肢、踝关节、脚趾关节等部位。

（4）速度和速率。

（5）灵活性。

八、各年龄段运动员需要解决的训练难点及解决难点的方法

对于青少年中长跑运动员，我们一定要坚持负荷量的积累，谨慎对待专项速度的高强度训练，尤其对间歇训练法的使用，多年的训练实践显示：青少年运动员如果过多地采用高强度的间歇训练、重复训练很容易导致运动员心肌横断面增粗，心脏容腔变窄，心脏每搏血液输出量减少，同样青少年运动员的肌肉过早、过多地承受乳酸刺激极易造成肌肉过早酸性化，对今后培养高水平运动员非常不利。这就是青少年运动员早期过早专项强化训练的不良后果，应该多加注意。

（一）12~13 岁运动员需要解决的主要训练难点及解决难点的方法

（1）改善小队员的一般有氧能力水平。

（2）提高小队员的速率、速度、反应速度等。

（3）培养对中长跑项目的爱好。

（二）14~15 岁运动员需要解决的主要训练难点及解决难点的方法

（1）进一步改善、提高小队员的一般有氧能力水平。

（2）进一步提高运动员的速率、速度、反应速度素质。

（3）逐渐增加混氧能力的训练负荷量。

（4）逐渐增加专项身体素质训练的比例和负荷量。

（三）16~17 岁运动员需要解决的主要训练难点及解决难点的方法

（1）进一步改善、提高青少年队员的一般有氧、混氧耐力水平。

（2）逐步增加专项抗酸能力的训练负荷量。

（3）进一步增加专项身体素质训练的比例和负荷量。增加总量，逐步提高强度，缩短间歇时间。

（4）逐步提高各种专项短段落绝对速度的水平。

九、各年龄段运动员全年参赛安排、参赛目的与要求

（1）12~13 岁运动员全年参赛 2~3 次，以娱乐和培养参赛兴趣为主，适当培养好胜心态和集体荣誉感。

（2）14~15 岁运动员全年参赛 4~5 次，逐步培养运动员参赛为集体争光，适当培养选手不惧强手，敢打敢拼，讲技术，有战术的能力，初步达到完成比赛成绩、比赛名次的目的与要求。

(3) 16~17 岁运动员全年参赛 6~8 次，培养运动员参赛为地区、省市、为国争光的使命感。

第六节　中长跑训练计划

一、年度训练计划的模板（表 3-7）

表 3-7　年度训练计划设计

年度训练计划设计（　年　月—　年　月）

(1) 对运动员个体现状的基本分析
(内容包括训练对象的年龄、形态、训练年限、身体素质水平专项成绩、技战术和心理作风等方面情况，要求用表格结合文字来分析每个运动员长处和短处)

姓名		性别	年龄	训练年限	身高	体重	身体素质	技战术	专项成绩	心理作风

(2) 全年训练的基本任务
(内容包括发展身体素质、技战术、培养心理素质和作风、提高专项水平的基本任务)

(3) 全年训练与比赛目标
(内容包括训练对象的全面身体素质、专项身体素质、技战术测试的年度目标及专项比赛成绩预期目标。要求表格中的内容尽量用定量目标)

姓名	主要身体素质	技战术	专项比赛成绩	
			主项	副项

(4) 全年训练的指导思想
(内容包括根据项目和青少年生长的规律，国家体育总局颁布的青少年训练大纲及训练对象的现状、年度目标任务，科学地提出全年训练的总思路、总要求)

（续表）

（5）全年训练的周期、阶段和训练负荷安排 （内容包括：周期阶段的划分、起止时间、主要任务和训练时数及运动量、强度的安排）
（6）全年训练的基本方法与手段 （内容包括：①身体素质训练的主要方法与手段；②技战术训练的主要方法与手段；③心理素质和作风训练的主要方法与手段。要求：符合项目和训练对象的特点，具有较强的针对性、有效性和创造性）
（7）全年比赛、身体素质、技战术、机能指标测试及定期综合考核的安排

比赛或测试内容	要求	时间安排

（8）实施全年计划的措施。 （内容包括：管理、思想教育、科技、身体恢复、防伤病的措施）
（9）需要单位帮助与解决的问题和困难

二、周训练计划的模板（表 3-8）

表 3-8 周训练计划

周训练计划 （训练课的任务课次和时间主要训练内容课运动量大小）						
一 （月 日） 课次时间：	二 （月 日） 课次时间：	三 （月 日） 课次时间：	四 （月 日） 课次时间：	五 （月 日） 课次时间：	六 （月 日） 课次时间：	七 （月 日） 课次时间：
本周训练主要内容：			周训练负荷：大 中 小 周训练比例（%）： 技战术（） 身体素质（）		周训练课次： 周训练时间：	

三、课训练计划模版（表 3-9）

表 3-9 课训练计划

课计划教案		
训练课任务： 训练课总负荷： 大 中 小	应到人数： 实到人数：	训练时间：
（1）准备部分（手段、时间）		
（2）基本部分（含训练方法与手段、时间、数量、强度、密度和质量要求，应注意区别对待）		
（3）结束部分（手段、时间）		
课后小结：（缺席队员的原因，实施情况的评价、体会等）		

四、青少年中长跑训练案例（训练方法与手段与负荷量的比例）

根据科学系统的训练原则（以16～17岁的青少年男、女运动员一周训练计划为例），合理安排训练内容与方法手段：

（一）一般耐力的训练方法与手段，一般采用持续训练方法：周跑量占总跑量的30%

（1）中组（男）20～24千米，强度：4：10～3：50／千米；
（2）中组（女）22～26千米，强度：4：30～ 4：00／千米；
（3）长组（男）30～34千米，强度：4：00～3：40／千米；
（4）长组（女）32～36千米，强度：4：20～3：50／千米。

（二）专项耐力的训练方法与手段，一般采用持续训练方法：周跑量占总跑量的16%

（1）中组（男）10～14千米 ，强度：3：30～ 3：10/千米；
（2）中组（女）10～14千米，强度：3：40～ 3：20/千米；
（3）长组（男）18～22千米，强度：3：30～ 3：10/千米；
（4）长组（女）18～22千米，强度：3：40～ 3：20/千米。

（三）专项速度耐力的训练方法与手段，一般采用持续方法与重复方法：周跑量占总跑量的12%

（1）中组（男）6~8千米，强度：3：10～ 2：45/千米；
（2）中组（女）6~8千米，强度：3：15～2：55/千米；
（3）长组（男）10～12千米，强度：3：10～3：00/千米；
（4）长组（女）10～12千米，强度：3：20～3：10/千米。

（四）专项速度的训练方法与手段，主要采用重复或间歇及组合方法：周跑量占总跑量的8%（接近或超过预定成绩指标的平均强度）

（1）中组，2000米+1000米+600米/课；1600米+700米+500米/课；1200米+600米+400米/课；或1000米+600米+300米/课；

（2）长组，8000米+4000米+2000米/课；6000米+4000米+2000米/课；或4000米+4000米+4000米/课；4000米+2000米+2000米/课。

（五）速度耐力（变速跑）的训练方法与手段，主要采用重复与间歇的组合方法：周跑量占总跑量的 6%

（1）中组，（300 米+100 米慢）或（400 米+100 米慢）或（500 米+100 米慢）30—24—16 千米/课；

（2）长组，（2000 米）8 组或（1000 米）16 组或（600 米）20 组 。

（六）专项抗酸速度（间歇跑）的训练方法与手段，主要采用间歇方法：周跑量占总跑量的 6%

（1）中组，（300 米+200 米+100 米）6~5 组，（400 米+300 米+100 米）5~4 组或（500 米+300 米+100 米）3~4 组；

（2）长组，（2000 米+1000 米+600 米）3~2 组或（1000 米+600 米+400 米）4 组。

（七）高速节奏跑的训练方法与手段，主要采用重复方法：周跑量占总跑量的 6%

（1）中组，（500 米）3~4 组或（400 米）4~5 组或（300 米）5~6 组/课；

（2）长组，3000 米+2000 米+1000 米或 2000 米+1000 米+1000 米/课。

（八）绝对速度的训练方法与手段，主要采用重复方法：周跑量占总跑量的 6%（200 米、150 米、120 米、100 米或 60 米）6~8 组

（九）专项身体素质的训练方法与手段：每周三次，均采用组合循环练习，占 6%

（1）双人抗阻练习 8 个练习×2~3 组，每组之间间歇 2 分钟；

（2）草地弹性练习 8 个练习×2~3 组，每组之间间歇 2 分钟；

（3）器械力量练习 8 个练习×2~3 组，每组之间间歇 3 分钟。

第七节　中长跑运动员的训练监控、恢复训练与伤病预防

一、训练监控

（一）训练机能监控

运动时人体内的一系列生理生化变化是机体对所承受运动负荷的客观反映，即机

体对运动训练的应激能力。训练负荷太小，运动能力提高不明显；训练负荷过大，不仅不能提高运动能力，反而会损害身体健康。因此，在运动训练中，合理运用基础理论、实验技术和测量方法检查与评定运动员的机能状态，对选材、医务监督、控制训练负荷、判断运动疲劳、防止过度疲劳和运动损伤的发生，有效挖掘人体的运动潜能、提高竞技能力等，均有十分重要的意义，并已经成为科学训练的重要环节。在运动训练中，生理生化的检测与评定指标更体现在以下几个方面：

（1）运动员选材的科学依据；

（2）客观评定运动员的身体机能状态；

（3）科学监控运动负荷的重要环节；

（4）预测运动成绩的理论依据；

（5）监控运动员合理营养的手段。

（二）青少年中长跑运动员机能评测

青少年中长跑运动员的身体机能评定已经成为科学化训练不可缺少的重要组成部分。

（1）能量代谢系统与运动能力的测试与评价：有氧代谢能力（最大摄氧量和乳酸无氧阈）；无氧代谢能力（糖酵解能力和磷酸原系统）。

（2）心血管机能：心率（基础心率、运动中和运动后心率）；血压；心电图。

（3）血红生化指标：血红蛋白（Hb）；红细胞压积（Hct）；血糖；血乳酸；血尿素；血清睾酮和皮质醇；血清肌酸激酶（CK）。

（4）尿液生化指标：尿蛋白；尿胆原；尿酮体；尿比重；尿潜血（尿隐血）。

二、恢复训练

（一）青少年恢复特点

要达到恢复疲劳的目的，首先要弄清楚什么是疲劳。疲劳作为一种自然现象，是指人在工作或运动到一定程度的时候，出现的一种组织器官甚至整个机体工作能力暂时降低的现象。运动训练和比赛过程之中、之后，青少年运动员都会感到身体有些劳累，这也是身体工作能力暂时下降的表现。关于疲劳的原因，现在还没有定论。一般认为，有机体的疲劳出现与体内能量物质的消耗过多和及时补充不足有关系；也有人认为疲劳与工作或运动过程中血液酸度的增加及人体内的不断缺氧有关。从疲劳产生的部位来看，首先产生于大脑皮质的神经细胞中，于是有人认为它和神经细胞中能量供给的三磷酸腺苷不足有关系。心血管系统的疲劳是运动训练时常常出现的。很多年来，一直讲心血管系统的生理指标为掌握训练量与强度的一种手段，特别是在青少年运动员的训练和耐力性的运动项目中更是多见。同时，所有的疲劳都有一些共同的症状，如肌球蛋白的 ATP 活性降低及骨骼肌细胞的钙离子减少及 ATP 在骨骼肌中的再合成减弱。同时脑部运动神经及肌肉的收缩和放松能力受到限制。由于人体是一个复杂精密且开放的系统，训练中的疲劳是一种复杂的心理和生理技能障碍的综合应用。协同论认为，要提高系统的功能，必须引进序参量，所谓参量就是与系统功能相关的因素，它可以是一种或多种参量。序参量的有序组合，可以产生功能的协同效用，促进系统功能的提高。有序组合，才能有效地促进人体系统产生新的有序化结构，系统功能才能提高到一个新的水平。

（二）恢复训练原则

训练恢复的安排，要依据教练员的训练周期和训练计划安排。如在周训练计划中，制定恢复日安排在强度课或者教学比赛的次日，或者在所安排项目完成以后，运动员可以给予充足的恢复时间，比如一个训练日或者半天调整。恢复日的主要目的在于：消除体内因之前大量运动而形成的代谢废弃物，促进肌肉组织的修复，调整身体的机能代谢水平等。通过在恢复日采取积极有效的措施，可以使恢复效果和效率进一步提高。

（三）恢复的方法与手段

1. 补充运动饮料

训练后，身体能源物质的补充、恢复则是保证训练的物质基础。没有充分的物质能源的恢复，训练就达不到理想的效果。但是由于我们无法控制运动员的饮食（非住校制，运动员在家吃饭），因此，我们在训练中通常让青少年运动员适量饮用含盐的运动型饮料。其饮用方法是：把少许食盐和优质口服液与蒸馏水或矿泉水相溶，盛于磁化杯中。训练之后，先饮用磁化矿泉水，可补充身体所需水分，使血液浓度降低，加速新陈代谢，促进血液循环，提高酸碱平衡度、提高代谢水平、提高生物磁场效应、有利于增强大脑功能。

2. 心理学的恢复手段

心理学的恢复手段包括放松训练、调试呼吸、催眠暗示、心理调节等。放松训练采用仰卧姿势，两腿舒展伸直，两臂自然伸直，两臂自然放于体侧，从头到脚逐渐完全，每次放松约 10 分钟，每天坚持一次。呼吸调整方法：吸气—憋气—吐气。吸气与憋气的比例大约是 3 比 2。自然呼吸，注意身体爽的快感觉，体会放松一分钟。另外，催眠暗示和催眠休息也是恢复运动员运动能力的重要方法。它可使有机体在短时间内消除疲劳或过度紧张，得到充分的休息。暗示语可以随意自主选择。一般常用的有

“我感到很放松”“我可以得到充分的休息”等。包括安排好生活环境和日常生活，以及保持运动员之间的友好气氛，经常进行思想交流也是常用的心理恢复手段。

3. 物理恢复方法

（1）按摩恢复。

按摩是消除疲劳的有效方法。机理是通过机械刺激反射影响中枢神经系统，促进血液和淋巴循环，使肌肉中原来闭塞的毛细血管开放增多，加强局部血液供应，改善营养，增进肌肉力量和弹性，防止肌肉萎缩，疲劳时的肌肉僵硬、紧缩和酸胀。通过按摩能促进代谢产物的消除、使疲劳消失得更快。在按摩机体的时候，应按照先按摩大肌肉群、后按摩小肌肉群的顺序按摩。据研究证明，如按摩下肢，先按摩大腿肌肉，腿同侧小腿肌肉和对侧大腿肌肉可产生良好的影响。如果先按摩小腿则没有这种效果。另外，因为关节不仅仅是运动的着力点，也是运动枢纽，按摩关节也成为重要的组成部分。由于关节复杂，辅助装置多，所以开始对关节按摩的技巧性要求较高，其手法也以揉为主。开始做几次轻推，然后用揉与重推交替进行。有时可以按压，最后以轻推运拉结束。

（2）中草药恢复法。

中草药在保健强身方面具有独特效果。一些中草药及其制剂如田七、刺五加、丹参、枸杞、当归、阿胶、冬虫夏草等，对提高运动能力、消除集体疲劳、促进恢复有较好的作用。

三、伤病预防

（一）常见的伤病原因

1. 骨膜炎

青少年训练中常见的伤病，主要是因为平时运动活动少，肌体协调能力差，突然加大运动量，训练跑跳，活动时间过长在跑跳过程中足部反复用力后蹬，小腿肌肉长期交替处于紧张状态，肌肉不断牵扯，使小腿胫腓骨膜撕裂损伤，骨膜及骨膜血管扩张充血水肿或骨膜下出血血肿，激化骨膜增生及炎症性改变。

2. 髂胫束综合征

在运动中紧张的髂胫束在膝关节做伸膝屈膝的动作中不断地摩擦股骨外上髁，将髂胫束综合症的疼痛原因解释为过度摩擦，这也是为什么现在也经常将髂胫束综合征称为髂胫束摩擦综合症的原因，它更倾向于一种压迫综合征而不是摩擦综合症。

3. 坐骨结节

坐骨结节是因剧烈活动髋关节使附着在坐骨结节上的肌腱损伤。反复劳损摩擦后，坐骨结节滑囊出现充血、水肿、渗出、变性及增生性改变。从而牵拉损伤滑囊或肌腱损伤处的疤痕刺激周围滑囊，囊壁渐渐增厚或纤维化而引起相应症状。

4. 后肌群拉伤

在运动中肌肉强烈地主动收缩或被动过度地拉长所造成的肌肉微细损伤、肌肉部分撕裂或完全断裂，称为肌肉拉伤。大腿后群肌肉的拉伤最为常见，大腿前后肌群肌肉力量不平衡，左右侧同名肌力量不平衡是造成拉伤的主要原因。多关节肌（如半腱肌、半膜肌、股二头肌）因其运动协调能力较低，也容易发生拉伤。

5. 足底筋膜炎

因为中长跑的训练特点在超负荷压力的长期作用下，易造成足底筋膜的急性或慢性损伤，是引起疼痛的主要原因。从结构上有导致足底筋膜不正常拉力的因素，如扁平足、高弓足、足跟肌腱过短等。

（二）常见伤病防治方法

1. 骨膜炎

（1）在进行各项体育锻炼时要遵守循序渐进的原则，不能急于求成。

（2）运动前做好准备活动，以增强小腿的适应力，不要突然加大运动量，更不要在毫无准备的情况下直接进行大强度训练。

（3）尽量避免在太硬及凹凸不平的地段上锻炼。

（4）注意掌握训练的动作要领，跑跳时要放松并注意落地时的缓冲，在运动训练后进行小腿自我按摩和冲热水浴，以便放松肌肉，消除疲劳。

（5）骨膜炎疾病发作时切忌在小腿下段内侧痛点用重手法摩擦，以免刺激骨膜引起反应性增厚，延长治愈时间。

2. 髂胫束综合征

最主要的方法就是增加韧带的弹性，以及减少摩擦的频度，或者缓慢增加摩擦的频度让身体适应这种变化。

最经典的拉髂胫束韧带的姿势（一定要在热身后才做）：

（1）把右腿放在左腿后面。

（2）弯腰，手扶在某个支撑物上，比如桌子、墙、栏杆。

（3）左膝弯曲的同时，把右腿向外伸，保持右膝伸直。

（4）把身体重量压在右腿上。你会感到右腿外侧有紧绷的感觉。

（5）保持这个姿势40秒到1分半钟，然后换腿。

另外还可以通过锻炼臀部肌肉来更好地控制髂胫束的伸缩。

3. 坐骨结节滑囊炎

通过科学的训练计划，避免局部过多的负荷，减少对坐骨结节部拉的牵拉就会达到有效的预防效果。

4. 后肌群

（1）大腿后群肌和大腿前群肌的力量应达到相对平衡。大腿前群肌的力量练习一般采用杠铃深蹲或者是各种跳跃练习。大腿后群肌的练习可采用在海绵垫上做俯卧收腿的练习方法，器械可采用橡皮筋，或者是在海绵垫或跳高凳上做跪起练习。

（2）左、右两侧大腿屈伸肌群力量要均衡。除了必要的力量练习外，应该选择性地增加负重侧蹲及负重弓步走的练习，以此加强两腿之间的力量平衡。

（3）注意加强屈肌各易伤部位肌肉的力量和柔韧性练习。

（4）运动前应充分做好准备活动。

（5）合理安排运动量。

（6）纠正和改进技术动作上存在的错误，如此才能达到预防的目的。

5. 足底筋膜炎

足底筋膜炎在训练前一定要做好肌贴的保护工作；在训练中控制住训练量和强度，做到先缓后急，前慢后快；训练完及时加压冰敷；训练后注重拉伸和热水泡脚，以及放松按摩。预防足底筋膜炎的发生可选择一双软底有吸震效果及有足弓的鞋子；养成良好习惯（如热水泡脚），让脚底筋膜得到充分休息，做好拉伸工作，加强下肢血液循环，避免静脉曲张。

（三）常见伤病的应对措施

1. 骨膜炎

及时明确诊断：骨膜炎症状主要是关节肿胀，其次是疼痛，功能障碍，肌萎缩。有些患者在没有正确诊断下，盲目地治疗，丧失了最佳治疗时机。经确诊后及时正规有效的治疗是关键的。骨膜炎早期给予抗生素治疗，可以取得满意的疗效。骨膜炎在治疗过程中，主张治疗与功能锻炼同时进行，避免愈后并发症。

2. 髂胫束综合征

一旦发现髂胫束疼痛，最好马上采用 RICE 方式治疗。所谓 RICE，就是减少运动量或加强休息（Reduce or Rest）、冰敷（Ice）、按压患处以减少肿胀（Compress），抬高患处到心脏以上高度以减少血流量（elevation）的治疗方法的总称。一般情况下，经过及时的 RICE 治疗，可以大大缓解和消除短期症状。如果疼痛没有好转或者继续运动仍然引起疼痛症状时，应马上停止运动。做拉伸练习，并且找一下引起疼痛的真正原因，有条件的话可以观察一下运动时的录像带来分析动作的问题。为了保持身体状态，在此期间可以采用一些替代式的运动方式，前提是不会引起类似的疼痛，比如游泳（非蛙泳的其他泳姿）、水中跑步、快步走。

3. 坐骨结节

在训练前做好热身，将肌肉群拉伸开，特别是大腿内侧肌肉；训练中可以通过皮带抗阻训练来加强肌肉的力量；训练后也要做拉伸，防止肌体产生粘连，可以进行被动牵拉和按摩放松。

4. 后肌群

肌肉拉伤的瞬间感到剧烈疼痛的，要立即冷处理，用冷水冲局部或用毛巾包裹冰决冷敷，直到疼痛和火辣感降低。敷后用绷带适当用力包裹损伤部位，防止肿胀。缓慢放松损伤部位肌肉并抬高伤肢的同时，可服用一些止疼、止血类药物。

5. 足底筋膜炎

（1）物理疗法：休息并以物理治疗来改善足跟的疼痛，包括超短波、电疗等。久站或运动后引起的足跟疼痛，可在足跟部冰敷 10~15 分钟。如无明显改善，可考虑局部注射类固醇。

（2）足弓支撑：使用带有足弓支撑的鞋垫可均匀分散患者足底压力，可在下肢负重时有效降低足底筋膜所受的拉力，进而减少反复牵拉对足底筋膜的伤害。

（3）伸展运动：靠着墙壁把上臂向前张开到肩膀的高度，用手掌压着墙，当弯屈一侧膝盖往墙壁推时，保持另一膝盖伸直；在弯屈膝盖慢慢地向前靠时，尝试保持后跟平贴在地上，在感觉到跟腱和脚弓有拉张时，保持这一姿势 10 秒，然后放松、直立。

第四章 直道跨栏跑

第一节　直道跨栏跑项目特性与发展趋势

一、直道跨栏跑项目特性

跨栏项目是由牧羊人牧羊休息间隙跨越羊圈栅栏演变而来的项目，这是一个显示勇气、力量和速度的运动。现代奥运会直道栏正式比赛项目有两项，即男子 110 米栏和女子 100 米栏。男子 110 米直道栏设 10 个栏架，栏间距为 9.14 米、栏高为 1.067 米、起跑到第一栏的距离为 13.72 米；女子 100 米栏设 10 个栏架，栏间距为 8.5 米、栏高为 0.84 米、起跑到第一栏的距离为 13 米。此外，国际田联和国内的室内田径比赛还设有男子 60 米栏和女子 60 米栏。

直道跨栏跑是带障碍的短跑，是以速度为核心的非对称的周期性运动。美国早期著名跨栏教练员迪・法墨形容跨栏运动员就是与障碍打交道的短跑者。直道栏属短距离的速度型项目，在运动过程中以非乳酸能供能为主。由于直道栏与短跑不同的是，运动员在比赛中从起跑到第一栏（7 步或 8 步）、栏间步数（3 步）和下最后一栏到终点的步数（5 步或 6 步）都基本相同，因此可以确定的是直道栏比赛制胜的关键是步频和优秀的跨栏步技术。对优秀的直道跨栏运动员素质而言，不仅要有优秀的速度素质，还要具备良好的栏感和跨栏步技术，同时还要拥有良好的力量素质、协调和柔韧素质。

二、直道跨栏跑技术的发展趋势

追溯跨栏跑技术的发展，可以看到跨栏技术发展到今天，大致经历了三个阶段，即跳栏阶段、跨栏阶段和跑栏阶段。随着塑胶跑道的出现，跨栏跑技术也有了较大的发展，运动员栏间跑技术更加趋重于栏间节奏的提高。当前，在科学选材和科学训练的前提下，跨栏跑技术表现为：跨栏步步长趋于缩短，技术更加简练实用，跑跨结合和跨跑结合更加合理，栏间跑节奏快，三步步长比例趋于接近，跨栏技术也更加突出运动员的个性特点，这些均表现出跨栏技术向跑栏过渡的特征。

第二节　直道跨栏跑的技术和训练

一、直道跨栏跑的技术

直道栏技术包括起跑至第一栏、跨栏步、栏间跑和终点撞线四个技术环节。

（一）起跑至第一栏技术

直道跨栏跑的起跑与短跑不同，起跑后要利用积极的后蹬和有力的摆臂使速度逐渐加快，上体抬起的速度要比短跑早。由于有栏架的设置，起跑到第一栏的步数是固定的，一般为7~8步，经过多年的训练，运动员起跑到第一栏的每一步的步长都相对固定，为了顺利地过第一个栏，在起跑后第5~6步抬起身体重心，第7~8步使身体重心达到最高点，起跨前倒数第二步达到起跑后的最大步长，最后一步要积极准确地踏上起跨点，并形成一个积极而快速的短步，栏前短步是为了保持起跨时较高的身体重心位置，提高重心前移的速度，为跨越第一个栏架做好心理及技术上的准备。

（二）跨栏步技术

跨栏步技术是指跨栏运动员从起跨攻栏到下栏着地所表现出的技术动作，为了便于分析，我们将其分为起跨攻栏、腾空过栏和下栏着地三个阶段进行分析。

跨栏步的整个结构如图4–1所示。

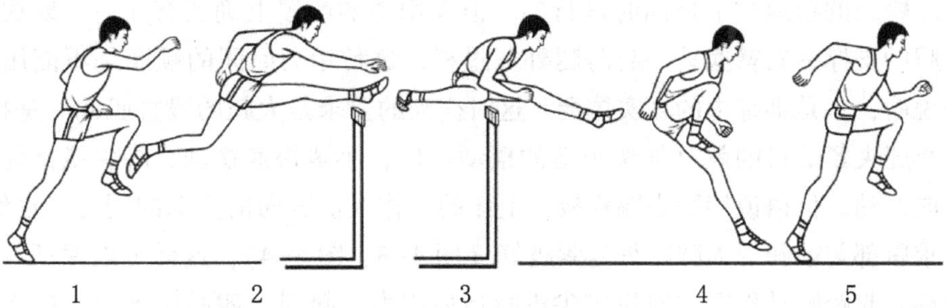

图4–1　跨栏步技术

1. 起跨攻栏技术

要顺利快速地跨越栏架，运动员在高速跑中要准确地踏上起跨点。这一刻，身体重心所处的位置是十分重要的，对减少上栏的前蹬阻力、更快转入后蹬阶段、改善前移速度与垂直速度的比值，从而保持更快的上栏速度具有决定性的影响。起跨时栏前的短步就是准备上栏的关键，其目的是为了更快地提起摆动腿，当起跨腿踏上起跨点时，摆动腿过栏的准备即已开始。即摆动腿的大腿由后摆快速过渡到高抬，大小腿夹紧，膝部抬起的高度要比栏板要高，起跨时起跨腿要形成一个高支撑，由脚弓发力来完成这个高支撑，然后准备在最后离地瞬间进行蹬地，以加大对地面的作用力。此时的腰部要直立，而且要与起跨腿保持成一条直线。做到起跨腿及腰在上栏时，固定好身体的右侧以保证摆动腿的快速摆动（注：以左腿上栏为例）。此时的右臂侧向前摆动，肘关节要高举，前臂向上，其目的是帮助腰部固定及为起跨腿的提拉留下空间，如图 4-2 所示。

图 4-2　起跨攻栏时的身体姿态

2. 腾空过栏技术

起跨腿蹬离地面运动员即进入了腾空过栏阶段，此时摆动腿积极前摆，异侧臂的摆动，起跨腿的蹬地几乎是同时进行的。但在用力的顺序上确实有先后，即摆动腿摆动—后腿的支撑—右臂摆动—起跨腿外展过栏，这种用力时间的顺序是不能用明确的数字来说明，只是训练中的真实体会。这时摆动的要求是大腿的股直肌此时是拉长的，因为大小腿夹紧的目的就是加快小腿的摆动速度，小腿快速摆动，脚尖微微勾起，向栏板方向摆动。俗语说用脚去踢栏板，上体的动作在前腿向前摆动的同时，自然前倾，而且要求腹部与前腿的大腿贴得越紧越好（图 4-3、图 4-4），这样可以保证身体重心快速前移。起跨腿动作在此时以脚尖进行最后用力，起到“四两拨千斤”的作用。大腿在髋部发力侧抬时（外展）有一个准备动作，即膝关节稍外翻，脚尖外翻，同时抬髋，大小腿夹紧，当大腿抬到与栏板平行时全速提拉越过栏板。

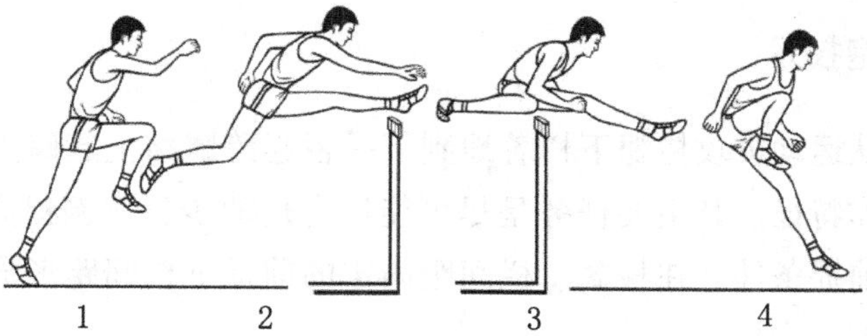

图 4–3　腾空过栏技术

图 4–4　刘翔腾空过栏技术

3. 下栏着地技术

下栏着地技术是指运动员摆动腿着地的技术，它的主要任务是使身体平稳、快速地转入栏间跑，尽可能地减少水平速度的损失。运动员摆动腿脚部越过栏架时就开始积极下压，起跨腿快速提拉，在脚着地瞬间膝关节保持伸直。同时起跨腿大小腿折叠外展，脚背屈并外翻，膝关节领先经腋下向前上方快速提拉。摆动腿着地后起跨腿已提拉至身体侧前方。两腿的动作要协调配合。需要特别注意的是，摆动腿的下压动作和起跨腿的提拉动作应同时开始，这样会使两腿的剪绞动作充分有力。下栏着地瞬间，应是摆动腿脚前掌积极下压扒地，为减少着地时的冲击力，运动员应积极通过踝关节进行缓冲。在攻栏腿脚部着地时，应保持较大的着地角度，这样可以把运动员的速度损耗减到最低，速度损耗率是评价跨栏运动员过栏技术优劣的重要指标之一。跨栏步下栏着地技术如图 4–5 所示。

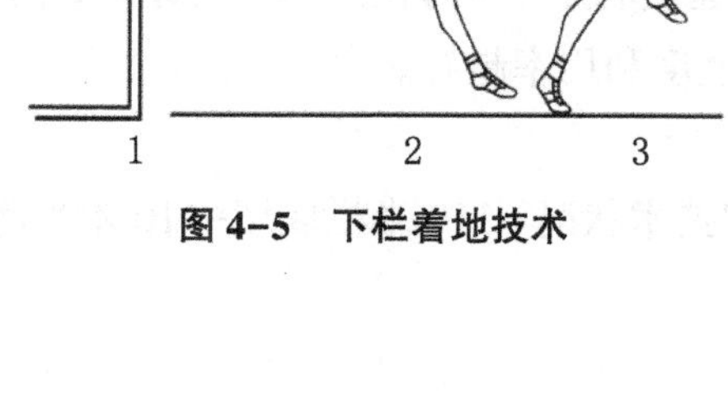

图 4–5　下栏着地技术

（三）栏间跑技术

栏间跑是指从运动员攻栏腿下栏着地到下一栏起跨腿踏上起跨点之间这段距离所表现出的技术动作特征。其主要任务是尽可能用合理的步长比例提高跑速，为下一栏过栏创造必要的前提条件。在栏高、栏间距固定的前提下栏间跑形成了与短跑不同的特殊的步数、步频、步长。

栏间跑第一步由于受到下栏支撑腿的限制相对较小，一般为 1.60 米左右。为了有效提高第一步的步长，使栏间跑节奏更加合理，应充分发挥攻栏腿下栏支撑后踝关节的后蹬力量，依靠起跨腿的积极前摆获得所需要的步长，保证栏间跑节奏和跑速的发挥。现代跑栏技术第一步有增大的趋势。栏间跑的第二步是栏间跑三步中最长的一步，一般为 2.10 米左右。动作技术上与运动员正常跑动基本相近，但对于身高较高或力量较好的运动员，这一步仍然短于他们常态的平跑步长，这对于加快步频也有着积极的意义。栏间跑的第三步是一个相对短步，步长为 1.95 米左右，这与运动员的起跨攻栏有着密切的联系，运动员此时要为起跨攻栏做准备，动作特点为摆动腿下压积极，着地点靠近重心投影点，重心处于较高的位置，起伏不明显，速度达到最高点。

（四）全程跑技术

全程跑的任务是将跨栏跑的各个技术环节有效地串联起来，将跨栏步技术与快速的栏间跑技术紧密地结合起来，使运动员的速度和技术得以充分地发挥。直道栏的全程跑实际上是一个整体，但在这个整体中各个阶段有所差异，全程跑中首先要过好第一个栏，这是全程节奏的一个保证。全程跑的前三栏属于加速阶段，这一阶段运动员在保证跨栏步技术的基础上尽可能积极加速。第四栏至第六栏运动员大都达到本人的最高速度。运动员在达到最大速度后，要尽可能地保持自己的节奏和速度。第八至第九栏运动员的体能呈下降趋势，此时运动员要尽量控制动作技术不变形，避免最后撞栏失误。下最后一栏后，运动员要尽最大能力冲向终点。

（五）直道跨栏跑技术的评价

为了更好地评价运动员跨栏技术的有效性，在训练中我们可以采用以下几种方法对运动员的技术进行综合评价：

（1）速度利用率：

跨栏跑速度利用率＝跨栏周期平均速度÷平跑速度

此指标越接近 1 说明速度利用率越好。

（2）全程跑技术状况：

全程跑技术状况＝110 米栏成绩－110 米平跑成绩

此指标越接近0说明技术状况越好。

（3）跨跑结合能力：

跨跑结合能力=栏间跑第一步速度÷跨栏步速度

栏间跑第一步速度越快说明跨跑结合能力越好。

（4）跑跨结合能力：

跑跨结合能力=跨栏步速度÷栏间跑第三步速度

跨栏步速度越快说明跑跨结合能力越好。

（5）专项耐力水平：

专项耐力水平系数=第八栏下栏时间÷第三栏下栏时间

较好的专项耐力水平系数为1.12~1.08。

二、直道跨栏跑运动员的技术训练

建立正确的跨栏跑完整技术概念，通过练习培养栏感和节奏感。

1. 栏架练习

练习作用：提高运动员的动作速度，发展髋关节的灵活性和柔韧性，学习跨栏的基本技术，培养运动员的栏感。

（1）栏侧直摆腿。

①练习要求：进行计时练习，上体正直，摆动腿伸直，左右腿交替进行，摆动速度要快（图4-6）。

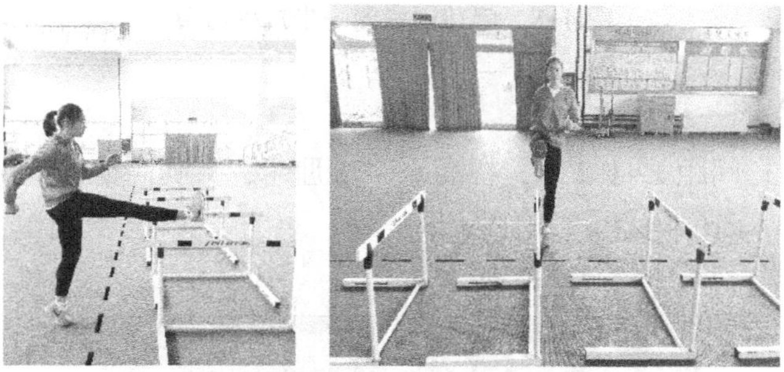

图4-6　栏侧直摆腿练习

②练习负荷：10栏×5~10组。

（2）栏侧屈腿摆。

①练习要求：进行计时练习，上体正直，摆动腿大小腿折叠要紧，大腿尽量高抬，左右腿交换练习，重心移动要快（图4-7）。

②练习负荷：10栏×5~10组。

图 4-7　栏侧屈腿摆练习

（3）起跨腿栏侧一步过栏。

①练习要求：栏间距 1～1.2 米，栏高 60～76 厘米，过栏时大腿高摆，前摆到位（图 4-8）。

②练习负荷：5～10 栏×3～5 组。

图 4-8　起跨腿栏侧一步过栏练习

（4）摆动腿栏侧一步过栏。

①练习要求：栏间距 1～1.2 米，栏高 60～76 厘米，大腿高摆，下压要快（图 4-9）。

②练习负荷：5～10 栏×3～5 组。

图 4-9　摆动腿栏侧一步过栏练习

（5）栏上左右腿走栏。

①练习要求：栏间距 1~1.2 米，栏高 60~76 厘米；大腿高摆，前摆时大小腿折叠要紧，摆动腿前摆到位，快速下压（图 4-10）。

②练习负荷：5~10 栏×3~5 组。

图 4-10 栏上一步一过栏练习

（6）原地起跨腿快速绕栏。

①练习要求：摆动幅度要大，摆动尽可能快，动作到位，进行计时练习（图 4-11）。

②练习负荷：10 秒×3~5 组。

图 4-11 原地起跨腿快速绕栏

（7）手扶栏架或肋木直腿前后绕栏。

①练习要求：绕环时腿尽量伸直，幅度要大，两腿交换练习，进行计时练习(图 4-12)。

②练习负荷：10 秒×3~5 组。

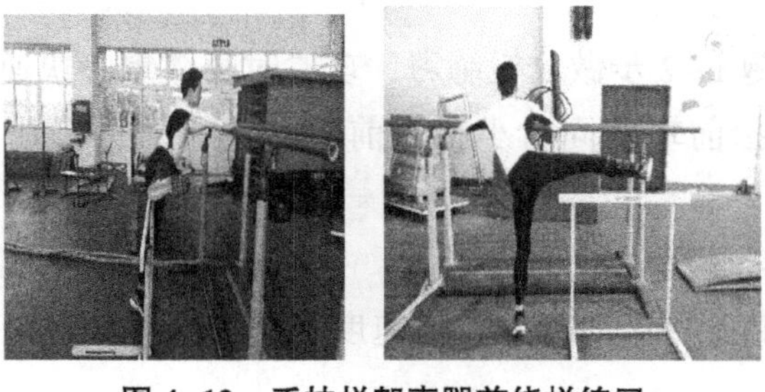

图 4-12 手扶栏架直腿前绕栏练习

(8) 摆动腿对墙攻摆模仿。

①练习要求：重心积极前移，起跨腿积极蹬伸，两腿交换进行（图 4-13）。

②练习负荷：10 次×3~5 组。

图 4-13　攻栏腿对墙攻摆模仿练习

(9) 跑动中栏间三步过海绵垫。

①练习要求：可设置高度为 40~50 厘米高的海绵垫或小练习架，间距 6~7.5 米；要求栏间以小三步快速跑动，跨过障碍物（图 4-14）。

②练习负荷：5~8 栏×5~6 次。

③练习作用：培养运动员栏间三步跑的节奏感和掌握跨栏的基本技术。

图 4-14　跑动中栏间三步过海绵垫练习

(10) 栏间四步左右腿过栏。

①练习要求：左右腿熟练过栏，栏架或小练习架高为 40~50 厘米，栏间距为 8~9.5 米。

②练习负荷：5~6 栏×5~6 次。

(11) 过栏模仿。

①练习要求：慢跑 1~2 步做攻栏练习，攻栏时身体重心快速前移，起跨腿充分蹬伸，摆动腿膝关节高抬前攻的同时小腿向前摆动快速下扒着地，也可负重多次练习（图 4-15）。

②练习负荷：10~15 次×3~5 组。

③练习作用：提高跨栏运动员的攻栏速度和技术，也可作为改进跑跨结合的手段之一。

图 4-15　起跨攻栏模仿练习

（12）走动中起跨腿栏侧一步过栏。

①练习要求：栏间距为 1~1.5 米，栏高为 91.4 厘米。在做起跨腿栏侧过栏时，必须先高抬外侧腿，外侧腿快速下压的同时起跨腿快速提拉前摆，起跨腿膝关节要前摆到位（图 4-16）。

②练习负荷：5~8 栏×3~5 组。

③练习作用：提高起跨腿的摆动速度和改进提拉摆动的技术。

图 4-16　走动中起跨腿栏侧一步过栏练习

（13）走动中摆动腿栏侧一步过栏。

①练习要求：栏间距为 1~1.5 米，栏高为 91.4 厘米。走动中攻栏腿要快速高抬摆动过栏，重心移动要快，过栏后小腿积极下压扒地（图 4-17）。

②练习负荷：5~8 栏×3~5 组。

③练习作用：提高摆动腿的摆动速度和技术。

图 4-17　走动中摆动腿栏侧一步过栏练习

（14）走动中一步过栏。

①练习要求：栏间距为1~1.5米，栏高为91.4厘米。上肢、摆动腿和起跨腿要协调配合，抬腿和摆动要到位，动作连贯流畅，保持高重心，过栏时重心要平稳（图4-18）。

②练习负荷：6~10栏×3~5组。

③练习作用：提高跨栏运动员跨栏步技术和上下肢协调配合的能力。

图4-18　走动中一步过栏练习

（15）跑动中起跨腿栏侧一步过栏。

①练习要求：栏间距为2.5~3米，栏高为91.4厘米。过栏时高抬外侧腿，起跨腿积极前拉摆动，着地后重心快速前移（图4-19）。

②练习负荷：5~8栏×3~5组。

③练习要求：提高跨栏运动员起跨腿的摆动速度和摆动技术，改进跨栏步的技术和上下肢的协调配合能力。

图4-19　跑动中起跨腿栏侧一步过栏练习

（16）跑动中摆动腿栏侧一步过栏。

①练习要求：栏间距为2.5~3米，栏高为91.4厘米。摆动腿快速高抬前摆，重心移动快，下栏时快速下摆扒地支撑，一步过栏时要保持重心平稳，动作连贯（图4-20）。

②练习负荷：5~8栏×3~5组。

③练习作用：提高跨栏运动员摆动腿的摆动速度和过栏技术，提高跨栏步的技术

和上下肢的协调配合能力。

图 4-20　跑动中摆动腿栏侧一步过栏练习

(17) 跑动中一步过栏。

①练习要求：栏间距为 2.5~3 米，栏高为 91.4 厘米。过栏时上下肢、摆动腿和起跨腿协调配合，重心平稳，快速跑动过栏（图 4-21）。

②练习负荷：5~8 栏×3~5 组。

③练习作用：改进跨栏运动员的跨栏步技术。

图 4-21　跑动中一步过栏练习

(18) 跑动中起跨腿栏侧三步过栏。

①练习要求：栏间距为 8~8.5 米，栏高 91.4 厘米。过栏时高抬外侧腿，起跨腿积极向前提拉摆动，当膝关节摆到正前方高点时快速向前跑动。

②练习负荷：5~8 栏×3~5 组。

③练习作用：改进起跨腿的过栏技术。

(19) 跑动中攻栏腿栏侧三步过栏。

①练习要求：栏间距为 8~8.5 米，栏高为 91.4 厘米。摆动腿快速高括前摆，过栏后积极下压扒地支撑。

②练习负荷：5~8 栏×3~5 组。

③练习作用：改进摆动腿的过栏技术。

(20) 跑动中三步过栏。

①练习要求：注重栏间三步跑的节奏和跑跨、跨跑的衔接。

②练习负荷：5~8 栏×3~5 组。

③练习作用：改进跨栏步技术和栏间三步跑的节奏。

（21）起跑过前三栏。

①练习要求：注重起跑到第一栏的节奏。

②练习负荷：3 栏×3～5 组。

③练习作用：改进和完善起跑至第一栏的节奏。

（22）栏间不同步数组合练习。

①练习要求：根据栏间距设置 3～5 步的栏间跑；要求运动员灵活变换步数，左右腿熟练过栏。

②练习负荷：100～200 米×5～10 栏×4～6 组。

③练习作用：发展运动员左右腿跨栏的能力和不同栏间距熟练变换栏间步数的能力。

（23）站立起跑过 8 栏。

①练习要求：重心平稳，摆动腿积极下压支撑，起跨腿快速前摆跑动。

②练习负荷：8 栏×4～6 组。

③练习作用：完善跨栏步技术和栏间跑节奏。

（24）跨栏教学比赛。

①练习要求：3～5 人进行 5～8 栏的教学比赛。

②练习负荷：5～8 栏×1～2 组。

2. 节奏练习

（1）“跑”实心球或标志物。

①练习要求：球间距为 1.5～2.0 米，运动员加助跑快速跑过，教练员给出节奏信号提示，节奏清晰（图 4-22）。

②练习负荷：8～10 球×8～10 次。

③练习作用：提高运动员跑步的节奏感。

图 4-22　“跑”实心球或标志物练习

（2）跨实心球或标志物。

①练习要求：球间距 6～8.5 米；三步一跨，重点在三步节奏（图 4-23）。

②练习负荷：5~8 球×8~10 次。

③练习作用：培养运动员栏间三步跑的节奏感。

图 4-23　跨实心球或标志物练习

（3）跨低栏。

①练习要求：将栏架放倒呈倒置的“V”字形放置，栏间距离为 6~7 米，栏间三步跑，强调栏间跑的节奏，熟练后加快跑动速度，进一步强调摆动腿的屈膝高抬和下压动作，起跨腿做适当的折叠外展和积极的提拉动作（图 4-24）。

②练习负荷：5~8 栏×8~10 次。

③练习作用：提高运动员的跨栏步技术和改进栏间三步跑的节奏。

图 4-24　跨低栏练习

第三节　直道跨栏跑运动员选材

一、遗传与运动能力

我们在青少年运动员选材时常提到的运动天赋就是指青少年天生所具有的运动能力，是青少年从其父母继承来的某种特征和能力。这些由上一生物环链遗传来的特征和能力，虽然具有人类遗传的共性，如人类的走、跑、跳、投等能力，但由于上一遗传环链父母某些较为突出的能力和特征经生物基因组合遗传给下一代，使其表现出某些高出一般人的能力和优于一般人的形态特征。由于青少年的这些遗传特征，使得运动员所具有的形态、素质、机能和神经类型等方面有许多指标是后天环境不易改变的或可改变的程度很小。在遗传学领域人们常用遗传度来表示遗传基础和环境因素各占多大比例。一种多基因遗传性状受环境因素的影响愈大，遗传度愈低；受环境因素作用越小，遗传度就越高。由于运动训练是通过多种手段对运动员施以某种特异刺激的过程。因而，运动员的各种机能、素质对这种刺激有多大的反应，在很大的程度上取决于遗传度的高低。也就是说，凡是遗传性的身心、生理和机能特征都具有一定的稳定性，一般通过运动训练较难改变和提高。因此，选拔出那些先天性指标较好，且符合某个专项的青少年运动员进行科学的训练是运动员成才的先决条件。

运动员的运动能力包含身体素质、运动技能和智能三个主要方面。身体素质是运动员运动能力的基础，它在很大程度上决定着运动员运动能力的高低。速度、力量、耐力、柔韧性、灵活性和协调性是构成身体素质的基本要素。遗传对这些素质的影响程度，即这些素质的遗传度决定着运动员训练的起点和训练提高的空间。

运动能力既然与先天遗传和后天训练有紧密的关系，那么我们可以把影响运动员运动能力的因素分为先天遗传因素和后天训练因素两大部分，如图 4-25 所示。

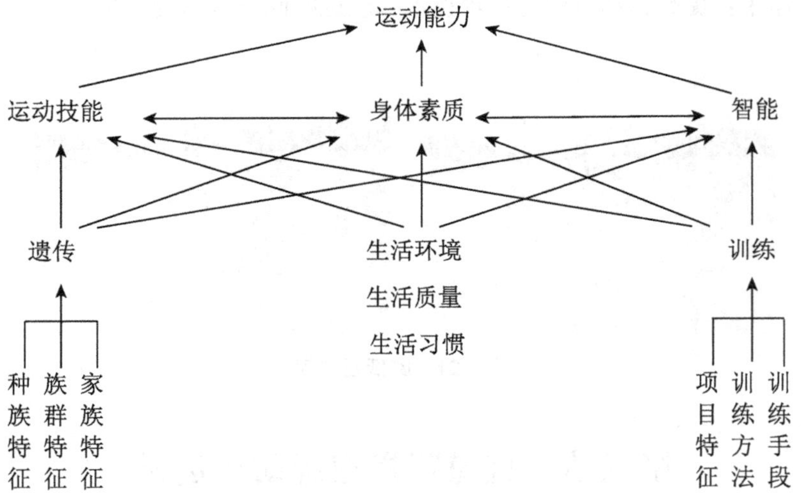

图 4-25　影响运动员运动能力的因素示意图

不同种族、不同民族及家族族系对遗传性状有较大的制约作用，这种遗传性状的制约才使人类具有种族倾向、民族倾向和家族倾向。那么遗传是怎样影响运动员运动能力的？显而易见，它是通过对运动员的身体素质的遗传度来控制其运动能力高低的。遗传学研究表明，人体绝大部分身体素质都受到遗传的影响。也就是说，在运动员选材时，一定要优先选取那些遗传度较高的素质和先天机能指标较高的运动员。这样，即使是通过训练的可塑性很小，这些“天才”运动员也能表现出较高的水平。

（一）主要形态指标的遗传度

从表 4-1 中看到，围度指标和体重指标受遗传影响较小，其他形态指标受遗传影响较大。

表 4-1 主要形态指标的遗传度（%）

指标	男	女	指标	男	女
身高	75	92	胸围	54	55
坐高	85	85	臂围	65	60
臂长	80	87	腿围	60	65
腿长	77	92	体重	68	42
肩宽	77	70	去脂体重	87	78
骨盆宽	75	85	胸廓形态	90	90

（二）主要生理指标的遗传度

表 4-2 显示，青少年在最大心率、肺通气量、最大摄氧量方面的遗传度较高；而神经系统的功能、女生月经初潮时间等达到 90%以上，说明后天改变的空间很小。

表 4-2 主要生理指标的遗传度（%）

指标	遗传度	指标	遗传度
安静心率	33	神经系统功能	90
最大心率	89.5	月经初潮时间	90
肺通气量	73	血型	100
最大摄氧量	69~95.6	血压	42

（三）主要素质指标的遗传度

从表 4-3 中看到，反应速度、无氧耐力、有氧耐力和柔韧性都具有较高的遗传度，在选材中应重视与专项关联度较高的素质的遗传度。

表 4-3 主要素质指标的遗传度（%）

指标	遗传度	指标	遗传度
反应速度	75	无氧耐力	85
动作速度	50	有氧耐力	70
绝对力量	35	柔韧性	70
相对力量	64		

二、青少年直道跨栏跑运动员各年龄阶段选材的指标特征

由于直道栏栏架的设置和栏间距离的固定，对跨栏运动员的身体形态提出了较高的要求。身材高大、腿长有利于运动员高重心的跑动和跨越栏架，由于直道栏运动员要跨越固定高度的栏架，除对运动员身高条件有特定的要求外，还要求运动员有合理的下肢结构。也就是说，直道栏运动员不仅要有较长的下肢，还要求大腿、小腿、下肢与躯干之间有一个合理的比值。

（一）初选阶段（12~13 岁）

选材重点：选择有较好速度素质、跳跃和爆发性好，柔韧性好，机智灵敏，跑时髋关节蹬摆幅度大，踝关节支撑较高，协调自然的少年参加基础阶段训练。评定少儿发育程度及受遗传影响大小的各项指标如表 4-4 所示。

（1）身体形态：身体匀称，重心高，下肢关节围度小，小腿较长，跟腱长且清晰。

（2）身体素质：身体灵活，速度、弹跳力较好。

（3）技术：跑跨技术自然、放松，完成动作速度快，对基本技术接受和再现能力较好。

（4）机能：身体健康，心肺系统及循环系统的机能发育正常。

（5）心理：参加训练的积极性高，心理稳定、善于控制自己、勇敢机智、具有创造性。

表 4-4 12~13 岁选材依据和标准

选材依据	（1）要考虑遗传因素，喜爱跨栏，家长支持 （2）身体形态好，下肢长，小腿长，下肢关节较小，下肢关节围度小，髋关节灵活，髋、膝、踝柔韧性好 （3）身体灵活，速度、弹跳好，节奏感强 （4）跑跳技术动作自然放松，完成动作速度快，对基本技术接受快，再现能力强 （5）相关生理、生化指标优秀，心理素质很强，心理稳定，善于控制自己，勇敢机智，具有创造性的少年 （6）思想品质要好，事业心要强，喜欢跨栏运动，不娇气，个性强，有气质的运动员

（续表）

	类别	内容	男	女
选材指标	形态	身高（厘米）	160~170	150~160
		体重（千克）	40±3	42±3
	机能	血红蛋白（克/升）	>140.00	>130.00
		肌酸激酶（国际单位/升）	<300	<250
		睾酮（纳克/毫克）	3.00~10.00	0.20~1.00
	身体素质	60米（秒）	7.50	8.10
		100米（秒）	13.50	13.90
		立定跳远（米）	2.20	2.00
		跳远（米）	5.00	4.50
		两千克实心球后抛（米）	12.50	8.60
	技术评定	栏间节奏好、栏上重心平稳、直线性好、动作放松协调	跨栏步和栏间跑结合顺畅，全程跑体现出直线性好、平衡性好和节奏好。技术稳定，动作放松、自然、协调。技术保持能力好、无变形	

（二）重点选材阶段（14~15岁）

选材的重点：重点评定形态、基本技术和身体素质。通过对运动员发展潜力的评估，发现在专项素质方面显露才华的，身体发育占有优势的、肌肉类型好的运动员，继续从事专项训练（表4-5）。

（1）身体形态：重点评定形态和素质增长速度，鉴别发育状态，在发育后期，身体形态表现出符合本项目的特点。

（2）身体素质：运动员的速度、协调、柔韧性应达到较高水平。重点评定身体素质增长的速度。

（3）技术：运动员掌握技术的能力，注意半程栏和全程栏的动作协调性和栏间节奏感明显，栏上动作舒展，过栏平稳的综合跨栏成绩。

（4）心理：心理健康，自信，接受能力、意志力强，速度感觉好。

（5）机能：心肺和循环系统发育正常，符合跨栏训练要求。

青少年跨栏运动员的选材主要由身体形态、身体机能、身体素质、跨栏技术标准四个方面及心理素质等方面组成。

表 4–5　14~15 岁选材依据和标准

<table>
<tr><td>选材依据</td><td colspan="4">（1）要考虑遗传因素，喜爱跨栏，家长支持
（2）身体形态好，下肢长，小腿长，下肢关节较小，下肢关节围度小，髋关节灵活，髋、膝、踝柔韧性好
（3）身体灵活，速度，弹跳好，节奏感强
（4）跑、跳技术动作自然放松，完成动作速度快，对基本技术接受快，再现能力强
（5）相关生理、生化指标优秀，心理素质很强，心理稳定，善于控制自己，勇敢机智，具有创造性
（6）有较好地掌握跨栏技术能力、有较好的再现能力</td></tr>
<tr><td rowspan="13">选材指标</td><td>类别</td><td>内容</td><td>男</td><td>女</td></tr>
<tr><td rowspan="2">形态</td><td>身高（厘米）</td><td>170~180</td><td>160~165</td></tr>
<tr><td>体重（千克）</td><td>48±3</td><td>46±3</td></tr>
<tr><td rowspan="3">机能</td><td>血红蛋白（克/升）</td><td>>140.00</td><td>>130.00</td></tr>
<tr><td>肌酸激酶（国际单位/升）</td><td><300</td><td><250</td></tr>
<tr><td>睾酮（纳克/毫升）</td><td>3.00~10.00</td><td>0.20~1.00</td></tr>
<tr><td rowspan="5">身体素质</td><td>60 米（秒）</td><td>7.20</td><td>7.60</td></tr>
<tr><td>100 米（秒）</td><td>12.10</td><td>13.10</td></tr>
<tr><td>立定三级跳（米）</td><td>7.50</td><td>6.80</td></tr>
<tr><td>跳远（米）</td><td>6.00</td><td>5.00</td></tr>
<tr><td>两千克实心球后抛（米）</td><td>14.50</td><td>12.50</td></tr>
<tr><td>技术评定</td><td>栏间节奏好、栏上重心平稳、直线性好、动作放松协调</td><td colspan="2">跨栏步和栏间跑结合顺畅，全程跑体现出直线性好、平衡性好和节奏好。技术稳定，动作放松、自然、协调。技术保持能力好、无变形</td></tr>
</table>

（三）优选阶段（16~17 岁）

选材的重点：选拔出运动水平较高、能够向更高水平冲击的运动员继续从事专项训练。重点评定心理素质、运动素质提高幅度和发展水平（表 4–6）。

（1）技术：应较好地掌握跨栏技术，而且表现出高质量地完成各种专门练习的能力，具有良好的跨栏技术、较好的栏间动作节奏感。

（2）身体素质：专项素质指标应达到优秀水平及至世界优秀选手的水平，专项素质水平发展较高。

（3）心理：具有强烈的事业心，运动员在重大比赛中表现最高成绩的能力，具备较高的心理控制能力。

（4）身体形态：应表现出接近世界优秀选手身体形态的特征。

（5）机能：生理机能应基本适应跨栏的大运动量训练。

表 4-6　16~17 岁选材依据和标准

<table>
<tr><td>选材依据</td><td colspan="4">（1）身体形态接近优秀运动员形态特征
（2）专项素质达到优秀指标水平
（3）应较好地掌握跨栏技术，而且表现出高质量地完成各项专门练习的能力，具有良好的动作节奏感
（4）生理机能应基本适应跨栏跑的运动训练量。运动员在重大比赛中表现出最高成绩能力，具备较高的心理控制能力
（5）思想品质要好、事业心要强、喜欢跨栏运动、不娇气、个性强、有气质的运动员</td></tr>
<tr><td rowspan="11">选材指标</td><td>类别</td><td>内容</td><td>男</td><td>女</td></tr>
<tr><td rowspan="2">形态</td><td>身高（厘米）</td><td>180~185</td><td>165~170</td></tr>
<tr><td>体重（千克）</td><td>68±3</td><td>56±3</td></tr>
<tr><td rowspan="3">机能</td><td>血红蛋白（克/升）</td><td>>140.00</td><td>>130.00</td></tr>
<tr><td>肌酸激酶（国际单位/升）</td><td><300</td><td><250</td></tr>
<tr><td>睾酮（纳克/毫升）</td><td>3. 00~10. 00</td><td>0. 20~1. 00</td></tr>
<tr><td rowspan="4">身体素质</td><td>60 米（秒）</td><td>6. 60</td><td>7. 30</td></tr>
<tr><td>100 米（秒）</td><td>11. 50</td><td>12. 80</td></tr>
<tr><td>助跑十级跳（米）</td><td>33. 50</td><td>27. 00</td></tr>
<tr><td>4 千克实心球后抛（米）</td><td>16. 50</td><td>12. 50</td></tr>
<tr><td>技术评定</td><td>栏间节奏好、栏上重心平稳、直线性好、动作放松协调</td><td colspan="2">跨栏步和栏间跑结合顺畅，全程跑体现出直线性好、平衡性好和节奏好，技术稳定，动作放松、自然、协调，技术保持能力好、无变形</td></tr>
</table>

第四节　直道跨栏跑运动员各年龄阶段训练任务与要求

一、12~13 岁阶段

（一）技术训练任务

（1）全面发展身体素质、重点发展速度、快速力量、灵活协调素质。

（2）学习掌握跨低栏、短栏间距技术，注意强调和培养栏间节奏。

（3）重点发展步频和动作速度。

（4）建立正确、完整的技术概念。

（5）培养跨栏训练兴趣。

（二）技术训练要求

（1）重视动作频率、反应速度的培养、栏间节奏感的培养。
（2）腰髋力量训练发展力求多样、实效、适用。
（3）专项训练注重基本技术，通过多项训练跨栏运动员必备素质。
（4）遵循青少年生长规律，逐渐增加负荷。

二、14~15 岁阶段

（一）技术训练任务

（1）学习跨栏跑技术理论，正确掌握基本技术。
（2）掌握蹲距式起跑后 7~8 步加速跑过第一栏技术，重点在于稳定步长和节奏。
（3）逐步学习掌握标准栏技术，明确起跨腿和摆动腿，提高跨栏步节奏，初步形成跑栏技术、强调高支撑过栏和栏前后步长的合理比例。
（4）跨栏步和栏间跑结合基本顺畅，全程跑体现出直线性、平衡性和较明显的节奏感。

（二）技术训练要求

（1）重点发展速度素质，发展腰髋力量素质、关节力量素质。
（2）要从小肌肉、小关节的力量训练抓起。
（3）上下肢协调发展、注意全面综合能力的训练。
（4）掌握跨栏技术规范动作，培养运动员较好的栏间节奏感。

三、16~17 岁阶段

（一）技术训练任务

（1）掌握一定的技术理论，以及世界优秀水平运动员的技术，加深对技术的理解。
（2）熟练掌握全程跑技术，形成强烈的快速跑栏节奏。
（3）发挥个人技术特点，形成独特的技术风格。
（4）在跑跨结合技术上有较高水平。

（二）技术训练要求

（1）重点发展速度、核心力量（腰髋力量）、关节力量专项技术的训练。

（2）完整技术训练时着重培养栏间节奏。

（3）在训练中重点培养个人技术特点，在全程技术节奏的训练中逐步形成个人的技术风格。

（4）参加比赛积累经验，培养心理调节能力，可控能力。

第五节 直道跨栏跑运动员的训练评价

一、青少年直道跨栏跑运动员专项技术的评价

根据跨栏项目的特点，针对青少年跨栏运动员的专项技术、身体素质、专项成绩三个方面进行评定与考核，将三个方面的成绩按比例计算，所得总分确定训练成效的排序。三个方面分别为：专项技术、身体素质、专项成绩，跨栏技术评价标准详见表4–7。

表4–7 跨栏技术评价标准

等级	优秀	良好	及格
评价内容	专项成绩好	专项成绩较好	专项成绩中等
	栏间节奏好、栏上重心平稳、直线性好、动作放松协调	栏间节奏较好、栏上重心基本平稳、直线性较好、动作较协调	栏间节奏良好、栏上重心基本平稳、直线性一般好、动作欠协调
	跨栏步和栏间跑结合顺畅，全程跑体现出直线性好、平衡性好和节奏好	跨栏步和栏间跑结合基本顺畅，全程跑体现出较好的直线性、平衡性和节奏感	跨栏步和栏间跑结合不是很顺畅，全程跑直线性不是很好、平衡性和节奏不强
	技术稳定，动作放松、自然、协调	动作技术较为稳定、放松、自然，但局部较紧	技术动作紧张、僵硬，技术不稳定，动作毛糙
	技术保持能力好、无变形	技术保持较好，基本无变形	技术常有变形现象

注：技术训练时的技评由教练员进行评定，在比赛和测验时，聘请专家进行技术评定。

二、直道跨栏跑运动员专项成绩评价

各年龄直道栏运动员经过一阶段的训练后，可以进行专项成绩的测定，可评价运动员的专项技术训练水平，评价指标见表4–8。

表 4-8　各训练阶段专项成绩指标

项目＼年龄		12~13 岁		14~15 岁		16~17 岁	
性别		男	女	男	女	男	女
100 米（秒）	优	13.50	13.90	—	—	—	—
	良	14.50	15.10	—	—	—	—
	及格	15.00	16.00	—	—	—	—
男子 110 米栏（秒）：高 0.914 米，栏距 8.70 米 女子 100 米栏（秒）：高 0.84 米，栏距 8 米	优	—	—	15.00	15.00	—	—
	良	—	—	15.80	15.80	—	—
	及格	—	—	17.00	16.50	—	—
男子 110 米栏（秒）：高 1.06 米，栏距 9.14 米 女子 100 米栏（秒）：高 0.84 米，栏距 8.50 米	优	—	—	—	—	14.30	14.50
	良	—	—	—	—	15.00	15.50
	及格		—	—	—	16.00	16.50

注：由于 12~13 岁不进行专项测试，故选用 100 米进行测试。

三、直道跨栏跑运动员的身体素质训练评价

身体素质训练必须通过测试来检验训练效果，通常情况下，在训练的各阶段中均要安排测试与考核，以便监督训练和检验训练效果，根据训练效果分析前期训练以调整、修订后续训练。测试 60 米、100 米、立定跳远（12~13 岁）、立定三级跳远（14~15 岁）、助跑十级跳（16~17 岁）、实心球（12~13 岁 2 千克）、（14~15 岁 4 千克）、柔韧项目进行考核。在全年的训练中至少要进行数次测试或考核，可根据实际情况自行安排（表 4-9）。

表 4-9　身体素质测试内容和参数

项目＼年龄		12~13 岁		14~15 岁		16~17 岁	
性别		男	女	男	女	男	女
60 米（秒）	优	7.50	8.10	7.20	7.60	6.60	7.30
	良	8.10	8.40	7.40	8.00	7.00	7.60
	及格	8.60	9.20	8.20	8.60	7.50	8.20
100 米（秒）	优	13.50	14.50	12.10	13.10	11.50	12.80
	良	13.80	14.80	12.80	13.80	12.00	13.50
	及格	14.50	15.20	13.50	14.20	12.50	13.80

（续表）

项目 \ 年龄		12~13 岁		14~15 岁		16~17 岁	
性别		男	女	男	女	男	女
立定跳远（米） 立定三级跳远（米） 助跑十级跳远（米）	优	2.20	2.00	7.50	6.80	33.50	27.00
	良	2.00	1.90	7.20	6.50	31.00	25.00
	及格	1.90	1.80	6.50	6.10	27.00	23.00
后抛 2 千克 实心球（米） 后抛 4 千克 实心球（米）	优	12.50	11.50	14.50	12.50	16.50	12.50
	良	11.0	9.50	13.00	11.50	14.50	11.50
	及格	8.0	7.50	10.00	9.50	12.00	9.50
体前屈手触地	优	手掌全触地					
	良	握拳触地					
	及格	手指触地					
左右腿劈叉手触地	优	手掌全触地					
	良	握拳触地					
	及格	手指触地					
全蹲 （脚掌全着地）	优	臀贴足跟全蹲抱膝					
	良	大小腿折叠全蹲不后座					
	及格	全蹲脚腿角度大于 45°					

第六节　直道跨栏跑训练计划

一、青少年直道跨栏跑运动员多年训练计划的制订

青少年多年训练计划是指运动员从启蒙训练开始到青少年期结束，一般为 7~8 年。教练员在制订青少年直道栏运动员的多年训练计划时应包括以下几个方面（表 4-10）：

（1）运动员多年发展的总目标，即经过多年训练后，运动员的专项成绩、身体素质水平所要达到的目标。

（2）运动员的初始情况，包括运动员的身体条件、形态指标、文化学习、家庭情况和个人特点等。

（3）多年训练各阶段的划分，如 12~14 岁阶段、15~16 岁阶段、17~18 岁阶段等，各阶段的训练任务和目标，主要训练内容、训练负荷的安排。

（4）多年中各年度的负荷总量、训练的次数、训练的方法手段和检查指标。

（5）完成多年训练计划所需要的条件等。

表 4-10　多年训练计划制订表

<table>
<tr><th colspan="3" rowspan="2">阶段</th><th rowspan="2">启蒙阶段</th><th colspan="2">基础阶段</th><th colspan="3">专项训练阶段</th></tr>
<tr><th>一般训练阶段</th><th>专项训练阶段</th><th>专项提高阶段</th><th>专项提高竞技阶段</th><th>竞技保持阶段</th></tr>
<tr><td colspan="3">年龄</td><td></td><td></td><td></td><td></td><td></td><td></td></tr>
<tr><td colspan="3">时间</td><td></td><td></td><td></td><td></td><td></td><td></td></tr>
<tr><td colspan="3">主要任务</td><td></td><td></td><td></td><td></td><td></td><td></td></tr>
<tr><td rowspan="11">训练负荷安排</td><td colspan="2">年训练日</td><td></td><td></td><td></td><td></td><td></td><td></td></tr>
<tr><td colspan="2">年训练课次</td><td></td><td></td><td></td><td></td><td></td><td></td></tr>
<tr><td colspan="2">年训练时数</td><td></td><td></td><td></td><td></td><td></td><td></td></tr>
<tr><td colspan="2">周训练课次</td><td></td><td></td><td></td><td></td><td></td><td></td></tr>
<tr><td colspan="2">日训练课次</td><td></td><td></td><td></td><td></td><td></td><td></td></tr>
<tr><td colspan="2">年负荷节奏</td><td></td><td></td><td></td><td></td><td></td><td></td></tr>
<tr><td colspan="2">专项最高训练强度</td><td></td><td></td><td></td><td></td><td></td><td></td></tr>
<tr><td rowspan="4">主要指标训练总量</td><td></td><td></td><td></td><td></td><td></td><td></td><td></td></tr>
<tr><td></td><td></td><td></td><td></td><td></td><td></td><td></td></tr>
<tr><td></td><td></td><td></td><td></td><td></td><td></td><td></td></tr>
<tr><td></td><td></td><td></td><td></td><td></td><td></td><td></td></tr>
<tr><td colspan="2" rowspan="2">一般与专项训练任务比重</td><td>一般</td><td></td><td></td><td></td><td></td><td></td><td></td></tr>
<tr><td>专项</td><td></td><td></td><td></td><td></td><td></td><td></td></tr>
<tr><td rowspan="2">专项比赛安排</td><td>比赛次数</td><td></td><td></td><td></td><td></td><td></td><td></td><td></td></tr>
<tr><td>最高成绩</td><td></td><td></td><td></td><td></td><td></td><td></td><td></td></tr>
<tr><td colspan="2">恢复措施</td><td></td><td></td><td></td><td></td><td></td><td></td><td></td></tr>
</table>

注：徐本力．运动训练学［M］．济南：山东教育出版社，1990.

二、青少年直道跨栏跑运动员年度训练计划的制订

青少年运动员的训练属于基础阶段的训练，其主要任务是全面提高身体素质和初步掌握专项技术。他们每年的比赛任务相对较少，因而，其年度计划的制订主要是以单周期来制订的，即一个准备期、一个竞赛期、一个恢复期。

（一）青少年直道跨栏跑运动员年度训练负荷的总量安排

青少年直道栏运动员的年度训练负荷量应遵循循序渐进的原则进行安排。安排训练负荷时，教练员应充分考虑青少年运动员的身心发育特点，训练中极限负荷强度的跑量不应过多，因为过多的极限负荷跑量会损害青少年运动员的神经系统和速度障碍的形成。教练员应根据运动员的具体训练情况来制定年度训练的总量（表4-11）。

技术训练的次数和负荷量在基础训练阶段的基础上逐渐加大，技术训练的手段应多样化，这样运动员不仅可以在各种各样的技术训练中不断地完善跨栏跑的技术，还可以有效克服由于单一训练引起的厌倦情绪。此外，在青少年这一阶段的训练中还应特别注意运动员的节奏感和栏感的培养。

表4-11　青少年直道栏运动员年度训练负荷安排

性别	年快跑量	跨栏跑	训练次数	跨栏架次	比赛次数	越野跑
男子	80~120千米	15~35千米	240~300次	4~5千架次	5~8	80~120千米
女子	60~100千米	15~35千米	240~300次	4~5千架次	5~8	60~100千米

（二）青少年直道跨栏跑运动员年度各阶段训练计划安排

1. 准备期的训练计划

准备期是准备性训练阶段，其主要任务是通过此阶段的训练，提高运动员的机能、素质、技术和心理等方面的水平，为下一阶段竞赛期做好准备。从训练准备内容和层次上，准备期又分为一般准备阶段和专项准备阶段两个阶段。

（1）一般准备阶段的训练计划安排。

一般准备阶段的主要任务是发展一般身体素质，掌握专项技术。此阶段的负荷特点是训练负荷量较大，负荷强度保持在中等偏下，身体素质的训练比重远远大于专项技术训练的比重，一般身体训练和技术训练的比重为70%和30%，每周的训练次数在10~14次。

（2）专项准备阶段的计划安排。

专项准备阶段是准备期的第二个阶段，也是向竞赛期过渡的一个阶段，虽然这一阶段的训练总目标是提高身体素质、完善专项技术水平、提高心理准备程度，但这一阶段训练的安排与第一阶段有所不同。在第一阶段后期负荷量达到一个峰值后，第二阶段的负荷量与第一阶段相比呈下降趋势，而技术训练的比重逐渐上升，为60%和40%，每周的训练次数在8~12次。

2. 竞赛期的训练计划安排

竞赛期是一年中的比赛阶段，其主要任务是形成良好的竞技状态，提高比赛能力，在比赛中发挥出自己的最佳成绩。这个阶段的训练主要以完善专项技术和提高专项能力为主，负荷量保持在一个合理的区间，负荷强度较大，为了提高训练负荷强度，可在训练中采用测验赛、专项训练赛和赛前热身赛。在单周期中，可将比赛期分为赛前基本训练阶段和比赛阶段，此阶段的身体训练和技术训练的比重为30%和70%。

（1）赛前基本训练阶段训练计划安排。

赛前基本训练阶段要为运动员即将参加的比赛做好体能、技术和心理的准备，其主要任务是使运动员的机体适应比赛的要求和条件，把长期训练过程中获得的竞技能力转化到比赛中去，以便在比赛中创造优异的专项成绩。在重大比赛前，一般要安排一个赛前强化中周期，来提高运动员的竞技状态和比赛能力。

赛前强化中周期一般是指运动员开始集训到比赛日之间的时间。这个时间安排的长短，一是取决于运动员起始竞技状态的水平；二是取决于运动员竞技状形成与发展的周期；三是取决于项目的特点和要解决的训练问题的情况。通常赛前训练阶段一般指比赛前4~8周的赛前训练安排（图4-26）。

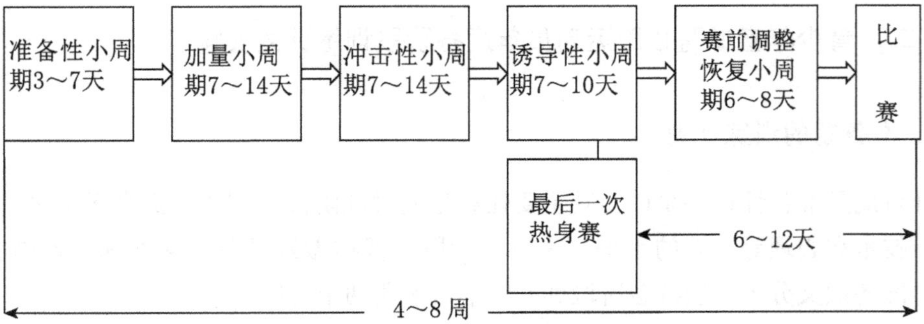

图4-26　跨栏运动员大赛前强化中周期训练小周期训练安排

运动员竞技状态的发展规律是我们调控训练过程的理论依据，运动员的竞技状态从低到高的发展过程就是对训练刺激不断调整、不断适应，周而复始、螺旋上升的过程。

运动员各器官系统的机能、身体素质、专项能力和心理状态在这种“刺激→适应→再刺激→再适应”的训练过程中得到提高和发展。训练给与运动员刺激后，运动员的身体会产生应激性反应，从产生应激反应到适应具有典型的时间周期特征。教练员在安排赛前强化中周期的训练时，都是以大赛日为基点向前推算小周期的训练安排。诱导性小周期的后半段安排一次大强度的热身赛，其时间距正式比赛6~12天，目的是提高运动员的专项训练强度和检验训练效果。其后到比赛是调减恢复阶段，这个阶段的主要任务是使运动员恢复体力，调控心理状态。通过长期的训练，运动员这一阶段的训练都有一个相对固定的模式，这个模式是通过多年训练总结积累而来，突然改变这个模式会使运动员的身体生物节律周期发生变化，让运动员很不适应，从而导致运动员的竞技状态发生变化。

训练中调控训练负荷一般是通过三种不同的方式完成的：一是在保持训练量的基础上提高负荷强度；二是保持一定强度提高训练负荷量；三是量和强度的变化都不大，但能增加练习的密度。第一个大负荷周期是在保持一定强度的基础上冲击负荷量，其目的是储备体能，为第二阶段做准备。第二个负荷高峰主要在保持一定量的基础上冲击强度为主，主要目的是提高运动员的专项能力。为了更好地完成此阶段的训练任务，每个训练小周期中可根据训练情况安排一次测验赛和教学比赛。第二个训练负荷高峰距比赛为10±2.10天（图4-27）。此后，训练的总负荷呈下降态势，但在具体的训练安排上，负荷量的调减也有一定的起伏波动，不能调减得过快过低，在运动员动身去赛区前6~8天有1~2次加量训练。负荷强度的调控在赛前几天就显得尤为重要，如果赛前几天强度过大就会使运动员的兴奋点过早出现，从而影响比赛状态。

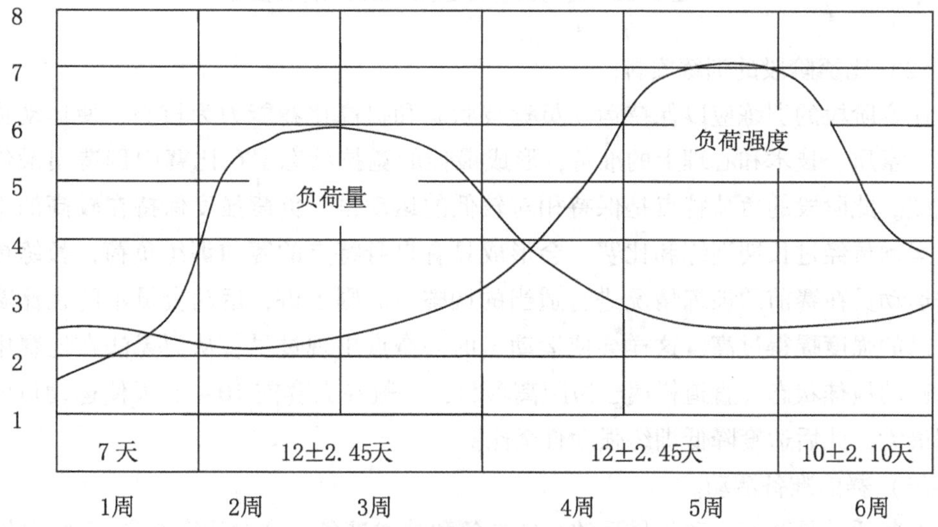

图4-27　赛前强化中周期负荷安排

赛前调整恢复小周期训练是为了进一步保持、巩固和提高已获得的机能和训练水平，消除因负荷给有机体所造成的疲劳，巩固专项技术，及时地把握运动员对负荷安排的反应等。一般运动员通过多年训练，赛前调整恢复小周期的训练手段和内容的安排都相对固定。教练员安排赛前小周期的训练都是采用“倒推法”，即由比赛日向前推算，具体训练内容安排如图4-28所示。从调查数据分析，教练员赛前小周期训练内容短跑和跨栏项目只是在计时跑和计时跨栏上有区别，其他内容基本相同（87.9%）。这个小周期日训练时间的安排多以比赛时间确定。这几天的训练需要特别注意控制运动员心理状态的变化。运动员通过长时间的系统训练，专项成绩和身体素质达到较高水平，对自己的训练水平充满自信，其竞技状态和比赛能力也达到较高水平。此时运动员渴望比赛，渴望在大赛上表现自己的实力和能力。渴望战胜对手取得胜利并获得好的名次。同时也担心在比赛中失利或输给对手，在这种焦虑心情的影响下，运动员可能会出现情绪失常、食欲不振、失眠或嗜睡、健忘等现象。有的运动员在赛前调整恢复期过于兴奋，在比赛过程中又提不起劲，这些情况都需要教练员根据运动员平时的比赛表现和个性特征采取有效的手段进行调控。

第7天	第6天	第5天	第4天	第3天	第2天	第1天
专项耐力	力量练习、出发去赛区	慢跑或变速跑	适应场地：计时跑或过5～8栏练习	力量或跳跃练习	加速跑或变速跑	休息或专门准备活动

图 4-28 赛前调整恢复小周期训练内容安排

（2）比赛阶段的训练安排。

比赛阶段的训练应以保持运动员竞技状态和提高比赛能力为核心，使运动员做好机能、素质、技术和心理上的准备，形成最佳的竞技状态，在比赛中创造出最佳的运动成绩。此阶段的负荷特点是保持相对较低的运动量，负荷强度保持在较高的平均水平。运动员经过长期训练和比赛，会形成具有自身特点的赛前训练负荷，教练员也可根据运动员在赛前的训练情况进行适当的调整。原则上讲，运动会员不能在比赛之前将自己的强度提得过高，这样会使运动员的兴奋点出现过早，从而无法在比赛中发挥出自己的最佳状态。直道栏属于短距离项目，一般在大赛前 10～15 天使运动员的强度达到最大，此后适度降低训练强度直至比赛。

（3）赛前准备活动。

准备活动是赛前运动员最后的身体准备和技术准备，这对比赛结果有直接的影响。运动员赛前准备活动都有固定的程序和内容。直道栏运动员赛前准备活动一般由两个部分组成：一般准备活动和专门性准备活动。运动员通过多年训练和比赛，基本上形成了一整套自己习惯的准备活动方式，这些准备活动每一个步骤在赛前持续多长时间，在什么时间进行都有固定的模式。大型田径比赛径赛检录时间为赛前 30 分钟，要提前 10 分钟将运动员带进比赛场地。因此，运动员的准备活动要根据检录时间进行安排。运动员多采用一般准备活动→休息→专项准备活动的模式。

图 4-29 是直道栏运动员比赛准备活动安排。据文献研究表明，这个赛前安排在准

备活动的内容、结构和时间安排上都与世界优秀直道栏运动员有趋同性，其目的是最大限度地调动身体机能，挖掘竞技状态潜能，在比赛中创造出最佳成绩。

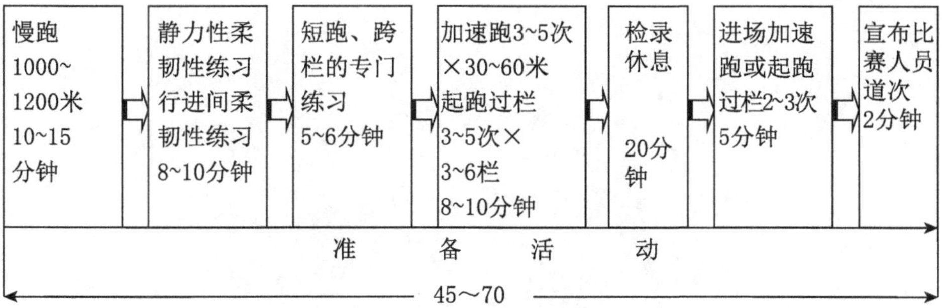

图 4-29　赛前准备活动安排

3. 恢复期的训练计划安排

恢复期的主要训练任务是进行积极的休息，消除疲劳，促进机体的恢复，保持一定的训练水平，总结全年的训练和比赛，为下一年度训练计划的制订做准备。这一阶段的训练以身体训练为主，训练内容多样化，身体训练和技术训练的比为 9:1。

第七节　直道跨栏跑训练方法与手段

（一）速度训练

1. 速率训练

（1）计时快速抬单腿。

①练习要求：上体正直，支撑腿充分蹬直，摆动腿大腿高抬，小腿放松（图 4-30）。

②练习负荷：10 ~ 15 秒×4 ~ 6 组。

图 4-30　计时快速抬单腿

（2）计时快速交换抬腿。

①练习要求：上体正直，摆动腿大腿高抬，小腿放松（图 4-31）。

②练习负荷：10~15 秒×4~6 组。

图 4-31　计时快速交换抬腿

（3）计时快速摆腿。

①练习要求：上体正直，摆动腿大腿高抬，下压时小腿做鞭打动作，两腿交换进行（图 4-32）。

②练习负荷：10~15 秒×4~6 组。

图 4-32　计时快速摆腿

（4）扶栏或肋木支撑快频率计时跑。

①练习要求：身体要充分伸展，不能低头，髋、膝、踝关节充分蹬伸，摆动腿高抬。以最快速度做，或要求在 10 秒时间内以最快速度完成（图 4-33）。

②练习负荷：10 秒×4~6 组或 30~50 次×4~6 组。

③练习作用：发展少年运动员的动作速度，提高髂腰肌、大腿前群肌、小腿后群肌及踝关节的快速力量。

图 4-33 扶栏或肋木支撑快频率计时跑

（5）原地高抬腿跑计时跑。

①练习要求：身体站直，支撑腿髋、膝、踝关节充分蹬直，上体保持正直，两臂自然摆动，收腹立腰，摆动腿要抬到位。动作既要尽量快，又要放松不紧张（图 4-34）。

②练习负荷：10 秒×3~4 组或 30~50 次×3~4 组。

③练习作用：发展青少年运动员的跑动频率，提高髂腰肌、大腿前群肌和小腿后群肌等肌群的快速力量。

图 4-34 原地高抬腿跑计时跑

（6）放置标志物的小步高频跑。

①练习要求：在跑道上放置 10~15 个海面块或实心球，间隔 40~100 厘米，运动员用最快的速度高抬腿跑过标志物，频率要尽可能地快（图 4-35）。

②练习负荷：5~6 组。

③练习作用：提高运动员的跑动频率和节奏控制力。

图 4-35　放置标志物的小步高频跑

（7）计时俯卧收腿。

①练习要求：俯卧，两臂支撑，两腿交换前收，收腿时要尽可能前收，后腿伸直，要尽可能做快（图 4-36）。

②练习负荷：10 秒×4～6 组或 40～50 次×4～6 组。

③练习作用：提高运动员的动作速度。

图 4-36　计时俯卧收腿

（8）仰卧直摆腿。

①练习要求：仰卧在练习垫或长条凳上，两腿做上下直腿交替快速摆动，膝关节伸直，摆动到位，动作要快（图 4-37）。

②练习负荷：10～15 秒×3～5 组。

③练习作用：发展腿部的动作速率。

图 4-37　仰卧直摆腿

（9）跪撑或俯卧后摆腿。

①练习要求：俯卧在练习垫或长条凳上，两腿做上下直腿交替摆动，膝关节伸直，摆动要快，幅度要大（图 4–38）。

②练习负荷：10~15 秒×3~5 组。

③练习作用：发展腿部的动作速度。

图 4–38　跪撑或俯卧后摆腿

2. 反应速度的训练

练习作用是提高运动员的反应速度和动作速度。

（1）翻手拍打。

①练习要求：两人一组进行练习，可单手也可双手做，打上者继续打，防守者尽可能躲避，成功躲避后两者交换角色。

②练习负荷：2 分钟×3~5 组。

（2）听数字跑。

①练习要求：反应要快，判断要准，单数或其倍数朝前跑，偶数或其倍数向后跑，练习时注意安全。

②练习负荷：8~10 次。

（3）听数字抓人。

①练习要求：单数抓偶数或偶数抓单数，教练员不停变换数字发出指令。

②练习负荷：8~10 次。

（4）听信号跑。

①练习要求：4~5 人一组，听信号同时跑。教练员要不断地变换信号的强弱、间隔时间的长短。

②练习负荷：15~30 米×4~6 组。

（5）听信号转身跑。

①练习要求：4~5 人一组，闭眼直立，听到信号后转身加速跑。

②练习负荷：10~15 米×4~6 组。

（6）听枪起跑。

①练习要求：5~8 人一组，教练员可根据需要有意延长或缩短响枪时间。

②练习负荷：30~50 米×3~5 组。

3. 位移速度训练

（1）计时跑。

①练习要求：强度为 98%~100%，练习间歇 6~10 分钟，跑的动作要放松，富有弹性。

②练习负荷：30~80 米×4~6 组。

③练习作用：提高运动员的加速跑能力和速度能力。

（2）行进间跑。

①练习要求：强度达到 98%~100%，间歇 3~5 分钟，跑的动作要放松。

②练习负荷：30~80 米×3~5 组。

③练习作用：发展运动员的速度能力。

（3）听信号起跑。

①练习要求：反应快，加速快。

②练习负荷：30~100 米×4~6 组。

③练习作用：提高运动员的反应速度、动作速度。

（4）教学比赛。

①练习要求：5~6 人进行 60~100 米跑的教学比赛。

②练习负荷：60~100 米×1~2 组。

③练习作用：提高速度训练的强度和积累比赛经验。

（5）行进间下坡跑。

①练习要求：在 8°~10°、长 50~60 米的斜坡跑道上向下跑。尽可能使步频达到极限，注意上下肢的配合与协调，动作要放松。注意坡度不可过大，注意安全。

②练习负荷：4~6 组。

③练习作用：提高运动员的跑动速度和步频。

（6）听信号的追逐游戏。

①练习要求：分奇数和偶数两组，发出奇数或偶数的口令相互追逐，反应快，启动快。

②练习负荷：20~30 米×3~4 组。

③练习作用：提高运动员的反应速度和跑动速度。

（7）短距离的接力跑。

①练习要求：在 100~200 米做 30~40 米的短距离接力跑。

②练习负荷：4~5 组。

③练习作用：提高运动员的速度水平。

（二）力量素质训练

1. 速度力量训练

（1）深蹲跳。

①练习要求：原地深蹲之膝关节小于 90 度，随后快速向上跳起。向上跳起的速度要快，膝关节方向要正确，跳起后身体充分伸展（图 4-39）。

②练习负荷：10~15 次×3~5 组。

③练习作用：主要发展臀大肌、臀中肌、臀小肌、大腿前群等肌群的快速力量。

图 4-39　深蹲跳

（2）原地直腿跳。

①练习要求：原地直腿跳，主要是踝关节快速用力，身体保持正直。膝关节尽量伸直，踝关节蹬伸快而充分，此练习最好在沙坑中进行（图 4-40）。

②练习负荷：50~60 次×3~5 组。

③练习作用：主要发展小腿后群肌、跖底肌群的快速力量。

图 4-40　原地直腿跳

（3）原地单腿交换跳。

①练习要求：在沙坑或海绵垫上进行练习，两腿交换跳，膝关节尽量伸直，踝关节蹬伸快而充分（图 4-41）。

②练习负荷：20~40 次×2×3~5 组。

③练习作用：主要发展小腿后群肌、跖底肌群的快速力量。

图 4-41 原地单腿交换跳

（4）连续跳过实心球。

①练习要求：在跑道上每间隔 1~1.5 米的距离摆放一个实心球，共放 10~15 个实心球，实心球的距离可根据情况加大或缩小，运动员用双脚跳过实心球，尽可能高跳，高收腿（图 4-42）。

②练习负荷：10~15 跳×4~6 组。

③练习作用：发展运动员的踝关节、膝关节的快速力量，以及腰腹肌的力量。

图 4-42 连续跳过实心球

（5）立卧撑。

①练习要求：连续原地俯卧快速收腿接上跳，展体和收腿要到位，动作尽可能做快（图 4-43）。

②练习负荷：10~15 次×3~5 组。

③练习作用：提高运动员的动作速度，发展运动员的踝关节、膝关节的快速力量，以及腰腹肌的力量。

图 4-43 立卧撑

（6）后蹬跑。

①练习要求：在跑道或在平整的地面上做快速的后蹬跑，节奏要快，髋、膝、踝充分伸展（图 4-44）。

②练习负荷：30~50 米×3~5 组。

③练习作用：提高运动员的动作速度和跑动频率。

图 4-44 后蹬跑

（7）原地收腹跳。

①练习要求：原地做双腿的向上收腹跳，上体正直，尽可能向上抬膝，向上的弹起速度要快（图 4-45）。

②练习负荷：15~20 次×3~5 组。

③练习作用：发展运动员的踝关节、膝关节的快速力量，以及腰腹肌的力量。

图 4-45 原地收腹跳

（8）双摇跳绳。

①练习要求：运动员用跳绳在原地进行练习，尽可能做快，动作放松、协调（图 4-46）。

②练习负荷：50~60 次×4~6 组或 30~40 秒×4~6 组。

③练习作用：发展运动员的动作速度、协调性，以及踝关节的力量。

图 4-46　双摇跳绳

（9）快速摆臂。

①练习要求：原地两脚前后开立，徒手或持哑铃，重心放在前脚上，双手持哑铃左摆臂练习，摆臂时肘关节角度保持不变，肩部放松（图 4-47）。

②练习负荷：10 秒×4~6 组或 50~60 次×4~6 组。

③练习作用：发展肩带肌群和上肢肌群的速度力量。

图 4-47　快速摆臂

（10）负沙袋仰卧直摆腿。

①练习要求：仰卧在练习垫或长条凳上，两腿做上下直腿交替快速摆动，膝关节伸直，摆动到位，动作要快（图 4-48）。

②练习负荷：20~30 次×3~5 组。

③练习作用：发展腹部肌群、股直肌、髂腰肌的速度力量。

图 4-48　仰卧直摆腿

（11）负沙袋俯卧后摆腿。

①练习要求：俯卧在练习垫或长条凳上，两腿做上下直腿交替摆动，膝关节伸直，摆动要快，幅度要大（图 4-49）。

②练习负荷：20~30 次×3~5 组。

③练习作用：发展腰部肌群、臀部肌群、大腿后群肌的速度力量。

图 4-49　俯卧后摆腿

（12）负橡皮条仰卧屈伸拉。

①练习要求：仰卧在练习垫或长条凳上，两腿做快速登抬腿练习，膝关节屈伸到位，动作要快（图 4-50）。

②练习负荷：20~30 次×3~5 组。

③练习作用：发展腹部肌群、髂腰肌、股直肌等肌群的速度力量。

图 4-50　仰卧高抬腿

（13）负橡皮带俯卧单腿交换后拉。

①练习要求：俯卧在练习垫或长条凳上，两腿负橡皮带做交替后拉练习，尽可能做快，拉到位（图 4-51）。

②练习负荷：20~30 次×3~5 组。

③练习作用：发展大腿后肌群的速度力量。

图 4-51　负橡皮带俯卧单腿交换后拉

（14）负橡皮带俯卧双腿后拉。

①练习要求：俯卧在练习垫或长条凳上，两腿负橡皮带做后拉练习，尽可能做快，拉到位（图 4-52）。

②练习负荷：20~30 次×3~5 组。

③练习作用：发展大腿后肌群的速度力量。

图 4-52　负橡皮带俯卧双腿后拉

（15）负橡皮带仰卧直腿拉。

①练习要求：仰卧在练习垫或长条凳上，两腿做上下直腿快抬腿练习，膝关节伸直，摆动要快（图 4-53）。

②练习负荷：20~30 次×3~5 组。

③练习作用：发展腹部肌群、髂腰肌、股直肌等肌群的速度力量。

图 4-53　负橡皮带仰卧直腿拉

（16）负橡皮带直立后摆腿。

①练习要求：原地站立，手扶栏架或肋木，脚负橡皮带做快速直腿后摆练习，膝关节伸直，后摆到位，要快拉慢收，注重频率（图 4-54）。

②练习负荷：20~30 次×3~5 组×2。

③练习作用：发展腰部、臀部和大腿后肌群的速度力量。

图 4-54　负橡皮带直立后摆腿

（17）负橡皮带直立前摆腿。

①练习要求：原地站立，手扶栏架或肋木，脚负橡皮带做快速直腿前摆练习，膝关节伸直，前摆到位，要快拉慢收，注重频率（图 4-55）。

②练习负荷：20~30 次×3~5 组×2。

③练习作用：发展腹部、髂腰肌和大腿股直肌等肌群的速度力量。

图 4-55　负橡皮带直立前摆腿

（18）负重高抬腿走。

①练习要求：肩负10~20千克沙袋高抬腿走，支撑腿髋、膝、踝关节充分蹬展，摆动腿尽量高抬，注重走的速度（图4-56）。

②练习负荷：40~60米×3~5组。

③练习作用：发展髋、膝、踝关节和腰腹部肌肉的速度力量。

图4-56　负重高抬腿走

（19）负重单腿提拉。

①练习要求：站在练习凳上，单手提壶铃，支撑腿充分伸直，上体与摆动腿呈直线，提拉速度要快（图4-57）。

②练习负荷：15~20千克×10~20次×3~5组×2。

③练习作用：发展腰背肌、臀大肌、大腿后肌群的速度力量。

图4-57　负重单腿提拉

（20）负重体前屈快速拉伸。

①练习要求：站在练习凳上，双手持壶铃，两腿充分伸直，两臂保持伸直，上体快速拉伸（图4-58）。

②练习负荷：15~20千克×10~20次×3~5组。

③练习作用：发展腰背肌、臀大肌、大腿后肌群的速度力量。

图4-58 负重体前屈快速拉伸

（21）速抬起提拉壶铃。

①练习负荷：15~20千克×10~20次×3~5组×2。

②练习作用：发展腰背部肌群、臀部肌群、大腿后肌群的快速力量。

（22）跑上坡。

①练习要求：在8°~10°、长50~60米的斜坡跑道上向上跑，蹬伸要充分，步频要快（图4-59）。

②练习负荷：3~5组。

③练习作用：提高臀大肌群、大腿前后肌群、小腿后肌群的速度力量。

（23）牵引跑。

①练习要求：由两名运动员相互配合进行练习，被牵引的运动员要尽可能加快步频，不能过分拉大步长，练习时要注意安全。

②练习负荷：30~60米×3~5组。

③练习作用：提高运动员的跑动频率。

图4-59 牵引跑

（24）蛙跳。

①练习要求：在塑胶软道或沙坑中进行，分为高位蛙跳和低位蛙跳，高位蛙跳膝关节角度大于90度，低位蛙跳膝关节角度小于90度。身体要充分伸展，速度要快，跳起时膝关节要尽量高抬（图4-60）。

②练习负荷：5~10级×3~5组。

③练习作用：提高腰腹肌群、臀部肌群、大腿肌群的速度力量。

图4-60　蛙跳

（25）跨步跳。

①练习要求：在跑道或平地上进行跨步跳练习，全脚掌着地，蹬伸充分，摆动腿积极向前摆送（图4-61）。

②练习负荷：30~60米×3~5组。

③练习作用：提高腰腹部、下肢肌群的速度力量。

图4-61　跨步跳

（26）单足跳。

①练习要求：在塑胶软道或跑道上进行练习，蹬伸充分，动作舒展，速度要快（图4-62）。

②练习负荷：30~60米×3~5组×2。

③练习作用：提高腰腹部、下肢肌群的速度力量。

图 4-62 单足跳

（27）行进间直腿跳。

①练习要求：在跑道或沙坑中进行双腿直腿跳练习，膝关节伸直，踝关节蹬伸充分（图 4-63）。

②练习负荷：30~60 米×3~5 组。

③练习作用：提高腰腹肌群、小腿肌群、跖底肌群的速度力量。

图 4-63 行进间直腿跳

（28）一步一跳。

①练习要求：在跑道上进行连续跑一步跳一步的练习，跳起时身体要充分伸展、放松，跳起速度要快（图 4-64）。

②练习负荷：50~60 米×3~5 组。

③练习作用：提高腿部的速度力量和运动员的动作速度。

图 4-64 一步一跳

（29）前抛实心球。

①练习要求：原地站立，两腿开立，预备姿势时双手持实心球上举，抛球时快速屈体，同时双手持球向腿间后伸，随后快速蹬腿、抬上体，双臂用力向前摆动抛球。腰部用力和腿部用力要协调配合，抛球时动作要快（图 4-65）。

②练习负荷：0. 5~1 千克×5~10 次×3~5 组。

③练习作用：提高腰部肌群、臀部肌群、腿部肌群、上肢肌群的速度力量。

图 4-65　前抛实心球

（30）后抛实心球。

①练习要求：原地站立，两腿开立，预备姿势时双手持实心球上举，抛球时快速屈体，同时双手持球向腿间后伸，随后快速蹬腿、向后摆上体，双臂用力向后摆动抛球。向后出球时要注意出球的时机和方向，合理利用腰部和腿部的力量（图 4-66）。

②练习负荷：0. 5~1 千克×5~10 次×3~5 组。

③练习作用：提高腰部肌群、臀部肌群、腿部肌群、上肢肌群的速度力量。

图 4-66　后抛实心球

（31）双脚夹传实心球。

①练习要求：原地站立，双脚夹住实心球，跳起的同时向前传出实心球，向前传球时要注意腿部的向前摆动（图 4-67）。

②练习负荷：0. 5~1 千克×5~10 次×3~5 组。

③练习作用：发展腹部肌群、大腿前肌群的速度力量。

图 4-67 双脚夹传实心球

（32）双手上传实心球。

①练习要求：两脚前后开立，双手持实心球上举，传球时上体后仰，前腿伸直，快速蹬后退，向前摆上体，同时向前摆上肢传出实心球，腰腹部用力，上、下肢配合要协调，发力速度要快（图 4-68）。

②练习负荷：0.5~1 千克×5~10 次×3~5 组。

③练习作用：发展上肢肌群、腰腹肌群、下肢肌群的速度力量。

图 4-68 双手上传实心球

（33）栏侧负重或不负重直摆腿。

①练习要求：在跑道上摆放 5~10 个栏架，也可用单栏练习，运动员在栏侧做连续直腿摆动过栏，摆动时腿要伸直，幅度要大，摆动要快（图 4-69）。

②练习负荷：5~10 栏×5~6 组。

③练习作用：发展腹部肌群、髂腰肌、大腿前肌群的速度力量，提高运动员的动作速度。

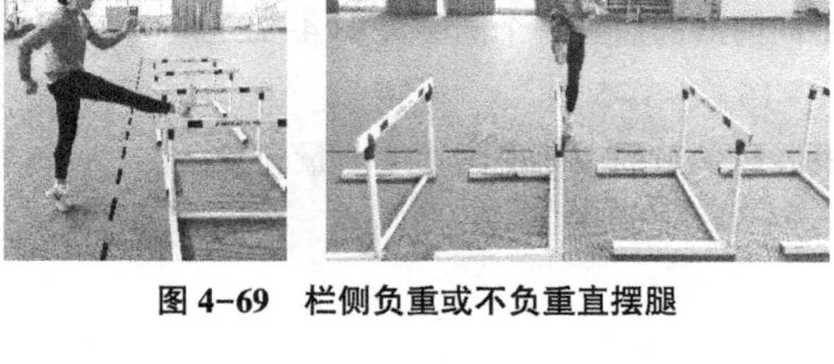

图 4-69 栏侧负重或不负重直摆腿

(34) 原地负沙袋快速抬腿。

①练习要求：在脚踝处负 2~2.5 千克的沙袋做快速抬腿练习，练习时膝关节要尽量高抬，动作要快，两腿交换进行（图 4-70）。

②练习负荷：20~30 次×3~5 组或 10 秒×3~5 组。

③练习作用：提高跨栏运动员摆动腿的摆动速度和腿部肌群的速度力量。

图 4-70　原地负沙袋快速抬腿

(35) 负沙袋扶栏架栏侧绕栏。

①练习要求：在脚踝处负 2~2.5 千克的沙袋做快速的栏侧提拉摆腿，幅度要大，摆动到位，两腿交换进行（图 4-71）。

②练习负荷：10~20 次×3~5 组或 10 秒×3~5 组。

③练习作用：提高跨栏运动员起跨腿的提拉摆动速度和大腿肌群的速度力量。

图 4-71　负沙袋扶栏架栏侧绕栏

(36) 负沙袋扶栏架栏侧直腿前后绕环。

①练习要求：在脚踝处负 2~2.5 千克的沙袋做快速的栏侧直腿绕环，绕动时腿要伸直，脚尽量在空中向前或向后画一个圆圈（图 4-72）。

②练习负荷：10~15 次×3~5 组。

③练习作用：发展髋关节周围肌群的速度力量和灵活性。

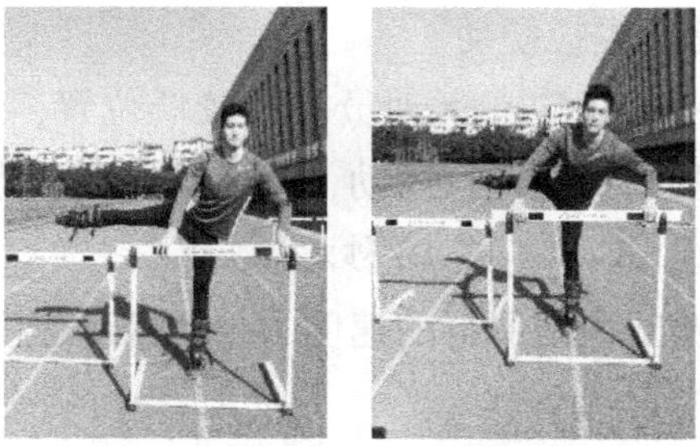

图 4-72　负沙袋扶栏架栏侧直腿前后绕环

(37) 负沙袋跨栏座后腿前摆。

①练习要求：在脚踝处负 2~2.5 千克的沙袋做快速的后腿前拉摆动，摆到正前方时屈腿姿势不变，然后快速回到原位，两腿交换练习（图 4-73）。

②练习负荷：10~15 次×3~5 组。

③练习作用：发展起跨腿髋关节周围肌群的速度力量和灵活性。

图 4-73　负沙袋跨栏座后腿前摆

(38) 负橡皮带的摆动腿摆腿练习。

①练习要求：橡皮带一头固定在运动员前方较高位置，另一头固定在运动员脚踝处，摆动腿做快速的下压摆动，两腿交换进行练习（图 4-74）。

②练习负荷：20~30 次×3~5 组或 10 秒×3~5 组。

③练习作用：发展摆动腿大腿后肌群的速度力量和摆动腿的摆动速度。

图 4-74　负橡皮带的摆动腿摆腿练习

（39）负橡皮带的起跨腿提拉摆动。

①练习要求：橡皮带一头固定在运动员前方较低位置，另一头固定在运动员脚踝处，运动员扶肋木做起跨腿的快速前拉摆动，两腿交换进行练习（图 4-75）。

②练习负荷：20~30 次×3~5 组或 10 秒×3~5 组。

③练习作用：发展起跨腿大腿肌群的速度力量和摆动速度。

图 4-75　负橡皮带的起跨腿提拉摆动

（40）原地单腿负重快速抬腿。

①练习要求：原地站立，一手扶栏架或肋木，一手扶放在腿上的杠铃片，抬腿速度要快（图 4-76）。

②练习负荷：15~25 千克×10~15 次×3~5 组。

③练习作用：发展髂腰肌、大腿前肌群的快速力量。

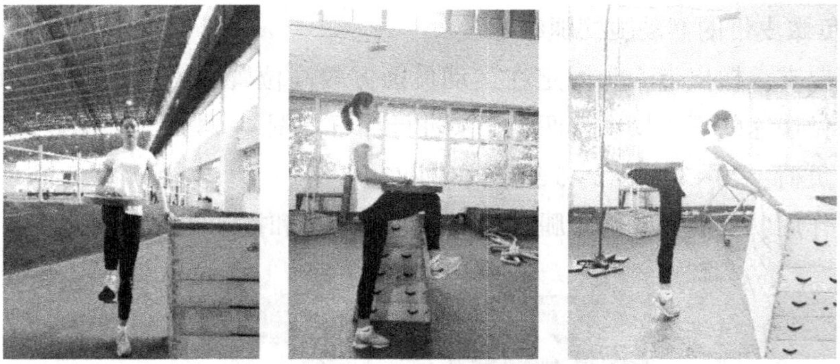

图 4-76　原地单腿负重快速抬腿

（41）连续跳栏架。

①练习要求：连续跳跃，落地起跳快，上体正直，尽量向上收腿（图 4-77）。

②练习负荷：10 栏×8~10 组。

③练习作用：发展运动员腰腹肌群、臀部肌群、大腿前后肌群、小腿肌群的速度力量。

图 4-77　连续跳栏架

（42）小台阶的快速跑上或跑下。

①练习要求：选择 10~20 级、高 20~25 厘米的台阶，让运动员以最快速度跑上或跑下，注重跑的频率，动作放松（图 4-78）。

②练习负荷：8~10 组。

③练习作用：提高运动员的跑动频率，还可有效提高踝关节、膝关节的快速力量。

图 4-78　小台阶的快速跑上或跑下

（43）壶铃蹲跳。

①练习要求：下蹲到位，蹬起要快，蹬伸充分（图 4-79）。

②练习负荷：男子，20~30 千克×10~15 次×3~5 组；女子，10~15 千克×10~15 次×3~5 组。

③练习作用：发展大腿前群、臀部肌群和腰部的速度力量。

图 4-79　壶铃蹲跳

（44）负沙袋高抬腿快走。

①练习要求：脚腕部负沙袋，做平地走或斜坡高抬腿走，抬腿到位，动作要快（图 4-80）。

②练习负荷：2.5~3 千克×50~60 米×4~6 组。

③练习作用：发展腹部肌群、髂腰肌、股直肌、小腿后群肌的力量。

图 4-80　负沙袋斜坡高抬腿快走

（45）负沙袋快速顶髋。

①练习要求：运动员仰卧在练习垫上，一脚踩在倒扣的栏架上或练习凳上，快速向上顶髋，幅度要大，动作要快（图 4-81）。

②练习负荷：20~30 次×2×4~6 组。

③练习作用：发展腰腹肌群、髂腰肌、大腿前后肌群、臀部肌群的速度力量。

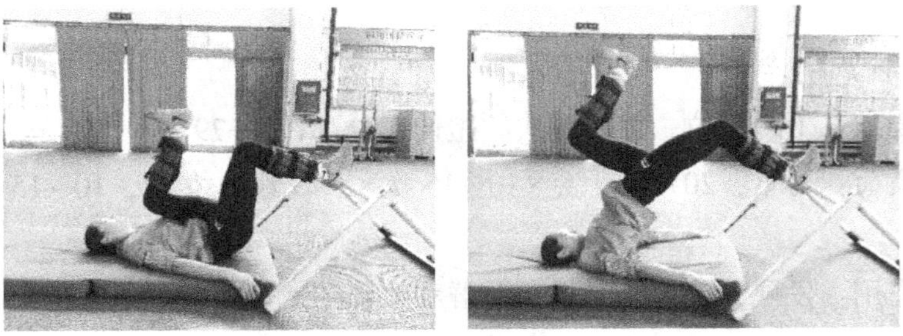

图 4-81　负沙袋快速顶髋

（46）跳深练习。

①练习要求：落地起跳快，注意安全（图 4-82）。

②练习负荷：5~10 次×3~5 组。

③练习作用：发展运动员腰腹肌群、臀部肌群、大腿前后肌群、小腿肌群的速度力量。

图 4-82 跳深练习

2. 爆发力量训练

（1）立定跳远。

①练习要求：蹬伸发力要快，两臂协同向前上方快速摆臂，身体充分伸展，落地时两脚积极前伸（图 4-83）。

②练习负荷：5~8 次。

③练习作用：发展运动员腿部的爆发力量。

图 4-83 立定跳远

（2）立定三级跳远或十级跨跳。

①练习要求：第一跳向前快速平跳，髋关节积极前送，摆动腿膝关节向前上方顶摆，小腿快速前摆扒地，第二跳跨步跳要注重摆动腿向前上方的摆动，第三跳尽量向上跳出（图 4-84）。

②练习负荷：5~6 次。

③练习作用：发展运动员大腿前后肌群、小腿肌群的速度力量。

图 4-84 立定三级跳远或十级跨跳

（3）深蹲。

①练习要求：注意动作技术，慢下快起，控制练习间歇时间在3~5分钟，注意保护，每组练习后一定要注意做快速高抬腿跑或原地连续纵跳。

②练习负荷：渐增练习法，极限重量的80%×5次+极限重量的85%×4次+极限重量的90%×3次+极限重量的95%×2次+极限重量的100%×1次；倒三角形练习法，极限重量的80%×5次+极限重量的85%×4次+极限重量的90%×3次+极限重量的95%×2次+极限重量的100%×1次+极限重量的95%×2次+极限重量的90%×3次+极限重量的85%×4次+极限重量的80%×5次；衡重练习法，极限重量的90%~95%×3~5次×3~5组。

③练习作用：发展运动员腰腹肌群、大腿前群、臀部肌群的爆发力量。

（4）半蹲。

①练习要求：向上蹬伸时髋、膝、踝关节要充分蹬直，尽可能做快，膝关节角度弯曲为110~120度。每组练习后一定要注意做快速高抬腿跑或原地连续纵跳（图4-85）。

②练习负荷：极限重量的90%~95%×8~10次×3~5组。

③练习作用：发展运动员腰腹肌群、大腿前后肌群、臀部肌群和小腿后肌群的绝对力量。

图4-85　半蹲

（5）提踵。

①练习要求：支撑腿和上体保持正直，髋、膝关节伸直，踝关节最大限度地屈伸。动作要尽量快，完成每组练习后要做原地徒手直腿跳（图4-86）。

②练习负荷：单腿提踵，男子运动员体重的80%~100%×15~20次×3~5组，女子运动员体重的70%~90%×10~15次×3~5组；双腿提踵，男子极限重量的80%~90%×20~30次×3~5组；女子极限重量的60%~80%×20~30次×3~5组。

③练习作用：发展运动员小腿后群肌和趾底肌的力量。

图 4-86　提踵

（6）负杠铃单腿斜蹬。

①练习要求：杠铃架斜角为60°～70°，向上蹬伸时支撑腿髋、膝、踝关节要充分蹬直，摆动腿积极向上摆动，整个动作尽可能做快，膝关节角度弯曲为90°～100°。每组练习后一定要注意做快速高抬腿跑或原地连续纵跳（图 4-87）。

②练习负荷：男子运动员体重的80%～120%×8～10 次×3～5 组；女子运动员体重的 70%～100%×8～10 次×3～5 组。

③练习作用：发展运动员腰腹肌群、股四头肌、小腿后肌群和趾底肌的爆发力量。

图 4-87　负杠铃单腿斜蹬

（7）负杠铃或沙袋深蹲跳。

①练习要求：上体保持正直，双腿蹬伸速度快，蹬起后身体充分伸展（图 4-88）。

②练习负荷：30～40 千克×10～15 次×3～5 组。

③练习作用：发展大腿前肌群、臀部肌群和小腿肌群的爆发力量。

图 4-88 负杠铃深蹲跳

（8）负杠铃单腿台阶上快速蹬伸。

①练习要求：负 30~50 千克的杠铃，用单腿在高 40~50 厘米的台阶上做快速蹬伸，速度要快，蹬起时腿充分蹬直，两腿交换进行（图 4-89）。

②练习负荷：10~15 次×2×3~5 组。

③练习作用：发展大腿前肌群和臀部肌群的爆发力量。

图 4-89 负杠铃单腿台阶上快速蹬伸

（9）提铃至胸。

①练习要求：提拉速度要快，腰部收紧（图 4-90）。

②练习负荷：30~50 千克×6~8 次×3~5 组。

③练习作用：发展腰背部肌群、上肢肌群的力量。

图 4-90 提铃至胸

（10）仰卧负重悬体。

①练习要求：运动员仰卧在长条练习凳上，队友压住双脚，使躯干悬空，在胸部负重后保持直体悬空直至极限（图 4–91）。

②练习负荷：5~10 千克×3~5 组。

③练习作用：发展运动员腹部肌群、股直肌的力量。

图 4–91 仰卧负重悬体

（11）俯卧负重悬体。

①练习要求：运动员俯卧在长条练习凳上，队友压住双脚，使躯干悬空，在颈部负重后保持直体悬空直至极限（图 4–92）。

②练习负荷：10~20 千克×3~5 组。

③练习作用：发展运动员腰背部肌群、臀部肌群、大腿后肌群的力量。

图 4–92 俯卧负重悬体

（三）柔韧素质训练

1. 静力性拉伸训练

（1）正压腿。

①练习要求：将腿放在栏架或肋木上，腿伸直，手抓住脚或栏架或肋木，上体前压，方向要正，膝关节要伸直，用力要均匀（图 4–93）。

②练习作用：发展大腿后群肌的柔韧性。

图 4-93　正压腿

（2）侧压腿。

①练习要求：将腿放在栏架或肋木上，腿伸直，手抓住脚或栏架或肋木，上体侧压，上体侧向压腿方向，膝关节要伸直，用力要均匀（图 4-94）。

②练习作用：发展腿部、髋关节、腰部的柔韧性。

图 4-94　侧压腿

（3）背压腿。

①练习要求：背向栏架或肋木站立，将脚搭放在栏架或肋木上，上体保持正直，支撑腿屈腿下压，膝关节方向要正，下压到位（图 4-95）。

②练习作用：发展大腿前群肌的柔韧性。

图 4-95　背压腿

（4）并腿体前屈。

①练习要求：原地并腿站立，两腿伸直，两手抓住踝关节或以掌触地做体前屈，上体尽量下压，膝关节不能弯曲（图 4-96）。

②练习作用：发展腰部、大腿后群肌的柔韧性。

图 4-96 并腿体前屈

（5）分腿体前屈。

①练习要求：原地分腿站立，两腿伸直，两手抓住踝关节做体前屈，两腿可根据要求逐渐分开，正压和侧压交换进行（图 4-97）。

②练习作用：发展腰部、大腿后群肌的柔韧性。

图 4-97 分腿体前屈

（6）原地侧压腿。

①练习要求：两腿分开，一腿伸直，一腿弯曲，侧向压腿，分腿适度，尽量下压，左右腿交换进行（图 4-98）。

②练习作用：发展大腿内侧、后群，髋关节的柔韧性。

图 4-98　原地侧压腿

（7）原地单压腿。

①练习要求：两脚前后站立，重心放在后腿上，前腿伸直向上勾脚尖，两手抓住前脚脚尖做体前屈下压。尽量下压，左右腿交换进行（图 4-99）。

②练习作用：发展腿部后群肌和腰部的柔韧性。

图 4-99　原地单压腿

（8）坐地并腿体前屈。

①练习要求：并腿坐在草地上或练习垫上，膝关节伸直，尽量下压，压到最低时停 3~5 秒，此练习也可双人配合进行（图 4-100）。

②练习作用：发展大腿后群肌和腰部的柔韧性。

图 4-100　坐地并腿体前屈

（9）坐地分腿体前屈。

①练习要求：分腿坐在练习垫或草地上，两腿伸直，双手抓住双脚，向前压上体，膝关节伸直，尽量下压，压到最低时停 3~5 秒，此练习也可双人配合进行（此动作也可向左右两侧屈，图 4-101）。

②练习作用：发展大腿内侧、后群，髋关节和腰部的柔韧性。

图 4-101 坐地分腿体前屈

（10）跨栏坐。

①练习要求：在练习垫或草地上呈跨栏坐，手抓前脚，向前压上体，前腿伸直，屈腿的大腿与身体成 90 度，挺胸抬头，尽可能抓住前脚，左右腿交换进行（图 4-102）。

②练习作用：发展大腿后群、髋关节和腰部的柔韧性。

图 4-102 跨栏坐

（11）盘腿坐。

①练习要求：坐在练习垫或草地上，两脚掌相向屈腿，两手压在膝关节上，向前压上体的同时向下压膝关节，两脚尽量向内收，用双手向下压膝关节或由队友协助下压（图 4-103）。

②练习作用：发展大腿内侧、髋关节的柔韧性。

图 4-103　盘腿坐

（12）侧盘腿。

①练习要求：坐在练习垫或草地上，一条腿伸直，另一条腿的脚放在伸直腿的外侧，用双手用力向一侧掰，同时上体向反方向用力，两腿交换进行练习。尽量向侧面压腿，双手协助向外侧掰腿（图 4-104）。

②练习作用：发展大腿外侧肌群的柔韧性。

图 4-104　侧盘腿

（13）背桥。

①练习要求：仰卧在练习垫或草地上，屈腿同时两脚自然支撑，两手撑在肩侧，上下肢同时用力，使身体向上做一个反弓形。此练习也可由同伴协助完成，由自己或队友协助逐渐抬高腰部，腿和上肢尽量伸直（图 4-105）。

②练习作用：发展腰部、腿前群、肩带的柔韧性。

图 4-105　背桥

（14）弓箭步压腿。

①练习要求：两腿前后站立，前腿小腿呈垂直位，后腿尽量伸直，上体保持正直，髋关节用力下压，上体正直，尽量下压髋部（图 4–106）。

②练习作用：发展髋部、大腿前肌群的柔韧性。

图 4–106　弓箭步压腿

（15）背撑。

①练习要求：双腿并拢，跪撑在练习垫或草地上，上体向后仰，两膝并拢，上体后仰要慢（图 4–107）。

②练习作用：发展踝关节、大腿前群、腰部的柔韧性。

图 4–107　背撑

2. 动力性摆拉练习

（1）正摆腿。

①练习要求：身体侧向站立在栏架或肋木旁，一手扶住栏架或肋木，外侧腿伸直前后摆动，身体正直，摆腿幅度要大，方向要正（图 4–108）。

②练习作用：发展大腿后群肌的柔韧性。

图 4-108　正摆腿

（2）侧摆腿。

①练习要求：面向栏架或肋木站立，双手扶住栏架或肋木，左右腿依次侧摆练习，身体正直，向外侧摆腿幅度要大，方向要正（图 4-109）。

②练习作用：发展大腿内侧、髋关节的柔韧性。

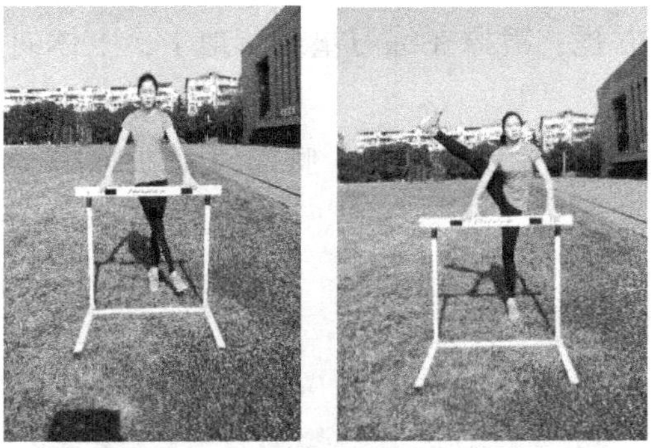

图 4-109　侧摆腿

（3）后摆腿。

①练习要求：面向栏架或肋木站立，双手扶住栏架或肋木，左右腿依次向后上方用力摆动，腰部放松，后摆腿时，向后抬头（图 4-110）。

②练习作用：发展运动员腰部、大腿前群、髋关节的柔韧性。

图 4-110　后摆腿

（4）手扶肋木直腿绕环。

①练习要求：面向栏架或肋木站立，双手扶住栏架或肋木，两腿依次做直腿前后绕环。绕环时腿尽量伸直，幅度要大，绕动速度要快（图 4-111）。

②练习作用：发展运动员腿部、髋部的柔韧性和灵活性。

图 4-111　手扶肋木直腿绕环

（5）手扶肋木屈腿绕环。

①练习要求：面向栏架或肋木站立，双手扶住栏架或肋木，两腿依次做屈腿前绕环，大小腿折叠紧，摆动幅度大，速度要快（图 4-112）。

②练习作用：发展运动员腿部、髋部的柔韧性和灵活性。

图 4-112　手扶肋木屈腿绕环

（6）纵劈叉。

①练习要求：在草地上做前后纵向劈叉，上体正直，膝关节伸直（图 4-113）。

②练习作用：发展大腿前后肌群、髋关节的柔韧性。

图 4-113　纵劈叉

(7) 横劈叉。
①练习要求：在草地上做横向劈叉，上体正直，膝关节伸直。
②练习作用：发展大腿内侧、髋关节的柔韧性。

(四) 耐力素质训练

1. 有氧耐力

练习作用是通过各种训练方法的训练，有效提高运动员的有氧耐力水平。
(1) 计时慢跑。
①练习要求：强度 90~120 秒/圈（400 米）；跑的动作放松，速度均匀。
②练习负荷：1000~2000 米。
(2) 越野跑。
①练习要求：可根据训练要求均速跑或变速跑。
②练习负荷：5~8 千米。
(3) 草地折返跑。
①练习要求：可根据训练要求均速跑或变速跑。
②练习负荷：100~200 米×5~8 分钟。
(4) 沙地慢跑。
①练习要求：速度均匀，注意安全。
②练习负荷：5~15 分钟。

2. 速度耐力练习

(1) 反复跑。
①练习要求：运动员要全力完成起跑后的加速跑，进入途中跑后大步放松跑，最后 30 米要全力冲刺跑，平均强度达到 90%~95%。
②练习负荷：100~150 米×6~4 次。
③练习作用：提高运动员的速度耐力水平。
(2) 不同距离的组合跑。
①练习要求：严格控制跑的间歇时间和组间间歇时间，各段落跑的强度可均衡或后面的段落稍快于前面的段落，强度为 90%~95%，间隔 30~60 秒，组间隔 8~10 分钟。
②练习负荷：(200 米+150 米+100 米) ×3~4 组或 (100 米+100 米) ×3~4 组或 (150 米+50 米) ×3~4 组。
③练习作用：有效提高运动员的速度耐力。

（3）起跑过10~12栏。

①练习要求：注重栏间跑的节奏，强度为90%~95%，强调后4栏的冲刺速度。

②练习负荷：3~5组。

③练习作用：提高直道栏运动员的专项耐力水平。

第八节　直道跨栏跑运动员的训练监控、训练恢复与伤病预防

一、青少年直道跨栏跑运动员的训练监控

运动成绩是建立在运动负荷的基础上，跨栏项目因项目特点，训练负荷较大，在负荷之后必然会带来机体能力的下降，产生疲劳，加强运动员的训练监控和疲劳恢复是训练的组成部分，监控与恢复甚至比训练负荷更为重要。

（一）自我监控

青少年运动员可运用自我检查的方法，在训练日记中记录自己训练的状态、身体反应和健康状况。

（1）主观上：训练欲望、睡眠状况、食欲和排汗量。

（2）客观上：脉搏、体重。

（二）生理生化指标监控

（1）定期血清肌酸激酶、乳酸脱氢酶的测定及营养水平的监控。

（2）心血管系统机能监控：日常心率、血压、心电监控。

（3）血液载氧系统机能评定与监控，血红蛋白、红细胞数量、压积及血清铁蛋白等；肝、肾及物质代谢的监控，血尿素、尿蛋白及代谢产物等。

（4）内分泌系统的监控：阶段性血清总睾酮、游离睾酮、总皮质醇、总睾酮与总皮质醇的比值等。

二、青少年直道跨栏跑运动员训练疲劳的诊断和恢复

（一）青少年直道跨栏跑运动员训练疲劳的诊断

1. 主观观察法

训练的恢复问题一直是教练员关心和探究的问题，运动员自训练开始就伴随着消

耗和恢复，随着现代竞技体育运动技术水平的不断提高，训练的负荷量和负荷强度的逐渐增大，仅靠吃饭、休息和睡眠这种自然的恢复手段已经难以适应和满足当前训练的需要。因此，在现代训练体系中，运动员的恢复训练已经成为决定训练水平的重要一环。

在训练中，当运动员出现疲劳后，相关器官系统的机能能力就会出现下降，表现出运动员运动能力的下降，如出现速度中的步频减慢、耐力下降，训练后脉搏回复时间延长，运动员自我感觉身体发沉、跑不动、跑的动作僵硬、怕训练、精神难以集中等，跨越栏架时会出现技术变形、栏感差、节奏不稳定等。教练员除了要在训练中时刻观察运动员的身体情况外，还可借助测量表对运动员的疲劳情况进行诊断。

2. 生化测试法

在训练过程中，田径运动员多用血红蛋白值、尿蛋白值、血睾、肌力值、肺活量、血乳酸检查疲劳情况，如果出现疲劳，上述指标都会不同程度地出现变化，在训练过程中，尤其是在冬训和赛前强化训练阶段，要定期地给运动员进行检查和测试，为教练员制订科学的训练计划提供重要的参考。

（二）青少年直道跨栏跑运动员训练疲劳的恢复

青少年跨栏运动员训练恢复的方法与手段基本包括五个方面：自身恢复，借助性恢复，营养恢复、心理恢复和训练调节转换恢复。

1. 自身恢复

运动员训练后，通过慢跑、自我放松、拉伸练习、变换节奏、休息睡眠、游戏与文娱活动等方法进行自我调节性地恢复。

2. 借助性（物理性）恢复

通过拉伸、按摩、抖动、理疗、针灸、热水浴、桑拿浴、冷敷、冰敷等方法进行恢复。

3. 营养恢复

青少年随年龄的不同，自身会产生调节功能，其生理恢复主要利用充足的睡眠、食补、维生素、营养物质等在体内产生自然效应来实现恢复。

4. 心理恢复

根据青少年发育的年龄和心理特点，利用词语暗示、关怀鼓励、情绪控制、思维转换、心理调节，通过改变训练环境、训练项目和内容等多种方法进行心理恢复。

5. 训练转换恢复

利用其他适合青少年的运动项目、游戏、户外拓展等实施调节性训练手段，以期达到恢复效应；同时增加心理恢复，提升全面发展水平。

三、青少年直道跨栏跑运动员伤病的诊治及预防

运动负荷后机体产生疲劳属正常反应，但疲劳积累且不能及时消除，就会发生肌肉、韧带和骨骼损伤，影响训练。这就需要建立训练预防与保障机制，防止机体出现不良的症状，造成伤病的出现。

（一）青少年直道栏运动员训练中常见的损伤

1. 踝关节损伤

在跨栏运动中发生踝关节损伤的机率较高，发生的原因大多是身体失去重心所致。

2. 膝关节韧带扭伤

训练时由于外力使关节活动超出正常生理范围，造成关节周围的韧带拉伤。

3. 半月板损伤

半月板是跨栏运动员容易出现的伤病，在下栏着地时发生重心不稳等会造成运动员的半月板损伤。

4. 后群肌肉的拉伤

训练负荷量过大，肌肉因为急剧收缩或过度牵拉可导致肌肉拉伤，大腿后群肌肉的拉伤最为常见，大腿内收肌、腰背肌、腹直肌、小腿三头肌、上臂肌等都是跨栏运动员肌肉拉伤的易发部位。

5. 跟腱炎

运动员由于高强度施加过大力量或传送的力量不均匀容易造成跟腱损伤。损伤从肌肉微小创伤或发炎等症状开始，反反复复形成慢性炎症，跨栏是一个需要强大爆发力的项目，会对运动员腿部肌腱造成相当大的压力，很容易导致肌腱拉伤甚至断裂，尤其是在跟腱发炎的情况下，很容易出现意外事件。

6. 腰部损伤

腰部损伤主要表现为专项训练安排过多，运动量、强度、密度过大，局部负担量

过重，使运动员在训练中易产生疲劳而致伤，在力量练习提杠铃动作时动作不正确，跨栏运动员技术动作不正确，容易引起腰部肌肉筋膜损伤。

7. 胫骨骨膜炎

损伤原因多因场地硬，训练手段单一，局部负荷过重，跳跃练习过多，跨栏技术着地不正确等。

（二）青少年直道栏运动员产生伤病的主要原因

（1）运动负荷不当，疲劳积累，造成机体各系统紊乱，产生伤病。

（2）跨栏技术不规范、不合理，专项和一般耐力训练后身体疲劳，技术变形，或技术错误而发生运动损伤。

（3）准备活动与放松整理活动不充分，运动时机体局部负担过重而发生运动损伤。

（4）违背青少年跨栏运动员不同年龄发育特点实施训练，易造成身心伤害。

（三）青少年直道栏运动员训练损伤的预防及应对措施

（1）根据产生伤病的原因，采取有效的科研、防治和保障机制。

（2）加强科学研究，组织运动训练与监控科技服务，经常到训练场地，保障训练计划执行的科学性和跨栏技术动作的规范性。

（3）每次训练课应做好准备活动，拉伸练习是有效预防肌肉、韧带损伤的方法；训练结束也应做相应的放松整理和拉伸活动。

（4）增强薄弱环节力量练习，增强对小关节、小肌肉群的力量练习。

（5）发生急性损伤需紧急处理，并及时送医疗室治疗。

（6）加强训练后的管理，教育青少年运动员养成有规律的生活习惯。

第五章
400米跨栏跑

第一节 400 米跨栏跑项目特性与发展趋势

一、项目特性

400 米栏项目是一个带障碍的速度性、快速力量耐力项目。作为一个典型的高体能项目，在体能接近衰竭的情况下既要保持较高的速度水平，又要保持平衡，准确地越过栏架，这对运动员整体体能的要求之高是显而易见的。故在本项目中，体能是技能的基础，没有体能，技能便成为无源之水，而心智能力则无的之矢。然而，也只有通过良好的技术才能更好地表现出体能。因此，400 米栏项目是以速度为基础，速度能力为核心，快速力量耐力为后盾，跨栏技术与跑跨结合能力为杠杆的综合表现形式。

400 米栏主要以糖酵解系统供能为主，比赛中要求运动员不但有良好的速度水平，还需要有保持高速跑的能力（即专项耐力），专项耐力训练的目的是适应乳酸的酸性效应，缓冲乳酸对人体各器官的影响，提高乳酸的耐受能力，提高肌肉的工作能力。优秀成年 400 米栏运动员在专项训练阶段时，专项训练课上的乳酸值就可以达到 16~20 毫摩尔/升，比赛强度往往在 22 毫摩尔/升以上。因此，作为带障碍的速度性项目，混氧耐力是成年 400 米栏运动员的训练基础，最大乳酸值与改善耐乳酸能力便是训练的主导。

二、发展趋势

当今世界高水平 400 米栏选手的整体表现有以下 6 个主要特征：

（1）速度水平高，400 米水平高。世界级的男子运动员 400 米可以达到 45 秒左右，女子运动员可以达到 50 秒左右。许多优秀的 400 米栏运动员都会成为该队的 4×400 米接力的主力队员。可见一名优秀的400米运动员不一定是一名优秀的400米跨栏运动员，但一名优秀的400米栏运动员肯定是一名优秀的400米运动员。

（2）步幅开阔，动作舒展，全程步数减少。目前，世界上400米栏栏间节奏，男子用13步、女子用15步完成全程的运动员已不再是个别现象，男子身高180厘米以下的选手，栏间能用13步跨5~6个栏，这样的选手进入世界前三名都很有说服力。

（3）左右腿过栏动作娴熟，跑跨结合流畅，平栏差越来越小。

（4）全程10个栏的栏间节奏稳定，具有高效的体力分配能力。

（5）躯干力量极强的运动员，由于栏高与选手身高的原因，单从跨栏技术上讲，在世界级的选手中并不是很完美的选手，甚至有的选手跨栏技术并不理想。但是其超强的躯干力量，减少了因技术不足而带来的躯干扭动，使得跑跨结合也相对比较流畅。

（6）竞争激烈程度已接近短跑，百分之一秒决定能否进入决赛的现象，在世界大赛中已频频出现。

第二节　400米跨栏跑技术

一、跨栏动作结构要点

1. 起跨攻栏（图5-1）

（1）起跨前的最后一步应形成适宜的“短步”，一般距栏前2米左右。

（2）起跨腿的脚积极迅速着地。

（3）摆动腿大小腿充分折叠。

（4）起跨腿的脚离地瞬间，下肢关节充分伸展，有积极攻栏意识。同时两臂协调有力地摆动，身体前倾，形成良好的攻栏姿势。

2. 腾空过栏（图5-1）

（1）过栏时保持栏上身体平衡，身体保持前倾。

（2）摆动腿大小腿折叠向前上方摆动，至大腿与栏架同高时前伸小腿。之后伸髋下压大腿，以降低过栏时重心腾起高度，缩短过栏时间。同时起跨腿折叠屈收，脚外翻，脚尖勾起，以膝领先，迅速向前提拉，膝踝关节擦栏而过，两臂积极配合。

3. 下栏着地（图5-1）

（1）摆动腿积极着地，踝关节缓冲，膝关节伸直，保持较高的支撑姿势，落地点应尽可能地接近身体重心投影点，上体保持前倾姿势。

（2）起跨腿带髋提拉至身体正前方快速落地，并带动身体重心迅速前移，积极跑出第一步。

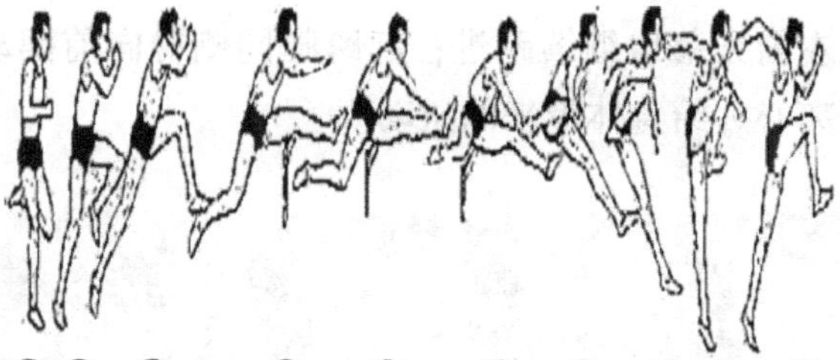

图 5-1　跨栏动作结构示意图

二、400 米跨栏跑技术构成与技术要点

400 米栏属于非对称周期性项目，跨栏技术的动作结构与直道栏很相似，但由于栏架高度低于直道栏，故过栏难度略小；栏间跑距离较长，与直道栏三步栏间跑节奏差异较大。完整的 400 米跨栏跑技术包括起跑至第一栏技术、跨栏步技术、栏间跑技术和全程跑技术。其中跨栏步技术又分为直道跨栏步技术和弯道跨栏步技术两种。

（一）起跑至第一栏的加速跑

（1）起跑技术同 400 米跑，但加速过程相对稍短些，步幅均匀且节奏感清晰的加速方式与 400 米跑略有不同，要与 400 米跨栏全程跑的节奏相适应。跑至 15~20 米处要有弹性，跑至 35 米通过加快步频的方式获得攻栏前的速度，为迅速过栏及过栏后获得更大的水平速度做准备。

（2）起跑至第一栏男子跑 20~23 步、女子跑 21~24 步。

（3）第一栏右腿作为起跨腿较为适宜。

（二）跨栏步技术

（1）400 米跨栏的基本技术与直道栏相同。

（2）与直道栏相比较，由于栏高与速度要求不同，部分环节的技术要求也有所不同。例如，起跨向前性要求更强一些；起跨腿过栏后更强调顺势积极着地，而对膝盖正前方的要求则不像直道栏要求那么严格。

（3）在弯道过栏时，身体应向左侧倾斜。一般用右腿起跨过弯道栏，左腿前摆时膝稍外展，左肩低于右肩，右臂积极前伸，稍向左转，以维持身体平衡。摆动腿下栏时以脚外侧先着地，起跨腿以脚掌内侧先着地（图 5-2）。弯道弧度略小时（如第 7、8

道过栏)，上述要求随着适当降低（图 5-3)。而对于右腿为摆动腿的选手在过弯道栏时，起跨前几步应沿跑道的中线跑进，用起跨脚前脚掌外侧踏上起跨点；摆动腿摆动的方向（包括脚的落点）适当向跑道外侧一些；起跨腿提拉时，要注意大小腿折叠从栏板上沿提拉过栏至左前方落地继续跑进；起跨腿同侧臂向前摆动时不要越过身体中线，以尽可能减少因离心力给身体带来的扭动。

图 5-2　黄潇潇过第二栏（第一弯道）技术参数示意图

注：图 5-2 为黄潇潇过第二栏主要技术参数，起跨距离（起跨腿足尖到栏架）2.24 米；落地距（摆动腿足尖到栏架）1.05 米；总距 3.29 米。起跨支撑时间（起跨腿着地瞬间到离地瞬间）0.12 秒；腾空时间（起跨腿离地瞬间到摆动腿着地瞬间）0.32 秒；落地支撑时间（摆动腿着地瞬间到离地瞬间）0.10 秒；过第二栏速度 7.83 米/秒。

图 5-3　黄潇潇过第三栏（下弯道）技术参数示意图

注：图 5-3 为黄潇潇过第三栏的主要技术参数，起跨距离（起跨腿足尖到栏架）2.15 米；落地距（摆动腿足尖到栏架）1.12 米；总距 3.27 米；起跨支撑时间（起跨腿着地瞬间到离地瞬间）0.13 秒；腾空时间（起跨腿离地瞬间到摆动腿着地瞬间）0.32 秒；落地支撑时间（摆动腿着地瞬间到离地瞬间）0.11 秒；过第三栏速度 7.27 米/秒。

（4）直道过栏时，与 110 米栏相比无实质性区别，只是难度略小。由于栏架高度和栏间距离不同，所以在过栏的动作幅度、用力程度等动作细节上有些差别。女子 400

米栏栏架最低，起跨攻栏时的后蹬力量、上体前倾角度、摆臂幅度、起跨腿提拉幅度均小于其他跨栏项目，动作自然，接近短跑技术。男子400米栏栏架高于女子400米栏，过栏技术介于110米栏和女子400米栏之间。但过栏时仍需有一定的幅度，尤其是身材高大、技术水平高、栏间步数比较少的运动员，需要有较大的动作幅度和跨栏步步长。

(三) 栏间跑技术

(1) 下栏后上体要压住并使身体重心迅速前移，前几步要保持一定的步频。

(2) 栏间跑技术动作要放松、有弹性、节奏感强、步幅均匀，栏间中后程要目测栏距。

(3) 栏前3~5步要适当加快节奏，要有积极攻栏的意识。

(4) 栏间节奏转换时应及时调节步幅与步频（如13步转跨14步时），以便准确地过栏（栏前要求同上），减少过栏时间并节省能量。

(5) 弯道跑技术同400米弯道跑技术。

(四) 全程跑技术

(1) 重要的是设计出与个人技术特点及400米平跑水平（能力）相适应的全程跨栏节奏。

(2) 跑跨结合技术的流畅程度与节奏转换的衔接是跨栏跑全程技术的重点。

(3) 全程栏间节奏可以采取三种类型：单步数节奏（男13、15步，女15、17步）、双步数节奏（男14、16步，女16、18步）、混合节奏（单、双步数交替）。

(4) 全程跑的步幅、步频、节奏要合理，不同的节奏与节奏转换方式（包括自身的特点）要有不同的要求。

(5) 保持栏间合理节奏的同时，要求全程跑的速度相对均匀，前后200米的差距应在2~3秒范围内比较合适。

三、400米跨栏跑运动员全程速度节奏特征

以尽可能少的栏间步数跑尽可能多的栏，是获得400米栏优异成绩极为重要的条件之一。从世界优秀运动员全程速度分配的时间特征看，起跑至第五栏的用时占全程时间的46.25%，第五栏至终点用时占全程时间的53.75%；最快与最慢栏间跑速度差不超过1.2秒。这些数据为青少年400米栏运动员技术训练提供了全程节奏与速度分配的量化参数，对提高训练效果、评价全程速度节奏有直接的借鉴意义。

通过对世界优秀400米栏运动员比赛资料分析显示，优秀400米栏运动员全程速度节奏具有如下特征：合理有效地控制起跑后加速阶段的速度（加速相对平稳）和最快

栏间速度（速度相对较低），有利于延长保持较快栏间速度的距离，降低后程速度的下降率和冲刺阶段的速度下降，使全程栏间速度变化相对更加平稳，全程时间分配相对均衡，体现在前后200米时间差，随着成绩的增长逐渐缩短。这种均衡型的全程速度节奏代表着世界优秀400米栏运动员速度节奏的发展趋势，也是青少年400米栏运动员全程技术训练努力追求的方向。

图5-4为世界优秀女子400米栏运动员分栏速度曲线示意图，表5-1、表5-2为世界优秀400米栏运动员全程分段时间模式一览表，表5-3为400米栏运动员全程分段时间模式一览表。青少年运动员可参照表5-3全程分段时间量化模式进行技术训练，强化全程速度节奏。

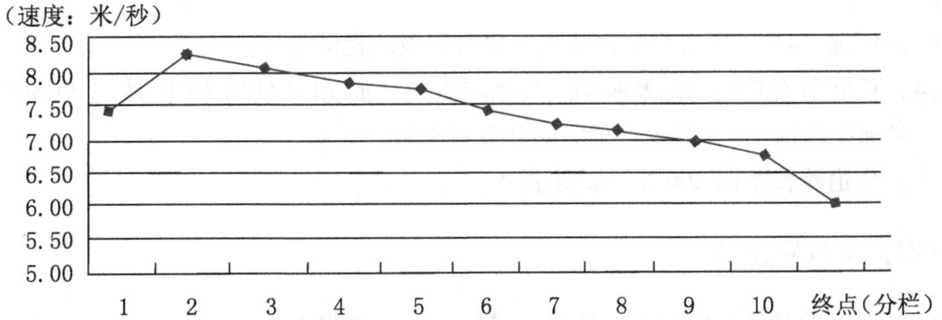

图5-4　世界优秀女子400米栏运动员分栏速度曲线示意图

表5-1　世界优秀男子400米栏选手全程分段时间模式一览表

栏	菲力普斯			摩西		
	累计时间（秒）	分段时间（秒）	步数	累计时间（秒）	分段时间（秒）	步数
起跑至第1栏	5.80	5.80	19	5.89	5.89	19
2	9.36	3.56	13	9.56	3.67	13
3	13.13	3.77	13	13.32	3.76	13
4	16.97	3.84	13	17.16	3.84	13
5	20.83	3.86	13	21.00	3.84	13
6	24.88	4.05	13	25.01	4.01	13
7	29.04	4.16	13	29.08	4.07	13
8	33.18	4.14	13	33.26	4.18	13
9	37.45	4.27	13	37.60	4.34	13
10	41.99	4.54	13	42.19	4.59	13
终点	47.19	5.20	17.9	47.56	5.37	16.5

表 5-2　世界优秀女子 400 米栏选手全程分段时间模式一览表

栏	斯捷潘诺娃			布施			泽连托索娃		
	累计时间（秒）	分段时间（秒）	步数	累计时间（秒）	分段时间（秒）	步数	累计时间（秒）	分段时间（秒）	步数
起跑至第 1 栏	6.64	6.64	23	6.56	6.56	22	6.8	6.8	24
2	10.78	4.14	15	10.72	4.16	15	11.3	4.5	17
3	15.01	4.23	15	15.06	4.34	15	15.7	4.4	17
4	19.38	4.37	15	19.42	4.36	15	20.3	4.6	17
5	23.84	4.46	15	23.90	4.48	15	24.9	4.6	17
6	28.39	4.55	15	28.47	4.57	15	29.4	4.5	17
7	33.06	4.67	15	33.11	4.64	15	34.1	4.7	17
8	37.88	4.82	17	37.93	4.82	15	39.8	4.8	17
9	42.75	4.87	17	42.76	4.83	15	43.8	4.9	17
10	47.73	4.98	17	47.76	5.00	15	48.9	5.1	17
终点	53.32	5.59	21	53.60	5.84	19	54.89	6.0	21

表 5-3　400 米栏全程分段时间模式一览表　　单位：秒

栏次										终点
1	2	3	4	5	6	7	8	9	10	
6.4	4.19	4.28	4.40	4.52	4.63	4.75	4.89	5.04	5.20	5.70
6.40	10.59	14.87	19.27	23.79	28.42	33.17	38.06	43.10	48.30	54.00
6.52	4.26	4.36	4.48	4.60	4.72	4.84	4.98	5.13	5.29	5.81
6.52	10.78	15.14	19.62	24.22	28.94	33.78	38.76	43.89	49.18	54.99
6.64	4.34	4.44	4.56	4.69	4.81	4.93	5.07	5.23	5.39	5.91
6.64	10.98	15.42	19.98	24.67	29.48	34.41	39.48	44.71	50.10	56.10
6.76	4.42	4.52	4.64	4.77	4.89	5.02	5.16	5.32	5.48	6.02
6.76	11.18	15.70	20.34	25.11	30.00	35.02	40.18	45.50	50.98	57.00
6.88	4.50	4.60	4.72	4.86	4.98	5.10	5.26	5.41	5.58	6.13
6.88	11.38	15.98	20.70	25.56	30.54	35.64	40.90	46.31	51.89	58.02
7.00	4.57	4.68	4.80	4.94	5.06	5.19	5.35	5.51	5.68	6.23
7.00	11.57	16.25	21.05	25.99	31.05	36.24	41.59	47.10	52.78	59.01
7.12	4.65	4.76	4.89	5.02	5.15	5.28	5.44	5.60	5.77	6.34

（续表）

栏次										终点
1	2	3	4	5	6	7	8	9	10	
7. 12	11. 77	16. 53	21. 42	26. 44	31. 59	36. 87	42. 31	47. 91	53. 68	60. 02
7. 24	4. 73	4. 84	4. 97	5. 11	5. 23	5. 37	5. 53	5. 69	5. 87	6. 44
7. 24	11. 97	16. 81	21. 78	26. 89	32. 12	37. 49	43. 02	48. 71	54. 58	61. 02
7. 35	4. 81	4. 92	5. 05	5. 19	5. 32	5. 46	5. 62	5. 79	5. 96	6. 55
7. 35	12. 16	17. 08	22. 13	27. 32	32. 64	38. 10	43. 72	49. 51	55. 47	62. 02

第三节　400米跨栏跑运动员选材

根据世界优秀跨栏运动员所表现出的特点，跨栏运动员选材的总体特征可以归纳为：身材高大、心肺功能强、速度素质好、弹跳与肌肉弹性好、关节灵活、柔韧性和协调性好、节奏感强、心理素质稳定、抗干扰能力强等。

一、优秀跨栏运动员的模型特征（表5-4）

表5-4　优秀400米栏跨栏运动员的模式特征

指　标	标　准	
	男　子	女　子
年龄（岁）	18岁以上	18岁以上
身高（厘米）	186~195	173~182
体重/身高×1000	380~420	340~360
100米站立起跑（秒）	10. 2~10. 0	11. 1~10. 9
400米跑（秒）	46. 5~45. 0	52. 0~50. 0
平栏差（秒）	2. 0~2. 5	1. 8~2. 3

注：平栏差为相同距离下，平跑与跨栏跑的成绩差值。

二、选材总体要求

根据跨栏项目特点和优秀跨栏运动员的模型特征，结合我国青少年的生长发育特点，选拔400米跨栏运动员时，主要包括以下几方面内容：

1. 身体形态

身材高、下肢长、身高有长势，膝和踝关节围度小、跟腱长而清晰、踝关节力量与弹性较好，足弓深、脚趾较短，骨龄与生活年龄的差距在±1.6岁以内为最佳。

2. 生理机能与生化指标

有良好的心肺功能，肺活量相对较大，安静时脉搏次数较少，有氧代谢能力强。有条件的地区或单位对经过一定训练的运动员还可以进行原始最大乳酸值的检测与比较。实践证明，每个人的最大乳酸值的大小先天性差异很大，说明与遗传有直接的关系，该指标又与运动员在该项目上能否达到高水平密切相关。近几年，很多人已把它作为该项目的重要选材指标。此外，支撑时间长短在发达国家的初级选材里，也作为短跨类项目的一项生理指标，并有专门的测试方法与要求，应当引起我们的重视。

3. 身体素质

有良好的速度素质且步频快；反应灵敏、动作协调；弹跳力与爆发力好；髋关节灵活，柔韧性好。

4. 技术

跑的技术动作协调，有较快的动作速度，跑时身体重心高，有良好的节奏感；跨栏技术合理，向前性强，跑跨结合技术连贯。

5. 心理品质

有较高的理想与追求，有顽强的意志品质与吃苦耐劳的精神，有竞争意识；心理稳定，心理调节能力与自我控制能力强；思维敏捷，理解能力较好，富有较强的想象力与创造力。

6. 其他

遗传基因是选材的重要因素，特别是各类形态指标，均属多基因遗传，家族史的调查是很重要的一环。一般讲，身高在很大程度上取决于下肢长度，下肢长比人体身高更早停止变化，男子发育晚于女子，且下肢长与性成熟密切相关。因此，在选材中既要重视各项指标优秀的青少年运动员，又不能忽视身体条件一般而某些特点突出的青少年选手，应将专项成绩与骨龄发育及训练年限结合起来，全面综合考虑与选拔。

三、各年龄阶段选材依据与选材标准（表 5-5~表 5-7）

表 5-5　12~13 岁选材依据与选材标准

<table>
<tr><td>选材依据</td><td colspan="4">重点评定身体健康状况、发育程度、身体素质、遗传因素和动作意识等
①身材匀称，重心高，下肢关节围度小，小腿较长
②身体灵活，速度、弹跳力较好
③跑跳技术自然、放松、完成动作速度快，对基本技术接受和再现能力较好
④重点评定呼吸系统及心血管系统的机能
⑤优先选拔意志顽强、心理稳定、善于控制自己、勇敢机智、具有创造性的运动员</td></tr>
<tr><td rowspan="6">选材指标</td><td>类别</td><td>内容</td><td>男</td><td>女</td></tr>
<tr><td>身体形态</td><td>身高（厘米）
体重/身高×1000
下肢长 B/身高×100</td><td>164
290~350
≥51</td><td>160
280~340
≥51</td></tr>
<tr><td>机能指标</td><td>心功能指数
血红蛋白（克/分升）
肺活量（毫升）</td><td>9.5
12 以上
2400~3000</td><td>9.5
11 以上
2400~2800</td></tr>
<tr><td>素质与专项</td><td>60 米起跑（秒）
后抛铅球（米）
立定三级跳远（米）
助跑跳远（米）
1500 米（男）/800 米（女）
直道栏（秒）</td><td>7.8±0.2
8.00（2 千克）
6.40
4.80
6：10
16.10（100 米栏）</td><td>8.3±0.3
6.00（2 千克）
6.00
3.80
3：15
14.30（80 米栏）</td></tr>
<tr><td>心理素质</td><td>性格
理想
意志品质
情绪</td><td>开朗
追星或想拿冠军
坚强
较稳定</td><td>开朗
追星或想拿冠军
坚强
较稳定</td></tr>
<tr><td>技术要求</td><td>途中跑技术
跨栏技术</td><td>跑动技术自然协调，动作速率快
动作协调连贯，或 50~60 厘米栏架或障碍敢于越过</td><td>跑动技术自然协调，动作速率快
动作协调连贯，或 50~60 厘米栏架或障碍敢于越过</td></tr>
</table>

注：该年龄段素质和专项指标与训练年限及技术有关，应注重内在表现力的预感。

表 5-6　14~15 岁选材依据与选材标准

选材依据	通过对运动技术的观察和评定，选拔在专项方面表现出一定才能的运动员，重点评定身体形态和身体素质 ①测量主要形态指标是否符合本项目的要求 ②速度、协调、柔韧性应达到较高水平，重点评定身体素质增长的速度 ③运动员掌握技术的能力，注意半程栏和全程栏的成绩 ④呼吸和心血管系统的机能水平			
选材指标	类别	内容	男	女
	身体形态	身高（厘米） 体重/身高×1000 下肢长 B/身高×100	179 345~375 ≥52	170 315~345 ≥52
	机能指标	心功能指数 血红蛋白（克/分升） 肺活量（毫升） 最大乳酸值（毫摩尔/升）	6.0 13.5 以上 3000~3800 15 以上	6.0 13 以上 2800~3600 14 以上
	素质与专项	60 米起跑（秒） 后抛铅球（米） 立定三级跳远（米） 助跑跳远（米） 直道栏（秒） 弯道栏（秒） 1500 米（男）/800 米（女）	7.3±0.2 12.50（4 千克） 8.20 5.80 15.80（110 米栏） 56.0±1.0 5：0	8.0±0.3 9.50（3 千克） 7.00 5.00 15.40（100 米栏） 66.0±1.0 2：40
	心理素质	性格 理想 意志品质 情绪	好胜、开朗 有较高的追求 坚强，果敢 较稳定，抗干扰	好胜、开朗 有较高的追求 坚强，果敢 较稳定，抗干扰
	技术要求	途中跑技术 跨栏技术	跑动技术自然协调，动作速率快，有节奏感。 跑跨结合协调连贯，控制力较强，转换较为准确	跑动技术自然协调，动作速率快，有节奏感。 跑跨结合协调连贯，控制力较强，转换较为准确

表 5-7　16~17 岁选材依据与选材标准

选材依据	选拔向更高水平冲击的运动员继续从事专项训练，应重点评定心理素质、运动素质提高幅度和发展水平及在正式比赛中表现最高成绩的能力 ①发育接近成熟，身体形态应表现出接近世界优秀运动员身体形态特征 ②专项素质指标应达到优秀水平 ③较好地掌握跨栏技术，具有良好的动作节奏感与应变能力 ④生理机能应基本适应 400 米栏项目的大运动量训练需要

（续表）

	类别	内容	男	女
选材指标	身体形态	身高（厘米） 下肢长 B/身高×100	188 ≥53	175 ≥53
	机能指标	心功能指数 血红蛋白（克/分升） 肺活量（毫升） 最大乳酸值（毫摩尔/升）	2.5 14.5 以上 3800 以上 15 以上	3.0 13.5 以上 3500 以上 14 以上
	素质与专项	60 米起跑（秒） 后抛铅球（米） 十级跳远（米） 直道栏（秒） 弯道栏（秒） 400 米跑（秒） 1500 米（男）/800 米（女）	6.60±0.2 16.50（4 千克） 31.00±1.0 14.20（1 米栏高） 53.5±1.0 50±1.0 4：45	7.40±0.2 12.50（3 千克） 26.50±1.0 14.50（标准栏） 61.0±1.0 56±1.0 2：26
	心理素质	心理品质综合评价	对未来目标的追求高而且明确；心理稳定，思维敏捷，心理调节能力强；理解能力较好，富于竞争意识与创造力	对未来目标的追求高而且明确；心理稳定，思维敏捷，心理调节能力强；理解能力较好，富于竞争意识与创造力
	技术要求	途中跑技术 跨栏技术	跑动技术规范，具有较高的速度水平与 400 米平跑能力。 跑跨结合流畅，左右开弓能灵活运用，应变能力较强，转换较为准确	跑动技术规范，具有较高的速度水平与 400 米平跑能力。 跑跨结合流畅，左右开弓能灵活运用，应变能力较强，转换较为准确

第四节　400 米跨栏跑运动员各年龄阶段训练任务与要求

一、引导训练阶段（12~13 岁）

1. 训练任务

（1）对运动员进行理想、道德、团队精神、意志品质的教育。

（2）根据少儿的生理、心理特点，通过多样化手段对敏感期的各项素质进行学习，发展基本技能、技巧和心肺功能，培养对田径项目的兴趣。

（3）着重发展速度、弹跳、节奏、灵敏、柔韧和耐力等素质，培养参加跨栏跑训练的兴趣。

（4）通过一般性的基础训练促进生长发育，为下阶段打下基础。

2. 训练要求

（1）注重全面性的身体素质训练和基本技术的教学与训练。

（2）重视速度、节奏、有氧代谢与灵敏协调能力的发展。该年龄的运动员活泼好动、稳定性差，应较多地穿插游戏性反应速度、动作速度、短距离速度训练，以游戏性耐力或趣味性身体素质训练等手段，逐渐改善和提高心血管与呼吸系统的功能。

（3）以越过障碍（如小栏架）的游戏，培养青少年运动员的勇气与克服困难的能力，逐渐改善专项所需要的素质。

（4）突出短跑基本技术的教学，改善自然跑技术的规范性。

二、基础训练阶段（14~15岁）

1. 训练任务

（1）全面发展身体素质，着重发展速度、快速力量、灵敏、协调性和柔韧素质。

（2）学习并掌握短跑、跳远和推铅球等项目的基本技术和技能。

（3）重点发展步频和动作速度，培养速度节奏感。

（4）学习与掌握跨栏跑的基本技术，注重双腿跨栏的平衡教学。

2. 训练要求

（1）此阶段应重视动作频率和反应速度的专门培养。

（2）素质训练的方法力求全面、多样、实效，通过多项训练提高跨栏运动员所必备的素质。

（3）专项训练着重于掌握基本技术。基本的跑、跳技术应以青少年自然合理的技术动作为基础，并逐步进行完善。跨栏技术的教学与训练力求规范。

（4）遵循青少年生长发育规律，逐渐增加运动负荷，特别要控制好耐乳酸训练的量。

（5）双腿都能过栏，并能在短程栏中协调地进行转换。

三、初级专项训练阶段（16~17岁）

逐步加强专项训练。在继续提高一般身体训练水平的基础上，逐渐提高专项能力和专项身体素质水平。

1. 训练任务

（1）在全面发展身体素质的前提下，进一步发展专项身体素质，突出动作节奏和速度能力。

（2）掌握跨栏跑的全程技术，专项成绩达到或接近一级运动员标准。

（3）学习跨栏跑理论知识，加深对技术的理解和训练规律的了解。

（4）着重提高 400 米栏运动员的跑跨结合能力与左右开弓跨栏在比赛中的运用能力。

（5）通过比赛培养心理适应能力，增强比赛能力。

2. 训练要求

（1）该阶段应重点发展速度素质，发展力量素质要从小肌肉群着手，注意均衡发展上下肢、前后肌群，特别是以髋关节为中心的相关肌肉的协同用力能力。

（2）参加相关项目的多项比赛，积累与提高有关的比赛经验。

（3）完整技术练习时应注重动作节奏，特别是速度节奏的控制能力。

（4）逐渐加大训练负荷。通过不同栏距、不同节奏的训练，提高运动员的跑跨结合能力，改善运动员的节奏水平与节奏转换意识。

（5）增加专项训练的比例。进一步规范和改进技术动作。扬长避短，逐步形成个人的技术风格。

第五节　400 米跨栏跑各项评价指标、训练负荷及训练要求

一、各年龄段专项与相关素质评价指标

青少年跨栏运动员各阶段的训练，身体素质的发展情况是检测前期训练成效简单实用的方法，因此，在训练中定期进行素质测试，根据测试结果发现问题，并及时调整修改后续的训练是十分必要的。在准备期，身体素质的测试一般在阶段训练的开始、中期和结束时进行。在比赛期，也应有选择地进行测试和考核（表 5–8）。

表 5–8　各年龄段身体素质测试内容与专项成绩指标

年龄		12~13 岁		14~15 岁		16~17 岁	
性别		男	女	男	女	男	女
专项成绩（秒）	优	15.50	13.30	56.00	64.00	53.00	61.00
	良	15.80	13.70	58.00	66.00	54.00	63.00
	及格	16.10	14.10	60.00	68.00	55.00	65.00

（续表）

年龄		12~13 岁		14~15 岁		16~17 岁	
性别		男	女	男	女	男	女
立定十级跳远（米）	优	学习跨跳技术	学习跨跳技术	8.50（三级）	7.00（三级）	32.00	28.00
	良	—	—	8.20	6.60	31.00	27.00
	及格	—	—	7.80	6.20	30.00	26.00
100 米站立起跑（秒）	优	11.70	12.60	11.20	12.30	10.60	11.70
	良	12.10	12.90	11.60	12.50	10.80	11.90
	及格	12.50	13.20	11.80	12.70	11.00	12.10
400 米（秒）	优良	55.00	62.50	52.00	58.00	48.50	56.00
	良	56.50	64.50	53.50	60.00	49.50	57.00
	及格	58.00	66.50	55.00	62.00	50.50	58.00
起跑下8栏（秒）	优	—	—	40.00	45.00	37.00	41.00
	良	—	—	41.00	47.00	38.00	43.00
	及格	—	—	42.00	49.00	39.00	45.00

注：专项成绩 12~13 岁男为 100 米栏，女为 80 米栏，男子栏高 84 厘米。14~15 岁为立定三级跳成绩。

二、各年龄阶段的训练负荷与训练比例（表 5-9）

表 5-9　各训练阶段训练负荷及训练比例参照表

负荷项目 \ 阶段		引导训练阶段（12 ~13 岁）	基础训练阶段（14~15 岁）	初级专项训练阶段（16~17 岁）
一次训练课（小时）		1.5	1.5~2	2~2.5
每周训练次数（次）		4~5	5~6	6~8
年训练次数（次）		180~200	220~260	260~320
年比赛次数（次）		2~3	3~4	5~6
训练比例	一般素质	50%	35%	30%
	专项素质	30%	35%	35%
	专项技术	20%	30%	35%

（续表）

负荷项目 \ 阶段	引导训练阶段（12 ~13 岁）	基础训练阶段（14~15 岁）	初级专项训练阶段（16~17 岁）
年快跑量（万米）	10~12	12~14	14~16
年跨栏跑（万米）	2.0~3.0	3.0~4.0	4.0~4.5
年过栏架次（千次）	2~3	4~6	4~5

三、400 米跨栏技术要点及各年龄段要求（表 5-10）

表 5-10　400 米跨栏技术要点及各年龄段要求

技术要点	各年龄段技术要求		
	12~13 岁	14~15 岁	16~17 岁
（1）跑动技术规范、动作舒展、富有弹性，具有较高的速度水平与 400 米平跑能力 （2）跨栏技术规范，跑跨结合连贯而流畅，节奏放松而准确，左右开弓能灵活运用，转换意识强，全程节奏合理	（1）建立正确完整的技术概念 （2）学习和掌握跨栏的一些基本技术 （3）50 ~ 60 厘米栏架或障碍敢于越过 （4）较优秀的可以连续跨越低栏	（1）学习与掌握两腿交替跨栏技术 （2）尽可能缩小两腿过栏技术的差异 （3）初步掌握弯道跨栏技术的技巧 （4）跑跨结合较为流畅	（1）掌握弯道过栏技术 （2）掌握快速跑动中转换跨栏腿技术 （3）熟练地掌握两腿交替跨栏技术 （4）选择好与实际水平相适应的栏间节奏，有流畅的栏间节奏与转换意识

第六节　400 米跨栏跑训练计划

运动训练过程就是促进青少年运动员竞技能力发展变化的过程，制订与实施训练计划就是把 400 米栏训练过程目标分解为若干个训练任务，通过每一次训练课及各种形式的练习来完成每一项具体的训练任务，最终实现提高运动员竞技能力并在比赛中取得优异成绩的终极目标。作为基层教练员应该结合每一位青少年 400 米栏运动员竞技状态的起始水平，制订科学、有效的训练计划，为青少年运动员的成才筑牢坚实的体能、技能与心智能力基础。

由于青少年运动员竞技状态的起始水平与个体遗传素质差异较大，本节所示的训练计划是基于 400 米栏项目特点提出的一般性规律，教练员在具体制订不同层面的训练计划时，应结合在训运动员的自身特点和当年的竞赛任务有针对性地制订。

一、诊断运动员状态，确定训练目标

（一）诊断运动员的起始状态

对运动员的起始状态进行诊断，是完整训练过程的起点与归宿，是后续训练阶段划分、制订训练目标、确定训练内容、选择训练方法与手段、评价训练效果的基本依据。在制订不同类别的训练计划之前，首先要对运动员起始状态进行诊断。

1. 诊断运动成绩

诊断运动成绩主要是记录、分析青少年400米栏运动员在各级各类比赛中的成绩，包括全程及各分段时间等；还可以通过比赛成绩分析赛前训练安排的合理性、青少年400米栏运动员对比赛的应激反应及自我调控能力等，为制定下一阶段竞赛成绩指标奠定基础。

2. 诊断竞技能力

（1）身体形态指标：身高、克托莱指数（体重/身高×1000）、下肢长A/身高×100、（下肢长B-小腿长A）/小腿长A×100。

（2）身体机能指标：心功指数、肺活量/体重。

（3）身体素质指标：声反应时、60米跑、步频、后抛铅球、立定十级跳远、400米。

（4）心智能力指标：争强好胜不服输的性格、高度集中的注意力、自我调控情绪的能力、认知水平与接受能力，理解能力。

（5）专项技术能力指标：专项成绩、跑跨技术的合理性、左右腿跨越栏架的能力、动作模仿能力、速度与节奏感、髋关节的柔韧性、动作协调性和灵敏性。

3. 诊断训练负荷

最大程度、最大范围地了解运动员上一个训练过程总的训练负荷，和不同训练内容的负荷量与负荷强度的规律，为制订下一步的训练目标奠定基础。

（二）确定训练目标

按照诊断后运动员的基本情况和起始水平，确定运动员的近期目标和中、远期训练目标。在确定不同阶段训练目标时，需考虑以下几方面因素。

1. 运动员现实状态

主要包括以往的比赛成绩、已达到的竞技能力（身体形态、机能，运动素质，技战术表现，心智水平）水平等。

2. 运动员的竞技潜力

主要包括发育潜力（身体形态、机能，运动素质的遗传效应）、训练潜力（通过训练能够使竞技能力产生多大的变化——也就是说后天训练的可塑性有多大）和训练的年限等。

3. 训练条件

良好的训练条件是取得理想训练效果的重要前提。训练条件的首要因素是教练员的责任心与业务水平，除此之外还包括医疗、恢复、场地器材及学校、家庭各方面的社会保障等。此外，比赛目的（以名次为目的，还是以表现最高竞技水平为目的）也是确定训练目标应考虑的因素。

二、多年训练计划

运动训练过程是一个庞大的系统工程，多年训练计划就是为完成这个系统工程而制定的框架式蓝图，是将一名有潜质的青少年苗子塑造成一名优秀400米栏运动员的长远规划，也是制订年度和阶段训练计划的依据。作为基层教练员，应该站在全面、可持续发展的高度，为有发展潜质的青少年400米栏运动员设计与制订科学、有效、可控的多年训练计划。

（一）多年训练计划的阶段划分

根据运动员起始状态水平，可将多年训练划分为引导训练、基础训练、初级专项、专项提高、最佳竞技、竞技保持等不同的训练阶段。教练员应该对每位运动员不同阶段的运动成绩、竞技能力（身体形态、机能，运动素质，技战术表现，心智水平）和运动负荷等指标做出客观、正确的分析与评价，并提出各个训练阶段的主要任务、训练内容和负荷要求。

（二）制订多年训练计划的注意事项

（1）多年训练计划各阶段时间的长短没有固定的时间标准，是一个由渐变到突变的过程，依运动员的个体情况而定。

（2）每个训练阶段都有各自的训练任务，不可从简、不能超越，要避免拔苗助长，杜绝青少年训练成人化。

（3）在多年训练计划的安排上，技术训练、身体训练、专项能力等内容和逐渐加大训练负荷是贯穿训练始终的。只是随着训练的深化、竞技能力的提高和任务的不同，各阶段和每年训练的侧重点与要求有所不同。

（4）依据青少年生长发育规律和400米栏专项特点，在制订多年训练计划时，每一年度或阶段的训练重点应结合400米栏专项需求和身体素质发展的敏感期而有所侧重。第一年以全面身体训练为主，比重应达到40%；第二年侧重速度力量训练，比重为35%；第三年训练重点是发展速度，比重达35%；第四年则重点发展速度耐力，训练比重为40%。表5-11是青少年400米栏运动员每年的训练重点及比重安排。

表5-11 青少年400米栏运动员多年训练安排规划

训练手段分类	第一年	第二年	第三年	第四年
速度力量训练（%）	20	35	20	25
速度训练（%）	20	20	35	25
速度耐力训练（%）	15	20	25	40
全面身体训练（%）	40	20	25	15
年累计比例（%）	95	95	105	105

三、年度训练计划

年度训练计划是运动训练过程的基本单位，是从事系统训练活动的教练员不可缺少的一项重要工作。制订年度训练计划时，应根据多年训练计划的既定目标、当年的比赛要求、运动员的具体情况，提出本年度训练任务、专项成绩和主要运动素质指标及训练负荷安排等。

（一）年度训练计划构成

通常年度训练由若干的大周期或阶段构成，对于青少年而言，一般年度训练分为两个大周期或阶段，即秋冬周期和春夏周期。两个周期的训练任务是围绕本年度的总训练任务且各有侧重的。每个周期又可分为准备期、比赛期和休整期。表5-12是年度训练计划一个大周期基本要素的安排示例，引导与基础训练阶段的青少年400米栏运动员可参照该表提出的原则进行年度训练安排。

表 5-12　年度训练一个大周期基本要素安排示例

<table>
<tr><th colspan="2">时期</th><th colspan="2">准备期</th><th colspan="2">比赛期</th><th rowspan="2">休整期</th></tr>
<tr><th colspan="2">阶段</th><th>一般准备</th><th>专门准备</th><th>集中比赛</th><th>集中比赛</th></tr>
<tr><td colspan="2" rowspan="2">时间</td><td colspan="2">3 个月</td><td colspan="2" rowspan="2">2~2.5 个月</td><td rowspan="2">0.5~1 个月</td></tr>
<tr><td>1.5~2 个月</td><td>1~1.5 个月</td></tr>
<tr><td rowspan="2">负荷</td><td>量</td><td>中</td><td>最大、大</td><td>中</td><td>中、小</td><td>小或中</td></tr>
<tr><td>强度</td><td>小</td><td>小、中</td><td>中、大</td><td>大、最大</td><td>最小</td></tr>
<tr><td rowspan="2">方法</td><td>发展素质</td><td>以持续法、间歇法为主</td><td>以间歇法、重复法为主</td><td>以重复法、间歇法为主</td><td>以比赛法、重复法为主</td><td>以游戏法、持续法、变换法为主</td></tr>
<tr><td>改进技术</td><td>以分解法为主</td><td>分解法、完整法</td><td>以完整法为主</td><td>以完整法为主</td><td>以分解法为主</td></tr>
<tr><td colspan="2">手段</td><td>以多种多样的一般练习为主，辅助少量的专项练习</td><td>以专项身体练习为主，练习手段相对集中</td><td>以与事项形式相近的练习为主，仍保持一定专项身体练习</td><td>比赛，一般性积极恢复练习</td><td>改变环境或练习形式，增加一般身体练习的比重</td></tr>
<tr><td colspan="2">恢复</td><td colspan="4">注意负荷节奏，采用各种积极的与自然的恢复措施</td><td>减少负荷，变换负荷的形式、地点与组合</td></tr>
</table>

（二）年度训练计划安排注意事项

（1）青少年 400 米栏运动员的年度训练安排，应遵循青少年身心发育规律和身体素质发展敏感期的特点，训练内容应丰富、多项，全面发展运动素质。在不同年龄阶段和不同素质发展的敏感期，运动素质内容的安排有所侧重，随年龄由小至大，应按照“柔韧（髋关节为主）→有氧耐力、反应速度和动作速度→最大速度及速度力量→最大力量、无氧耐力和力量耐力”的顺序进行安排。

（2）运用分解法或完整法练习（学习）一项技术或一个复杂的技术动作时，一定要注意完整技术或复杂动作的连贯性和节奏，避免造成前一个动作与后一个动作的脱节或破坏完整动作的节奏。技术训练的前期应突出基础训练的教学特性，强调动作的正确性和节奏感，培养节奏感要有强度要求。

（3）在训练手段的安排上，应结合青少年身心发育规律和身体素质发展的敏感期，选择多样、针对性强的练习手段，防止训练手段单一造成的素质失衡，促进各项运动素质全面发展，力争事半功倍的训练效果。

（4）在训练负荷（身体训练负荷与专项训练负荷）安排上，避免局部负荷过重带来的伤病隐患。总的负荷不宜过大，通过大量的基础训练和多样性的训练手段来分散局部负荷，实现较高的训练总负荷量。

（5）在抓好400米栏运动员专项技术的同时，特别要注意培养运动员栏间跑的能力及提高栏间步数的稳定性。注意少年运动员的全面发展，要求运动员双腿起跨过栏的技术要平衡发展，不能悬殊太大，否则将会影响栏间节奏稳定。

（6）培养青少年参加田径项目学习、训练的兴趣和塑造坚毅、自信的品格，应贯穿在年度训练的始终。

四、周训练计划

周训练计划安排是组织训练活动的基本单位。为完成年度训练指标，可将训练任务分解到小周期训练中，有侧重地安排不同的训练内容。根据训练任务和内容不同，可将周训练分为基本训练周、赛前训练周、比赛周和恢复周。

（一）制订周训练计划应注意的问题

（1）发展某一素质和改进技术的训练，以日为单位按一定时间反复能达到较好的效果。如速度、柔韧和小肌群力量的发展，每日训练效果较好。大肌群的力量发展则隔日训练效果较好。采用很大负荷量发展耐力练习，一周内只安排两次。极限负荷量的训练课应与保持体力的训练课或积极性休息交替进行。

（2）安排每日训练时，需要考虑到每次训练可对前一次和后一次课的影响，如果训练课内容是发展耐力或以最大用力改进技术，那么，在这类训练课后的第二天不应安排改进技术的练习内容。但可用相对较小的负荷量，在连着几天内每天都做改进技术的练习。原则是训练内容的安排应考虑身体负荷的部位（上下肢、大小与深浅肌群）、总负荷量等，避免局部负荷过重给青少年身心造成伤害。

（3）各种训练课、测验或比赛日及积极性休息或一般周末休息日之间，在周训练安排中进行有规律的交替，能促进青少年有机体生物学改造过程向良性方向发展，形成一种有助于提高训练效果和稳定运动成绩的良好机制。

（4）周训练安排按其主要目的可分为不同类型。“发展性”小周期（基本训练周）在训练中占重要位置，它包括以发展身体和心理素质，改进技术和从总体上提高青少年运动员机能水平的多种练习，在安排周训练计划时，要考虑到训练负荷量的综合效果和训练要解决的主要任务。表5-13是依据课的训练任务安排训练内容的一般规律。

表5-13 小周期中训练课的顺序（依训练课任务）

时间	训练课主要目的	练习强度	训练课总负荷量
第一天	学习与改进技术	小、中	中

（续表）

时间	训练课主要目的	练习强度	训练课总负荷量
第二天	发展速度或改进技术	最大	中、大
第三天	发展耐力或力量	中、大或最大	大
第四天	提高总的运动能力，或保持训练水平，或积极性休息	小、中	小、中
第五天	休息	—	—

（二）周训练计划范例（表 5-14~表 5-16）

表 5-14　400 米栏秋冬季准备期周训练计划范例

星期	训练任务	主要训练内容	参考手段
周一	（1）发展速度 （2）培养节奏	（1）速率训练 （2）速度训练 （3）技术节奏跑	（1）8~10 秒快速高抬腿；站立式快速启动；30 米速率跑；30~60 米冲跑 （2）技术节奏跑 100 米×8~10 次×2 组
周二	（1）改善跨栏技术 （2）改善髋关节灵敏协调 （3）培养跑跨结合能力	（1）跨栏技术模仿与相关的素质 （2）直道栏训练	（1）扶墙的各种摆动腿与跨栏腿的专门练习；各种栏架前后绕栏；跨栏坐转体 （2）单腿过栏（5 步）。①男子：起跑至一栏 22 米 栏距 12.5~14.5 米（根据水平确定）。②女子：起跑至一栏 22 米 栏距 11.5~13.5 米（同上） （3）双腿交替过栏（6 步）。①男子：起跑至一栏 22 米栏距 14.5~16.5 米（同上）②女子：起跑至一栏 22 米 栏距 13.5~15.5 米（同上）
周三	（1）发展有氧能力 （2）发展专项素质	（1）长距离匀速跑训练 （2）围绕股后肌、髂腰肌、躯干力量的相关训练	（1）躯干：两头起、腹背肌、瑞士球左右摆、肋木举腿等。股后肌：胶带鞭打后摆腿、杠铃仰卧顶髋、栏架仰卧伸髋摆腿等。髂腰肌：杠铃片抬腿、胶带摆腿、瑞士球坐姿抬腿等 （2）耐力跑 15~20 分钟或越野跑 30~40 分钟
周四	（1）发展力量素质 （2）发展爆发力与弹跳力	（1）抓举、挺举、高翻、杠铃蹲起训练 （2）短距离跳跃训练	（1）因人而异，轻重量的抓举、挺举技术练习；高翻、半蹲、全蹲的技术教学及适当重量的训练 （2）栏架跳深；立定跳远；立定三级跳远；分组的各种跳跃接力等

（续表）

星期	训练任务	主要训练内容	参考手段
周五	（1）改善跨栏技术 （2）改善髋关节灵敏协调。 （3）培养跑跨结合能力	（1）跨栏技术模仿与相关的素质 （2）直道栏训练	（1）扶墙的各种摆动腿与跨栏腿的专门练习；各种栏架前后绕栏；跨栏坐转体 （2）单腿过栏（5步）。①男子：起跑至一栏22米栏距12.5~14.5米（根据水平确定）。②女子：起跑至一栏22米栏距11.5~13.5米（同上） （3）双腿交替过栏（6步）。①男子：起跑至一栏22米栏距14.5~16.5米（同上）。②女子：起跑至一栏22米栏距13.5~15.5米（同上）
周六	（1）发展专项耐力 （2）发展长距离跳跃能力 （3）发展全面身体素质	（1）专项耐力训练 （2）长距离跳跃能力训练 （3）全面小肌肉群发展	（1）1000~600米的段落跑×2次 （2）100~200米之间的后蹬跑与跨跳×4次 （3）8~10个全面小肌肉群素质（哑铃、杠铃、胶带、瑜伽球、实心球、运动组合器械等，以环境条件为基础），上肢小肌肉群力量、躯干力量、下肢小肌肉群力量合理有效结合。例如： ①瑞士球坐姿抬腿（髂腰肌） ②卧推（上肢力量） ③哑铃小鸟飞（上肢肌群协同用力） ④哑铃曲收小臂（肱二头肌） ⑤跪姿哑铃俯卧单手提拉（背阔肌） ⑥负重腹背肌（躯干） ⑦俯卧倒起（股后肌） ⑧俯卧胶带侧抬腿（臀中肌） 注意合理安排重量、组数、次数

表5-15　400米栏春夏季准备期训练计划范例

星期	训练任务	主要训练内容	参考手段
周一	（1）发展速度 （2）培养节奏	（1）速率训练 （2）速度训练 （3）技术节奏跑	（1）8~10秒快速高抬腿；站立式快速启动；30米速率跑；30~60米冲跑 （2）100米段落带有较快速度的弹性节奏技术跑
周二	（1）改善跑跨结合能力 （2）培养栏的专项能力	（1）直道栏热身训练 （2）专项弯道栏训练	（1）双腿交替过栏 ①男子：起跑至一栏13米，栏间距10.5米（熟练左右腿技术） ②女子：起跑至一栏13米，栏间距9.5米（同上） （2）起跑1~3栏×3~4次；1~5栏×3~4次

（续表）

星期	训练任务	主要训练内容	参考手段
周三	（1）培养与改善跑动技术 （2）发展专项素质	（1）一般性的变速跑或间歇跑训练 （2）围绕股后肌、髂腰肌、躯干力量的相关训练	（1）直道与弯道的 100 米变速跑×4 圈；300 或 350 米的技术节奏跑×2~3 次 （2）躯干：两头起、腹背肌、瑞士球左右摆、肋木举腿等。股后肌：胶带鞭打后摆腿、杠铃仰卧顶髋、栏架仰卧伸髋摆腿等 髂腰肌：杠铃片抬腿、胶带摆腿、瑞士球坐姿抬腿等
周四	（1）发展力量素质 （2）发展爆发力与弹跳力	（1）抓举、高翻、杠铃蹲起训练 （2）短距离跳跃训练	（1）随着运动员在技术上的稳定，可适当加大重量相应地减少组数与次数 （2）栏架跳深；立定跳远；立定三级跳远；分组的各种跳跃接力等
周五	（1）改善跑跨结合能力 （2）培养栏的专项能力	（1）直道栏热身训练 （2）专项弯道栏训练。	（1）双腿交替过栏 ①男子：起跑至一栏 13 米，栏间距 10.5 米（熟练左右腿技术） ②女子：起跑至一栏 13 米，栏间距 9.5 米（同上） （2）起跑 1~3 栏×3 次；1~5 栏×1~2 次；1~8 栏或 1~9 栏×1~2 次
周六	（1）发展跑的专项能力 （2）发展全面身体素质	（1）专项能力训练 （2）全面小肌肉群发展	（1）300~450 米的段落跑×2 次 （2）因人而异，有目的地变换手段方法，从而达到训练效果
周日	休息	休息	休息

表 5-16　400 米栏比赛周训练计划范例

星期	训练任务	主要训练内容	参考手段
周一	（1）发展速度 （2）培养节奏	（1）速率训练 （2）技术节奏跑	（1）站立式快速启动；30 米速率跑 （2）100 米段落带有速度的弹性节奏技术跑
周二	（1）改善跑跨结合能力 （2）培养栏的专项能力	（1）直道栏热身训练 （2）专项弯道栏训练	（1）双腿交替过栏 ①男子：起跑至一栏 13 米，栏间距 10.5 米（熟练左右腿技术） ②女子：起跑至一栏 13 米，栏间距 9.5 米（同上） （2）起跑 1 栏×1~2 次；1~2 栏×2 次；1~3栏×1 次；1~5 栏×2 次

（续表）

星期	训练任务	主要训练内容	参考手段
周三	（1）发展力量素质 （2）发展爆发力与弹跳力	（1）力量训练 （2）卧推、高翻、杠铃蹲起训练 （3）短距离跳跃训练	（1）随着运动员比赛临进，可适当减少重量和相应地减少组数与次数 （2）60米跨跳×5次
周四	（1）适应场地训练 （2）熟悉跑的节奏训练	（1）速率训练 （2）技术节奏跑	（1）30米速率跑 （2）100米段落带有速度的弹性节奏技术跑
周五	（1）适应场地训练 （2）熟悉跨栏节奏训练	（1）直道栏热身训练 （2）专项弯道栏训练	（1）双腿交替过栏 ①男子：起跑至一栏13米，栏间距10.5米（熟练左右腿技术） ②女子：起跑至一栏13米，栏间距9.5米（同上） （2）起跑1栏×2次；1~2栏×1~2次；1~3栏×1~2次
周六	—	比赛	比赛

第七节　400米跨栏跑训练方法与手段

一、技术训练

（一）跨栏基本技术训练

将摆动腿与起跨腿分解进行练习，它的主要目的是降低练习的难度，使学习者的注意力集中到一个动作上，从而更快地掌握跨栏技术。

1. 摆动腿攻栏技术练习

对初学者来说，学习跨栏的模仿练习是掌握跨栏基本技术的必经途径。大量的模仿练习能对学习者建立技术雏型有所帮助。

（1）原地行进间摆动腿攻摆“鞭打”练习。

①动作要领：摆动腿屈膝折叠向前上方高抬，立腰；起跨腿髋、膝、踝关节充分伸展。当膝抬至最高点时，大腿快速下压，膝关节放松使小腿顺惯性摆出，形成“鞭打”动作。两臂配合摆动。在原地练习的基础上过渡到行进间练习（图5-5）。

②练习目的：强化摆动腿攻摆动作的肌肉用力顺序。

图 5-5　原地摆动腿攻摆示意图

（2）摆动腿攻栏练习。

①动作要领：面对肋木或适宜高度的海绵垫或鞍马站立，约 2.5~2 米。起跨腿上一步做起跨蹬伸动作，摆动腿屈膝高抬前伸，小腿做攻栏动作（图 5-6）。

②练习目的：强化起跨攻栏时蹬与摆协调用力的本体感觉。

图 5-6　原地摆动腿攻栏示意图

（3）行进间摆动腿过栏角练习（5~8 栏）。

①动作要领：于栏架前 5 米小步跑进，起跨腿在距栏架 1 米左右时起跨蹬伸，摆动腿屈膝高抬快速向前上方摆动，当膝关节达到最高点时快速下压大腿，小腿顺惯性前伸，在摆动腿异侧臂回摆，同时同侧臂前摆配合下完成过栏动作。可连续 1 步地进行小步慢跑、高抬腿跑或中速跑（3 步或 5 步）摆动腿过栏角练习（图 5-7）。

②练习目的：提高跨栏步摆动腿过栏动作的专门技能。

图 5-7 行进间摆动腿过栏角示意图

2. 起跨腿过栏技术练习

（1）原地起跨腿侧平提拉 1。

①动作要领：面对肋木 1~1.5 米处，双手扶木，身体成前倾位单腿支撑，起跨腿脚掌内侧、膝关节内侧放于栏上，顺着栏架的轨迹向前提拉起跨腿（图 5-8）。

②练习目的：体会起跨腿过栏动作的肌肉本体感觉。

图 5-8 原地起跨腿侧平提拉 1 示意图

（2）原地起跨腿侧平提拉 2。

①动作要领：预备姿势同上。整个提拉过程大腿外展、小腿旋外、勾脚尖外翻，小腿随大腿前拉逐步与大腿折紧，膝始终高于踝，直至膝关节抬至胸前正前方（图 5-9）。

②练习目的：体会起跨腿提拉动作发力肌群的本体感知，发展髋部及屈大腿肌群力量。

图 5-9　原地起跨腿侧平提拉 2 示意图

（3）行进间起跨腿过栏角练习（5~8 栏）。

①动作要领：栏架前 5 米小步跑进，起跨腿在距栏架 1~1.2 米左右时起跨蹬伸，摆动腿在栏外屈膝高抬下压，前脚掌落在栏后稍远处，起跨腿随摆动腿快速下压完成从栏角上沿提拉过栏至体前正前方着地，继续跑进，两臂协调起跨腿动作。可连续 1 步，高抬腿跑或中速跑（3 步或 5 步至多步）进行起跨腿过栏角练习（图 5-10）。

②练习目的：提高跨栏步起跨腿过栏动作的专门技能。

图 5-10　行进间起跨腿过拦角示意图

3. 完整过栏技术练习

（1）原地“剪绞”过栏练习。

①动作要领：面对栏架站立，起跨腿高重心支撑，摆动腿大腿放在栏板上，小腿自然下垂。随腰、髋发力，大腿快速下压过栏，前脚掌支撑；同时起跨腿从栏后折叠提拉过栏至胸前正前方（图 5-11）。

②练习目的：体会摆动腿下压与起跨腿提拉的时机与用力顺序。

图 5-11　原地“剪绞”过栏示意图

（2）一步栏上过栏练习。

①动作要领：起跨腿栏前高重心支撑，摆动腿折叠高抬攻摆过栏，大腿下压，同时起跨腿经侧提拉至正前方，两臂及躯干配合下肢动作，连续一步过 8~12 栏练习，栏间距 1~1.3 米（图 5-12）。

②练习目的：体会摆动腿与起跨腿过栏时正确的肌肉用力感觉。

图 5-12　一步栏上过栏示意图

（3）高抬腿跑栏上过栏练习。

①动作要领：面对栏架 8 米处做高抬腿跑，在栏前 1~1.5 米处起跨，摆动腿折叠高抬攻摆下压，同时起跨腿经侧向前提拉至正前方，两臂及躯干配合下肢过栏动作。可栏间 3 步或 5 步至多步练习（图 5-13）。

②练习目的：掌握下压与提拉的“剪绞”时机，强化起跨与下栏着地的高重心支撑动作。

图 5-13　高抬腿跑栏上过栏示意图

（4）跑跨结合与栏间节奏转换练习。

①动作要领：站立式起跑 10~12 步，栏间 5 步，用单腿完成过 5~8 栏练习，强度为 90%~110%。起跑至第一栏 22 米，栏间距离男子 12.5~14.5 米、女子 11.5~13.5 米。或站立式起跑 10~12 步，栏间 6 步，双腿交替完成过 5~8 栏练习，强度为 90%~110%。起跑至第一栏 22 米，栏间距离男子 14.5~16.5 米、女子 13.5~15.5 米。该练习在弯道及直道上进行均可，每次课 6~8 次为宜，通常冬季训练采用较多。

②练习目的：提高过栏动作速度，培养运动员跑跨结合的能力。

4. 跨栏基本技术训练应注意的问题

当初学者经过一段时间的跨栏模仿练习和分解练习后，可进行跨栏基本技术的练习。一般情况下，跨栏基本技术练习是在栏间节奏不快、速度较低的情况下进行。这样做的目的是为了学习者能把精力集中在如何正确跨越栏架上，而不用考虑栏间跑的因素。通常采用的方法是栏间 5 步或缩短栏距的 3 步。青少年运动员还可采用降低栏架高度来进行练习。在进行跨栏基本技术练习时应注意以下几点：

（1）练习时对动作的要求与模仿练习和分解练习保持一致。要注意肢体间的相互配合，它包括腿与腿之间的协调和手臂与腿之间的协调。

（2）让初学者在精神状态放松的情况下进行练习。只有精神状态上的放松才能带来动作上的放松，动作放松才能更快地掌握技术动作。

（3）为了使初学者能消除对栏架的恐惧心理，可采用一些特殊的栏架进行练习。如使用橡皮带代替栏板，或将曲形塑料管制成的简易栏架等，使练习者碰到栏架也不至于造成伤害事故，还能消除心理恐惧，使初学者大大加快学习掌握跨栏基本技术的进度。

（4）踩准起跨点尤为重要。初学者最容易犯的错误是起跨点离栏太近，这样就会造成过栏动作向上而不向前，长时间重复就容易形成错误动作。为了帮助学习者踩准起跨点，可在栏前起跨点附近放上标志物，以提示他们避免错误动作的形成。

（5）良好的柔韧性和灵活性能帮助初学者更快地掌握跨栏的基本技术。建议青少年运动员每天训练前的柔韧练习应在 20 分钟以上。

（二）跨栏专项训练

跨栏专项训练是改进与完善专项技术、提高专项能力最直接有效的手段。在练习的过程中一般分为起跑至第一栏训练、起跑至半程栏训练和全程栏训练，也可以根据情况进行 6~9 栏的训练，以及短距离不同节奏的辅助训练。

1. 起跑至第一栏练习

对 400 米栏运动员来说，在起跑至第一栏 45 米的二十几步中，每次都能准确地踏上步点过栏，其节奏的稳定性是非常重要的。为便于理解与掌握，青少年运动员起跑至第一栏的教学与训练一般采用三段式的指导方式。第一段为起跑与加速跑的过程。这一段运动员都比较容易掌握，要求与 400 米起跑及加速过程相同。第二段是加速到 15~20 米处至 35 米左右的这段距离。对能否准确地过栏至关重要，且难以掌握。要求步幅开阔，技术动作放松而有弹性，有较强的节奏感，并能保持良好的身体平衡与稳定（实际就是 400 米栏的应有的节奏）。第三段为跑到 35 米处至第一栏。要养成准确目测栏距的习惯，加快频率积极攻栏，为过栏后获得较好的速度水平奠定基础。上述三段节奏逐级训练、相互衔接、重复进行，直至熟练，形成稳定的起跑过一栏的技术节奏。

辅助训练手段：起跑至第一栏约 22 米（直道或弯道上均可，也可根据个体情况适当调节距离），采用 10~12 步跨栏的练习，逐步养成起动加速、调整节奏、积极攻栏的习惯。一般多用于冬季训练特别是青少年运动员的训练。

2. 半程栏练习及其他

400 米栏半程栏的训练，在少儿 400 米栏运动员的初始训练阶段较为常用。而青年及成年运动员更多地采用 8~9 栏的训练，16~17 岁组的运动员 8~9 栏的训练应该量力而行地酌情安排。作为专项技术的主要训练手段，半程栏的主要训练任务是培养运动员良好的技术节奏，而并非专项能力。练习时要求运动员在前 5 栏的 4 个栏间跑中要有速度感与良好的节奏感，以下为练习的方法。

（1）缩短栏间跑距离过 5~9 栏。

①动作要领：站立式起跑，栏间步数为 8~11 步，速度为比赛时的 90%~110% 以上，按照正常栏间跑的步长跑进，过 5~9 栏，保持肌肉用力的一致性。

②练习目的：采用减少栏间步数、缩短栏间跑距离的方法，提高栏间节奏的控制能力。

表 5-17 是根据不同栏间跑步数模式对应缩短的栏间跑距离的一览表，可供训练栏间跑节奏时参考。

表 5-17　根据不同栏间跑步数模式对应缩短的栏间跑距离的一览表

内容	指标参数					
栏间步数（步）	a	17	16	15	14	13
起跨点距离（厘米）	b	185	190	195	200	205
下栏着地点距离（厘米）	c	132	138	145	152	160
跨栏步距离（厘米）	d=b+c	317	328	340	352	365
栏间跑距离（厘米）	e=3500-d	3183	3172	3160	3148	3135
栏间平均步长（厘米）	f=e/a	187	198	211	225	241
栏间跑的步数（步）	g	9/10/11				
两栏间距离（厘米）	h=g×f+d	2000 2187 2374	2110 2308 2506	2239 2450 2790	2377 2602 2827	2534 2775 3016

表 5-17 的意义在于，按照近似比赛节奏过 10 栏或 5~9 栏练习，虽然减少了栏间跑的步数，但缩短的栏间跑的距离是按照全程跑的栏间步长节奏确定的，这样对尽早建立正确的节奏、强化专项力量，较容易地完成相对较大运动量等都是有益处的。

（2）降低栏架高度过 5~9 栏练习。

①动作要领：女子栏架高度为 61~76 厘米，男子栏高为 76~91.4 厘米，标准栏间距离，速度为比赛时的 90%~110%以上，站立式起跑过 5~9 栏练习。

②练习目的：提高过栏速度，强化栏间跑节奏。

（3）递减栏距过 5~9 栏练习。

①动作要点：站立式起跑，第 3 栏后每个栏间依次递减栏距（30~50 厘米），过 6~8 栏。

②练习目的：提高和保持栏间速度，培养栏间速度及节奏感。

（4）控制间歇时间过栏练习。

①动作要领：起跑过 5 栏后间歇 2~3 分钟，用后半程的节奏起跑过 6~10 栏（再次起跑距第 6 栏为 15 米左右）。可采用标准栏间距离、降低栏架高度的方法完成该练习，也可采用降低后 6~10 栏栏架高度的方法完成该练习。

②练习目的：强化后程栏的栏间节奏，发展速度耐力水平，提高专项能力。

采用以上半程栏的练习方法时应注意以下问题：

①在半程栏的练习中，起跑至第一栏既要获得较为理想的水平速度，又要与跨栏技术相适应。

②起跑至第一栏的速度水平要与全程能力相匹配。

③第一栏的节奏（步数）与第二栏的节奏有直接的关系。因此，起跑 1~3 栏的训练对刚接触弯道栏训练的选手来讲更加重要。

④根据运动员水平与任务需要，上述练习也可组合进行，总次数每堂课 2~4 次，15 岁以下运动员应尽量减少甚至不进行 8~9 栏的训练。

⑤对于 400 米栏运动员来讲，无论水平的高低，从第 4~第 9 栏都会遇到两个问题：其一，体力的下降，节奏掌握困难；其二，跨栏与栏间节奏的转换。所以，该段落的训练是 400 米栏运动员专项训练的重要环节。它的训练目的就在于提高节奏水平，掌握好体力分配，使栏间节奏转换准确、跑与跨的流畅结合，最终提高运动员的专项能力。

3. 全程栏练习

一般情况下，在全程栏的练习中会放置 10 个栏架。全程跨栏训练的目的是提高专项能力。练习的过程中可通过两个方面来达到此目的。其一，通过反复练习提高运动员肌肉中的能源贮备；其二，在练习的过程中逐步掌握全程节奏，从能量消耗的合理分配角度达到提高专项能力的目的。全程节奏的掌握是一个长期的过程，也是一名优秀运动员不断追求的目标。全程栏的训练一般都要求在高强度下进行。因此，每课安排的数量不宜过多，以 1~2 次较为合适，否则难以保证训练的质量。

400 米栏运动员的全程训练相对较少，高水平运动员比一般水平及少年运动员稍多一些。为实战需要，大赛前专项准备阶段可以感受一下全程的节奏。一般每次课 1~2 次为宜。

二、速度训练

平跑速度水平的高低直接影响着专项水平的好坏。平跑速度训练是 400 米栏项目很重要的一项训练内容。在练习的过程中许多手段可与短跑项目类似，但在要求上要结合跨栏项目的特点。例如，跨栏训练在练习的段落上以短距离为主，在技术上要求重心相对较高、节奏比较平稳、动作舒展有弹性等。因此，青少年运动员应在掌握正确的平跑技术和肌肉的协调用力及放松能力上下功夫。

（一）最大速度训练

1. 练习方法

（1）行进间计时跑 30~60 米×3~4 次×2~3 组；

（2）行进间下坡跑或牵引跑 30~60 米×3~4 次×2~3 组；

（3）短距离接力跑 2 人（或 4 人）×50 米×3~4 次×2~3 组；

（4）下坡跑（坡度不超过 5 度）30~60 米×3~5 次×2~3 组。

2. 动作要点

练习过程中要强调正确的蹬伸髋、踝及折叠摆腿、摆臂技术，同时更要强调快速节奏。

3. 练习目的

提高中枢神经系统兴奋与抑制的转换能力，发展最大速度。

4. 最大速度练习要求

用最高速度完成，距离以30~60米为宜。一般情况下一次课的次数不宜过多，总量最好不要超过600米，否则很难达到最高强度的要求。间歇时间应以运动员的工作能力完全恢复、兴奋性没有明显下降为原则，适宜时间为3~5分钟。在少儿运动员开始训练时建议更多地结合动作速度的发展进行速度训练。

（二）动作速率训练

动作速度主要依靠极限或接近极限速度的练习来提高。为了使所采用的方法取得较好的效果，在训练中应根据练习的特点提出相应的要求。练习应简单易做，以使运动员能把注意力完全集中到完成练习的速度上。练习的持续时间、重复练习之间的休息时间和练习的总量，可根据运动员在练习时，其练习强度是否有明显的下降制定。速率练习必须在相应的准备活动之后，且运动员体力较充沛时进行，以确保练习的质量和避免伤病。做跑栏练习时，要求快速起跨和加速两腿剪绞下栏动作，提高过栏速度。过栏时不是靠栏前加速跑的速度冲力过栏。在完成上述练习时，要加快动作速率，保持一定的动作幅度，注意动作放松协调。此外，在发展动作速率的同时，还应发展与之相关性较大的快速力量、灵敏素质和协调能力。

1. 跑格子

（1）动作要领：采用15~25块海绵砖放置于跑道，两海绵砖距离可任意调节，但要小于正常的步长。要求运动员在练习时应保持高重心、高抬腿，节奏应当逐步加快至最快且保持一段时间。在练习的过程中应注意上、下肢的协调配合；脚在接触地面时应迅速离地，争取做到沾地就走。此练习对初学者和少年运动员较为适宜，建议多采用此练习（图5-14）。

（2）练习目的：提高运动员两腿快速交换的能力。

图 5-14 跑格子示意图

2. 软梯小步跑

（1）动作要领：面向软梯站立。练习时上体稍前倾，摆动腿大腿积极下压带动放松的小腿向下扒地，前脚掌支撑，着地前髋、膝、踝关节充分蹬伸，一步一梯。两臂自然前后摆动并与下肢动作协调配合，也可采用变换节奏的小步跑练习。练习距离20~40 米（图 5-15）。

（2）练习目的：改进着地技术，发展动作速度和协调能力。

图 5-15 软梯小步跑示意图

3. 高抬腿跑

（1）动作要领：准备姿势同小步跑。摆动腿折叠高抬至膝同髋高后快速下压，小腿放松，着地前充分伸展髋、膝、踝 3 个关节，前脚掌支撑。上体正直或稍前倾，两臂自然前后摆动协调下肢动作。练习距离为 20~40 米（图 5-16）。

（2）练习目的：改进摆腿技术，发展动作速度和协调能力。

图 5-16　高抬腿跑示意图

4. 快速前踢腿跑

（1）动作要领：准备姿势同小步跑。摆动腿直腿快速下压，小腿顺惯性向前摆出，前脚掌向下扒地，高重心支撑。上体正直或稍前倾，两臂自然前后摆动与下肢动作协调配合。练习距离为 20~30 米（图 5-17）。

（2）练习目的：改进摆腿技术，发展动作速度和协调能力。

图 5-17　快速前踢腿跑示意图

5. 车轮跑

（1）动作要领：准备姿势同小步跑。后蹬腿离地后，小腿放松，随大腿向前摆动快速屈膝折叠向大腿靠拢，脚尖微勾。两臂自然前后摆动与下肢动作协调配合。练习距离为 20~40 米（图 5-18）。

（2）练习目的：改进折叠摆腿技术，发展动作速度和协调能力。

图 5-18　车轮跑示意图

6. 快速后蹬跑

（1）动作要领：髋、膝、踝快速蹬伸，髋、踝蹬伸要充分；摆动腿折叠前摆，前脚掌着地后快速蹬离；两臂前后摆动与下肢动作协调配合。练习距离为 20～40 米（图 5-19）。

（2）练习目的：发展动作速度和快速力量。

图 5-19　快速后蹬跑示意图

7. 跑专组合练习

例如，小步跑转高抬腿跑转加速跑、折叠腿跑转高抬腿跑转加速跑、高抬腿跑转车轮跑转加速跑等。练习距离为 40～60 米。

（1）练习目的：改进跑的技术，发展动作速度及协调能力。

（2）练习要求：跑的专门性练习能帮助青少年运动员掌握正确的平跑技术。但在练习中如果没有要求或要求不严将失去它原有的意义，可能还会产生负面的影响，在这个问题上教练员应该引起足够的重视。通常情况下对专门性练习的要求可从 3 个方面来考虑：①完成练习时肌肉是否放松协调，上、下肢是否能达到协调配合。②完成练习时是否有快速的节奏。③是否符合技术特征。教练员应在练习时注意观察，发现问题及时提出，引导运动员逐步形成正确、合理的平跑技术。

8. 摆动腿快速攻摆模仿练习

（1）动作要点：斜撑站立，起跨腿高重心支撑，手扶肋木、双杠、篮球架等支撑物。摆动腿屈膝快速向前上方高摆至脚高于栏板位置时，大腿积极下压，小腿迅速向前摆出。快速重复完成该动作10~15次（图5-20）。

（2）练习目的：提高摆动腿攻摆动作速度及快速力量。

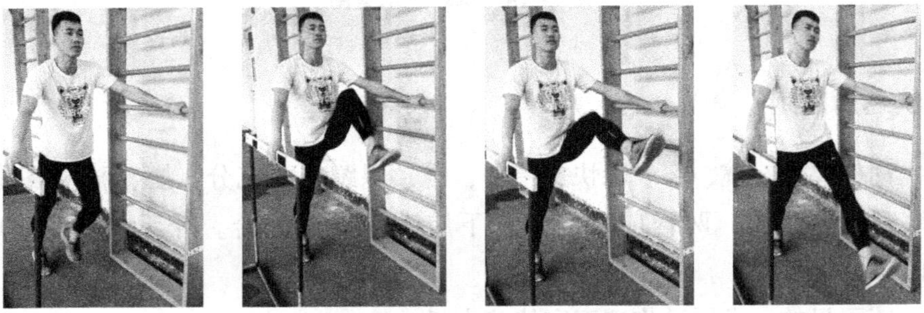

图5-20　摆动腿快速攻摆模仿练习

9. 起跨腿快速提拉模仿练习

（1）动作要点：斜撑站立，摆动腿高重心支撑，起跨腿后伸，双手扶肋木、墙、双杠、篮球架等支撑物，手肩同高。练习时，起跨腿体后屈膝迅速折叠外展，经体侧向前提拉至正前方大腿与地面平行时立即下压。快速重复完成该动作10~15次（图5-21）。

（2）练习目的：提高起跨腿过栏动作速度及快速力量。

图5-21　起跨腿快速提拉模仿练习

（三）速度节奏训练

速度节奏是400米栏运动员必须具备的专项能力。35米的栏间距离，既要保持要求的速度，又要准确地过栏，单靠专项跨栏来训练是远远不够的，必须进行专门的训练，才能够培养出运动员良好的速度节奏。

通常要求运动员在练习的过程中，保持良好的技术并且跑出的时间与步数都应按照课的要求进行。

（1）间歇跑 100 米×10 次。

①动作要领：16~17 岁组男运动员用 12 秒、46 步完成，次间歇时间为 2 分钟。不同水平的运动员，其间歇时间、步数、强度都有所不同，教练员可根据运动员水平自行设定。

②练习目的：发展跨栏专项速度节奏。

（2）短距离变速跑 100~150 米（30 米快跑+20 米惯性跑+30 米快跑+20 米惯性跑），3 次×2~3 组；次间歇时间为 1.5 分钟，组间歇时间为 5 分钟左右。

①动作要领：快跑段在保持一定步幅的前提下，加快动作速率；惯性跑段要保持位移速度，注意动作的放松与协调。

②练习目的：培养运动员的速度节奏感。

三、耐力训练

400 米栏运动员的速度耐力训练非常重要。在跨栏技术节奏相差不大的情况下，速度耐力水平在该项目中起到至关重要的作用，而要承受高质量的速度耐力训练，要求运动员必须要有很好的心肺功能。因此，在青少年训练期间更重要的是有氧基础训练。速度耐力训练要谨慎安排，且不宜安排太多。同时要和专项跨栏训练进行有机的结合，否则将可能影响其他方面的训练或使训练质量下降。一般情况，准备期为每周 1~2 次，比赛期每周一次或隔周一次为好，并在训练后给予充足的时间进行恢复。少儿训练的过程是从有氧、混合供氧到无氧训练，有计划、按比例地逐年增加难度。

（一）一般耐力训练

1. 有氧训练

（1）练习方法。

①越野跑：用 4~5 分钟/1000 米的速度（不要太快）跑 30~40 分钟（心率 150~160 次/分钟）。

②法特莱克：（快跑 30~40 秒+慢跑 45~90 秒）×4 次/组×3~4 组。

③用最大强度的 60%~75%慢跑。

④定速定时跑：用 4~5 分钟/千米的速度跑 30 分钟（心率 150~160 次/分钟）。

⑤初始训练者建议更多地采用各类游戏、球类活动及一般性的耐力跑为主，时间从 10~15 分钟开始，以后根据情况酌情增加。

（2）练习目的：改善机体有氧代谢的能力，发展有氧耐力。

2. 无氧训练

（1）非乳酸能供能能力练习。

①组合跑（70 米+间歇 1 分钟+100 米+间歇 1～3 分钟+120 米）×3，强度 90%，组间休息 5 分钟。

②强度 90%～95%的短距离间歇跑：60 米×5 次×3～4 组，次间歇 30～60 秒，组间歇 5 分钟。

③强度为 90%以上的各种段落的计时重复跑，组间休息 8～10 分钟。

④短距离变速跑：（50 米快+50 米慢）×10～15 次或（100 米快+50 米慢+150 米快+100 米慢）×5～10 次。

（2）乳酸能供能能力练习。

①100～200 米固定间歇的重复跑，强度控制在 80%左右，示例如下。

a. 100 米×6～10 次×1～2 组，间歇 90 秒～3 分钟，强度为 85%。

b. 100 米×6 次×1～2 组，10 分钟内完成，强度为 90%。

c. 200 米×6 次×2 组，间歇 2～4 分钟，强度为 75%～80%。

②400 米组合练习：300 米+间歇 30～60 秒+100 米、200 米+间歇 30～60 秒+200 米、250 米+间歇 30～60 秒+150 米、2×3 组、次间歇 5～8 分钟、组间歇 8～12 分钟。

③相同距离或不同距离间歇跑：300 米×3 次×1～2 组（要求一次比一次快）或 200 米×3 次×1～2 组，次间歇 2～3 分钟；（300 米+400 米+500 米）×1～2 组，（100 米+150 米+200 米）×1～2 组，次间歇 2～3 分钟、组间歇 15～20 分钟。

④长距离反复跑：450～900 米×3～5 次，次间歇 10～15 分钟，强度为 75%～90%。

乳酸能供能能力练习的要求是强度要与专项前半程平跑速度相同，以培养保持速度节奏的能力，并随着年龄增长与水平的提高适当缩短间歇时间。在 300 米×3～4 次或 500 米×2 次、300 米×2 次的重复跑中，间歇时间应根据强度的要求在 8～20 分钟不等。强度越高间歇时间越长，反之则越短。少年以下的运动员间歇时间应以脉搏恢复到 20 次/10 秒以下再进行下一组练习，300～500 米距离不宜进行大强度跑，并要注意课与课之间要有足够的恢复时间，一般在三天以上为宜。

（二）专项耐力训练

1. 练习方法

（1）超比赛段落的跨栏跑。

①10～12 栏/组×2～3 组，间歇 10～15 分钟。

②400 米栏运动员可采用跑超长距离（如 500 米）加后 5 个栏的练习 1～2 组，间

歇 15~20 分钟。

（2）平跑与跨栏交替练习。

①100 米平跑+200 米跨栏跑（过 5 个栏）。

②200 米平跑+200 米跨栏跑（过 5 个栏）。

③200 米平跑+300 米跨栏跑（过 8 个栏）。

2. 练习目的

提高运动员后半程的专项能力。

四、力量训练

力量素质对于提高专项成绩至关重要，专项力量训练又是当代力量训练的核心。肌肉的专项用力特点是发展专项力量的依据。通常采用专项和非专项训练两种形式发展专项力量。400 米栏与短跑项目肌肉工作特征比较相似，是以下肢肌肉的屈、伸工作为主，比较重要的力量素质是快速力量，故训练可采用一些与短跑相同的训练手段，专项力量训练主要是围绕着腰、髋部的肌肉进行。训练时，无论是重量的选择，还是完成动作的要求，都要把重点放在提高肌肉的快速收缩能力上。

（一）快速力量与爆发力训练

1. 负重练习

400 米栏运动员在进行杠铃训练时，主要是通过运动神经对肌肉支配能力的改善提高最大力量水平，重点发展快速力量。在负荷强度上，多采用本人最大负重的 40%~80%；在负荷量上，一般每组重复 5~10 次，完成 3~6 组，组间间歇 2~3 分钟。两组中间应穿插一些其他高速率练习。练习中如果动作速度明显下降，则应停止练习。每次课可安排 3~5 个手段，覆盖上下肢，每一练习手段 5~6 组。根据训练时期的不同，完成的重量可有所变化。

（1）提铃至胸或高翻。

①动作要点：提铃时挺胸塌腰，收紧腰部肌肉，杠铃贴近身体，然后爆发式起身站直，双臂伸直，向后上方收肩，前上方送髋，爆发式蹬伸至双腿完全伸直，向上提拉杠铃（至胸部，提铃至胸动作完成）翻至胸部或颈部，杠铃下放时要低于膝关节。重点强调挺髋—蹬腿—提踵的爆发式用力过程（图 5-22）。

②练习目的：发展下肢、腰部及上肢的快速力量。

图 5-22　提铃至胸（高翻）示意图

（2）抓举。

①动作要领：小腿靠近或贴住横杠，臀部低于肩而高于膝，屈膝向脚尖。发力时蹬腿、伸髋、耸肩、提肘、提踵，带动杠铃向上提起，两臂在头后侧上方伸直支撑住杠铃，两肩锁紧，腰背挺直，抬头挺胸。抓举后可做快速摆臂练习（图 5-23）。

②练习目的：改善运动神经对肌肉的支配能力，发展爆发力量。

图 5-23　抓举示意图

（3）快速挺举。

①动作要领：杠铃提铃至胸后，两腿弯屈预蹲，随后迅速伸膝、伸髋、伸臂和屈踝将杠铃从胸上挺起，两腿蹬直后迅速做弓箭步式分腿半蹲支撑，连续快速做胸上挺动作。挺举后可做快速摆臂练习。

②练习目的：改善运动神经对肌肉的支配能力，发展快速力量。

（4）深蹲。

①动作要领：两脚开立同肩宽，收腹挺胸，后背挺直，下至大腿与地面平行，膝盖不要超过脚尖，上至膝关节微屈。慢下快起，蹲起节奏是“3 秒下蹲，1 秒快起”。深蹲后即刻做原地快速高抬腿跑、短距离加速跑或跨步跑等。

②练习目的：发展下肢臀大肌等腿部肌肉的爆发力量。

（5）半蹲。

①动作要领：同深蹲，只是下蹲时膝角在100°~130°。半蹲后即刻做原地快速高抬腿跑、短距离加速跑或跨步跳等。

②练习目的：发展腿部肌肉爆发力量。

（6）提踵。

①动作要领：两脚的前脚掌站立在垫木上，双手持杠铃于肩上，收腹、紧腰、挺胸，身体直立，膝关节伸直。练习时尽可能高地向上提起脚跟，稍停3~4秒，缓慢还原，重复练习，也可站在特制的站立提踵架上进行练习。提踵后即刻做原地纵跳等练习。

②练习目的：发展小腿后群肌和趾底肌群力量。

（7）负重体前屈。

①动作要领：双脚略宽于肩站立，背部挺直，上半身缓慢前倾直到身体基本与地面平行，在整个过程中头部要保持抬起，然后再回到起始位置，练习节奏为慢下快起（图5-24）。

②练习目的：发展跨栏运动员下背部肌肉力量和股二头肌、臀大肌力量。

图5-24　负重体前屈示意图

（8）负重弓箭步（大跨步）走。

①动作要领：肩负杠铃或沙背心，支撑腿微屈髋膝，待支撑腿蹬伸髋、膝关节的同时，摆动腿屈膝折叠向前摆动至小腿与地面垂直，远离支点，上体直立，双腿交替以弓步动作向前行走20~30步（图5-25）。

②练习目的：改善运动神经对肌肉的支配能力，发展下肢肌肉力量。

图 5-25 负重弓箭步走示意图

此外，还可根据 400 米栏专项需要选择：最大负重 40%左右快速半蹲起（膝角 120°~130°），最大负重 30%左右半蹲跳，最大负重 40%左右快速坐蹲起，最大负重 60%左右单腿半蹲，最大负重 20%~30%的原地弓箭步跳、弓箭步走，仰卧双腿蹬起杠铃，最大负重 40%~60%的单腿上、下台阶等手段。练习间歇 2~3 分钟，主要目的是发展 400 米栏运动员的快速力量和有氧力量耐力水平。

对少年运动员来说，杠铃练习时的重量选择要谨慎、要留有余地，否则可能会对他的未来产生灾难性的后果。

（9）壶铃蹲跳或手持轻壶铃连续向前跳。

①动作要领：两臂伸直贴紧躯干固定好壶铃。向上跳或向前跳时，全脚掌积极着地并快速蹬离，15~30 次（米），也可在软道上练习（图 5-26）。

②练习目的：发展快速力量和爆发力。

图 5-26 壶铃蹲跳示意图

2. 不负重练习

（1）级跳类练习。

①练习手段：立定 3~10 级跨步跳；立定 3~10 级单足跳；助跑 5~10 级跨步跳；

助跑 5~10 级单足跳；连续 5~10 级蛙跳。

②动作要领：摆动腿大小腿折叠，膝关节引领带髋向前摆动，全脚掌快速积极扒地，躯干稍前倾，上下肢动作前后协调摆动。每次课选择 1~3 个练习手段，总负荷量为 100~150 级（次）。

③练习目的：发展快速力量和爆发力素质。

（2）双足连续跳栏架。

①动作要领：连续双足起跳越过 8~10 栏，前脚掌着地，发力时机要早。栏距 0.8~1 米，栏高 0.76~1 米，连续双足跳（图 5-27）。

②练习目的：发展下肢肌群快速力量。

图 5-27 双足连续跳栏架示意图

（二）快速力量耐力训练

400 米栏的项目特征决定了必须把快速力量耐力作为专项力量来发展。尤其到了专项提高阶段以后，快速力量耐力作为专项能力的补充训练手段，对专项成绩的提高起到支撑作用。

轻重量（或中等重量）的器械进行快速度、多次数的重复练习。一般要求练习次数要达到甚至超过专项用力次数。例如，橡皮条的各种练习应在单腿 100 次以上，每次课 4~6 组；手持轻杠铃片或小哑铃前后快速摆臂 100 次；20~30 千克的快速挺举 20~30次×3~4 组；负沙袋直腿前、后、侧绕栏架；脚系沙袋前、后、左、右摆腿等。无论哪种练习方式都应该是在保持动作快速节奏与动作速度的情况下完成的。

1. 跳类练习

（1）练习手段：跨步跳 50~200 米；快速后蹬跑 50~200 米（跑跳结合，计时计步）；单足跳（跑）30~50 米（计时计步）；垫步向上跳 100~200 米；单跨跳 50~100 米；弹性小跳 200~400 米。

（2）动作要领：摆动腿折叠摆腿向前送髋，摆至水平或接近水平位时，腰髋发力快速下压，积极缓冲，跳以全脚掌扒地，跑以前脚掌扒地支撑。重心过支点后，迅速蹬伸髋、膝、踝三关节。

（3）练习目的：发展快速力量、快速力量耐力及小腿、踝关节力量。

2. 单脚或双脚跳台阶

（1）动作要点：前脚掌缓冲，踝关节与掌趾快速蹬伸。连续向上跳和连续向下跳相结合，双腿跳与单腿跳相结合。

（2）练习目的：发展小腿及足底肌群快速力量。

3. 原地单足或双足触胸跳

（1）动作要点：原地向上跳起后，用单腿大腿或双腿大腿触及胸部，前脚掌积极着地缓冲，支撑时间越短越好。两臂协调下肢动作（图 5–28）。

（2）练习目的：发展下肢神经肌肉的支配能力。

图 5–28　原地触胸单足或双足跳示意图

4. 沙坑内单足交换向上轻跳（计时或计数）

（1）动作要点：动作要点基本同原地触胸单足跳，只是大腿不要求高抬膝，左右腿交替练习。

（2）练习目的：发展小腿肌群和足底肌群快速力量耐力。

5. 弓箭步交换腿跳

（1）动作要点：弓箭步姿势准备。练习开始时双腿同时蹬地，空中完成并腿剪绞动作，前腿用全脚掌着地，大腿与地面平行，小腿与地面垂直，膝关节不要超过脚尖，后腿尽量远离重心投影点，脚尖向前。上下肢动作协调配合（图 5–29）。

（2）练习目的：发展下肢速度力量耐力和协调能力。

图 5-29 弓箭步交换腿跳示意图

6. 沙坑或软道上纵跳练习

（1）动作要点：基本同沙坑内单足交换向上轻跳，但要求髋、膝伸直，踝关节缓冲蹬伸完成该练习。

（2）练习目的：发展踝关节屈伸肌群的快速力量耐力。

7. 身负沙衣或沙袋（5~10 千克）的各种轻跳（如跨步跳、单跨跳、迈步跳、垫步跳、并足跳）练习

（1）动作要领：支撑腿以髋带动膝、踝关节，全脚掌积极扒地，摆动腿大幅度折叠前摆。练习距离 60~200 米，4~8 次。

（2）练习目的：发展专项力量耐力。

8. 循环练习

（1）动作要点：将快速半蹲起、上台阶的左右跳、上台阶跳、立卧撑、触胸跳、快速摆臂、弓箭步交叉跳、快速高抬腿、跳绳等练习组合在一起进行循环练习。练习手段 4~8 个，两个练习之间无间歇或 5~10 秒内间歇，组间歇 5 分钟左右。练习的数量与内容的选择，可根据运动员的能力确定。

（2）练习目的：发展快速力量耐力素质。

（三）专项力量训练

跨栏项目的专项力量一般指髋关节周围和腰部的肌肉力量。专项力量水平的高低对跨栏步的动作速度产生影响。专项力量的发展是一个长期的、有计划的过程。它应与基础力量同步发展才能取得最佳效果。在进行专项力量训练时可负重或增加阻力进行。完成动作的形式要符合专项的特点。

1. 多功能力量练习器

根据 400 米栏专项特点，结合青少年运动员的专项力量需求，可运用各种多功能力量练习器进行相关部位的肌肉力量训练，如坐姿脚勾重物屈小腿，坐姿直膝脚蹬重物伸小腿。此类练习课直接作用于需要强化的肌肉或肌肉群，发展该部位肌群的专项力量。

2. 橡皮条（弹力带）练习

与杠铃和多功能训练器相比，橡皮条练习便捷灵活，最主要的是在运动形式上较前两者单轴运动更为丰富，可结合 400 米栏专项需求，选择立姿和卧姿的各种直腿或屈肘、屈膝的摆动练习。在立姿上、下肢练习中均可采用腰部同时负橡皮带的方法，以强化腰部肌群的力量。可针对发展髂腰肌、股后肌、内收肌、梨状肌、臀大肌、臀中肌等肌肉的快速力量和快速力量耐力设计各种练习手段。练习次数为 15~40 次，4~6 组，也可采用拉橡皮条加速跑 60 米+徒手加速跑 50 米的方法。青少年运动员应当在保证完成质量的前提下，选用能够承受的重量与次数。

此类练习可以改善运动神经对相关刺激肌群的募集能力，发展相关肌群快速力量、快速力量耐力素质。

（1）橡皮条大腿外展练习。

①动作要领：橡皮条一端系于摆动腿踝关节上，另一端固定在支撑腿一侧 2~3 米处，上体直立，提踵支撑。练习时摆动腿由内收位开始，直腿做快速外展摆动练习（图 5-30）。

②练习目的：发展大腿外展肌群力量。

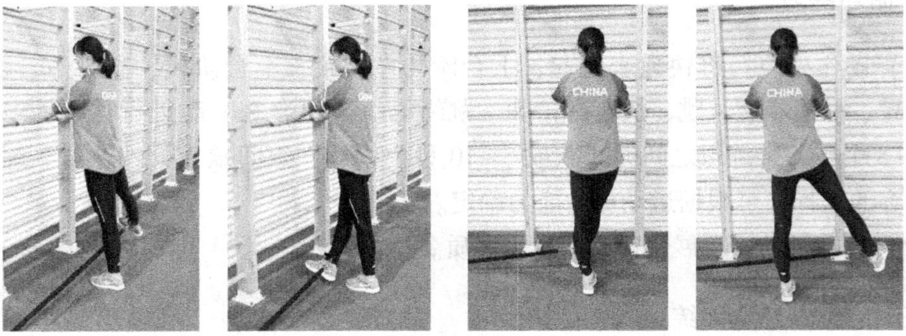

图 5-30　橡皮条大腿外展练习示意图

（2）橡皮条大腿内收练习。

①动作要领：橡皮条一端系于摆动腿踝关节上，另一端固定在摆动腿一侧 2~3 米处，上体直立，提踵支撑。练习时摆动腿由外展位开始，直腿做快速内收摆动练习（图 5-31）。

②练习目的：发展大腿内收肌群力量。

图 5-31 橡皮条大腿内收练习示意图

（3）起跨腿绑橡皮条提拉。

①动作要领：单腿、双手支撑，动作的形式和要求与起跨腿提拉模仿练习相同。橡皮筋绑在踝关节和腰部，完成动作时提拉要快速，动作要准确（图 5-32）。

②练习的目：加强与起跨腿提拉相关部位的肌肉力量，从而加快起跨腿的提拉速度。

图 5-32 起跨腿绑橡皮条提拉示意图

（4）单膝支撑起跨腿提拉练习。

①动作要领：双手扶住双杠两腿，单膝跪地，徒手或负重做起跨腿提拉练习。要求身体略前倾，起跨腿先伸展，后提拉。完成动作时大、小腿逐步折紧到胸前。此练习在完成的过程中要慢（图 5-33）。

②练习目的：增强髋关节周围的力量和中枢神经控制肢体运动的能力。

图 5-33 单膝支撑起跨腿提拉练习示意图

（5）摆动腿折叠摆动练习。

①动作要领：橡皮条一端系于摆动腿膝关节上，另一端固定在支撑脚上，上体直立。练习时摆动腿腰髋部快速发力，屈膝向上摆动，支撑腿提踵支撑，两臂协调摆腿动作（图 5-34）。

②练习目的：发展屈大腿肌群力量。

图 5-34　摆动腿折叠摆动示意图

（6）摆动腿攻摆练习。

①动作要领：橡皮条一端系于摆动腿脚掌上，另一端固定在支撑腿脚上，上体直立。练习时摆动腿腰髋部发力，屈膝高抬前伸小腿，支撑腿提踵支撑，两臂协调摆腿动作（图 5-35）。

②练习目的：发展屈大腿、伸小腿肌群力量。

图 5-35　摆动腿攻摆练习示意图

（7）单腿支撑直膝外展。

①动作要领：弹力带固定在左侧与踝同高，一端绑右脚；呼气外展，吸气恢复；10~15 次为 1 组，重复 2~3 组（图 5-36）。

②练习目的：发展下肢外展肌群力量。

图 5-36　单腿支撑直膝外展示意图

（8）单腿支撑折叠外展。

①动作要领：将弹力带一端固定在支撑脚上，另一端固定在膝关节处，做起跨腿外展练习。10~15 次为 1 组，重复 2~3 组（图 5-37）。

②练习目的：发展髋部及大腿外展肌群力量。

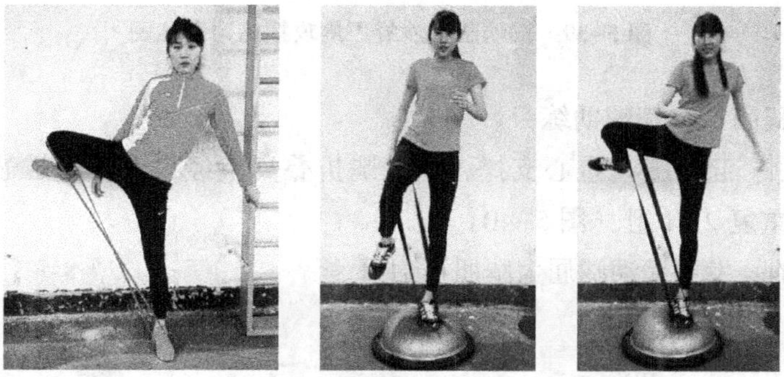

图 5-37　单腿支撑折叠外展示意图

（9）单腿跪撑折叠外展。

①动作要领：将弹力带一端固定在跪撑的膝关节处，另一端固定在外展腿膝关节处，做起跨腿外展练习。10~15 次为 1 组，重复 2~3 组（图 5-38）。

②练习目的：发展髋部及大腿外展肌群力量。

图 5-38　单腿跪撑折叠外展示意图

3. 负沙袋、实心球或徒手练习。

（1）摆动腿负沙袋原地攻摆练习。

①动作要领：同原地摆动腿攻摆练习（图 5-39）。

②练习目的：发展摆动腿攻摆动作的力量。

图 5-39 摆动腿负沙袋原地攻摆练习示意图

（2）摆动腿高抬攻摆辅助练习。

①动作要领：起跨腿高重心支撑，摆动腿折叠高抬经栏上前摆送髋，往返重复练习 15~25 次，重复 2~4 组（图 5-40）。

②练习目的：发展摆动腿屈大腿肌群力量。

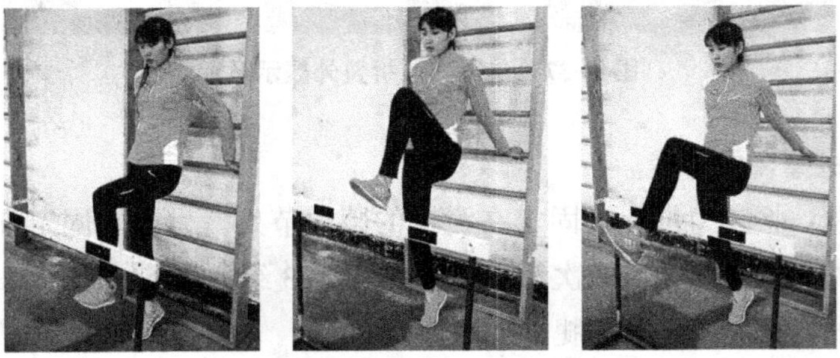

图 5-40 摆动腿高抬攻摆辅助练习示意图

（3）体侧绕栏练习。

①动作要领：单腿、单手支撑，栏架与肋木平行，徒手或练习腿负重，腿从前至后再从后至前反复进行。栏架高度可根据练习者的水平选择，少年一般在 0.84~1 米。在完成动作的过程中绕栏腿要尽量伸直，身体不能有前后晃动，动作不宜过快。15~25 次为 1 组，重复 2~4 组（图 5-41）。

②练习目的：发展髋关节周围肌群力量。

图 5-41　体侧绕栏练习示意图

（4）体前（后）直膝左右绕栏。

①动作要领：双手、单脚支撑，面（背）对栏架站立，徒手或练习腿负重。一腿直膝前（后）伸从栏架一端经栏架上方绕至栏架另一端，15~25 次为 1 组，2~4 组。栏架高度为 0.84~1 米（图 5-42）。

②练习目的：提高髋关节的灵活性和专项力量。

图 5-42　体前（后）直膝左右绕栏示意图

（5）摆动腿负重做高抬、下压动作。

①动作要领：摆动腿负沙袋做摆动腿攻栏模仿练习。

②练习目的：提高摆动腿高抬、下压相关部位的肌肉力量。

（6）前后抛实心球。

①动作要领：上体直立犹如靠在椅背上，膝角约为 100~120 度，大肌群带动小肌群爆发式用力，用最快的速度将球抛出，练习 15~30 次。

②练习目的：发展爆发力量，提高上下肢肌肉协调用力的能力。

（7）仰卧起坐抛接实心球。

①动作要领：仰卧平躺于垫上屈膝 90 度，双手持实心球举过头顶。快速做仰卧起坐的同时，将球用力向正前方抛出。同伴接到球后，将球抛回给练习者（也可向身体左侧或右侧抛球），反复练习 20~40 次（图 5-43）。

②练习目的：发展腰腹力量和专项爆发力。

图 5-43　仰卧起坐抛接实心球示意图

（8）俯卧背起传接实心球。

①动作要领：练习者俯卧于垫上，双手将持于面前的实心球用力向上传给同伴手中，返回起始姿势后，再做背起动作从同伴手中拿回实心球，反复练习 20 ~ 40 次(图 5-44)。

②练习目的：发展背部肌群力量。

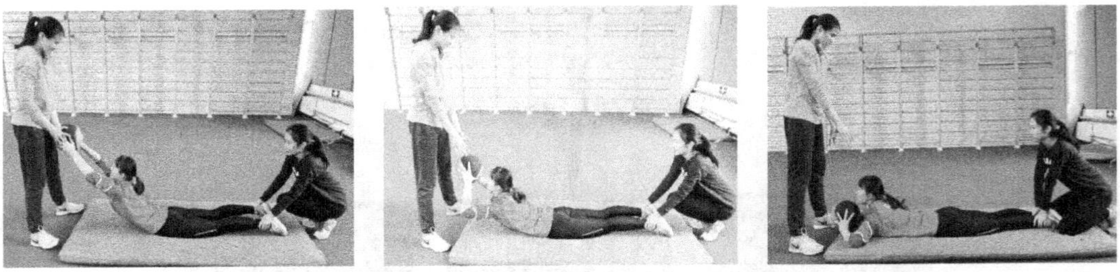

图 5-44　俯卧背起传接传实心球示意图

（9）悬垂举腿。

①动作要领：宽握距悬垂在肋木或单杠上，脚尖指向地面。双腿伸直，收缩腹肌，向上抬起双腿，直到大腿与地面平行，与上身成直角 90°，保持 2~4 秒，然后返回到初始位置，练习时避免摇晃（图 5-45）。

②练习目的：发展腹直肌及屈大腿肌群力量。

图 5-45　悬垂举腿示意图

（10）蹲撑单腿交换跳。

①动作要领：1 条腿屈膝蹲姿，另 1 条腿直膝前伸勾脚尖。练习时，两腿交换跳成另 1 条腿动作。15~25 次为 1 组，练习 2~4 组（图 5-46）。

②练习目的：发展支撑腿踝关节力量和摆动腿屈大腿肌群力量。

图 5-46　蹲撑单腿交换跳示意图

（11）股二头肌抗阻力练习。

①动作要领：练习者俯卧屈膝，对抗帮助者的阻力快速完成屈小腿动作。10~20 次为 1 组，练习 2~4 组（图 5-47）。

②练习目的：发展大腿后群肌肉力量。

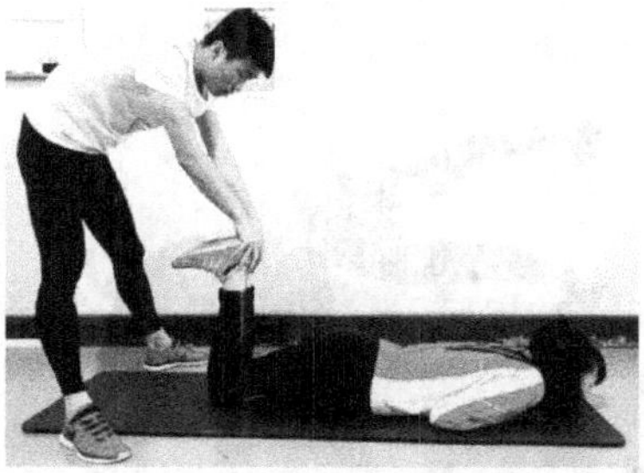

图 5-47　股二头肌抗阻力练习示意图

（12）屈髋肌群抗阻练习。

①动作要领：练习者对抗帮助者的阻力快速完成屈大腿动作。10~20 为 1 组，练

习 2~4 组（图 5-48）。

②练习目的：发展屈髋伸膝肌群力量。

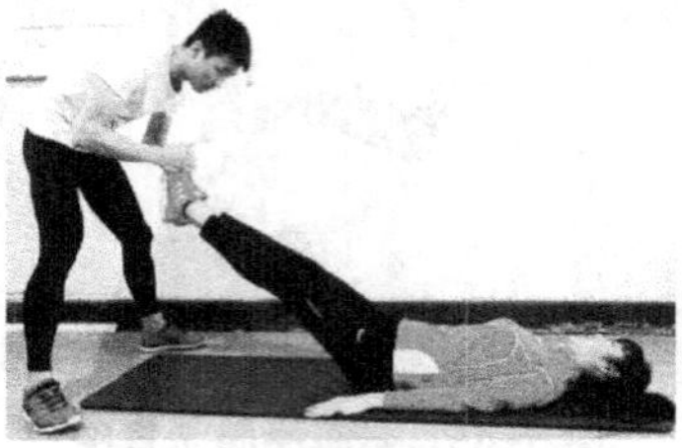

图 5-48　屈髋肌群抗阻练习示意图

(四) 功能性体能训练（辅助专项力量训练）

针对核心区运用功能性体能练习器材进行相关部位肌群的力量训练，提高 400 米栏运动员的专项体能水平。

1. 8 级腹桥练习

①动作要求：颈、肩胛、腰、臀部在一条线上；双肘双脚支持 60 秒；举起右手，左肘双脚支撑 15 秒；举起左手，右肘双脚支撑 15 秒；右腿抬起不超过头的高度，双肘左脚支撑 15 秒；左腿抬起不超过头的高度，双肘右脚支撑 15 秒；右臂前伸、左腿抬起后伸不超过头的高度，左肘右脚支撑 15 秒；左臂前伸、右腿抬起后伸不超过头的高度，右肘左脚支撑 15 秒；回到双肘双脚支撑 30 秒。全套动作 3 分钟（图 5-49）。

②练习目的：发展核心区肌群力量。

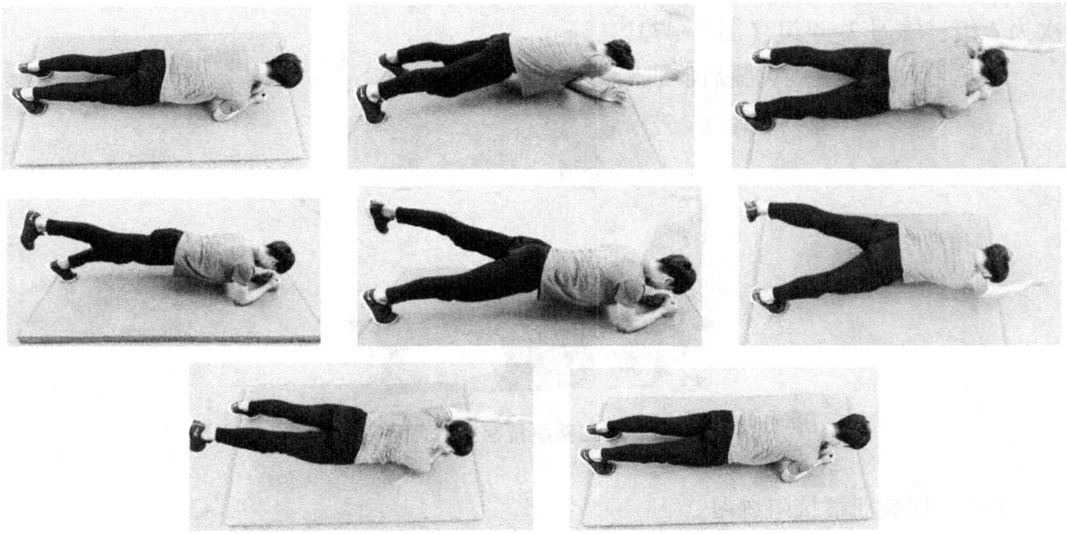

图 5-49　8 级腹桥练习示意图

2. 瑞士球（平衡球）练习

（1）俯卧支撑练习。

①动作要领：俯撑姿势两脚掌置于瑞士球上，两手撑地，身体与地面平行。控制该身体姿态，保持均匀呼吸，也可采用单手支撑以增加动作难度（图 5-50）。

②练习目的：发展核心区深侧肌群力量。

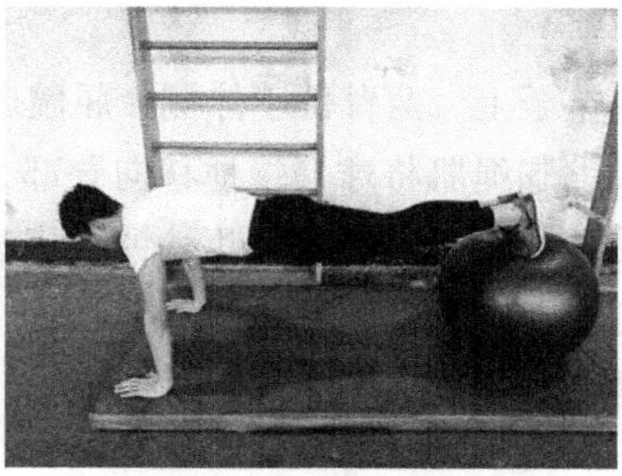

图 5-50　俯卧支撑练习示意图

（2）俯撑外展。

①动作要领：双腿脚掌置于瑞士球上，两手撑地，身体与地面平行。练习时，摆动腿脚掌置于瑞士球上，起跨腿折叠外展与地面平行，保持 3~5 秒后还原成准备姿势，10~15 次为 1 组，反复练习 3~6 组（图 5-51）。

②练习目的：发展髋部外展肌群及核心区深侧肌群力量。

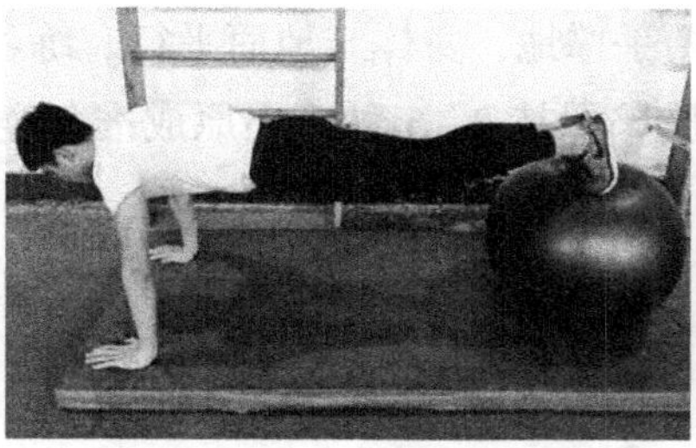

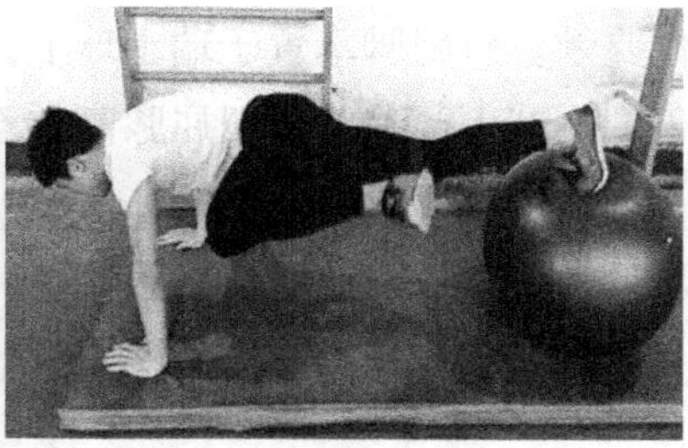

图 5-51　俯撑外展示意图

（3）侧躺高抬。

①动作要领：侧躺在垫子上，双脚间夹住瑞士球。收紧腹部肌肉，脊柱伸直，慢慢地从地面抬起双脚。坚持几秒钟，然后轻轻地落回地面。10~20 次为 1 组，练习 3~6 组（图 5-52）。

②练习目的：发展大腿内收肌、外展肌及腰方肌力量，提高核心稳定性。

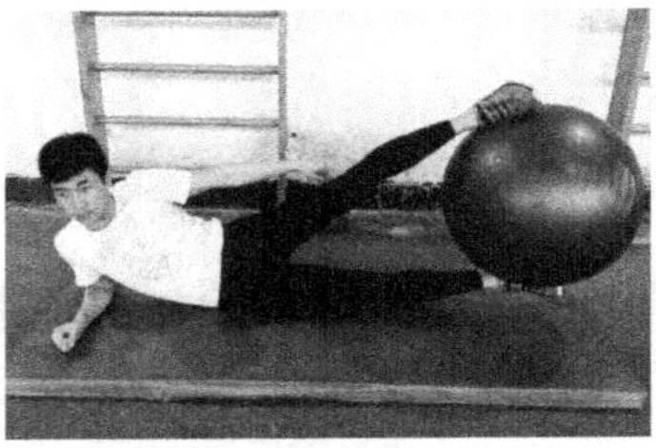

图 5-52　侧躺高抬示意图

（4）腘绳肌肌力练习。

①动作要领：上体仰卧垫子上，两臂位于体侧，屈髋屈膝，脚跟踩在瑞士球前上部，腹部肌肉收紧。通过收缩腘绳肌将球慢慢地移向臀部，控制着脚以使髋、膝、踝始终保持在同一平面上移动。保持这样的姿势几秒钟，并返回到起始位置。练习时整个背部不能离开垫子。每组 15~25 次，练习 3~6 组（图 5-53）。

②练习目的：发展腘绳肌力量。

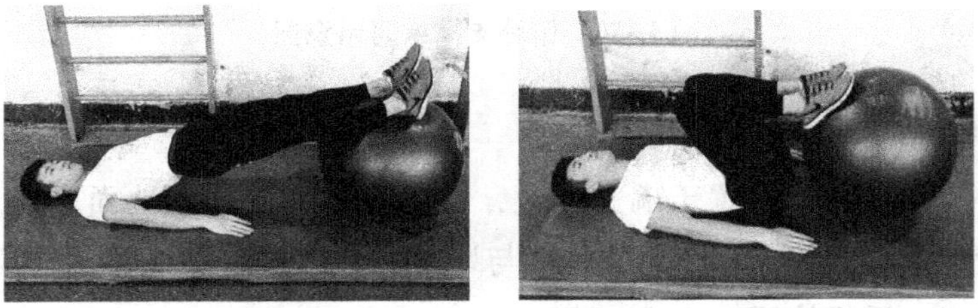

图 5-53　腘绳肌肌力练习示意图

（5）支撑抬腿。

①动作要领：双腿脚掌置于瑞士球上，两手撑地，身体与地面平行。练习时，1 条腿脚掌置于瑞士球上，另 1 条腿屈膝高抬至胸，保持 3~5 秒后还原成准备姿势，每组 15~25 次，练习 3~6 组（图 5-54）。

②练习目的：发展屈髋肌群力量。

图 5-54　支撑抬腿示意图

（6）仰卧挺髋。

①动作要领：上体仰卧垫子上，脚踝置于瑞士球正上方，两臂伸直手掌贴地。腹

部肌肉收紧。通过收缩腘绳肌将球慢慢地移向臀部同时挺髋，接着再滚回起始位置。每组 15~25 次，练习 3~6 组（图 5-55）。

②练习目的：发展髋部深层肌肉、大腿后群肌肉及腘绳肌力量。

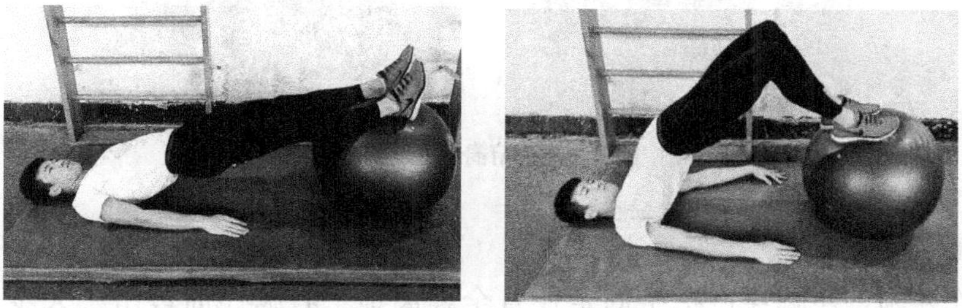

图 5-55　仰卧挺髋示意图

3. 悬吊练习

（1）支撑开合腿。

①动作要领：俯卧在垫子上，双脚挂在把手处，两臂屈肘前臂支撑，然后像做平板支撑一样，但躯干和腿部悬空。此时收紧腹部、腿部、臀部，控制身体与地面平行保持 30~60 秒，之后腿部做开和练习，8~10 次为 1 组，练习 2~3 组（图 5-56）。

②练习目的：发展髋部外展肌群及核心区力量，提高相关部位肌肉的协调能力。

图 5-56　支撑开合腿示意图

（2）俯身提膝。

①动作要领：俯卧双手支撑在垫子上，双脚挂在把手处，肩、背、臀、腿成 1 条直线。腰腹发力，并拢双脚，提膝团身，尽最大能力让膝关节贴近胸部。身体两侧交替练习。重复动作 10~15 次为 1 组，练习 2~3 组（图 5-57）。

②练习目的：改善神经对核心区域肌肉的支配能力，提高核心区深层肌群间的协调能力。

图 5-57 俯身提膝示意图

（3）悬挂箭步蹲。

①动作要领：左脚穿过把手固定住且全程离地，右腿往前迈出一大步呈箭步蹲，收紧核心部位控制平衡。摆臂发力，让左腿平稳地站起来，同时左腿往前抬腿，尽量抬高膝盖，双腿交替练习。单腿重复 8~12 次为 1 组，练习 2~3 组（图 5-58）。

②练习目的：提高下肢及躯干肌群的协调能力和下肢关节及核心区稳定性。

图 5-58 悬挂箭步蹲示意图

（4）悬挂交换提膝。

①动作要领：俯卧双手支撑在垫子或俯卧撑架上，双脚挂在把手处，肩、背、臀、腿成 1 条直线。练习时一侧发力提膝团身，尽最大能力让膝关节贴近胸部。两腿交替练习。单腿重复 10~15 次为 1 组，练习 2~3 组（图 5-59）。

②练习目的：提高核心区深层肌群间的协调能力。

图 5-59 悬挂交换提膝示意图

（5）悬挂外展腿。

①动作要领：准备姿势同上。练习时一条腿提膝外展，另一条腿保持原姿势不变。两腿交替练习。单腿重复 8~12 次为 1 组，练习 2~3 组（图 5-60）。

②练习目的：提高核心区深层肌群间的协调能力和髋部外展肌群力量。

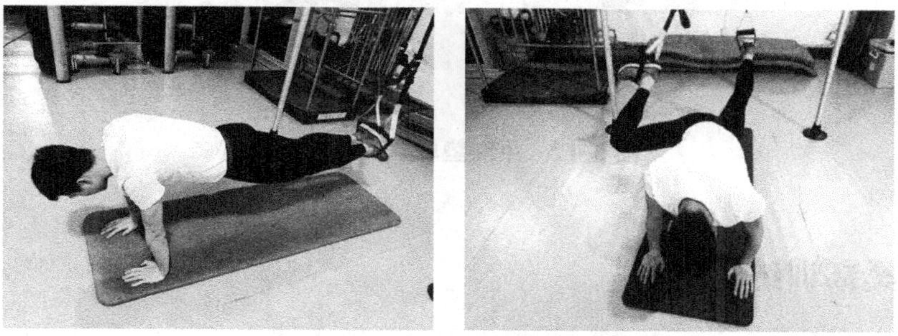

图 5-60　悬挂外展腿示意图

4. 平衡垫练习

（1）平衡垫单支撑外展抬腿。

①动作要领：单足站立于平衡垫或软垫上，另一条腿大小腿折叠由垂直位上抬外展至大腿与地面平行，两臂维持身体稳定。单腿重复 10~15 次为 1 组，练习 2~3 组（图 5-61）。

②练习目的：提高起跨腿深层肌群的募集能力及核心稳定性。

图 5-61　平衡垫单支撑外展抬腿示意图

（2）平衡垫单腿下蹲。

①动作要领：单腿站在平衡垫或软垫上，支撑脚全脚掌着垫，屈髋完成下蹲动作。单腿重复 8~12 次为 1 组，练习 2~3 组（图 5-62）。

②练习目的：提高深层肌群的募集能力及核心稳定性。

图 5-62 平衡垫单腿下蹲示意图

五、柔韧训练

400 米栏项目对运动员髋部及下肢的柔韧性要求较高，适度的柔韧素质，对保证完成动作的幅度、提高肌肉发挥速度力量的效率、防止运动损伤具有重要意义，可采用拉伸法、PNF 法和泡沫轴练习来发展青少年 400 米栏运动员的专项柔韧素质。

（一）拉伸练习

1. 静力性拉伸练习

静力性拉伸练习是缓慢地将肌肉、肌腱、韧带拉伸到有一定酸、胀、痛感觉的位置并略有超过，然后停留一定时间的练习方法。这种方法可减少或消除超过关节伸展能力的危险性，防止拉伤。由于拉伸缓慢不会激发牵张反射。一般要求在酸、胀、痛的位置停留 6~8 秒，重复 6~8 次。练习目的是提高髋、膝关节及下肢肌肉、肌腱的伸展性，提高下肢完成专项动作的活动范围。

（1）肋木或栏架主动拉伸练习。

①动作要领：支撑腿直立，另一条腿在肋木或栏架上做正压腿、侧压腿、后压腿、跨栏步侧压腿、跨栏步下腰压腿、弓箭步压腿等。

②练习目的：拉伸下肢肌肉、肌腱，以满足专项需要。

（2）跨栏步坐上体前屈。

①动作要领：躯干前倾，摆动腿异侧臂前伸，带动上体加大前倾使头过膝，同侧臂屈肘后摆（图 5-63）。

②练习目的：提高跨越栏架所需的髋部柔韧性。

图 5-63　跨栏步坐上体前屈示意图

（3）垫上起跨腿提拉成跨栏步坐。

①动作要领：跨栏大分腿姿势，起跨腿屈膝向后展髋。上体前倾，起跨腿在垫上向前平移成跨栏姿势，重复练习 15~25 次（图 5-64）。

②练习目的：提高跨栏步技术中起跨腿提拉的专门技能和髋部柔韧性。

图 5-64　垫上起跨腿提拉成跨栏步坐示意图

（4）跨栏步坐上体侧屈。

①动作要领：跨栏步坐姿势，两臂上举。躯干向起跨腿一侧屈。重复上述动作，幅度越大越好（图 5-65）。

②练习目的：提高跨栏步技术所需的柔韧素质。

图 5-65　跨栏步坐上体侧屈示意图

（5）单腿跪姿体前屈压腿。

①动作要领：起跨腿跪姿支撑，摆动腿直膝前伸勾脚尖，两臂上举。两臂随上体前屈手触脚尖。两腿交换重复练习（图 5-66）。

②练习目的：提高摆动腿攻栏时的专门柔韧性。

图 5-66　单腿跪姿体前屈压腿示意图

（6）跨栏步坐起跨腿抬膝。

①动作要领：垫上跨栏步坐姿势，起跨腿同侧臂前伸的同时起跨腿膝部上抬，起跨腿同侧臂回摆至体侧时，膝部还原至垫上，重复 15~20 次（图 5-67）。

②练习目的：过栏时两腿与臂的协调配合。

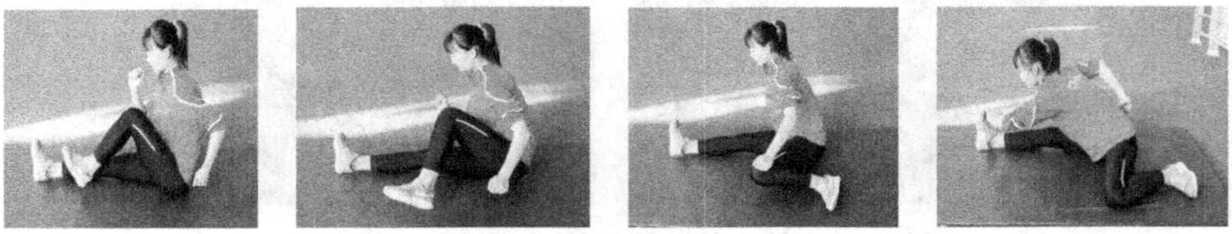

图 5-67　跨栏步坐起跨腿抬膝示意图

（7）双人分腿坐体前屈后倒体。

①动作要领：两人依次完成体前屈后倒动作，幅度尽量要大，动作不要过快，重复 10~15 次（图 5-68）。

②练习目的：提高躯干、髋及下肢内侧的柔韧性。

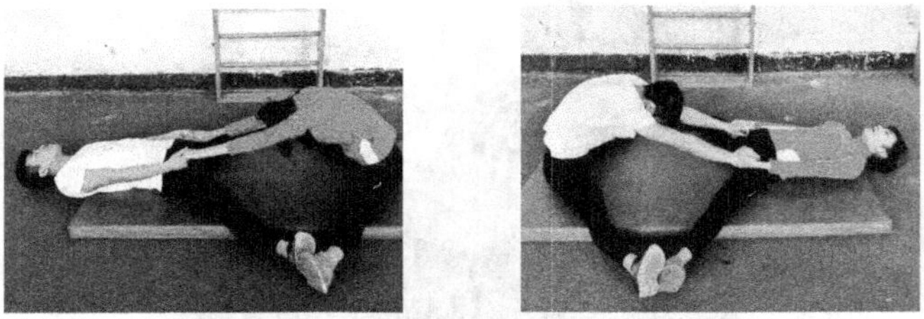

图 5-68　双人分腿坐体前屈后倒体示意图

（8）双人跨栏步坐前后屈体。

①动作要领：两人依次完成跨栏步坐的体前屈后倒动作，幅度尽量要大，动作不要过快，重复 10~15 次（图 5-69）。

②练习目的：提高躯干、髋、膝关节肌肉韧带的伸展性，提高过栏技术。

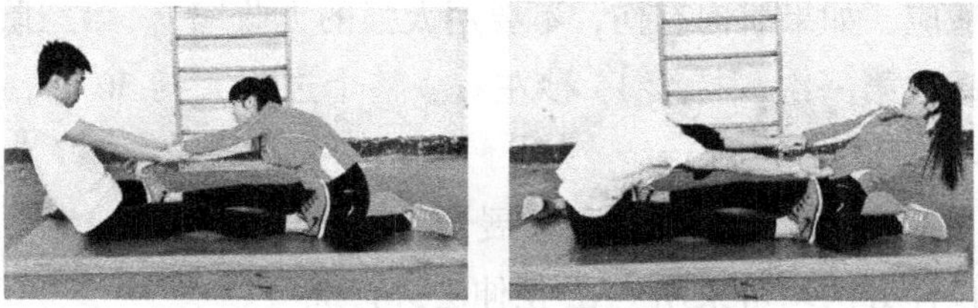

图 5-69　双人跨栏步坐前后屈体示意图

2. 动力性拉伸练习

（1）扶肋木摆腿练习。

①动作要领：手同肩高扶肋木，上体直立，支撑腿伸直，摆动腿大幅度做正摆腿（直腿）、侧摆腿（直腿）、后摆腿、前绕腿（直腿）、后绕腿等练习，要求腰髋发力，起摆速度要快。

②练习目的：发展下肢关节、韧带、肌肉的伸展性和快速力量耐力。

（2）行进间摆腿练习。

①动作要领：走动中完成正踢腿、侧踢腿、外摆腿、里合腿、后踢腿、起跨腿提拉至胸、摆动腿折叠高抬摆腿等练习。

②练习目的：发展下肢关节、韧带、肌肉的伸展性和爆发力。

（二）PNF 拉伸

1. 股后肌群 PNF 拉伸二法（图 5-70）

图 5-70　股后肌群 PNF 拉伸二法示意图

2. 大腿内侧肌群 PNF 拉伸三法

（1）动作要领：PNF 拉伸主要包括三部分，即一次被动静力性伸展，同伴帮助练习者尽量拉伸相关部位的肌肉、肌腱与韧带。接着，练习者主动收缩被拉伸绷紧的肌肉，同时同伴必须用力对抗阻止练习者相关肢体的移动，持续 5~6 秒（肌肉的用力要和肌肉的状况相适应，如果肌肉有伤，不要用太强的力收缩）。第三阶段，相关部位再次被拉伸，幅度超过第一次，持续 15 秒左右。整个过程大约 30 秒，组间歇约 30 秒，每次练习重复 2~4 组（图 5-71）。

（2）练习目的：提高被牵拉肌群的伸展性，增加动作幅度。

前述静力性拉伸方法均可采用 PNF 拉伸法进行练习。

图 5-71　大腿内侧肌群 PNF 拉伸三法示意图

（三）泡沫轴拉伸训练法

1. 股内收肌拉伸

（1）动作要领：俯卧，将泡沫轴斜放在左腿内侧靠近骨盆的位置，双下肢伸直，左下肢稍向外分开，右足尖支撑，双臂肘屈 90 度，支撑于垫子上，右足尖蹬地，与双臂同时用力，带动身体向上移动，使泡沫轴滚动至靠近膝关节的位置。交换腿练习，单侧 15~20 次（图 5-72）。

（2）练习目的：增强神经-肌肉机能，维持良好的肌肉长度。

图 5-72　股内收肌拉伸示意图

2. 臀大肌拉伸

（1）动作要领：左侧坐位，泡沫轴置于腰部下方，双手支撑于身体后方，双髋、膝屈曲双足支撑于垫子上，背部挺直后倾，双上肢与双足用力使身体稍后倾上移、泡沫轴经臀部下方滚至腿下方。交换腿练习，单侧 15~20 次（图 5-73）。

（2）练习目的：改善髋关节的活动幅度，增强神经-肌肉的机能。

图 5-73　臀大肌拉伸示意图

3. 臀中肌拉伸

（1）动作要求：左侧卧位，泡沫轴置于左侧臀部靠近骨盆下方，左手支撑于头部下方，右下肢伸直，左膝屈曲，左足用力蹬地，使身体上移、泡沫轴滚动经臀部滚至大腿下方。交换腿练习，单侧 15~20 次（图 5-74）。

（2）练习目的：增强神经-肌肉的机能，维持良好的肌肉长度。

图 5-74　臀中肌拉伸示意图

4. 腘绳肌拉伸

（1）动作要领：坐位，泡沫轴置于左大腿根部后方，双手支撑于身体后方，背部挺直后倾，上肢用力使身体上移、泡沫轴沿大腿下方滚动至膝关节下方。交换腿练习，单侧 15~20 次（图 5-75）。

（2）练习目的：改善膝关节的活动幅度，增强神经-肌肉的有效性。

图 5-75　腘绳肌拉伸示意图

六、灵敏和协调性训练

400 米栏项目要求运动员具有快速反应速度、最大位移速度和过栏动作速度，专项灵敏及协调素质主要是提高神经系统的灵活性和肌肉的协调能力。

1. 原地前后绕栏（栏高 0.76~1 米）

（1）动作要领：面对栏架直立，双臂上举十指相扣，屈肘至头后。一条腿髋、膝、踝充分伸直栏前支撑，另一条腿屈膝高抬从栏前经栏上绕过栏成高重心支撑，原栏前支撑腿也按照此动作要求高抬膝绕过栏。两腿再依次高抬膝从栏后绕至栏前，反复25~40 次为 1 组，练习 2~4 组（图 5–76）。

（2）练习目的：发展髋关节灵活性和肌肉的协调能力。

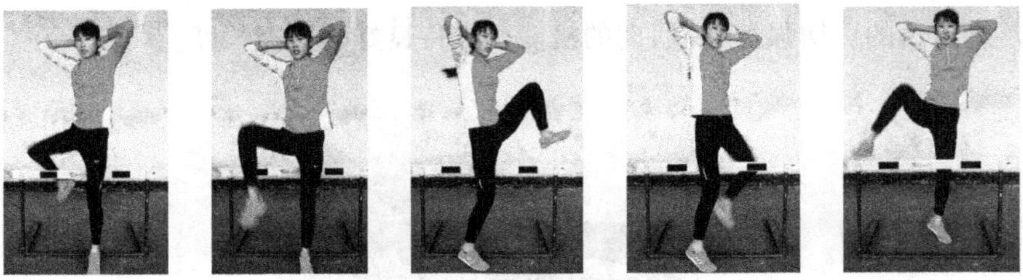

图 5–76　原地前后绕栏示意图

2. 走动中双腿依次高抬绕栏

（1）动作要领：摆动腿折叠高抬，膝带髋经外侧提拉至正前方后下压成高重心支撑。两腿高抬交替绕过栏架。连续过 10 栏为 1 组，练习 8~12 组（图 5–77）。

（2）练习目的：发展髋关节灵活性和上下肢协调能力。

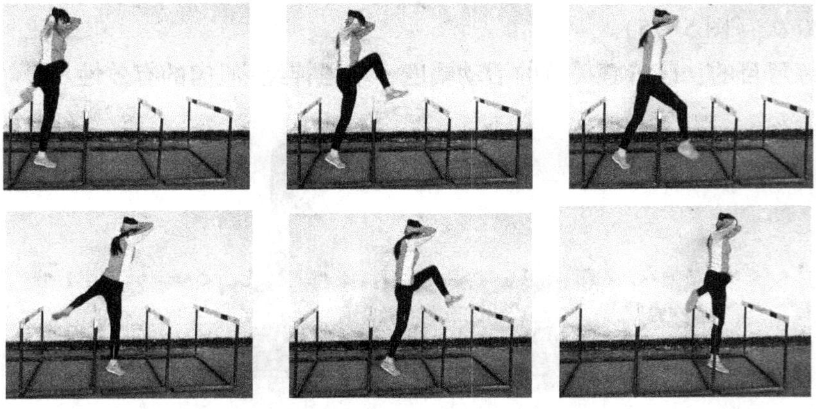

图 5–77　走动中双腿依次高抬绕栏示意图

3. 正面屈膝（或直腿）绕栏角

（1）动作要领：栏架一端高重心支撑站立，摆动腿屈膝（直膝）由外至内绕过栏角交换支撑腿练习；两腿再由内至外依次绕过栏角，连续进行。20~40 次为 1 组，练习 2~4 组（图 5-78）。

（2）练习目的：发展髋关节灵活性和上下肢协调能力。

图 5-78 正面屈膝（或直腿）绕栏角示意图

4. 背向屈膝栏上绕栏

（1）动作要领：背对栏架高重心支撑站立，两腿依次屈膝由前至后经栏上绕过栏架，交替进行练习，一步一栏中间不停顿。过 10 个栏为 1 组，练习 5~8 组（图 5-79）。

（2）练习目的：发展髋关节灵活性和上下肢协调能力。

图 5-79 背向屈膝栏上绕栏示意图

5. 后退高抬腿跑

（1）动作要领：同高抬腿跑，只是背对前进方向进行练习。20~40 米为 1 组，练习 2~4 组。

（2）练习目的：发展神经–肌肉系统的灵活性，提高肌肉的内协调能力。

6. 绳梯练习

（1）动作要领：可正向、左右侧向、背向快速跑绳梯或单、双脚交替小跳过绳梯。2~4 次。

（2）练习目的：发展神经–肌肉系统的灵活性，提高动作速度和肌肉的协调能力。

7. 立卧撑跳起转体 360°

（1）动作要领：由俯卧撑姿势开始，双腿屈膝抬大腿，成全蹲。起立后即刻双脚蹬地全力、快速纵跳，双臂积极上摆，在空中转体 90°、270°、360°。衔接下一个动作时要迅速屈膝下蹲，在双手即将撑地的同时，双脚向后伸蹬，成俯卧撑，连续进行。15~30 次为 1 组，练习 1~3 组。

（2）练习目的：发展神经–肌肉系统的灵活性，提高肌肉的协调能力。

8. 双摇跳绳

（1）动作要领：双手持绳端，绳从背后向前摇动，双脚跳起时，双手快速抖动摇绳，使绳在脚下通过两次落地。30~60 次为 1 组，练习 2~4 组。

（2）练习目的：发展上下肢协调能力和快速力量耐力。

9. 俯撑高抬腿反应练习

（1）动作要领：原地俯撑高抬腿跑练习，听到信号后迅速启动向前跑。15~25 米为 1 组，练习 2~4 组。

（2）练习目的：发展反应速度及协调能力。

此外，还可进行一些技巧练习和球类运动，对培养青少年 400 米栏运动员的灵敏性和协调性都有良好效果。

第八节　400米跨栏跑运动员的心理训练、训练监控、恢复训练与伤病预防

一、心理训练

（一）专项心理特征

跨栏跑项目对运动员各项素质和技术的要求均较高，过硬的心理素质有利于运动员正常甚至超常发挥其运动水平。优秀跨栏运动员要有超常的思维功能。反应速度快、速度知觉（反映准确估计自己跑速、正确分配力量及灵活调节速度的心理素质）及感知觉的敏捷性（提高动作频率的心理前提），是优秀跨栏运动员的重要心理特征。因此，在选材过程中必须重视心理测试与考核，选拔那些乐于参与专项技术训练、神经系统灵活性高、视-动反应特别快、空间本体感觉好、空间定向能力强和有强烈进取心的青少年运动员。

（二）专项必备的心理品质

青少年400米栏运动员应具备活泼、自信、好胜、热爱比赛的心理特质。神经类型以均衡型较为理想，此类型运动员的自我控制能力和接受能力较强。

（三）心理训练手段

心理训练是现代运动训练的重要组成部分。现代运动训练的实践和研究表明，在激烈的竞争比赛中，运动员不仅要消耗大量的身体能量，而且也要付出巨大的心理能量。因此，运动员之间的较量不仅仅是体力、技能的较量，而且也是心理能力的较量。随着训练和比赛的负荷愈来愈大，人体的心理承受能力显得尤为突出，对于跨栏跑来说，在固定的距离、固定的栏架和自己固有的步伐中会有一定的偶然事件。因此，心理训练对于跨栏跑运动员有着特殊的意义。

1. 表象训练

让运动员在每一次跨栏跑的前后，回忆自己从起跑开始至第一栏、第二栏……等前几个栏的技术动作，以及最后几个栏直至最后冲刺的动作过程来帮助运动员掌握、巩固运动技术动作及栏间节奏。

2. 集中注意力训练

注意力集中的训练就是将自己的注意力与其他事物和目标相联系，并把注意力指

向和集中在所注意的特定事物和目标上的练习方法。

（1）视物法：选择一个目标物，对其仔细观察几秒钟后，闭上眼睛努力回忆观察物体的形象。如果回忆的物体形象不太清楚，可再看一遍，然后再闭上眼睛回忆。如此重复数次，直到头脑中能清晰回忆出被观察物的形象为止。在跨栏训练过程中，运动员要多加注意观察老师讲解和示范的技术动作，并经过自己的思考、想象在大脑中完成对技术的认识，并结合自己的动作运用到实际当中。这种方法在训练中即称念动训练法。

（2）看表法：集中注意力注视手表秒针的转动。先确定最初所能持续注视的时间，记录后再进行练习、每次练习重复3~4次，间隔10~15秒，注视的时间可以从60秒、120秒、180秒逐渐增加，可在每天早、晚各练一次。在跨栏跑的训练比赛当中，能够有效提高运动员的专注程度，尤其是在比赛中能够让运动员排除场内外的干扰，专注于比赛。

（3）模拟比赛法：在专项强化阶段，通过4次测验和模拟比赛的形式完成强度训练。测验和模拟比赛，无论是从运动员的情绪还是现场气氛，更接近于比赛，有利于调动运动员的兴奋性。同时，通过测验，运动员不断体会和巩固技术和栏间节奏，提高了抗干扰能力。特别是模拟比赛情况下运动员成绩的稳步提高，极大地增强了运动员的自信心，坚定了必胜的信念，积累了实战经验。

3. 意志力训练

意志是为了达到既定目的而在行动上所表现出来的自觉克服困难、努力实现目的的心理过程。具体表现在完成训练比赛的主动性、自觉性、勇敢性、顽强性、果断性和自制力。

意志力训练是使运动员能在训练和比赛中克服各种困难，完成意志行动，获得最佳训练效果和运动成绩的训练行为。

（1）意志能力的培养：首先应当明确训练的目的与任务，这样才能激发运动员克服困难的意志品质，才能积极主动地开动脑筋去克服困难。另外，要进行自我意志品质的分析，努力克服自己意志品质薄弱的方面，使自己变得更加坚强和具有自制力。

（2）培养果断决定问题和迅速解决问题的能力：在训练和比赛过程中可以有意识地创造一些复杂而又多变的困难环境，使运动员能够在这些困难的条件中，迅速做出判断，果断采取行动，进而培养他们发现问题、解决问题的能力，能够在比赛中做到临危不惧、敢打敢拼。

（3）克服心理障碍，增强自我信心的能力：心理障碍有很多。例如，环境变化障碍，随着比赛场地、比赛天气、比赛饮食及在比赛期间所引起运动员情绪变化。这些细小的东西需要教练员对运动员做好充分的准备，加强对运动员意志品质的训练。再如，对比赛强者的心理恐惧，在比赛发挥不出正常水平，赛前过于紧张而影响技术动作的发挥。这就需要教练员加强对运动员行为的教育，要经常带运动员参加比赛，培养他们的意志品质。

二、训练监控

400 米栏项目是综合素质要求较高的项目，训练内容广泛，除了技术训练外，速度训练、心肺功能的训练、综合体能的训练、耐乳酸能力训练等都要求比较高的水平。因此，整体训练量相对比较大，运动员不可避免会出现疲劳，而疲劳积累到一定程度，就会出现伤病，轻则影响系统训练，重则（如出现过度训练等）会使一名优秀的苗子半路夭折。所以，对青少年运动员来讲，恢复与训练同样重要。只有疲劳，而没有恢复的训练是伤害性的训练，是危险的训练。所以，训练恢复与监控必须引起教练员们的高度重视。

（一）身体疲劳的表现

1. 较轻程度的疲劳表现

肌肉僵硬、肿胀、酸痛、训练乏力、注意力不集中、反应迟钝、早起困难（懒床）、连续几日自我感觉训练状态不好等。

以上情况应引起教练员注意，注意观察的同时，要调整运动量或训练方式。

2. 中度疲劳的表现

睡眠不深、晚上睡觉出汗梦多、晨脉明显增加且持续不下、体重较快下降且与运动量不符、精神萎靡、连续训练课没有训练欲望，甚至厌倦训练、心率异常或恢复较慢、连续几日无食欲、脸色有变化、血色素下降，无原因的头痛、头晕或感冒、情绪激动等。

以上情况教练员要高度的重视，密切观察，并采取相应的对策。

（二）出现疲劳的原因

出现疲劳的原因是多方面的。一般讲轻度的反应多数是正常的训练反应，其他更多的情况要从以下几个方面进行分析与检查。

（1）运动负荷安排不当，运动员没有得到合理的缓冲。

（2）局部长期负荷过大。

（3）训练后恢复放松不够。

（4）训练年限较短与训练水平较低。

（5）运动员的身体健康状况。

(6) 伤病后恢复训练操之过急。

(三) 监控措施

1. 加强医务监督与监控

在医务人员或科研人员的帮助下进行血、尿样的监控测试与分析；请中医号脉以评价运动员的机体状态等监控措施。

2. 运动员自我监控

教练员应要求运动员坚持写训练日记，记录自己训练的状态、身体反应和健康状况。晨脉的变化是一项直接的、简单有效的医务监督。如果清晨安静脉搏明显增加且持续不下，必须引起教练员的高度重视。另外，运动员还可以从出汗多少、食欲、睡眠质量、训练欲望与能力的变化等方面进行比较，并及时将信息反馈给教练员。

3. 教练员的监控与检查

(1) 教练员的职责是望闻问切，要特别注意观察，全方位地了解情况。

(2) 结合训练，进行有计划的生理生化的监控，对监控的各项指标进行分析与比较。

(3) 无论哪方面有异常，都要在全面了解情况的基础上，结合具体情况检查训练计划的合理程度，分析内在的联系与原因。

(四) 恢复的方法与手段

1. 合理的安排训练

首先，青少年训练在训练的周期安排上要有恢复的阶段。多年周期、年度训练周期、阶段训练周期及月、周、课时训练计划都要有恢复训练的计划、手段和方法。越是优秀的苗青少年应该从长计议，细致安排。这是完成多年训练规划与任务的保证。

其次，青少年训练在年度周期训练计划中，应安排休整期或调整期；阶段训练中也要科学合理地安排好训练节奏；一个阶段下来后能有一个比较好的恢复效果。

再次，对不同的训练负荷要有不同的恢复时间，青少年训练原则上当天训练第二天应能恢复过来，即便是在训练周期也要达到基本能恢复。这种有控制的训练，才能保证训练的系统性，这也是后期训练的基本保证。

最后，特别是在12~13岁组的训练中，要严格控制全年（包括月、周）的训练次数，保证少儿发育突增期的身心健康。

2. 训练的调节

训练恢复是恢复的最好方法。对于青少年运动员的训练，训练的调节不仅可以有效地防止疲劳，还可以通过调节改善运动员兴趣，克服枯燥。通过变换训练节奏、身心都能够得到调整的游戏与文娱活动、户外活动等调节性训练手段，以期达到调节心理、改善兴趣，同时促进恢复的目的。

3. 其他的细节

（1）药补不如食补，食补不如睡补。严格地管理，提高自我约束力，养成良好的休息习惯，保证睡眠，是防止疲劳积累、提高训练效果的基本保证。

（2）课后的恢复是训练课很重要的组成部分，不仅可以恢复疲劳，防止伤病，还可以有效地提高训练效果。

（3）养成良好的饮食习惯，注意合理的营养搭配，以食补为主，适当地合理使用营养补剂。

（4）经常的热水浴，有条件与有一定间隔时间的桑拿浴，能够有效地促进运动员的恢复，而泡脚不仅可以达到恢复的效果，还可以有效地防止本项目运动员踝关节的伤病，应培养运动员养成泡脚的好习惯。

（5）青少年训练不应该出现过深的疲劳现象，如果出现应该在科研人员的建议下，专门地、全面地、系统地进行康复。

三、恢复训练

恢复训练是指使用合理的恢复手段及方法加快运动员体力和精神疲劳的消除，促进运动创伤痊愈、恢复和提高机体的活力，为运动成绩的继续提高打下基础。如何快速消除运动疲劳，恢复身体的机能状态，一直是运动实践中的热点和难点。运动训练产生的疲劳，需要通过合理的恢复休息，机体机能才可恢复至超过训练前的水平。

（一）恢复方式

恢复主要应考虑到运动员的生理恢复和心理恢复两个方面。在训练的过程中要采用自然性恢复和积极性恢复两种方式。自然性恢复方式是指一般日常的休息和睡眠，使运动员的生理和心理疲劳在静止状态中得以恢复。睡眠对功能的恢复是非常重要的，通过睡眠使精神和体力得到充分恢复。睡眠时间因人而异，在保障睡眠质量时，7~9小时即可。积极性恢复是指在训练和比赛期间合理地调整负荷量度，有针对性地安排各种恢复练习手段，加快恢复过程。根据谢切诺夫的实验发现，与安静休息相比较，活动性休息可使乳酸的消除加快一倍。所以，训练以后做一些整理活动非常必要。

（二）恢复手段

在运动训练中使用的恢复手段分为教育学手段、医学生物学手段、营养学手段、心理学手段共 4 类。

1. 教育学手段

运动员在训练当中起着主体的角色，而教练员在训练中则是主导的作用。训练计划中教练员要根据每次训练课的内容和负荷制订出详细的放松活动的方法、手段，并在放松时督促运动员认真完成各项内容；在训练过程中要合理安排训练内容、训练手段、运动负荷、恢复时间、恢复方式等；训练后注意积极性休息与消极性休息相结合。研究表明，在放松过程中，进行轻微的活动，肌肉和血液中的代谢废物的消除比单纯静止休息要快得多。运动后做一些伸展练习可消除肌肉痉挛，改善肌肉血液循环，减轻肌肉酸痛和僵硬程度，有利于加快恢复。因此，大强度训练后应安排一些放松慢跑、呼吸体操及各肌群的伸展练习，也可做一些轻松愉快的放松性游戏等。

2. 中医学、生物学手段

中医学、生物学手段是指在训练过程中采用与运动员相应的营养供给及中医、理疗、药剂、针灸等恢复手段。它有助于提高机体承受负荷的能力，有助于尽快消除急剧产生的全身疲劳和有效补充能量储备，提高机体工作能力。

在未受强度较大的运动负荷后，可采用理疗手段加速机体的恢复过程，如运用各种按摩、热敷，沐浴、电兴奋、电睡眠、紫外线、红外线等手段。按摩是有效的恢复手段，大体可分为手法按摩和泡沫轴筋膜放松训练法两类。

（1）手法按摩。

负担量最大的部位应是按摩的重点，肌肉部位以揉捏为主，交替使用按压、抖动、扣打等手法，在肌肉发达的部位可用肘顶、脚踩，也可用棒球棒辅助进行。

（2）泡沫轴筋膜放松训练法。

运用泡沫轴进行肌肉、筋膜放松时首先要调整好姿势，把身体需要放松的部位压在泡沫轴上，用体重施加压力，然后缓缓滚动泡沫轴。这种缓缓滚动的压力可以使原本僵硬的肌肉和筋膜逐渐松解、柔软。

①解股四头肌、屈髋肌群紧张。

· 动作要领：俯卧位，泡沫轴置于双大腿根部，双肩、肘屈曲 90°，双手握拳支撑于垫子上，双下肢伸直，双上肢同时使劲，使身体向上方移动、泡沫轴滚动至膝关节上方，反复进行。

· 练习目的：改善运动后股四头肌、屈髋肌群的酸痛和疲劳感。

②解臀、腰部紧张。

· 动作要领：仰卧位，一条腿屈膝 90°高抬，泡沫轴置于另一条腿伸直腿臀部上方，双手侧平举放在垫子上。屈膝高抬的腿发力，向置于泡沫轴上的腿一侧旋转，旋转时两臂紧贴在垫子上。以相同方法放松另一侧。

· 练习目的：加速该部位运动后的恢复，维持该部位良好的肌肉长度。

③胫束部位放松。

· 动作要领：右侧卧，将泡沫轴放在右髋关节外侧，屈右肘，支撑于头部前方；左肘微屈，左手支撑于胸部前方，右下肢伸直，左足置于右膝前方，右肘和左足同时用力，带动身体向上移动，使泡沫轴自髂骨起滚动至膝关节止。相同方法放松另一侧。

· 练习目的：加速该部位运动后的恢复，维持该部位肌肉良好的工作状态。

④小腿三头肌。

· 动作要领：坐位，将泡沫轴放置在小腿靠近膝关节的位置，双手伸直支撑身体，双腿并拢平行于地面，臀部离地，双手用力带动臀部向后移动，使泡沫轴滚动至靠近跟腱的位置。注意保持腹部收紧，背部挺直，臀部始终离开地面。

· 练习目的：加速该部位运动后的恢复，维持该部位良好的肌肉长度。

自我筋膜放松时应注意以下几点：第一，采取合适的体位，将需要放松的部位置于泡沫轴之上，利用自身体重在泡沫轴上反复慢慢滚动 1~2 分钟。第二，滚动过程中如果有疼痛的感觉，在疼痛点上停留 20~30 秒，直到疼痛程度下降 50%~75%。第三，在进行训练过程中保持腹部收紧、背部挺直，以确保核心部位的稳定，并保持正常呼吸，不要憋气。

另外，可服用一些提高机体肌肉代谢的葡萄糖酸钙、次黄嘌呤核苷酸等。我国的中药补剂像五加膏、人参药酒、鹿茸精等，对人体的恢复有着促进的作用。我国传统的针灸方法，对放松肌肉、解除痉挛、促进机体恢复过程也有较好的作用。

3. 营养学手段

运动能力恢复的关键在于恢复机体的能量储备，包括肌肉及肝脏的糖原储备、关键酶的活性（维生素 B 复合体及微量元素等）及体液、元素平衡，细胞膜的完整性。运动后吃不同的糖，对身体不同部位糖贮存会有不同的影响。维生素及多种微量元素更是与运动能力的恢复有着密切的联系。维生素及多种微量元素在体内不能合成或合成不足，必须从食物中摄取，所以要注意食品的种类和配比。

4. 心理学手段

心理学手段是通过心理学的影响作用，使运动员得以迅速降低神经心理紧张程度，降低心理抑制状态，尽快恢复神经能力，使参与活动的各技能系统达到个人能力的最大值。

心理学手段包括自我暗示、放松训练、气功、生物反馈等。实践证明，采用上述方法能促进身体疲劳的尽快消除，加快身体的恢复过程。另外，在舒适优雅的环境中听音乐等方法可以减弱田径训练的枯燥、单调刺激，消除疲劳。

四、400米栏运动员常见的伤病及预防

运动训练过程出现伤病似乎是不可避免的事情，无谓的、低级的伤病却是完全可以避免的，也是优秀运动员在多年的发展过程中需要重视的地方。训练过程中防伤、防病问题必须引起教练员们的高度重视。训练过程的主客体是出现伤病的责任人，主要责任在于教练员，而教练员与运动员双方的高度重视，良好地配合与及时的信息沟通，则是防伤、防病的关键所在。

（一）400米栏运动员常见伤病

胫骨腓骨骨膜炎、肌肉酸痛、跟腱炎、扭伤、足弓疼痛、碰伤与摔伤，半腱肌半膜肌及坐骨结节疼痛、脚背痛、膝盖髌腱炎、髂前上棘疼痛、各种肌肉拉伤等。

（二）产生伤病的主要原因

（1）训练的主客体对预防运动损伤的重视程度不够高，随意性太大。

（2）准备活动不充分或与训练课的需要不相对应。

（3）训练过程中的运动负荷安排不当，运动员没有得到很好的休息。

（4）局部长期负荷过多，特别是强度过大，如跑或跳跃过多。

（5）骨骺没有完全愈合时运动量或强度偏高或过度的拉伸。

（6）训练课后放松整理不够与恢复措施不到位。

（7）场地器材选用不当，器械高度或距离选择不合理。

（8）肌肉力量发展不均衡及各项素质发展不均衡。

（9）技术不合理、地面过硬、乱用力或器械装备不合适等。

（10）轻伤不够重视、伤后治疗不及时，或还没有完全康复又进行大负荷的训练。

（三）伤病的预防措施

根据本项目训练特点及青少年发育特点，针对运动损伤的出现的特点和原因，运动损伤的预防措施有以下几条：

（1）加强安全意识，提高防伤防病的重视程度，经常对训练场地器械进行检查，对易发生的问题要有预判和预防，重要课次要提出明确要求。

（2）为不同类型的训练课创建相适应的准备活动，训练结束时也应作相应的放松整理和恢复性活动。

（3）要高度重视跑的技术与跨栏技术的教学，掌握良好的着地缓冲技术，特别是要及时纠正运动员跑过终点后的“急刹车”习惯。

（4）合理安排好运动负荷，严格控制跑量，不同训练内容要交替进行，要尽量减少无意义的、穿钉鞋的练习，多穿胶鞋或在草皮上训练。

（5）青少年运动员由于正处于发育阶段，骨骺尚未完全愈合，要及时了解运动员关键部位愈合期的反应，控制局部的过度牵拉。

（6）对胫腓骨有反应或出现胫腓骨骨膜炎运动员，应调整练习手段和负荷量，减少局部运动负荷，同时，在医生的指导下，进行小腿部位的放松和恢复。

（7）要把柔韧性练习当作本项目重要的专项素质来抓。肌肉只有放松的时候才能被拉长，故肌肉拉长的本身是在做放松运动。因此，它不仅是专项训练的需要，更是防伤防病的有效措施。

（8）坚持每天泡脚（特别是冬季），热敷酸痛的部位，按摩放松等恢复措施。

（9）加强易伤部位小肌肉群的力量训练及肌肉间与肌肉内的平衡训练，尤其是少儿运动员要注意加强踝关节周边与脚趾的力量训练。

（10）发生急性损伤时，应及时送医疗室治疗，并注意在伤病恢复期间不宜进行大负荷训练，以防再度受伤。

（四）伤病的康复

一旦发生运动损伤，就应及时采取措施进行治疗与康复，防止伤病对运动员的机体带来更严重地破坏，影响青少年的身心健康与正常的训练，故出现伤病后应做好以下工作：

（1）运动员出现伤病的正确诊断与初始治疗是非常重要的，出现伤病一定要在医生与科研人员的指导下进行治疗与康复，切忌有病乱求医。

（2）根据伤病的情况与原因，采取有效的科研与治疗方法及建立相应的保障机制。

（3）教练员要配合医生，按照医生的要求对运动员进行功能恢复与训练。

（4）按客观规律办事，康复过程首先要进行的是自身恢复，运动员训练后，通过慢跑、拉伸练习，自我调节性放松运动逐步进行恢复。

（5）进入正式训练前，要加强局部力量与周边肌肉及韧带的力量训练。

第六章 跳远

第一节　跳远项目特性与发展趋势

一、项目特性

跳远技术由周期性的助跑技术、非周期性的起跳和腾空落地技术组成。跳远项目属于体能主导类速度力量型项目，体能和技能是跳远运动员竞技能力中的主导性因素。或者说，在跳远运动员的竞技能力中，其跳远技能是根本、专项体能是基础、心理素质是获得比赛胜利的保障。

世界高水平优秀运动员具有加速积极、节奏稳定、助跑速度最后几步快节奏跑上板、跑跳结合连贯、起跳蹬伸充分、身体维持空中平衡好，且能充分利用腾起飞行远度以获得尽可能远的距离等技术特征；具有高度发展的速度能力、强大的弹跳力量、良好的节奏感和柔韧性等体能特征；具有在长期高强度训练和激烈比赛环境下良好的心理承受力、心理专注度和心理调控制能力等心理特征。跳远运动员的训练应以促进高效的跳远技能发展、专项体能能力的提高，以及技能与体能两者之间的协调发展为主要目标，并在日常训练和比赛活动中有针对性地促进心理素质的养成和提高。

二、发展趋势

当前世界跳远项目仍旧朝着追求助跑速度快、跑跳结合更加连贯、起跳有力的趋势发展。

随着人们对跳远项目特性、技术和发展规律认识的不断加深，以及对科研工作的不断深入，使现代跳远运动员的训练方法和手段专项化程度越来越高，训练过程控制更加科学，运动技术水平逐渐提高，使竞技场上的竞争日趋激烈。

目前，世界优秀运动员采用走步式、挺身式两种跳远技术。但是蹲距式技术因其动作简单容易掌握，初学者能尽快地掌握正确的助跑、起跳两个关键技术，因此，在初学者和青少年跳远运动员中被广泛采用，也便于以后学习新的空中技术动作。

第二节　跳远技术

一、跳远技术的动作结构要点

跳远属于非周期性项目，为了便于分析技术动作，我们把一整套连续技术动作按照顺序分解为助跑、起跳、腾空和落地四个部分（图 6–1）。

图 6–1　跳远技术连续图（“二步半”走步式跳远技术）

二、跳远技术四个阶段的技术要点

（一）助跑

1. 助跑的目的

通过助跑在踏板前达到最快速度，并为准确踏板起跳做好准备。

2. 助跑技术要点

①助跑距离可在 10 米（初学者）和多于 20 步（高水平运动员）之间变化。
②跑步技术与短跑相似。
③速度持续增加直至到达起跳板。

（二）起跳

1. 起跳的目的

将垂直速度增大到最大和将水平速度的损失减少到最小。

2. 技术特点

①落步积极且快速，伴有“落下和后摆”动作。
②起跳时间减至最少，起跳腿最小弯曲。
③摆动腿的大腿摆动成水平位置。
④髋、膝和踝关节尽量伸直。

（三）腾空

1. 腾空目的

维持身体平衡，为落地做好准备。

2. 腾空的方式

（1）蹲踞式。
①总体要求，起跳离地后保持腾空步姿势至最高点。
②起跳离地后，摆动腿保持起跳时的前摆姿势。
③躯干保持正直。
④腾空后，起跳腿保留在身体后方。
⑤当人体飞行过腾空最高点后，起跳腿弯曲，向前和向上提拉。
⑥双腿尽量向前伸展落地。
（2）挺身式（图 6-2）。
①起跳离地后，以髋为轴下放摆动腿。
②挺身展髋，推动髋关节前移。
③下放的摆动腿摆至身体后方，且与起跳腿平行位置。
④双臂直接上举或经体侧绕至上举。

图 6-2　挺身式跳远技术图（苏雄峰，8.17 米，2010 年，郑富强摄）

3. 走步式（图 6-3）

①双臂做前后摆动维持空中持续跑步动作。
②保持最后的助跑动作节奏。
③落地时，双腿并拢伸展，方向向前。
④不同技术：在腾空中，可采用二步半或三步半技术。

图 6-3　刘易斯“三步半”走步式跳远技术（8.67 米）

(四) 落地

1. 落地的目的

减少距离损失到最小。

2. 技术要点

(1) 双腿上举前伸小腿，脚触沙后，双腿完成积极前压脚掌的动作并屈膝。
(2) 躯干随屈膝动作前屈。
(3) 双臂快速完成由后摆转前摆的动作。
(4) 带动髋关节前移过落地点。

三、各年龄段跳远技术要点及要求（表 6-1）

表 6-1　跳远技术要点及各年龄段要求

技术环节	技术要点	各年龄段技术要求		
		12~13 岁	14~15 岁	16~17 岁
助跑	跑 15~21 步，高抬膝关节（用前脚掌着地）的加速助跑，最后 3 步节奏为中—长—短，加速（无减速或制动）跑上板，准备起跳时躯干保持几乎正直（保持较高的身体姿势）	自然放松向前的跑动技术和稳定的自然加速助跑节奏，跑动中保持高重心、有弹性、步幅开阔、节奏快。最后能积极加速上板准备踏跳	加速完成全程助跑并在最后两步达到较高速度，跑得自然放松、有弹性，逐渐加速，节奏稳定	助跑节奏稳定，并在最后 4 步应达到最高速度并保持至踏板起跳，踏板准确
起跳	起跳脚用全脚掌快速“扒地”式着地，缓冲阶段起跳腿膝关节稍屈（约 165°），尽可能缩短着地时间（0.10~0.13 秒），起跳离地瞬间踝、膝、髋关节充分伸直，摆动腿积极前摆（放松，大腿摆至水平），异侧臂向前向上摆出	起跳前最后一步能连贯地跑上板踏跳，无明显调整，起跳蹬摆配合协调，起跳腿髋、膝、踝蹬伸充分，上下肢协调配合	助跑最后一步，摆动腿支撑平稳，起跳腿着地积极并快速充分地完成蹬伸，上下肢配合协调	助跑最后一步摆动腿支撑平稳、蹬伸快速与起跳腿的积极地踏板着地衔接连贯自然，全身集中用力、配合协调，起跳效果好
腾空	起跳离地后保持身体向上姿势，蹬摆协调获得充分的腾空步姿势，上下肢协调配合完成空中技术，维持身体空中平衡，并为落地做好准备	空中能基本维持身体平衡，并为落地做好准备	掌握蹲距式跳远技术，起跳腾空步保持到身体重心最高点，摆臂、躯干积极维持空中身体平衡	起跳后维持腾空步技术，并根据自身的身体条件选择 3 种空中技术中的一种

（续表）

技术环节	技术要点	各年龄段技术要求		
		12~13岁	14~15岁	16~17岁
落地	落地前两腿并行完成举腿接前伸小腿动作，脚触沙瞬间双臂前摆，触地后双腿快速屈膝，髋部迅速向前移动过落地点并以一侧背或肩落地	双脚并行安全落地，无身体后倒或后坐现象	落地时，双腿能较好地完成前伸小腿动作，双脚触沙后完成屈膝缓冲平稳，无后坐现象	落地时充分完成上举双腿、前伸小腿的动作，并在触沙后积极屈膝缓冲，上下肢配合越过落地点

四、跳远技术评价标准（表6-2）

表6-2　跳远技术评价标准

等级	优秀	良好	及格
评价内容	整体技术自然协调放松，助跑积极加速跑至起跳板前、节奏感好，最后4步助跑积极，跑跳结合连贯，起跳有力效果好，空中维持平衡好，落地动作完成充分	整体技术完成连贯自然，助跑节奏平稳，较连贯地完成跑跳结合技术，起跳蹬伸充分，蹬摆配合协调，空中维持平衡好，较好的落地动作	跳远技术完成较连贯，助跑节奏较稳定，无明显的调整助跑节奏的现象，跑跳结合连贯，基本起跳蹬摆较协调，能在空中基本维持身体平衡，落地无后坐
12~13岁组	18~20分	15~17分	10~14分
14~15岁组	28~30分	25~27分	20~24分
16~17岁组	28~30分	25~27分	20~24分

五、跳远技术动作的生物学要求和技术训练提示

教练员对运动员技术的诊断是十分重要的。日常训练中，除采用“教练员眼”之外，还可以采用录像来分析技术，技术分析时应注意在技术规范要求与运动员自身特点结合进行评定。技术诊断中应针对技术重点和主要技术错误进行，并分析找到技术错误产生的根源进行对症纠正（表6-3）。

表 6-3 青少年跳远运动员技术动作的生物学要求和技术训练提示

生物学要求	技术训练提示
助跑由周期性动作向非周期性动作转换	测量助跑；形成正确的助跑节奏和较为稳定的步长、步频；养成勇于加速跑上板的节奏
跑跳结合积极连贯	最后 6 步在保持步长基本稳定的基础上加快步频跑上板，并在倒数第二步着地后积极前送髋关节，带动起跳腿积极前摆准备下压着地，摆动腿蹬离地面后积极折叠前摆，以髋发力带动前摆
起跳中尽可能减少助跑速度的损失	起跳脚放脚踏跳时应采用自上向下、向后的“扒地式”着地技术，同时摆动腿以髋发力带动大小腿折叠积极前摆
获得合理的腾起角度	起跳中着地角度大，离地角大，起跳扇角较小。起跳腿蹬伸早，摆动腿能积极向前上方摆动至大腿接近水平面，保持起跳过程中的身体正直稍后倾，提肩拔腰，眼视前上方
空中维持平衡好	起跳离地后，空中保持躯干姿态基本正直，上下肢配合协调，并注意在腾空至最高点时应开始准备落地
落地维持平衡好	双脚脚后跟接触到沙坑后，积极地前压双脚，屈膝前送髋，两臂前摆带动躯干前移过落地点

第三节 跳远运动员选材

一、选材主要因素

选材主要表现在以下几个方面。

（1）遗传：着重考查其父母的身高、身体比例、基本体育运动能力、隔代遗传及家族病史等因素。

（2）身体形态：身材较高且匀称、骨骼轻且肌肉弹性好（体轻肉紧）、跟腱长、踝围细、肌肉紧缩，骨龄与年龄的差异值小于 1 岁。

（3）生理机能：身体发育健康，有良好的心肺功能，能承受较大运动负荷，不易疲劳并具有较好的身体机能恢复能力。

（4）身体素质：身体素质发展全面专项速度和跳跃能力好，足部弹性力量好，动作速度快，灵敏协调，爆发力好。

（5）技术：动作自然、协调、流畅，跑跳结合衔接连贯，具备在快速跑动中完成跳跃技术的能力，跑跳中的自然用力效率好。

（6）心理素质：有好胜、勇于拼搏、不服输的意志品质；有吃苦耐劳的精神；思维敏捷；学习接受能力强且善于思考；较强的自我控制能力。正常时间开始身体发育、发育高峰期持续时间长；跑跳自然用力协调且效果优，先天身体运动能力强，特别是速度能力和快速跳跃能力强且具有良好的可训练性的苗子。选材中，因少年儿童生长发育的阶段性特点和训练背景的不同，在尽量选择各项指标优秀苗子的同时，身体条件一般但专项重点素质或能力特点突出苗子也可纳入选材对象中。

二、选材指标和标准

根据国家体育总局竞赛年龄分组规定和跳跃运动员成长规律，少年跳远运动员的选材分为初级选材阶段（12~13 岁）和重点选材阶段（14~15 岁）。选材标准与要求如表 6-4、表 6-5 所示。

表 6-4　12~13 岁选材标准与要求

选材重点	（1）考察运动能力遗传的基本特点、生长发育水平和类型，以及身体健康程度 （2）身材较高、体型匀称、下肢长、跟腱较长、踝围较小、关节灵活、足弓明显、柔韧性好、动作幅度大、跑跳向前性和跳跃弹性好 （3）喜爱运动、性格开朗活泼、果断勇敢、能吃苦、意志坚定、学习模仿能力强、具有一定自控能力 （4）对训练的接受性好和训练效果明显，全面身体素质协调发展			
选材指标	类别	内容	男	女
	遗传因素	生长发育水平和类型 身体形态 运动能力遗传情况	正常年龄开始发育且发育高峰持续时间长匀称、下肢长、骨骼轻、肌肉紧、足弓高先天运动能力强、跑跳素质突出	
	身体形态	身高（厘米） 体重（千克） 下肢长 B/身高×100 指数	160 45 ≥51	155 38 ≥51
	生理机能	血红蛋白（克/分升） 肺活量（毫升）	11 2800	10 2500
	身体素质	站立式 30 米跑（秒） 立定跳远（米） 后抛 2 千克实心球（米） 坐位体前屈（厘米） 跳远（米）	5.0 2.00 8 10 4.80	5.1 1.90 7 10 3.80
	技术评定	跳远技术	身体动作放松自然协调、跑跳结合连贯、跑跳向前性和跳跃弹性好的特点	

表 6-5　14~15 岁选材标准与要求

选材重点	（1）身体健康，身材较高，骨骼、肌肉发育协调，下肢长，足弓高，肌肉紧缩有弹性 （2）学习能力强，善于思考，跑跳技术表现出良好的协调性和稳定性 （3）基本身体素质发展协调、专项速度和跳跃能力突出、快速力量发展好 （4）较好地掌握跳远技术，助跑节奏感好、跑跳结合连贯、起跳有力效果好 （5）心理稳定、生活训练和比赛中自控能力较好、比赛表现稳定且发挥较好			
选材指标	类别	内容	男	女
	身体形态	身高（厘米） 体重（千克） 下肢长 B/身高×100 指数	175 55 51	160 45 51
	身体机能	血红蛋白（克/分升） 肺活量（毫升）	12 3500	11 3000
	身体素质	站立式 30 米跑（秒） 站立式 150 米跑（秒） 立定三级跳远（米） 后抛铅球：男 4 千克；女 3 千克（米） 坐位体前屈（厘米） 7 步助跑跳远（米） 跳远（米）	4. 8 19. 0 6. 80 11 15 5. 70 6. 00	4. 9 20. 0 6. 10 10 15 4. 50 4. 70
	技术评定	跳远技术	基本动作规范自然协调，助跑节奏感好，跑跳结合连贯，起跳有力效果好	

第四节　跳远运动员各年龄阶段训练任务与要求

一、青少年跳远后备人才训练阶段的划分

根据跳远运动员成才规律和青少年身心的生长发育年龄特点，青少年跳远运动员年龄段的训练可以分为三个阶段：

（1）引导训练阶段（12~13 岁）；

（2）基础训练阶段（14~15 岁）；

（3）初级专项训练阶段（16~17 岁）。

二、各年龄阶段的生理特点

(一) 12~13 岁

(1) 生长发育特点：男子处在青春发育前期，女子已进入青春发育期，身体形态发育出现突增现象。

(2) 骨骼和肌肉特点：骨骼富有弹性，但硬度小；肌纤维较细，肌力弱易疲劳，身体各部肌肉发育不平衡。

(3) 心血管系统特点：心脏发育尚未完善，心容量较小，心率较快，但血管发育较好，血管壁弹性好。开始出现青春期高血压。

(4) 神经系统特点：神经活动过程不稳定，兴奋和抑制过程在大脑皮层很容易扩散，表现为活泼好动，注意力易分散，动作不协调、不准确。分化能力尚不完善，掌握复杂精细动作困难，但女子大脑的分化抑制机能发展较早。

(二) 14~15 岁

(1) 生长发育特点：男子进入青春发育期，身体形态有明显的变化。女子发育则渐趋平衡稳定，男女差异加大。

(2) 骨骼和肌肉特点：男子肌肉生长落后于骨骼的生长，肌力和耐力都较差，关节柔韧性下降。女子肌肉发展开始由纵向发育向横向发展，特别是青春发育期的内分泌变化可能会带来肌肉中和皮下的脂肪成分的增加，应引起注意。

(3) 心血管系统特点：心容量相对较小，心脏收缩力量较差，心率较快，心脏调节功能尚未完善，青春期高血压现象增多。

(4) 神经系统特点：神经活动过程趋于稳定，反应潜伏期缩短，分化能力提高，皮质抑制调节机能达到一定强度，分析综合能力明显提高，但分化能力尚不完善。青春期神经系统受内分泌腺活动的影响，会使稳定性暂时下降，表现出动作不协调，女性更明显。

(三) 16~17 岁

(1) 生长发育特点：男子生长发育虽然趋于相对稳定、缓慢阶段，但仍有发展空间，女子发育则基本停滞。

(2) 骨骼和肌肉特点：骨质钙化作用增强，骨的坚固性和负重能力增强，肌肉横向发展较快，小肌肉群也迅速发育，是躯干力量增长最快的时期，因肌力增长会使柔韧性下降。

(3) 心血管系统特点：男女心血管系统的发育趋于完善和稳定。

（4）神经系统特点：男女均处于稳定阶段，分化能力进一步完善，能掌握和完成复杂精细的动作。

三、各年龄阶段的训练任务与要求（表 6–6、表 6–7）

表 6–6　青少年跳远运动员各年龄阶段训练任务

年龄阶段	训练任务
12~13 岁	①全面发展运动员的身体素质，提高运动员的速度能力、协调性、灵敏性和柔韧性 ②初步掌握跳远基本技术，初步掌握较为规范的跑、跳、投基本技术，培养兴趣 ③发展快速跳跃能力 ④培养运动员高尚的道德和强大的意志力
14~15 岁	①进一步发展运动员的身体素质，着重提高速度能力，特别是动作速度和动作频率 ②熟练掌握跳远完整技术，逐步提高起跳用力效果 ③进一步发展快速跳跃能力和起跳力量 ④培养和发展运动员的心理素质，提高比赛能力，在比赛中能保持较高的自信心
16~17 岁	①继续提高运动员全面的身体素质 ②巩固和熟练跳远完整技术，逐步形成个人技术特点 ③继续培养运动员的心理素质，提高比赛能力 ④发展运动员的专项跳跃能力和快速跑跳能力 ⑤对运动员进行专项理论教育

表 6–7　青少年跳远运动员各年龄阶段训练要求

组别	要求
12~13 岁	①根据青少年的生理、心理发育特点，采用多样化的训练方法和手段，在自然技术的基础上掌握跑、跳、投等基本技能、技巧，提高心肺功能 ②着重发展速度、弹跳、灵敏、协调、柔韧等素质，注重对小关节和末端关节的快速用力训练 ③技术训练采用多样化的分解和完整练习相结合的手段，帮助形成正确的技术动作结构和快节奏跑上板的跑跳衔接技术，强调跑跳中的向前性和有效性 ④培养正确的跑跳意识和良好的意志品质 ⑤以多样化的训练和适宜的训练负荷保持他们参加训练的兴趣和热情
14~15 岁	①在全面发展身体素质的基础上，增加专项素质训练负荷比例 ②以动作速度和动作频率为主，全面提高绝对速度能力和专项动作速度 ③以反应性力量和快速力量为主，全面发展身体各环节的力量 ④技术训练，着重形成快节奏的助跑技术和在快速跑进中完成有效起跳的连贯跑跳结合技术特点，强调跑跳中的向前性和有效性 ⑤养成良好的训练、文化学习和生活习惯，培养良好的意志品质 ⑥参加多项比赛，提高比赛能力，要求在比赛中保持良好的自信心

（续表）

组别	要求
16~17 岁	①巩固全面身体训练水平，重点发展专项素质和专项能力，特别是绝对速度、动作速度和跳跃能力 ②日益完善完整技术，提高专项技术关键环节的工作效率，形成稳定的技术节奏且跑跳技术衔接连贯、动作协调，强调跑跳中的向前性和有效性，初步形成符合个人特点的专项技术特征 ③应加强身体躯干、关节小肌肉的力量训练，注重身体肌肉力量的协调发展，加强关节、韧带、肌肉的牵拉放松练习，防止受伤 ④加强训练和比赛中的自我管理要求，提高自我控制、抗干扰能力，增强技术和心理调控能力，形成良好的比赛习惯，能较稳定地发挥出比赛水平 ⑤提高自我分析动作的能力和感知能力，善于思考、总结，不断提高对训练、技术的认识

第五节　跳远运动员的训练评价指标、运动负荷和训练内容

一、各年龄段专项评价指标（表 6-8）

表 6-8　各年龄段专项测试内容和成绩指标

年龄		12~13 岁（20%）		14~15 岁（20%）		16~17 岁（30%）	
性别		男	女	男	女	男	女
6~7 步助跑跳远（米）	优	5.20	4.10	6.20	5.10	6.70	5.50
	良	4.80	3.70	5.90	4.70	6.40	5.20
	及格	4.40	3.50	5.50	4.30	6.20	4.90
跳远（米）	优	5.20	4.60	6.30	5.20	7.20	5.70
	良	5.00	4.20	6.00	4.80	6.80	5.40
	及格	4.80	3.80	5.80	4.60	6.50	5.20

注：6~7 步助跑跳远和跳远两项测试平均分配专项成绩的比例：12~15 岁组占总分的 20%，每项满分各为 10 分；16~17 岁组每项满分各为 15 分。

二、各年龄阶段身体素质评价指标（表 6-9）

表 6-9 各年龄阶段身体素质测试内容和成绩指标

年龄		12 岁（60%）		13 岁（60%）		14 岁（50%）		15 岁（50%）		16 岁（40%）		17 岁（40%）	
性别		男	女	男	女	男	女	男	女	男	女	男	女
30 米/60 米跑（秒）	优	4.50	4.60	4.40	4.50	7.40	8.00	7.30	7.90	6.80	7.40	6.70	7.30
	良	4.60	4.70	4.50	4.60	7.60	8.20	7.50	8.10	7.00	7.60	6.90	7.40
	及格	4.70	4.80	4.60	4.70	7.80	8.40	7.70	8.30	7.20	7.80	7.10	7.60
立定跳远/立定三级跳远（米）	优	2.20	2.00	2.30	2.10	7.40	6.70	7.50	6.80	8.20	7.20	8.40	7.50
	良	2.00	1.90	2.10	2.00	7.30	6.40	7.20	6.50	7.80	6.90	8.00	7.20
	及格	1.90	1.80	1.95	1.85	6.90	6.00	6.80	6.10	7.30	6.50	7.50	6.80
后抛 2 千克实心球（米）	优	11	10	12	11	16	12	18	13	19	14	20	15
	良	9	8	10	9	14	10	16	11	17	12	18	13
	及格	7	6	8	7	12	8	13	9	14	10	15	11
6 步短助跑五级跨步跳（米）	优	—	—	—	—	16.50	13.50	17.50	14.50	18.50	15.50	19.00	16.00
	良	—	—	—	—	15.00	12.00	16.00	13.00	17.00	14.00	17.50	14.50
	及格	—	—	—	—	13.00	10.00	14.00	11.00	15.50	12.00	16.00	12.50

注：①12~13 岁组测 30 米跑，14~15 岁组、16~17 岁组测 60 米跑。采用站立式看动腿手计时；

②专项身体素质方面，12~13 岁组测 3 项各占 20 分，14~15 岁组测 4 项各占 12.5 分，16~17 岁组测 4 项各占 10 分。

三、各年龄阶段训练负荷

根据青少年身心发育的特点，训练课的组织形式应该多样化，练习手段与游戏活动相结合，全面身体素质训练与专项训练相结合，学习与改进技术动作相结合。各年龄阶段训练负荷（表 6-10）。

表 6-10 各年龄阶段训练负荷

分类	负荷方面	12~13 岁	14~15 岁	16~17 岁
训练时间	课时间（小时）	1~1.5	1.5~2	2~2.5
	周训练课次	3~5	5~6	6~8

（续表）

分类	负荷方面	12~13 岁	14~15 岁	16~17 岁
训练时间	月训练课次	13~20	20~25	28~36
	年训练课次	150~200	200~240	260~280
训练比重（%）	技术训练	20	30	35
	专项素质	30	35	40
	一般素质	50	35	25

四、不同跳远训练内容的训练基本要求

（一）专项跳远技术训练（表 6-11）

表 6-11　专项技术训练内容的常用练习手段及基本要求

训练内容	常用练习手段	基本要求
自然放松的跑动技术	各种跑的专门练习；放松加速跑；行进间跑等	动作尽可能放松发力，大关节发力带动小关节运动，躯干维持基本正直稳定状态，动作舒展放松有节奏
稳定的助跑节奏感	跑标记、听节奏跑	标记摆放以个人快速跑进下的当前理想的步长距离为标准摆放。通过完成相对固定的步长和步频节奏（掌声或口令提示）下的快速跑进，提高快速跑进中的跑动技术稳定性
良好的助跑节奏控制能力	变换步长和节奏的跑进练习	变换标记摆放间隔，根据节奏和步长的不同变化，完成相应的跑进练习，提高快速跑动中的调控能力。以发展步频为主的采用短距离的标记间隔和以发展步长为主的采用略大于个人理想步长的间隔练习
自然连贯的跑跳结合技术	不同助跑步数（1、3、5、7、半程、全程助跑）的原地或连续助跑起跳练习	采用不同助跑步数和助跑速度，学习掌握自然连贯跑跳结合技术，在不断增加助跑速度的情况下逐渐提高在快速助跑下完成有力起跳的能力

（续表）

训练内容	常用练习手段	基本要求
合理的放脚踏跳技术	连续的上步（1、3、5 步助跑）起跳练习	学习掌握倒数第二步摆动腿的积极蹬伸与起跳腿的积极下压“扒地”着地技术的协调配合
快速的踏跳技术	连续 3、5、7 步起跳练习；短、中、全程助跑起跳练习	学习掌握快速助跑下的快速有力踏跳技术
有力的踏跳力量	负小重量（5 或 10 千克）连续上 1、3、5 步起跳练习，橡皮筋牵拉起跳练习	在保持起跳时间无明显加长的前提下，完成尽可能快而有力的起跳动作
良好的空中平衡	平地或斜板上的助跑起跳成腾空步技术练习	体会在起跳和起跳腿离地后保持身体正直、摆动腿积极前摆保持腾空步姿势至腾空最高点
协调舒展的空中技术	平地或踏板上完成短助跑起跳完成空中技术练习（空中技术自选）	根据自身条件选择一个空中技术动作，注意空中技术动作节奏，上下肢协调配合、动作舒展幅度大
良好的落地技术	各种多级跳、立定跳远、短助跑跳远练习（可加踏板起跳）	在维持良好的空中平衡的前提下，积极完成上举大腿前伸小腿的动作以争取尽可能远的距离

（二）身体素质训练（表 6–12）

表 6–12 身体素质各训练内容的常用练习手段任务与基本要求

训练内容	常用练习手段	基本要求
发展上肢力量	哑铃摆臂、卧推等	注意动作的发力时机和速度
发展全身协调力量	挺举、抓举等（膝下）	注意动作正确和动作速度
发展下肢力量	半蹲、箭步蹲、坐蹲等	注意动作的发力时机和速度
发展快速力量和爆发力	徒手或负小重量的连续快速蹲起、各种徒手跳跃练习	注意动作的发力时机、动作幅度和速度
发展快速跳跃能力	不同速度下的助跑起跳练习、多级跳练习	注意各环节肢体的协调用力、保持身体正直和高重心，注意跳跃中的支撑腿的快速着地接快速、充分蹬伸的要求
发展动作速度	各种特定的技术动作及参与动作的有关关节的肌肉韧带的快速力量练习	注意完成动作应符合特定动作的运动方向、幅度和速度要求，并注意对应关节的肌肉韧带力量的协调发展

（续表）

训练内容	常用练习手段	基本要求
发展跑动速度	跑的专门练习和跑的一般练习	正确的跑动技术与协调自然放松的用力相结合，步长与步频的合理配合
发展协调性	球类活动、跨栏和绕栏练习、跳摆练习、体操练习等	注意练习中的正确姿态和身体发力点、发力时机、动作幅度及速度要求
发展下肢快速力量	原地或助跑的单腿或双腿跳跃练习、跳深练习	在正确跳跃技术的要求下，注意跳跃腿的快速蹬伸与摆动环节的协调配合用力的要求
发展躯干力量	徒手或负重、静力或动力的垫上腹背肌、侧腰肌练习	注意练习姿态和动作的正确性和练习量的积累
发展核心力量	垫上、瑞士球、平衡垫、悬吊等练习	注意动作的正确性和有选择地采用与专项相结合的练习手段
发展小关节肌肉韧带力量	脚滚动、提踵、不同方向的摆腿、后收小腿、垫上腰背肌等练习	注意对足底肌、胫骨前肌、跟腱、踝关节周边韧带、屈髋肌群、股后肌群、腰背肌的练习

第六节　跳远训练计划

一、制订训练计划的依据与要求

训练计划是教练员对未来训练工作的基本决策。制订计划时既要考虑到训练竞赛目标的需要，又要考虑到训练对象和训练条件主客观提供的可能性。

（一）依据

（1）根据训练的目的和任务。

（2）根据训练年限和时间。

（3）根据训练对象的基本条件和发展可能。

（4）根据训练的场地、器材、科研等外部条件。

（二）要求

（1）在制订训练计划时，一定要从运动员的现有条件（如技术、素质、机能、心理素质、文化程度、意志品质和文化学习任务等）和未来竞赛比赛任务出发。

（2）目标和任务要具体，所采用的完成任务措施要切实可行。

（3）根据运动员的具体情况和训练目标任务确定各阶段的具体目标任务。

（4）要发挥运动员的主观能动性和训练积极性，应与运动员形成基本共识。

（5）考虑科研、训练后勤等支持部门的可能和作用，争取尽可能大的支持。

二、多年与年度训练计划

（一）多年训练计划

多年训练计划是对运动员从开始训练到成为一名优秀的跳远运动员的全过程进行的长期远景规划，也可以是运动员一个多年的训练竞赛周期，如 4 年的省运会周期、奥运会周期等。随着跳远运动水平的高度发展和竞争的日益激烈，对运动员的要求也越来越高，要想把初级运动员培养成该项目的优秀运动员，或者完成多年面向重大赛事的备战，必须充分发展专项所需要的体能、技能和心理能力。由于运动员这些竞技能力的提高和发展，需要经过长时间的训练才能逐步地实现，因此多年训练计划是保证系统的长期训练的必要条件。科学地制订运动员多年训练计划便日益受到重视。同时，多年训练也意味着面临更大的不确定性和变化可能，因此，多年训练计划是对未来几年训练的大体规划。

跳远运动员的多年训练计划应包括的主要内容如下。

（1）运动员的基本情况分析。

运动员的基本情况分析，包括以下几个方面（量化指标和定性描述相结合）。

①身体机能指标：肺活量、血型、血红蛋白、血乳酸、血压、脉搏、神经类型和视觉反应时等。如果是女队员应了解月经初潮年份等。

②形态指标：身高、下肢长 B、小腿长+足高、体重、踝围、大腿围等。

③身体素质指标：30 米站立式跑、立定三级跳远、后抛铅球、短助跑五级跨步跳、短助跑单足跳、一般耐力跑（800 米/1000 米）。

④心理指标：基本情绪、性格、气质、动机等个性心理特征。

⑤专项技术能力指标：专项成绩、跳远助跑节奏、助跑准确性、起跳技术合理性、助跑速度、跑跳结合连贯性、完整跳远技术的稳定性等。

⑥智力指标：注意力、助跑节奏感、技术学习和模仿能力、对训练的适应能力、对技术的理解能力和文化程度等。

（2）多年训练计划的目标。

跳远多年训练计划的目标是一个多层次的、有序的整体目标系统，它包括专项的多年远景目标、参加多次主要比赛的运动成绩和比赛名次目标、各阶段训练的序列目标和各种竞技能力目标。

（3）阶段划分和各阶段的任务。

根据运动员竞技能力的发展规律和现代训练的特点，可将青少年运动员的跳远训练全过程划分为：引导训练阶段（12~13 岁）、基础训练阶段（14~15 岁）、初级专项训练阶段（16~17 岁）。各阶段均有不同的任务和要求（可参考前面的介绍）。

（4）制订多年训练计划应注意以下几点。

①要保证训练的连贯性，每年之间的衔接和在一年内各个时期的衔接要安排好。

②根据每年提高运动员技能的生理限度安排负荷量，如规定每年跑跳次数和强度、速度和距离、跳跃的次数和负荷的总量。

③有目的地逐年提高运动员专业理论水平，提高分析能力，培养独立思考能力，增强练习的自觉性。

④有目的地培养运动员的意志品质，鼓励他们在训练中克服困难，在比赛中勇于与强手竞争。

⑤在训练中要保持一定的教学因素的比例，这不但对新手掌握技术、改进技术有利，而且对运动员巩固和熟练已掌握的跳远技术或矫正错误也是必不可少的。

在青少年跳远运动员多年训练的过程中，应该逐年提高专项跳跃和高速跑的次数和强度，并做到因人而异，有针对性地安排训练内容和负荷，见表 6-13。

表 6-13　青少年跳远运动员的阶段训练安排

内容	12~13 岁	14~15 岁	16~17 岁
身体训练	80%	60%	50%
专项训练	20%	40%	50%
不同助跑距离的跳远（跳次/年）	≤1000	≤2000	≤3000
各种形式的跳跃练习（跳次/年）	≤2000	≤3000	≤4000
不同距离的速度练习（千米/年）	40~50	40~50	40~45
各种力量练习（组/年）	徒手或轻器械为主 500~1000	轻中负荷或器械 1000~1500	逐渐增加大负荷 1500~2000

全年训练中，每个时期训练的内容比例不同。从表 6-13 可见，青少年时期，身体训练占的比例较大，基础训练阶段和初级阶段专项技术训练开始逐渐增加；跑、跳、力量等各项练习也从一般练习逐渐到专项练习；各项练习的量、强度也逐渐增加。这种训练安排，有利于运动员在训练中渐渐适应训练负荷的安排，从而减少伤病的发生概率，最终为运动员取得优异成绩和延长运动寿命打好基础。

（二）年度训练计划

年度训练计划是对未来一年训练的规划。它是依据运动员的当前条件和未来竞赛任务、训练主要发展来制订的，也是教练员对未来一年训练的总体设计，如无意外，应基本按照本年度训练计划完成各阶段的训练工作。

1. 年度训练计划内容

（1）运动员的基本情况。

包括运动员的基本情况（年龄、身高、体重），专项成绩，身体素质，机能，专项技术特点，心理特征和竞赛表现等，以及运动员存在的主要不足和来年需要解决的主要问题。

（2）运动员的竞赛任务及年度系列竞赛安排。

（3）全年训练目标任务（一般包括身体健康促进、素质、专项和专项技术、机能、心理训练的重点、专项理论学习、竞赛能力等）。

（4）全年训练阶段划分及各阶段训练任务。

不同水平和比赛任务的青少年运动员的阶段划分和时间长短均有不同，刚参加训练的低年龄运动员采用单周期训练安排；有一定训练经历、且有上下半年不同比赛任务的运动员采用双周期训练安排；高水平运动员采用多周期训练安排。不管采用哪一种周期安排，应在全年训练过程中，安排系列比赛获不同的综合测试来检查训练效果，并以此来调控训练安排。

①准备期。

青少年处于生长发育高峰期，准备期训练应不仅注重全年训练的基础性要求，也应重视训练对青少年健康成长促进作用。单周期和双周期的第一个周期的准备期时间为上一年度的 11 月至下一年度的 3 月，双周期的第二个准备期为 7 月至 9 月，准备期的主要任务有：

·全面发展身体素质，促进健康水平，提高身体的一般能力和专项能力。

·改进和完善跳远基本技术。

·培养专项技术节奏感，养成吃苦耐劳的意志品质。

·学习专项理论知识，提高专项理论水平。

②比赛期。

竞赛期是准备期训练的继续，也是完成年度比赛、验证训练效果的重要阶段。比赛不仅应注重比赛成绩，更应注重对训练效果的检查和监测作用。竞赛期一般为每年的 5~6 月，以及下半年的 8~10 月。竞赛期的主要训练任务包括：

·保持全面身体训练的比例，以发展专项能力为主。

·巩固、稳定和娴熟地完成完整跳远技术。

· 提高竞技状态，完成比赛任务，达到预期的运动成绩和名次。

③调整期。

调整期一般为3~4周，是一年竞赛结束后，下一年度训练开始前的短暂休整阶段。调整期的主要任务包括：

· 消除比赛带来的疲劳，治疗伤病。

· 总结一年的训练情况。总结训练，讨论分析问题。运动员统计训练量和自我训练小结，然后教练员和运动员共同总结。

· 制订下一年的训练计划。根据竞赛计划，规划个人竞赛安排和目标任务，下滑年度训练计划。

· 采取积极性休息，保证每周一定的专项训练，维持训练水平。

（5）全年训练阶段训练内容比例安排。

青少年跳远运动员年度训练内容比例安排示例（表6-14）。

表6-14　青少年跳远运动员不同时期训练内容的安排比例

不同阶段	训练周期	不同训练内容安排比例		
		一般身体素质	专项能力	专项技术
12~13岁	准备期	50%	30%	20%
	竞赛期	40%	30%	30%
	调整期	70%	10%	20%
14~15岁	准备期	40%	30%	30%
	竞赛期	30%	30%	40%
	调整期	65%	15%	20%
16~17岁	准备期	30%	40%	30%
	竞赛期	20%	40%	40%
	调整期	60%	20%	20%

（6）全年训练阶段训练负荷安排（一般采用量和强度变化曲线来表示）。

（7）不同训练内容采用的主要训练手段。

根据跳远项目专项特征和运动员年度训练任务来确定训练内容，并针对各训练内容列出核心训练任务和主要训练手段，可列表。

（8）年度训练检查性测试安排。

年度检查性测试指标与基本情况的内容大致相同，也可选取其中的部分指标，便于对照监控。年度训练中应根据不同训练阶段的划分，在年度训练开始前制订训练检查性测试和检查性比赛的时间安排，并尽可能按计划执行，以达到最佳的训练监控效果。

（9）年度训练主要措施和要求。

为了保证训练进行应考虑的保障措施和注意事项。

2. 制订年度训练计划中应注意的几个问题

（1）在全年训练中，应根据运动员水平合理地安排身体素质和技术训练。在全年的各个时期中，两者的训练比例要安排好。

（2）速度训练和跳跃能力训练，在全年训练中均要安排并贯彻始终，但训练的量和强度在各个时期中有所不同。

（3）技术训练对基础阶段的运动员来说，应以掌握和改进基本技术为主，不可过早地偏重于提高运动成绩。

（4）在技术训练中，要注意基础训练，不断提高跳远运动员的跳跃能力。

（5）青少年阶段的训练，应考虑运动员的年龄特征和注意力心理特点，注重训练手段的多样化和趣味性，防止产生单调枯燥的不良训练心理，以更好地激发训练者的参与兴趣。

（6）对运动员要加强安全教育和生活常规教育，防止意外事故和伤病事故的发生。

（7）心理训练应在年度训练和比赛中进行。

（8）在制订年度训练计划时，选用的训练方法要考虑各时期、各阶段的主要任务并且有侧重，逐步提高多种能力的竞技状态。

三、周训练计划

年度训练中的不同训练阶段的周训练计划因周训练任务不同而具有不同的特征。准备期的周训练和比赛周训练计划的对比（表6–15）。

表6–15　比赛期和准备期周训练计划的对比

时间	训练期的周计划	比赛周计划
周一	速度、一般素质	发展速度、弹跳力
周二	技术（中等强度）	完善技术（中上强度）
周三	力量训练、跳跃能力	力量练习
周四	素质	休息或轻微活动
周五	技术（强度稍大）	赛前准备活动
周六	力量、速度	比赛
周日	积极性休息	积极性休息

周训练计划模板（表6-16）。

表6-16 第 ××周训练计划

训练阶段： 训练时期： 日期：

<table>
<tr><td rowspan="2">周任务</td><td colspan="2" rowspan="2">列出本周训练的主要任务和要求：素质、技术、心理、战术和身体形态等
列出本周训练负荷的要求</td><td>负荷量</td><td></td></tr>
<tr><td>负荷强度</td><td></td></tr>
<tr><td>星期</td><td>主要任务</td><td colspan="2">主要练习内容</td><td>负荷量、强度</td></tr>
<tr><td></td><td>列出本课次主要任务、内容</td><td colspan="2">列出课次的主要训练内容所采用的主要手段、训练负荷等</td><td>分别列出量和强度要求</td></tr>
<tr><td>一
（示例）</td><td>速度、核心力量</td><td colspan="2">（1）快频率高抬腿练习：10秒×4组
（2）标记跑为30米10次（标记间隔：男2米，女1.90米）
（3）垫上支撑摆腿练习：4个动作各1分钟×4组</td><td>中、中上</td></tr>
<tr><td>二</td><td></td><td colspan="2"></td><td></td></tr>
<tr><td>三</td><td></td><td colspan="2"></td><td></td></tr>
<tr><td>四</td><td></td><td colspan="2"></td><td></td></tr>
<tr><td>五</td><td></td><td colspan="2"></td><td></td></tr>
<tr><td>六</td><td></td><td colspan="2"></td><td></td></tr>
</table>

四、课时训练计划模板（表6-17）

表6-17 课时计划

年 月 日 星期 天气

<table>
<tr><td rowspan="2">训练任务</td><td colspan="2" rowspan="2">列出主要训练任务、要求
列出主要训练内容应达到的目标</td><td>负荷量</td><td></td></tr>
<tr><td>负荷强度</td><td></td></tr>
<tr><td>训练考勤</td><td></td><td>缺勤人员名单</td><td colspan="2"></td></tr>
<tr><td>训练内容</td><td colspan="2">训练组织实施</td><td colspan="2">训练组织和要求</td></tr>
<tr><td>准备部分</td><td colspan="2">本部分应列出各练习的名称、方法、练习分量或时间</td><td colspan="2">主要列出练习的基本组织教法和要求</td></tr>
<tr><td>基本部分</td><td colspan="2">依练习先后顺序列出各练习名称、方法、练习负荷量和强度要求、练习的时间和密度、间隔休息时间等，各练习的重点和难点要求也应在其中重点标出</td><td colspan="2">针对各练习内容训练组织方式和各练习的要求与注意点，并可针对个别运动员或某一群体提出有针对性的区别要求</td></tr>
</table>

（续表）

结束部分	（1）依前后顺序列出课最后的放松训练的练习内容名称、方法和时间、练习量等内容 （2）训练课小结，安排对下次训练事项	针对训练课的负荷特点和放松练习，提出放松练习的组织形式和要求；小结应有针对性和鼓励性
训练记录	必要时应准确记录每位运动员有关练习的强度和量（便于后续的训练总结和调控）	
课后小结	准确记录练习的质量和效果、存在的主要问题，以及对后续训练的建议和课后反思等	

五、根据运动员素质发展敏感期制订训练计划

跳远运动员不仅要具有速度和力量，而且他们还要具有高度的协调性，以及良好的“速度节奏感”“快速跑动中的跳跃能力”。由于青少年运动员的身体条件与成年运动员有所不同，因此，在青少年跳远运动员的训练过程中，一定要注意循序渐进。以上身体素质是运动员在身体发展的敏感时期得到培养的。

全面发展身体素质的任务虽贯穿在各个年龄阶段，但根据各素质的发展有敏感期特点，必须遵循这个规律，即把发展协调能力——发展速度能力——跑跳能力——专项用力感觉放在引导阶段和基础训练为重点，并优先发展这些素质，把最大力量素质放在第三年龄阶段以后重点发展。若违背这一规律，即过早、过多地发展最大力量将会阻碍协调能力、动作速率和动作幅度，将给成年训练带来无法弥补的损失，将大大影响运动成绩的提高。因此，结合跳远项目的年龄特征与敏感期制订训练计划，并进行训练监控是十分必要的，如表 6-18～表 6-20 所示。

表 6-18　引导训练阶段（12～13 岁）

任务		要求
技术	初步了解正确的跳远技术，掌握合理的基本技术	以基本技术练习为主，逐渐提高练习的速度和协调用力要求
	发展快速协调的起跳能力	注意完成正确练习时的动作速度
身体素质	发展全面身体素质，提高健康水平，促进身体正常发育	多样化的全面身体训练，发展和提高练习者的兴趣，使身体得到全面的发展 促进生长发育，促进身高的增长
	发展爆发力	以全身协调的跳跃发力技术为基础，提高原地和快速跑进中的跳跃能力，以及全身协调快速发力能力
	跳跃技术和能力	安排多样化的跳跃基本技术 掌握合理的跳跃基本技术和跳跃用力节奏

（续表）

任务		要求
身体素质	发展速度（动作速度、动作频率和移动速度）	注意完成练习时动作速度和动作频率要求 多种距离、多种姿势跑的练习
	发展协调性	注意动作的协调用力和放松用力感觉 掌握多样化的基本技术
	发展快速力量	正确的练习动作 徒手或轻负荷的快速力量练习 注意躯干力量的发展
	发展灵敏性	多样化的变换练习、游戏练习 发展肢体在运动中的变换、变向控制力
	发展柔韧性	采用多样化的动态柔韧性练习、静力性柔韧性练习；配合人体生长发育，提高肌肉韧带的弹性
智能	加强组织纪律性和团队精神教育，培养勇敢顽强的意志品质	配合训练事例和表扬，引导形成正确的人生观和世界观，促进育人教育

表 6-19　基础训练阶段（14~15 岁）

任务		要求
技术	掌握跳远完整技术，巩固和提高全程助跑下的快速起跳技术	逐渐形成快速助跑下的积极上板踏跳技术，避免错误动作反复出现
	发展快速起跳能力	注意动作正确和动作速度
身体素质	继续加强全面发展身体素质，进一步提高健康水平，重点是跑跳能力、协调性及柔韧性	使运动员得到全面发展
	发展专项能力	注意用力顺序，动作速度要快
	增强膝、腰、肩、肘、易伤部位的肌群力量	训练中应集中注意力
	发展速度（动作速度、动作频率和移动速度）	注意完成练习时动作速度和动作频率要求； 正确的跑技术和快速跑中的放松协调用力； 跑速的快速提高
	发展身体协调性和灵敏性	注意动作正确性和协调快速用力
	发展快速力量	正确的练习动作，防止受伤； 徒手或轻负荷的快速力量练习，逐渐增加中等负荷的快速力量训练； 注意躯干力量的发展
	发展柔韧性	采用多样化的动态柔韧性练习、静力性柔韧性练习； 继续提高肌肉韧带的弹性

（续表）

任务		要求
心理	培养比赛能力	有计划和针对性对运动员采用各种手段，使运动员在训练或比赛中学习比赛，培养比赛能力
智能	继续加强组织纪律性和道德教育，形成初步的体育精神	配合训练事例和典型范例，促进运动员的个性发展，形成初步的体育精神，促进育人教育

表 6-20　初级专项训练阶段（16~17 岁）

任务		要求
技术	熟练掌握跳远完整技术	通过分解和完整技术练习，不断完善和提升完整技术的熟练度和完成动作的效率
	发展起跳能力	着重发展快速助跑下的快速起跳能力 逐渐发展大强度的起跳能力
身体素质	进一步发展全面身体素质	在逐渐减少全面身体素质训练量和时间的同时，逐步提高全面身体素质训练的强度和效率，并逐渐增加大强度的力量训练和专项大强度的力量训练，促进专项力量能力的快速提升
	进一步提高协调快速力量	着重发展协调的高强度用力能力
	进一步发展速度	较大量的中大强度跑的练习 大量的快速动作速度和动作频率练习
	发展协调性和灵敏性	注意动作正确性
	发展柔韧性	采用动态柔韧练习提高专项柔韧能力
心理	培养和发展运动员良好的心理素质	通过观察、分析和有针对性地引导，形成积极训练心理和专项心理素质
	进一步培养比赛能力	有计划和针对性地对运动员进行各种手段，使运动员在训练或比赛中克服困难培养比赛能力
智能	继续加强组织纪律性和道德教育，形成初步的体育精神	配合训练事例和典型范例，促进运动员的个性发展，促进体育精神培养，促进运动员的发展

六、跳远训练和比赛中常见问题及应对措施

（一）跳远技术常见错误的分析及纠正（表6-21）

表6-21　跳远技术常见错误、产生原因及纠正方法

易出现技术错误	产生原因	纠正方法
助跑步点不准	①起动方式不固定 ②采用的加速方法不稳定 ③助跑最后几步节奏不稳定	①固定适用于个人习惯的起动方式反复进行练习 ②确定加速方法多加练习 ③利用标记助跑改进后几步的步长与节奏 ④采用标记节奏跑改进跑的技术稳定性
起跳蹬伸不充分	①起跳腿的蹬伸时机掌握不好 ②腿部力量太差，拉大步上板 ③摆动腿的蹬摆速度慢，摆动幅度小	①反复进行各种速度的起跳专门练习 ②发展腿部和踝关节力量 ③强调摆动腿在起跳中的重要作用，发展和提高摆动腿的摆动速度和摆动幅度
摆动腿摆动不积极	①摆动腿蹬离地面后未能及时前摆 ②摆动腿折叠不好 ③过早开始完成空中动作	①采用分解模仿练习加强摆动腿的蹬接摆技术练习，形成正确的概念和技术定型 ②通过模仿练习提高摆动腿大小腿折叠前摆技术和髋关节前摆力量 ③强调完成起跳后在开始空中动作的过程，相对于起跳完成质量，不过分强调空中动作
空中身体前旋过大	①助跑上板放脚时上体过分前倾 ②起跳后上体前倾过大，起跳角度小	①改善上板时的身体姿态 ②注意起跳时保持身体直立状态和注意起跳时的提肩拔腰动作 ③完成落地动作时注意不要过早前压上体
落地后坐	①脚触沙后，未能及时完成后续的落地技术动作 ②落地未平稳，过早地站起 ③空中腰腹过早松懈	①采用立定跳远等练习体会和改进落地技术，完成前压双脚—屈膝—前送髋，带动身体向前移过落地点的动作 ②改进落地动作的概念 ③学习和体会腰腹配合空中技术动作保持紧张的技术

（续表）

易出现技术错误	产生原因	纠正方法
双脚前后脚落地影响成绩	①侧倒落地前，身体在空中过早侧倒 ②错误的落地技术概念	①采用立定跳远等练习，学习体会正确的侧倒式落地技术动作 ②改进空中动作技术

（二）跳远比赛中常见问题（表6–22）

表6–22　跳远比赛中易出现问题、产生原因及应对措施表

易出现问题	产生原因	应对措施
助跑步点不准	①步点标志物被移动，未及时检查 ②比赛心理过度紧张造成技术失常 ③场地或气候的原因	①丈量步点后应在每次助跑前，要习惯性地检查标志物位置 ②赛前教练员应对运动员进行心理辅导，运动员也应时刻提醒自己，助跑前尝试做几次深呼吸进行调整 ③针对性地采用模拟训练，提高心理承受力和自我调控能力 ④多参加比赛以适应不同的环境和天气
比赛兼项时的处理不当	比赛日程安排所致	①学习规则，合理应用相关条例 ②针对比赛，提前准备应对方案
受对手表现的影响，导致情绪上的波动，最终影响成绩	①自信心不足 ②求胜心切，对自己要求过高	①尽量不去看对手的比赛，专心想自己的动作，按照自己的比赛节奏进行 ②摆正心态去比赛，不要把胜负看得太重
在比赛情况下错误的心理状态	①精神和心理紧张与压力有关。 ②缺乏自信	①在比赛前或期间，做放松练习(深呼吸练习、听音乐等) ②比赛之前运动员之间自拟题目进行讨论，以减轻加在自身的心理负担
赛前准备不充分，出现各种意外情况（忘带号码布、钉鞋、天气变化等）	①赛前检查不充分或准备不足 ②赛前思想上不重视	①认真对待每一次比赛，明确每次比赛的目标任务 ②采用赛前准备程序，检查每一步准备情况 ③及时了解比赛场地、比赛组织条件和水平、天气预报等资料

七、教练员在训练中所关注的焦点和在技术教学训练中的任务

在训练过程中，教练员会根据跳远技术的重点和难点对运动员进行观察。它们是决定跳远成绩的关键因素，并在此基础上改进跳远的完整技术。

（一）技术重点

（1）合理的助跑距离和节奏。

（2）稳定的助跑准确性。

（3）跑跳结合的连贯性——最后 6 步加快节奏跑上板。

（4）起跳蹬伸充分和合理的起跳角度。

（5）蹬摆配合协调。

（6）合理的空中技术和落地技术。

（二）技术难点

（1）保证完整技术动作过程的加速节奏。

（2）助跑最后阶段的加快节奏跑上板完成快速起跳技术。

（3）强有力地起跳支撑技术。

（4）起跳时协调的蹬摆配合。

（5）合理的腾起角度。

（三）技术的改进

（1）加强全程助跑跳远练习，重点强调动作的连贯性和节奏性。

（2）依据个人能力，确定助跑速度，在全程助跑中加速跑上板完成起跳。

（3）根据练习者掌握技术的情况，分别采用相应的有效手段，改进有关技术环节的动作，提高和巩固跳远完整技术。教练员要注重培养运动员分析和发现、纠正错误动作的能力，开展研究性学习活动。

（4）进行跳远完整技术的技术评定。

（5）组织各种教学比赛和测试赛。

（四）教练员在跳远技术教学训练中的任务（表6-23）

表6-23　教练员在跳远技术教学训练中的任务

阶段	目的	教练员的主要观察点	教学目标
助跑	达到尽可能大的上板速度，稳定的助跑节奏和步点	①观察助跑全程节奏是否合理 ②观察助跑最后6步的节奏是否积极加速跑上板 ③板前最后两步的身体姿态是否有利于为起跳做好准备	①形成最佳的、稳定的助跑距离和节奏 ②达到尽可能大的速度 ③准确踏板 ④为起跳做好准备
起跳	积极有力踏板起跳，蹬摆配合协调	①观察起跳腿着板技术是否积极 ②观察摆动腿的摆动是否积极 ③观察身体姿态是否合理 ④观察起跳腿髋、膝、踝蹬伸是否充分	①起跳腿积极放脚着地、蹬伸充分 ②摆动腿蹬离地面后完成早摆、快摆和摆动到位的积极快速前摆动作 ③身体保持直立上拔的姿势
空中技术	维持平衡，为落地做好准备	①观察是否为落地做好准备 ②观察空中动作节奏的合理性 ③观察肢体和躯干的动作	①发展合理的空中动作节奏 ②掌握合理的空中动作姿势
落地	安全落地	观察落地时是否有影响成绩的情况出现	掌握合理的落地技术

（五）跳远训练中应处理好的关系

1. 青少年和成年人训练的关系

田径运动员获取优异成绩的年龄段，通常是在身心发育较为成熟的成人阶段，因而在青少年训练阶段不能进行早期的专项化，只能因势利导，系统训练。

2. 技术训练与体能训练、心理素质提高的关系

三者之间全面、协调地发展，是教练员设计和实施训练计划的根本点。

3. 多年训练中的阶段特征与长期发展的衔接关系

多年训练中不同训练的任务、阶段特征和训练衔接，以及为后期发展保留必要的发展潜力和可能的问题，应是教练员必须认真思考的课题。

4. 运动负荷与训练效果的关系

训练中的运动负荷的合理性和科学性应是教练员长期面对的主要课题之一。在保持项目训练基本特征的前提下，不同训练阶段、不同训练对象、不同训练年限的负荷特征均会有所不同。单纯的大负荷和长时间的训练不一定会带来最大的训练效果。教练员应不断分析反思训练过程，不断提高运动负荷的适宜度，降低运动训练的低效和无效训练，使运动负荷的科学性不断提升。

5. 训练与比赛的关系

比赛是训练的出发点，也是检测训练效果的最佳方式。训练应按照比赛的要求进行，合理安排年度比赛计划和各比赛场次目标任务，达到训练检测、调控和比赛效果的最大化。

6. 一般体能训练和专项体能训练的关系

不同训练阶段的体能训练任务和要求有所不同，应根据运动员的训练水平和年龄特征，根据年度训练任务，合理安排一般体能和专项体能训练的关系。在速度、力量、爆发力训练中应重点突出跳远项目的专项特征，应根据跳远项目特征来确定速度、力量、爆发力训练的内容与方法手段，在动作结构、肌肉工作性质、用力时间的动力学特征及心理定向上尽可能与专项动作保持一致。

第七节　跳远训练手段和方法

跳远训练的手段和方法有很多，日常训练中可依据训练目的任务、针对解决的问题选择性使用，同时应注意各方法和手段在使用中的不同负荷量、强度和要求的不同所带来的不同效果。下面列举的是常见的跳远训练手段和方法，以及近年来一些新的练习手段，仅供参考。

一、准备活动

（一）肌肉激活——泡沫滚轴的使用

在进行跳远项目的训练或比赛前，运动员应先进行全身肌群的唤醒以达到适应训练和比赛强度的良好状态。运动员利用自重与泡沫滚轴相互作用产生的压力施加于肌肉与筋膜等软组织，能有效帮助延伸肌肉和肌腱，拆散软组织黏连，帮助小关节复位，减轻关节压力，同时增加血液的流动和软组织循环，从而达到唤醒肌群的目的。

1. 腰背肌群的唤醒

运动员两臂抱胸，将泡沫滚轴置于腰背肌群之下，两脚支撑，循序渐进地进行肌肉滚动（图 6–4）。

图 6–4 腰背肌群的唤醒

2. 臀部肌群的唤醒

运动员将泡沫滚轴置于一侧臀部肌群之下，顺着肌纤维方向进行滚动（图 6–5）。

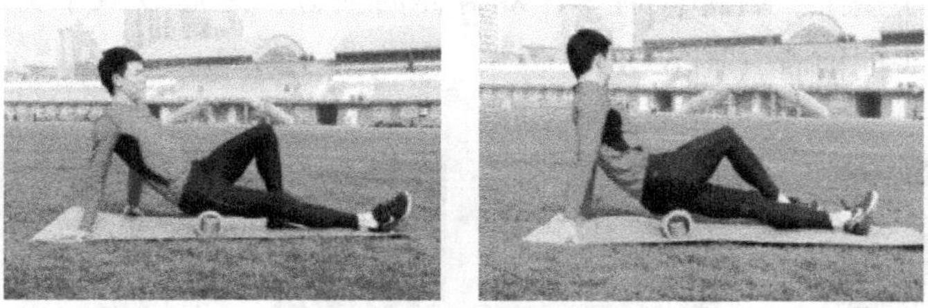

图 6–5 臀部肌群的唤醒

3. 后群肌的唤醒

运动员将泡沫滚轴置于大腿后群、内收肌群及外展肌群下，顺着肌纤维方向进行滚动（图 6–6）。

图 6–6 后群肌的唤醒

4. 小腿肌群的唤醒

运动员将泡沫滚轴置于一条小腿肌群下方，另一条小腿搭于该小腿之上，以两手为支点，泡沫滚轴顺着小腿肌纤维方向进行滚动（图 6–7）。

图 6-7　小腿肌群的唤醒

（二）垫上牵拉

垫上牵拉相对于传统杠上牵拉的好处在于运动员通过克服自身重量完成的主动牵拉，更有利于感受自身肌体的热身情况和肌肉紧张情况，一定程度地避免伤病的出现。

1. 腰腹部肌群牵拉

运动员先跪于垫上，臀部向后坐，双臂伸向前方，之后以双手为支点，臀部肌群迁移并收紧，抬头向前看（图 6-8）。

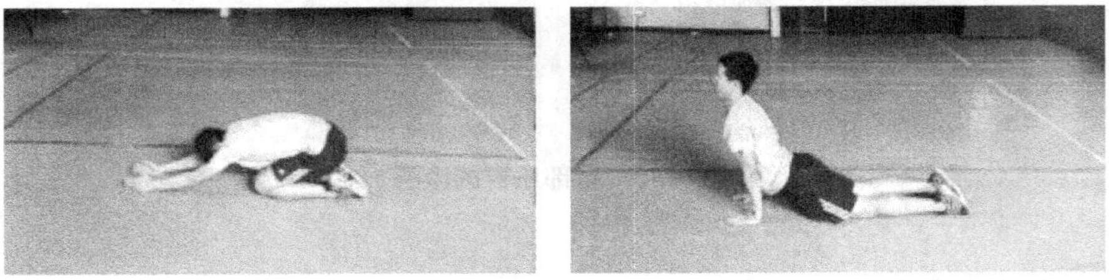

图 6-8　腰腹部肌群牵拉

2. 腰腹肌旋转牵拉

运动员躺于垫上，抬腿将髋、膝、踝角呈 90°，绕着肌体垂直轴进行旋转，尽量将一侧膝盖贴近地面（图 6-9）。

图 6-9　腰腹肌旋转牵拉

3. 臀部肌群牵拉

运动员将一侧脚踝搭于另外一侧膝盖上方，两手抱膝绕人体额状轴进行滚动（图 6–10）。

图 6–10　臀部肌群牵拉

4. 髋关节牵拉

运动员背面向上，膝肘支撑，两腿分开，膝关节呈 90°，身体沿垂直轴进行前后移动，运动员弓步跪于垫上，上体垂直于地面，避免下压，身体前后移动（图 6–11）。

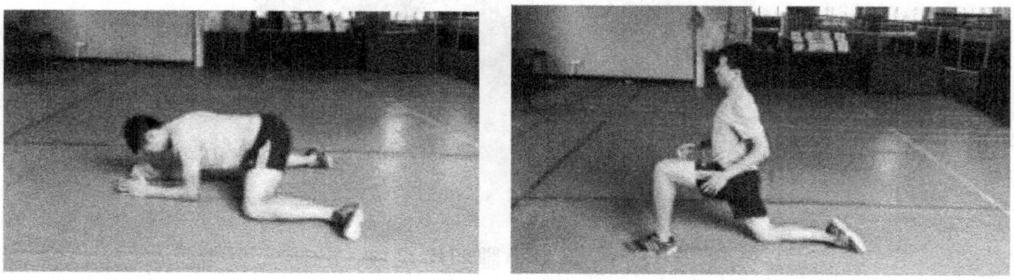

图 6–11　髋关节牵拉

5. 大腿后群肌牵拉

单膝跪于地面，双肘支撑，另外一膝伸直进行大腿内侧肌群牵拉，单膝跪地，另一侧膝盖伸直，上体下压，进行后群牵拉（图 6–12）。

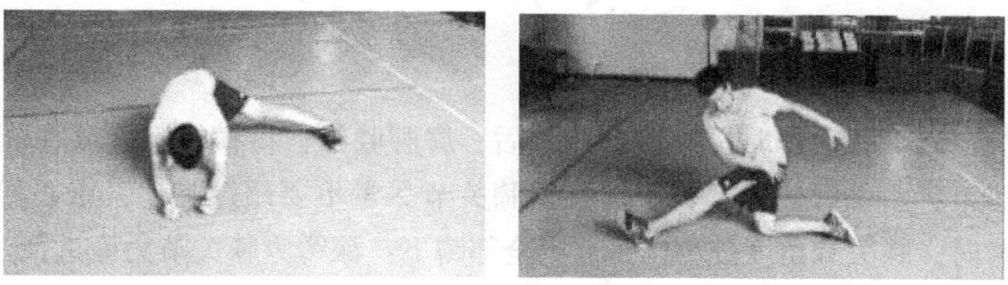

图 6–12　大腿后群肌牵拉

6. 大腿前群肌牵拉

运动员单膝跪地，上体挺直，双手从后侧抱跪地膝一侧脚踝贴近大腿（图 6-13）。

图 6-13　大腿前群肌牵拉

7. 小腿肌群牵拉

运动员单脚与双手支撑，髋部抬起，支撑侧腿蹬直，另外一侧放松，进行小腿牵拉（图 6-14）。

图 6-14　小腿肌群牵拉

二、跳远项目的力量练习

跳远项目属于速度爆发力项目，力量训练一般包括基础力量训练及专项力量训练。在从事力量练习时，运动员应在确保核心稳定的基础上完成动作，同时遵循慢下快起的原则，避免伤病的发生。

1. 全蹲、深蹲与小角度蹲

运动员在做下蹲动作时，杠铃放在颈后，肩胛收缩，将横杠准确放在隆起的斜方肌和三角肌上，两手臂侧抬，双手握杠。膝关节尽量不要超过脚尖，重心稳定，挺胸抬头。全蹲时，膝关节角度较小，接近于全部蹲下；深蹲为膝关节角度近似于 90°，小角度蹲角度为 140°～160°。同一运动员下蹲重量的安排原则是小角度蹲>深蹲>全蹲（图 6-15）。

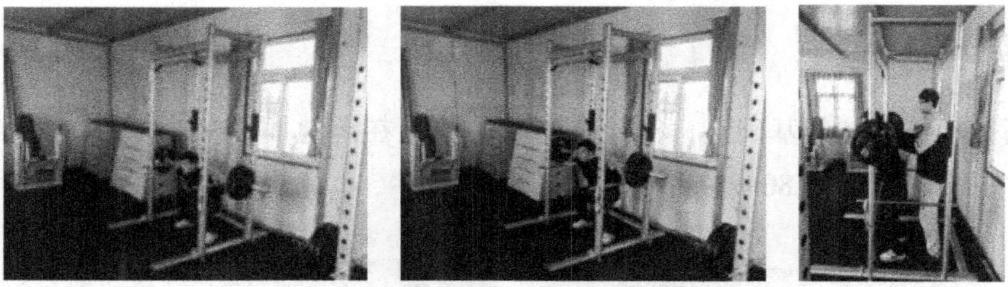

图 6-15 负重下蹲

2. 高翻

运动员腰背顶直，左右脚分开下蹲，依靠从下至上的动力链传导顺序将杠铃贴着身体翻起，当杠铃杆高度超过胸椎高度时，身体重心快速下降，同时两肘前顶，最终直立，将杠铃杆固定于锁骨之上（图 6-16）。

图 6-16 高翻

3. 抓举

运动员腰背顶直，两足左右分开下蹲，双手握杠，依从下至上的发力顺序将杠铃杆贴着身体向上提，当杠铃提到与胸同高时身体下蹲，使身体位于杠铃下，双臂伸直支撑杠铃，两腿收回（图 6-17）。

图 6-17 抓举

4. 高台高翻

在高翻动作要领的基础上，杠铃杆的起始位置在离地面 30~40 厘米的高台上，该重量为普通高翻重量的 80%左右（图 6–18）。

图 6–18　高台高翻

5. 负重单膝跪姿上高台练习

运动员将杠铃放在颈后，肩胛收缩，将横杠准确放在隆起的斜方肌和三角肌上，两手臂侧抬，双手握杠。起始动作为单膝跪地，跪地腿一步上台，之后另外一条腿的大腿抬起，膝关节放松，小腿自然垂直于地面，也可将跪姿改为前后弓步支撑接单腿登上高台练习（图 6–19）。

图 6–19　负重单膝跪姿上高台练习

6. 单手负重单膝跪姿上高台

起始动作为运动员单膝跪地，跪地一侧手于肩上持一个壶铃，跪地腿一步上台，之后另外一条腿大腿抬起，同时持壶铃手上举，膝关节放松，小腿自然垂直于地面（图 6–20）。

图 6-20　单手负重单膝跪姿上高台

7. 负杠铃（穿沙衣）弓步走

肩负轻重量杠铃，做“大步”弓步走，注意向前迈步时应高抬大腿迈出，并以全脚掌着地。沙衣重量因人而异（图 6-21）。

图 6-21　负重弓步走

8. 负杠铃（穿沙衣）前后弓步交换跳

肩负轻重量杠铃，做快速的弓步交换跳，注意跳跃中不应过度下蹲。沙衣重量因人而异（图 6-22）。

图 6-22　负重前后弓步交换跳

三、跳远项目的速度练习

助跑速度是决定跳远成绩的主要因素之一。现代跳远技术提倡在高速助跑下迅速完成起跳。跳远运动员的速度训练应从跑跳技术角度出发，发展跑、跳的动作速度和30~50米的速度能力，以下列举几种速度能力训练方法。

1. 最大髋角抬腿

运动员髋关节与单侧膝关节固定弹力带，髋角最大幅度打开，同时进行快速抬腿动作。在做动作的同时支撑腿一侧与上体尽量保持一条直线，运动员在抬腿时应避免上体下压。

2. 垂直抗阻快速抬腿

一根弹力带一端固定运动员一侧膝关节，另一端固定另一侧踝关节，做动作时运动员上体尽量保持正直，进行快速抬腿的动作（图 6-23）。

图 6-23　垂直抗阻快速抬腿

3. 后侧抗阻快速抬腿

运动员髋关节与单侧膝关节固定弹力带，做动作时运动员上体应尽量保持正直，进行快速抬腿的动作，注意练习时应保持身体直立和重心前移的蹬伸姿势（图 6-24）。

图 6-24　后侧抗阻快速抬腿

4. 弹力带牵拉后摆腿

运动员双手扶墙（肋木架或横杆），面向墙（肋木架或横杆），身体成直立前倾姿势，单脚支撑，另一只脚的踝关节固定弹力带，完成由高抬腿开始的快速下压后摆动作（图 6–25）。

图 6–25　弹力带牵拉后摆腿

5. 支撑弹力带牵拉快速高抬腿

运动员身体前倾成 60°，双手扶墙固定上体，双脚踝关节固定弹力带，完成 10 秒的快速高抬腿练习。练习中，注意身体保持直立前倾姿势，抬腿时注意带髋前摆（图 6–26）。

图 6–26　弹力带牵拉快速高抬腿

6. 阻力橇抗阻跑

运动员进行 30~50 米的高重心阻力橇抗阻跑，牵拉重量应适宜（图 6–27）。

图 6–27　阻力橇抗阻跑

7. 弹力带抗阻跑

辅助人员通过弹力带从后方对运动员施加阻力，进行 30~60 米冲刺跑，注意牵拉人的力量应适宜，不应过大（图 6-28）。

图 6-28　弹力带抗阻跑

8. 行进间小栏架跑

运动员进行行进间跑小栏架练习，目的是提高运动员在加速跑过程中的快速步频能力（图 6-29）。

图 6-29　行进间小栏架跑

四、跳远项目的跳跃能力练习

运动员的跳跃能力是跳远项目训练的重点，也是跳远训练的重要组成部分。跳跃练习的目的是肌肉弹性增加和神经、肌肉功能的适应性变化。其中，跳深练习是运动员跳跃能力培养的重要手段，跳深练习属于肌肉的超等长练习，它是一种运动中连贯的肌肉拉长收缩运动，在人体从高处跳下落地时产生制动，在制动的离心阶段，肌肉因制动向下运动的身体受重力的作用被迫拉长，随后人体向上运动，这是加速的向心阶段，此阶段肌肉迅速缩短，所以反应收缩形式是一种高度活动的拉长收缩周期形式。

1. 垫步跳

运动员进行快速抬腿与放腿动作，在接触地面后快速支撑伸直，同时另一侧快速抬起，在完成动作的同时上体保持正直，两臂配合运动（图 6-30）。

图 6-30　垫步跳

2. 直腿双足纵跳

运动员双臂摆动进行直腿纵跳，在落地瞬间，要全脚掌着地，体会作用力从足底传达到头顶的感觉，避免只用前脚掌落地（图 6-31）。

图 6-31　直腿双足纵跳

3. 双支撑跳深

运动员从跳凳下落前由一侧足引领，落地瞬间双脚全脚掌支撑，此后快速反应跳上另一个跳凳。此动作可以设置两个跳凳不同的高度与距离，以设置的高度差与距离差来训练运动员的快速支撑与起跳反应能力（图 6–32）。

图 6–32　双支撑跳深

4. 单足跳深

运动员从跳凳下落前由一侧足引领，落地瞬间引领足全脚掌支撑，此后单足快速反应跳上另一个跳凳。此动作可以将两个跳凳设置成不同的高度与距离，以设置的高度差与距离差来训练运动员的快速支撑与起跳反应能力。此外，也可以设置引领一侧脚支撑快速反应跳后与另一侧脚空中交换，最终另一侧脚接触另一个跳凳的动作，以体会空中交换腿的感觉（图 6–33）。

图 6–33　单足跳深

5. 原地支撑起跳上跳凳

运动员原地半蹲，两臂后摆为准备姿势，后通过两臂的带动及下肢快速蹬伸，在空中身体尽量保持正直，最终双脚同时落于跳凳之上，并保持半蹲姿势（图 6–34）。

图 6-34　原地支撑起跳上跳凳

6. 一步垫步起跳上跳台（图 6-35）

图 6-35　一步垫步起跳上跳台

五、跳远项目的专项练习

跳远是一个以速度为基础，以力量为主导的项目。运动员能否在最大助跑速度的基础上完成起跳技术是决定最终成绩的关键，因此需要采用针对专项的训练手段来提高运动员的即时感觉，以下列举几种专项训练手段，以帮助运动员体会专项技巧。

1. 橡皮筋抗阻专项练习

运动员髋关节与摆动腿膝关节固定弹力带，做一步起跳技术，辅助人员在运动员起跳瞬间拉紧弹力带，给予运动员相应的阻力。在做此动作前，运动员应积极抗阻，同时把起跳技术尽可能完善地表现出来（图 6-36）。

图 6-36　橡皮筋抗阻专项练习

2. 超等长起跳练习

运动员从跳台一侧进行跳深练习，起跳技术结束后跳过障碍物，以此来保障运动员的起跳角度（图 6-37）。

图 6-37　超等长起跳练习

3. 橡皮筋抗阻超等长起跳练习

运动员髋关节固定橡皮筋，从跳台一侧进行跳深起跳练习，起跳技术结束后跳过障碍物，整个过程运动员要一直对抗橡皮筋的阻力（图 6-38）。

图 6-38 橡皮筋抗阻超等长起跳练习

4. 橡皮筋减阻超等长起跳练习

在运动员髋关节处固定橡皮筋，从跳台一侧进行跳深练习，起跳技术结束后跳过障碍物。在整个过程中，运动员通过橡皮筋减小阻力，来提高高速状态下的起跳能力（图 6-39）。

图 6-39 橡皮筋减阻超等长起跳练习

5. 垫上收腿练习

运动员坐于垫上，双手支撑于身体后方，快速屈腿收腹，前群贴近胸部，之后膝关节向上伸直，慢慢放下，在放下的过程中，运动员双脚在空中画弧。整个运动过程，运动员上体保持正直（图 6-40）。

图 6-40 垫上收腿练习

6. 肋木收双腿练习

运动员双手握于肋木上，快速屈腿收腹，前群贴近胸部，之后膝关节向上伸直，慢慢放下，在放下的过程中，运动员双脚在空中画弧（图 6-41）。

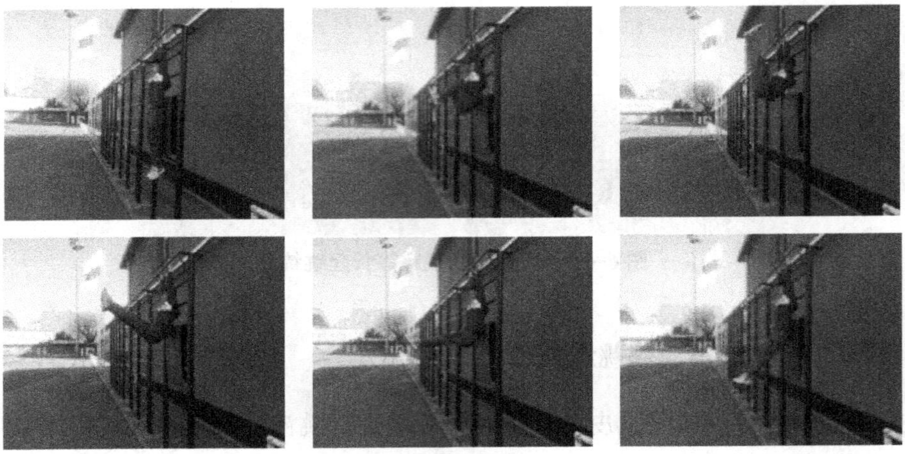

图 6-41　肋木收双腿练习

7. 肋木收单腿练习

运动员双手握于肋木上，单侧腿快速屈腿收腹，大腿前群肌肉贴近胸部，此后另一条腿举起，最后两条腿向上伸直，慢慢放下。在放下的过程中，运动员双脚在空中画弧（图 6-42）。

图 6-42　肋木收单腿练习

第八节 跳远运动员的心理训练、训练监控、恢复训练与伤病预防

一、心理训练

（一）专项心理特征

心理训练的任务是为了使运动员充满信心地参加训练和比赛，以获得良好的训练和比赛效果而进行的心理准备和调节。跳远运动员参加重大比赛，不仅会消耗很大的体力，而且也要消耗很大的心理能量，所以运动员不仅要有良好的身体与技术训练水平，还必须具备良好的心理素质。通过心理训练，使运动员在训练和比赛时的心理机能和个人心理特征得到良好的发展。

（二）专项必备的心理品质

跳远运动员应该具备必胜的信心，顽强的意志，自我控制能力，以及果断、独立的心理素质。只有将心理训练列入训练计划中并同身体训练、技术训练和战术训练有机结合起来，才能使运动员在紧张而激烈的训练和比赛中，保证心理上的稳定，获得专项的心理素质，在平时训练比赛中达到最佳状态。

（三）心理训练手段

（1）教练员应该有计划、有针对性地通过多种形式给运动员做思想引导工作，树立正确的训练目的，正确对待训练中的困难，正确对待比赛，正确认识自己的优缺点，从而不断提高克服自己弱点的能力。

（2）在训练中培养运动员独立克服各种困难完成训练任务的能力。

（3）在不同的条件下参加测试和比赛、培养自我调节能力和抗干扰的能力。

（4）模拟训练是提高比赛能力不可或缺的环节之一，为了迎接重大比赛，要根据比赛日程、比赛地点、气候、场地、对手等进行尽可能相同条件的模拟训练。

（四）赛前易出现的心理障碍及其克服办法

在跳远比赛时造成运动员心理障碍的因素有很多，如对比赛结果的定位、获胜的渴望程度、场地、对手、观众、气候等，都会影响运动员的比赛情绪，从而打乱运动员的比赛计划，出现思想紧张，动作僵硬、不协调，技术变形等现象，最终影响比赛成绩。因此，运动员应进行全面的身体素质训练和心理训练，提高和保持竞技状态，

掌握合理技术，树立信心。赛前进行放松练习，转移注意力，减轻紧张和焦虑的程度，放松心情，调至最佳备战状态。

二、训练监控

身体机能监控是科学掌握训练过程的重要手段，教练员可以在有条件的情况下，采取以下几种方法对运动员的训练进行监控。

（一）生理、生化指标监控

运动员身体机能评定是一个多指标、多层次、多因素的整体综合评定，可根据评定的目的和测试对象的年龄、运动专项、训练水平等具体情况选择测试指标。目前，用于评定运动员机能状况的生化指标涉及心血管系统、内分泌系统、免疫系统、氧转化系统、骨骼肌及组织损伤、物质与能量代谢及代谢调节能力、神经系统等各方面，具体情况见表 6-24。

表 6-24　生理、生化评定指标

评定系统	指标
心血管系统	心率、血压、心电图（T/R）
免疫系统	谷氨酰胺、IgG、IgM、IgA、CD4/CD8、NK 细胞
内分泌系统	血睾酮、皮质醇、T/C、GH
氧转化系统	Hb、Hct、RBC、血清铁蛋白、转铁蛋白
骨骼肌及组织损伤	CK、LDK、ALT、肌红蛋白、蛋组氨酸
物质与能量代谢系统	体重、体脂%、血尿素、氨基酸

（二）自我监控

在运动实践中，自我检查意识和方法有主观和客观两个方面。

（1）主观方面：饮食、睡眠、排汗量、神经反应、训练欲望等。

（2）客观方面：血压、心率、体重、心理等是否有异常现象。

三、恢复训练

（一）身体疲劳的表现

（1）肌肉僵硬、肿胀、酸痛等；

（2）脉压减少，心率异常、血色素下降等；
（3）反应迟钝，头痛、头晕，精神萎靡，注意力不集中，情绪激动等。

（二）恢复方法与手段

（1）自身恢复：运动员训练后，可通过慢跑、深呼吸、自我放松、拉伸练习、变换节奏、休息睡眠、简单游戏与文娱活动等方法促进疲劳恢复。
（2）物理恢复：如理疗、针灸、热水浴、桑拿浴、电刺激等。
（3）生理生化恢复：主要以食补为主，同时注意维生素、微量元素、电解质的补充。

四、伤病预防

在训练过程中要高度重视对运动员的防伤防病，它对运动员今后的发展前途和运动生涯有着重要的影响。运动员在训练中发生伤害事故的责任是教练员和运动员双方的，所以防止伤害事故的发生必须由教练员做起，从实际出发，切实做好运动员的训练监督工作。

（一）产生伤病的主要原因

（1）对预防运动损伤的意义认识不足；
（2）缺乏准备活动或准备活动不合理；
（3）运动负荷安排不当；
（4）局部长期负荷过大；
（5）训练后恢复放松不够；
（6）场地器材选用不当。

（二）应对措施

运动损伤的预防是针对造成运动损伤的原因而进行的，从造成运动损伤的特点和原因可知，运动损伤的预防措施有以下几方面：
（1）加强防伤观念，保持安全意识，克服麻痹思想；
（2）认真做好准备活动；
（3）合理安排好运动负荷；
（4）重视训练后的恢复放松；
（5）加强易伤部位的建设性训练；
（6）出现伤病后应及时治疗，在伤病恢复期间不宜进行大负荷训练；
（7）加强场地器材的安全措施和安全检查。

第七章 三级跳远

第一节 三级跳远项目特性与发展趋势

一、项目特性

三级跳远比赛的目的是通过连续的三次跳跃达到尽可能远的水平距离。比赛规则规定，三级跳远的前两跳（单足跳和跨步跳）必须由一条腿来完成，而第三跳（跳跃）则由另一条腿来完成。虽然，跳远和三级跳远项目在助跑与起跳等方面有一些相似的地方，但三级跳远的技术要更为复杂，需要更高的技巧。因此说，跳远和三级跳远技术有本质的区别。

（一）助跑技术特性

助跑的目的是获得尽可能高的水平速度，以及为单足跳的起跳做好准备。助跑的距离取决于运动员的加速能力。加速能力强的运动员一般助跑的距离较短，反之助跑的距离则长。优秀三级跳远运动员（包括男子和女子）的助跑距离一般在35~50米之间（18~23步），青少年三级跳远运动员一般都采用相对短的助跑距离。

运动员随着在助跑道上的向前跑进，步频和步长的增加，身体逐渐抬起成正直。在助跑的最后几步，运动员用前脚掌着地，大腿高抬，避免拉大步，以便于保持上体接近正直的姿势。运动员在最后3~6步的助跑中，应该适当地减小步长，加快步频，从而为起跳做好准备。目前，优秀三级跳远运动员的助跑步数有增加的趋势，距离有所加长；助跑最后几步更加积极向前，助跑与起跳结合更加自然；整个助跑快速、轻松、与平跑技术十分接近，这也是三级跳远项目与跳远项目助跑技术的区别。

（二）速度特性

水平速度是决定三级跳远成绩的关键因素。我们应该强调助跑的速度、各跳的快速跳跃及在三跳中保持水平速度的重要性。因此，对于三级跳远运动员来说，速度是最为重要的。

（三）跳跃特性

三级跳远项目的跳跃能力与其他跳跃项目是有区别的。跳高项目是要通过一次起跳获得最大的高度，跳远项目是通过一次起跳获得最大的远度，而三级跳远项目则是通过三次连续起跳获得最大的远度，而且，这种三次跳跃是在很高的速度下用单腿连续完成的。因此，要求三级跳远运动员必须具备单腿连续的快速跳跃能力，这种能力是任何其他项目所不具有的。

此外，三级跳远三跳技术动作的协调性、节奏及平衡能力也都是优秀三级跳远运动员应该具备的特性。

二、发展趋势

三级跳远是一个对身体素质要求较高、技术比较复杂、身体素质与技术高度统一的项目。正是由于它的这一特殊性，该项目自二百多年前出现以来，技术一直在不断发生着变化。由最初的自由式跳法逐渐发展到高跳型和平跳型技术，现在又出现了速度型技术，速度型技术是现在和未来三级跳远技术发展的必然趋势。

三级跳远技术水平近20年来有了较大的发展，世界纪录多次被打破，在1995年第5届世界田径锦标赛上，英国的优秀运动员爱得华兹以18.29米的优异成绩创造了新的世界纪录（表7-1，表7-2）。这向世人展示出三级跳远技术已达到了一个崭新的阶段。过去，三级跳远技术由高跳型发展为平跳型，而现在又出现了由平跳型向速度型方向发展的趋势。

表7-1　高跳型世界优秀三级跳远运动员的三跳远度和比例　　单位：米

姓名	第一跳	第二跳	第三跳	成绩
萨涅耶夫	6.63（38.01%）	4.88（27.98%）	5.93（34.01%）	17.44
谢尔巴科夫	6.07（36.90%）	5.15（31.20%）	5.24（31.90%）	16.46
里雅霍夫斯基	6.46（38.30%）	4.97（29.90%）	5.16（31.80%）	16.59
克列耶尔	6.50（38.90%）	5.07（30.30%）	5.14（30.80%）	16.71

表 7-2　平跳型世界优秀三级跳远运动员的三跳远度和比例　　单位：米

姓名	第一跳	第二跳	第三跳	成绩
施密特	6.00（35.20%）	5.02（29.50%）	6.01（35.30%）	17.03
科瓦连科	6.00（34.3%）	5.40（31.0%）	6.04（34.7%）	17.42
萨克尔金	6.11（35.1%）	5.22（29.9%）	6.10（35.0%）	17.43

速度型三级跳远技术目前还未引起人们的广泛注意。这种技术实际上是在平跳型基础上发展起来的，它继承了平跳型技术的优点，更加强调发挥和保持水平速度。与平跳型技术相比，最突出的特点是第三跳的远度明显加大（表 7-3）。这种技术实际上在 1975 年巴西著名运动员奥利维拉跳 17.89 米时就已出现。1985 年美国运动员班克斯采用这种技术跳了 17.97 米。继之而来的是美国著名三级跳远运动员康利，他在 1992 年第 25 届奥运会上以 18.17 米的优异成绩夺冠。虽然由于超风速（2.1 米/秒）而未被承认为新的世界纪录，但康利是第一个突破 18 米大关的三级跳远运动员。

表 7-3　速度型世界优秀三级跳远运动员的三跳远度和比例　　单位：米

姓名	第一跳	第二跳	第三跳	成绩
奥利维拉	6.10（34.0%）	5.40（30.0%）	6.39（36.0%）	17.89
班克斯	6.32（35.1%）	4.96（27.6%）	6.69（37.3%）	17.97
康利	5.70（32.0%）	5.50（30.0%）	7.00（38.0%）	18.17
爱德华兹	6.22（34.0%）	5.48（30.0%）	6.59（36.0%）	18.29

速度型技术突出一个“快”字，即助跑快、三跳节奏快。强调在力量练习和跳跃练习中的快速用力，同时均衡发展两腿的跳跃能力，尤其是弱腿的跳跃能力。我们注意到，这类运动员不仅在第三跳中表现出很强的实力，而且绝大部分在空中动作中都采用挺身式或走步式，这说明运动员在第三跳中的弱腿跳远能力很强。当然，第三跳的远度与助跑中发挥的水平速度和在第一跳及第三跳中保持的水平速度有直接关系。速度型的运动员更加注重速度训练，他们都具有较高的速度素质，如奥利维拉的 100 米成绩为 10 秒 4，班克斯的 100 米成绩为 10 秒 3。同时他们还具备很强的跳跃能力，如班克斯的跳远成绩为 8.28 米，康利的跳远成绩为 8.43 米，奥利维拉的跳远成绩为 8.20 米，有关资料记载，他的弱腿也可跳过 8 米。此外，在技术练习中一般以全程助跑完整技术练习为主。值得注意的是，速度型的三级跳远运动员在技术练习时，更加注重发挥和利用水平速度，尽量减少水平速度的损失。

在 1995 年第 5 届世界锦标赛上，英国运动员爱得华兹以 18.29 米的优异成绩打破了世界纪录。他的三级跳远技术近乎完美，爱得华兹这惊人的一跳，不仅标志着三级跳远成绩达到了一个前所未有的水平，而且向人们展示出三级跳远技术也达到了一个崭新的阶段。毫无疑问，速度型技术是当今世界三级跳远技术发展的必然趋势，这一点应该引起我们的重视。

根据目前三级跳远技术的发展状况，经过我们的分析认为，未来三级跳远技术的发展应该具备以下特点。

（1）为了获得更大的水平速度，其助跑步数会有所增加，距离会有所加长。助跑最后几步更加积极向前，与第一跳结合更加自然。整个助跑快速轻松，与平跑技术十分接近。从奥运会及世界大赛的统计资料来分析，三级跳远运动员的助跑距离有加长的趋势。其主要原因在于，运动员为了在起跳前获得更大的助跑速度。

（2）过去一贯强调的扒地或刨地技术动作将不再成为技术重点。运动员的注意力主要集中在快速用力上，即助跑快，在完成正确技术动作前提下的三跳节奏快，以及完整技术各环节的快速自然衔接。

（3）单足跳和跨步跳时的着地动作更加自然，接近走和跑的着地动作。着地点恰到好处，最大限度地减少了水平速度的损失。并且身体重心正好压在支撑腿上，支撑和用力蹬伸程度加大，使得着地动作更加集中用力。因而，我们认为三级跳远的着地技术应该重点强调集中用力，也就是要集运动员的意志、着地时的摆动和蹬伸动作，以及身体各部位的协调配合于一点，并作用于身体重心。如果过分强调扒地或刨地技术动作，容易造成着地制动和过早或过晚发力，使力量不能很好地集中作用于身体重心。结果往往是打击地面的声音很响，而实际效果却不好。

（4）重视加强弱腿的跳远技术，在第三跳中弱腿采用挺身或走步式动作，充分发挥弱腿的跳远能力，以其获得最大的远度。

第二节　三级跳远技术

比赛规则规定，三级跳远的前两跳（单足跳和跨步跳）必须由一条腿来完成，而第三跳（跳跃）则由另一条腿来完成。三级跳远技术可以分为以下几个阶段：助跑、单足跳（第一跳）、跨步跳（第二跳）、跳跃（第三跳）。三跳中的每一跳均可以进一步分为起跳、腾空和落地阶段（图 7-1）。

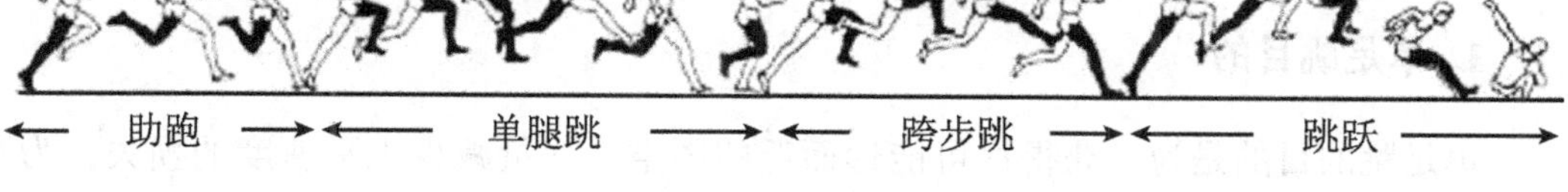

图 7-1　三级跳远技术阶段划分示意图

一、助跑阶段（图 7-2）

1. 助跑目的

助跑的目的是为了获得尽可能高的水平速度，为单足跳的起跳做好准备。

2. 动作特征

随着运动员在助跑道上的向前跑进，步频和步长的加快，身体逐渐抬起成正直。在助跑的最后几步，运动员用前脚掌着地，大腿高抬，避免拉大步，以便于保持上体接近正直的姿势。运动员在最后 3~6 步的助跑中，应该适当地减小步长，加快步频，从而为起跳做好准备。

目前，优秀三级跳远运动员的助跑步数有增加的趋势，距离有所加长。助跑最后几步更加积极向前，助跑与起跳结合更加自然。整个助跑快速、轻松、与平跑技术十分接近。这也是三级跳远项目与跳远项目助跑的最本质区别。

助跑的距离取决于运动员的加速能力，加速能力强的运动员一般助跑的距离较短，反之助跑的距离则长。优秀三级跳远运动员（包括男子和女子）的助跑距离一般在 35~50 米之间（18~23 步）。技术水平低的三级跳远运动员一般都采用较短的助跑距离。

图 7-2　助跑技术示意图

二、单足跳（第一跳）阶段（图 7-3）

1. 单足跳目的

单足跳的目的是为了获得尽可能远而低的腾空，尽量减少水平速度的损失，为跨步跳的起跳做好准备。

2. 动作特征

助跑最后一步时，摆动腿积极有力地蹬地，起跳腿以积极、自然的动作快速踏上起跳板，起跳腿在前迈时大腿时抬得要比平时跑时稍低一些。此时，上体保持垂直或适当前倾，起跳脚的着地点离身体重心的投影点较近，一般优秀运动员的着地角度为69°±3°。

起跳脚着地后，由于冲击力的作用而迫使膝关节弯曲，随着身体的前移，上体和骨盆应快速前移，同时摆动腿大小腿折叠积极前摆，整个身体像一个压紧的弹簧，处于蹬伸前的最有利姿势。

随着身体的快速前移，起跳腿要及时进行快速的蹬伸动作，与此同时，摆动腿和两臂迅速向前上方做大幅度的摆动。起跳结束时，上体正直，起跳腿的髋、膝、踝三个关节充分伸直，摆动腿屈膝高抬，同时抬头、挺胸、两臂摆起。此时的腾起角对运动员来说是非常重要的，过大地腾起角会导致损失过多的水平速度，而且会使运动员腾空抛物线的轨迹加大，增加第二跳起跳腿的负荷，从而影响到以后的跳跃，理想的起跳角应该在12°~15°之间。

起跳结束后运动员进入腾空阶段，在保持一段“腾空步”后（约三分之一的距离），摆动腿开始向下、向后摆动，同时起跳腿屈膝，大小腿收紧，脚跟贴近臀部，积极前摆。接着摆动腿后摆，起跳腿向前高抬，小腿自然下垂，完成换步动作。换步动作结束后，起跳腿继续向前上方提拉，髋部积极前送，摆动腿和两臂向后摆至最大幅度。运动员的换步动作的时机应该掌握好，过早或过晚都会对着地动作产生不良影响。

单足跳的起跳应将助跑和腾空阶段有机地联系在一起，其跳跃的抛物线轨迹应该相对平而向前。运动员在这时要明确地认识到，单足跳是助跑的一部分。正确的起跳技术是：起跳脚在着地过程中做积极的扒地动作，避免过大的制动，以减少水平速度的损失；此外，在着地时身体重心正好位于起跳脚的上方，脚踝部爆发式的蹬伸，起跳腿蹬并高抬膝部积极向前摆动。

因为跨步跳和单足跳使用的是同一条腿，所以起跳腿的选择是十分重要的。假设运动员两腿的跳跃能力相同，那么就应该选择动作速度快的那个腿来完成前两跳。

图 7–3　单足跳技术示意图

三、跨步跳（第二跳）阶段（图 7–4）

1. 跨步跳目的

跨步跳的目的是为了获得更长的腾空时间和远度，维持空中的身体平衡，为跳跃的起跳做好准备。

2. 动作特征

跨步跳的起跳实际上是从第一跳腾空后开始的。在第一跳腾空的后三分之一段时，运动员的身体开始下降。此时，起跳腿继续高抬，摆动腿充分后摆，以加大两大腿之间的夹角。同时两臂摆到身体的侧后方，为起跳做好准备。由于身体从高处快速下落着地而产生了很大的冲击力，这就给第二跳的起跳增大了难度。

起跳腿积极下压，做有力的扒地动作，同时摆动腿和两臂用力地向前摆动。为了避免由于巨大的冲击力而造成的过分缓冲，运动员在着地时，髋、膝、踝部有关肌肉要保持紧张，使着地动作富有弹性，身体重心保持在较高的位置。运动员的身体要尽量保持正直。

起跳腿着地后要及时屈膝、屈踝，进行适当的缓冲，以使身体快速前移。当身体重心接近支撑点上方时，摆动腿和两臂快速有力地向前上方摆动，身体向上伸展，起跳腿进行快速有力的蹬伸动作。在蹬离地面的瞬间，起跳腿的髋、膝、踝三关节应充分蹬直。运动员腾空后要保持较长时间的跨步姿势。摆动腿积极上提，上体前倾，起跳腿屈膝向后摆动，使两大腿的夹角达到最大。

在跨步跳的起跳过程中，两臂的动作是为了配合起跳。究竟是采用单臂摆还是双臂摆动作，取决于腾空阶段的持续时间。高水平运动员采用所谓双臂交换摆的方式，一般初学者应该采用他们原来自然摆臂的动作。

扒地动作应该在着地前就开始，像单足跳着地那样积极有力。着地点应该在身体重心投影点前适当的地方，以避免身体的前旋。着地点不可过远，否则将会产生制动。运动员用全脚掌着地，脚掌紧绷，向前滚动至前脚掌，上体伸直。

图 7–4 跨步跳技术示意图

四、跳跃（第三跳）阶段（图 7–5）

1. 跳跃目的

经过前两跳后水平速度已有明显下降，因此在第三跳中要充分利用剩余的水平速度，尽可能提高垂直速度，以获得一个较高、较远的腾空轨迹，从而取得最大的远度。

2. 动作特征

起跳腿着地后，要屈膝积极缓冲，身体快速前移，摆动腿和两臂快速有力地向前上方摆出。起跳时运动员要伸髋、伸背，上体保持正直。在起跳结束的瞬间，起跳腿的髋、膝、踝三关节充分蹬直，摆动腿和两臂高摆，以增加身体重心向上移动的距离。第三跳的腾起角稍大于前两跳，一般为 18°±2°。跳跃阶段的动作形式和所要达到的目的与跳远相同，运动员为了获得最大的远度，要尽可能地快速向前跳出，以减少水平速度的损失。

在跳跃阶段运动员可以采用跳远中的蹲踞式、挺身式或走步式技术。一般人都采用蹲踞式技术，这种动作比较适合腾空时间相对短的运动员。而采用走步式技术的运动员较少，这种技术适合腾空时间相对长的运动员。一般优秀运动员采用挺身式或走步式的技术。

在开始做落地动作的时候，运动员要低头含胸屈膝向前抬腿，同时两臂摆向前方，成团身姿势，小腿尽量前伸，以求达到最大的远度。当运动员的脚接触沙面的瞬间，上体稍微抬起，膝和髋部顺势向前。然后，身体向侧方倒下，这一动作会防止运动员在落地时的后坐。

图 7–5　跳跃阶段技术示意图

五、三级跳远各跳的目的、技术要求（表 7-4）

表 7-4　三级跳各跳的目的、技术要求

	助跑	单足跳	跨步跳	跳跃
目的	①最大的助跑速度 ②为起跳做好准备	①适宜的起跳角度和腾起速度 ②适宜的跳跃比例 ③维持身体平衡 ④尽可能减少水平速度的损失	①尽可能减少水平速度的损失 ②维持空中的身体平衡 ③适宜的跳跃比例（跨步跳的距离不能太近）	①尽可能远的距离 ②为落地做好准备 ③适宜的落地点 ④避免身体后坐
技术要求	①前脚掌着地高抬大腿积极加速（一般是 18~23 步，约 35~50 米） ②上体逐渐抬起 ③在助跑的最后 4~6 步加快步频，上体保持正直 ④在加速中进入起跳	①起跳脚快速下放接近身体重心投影点，使得起跳明显向前 ②摆动腿积极前摆，两臂摆动维持身体平衡 ③摆动腿向后摆动几乎伸直 ④起跳腿弯曲（减小摆动半径，向前摆动），大腿积极前摆	①摆动腿向后下方发力积极扒地，扒地动作以髋发力，扒地动作结束蹬离地面时支撑腿几乎伸直 ②两臂强有力地摆动及保持足够长的腾空（最好采用双臂摆） ③摆动腿的大腿高抬过水平面，与另一腿形成适宜的夹角 ④上体正直 ⑤着地脚积极着地，着地点接近身体重心投影点，为下一跳做好准备	①着地脚的着地点接近，身体重心投影点，大小腿略有弯曲 ②躯干伸直 ③两臂的动作和每一跳，一样，向前上方，然后向下向后摆动 ④两腿并陇高抬尽量向，前抛出 ⑤两膝迅速弯曲，髋部，迅速前移着地。或髋部向前抛出，两前臂向后然后向上摆动，着地时身体向一侧倒下 ⑥在落地的瞬间两臂前摆

六、三级跳远各个技术阶段的技术要点（表 7-5）

表 7-5　三级跳远各个技术阶段的技术要点

阶段	技术要点
助跑加速阶段	①站立式起动 ②跑的节奏，前脚掌着地放松跑 ③加速跑
起跳准备阶段	①加快步频 ②高抬膝 ③躯干伸直 ④送髋

（续表）

阶段	技术要点
最后一步	①支撑腿的膝关节减小缓冲的幅度 ②高抬膝跑
单足跳着地	①积极放脚，着地点接近重心投影点 ②躯干伸直
起跳	①起跳腿蹬伸 ②摆动腿屈膝高抬 ③两臂前后摆动的突停姿势
腾空	①摆动腿几乎是直腿后摆 ②起跳腿在身体下方屈膝前摆 ③起跳腿高抬膝 ④着地脚勾脚翘起 ⑤两臂交换为着地做好准备
跨步跳着地缓冲	①积极扒地，着地点接近重心投影点 ②起跳腿几乎伸直 ③躯干伸直 ④两臂交换动作 ⑤摆动腿快速前摆
起跳	①起跳腿蹬伸 ②摆动腿屈膝 90° ③摆动腿高抬 ④两臂的交换和维持平衡动作
腾空	①起跳腿略屈 ②起跳腿提拉然后下压 ③起跳腿下摆低于髋部 ④起跳腿高抬高于髋部 ⑤起跳腿屈膝 90° ⑥起跳腿的小腿前摆几乎伸直 ⑦着地脚勾脚翘起
跳跃着地	①积极扒地，着地点接近重心投影点 ②起跳腿几乎伸直 ③抬头 ④躯干伸直
起跳	①起跳腿蹬直 ②摆动腿摆至 90° ③两臂交换 ④两臂的突停动作 ⑤抬头
腾空（蹲距式技术）	①起跳后展体 ②双腿屈膝高抬 ③两臂同时上举

（续表）

阶段	技术要点
落地	①双腿并拢高抬，小腿前伸 ②躯干前倾 ③在落地时，两臂摆向躯干后方，几乎伸直 ④两臂向上摆动，带动身体侧倒

第三节　三级跳远运动员选材

当今，世界田径运动水平迅速提高，其原因除了训练的科学化程度提高及其他因素之外，科学选材也是一个重要方面。选材就是将那些在运动方面有发展前途，能创造优异成绩的天才运动员选拔出来。各国历来都对选材工作非常重视。通过近几年有关选材的研究和实际工作，我们认为，在选拔青少年三级跳远运动员时，应着重考虑下面一些因素。

一、选材的主要因素

（一）训练动机

在心理学中，动机是指能引起、维持一个人的活动并将该活动导向某一目标，以满足个体某种需要的念头、愿望、理想等。我们所讲的训练动机就是指训练的目的，运动员从事训练的动机无外乎有两种：一是以金钱为目标，二是从兴趣出发，培养自己的运动员风度，“实现自我”。

（二）心理素质

运动能力在于体力、技术和心理因素的有机结合。国外的研究表明，比赛的成功率70%归于其他方面，而30%应归于运动员的心理素质。

从国内外一些重要的比赛中可以看出，在双方实力相当的情况下，心理素质起着决定性作用。具有良好心理素质的运动员，自控能力比较强，发挥稳定，参加比赛，并能顽强地进行大强度、大运动量训练，迅速、完整地掌握技能、技巧、技术及在比赛和训练极度紧张的条件下，较好地调节自己的心理状态。

（三）身体形态

指运动员的身高、体重、四肢及身体各部分的比例关系。三级跳远运动员对身体形态要求比较高，在选材时一般要求身体瘦长，上下肢比例协调，下肢较长、小腿相对长些，跟腱长、脚弓大、足背高，但脚却相对小些、皮下脂肪少。

（四）起跳能力

在实际工作中我们体会到，跳远项目对身体素质要求较高，运动员必须具备速度、爆发力、灵敏、协调等素质，但在跳远中最重要的还是助跑速度和起跳能力，即在最短的时间内表现出最大用力，在国外也有人称之为专向协调能力，一般用起跳持续时间来作为评定标准。在苏联有人对 1967 名少年跳远运动员的起跳持续时间进行了测试，发现每 97 人中，只有一人起跳时间较短，显示出集中用力的能力。而起跳时间受训练的影响较小，可能与遗传有很大关系。为此，我们应特别注意选拔那些先天就具有较强起跳能力的少年儿童来从事三级跳远专项训练。

（五）身体素质提高幅度

目前国内外都将运动员各项身体素质提高的幅度作为选拔运动员的重要依据。根据国内外的经验，我们认为，那些身体素质原始水平较高，而且经过短期训练各项素质（尤其是速度和爆发力量）提高较快的青少年运动员，最有发展潜力。国外在这方面的研究较细，他们在对青少年运动员追踪研究的基础上，提出了评定青少年运动员身体素质的标准（表 7–6）。

表 7–6　训练一年半后各项素质提高幅度的评定表

指标	13~14 岁			15~16 岁		
	低	中	高	低	中	高
急行跳远（厘米）	≤45	46~111	≥112	≤51	52~78	≥79
20 米行进间跑（秒）	≤0. 26	0. 28~0. 44	≥0. 46	≤0. 12	0. 14~0. 28	≥0. 30
原地纵跳（厘米）	≤7	8~15	≥16	≤7	8~13	≥14
立定跳远（厘米）	≤21	22~39	≥40	≤16	17~39	≥40
立定三级跳远（厘米）	≤50	51~99	≥100	≤39	40~80	≥81
背力（公斤）	≤29	30~70	≥71	≤36	37~50	≥51

（六）遗传因素

人体的发育、身体机能及运动能力等在很大程度上受遗传因素的影响。国外的研究材料表明，优秀运动员的子女有 50%表现出很强的运动能力，但他们不一定从事与自己父母相同的项目。世界田径巨星刘易斯的父母、哥哥和妹妹都是很出色的运动员。

中国著名短跑运动员姜玉民的两个儿子也分别成为优秀的短跑和跨栏运动员。类似家系遗传影响子女的例子在国内外还有很多。但有材料表明，从父母的遗传比例来看，母亲的遗传因素更大一些。一般来说，母亲是运动员的其子女成为运动员的比例较高。

（七）神经类型

三级跳远项目在比赛中要求运动员快速、果断、准确、勇猛顽强、反应机敏。同时，由于比赛持续时间相对较长，又要求运动员保持稳定的心理状态，具有良好的自控能力，因此，在选材时要挑选灵活型、安静型的运动员。

（八）人体的发育情况

从医学角度来看，人体的发育规律是：女孩在 11～12 岁间，男孩在 13～14 间进入青春发育高潮期，持续 4～5 年左右；女孩在 9～10 岁，男孩在 11～12 岁开始发育的称为早发育，女孩在 13～14 岁，男孩在 15～16 岁还未出现发育征兆的称为晚发育。

欧美人青春发育期持续的时间较长，一般为 4～5 年，中国青少年平均比他们短一年左右。上海体育科学研究所将欧美的骨龄标准和上海的进行了比较，结果发现有两个交叉。在青春发育期前，中国的青少年发育慢，而且发育晚。到了 12～13 岁时与欧美水平一致，以后则发育速度加快，结果是发育期平均比欧美要短一年。女子稍晚于男子。

我们之所以要了解青春发育期的一般规律，是为了更准确地判断青少年运动员青春发育高潮期的出现及持续时间，最终目的是为了选拔那些正常发育而且发育时间持续长的人，也就是我们平常所说的大器晚成者。因为这部分人比其他人晚一些表现出运动能力，如不及时被发现并进行培养，很可能早就被淘汰了，中国著名运动员朱建华就属于这类人。那么，究竟如何来判断青春发育期的长短呢？目前国内外广泛采用的比较科学可靠的方法是骨龄。

在人的发育过程中，因受各方面的影响，其发育的程度是不均衡的，这就出现了日历年龄和生物年龄的提法，两者往往不完全一致。骨龄就是生物年龄的标志，是目前判断青少年身体发育水平和营养状况相对准确的方法。一般来说，骨龄偏大的人细胞分裂快、老化快，多属于早熟型，早表现出运动能力，出成绩较早，发展潜力不大。我们认为，在充分考虑各方面因素的基础上，最好挑选骨龄比日历年龄小一岁以内或与之相同的人。上海的曾凡辉先生对青少年选材颇有研究，他提出根据每年身高的增长情况来判断青春发育期的长短。进入青春期，正常的发育水平应是：第一年增长值 100%，第二年增长值 70%以上，第三年 30%，若第二年身高的增长值在第一年的 30%以下，就说明发育期缩短了。理想的标准应该是第一年 100%，第二年 90%，第三年 70%，第四年 30%。

我们在平时的观察中还发现，第二性征出现早的人一般青春发育期持续时间较短，反之则长。但也有人进入青春发育期后，发育速度缓慢，其原因可能有三种：一是发育提早结束，属于早发育型；二是营养不良或睡眠不足，处于青春发育高潮期的青少年需要足够的营养和充足的睡眠，人体的生长激素主要是在睡眠中分泌，因此充足的睡眠有利于长高。第三个可能是训练负荷过大，超出了运动员的承受能力，从而影响了身体的正常发育。为此，在青春发育期要注意加强营养，保证睡眠及安排适当的运动量。

当今，由于科学技术及宣传媒介的高度发展，各种社会因素必然会对儿童少年的身心发展产生一定的影响，这也是促成早熟的一个方面。我们对此应给予充分的重视。

综上所述，我们在选拔跳远运动员时要对运动员的各方面情况进行综合评定，在全面考虑的基础上挑选出优秀苗子进行训练。但作为教练员一定要认识到，在选材过程中，运动员的动机和心理素质往往比其他方面的因素更为重要。一个运动员的身体条件再好，若没有正确的训练动机和良好的心理素质，都不可能成为一个优秀的运动员。

二、选材指标和标准

在中国儿童少年田径运动员选材标准的研究过程中，我们按照文献研究、专家调查、实际测试、统计筛选的严格科学程序，制定了各年龄组的选材标准，并进行了回代检验，反复修订，为教练员提供了较为科学的选材依据（表 7-7～表 7-12）。

表 7-7　三级跳远运动员 12～13 岁年龄组选材标准

指标	男性标准					女性标准				
	及格	良好	优秀	良好	及格	及格	良好	优秀	良好	及格
体重/身高（克/厘米）	～249	250～	270～290	291～	330～	～249	250～	270～290	291～	330～

表 7-8　三级跳远运动员 12～13 岁年龄组选材标准

指标	男性标准			女性标准		
	及格	良好	优秀	及格	良好	优秀
身高（厘米）	～157.9	162～	170～	～153.9	158～	166～
下肢长 A/身高×100（%）	～56.4	57～	58～	～55.9	56.5～	57.5～
（下肢长 B–小腿长 A）/小腿长 A×100（%）	～96.1	94～	88～	～96.1	94～	88～

（续表）

指标	男性标准			女性标准		
	及格	良好	优秀	及格	良好	优秀
踝围/跟腱长×100（%）	~98.1	94~	88~	~98.1	94~	86~
心功能指数	~11.1	9~	5~	~11.1	9~	5~
60 米跑（秒）	~9.1	8.6~	8.0~	~9.2	8.9~	8.5~
立定三级跳远（米）	~5.90	6.6~	7.2~	~179	5.5~	6.5~
后抛铅球（米）	~6.49	7.5~	9.5~	~5.99	7.0~	9.0~
四步助跑五级跨步跳远（米）	~10.99	12.0~	14.0~	~10.49	11.5~	13.5~
眼、手反应时（毫秒）	~226	210~	175~	~236	215~	185~
三级跳远（米）	~10.69	11.80	12.50~	~9.69	10.80~	11.50~

表 7-9　三级跳远运动员 14~15 岁年龄组选材标准

指标	男性标准				女性标准					
	及格	良好	优秀	良好	及格	及格	良好	优秀	良好	及格
体重/身高（克/厘米）	~329	330~	360~380	381~	420~	~299	300~	320~330	331~	360~

表 7-10　三级跳远运动员 14~15 岁年龄组选材标准

指标	男性标准			女性标准		
	及格	良好	优秀	及格	良好	优秀
身高（厘米）	~169.9	174~	182~	~157.9	162~	170~
下肢长 A/身高×100（%）	~56.4	57.0~	58.0~	~55.9	56.5~	57.5~
（下肢长 B-小腿长 A）/小腿长 A×100（%）	~98.1	94~	88~	~96.1	94~	88~
踝围/跟腱长×100（%）	~98.1	94~	88~	~98.1	94~	86~
心功能指数	~10.1	8~	4~	~10.1	8~	4~
60 米跑（秒）	~8.5	8.0~	7.0~	~8.9	8.4~	7.6~
立定三级跳远（米）	~6.99	7.40~	8.20~	~6.59	7.00~	7.60~
后抛铅球（米）	~7.99	9.0~	11.0~	~6.99	8.0~	10.0~
四步助跑五级跨步跳远（米）	~13.99	15.5~	17.5~	~12.99	14.0~	16.0~
眼、手反应时（毫秒）	~211	195~	166~	~236	215~	185~
三级跳远（米）	~12.59	13.80	14.50~	~10.59	11.80~	12.50~

表 7-11　三级跳远运动员 16~17 岁年龄组选材标准

指标	男性标准					女性标准				
	及格	良好	优秀	良好	及格	及格	良好	优秀	良好	及格
体重/身高（克/厘米）	~349	350~	380~400	401~	440~	~309	310~	320~330	331~	360~

表 7-12　三级跳远运动员 16~17 岁年龄组选材标准

指标性标准	男性标准			女性标准		
	及格	良好	优秀	及格	良好	优秀
身高（厘米）	~174.9	179~	187~	~161.9	166~	174~
下肢长 A/身高×100（%）	~56.4	57~	58~	~55.9	56.5~	57.5~
（下肢长 B-小腿长 A）/小腿长 A×100（%）	~98.1	94~	88~	~96.1	94~	88~
踝围/跟腱长×100（%）	~98.1	94~	86~	~98.1	94~	86~
心功能指数	~9.1	7~	3~	~10.1	8~	4~
60 米跑（秒）	~7.9	7.5~	6.5~	~9.10	8.5~	7.5~
立定三级跳远（米）	~7.79	8.20~	9.0~	~6.49.	7.0~	8.0~
后抛铅球（米）	~9.99	11.0~	13.0~	~8.99	10.0~	12.0~
四步助跑五级跨步跳远（米）	~16.99	18.5~	20.8~	~14.99	16.5~	18.5~
眼、手反应时（毫秒）	~201	190~	160~	~216	200~	170~
三级跳远（米）	~13.99	14.80	15.50~	~11.99	12.80~	13.50~

第四节　三级跳远运动员各年龄阶段训练任务与要求

一、各年龄阶段生长发育特点及训练原则

少儿身体及心理的生长发育是一个由量变到质变的渐进过程，我们通常将 13~17 岁年龄阶段称为少年时期。根据少年时期的生长发育特点及我国对少年时期训练及选材的安排，一般将少年时期划分为 12~13 岁年龄阶段，14~15 岁年龄段，以及 16~17 岁年龄段。在不同的年龄阶段其训练任务也有所区别，12~13 岁年龄阶段主要是发展运动员的基本运动能力及一般身体素质。14~15 岁年龄段主要是在前一阶段训练的基础上逐渐地向专项训练过渡，训练量与强度有所增加，一般基础训练与专项训练相结合。16~17 岁年龄段主要是在全面训练的基础上发展与提高运动员的专项运动能力，

随着年龄的增长专项训练内容的比重是逐渐加大的。

（一）12~13 岁年龄阶段

1. 生长发育特点

少儿在 12~13 岁年龄正处于青春发育期的前期，在这一时期，其身体的生长发育速度较快，尤其是身体形态的变化较先前突增，因而，我们将这个年龄阶段又称为生长加速时期。

2. 神经系统特点

神经系统相对于其他器官系统的发育较早，其发育的速度也相对较快，但神经系统的抑制与分化仍然处于不断完善与提高的过程。皮质抑制的调节能力仅达到一定有限的程度，分化能力尚不完善。同时身体大肌肉群的发育相对较早，小肌肉群的发育相对较晚。在此年龄阶段，运动员虽然建立各种条件反射的速度较快，但要学习和掌握那些复杂、精细、难度较大的技术动作仍然有一定的困难。

3. 心血管系统特点

在 12~13 岁年龄阶段心脏的发育尚未完善，表现为心肌中弹性纤维成分少，因而心肌收缩的力量相对较弱。交感神经兴奋占优势，在运动中主要是依靠增加心肌收缩的次数来提高泵血的能力。一般来说，往往用最大摄氧量反映人体最大的摄氧能力。从运动员达到最大摄氧量时的心率来看，此年龄阶段的运动员在最大摄氧量时心率可达 205 次/分。从整个心血管系统的发育来看，在青春期人体心脏的发育速度快于血管的发育，如果训练安排不当，容易引起青春期高血压的一些症状。有研究资料表明，12~13 岁左右为高血压的始发年龄。

4. 骨骼与肌肉特点

骨的主要成分包括水、有机物、无机盐等物质。年龄越小，骨中水分和有机物的的含量相对较无机盐越多。软骨的成分与钙化的程度密切相关，12~13 岁年龄段骨的化学成分基本与成人相同，但钙化程度相对较低。骨富于弹性但不够坚固，在受力的作用情况下，虽然不易完全骨折但易发生弯曲和变形。该年龄段少年肌肉组织中水分含量相对较多，肌肉富于弹性，但肌肉的收缩力量相对薄弱，肌肉组织纵向发展的程度大于横向发展的程度。

5. 训练原则

此年龄段应以全面训练为主，重视速率和灵敏协调能力的发展。为了防止骨骼发生变形，训练不易采用较大重量的负重练习。在训练的过程中应以动力性练习为主，训练内容丰富且具有趣味性，训练方法手段多样化。

（二）14~15 岁年龄阶段

1. 生长发育特点

14~15 岁生长发育最显著的特点就是第二性征的发育。这个年龄段是各器官系统进一步生长发育的过程，同时也是器官系统的功能不断完善的过程。在整个过程中，量的积累逐渐引起质的变化，量变与质变经常同时进行，最终引起的是人体外部形态和内部机能上的明显变化。

2. 神经系统特点

14~15 岁年龄段，神经系统的抑制功能明显提高，分化能力不断地加强，反应的潜伏期缩短，建立条件反射的速度加快。这一年龄段青少年的神经过程灵活性较高但不稳定，主要表现为活泼好动但注意力不够集中，若持续工作的时间较长则容易引起神经疲劳。由于整个神经过程细胞的代谢能力较强，因此疲劳后能够在较短的时间内恢复。

3. 心血管系统特点

随着年龄的增长，心脏的重量逐渐增加，心肌收缩力的增强及心脏容积的扩大使心脏的射血能力大大提高。该年龄段青少年的血管壁弹性好，心血管口径相对加大，外部阻力较小。由于血管的发育速度滞后于心脏的发育速度且内分泌腺功能旺盛（如性腺、甲状腺），因而 14~15 岁左右的少年是青春期高血压发生的高峰段。

4. 骨骼与肌肉特点

骨骼的第二个快速增长期大约出现在 15 岁左右，并具有男女性别的差异。一般情况下，男性骨的增长速度快于女性。12~13 岁年龄段，骨骼的无机物逐渐增多，有机物及水分的含量逐渐减少，骨骼钙化程度增加的同时伴随着韧性下降。14~15 岁年龄段肌肉的发育速度开始加快，此时肌肉发育最显著的特点是小肌肉群开始迅速发育。

5. 训练原则

此年龄段加强一般力量和灵敏性的训练，促进肌肉力量的平衡发展。训练过程仍要以全面发展为主并逐渐地向专项训练过渡，对不同的运动员要做好区别对待，严格控制负荷的量与强度。

（三）16~17 岁年龄阶段

1. 生长发育特点

16~17 岁年龄段又称为性成熟时期，在这一阶段，形态发育的速度随着年龄的增长而减慢，内分泌腺分泌的激素促进了身体器官的不断发育。从性别上看，男性与女性在身体形态上的差异日趋明显，女性一般较男性成熟得早。

2. 神经系统特点

第一和第二信号系统随着年龄的增长而不断地完善，16~17 岁年龄段第二信号系统的功能已经发展到一定的程度。相比于直观、形象的思维能力，此年龄段的抽象思维能力明显提高，分析和综合能力得到进一步的发展。

3. 心血管系统特点

心率是影响心输出量的主要因素之一，运动时心率明显加快。随着年龄段增长及训练水平的不断提高，心血管机能会发生明显的适应性变化。相对于前两个年龄段，16~17 岁的少年在运动过程中心血管的功能水平进一步提高。运动中最显著的特点是心率增加的幅度或者次数减少，且具有明显的血压变化。从性别上来看，男性心血管调节能力较女性强。运动时，女性的心血管变化反映较明显，主要表现为心率增加明显。

4. 骨骼与肌肉特点

在生长过程中，骨骼随着骺软骨的快速增长而伸长，直到骺软骨完全骨化，四肢骨完全骨化的年龄段在 17 岁左右。在肌肉的生长加速期，纵向增长较快，在生长加速期后期，肌肉由纵向增长逐渐地向横向增长过渡，纵向增长的发展速度较快。16~17 岁时体重增加明显，随着收缩蛋白合成量的增加，肌纤维明显增粗，肌肉横断面积增加，收缩能力明显提高，在这一时期躯干肌的力量增长最快。

5. 训练原则

16~17 岁年龄段可以采用较大重量的负荷发展力量，随着年龄的增长，可从事较大力量和发展专项耐力的训练。在训练的过程中要处理好负荷量和负荷强度的关系，结合专项的特点逐渐地突出专项训练，训练后要重视恢复过程，促进机体能力的不断提高。

二、各年龄段训练任务

三级跳远项目技术相对复杂，对运动员的身体素质要求很高。要求运动员必须进行多年的系统训练，全面发展身体素质，加强专项身体素质训练、技术训练及心理训练。因此，我们将三级跳远运动员青少年时期的训练再进一步划分为以下三个年龄段：即 12~13 岁年龄段；14~15 岁年龄段；以及 16~17 岁年龄段。每个年龄阶段都有其不同的训练任务、训练要求、训练负荷及专项素质指标标准（表 7-13）。

表 7-13　各年龄阶段训练任务

阶段	训练任务
12~13 岁年龄阶段	①全面训练，促进运动员的身体发育和增强体质 ②全面发展身体素质，利用身体素质发展敏感期的有利时机，着重发展运动员的速度、快速力量及灵敏协调等素质 ③学习基本的跑、跳技术，学习三级跳远的基本技术 ④引导运动员对三级跳远训练的兴趣，培养良好的训练作风和习惯，增强自信心，锻炼顽强的意志品质
14~15 岁年龄阶段	①全面发展身体素质，促进专项素质的提高，突出速度和快速跳跃能力 ②改进三级跳远的基本技术，形成快速的助跑和三跳的快速跳跃节奏 ③参加多项训练和比赛，提高运动员的心理适宜能力和参赛能力 ④通过对专项技术和训练规律的理解，增强训练的自觉性和积极性
16~17 岁年龄阶段	①提高专项素质和训练水平 ②完善三级跳远技术，尤其是快速地助跑和三跳的快速跳跃节奏，以及准确的助跑技术 ③参加专项比赛，积累比赛经验，提高心理稳定性 ④培养运动员树立远大的目标，为今后的艰苦训练做好心理上的准备

三、各年龄阶段训练要求（表 7-14）

表 7-14　三级跳远运动员各年龄阶段训练要求

阶段	训练的要求
12~13 岁年龄阶段	①在素质训练过程中，强调速度、快速力量和灵敏协调性的发展 ②掌握跑、跳及三级跳远的基本技术和基本概念 ③专项技术训练着重基本技术，以中、短程三级跳远技术训练为主 ④训练手段多样化，适当参加多样训练和比赛，促进运动员身体素质和技能的全面发展
14~15 岁年龄阶段	①全面身体训练与专项素质训练相结合，注重发展快跑能力和快速跳跃能力 ②加强中、短程三级跳远技术训练，逐步增加全程助跑的三级跳远技术练习 ③通过多项比赛来积累比赛经验 ④要注重培养运动员的训练热情和自觉性

（续表）

阶段	训练的要求
16～17岁年龄阶段	①逐渐加大专项素质训练的比重，提高专项素质训练的水平 ②在保证训练量的前途下，提高训练的强度 ③加大全程助跑的三级跳远技术练习的比重，使运动员在较大强度的练习中，提高技术的稳定性 ④通过大型比赛，了解运动员的比赛心理特点，培养运动员的心理调节能力。在各种困难的条件下，锻炼运动员的心理承受能力和拼搏精神

第五节　三级跳远各年龄阶段评价指标与训练负荷

一、三级跳远各年龄阶段专项评价指标（表7-15）

表7-15　三级跳远运动员各年龄阶段专项评价指标

年龄阶段	后抛实心球（米）		30/60米站立式起跑（秒）		立定三级跳远（米）		6步助跑5级跳（米）	
	男	女	男	女	男	女	男	女
12～13岁年龄阶段	13～11	12～10	4.4～4.6	4.6～4.8	7.50～6.90	6.60～6.00	16～14	13～11
14～15岁年龄阶段	16～14	14～12	7.3～7.9	7.6～8.2	8.20～7.60	7.20～6.60	18～16	15～13
16～17岁年龄阶段	19～17	16～14	6.6～7.2	7.3～7.9	8.90～8.30	7.80～7.20	20～18	17～15

注：实心球重量为20公斤，12～13岁年龄阶段采用30米；其余年龄段均采用60米站立式起跑。

二、三级跳远运动员各年龄阶段的训练负荷（表7-16）

表7-16　三级跳远运动员各年龄阶段训练负荷

负荷项目＼阶段	12～13岁年龄阶段	14～15年岁龄阶段	16～17岁年龄阶段
一次训练课（小时）	1～1.5	1.5～2	2～2.5
每周训练次数	4～5	5～6	6～8
全年训练次数	180～220	220～260	260～350
全年比赛次数	4～6	8～10	12～14

（续表）

负荷/阶段 项目	12~13 岁年龄阶段	14~15 年岁龄阶段	16~17 岁年龄阶段
全面身体训练（%）	20	20	10
专项身体训练（%）	20	30	40
专项技术训练（%）	40	50	50

第六节　三级跳远训练计划

一、多年训练计划

（一）目标和任务

（1）培养良好的道德和顽强的意志品质。
（2）提高专项技术水平，使三级跳远成绩达到预定目标。
（3）掌握专项理论知识，具备将来指导专项训练的能力。

（二）各阶段的训练任务

制订多年训练计划，应根据运动员所从事运动训练的年限、学生的专项技术水平及身体素质情况来制订，一般分为基础训练阶段和专项提高阶段（表 7–17）。

表 7–17　各阶段的训练任务

训练阶段	时期	训练任务
基础训练阶段	少儿时期	①提高身体健康水平 ②全面提高身体素质 ③发展专项素质 ④掌握正确的基本技术 ⑤改进专项技术 ⑥培养良好的道德和顽强的意志品质 ⑦学习专项理论
专项提高阶段	青少年时期	①提高专项身体素质 ②提高专项技术及比赛战术 ③培养比赛能力，以及良好的心理素质 ④掌握专项理论 ⑤提高指导专项训练的能力

(三) 各阶段训练内容的安排

在基础训练阶段，一般身体训练所占的比重较大，专项身体训练和技术训练所占的比重较小。在专项训练阶段，一般身体训练所占的比重明显要减少，而专项身体训练和技术训练所占的比重明显增大（表 7-18）。

表 7-18　各阶段训练内容安排

比重＼时期／内容	基础训练阶段	专项训练阶段
一般身体训练	60%	20%
专项身体训练	20%	50%
技术训练	20%	30%

(四) 各阶段主要训练手段（表 7-19）

表 7-19　各阶段主要训练内容

训练阶段	训练手段
基础训练阶段	（1）速度 ①100 米、150 米、200 米加速跑 ②100 米、150 米、200 米重复跑 ③100 米、150 米、200 米间歇跑 ④100 米、150 米、200 米变速跑 ⑤参加 100 米、200 米比赛 （2）力量 ①杠铃深蹲起 ②杠铃半蹲起 ③杠铃坐蹲起 ④抓举 ⑤壶铃蹲跳 （3）跳跃 ①双腿跳栏架 ②双腿跳皮筋 ③跳深 ④屈膝跳 ⑤双脚跳台阶 ⑥在海绵垫上的各种跳跃 ⑦在沙坑中的各种跳跃 ⑧跨步跳

（续表）

训练阶段	训练手段
基础训练阶段	⑨单足跳 ⑩两单一跨 （4）技术 ①短中程助跑分解技术 ②短中程助跑完整技术
专项提高阶段	（1）速度 ①100米、150米、200米加速跑 ②100米、150米、200米重复跑 ③100米、150米、200米间歇跑 ④100米、150米、200米变速跑 ⑤参加100米、200米比赛 ⑥100米计时跑 ⑦60米计时跑 ⑧40米标记跑 （2）力量 ①杠铃深蹲起 ②杠铃半蹲起 ③杠铃坐蹲起 ④杠铃单腿上下蹬起 ⑤杠铃弓步走 ⑥抓举 ⑦负重深蹲跳 ⑧负重半蹲跳 ⑨负重弓步跳 ⑩负重上下交换腿跳 ⑪壶铃蹲跳 （3）跳跃 ①跨步跳 ②单足跳 ③单腿跳台阶 ④单腿跳皮筋 ⑤单腿跳栏架 ⑥立定跳远 ⑦立定三级跳 ⑧立定多级跳 ⑨助跑起跳摸高 ⑩助跑起跳跳上高垫子 ⑪助跑五级跨步跳 ⑫助跑五级单足跳 ⑬助跑十级跨步跳 ⑭助跑十级单足跳 ⑮计时单足跳 （4）技术 ①短中程助跑完整技术 ②全程助跑完整技术

二、全年训练计划范例

（一）本年度的任务

（1）发展专项身体素质，突出发展速度和快速跳跃能力。

（2）学习和改进专项技术。重点改进助跑与起跳相结合的技术，学习与改进三级跳远完整技术。

（3）学习和提高理论知识，加强思想教育。

（二）全年训练的分期

若某一年的比赛比较多，要参加一系列县、市、省全国比赛及国际性的一些比赛，则要根据具体情况，采用双周期的安排（表7-20）。

表7-20　全年训练周期的划分

第一准备期	第一竞赛期	第二准备期	第二竞赛期	过渡期
10~2月	3~6月	7~8月	9~10月	11月

（三）全年训练各时期的任务与运动量的安排

1. 准备期的任务与运动量的安排

（1）全面发展身体素质和专项身体素质。

在全面发展身体素质的基础上，突出发展快速跑的能力和快速跳跃能力，以适应专项技术的需要。

（2）改进和学习专项技术。

在准备期的训练中从模仿技术抓起，逐渐过渡到完整技术，还要重点抓快速助跑与起跳相结合的技术。

（3）培养顽强的意志品质，为竞赛时期的训练和提高专项成绩打好基础。

遵循“三从一大”的训练原则，从严、从难、从实战出发，坚持大运动量训练，将心理训练贯穿于训练的整个过程。在准备期安排运动量的原则是：逐渐增加运动负荷，大、中、小运动量相结合，波浪式有计划地进行。训练强度也是逐渐提高，总强度以中等强度为主，大强度和小强度为次。

2. 竞赛期的任务与运动量的安排

（1）提高专项素质和专项能力。

重点发展运动员的绝对速度、助跑速度和最后几步的上板速度，提高快速起跳能力。

（2）巩固与提高专项技术。

以完整技术为主，提高助跑和快速起跳能力，空中动作要幅度大、速度快。

（3）丰富比赛经验，保持良好的竞技状态。

根据比赛密度大、任务重的特点，在竞赛期的训练过程中，采用边训练边比赛的安排。赛前不进行过多调整。以使运动员始终保持良好的竞技状态。在竞赛期运动量安排的原则是以中等运动量为主，训练强度相对要大，但平均强度要适度，突出大强度训练课的质量。

3. 过渡期的安排

（1）消除身心疲劳，积极性休息。

（2）保持训练水平，改进基本技术。

（3）总结本年度的训练情况，制订下一年度的训练计划。

（四）全年训练各时期训练内容和比重（表 7-21）

表 7-21　全年训练各时期训练内容和比重

时期								
准备期			比赛期			过渡期		
全面身体训练	专项身体训练	技术训练	全面身体训练	专项身体训练	技术训练	全面身体训练	专项身体训练	技术训练
30%	40%	30%	30%	30%	40%	80%	10%	10%

（五）全年参加比赛计划（表 7-22）

表 7-22　全年不同时期参加比赛次数

月份	一	二	三	四	五	六	七	八	九	十	十一	十二
比赛次数（次）	1	2	2	2	3	2	2	0	1	2	0	0

（六）专项身体素质和专项成绩指标

表 7-23 ××××年训练指标

内容 项目 / 姓名	60 米	立定三级跳远	抓举	专项成绩
××				
×××				
×××				
×××				
×××				
×××				

三、周训练计划安排范例

（一）范例一（表 7-24）

表 7-24 第××周训练课计划

××××年××月××日至××月××日

<table>
<tr><td>任务</td><td colspan="3">(1) 改进专项技术
(2) 发展专项素质
(3) 培养吃苦耐劳及分析问题与解决问题的能力</td><td>运动量</td><td colspan="2">中大</td></tr>
<tr><td>星期
时间</td><td>一</td><td>二</td><td>三</td><td>四</td><td>五</td><td>六</td></tr>
<tr><td>上午</td><td></td><td></td><td>柔韧+
上肢力量</td><td>速度+
力量</td><td></td><td></td></tr>
<tr><td>下午</td><td>速度+力量</td><td>技术+跳跃</td><td></td><td></td><td>技术+跳跃</td><td></td></tr>
</table>

（二）范例二（表 7-25）

表 7-25　××周第 1 次训练课

训练课周次××周 1 次　授课对象________　日期××××. ××. ××

课的任务　（1）发展专项速度。

（2）发展专项力量素质。

（3）培养吃苦耐劳的精神。

部分	时间	训练内容及训练量	组织教法、要求（图示）
开始部分	3 分	（1）列队上课。 ①队长整队、检查人数。 ②队长向老师报告人数。 ③师生相互问好，点名。 （2）宣布本课任务。 （3）安排见习生	（1）队形。 ××××××××　×：学生 ××××××××　☆：教师 ☆ （2）见习生要求随堂见习，参加技术模仿练习，掌握技术动作过程和技术特点，并协助老师上课
准备部分	22 分	（1）伸展肌肉。 （2）行走 400 米。 （3）慢跑 1600 米。 （4）伸展韧带。 （5）一般性活动。 ①小步跑 30 米×3 次。 ②高抬腿跑 30 米×3 次。 ③后蹬跑 30 米×3 次。 （6）专门性活动。 ①放松大步跑 70～80 米×6 组（胶鞋）。 ②加速跑 30 米×3 次（钉鞋）。 ③加速跑 60 米×3 次（钉鞋）	（1）在垫子上伸展全身各部位肌肉，单独或自由组合进行。 （2）放松自由行走，使得身心逐渐进入训练状态。 （3）逐渐慢慢加快跑的速度。 （4）单独或自由组合进行，逐渐加大动作的幅度。 （5）要求。 ①注意正确的技术动作。 ②逐渐加快动作的速度。 （6）要求。 ①注意蹬摆配合。 ②逐渐加快跑的速度
基本部分	60 分	（1）放松大步跑 100 米×6 次。 （2）加速跑 60 米×8 次。 （3）抓举 30～40 千克×10 次×6 组。 （4）杠铃负重半蹲 80～150 千克。 （以每 10 千克的重量向上递增，每个重量做 3 次，根据自己的能力选择练习的重量） （5）悬垂举腿 30 次。 （6）后抛实心球 30 次。	（1）要求。 ①注意跑的基本技术。 ②以 80%强度完成。 （2）要求。 ①前 2 次跑逐渐加速，防止肌肉拉伤。 ②用 90%以上强度完成。 （3）要求。 ①女生采用 30 千克重量，男生采用 40 千克重量进行练习。 ②注意动作幅度，两臂要伸直。 ③加快动作速度，以尽可能短的时间完成练习。

（续表）

部分	时间	训练内容及训练量	组织教法、要求（图示）	
			（4）要求。 ①充分做好准备活动，练习时必须扎腰带，老师亲自保护。 ②抬头挺胸，两腿要蹬直。 ③加快动作速度，以尽可能短的时间完成练习。 （5）要求动作幅度。 （6）练习前要活动腰部，两人组合，注意安全	
结束部分	5分	（1）慢跑400米。 （2）小结	（1）自由慢跑。 （2）小结本训练情况，宣布下次课任务	
伤病学生安排		伤病学生要求在可能的情况下随堂见习，参加技术模仿练习，掌握技术动作过程和技术特点，并协助老师上课	运动量	中大
			强度	中大
课后小结				

（三）范例三（表7-26）

表7-26　××周第2次训练课

训练课周次××周 2 次　授课对象＿＿＿＿＿＿　　日期××××. ××. ××

课的任务　（1）改进专项技术。

（2）发展专项跳跃能力。

（3）培养吃苦耐劳的精神。

部分	时间	训练内容及训练量	组织教法、要求（图示）
开始部分	3分	（1）列队上课。 ①队长整队、检查人数。 ②队长向老师报告人数。 ③师生相互问好，点名。 （2）宣布本课任务。 （3）安排见习生	（1）队形。 ××××××××　　×：学生 ××××××××　　☆：教师 ☆ （2）见习生要求随堂见习，参加技术模仿练习，掌握技术动作过程和技术特点，并协助老师上课
准备部分	22分	（1）伸展肌肉。 （2）行走400米。 （3）慢跑1600米。 （4）伸展韧带。 （5）一般性活动。 ①小步跑30米×3次。 ②高抬腿跑30米×3次	（1）在垫子上伸展全身各部位肌肉，单独或自由组合进行。 （2）放松自由行走，使得身心逐渐进入训练状态。 （3）逐渐慢慢加快跑的速度。 （4）单独或自由组合进行，逐渐加大动作的幅度。

（续表）

<table>
<tr><th>部分</th><th>时间</th><th>训练内容及训练量</th><th colspan="2">组织教法、要求（图示）</th></tr>
<tr><td></td><td></td><td>③后蹬跑 30 米×3 次。
（6）专门性活动。
①放松大步跑 70～80 米×6 组（胶鞋）。
②加速跑 30 米×3 次（钉鞋）。
③加速跑 60 米×3 次（钉鞋）</td><td colspan="2">（5）要求。
①注意正确的技术动作。
②逐渐加快动作的速度。
（6）要求。
①注意蹬摆配合。
②逐渐加快跑的速度</td></tr>
<tr><td>基本部分</td><td>60 分</td><td>（1）6 步助跑三级跳远×6 次。
（2）12 助跑三级跳远×6 次。
（3）跨步跳 60～80 米×10 次。
（4）单足跳左右腿各 30～40 米×6 次。
（5）悬垂举腿 30 次。
（6）后抛实心球 30 次。</td><td colspan="2">（1）要求。
①完成正确的基本技术。
②注意快速助跑结合起跳技术。
（2）要求。
①注意完整技术的连贯性。
②助跑节奏逐渐加快，与起跳紧密结合。
（3）要求。
①女生完成 60 米，男生完成 80 米。
②注意动作幅度，两臂及两腿前后用力幅度要大。
③加快动作速度，以尽可能短的时间完成练习。
（4）要求。
①女生采用 30 米距离，男生采用 40 米距离进行练习。
②注意动作幅度，两臂要前后摆动。
③加快动作速度，以尽可能短的时间完成练习。
（5）要求动作幅度。
（6）练习前要活动腰部，两人组合，注意安全</td></tr>
<tr><td>结束部分</td><td>5 分</td><td>（1）慢跑 400 米。
（2）小结</td><td colspan="2">（1）自由慢跑。
（2）小结本训练情况，宣布下次课任务</td></tr>
<tr><td rowspan="2">伤病学生安排</td><td rowspan="2"></td><td rowspan="2">伤病学生要求在可能的情况下随堂见习，参加技术模仿练习，掌握技术动作过程和技术特点，并协助老师上课</td><td>运动量</td><td>中大</td></tr>
<tr><td>强度</td><td>中大</td></tr>
<tr><td>课后小结</td><td></td><td></td><td colspan="2"></td></tr>
</table>

（四）范例四（表 7-27）

表 7-27　××周第 3 次训练课

训练课周次 ×× 周 3 次　授课对象________　日期××××. ××. ××

课的任务　（1）发展柔韧素质。

（2）发展一般力量素质。

（3）培养吃苦耐劳的精神。

部分	时 间	训练内容及训练量	组织教法、要求（图示）
开始部分	3 分	（1）列队上课。 ①队长整队、检查人数。 ②队长向老师报告人数。 ③师生相互问好，点名。 （2）宣布本课任务。 （3）安排见习生	（1）队形。 ××××××××　　×：学生 ××××××××　　☆：教师 ☆ （2）见习生要求随堂见习，参加技术模仿练习，掌握技术动作过程和技术特点，并协助老师上课
准备部分	22 分	（1）伸展肌肉。 （2）行走 400 米。 （3）慢跑 1600 米。 （4）伸展韧带。 （5）一般性活动。 ①小步跑 30 米×3 次。 ②高抬腿跑 30 米×3 次。 ③后蹬跑 30 米×3 次。 （6）专门性活动。 ①放松大步跑 70～80 米×6 组（胶鞋）。 ②加速跑 30 米×3 次（钉鞋）。 ③加速跑 60 米×3 次（钉鞋）	（1）在垫子上伸展全身各部位肌肉，单独或自由组合进行。 （2）放松自由行走，使得身心逐渐进入训练状态。 （3）逐渐慢慢加快跑的速度。 （4）单独或自由组合进行，逐渐加大动作的幅度。 （5）要求。 ①注意正确的技术动作。 ②逐渐加快动作的速度。 （6）要求。 ①注意蹬摆配合。 ②逐渐加快跑的速度
基本部分	60 分	（1）弓步压腿×30 米。 （2）侧压腿×30 米。 （3）体前屈压腿×30 米。	（1）要求。 ①左右腿交替进行练习。 ②抬头挺胸注意前后动作的幅度。 （2）要求。 ①左右腿交替进行练习。 ②抬头挺胸注意左右动作的幅度。 （3）要求。 ①前腿直膝勾脚尖、左右腿交替进行练习。 ②抬头挺胸注意逐渐加大动作的幅度。

（续表）

部分	时 间	训练内容及训练量	组织教法、要求（图示）	
		（4）腰绕环。 （5）快速挺举 20～30 千克×20 次×6 组。 （6）卧推 30～60 千克×10 次×6 组。 （7）悬垂举腿 30 次。 （8）后抛实心球 30 次。	（4）要求。 ①左右方向交替进行练习。 ②两臂伸直加大动作的幅度。 （5）要求。 ①女生采用 20 千克重量，男生采用 30 千克重量进行练习。 ②注意动作幅度，两臂要伸直。 ③加快动作速度，以尽可能短的时间完成练习。 （6）要求。 ①女生采用 30 千克重量，男生采用 600 千克重量进行练习。 ②注意呼吸配合，两臂要伸直。 ③加快动作速度，以尽可能短的时间完成练习。 （7）要求动作幅度，两腿尽量高举。 （8）练习前要活动腰部，两人组合，注意安全	
结束部分	5 分	（1）慢跑 400 米。 （2）小结	（1）自由慢跑。 （2）小结本训练情况，宣布下次课任务	
伤病学生安排		伤病学生要求在可能的情况下随堂见习，参加技术模仿练习，掌握技术动作过程和技术特点，并协助老师上课	运动量	中大
			强度	中大
课后小结				

（五）范例五（表 7-28）

表 7-28　××周第 4 次训练课

训练课周次 ×× 周 4 次　授课对象＿＿＿＿＿＿　日期××××. ××. ××

课的任务　(1) 发展专项速度。

(2) 发展专项力量素质。

(3) 培养吃苦耐劳的精神。

部分	时 间	训练内容及训练量	组织教法、要求（图示）
开始部分	3 分	(1) 列队上课。 ①队长整队、检查人数。 ②队长向老师报告人数。 ③师生相互问好，点名。 (2) 宣布本课任务。 (3) 安排见习生	(1) 队形。 ××××××××　　×：学生 ××××××××　　☆：教师 ☆ (2) 见习生要求随堂见习，参加技术模仿练习，掌握技术动作过程和技术特点，并协助老师上课
准备部分	22 分	(1) 伸展肌肉。 (2) 行走 400 米。 (3) 慢跑 1600 米。 (4) 伸展韧带。 (5) 一般性活动。 ①小步跑 30 米×3 次。 ②高抬腿跑 30 米×3 次。 ③后蹬跑 30 米×3 次。 (6) 专门性活动。 ①放松大步跑 70～80 米×6 组（胶鞋）。 ②加速跑 30 米×3 次（钉鞋）。 ③加速跑 60 米×3 次（钉鞋）	(1) 在垫子上伸展全身各部位肌肉，单独或自由组合进行。 (2) 放松自由行走，使得身心逐渐进入训练状态。 (3) 逐渐慢慢加快跑的速度。 (4) 单独或自由组合进行，逐渐加大动作的幅度。 (5) 要求。 ①注意正确的技术动作。 ②逐渐加快动作的速度。 (6) 要求。 ①注意蹬摆配合。 ②逐渐加快跑的速度
基本部分	60 分	(1) 计时跑 30 米×6 次。 (2) 计时跑 60 米×6 次。 (3) 抓举 30～40 千克×10 次×6 组	(1) 要求。 ①注意跑的基本技术。 ②以 80%强度完成。 (2) 要求。 ①前 2 次跑逐渐加速，防止肌肉拉伤。 ②用 90%以上强度完成。 (3) 要求。 ①女生采用 30 千克重量，男生采用 40 千克重量进行练习。 ②注意动作幅度，两臂要伸直。

（续表）

部分	时 间	训练内容及训练量	组织教法、要求（图示）	
		（4）杠铃负重半蹲 80～150 千克。 （以每 10 千克的重量向上递增，每个重量做 3 次，根据自己的能力选择练习的重量） （5）悬垂举腿 30 次。 （6）后抛实心球 30 次	③加快动作速度，以尽可能短的时间完成练习。 （4）要求。 ①充分做好准备活动，练习时必须扎腰带，老师亲自保护。 ②抬头挺胸，两腿要蹬直。 ③加快动作速度，以尽可能短的时间完成练习。 （5）要求动作幅度。 （6）练习前要活动腰部，两人组合，注意安全	
结束部分	5 分	（1）慢跑 400 米。 （2）小结	（1）自由慢跑。 （2）小结本训练情况，宣布下次课任务	
伤病学生安排		伤病学生要求在可能的情况下随堂见习，参加技术模仿练习，掌握技术动作过程和技术特点，并协助老师上课	运动量	中大
			强度	中大
课后小结				

（六）范例六（表 7-29）

表 7-29　××周第 5 次训练课

训练课周次 ×× 周 5 次　授课对象＿＿＿＿＿＿　　日期××××. ××. ××

课的任务　（1）改进专项技术。

（2）发展专项跳跃能力。

（3）培养吃苦耐劳的精神。

部分	时间	训练内容及训练量	组织教法、要求（图示）
开始部分	3 分	（1）列队上课。 ①队长整队、检查人数。 ②队长向老师报告人数。 ③师生相互问好，点名。 （2）宣布本课任务。 （3）安排见习生	（1）队形。 ××××××××　　×：学生 ××××××××　　☆：教师 ☆ （2）见习生要求随堂见习，参加技术模仿练习，掌握技术动作过程和技术特点，并协助老师上课。

（续表）

部分	时间	训练内容及训练量	组织教法、要求（图示）	
准备部分	22分	（1）伸展肌肉。 （2）行走400米。 （3）慢跑1600米。 （4）伸展韧带。 （5）一般性活动。 ①小步跑30米×3次。 ②高抬腿跑30米×3次。 ③后蹬跑30米×3次。 （6）专门性活动。 ①放松大步跑70～80米×6组（胶鞋）。 ②加速跑30米×3次（钉鞋）。 ③加速跑60米×3次（钉鞋）	（1）在垫子上伸展全身各部位肌肉，单独或自由组合进行。 （2）放松自由行走，使得身心逐渐进入训练状态。 （3）逐渐慢慢加快跑的速度。 （4）单独或自由组合进行，逐渐加大动作的幅度。 （5）要求。 ①注意正确的技术动作。 ②逐渐加快动作的速度。 （6）要求。 ①注意蹬摆配合。 ②逐渐加快跑的速度	
基本部分	60分	（1）6步助跑三级跳远×3次。 （2）全程助跑三级跳远×8次。 （3）跨步跳60~80米×10次。 （4）单足跳左右腿各30~40米×6次。 （5）悬垂举腿30次。 （6）后抛实心球30次	（1）要求。 ①完成正确的基本技术。 ②注意快速助跑结合起跳技术。 （2）要求。 ①注意完整技术的连贯性。 ②助跑节奏逐渐加快，与起跳紧密结合。 （3）要求。 ①女生完成60米，男生完成80米。 ②注意动作幅度，两臂及两腿前后用力幅度要大。 ③加快动作速度，以尽可能短的时间完成练习。 （4）要求。 ①女生采用30米距离，男生采用40米距离进行练习。 ②注意动作幅度，两臂要前后摆动。 ③加快动作速度，以尽可能短的时间完成练习。 （5）要求动作幅度。 （6）练习前要活动腰部，两人组合，注意安全	
结束部分	5分	（1）慢跑400米。 （2）小结	（1）自由慢跑。 （2）小结本训练情况，宣布下次课任务	
伤病学生安排		伤病学生要求在可能的情况下随堂见习，参加技术模仿练习，掌握技术动作过程和技术特点，并协助老师上课	运动量	中大
			强度	中大
课后小结				

第七节　三级跳远训练方法与手段

一、影响三级跳远成绩的主要因素

三级跳远是一个对身体素质要求较高、技术比较复杂、身体素质与技术高度统一的项目。正是由于三级跳远项目的这一特殊性，决定了运动员的助跑速度、快速跳跃能力、前两跳水平速度的损失，以及弱腿的跳远技术和能力都是影响该项目成绩的主要因素。

（一）助跑速度

要提高助跑速度，运动员本身必须具备较高的速度水平，并能在助跑中很好地发挥水平速度。三级跳远运动员要提高速度水平，应该从提高跑的能力，发展绝对速度入手。为了在助跑中很好地发挥水平速度，则应培养运动员自然快速跑的能力，并使助跑技术更加接近平跑技术。

（二）快速跳跃能力

三级跳远项目的跳跃能力与其他跳跃项目的区别在于，跳高项目是要通过一次起跳获得最大的高度，跳远项目是通过一次起跳获得最大的远度，而三级跳远项目则是通过三次连续起跳来获得最大的远度，而且，这种三次跳跃是在很高的速度情况下由单腿连续完成的。因此，这就要求三级跳远运动员必须具备单腿连续的快速跳跃能力，这种能力也是任何其他项目所不具有的。

（三）前两跳水平速度的损失

要减少前两跳中水平速度的损失，就要使单足跳和跨步跳的着地动作更加自然，即接近走或跑步的动作。同时要加快三跳节奏，以形成快速跳跃的动力定型。

（四）弱腿的跳远技术和能力

改进和加强弱腿的跳远技术和能力，要通过学习和掌握弱腿两步半走步式或挺身式跳远技术，以提高其弱腿的跳远能力来实现。

二、三级跳远训练方法与手段

我们应该根据影响三级跳远项目成绩的主要因素，有针对性地对青少年三级跳远进行科学的训练。为此，我们对青少年三级跳远运动员的训练要从技术训练及影响该项目成绩的主要因素，即助跑速度、快速跳跃能力、减少前两跳水平速度的损失、弱腿的跳远技术和能力等几个方面进行。

(一) 三级跳远技术训练

1. 着地动作模仿

(1) 训练方法：
①原地上一步着地动作模仿。
②行进间着地动作模仿。
③跨步跳着地动作模仿。
(2) 训练目的：掌握三级跳远着地技术动作。
(3) 训练要求：
①以脚后跟先接触地面，滚动至全脚掌着地。
②身体重心顺势向前移动，着地动作自然，接近走和跑的着地动作。
(4) 注意事项：
①要以全脚掌积极着地。
②上下肢动作协调配合。

2. 单足跳与跨步跳相结合的跳跃练习

(1) 训练方法：
①2~4 步助跑跨步跳 40 米。
②2~4 步助跑单足跳 40 米。
③2~4 步助跑，单足跳连接跨步跳。
④4~6 步助跑，单足跳连接跨步跳连续做 60 米。
(2) 训练目的：掌握单足跳与跨步跳相结合的技术动作。
(3) 训练要求：
①可采用单臂和双臂摆动，两臂和摆动腿注意前后摆动，起跳腿蹬地后屈膝折叠向前摆出。
②在单足跳与跨步跳的起跳过程中，两臂和摆动腿及起跳腿的交换动作速度要快。
③落地时注意扒地动作，起跳腿积极蹬伸。
(4) 注意事项：
①单臂或双臂摆动顺其自然。
②蹬摆动作协调配合。
③着地时扒地动作积极有力。

3. 跨步跳与跳跃相结合的专门练习

(1) 训练方法：
短助跑跨步跳接跳跃后落入沙坑。
(2) 训练目的：掌握跨步跳与跳跃相结合的技术动作。
(3) 训练要求：
①4~6 步助跑跨步跳，跨步跳在腾空的后三分之一时，摆动腿开始做着地动作。
②支撑腿着地后，积极缓冲迅速蹬伸，腿和两臂配合积极向前上方摆动。
(4) 注意事项：
①采用短助跑进行练习以便接近三级跳远技术。
②腿与两臂蹬摆动作协调配合。

4. 短中程助跑三级跳远练习

(1) 训练目的：掌握三级跳远技术动作。
(2) 训练要求：
①6~8 步助跑。
②起跳时上体稍前倾，起跳脚积极着地。
③摆动腿大腿尽量摆至水平位，向前上方跳起。
④交换腿的时机适宜。
⑤蹬摆配合协调，摆动幅度大，积极送髋，保持腾空步姿势时间较长。
(3) 注意事项：
①助跑与起跳结合自然。
②蹬摆动作协调配合幅度大。

5. 全程助跑三级跳远练习

(1) 训练目的：掌握完整的三级跳远技术和动作节奏。
(2) 训练要求：
①起跳脚积极着地，换腿的时机适宜，技术完整，节奏快。
②三跳远度比例合适。
(3) 注意事项：
①后几步积极加速进入起跳。
②单足跳平而远。
③三跳节奏快速。

（二）助跑速度训练

要提高助跑速度，运动员本身必须具备较高的速度水平，并能在助跑中很好地发挥水平速度。三级跳远运动员要具备较高的速度水平，应该从提高跑的能力，发展绝对速度入手。为了在助跑中很好地发挥水平速度，则应培养运动员放松自然快速跑的能力并使助跑技术更接近平跑。

1. 提高运动员的速度水平

（1）提高跑的能力。

提高运动员跑的能力是发展速度的基础，运动员只有具备了较强的跑的能力，才能够谈到发展速度的问题。因此，在发展跳远运动员速度的过程中，我们首先应该考虑提高运动员跑的能力。

①方法。

在实际训练过程中，我们通常采用以下方法来提高三级跳远运动员跑的能力：

· 100 米、150 米、200 米加速跑。

· 100 米、150 米、200 米重复跑。

· 100 米、150 米、200 米间歇跑。

· 100 米、150 米、200 米变速跑。

· 参加 100 米、200 米比赛。

②注意事项。

在提高运动员跑的能力的训练过程中，我们应注意以下几个问题：

第一，合理控制练习的间歇时间。

在练习时一般间歇时间为 3 分钟，当运动员的脉搏恢复到 120 次/分钟左右时，再进行下一次练习。如果间歇时间过短，运动员恢复不过来；间歇时间过长，则达不到训练效果。

第二，安排适宜的练习强度。

在提高运动员跑的能力的训练过程中，一般要求 80%的平均强度为宜。运动员每次练习都应达到 80%的用力程度。这样才能达到提高跑的能力的目的。

第三，变换练习方式提高练习效果。

在训练过程中，可让运动员穿胶鞋或钉鞋，在普通跑道或平整的草坪交替进行练习。这样做不仅有利于防止运动员受伤，而且增加练习的兴趣，从而达到提高练习效果的目的。

第四，提高能力和改进技术相结合。

由于运动员在练习时采用的是 80%的用力程度，对改进跑的技术有很好的帮助。因此，教练员要注意在提高运动员跑的能力的同时，不断地提醒运动员注意跑的基本技术，并逐渐改进跑的技术。

（2）发展绝对速度。

随着三级跳远技术的发展，以及一些速度型三级跳远运动员的出现，三级跳远运动员对跑的绝对速度的要求也越来越高。为此，世界各国的教练员和运动员都非常重视发展三级跳远运动员的绝对速度。世界一流水平的三级跳远运动员都具有很高的速度水平，他们不仅是一流的三级跳远运动员，而且是一流的短跑运动员。因此，我们可以得出这样的结论，当今世界三级跳远训练发展的趋势应该是，三级跳远运动员同时能够兼项短跑。我们应该从现在开始着手培养具有短跑气质的三级跳远运动员。所以说，绝对速度训练对于三级跳远运动员，尤其是青少年三级跳远运动员是至关重要的。

①方法。

通常我们采用以下方法来发展三级跳远运动员的绝对速度：

· 50~60 米蹲距式起跑（发令）。

· 50~60 米站立式起跑。

· 行进间跑，可用最快的步频，或最大的步长跑完该段距离，也可用最快的速度来跑。

· 在斜坡跑道上进行各种跑的练习，运动员可由水平跑转入上坡跑，也可由下坡跑转入水平跑。

· 顺风跑。

· 牵引跑。

· 拖重物跑。

· 追逐跑。

· 50~60 米单足跑。

· 集体进行起跑后加速跑，可按性别、速度能力编组，让速度快的人带速度慢的人，还可让速度快的人在后面一段距离，然后两人同时起跑。

· 标记跑，在跑道上放置若干个标记，运动员跑时放脚在两个标记之间，每个标记之间的距离可与运动员的步长相同，也可缩短标记之间的距离以加快步频，或加大标记之间的距离以增加步长。

· 按音响信号的节奏跑。

· 接力跑。

· 各种距离的变速跑、重复跑、间歇跑。

· 参加各种短跑比赛。

②注意事项。

发展三级跳远运动员跑的绝对速度的训练过程中，我们应注意以下几个问题：

第一，确定最佳的速度训练距离。

在发展绝对速度时，我们首先应该确定最佳的速度训练距离。人们过去往往有这样笼统的概念，采用短距离进行训练是为了发展速度，长距离是为了发展速度耐力。

现在看来这样的理解是不够深刻的，发展速度的距离一定要适宜，既不能太短，也不能太长。如果距离太短只能提高加速度，不能解决保持最高速度的问题；距离太长就会成为发展速度耐力了，对发展速度都不会产生最佳影响。

我们可以把 100 米速度的曲线变化分为三个阶段：第一个阶段是加速阶段；第二个阶段是保持速度阶段；第三个阶段是速度降低阶段。最佳速度训练距离的确定应以运动员的加速能力及能够保持最大速度的时间为依据。研究表明，短跑运动员一般在起跑后 5~6 秒，也就是在跑到 50~60 米距离时才能达到最高速度。训练水平高的运动员在途中跑中能够保持最高速度的距离也只有 5~10 米。因此，我们认为发展跳远运动员绝对速度的最佳距离一般应在 60 米左右。

第二，避免产生速度障碍。

在进行速度训练时最忌讳的就是产生速度障碍。速度障碍产生的主要原因是训练方法的单调，运动员长期在一种相对稳定的步频、步幅、节奏状态下进行训练，使神经-肌肉系统的发展受到限制，以致出现速度的发展暂时停止。因此，在对青少年跳远运动员进行速度训练时，所采用的训练手段要多样化。此外，还要重视全面身体训练和基本技术训练，避免过多地采用单一的、大强度的计时跑。

2. 培养在助跑中充分发挥水平速度的能力

（1）培养运动员放松自然快速跑的能力。

有的三级跳远运动员在助跑时由于跑的动作太紧张，虽然达到了一定的速度，但无法完成起跳，不得已只好降低助跑速度来完成起跳。三级跳远运动员助跑时要求步幅开阔、快速流畅、连贯协调而富有节奏，与一般的跑是有很大区别的。因此，我们应重视培养运动员的放松自然快速跑的能力。

①方法。

在训练实践中我们体会到，采用下列练习可以有效地发展运动员放松自然快速跑的能力。

· 150~200 米放松大步跑。

采用中等以上速度自然放松大步跑，注意跑的正确技术，尽量加大动作幅度，一般每次训练课跑 6~10 次。

· 100 米可控速度跑。

采用最大速度的 80%~90%强度跑，一般每次训练课跑 6~10 次。

· 60 米平均强度跑。

采用最大速度的 90%~95%强度跑，让运动员在相对放松的前提下达到尽可能快的速度，一般每次训练课跑 6~10 次。

②注意事项。

在发展运动员放松自然快速跑的能力时应考虑以下问题：

第一，要控制好练习的间歇时间，一般休息3~5分钟，以脉搏恢复到120次/分左右为宜。

第二，注意跑的正确技术，一般强度控制在最大速度的80%~95%，要求运动员跑得既放松省力速度又快。

第三，使助跑技术更加接近平跑。

（2）培养运动员的快速助跑能力。

有的三级跳远运动员平时跑的速度很快，但到助跑时速度却不快。也就是说他的速度在助跑中用不上，水平速度利用率低。也有的运动员在助跑的后几步由于过分强调起跳而使动作紧张，从而使助跑最后几步的速度明显减慢。既然三级跳远技术已经出现向速度型发展的趋势，那么其助跑的速度就应该更快。为了加快助跑的速度，运动员助跑的技术应该接近平跑的技术。也就是说运动员在助跑时，尤其是助跑的最后几步，不要受起跳的限制，应该像平跑一样快速自然，将自己应有的水平速度在助跑中充分发挥出来，以使助跑的速度接近平跑速度，这应该是跳远运动员努力的方向。

①方法。

在训练过程中我们可以通过以下练习手段来达到这一目的：

· 在普通跑道上进行全程助跑练习。

在普通跑道上将全程助跑的距离丈量出来，按助跑要求反复进行练习。由于没有起跳板的限制，容易使运动员的助跑接近平跑，以便发挥最大的水平速度。

· 在助跑道上采用标记进行全程助跑练习。

在三级跳远助跑道上将全程助跑的距离丈量出来，运动员反复助跑几次，然后将每两步之间放置标记反复进行练习。由于每两步之间放置了标记，使运动员必须按照一定的节奏助跑，有助于使助跑接近平跑，从而发挥最大的水平速度。

· 在助跑道上采用标记进行全程助跑接起跳练习。

在三级跳远助跑道上将全程助跑的距离丈量出来，运动员反复助跑几次，然后将每两步之间放置标记，运动员反复进行全程助跑接起跳练习。这个练习有助于克服运动员因起跳而使助跑最后几步速度减慢的问题，加快助跑与起跳的衔接，从而保持和发挥最大的水平速度。

· 在助跑道上后6步放置标记进行全程助跑练习。

在三级跳远助跑道上将全程助跑的距离丈量出来，然后在助跑的最后6步每两步之间放置标记，运动员反复进行全程助跑练习。由于在助跑的最后6步每两步之间放置了标记，使运动员在助跑的最后6步必须按照一定的节奏助跑，有助于使助跑的最后6步接近平跑，从而发挥最大的水平速度。

· 在助跑道上后6步放置标记进行全程助跑接起跳练习。

在三级跳远助跑道上将全程助跑的距离丈量出来，然后在助跑的最后6步每两步之间放置标记，运动员反复进行全程助跑接起跳练习。这个练习同样有助于克服运动员因起跳而使助跑最后几步速度减慢的问题，加快助跑与起跳的衔接，从而保持和发挥最大的水平速度。

·在助跑道上进行全程助跑练习。

通过上面的一些练习，已使运动员基本适应了快速助跑的技术。由于在助跑时不考虑起跳的问题，容易使运动员的助跑接近平跑，以便发挥最大的水平速度。

·在助跑道上进行全程助跑接起跳练习。

按照三级跳远助跑的要求，进行全程助跑接起跳练习。要求运动员只想快速助跑不要考虑起跳，尤其是助跑最后几步尽量接近平跑，积极加速，以便获得最大的水平速度。

②注意事项。

在具体的实施过程中要注意以下几点：

第一，标记最好用海绵块来制做，这样运动员如果踩上也不致受伤。

第二，采用原地起动方式开始助跑时，先将运动员全程助跑的每步距离测定出来，然后在每两步之间放置标记进行助跑练习。

第三，采用行进起动方式开始助跑时，一般青少年男运动员从步点开始标志至第一个标记的距离为0.80~1.00米，女运动员则为0.70~0.90米。男运动员其余标记之间的间隔为2.10米左右，女运动员为2.00米左右，即与自己的实际步长大致相同，在训练过程中还应根据自己的实际情况做适当的调整。

第四，在练习过程中，为了提高运动员的步频，可将助跑标记的间距缩短。为了增加步长，也可将标记的间距加长。

第五，跑的节奏要与跳远助跑相同，并在最后几步达到最高速度。运动员跑过最后一个标记还应向前再冲几步，不要立即减速。

（三）提高快速跳跃能力训练

我们将各种跳跃练习作为速度性力量训练手段来取代传统的杠铃练习。为了避免受伤，使运动员能够逐渐适应这种安排，遵循由易到难、由简到繁、循序渐进的原则，我们设计了基础跳跃练习、过渡性跳跃练习和专项跳跃练习。

1. 基础跳跃练习

基础跳跃练习手段是由一些双腿跳跃练习所组成，一般在训练的准备期和大型比赛后的恢复期以基础跳跃练习为主。

（1）双腿跳栏架。

在平整的跑道上纵行排列10个栏架，运动员采用双腿依次连续跳过每个栏架。栏架的高度和栏间的距离因人而异，随着训练水平的提高而不断增加高度和栏间距离。

（2）双腿跳皮筋。

在跑道上纵行相对排列若干个栏架，每纵行相对排列的栏架之间用皮筋相连。运动员用双腿依次连续跳过每个皮筋。皮筋的高度和相互间的距离因人而异，随着训练水平的提高而不断增加高度和加长距离。采用此练习可有效地避免伤害事故的发生，便于不断提高练习强度。

（3）跳深。

连续双腿跳上跳下不同高度的跳箱，跳箱的高度和距离随着运动员训练水平的提高而不断增加。

（4）屈膝跳。

连续双腿跳起屈膝收腹，大腿尽量接近胸部。

（5）双脚跳台阶。

双腿连续跳台阶或看台。

（6）在海绵垫上的各种跳跃。

运动员在海绵垫上做各种跳跃练习，如屈膝跳、分腿跳、跳起展体等。注意避免在海绵垫上做单腿跳跃练习，由于海绵垫比较软，运动员如果用单脚进行跳跃练习，落地不稳，容易造成伤害事故。

（7）在沙坑中的各种跳跃。

运动员在沙坑中做各种双腿跳跃练习，如跳皮筋、屈膝跳、分腿跳、跳起展体等。运动员可以赤足做练习。在沙坑中做各种跳跃练习，一方面对膝踝关节有缓冲作用，防止由于过多的跳跃练习而对关节造成的损伤。另一方面由于增加了练习的负荷，从而获得了更佳的训练效果。此外，赤足做练习可以有效地发展踝、脚趾关节及相关肌群的力量。

2. 过渡性跳跃练习

过渡性跳跃练习手段是由一些单腿跳跃练习所组成，一般在准备期向比赛期过渡时期以过渡性跳跃练习为主。

（1）跨步跳。

在动作形式上与我们平时所做的跨步跳没有什么区别，也有人称为交换腿跳。跳跃的距离一般在30~100米。在练习时，应先要求动作幅度，然后再要求动作的速度。

（2）单足跳。

运动员用单足进行跳跃，练习的距离一般在30~60米。在练习时，应先要求动作幅度，然后再要求动作的速度。

（3）单腿跳台阶。

单腿快速跳看台的台阶，左右腿交替进行。在跳跃时注意摆动腿和两臂的协调摆动，运动员可以采用单臂摆动或双臂摆动。

（4）单腿跳皮筋。

在跑道上纵行相对排列若干个栏架，每纵行相对排列的栏架之间用皮筋相连。运动员采用单腿依次连续跳过每个皮筋。皮筋的高度和相互间的距离因人而异，随着训练水平的提高而不断增加高度和加长距离。

（5）单腿跳栏架。

在平整的跑道上纵行排列若干个栏架，运动员采用单腿依次连续跳过每个栏架。栏架的高度和栏间的距离因人而异，随着训练水平的提高而不断增加高度和加长栏间距离。

（6）立定三级跳。

运动员在沙坑前或海绵包前做立定三级跳远，也可以做立定单足三级跳远，然后落入沙坑中或海绵包上。在做立定单足三级跳远时要左右腿交替进行。

（7）立定多级跳。

运动员在沙坑前或海绵包前做立定多级跳远，也可以做立定单足多级跳远，如立定五级跳、十级跳等，然后落入沙坑中或海绵包上。

3. 专项跳跃练习

专项跳跃练习手段是由一些接近专项的带助跑的单腿跳跃练习所组成，运动员在做这些练习时应有速度要求，一般在比赛期以专项跳跃练习为主。

（1）助跑起跳摸高。

六步快速直线助跑，起跳腿起跳后用手触摸高物，触摸的高度随着运动员训练水平的提高而不断加高。

（2）助跑起跳跳上高垫子。

四至六步快速助跑起跳跳上高垫子。

（3）助跑五级跨步跳。

运动员在沙坑前短程助跑做五级跨步跳，也就是连续五级交换腿跳，然后落入沙坑中。

（4）助跑五级单足跳。

运动员在沙坑前短程助跑做五级单足跳，然后落入沙坑中，左右腿交替进行。

（5）助跑十级跨步跳。

运动员在沙坑前短程助跑做十级跨步跳，也就是连续十级交换腿跳，然后落入沙坑中。

（6）助跑十级单足跳。

运动员在沙坑前短程助跑做十级单足跳，然后落入沙坑中，左右腿交替进行。

（7）计时单足跳。

运动员采用 60 米的距离快速计时单足跳，左右腿交替进行。

4. 进行各种跳跃练习时应注意的事项

青少年跳远运动员正值身体生长发育时期，身体各部位尚未发育成熟，其运动器官也是如此，因此，他们的力量素质较差。如果盲目地大量进行跳跃练习，学生的膝关节和踝关节就容易出现疲劳性损伤。因此，经过长期的教学训练实践过程，总结出一些进行跳跃练习应该遵循的原则，以供参考。

（1）先软地后硬地。

在训练的开始阶段应该先在松软的地面，比如沙坑、锯末跑道或草坪等地进行各种跳跃练习，有条件的最好在沙滩上进行练习。当经过一段时间的适应性训练之后，再到跑道上进行练习。

（2）先双腿后单腿。

开始时先采用双腿的各种跳跃练习，如双腿跳跃障碍、屈膝跳等。有了一定的基础后，再用单腿进行练习，如交换腿跳、单足跳等。

（3）先数量后强度。

按照循序渐进的原则，在进行各种跳跃练习时，都要先强调练习的数量，也就是练习的重复次数，然后再要求练习的强度。如在进行跳栏练习时，应先采用较低的栏架让学生完成一定次数，然后再升高栏架以增加难度。

（4）先一般后专项。

刚开始应该先选择一般性的各种跳跃练习，经过一段时间的练习，学生的跳跃能力得到了提高，再开始进行专项跳跃练习。比如我们先选择跳绳、跳栏架等练习，然后再进行助跑五级跳等练习。

（5）先幅度后速度。

在进行任何一种跳跃练习时，都要先要求动作的幅度，当学生能够大幅度地正确完成动作时，就要相应地要求动作速度了。如单足跳或跨步跳练习，先要求学生能够大幅度地完成动作，然后再考虑用计时的方法来完成练习。

我们在训练的初级阶段或停止训练后的恢复阶段，均应遵循以上原则来进行跳跃练习。只有这样才能有效地避免损伤，使学生能够按预定的计划进行练习，从而达到良好的训练效果。

（四）保持和减少各跳水平速度损失的练习

速度型三级跳远的技术重点是尽量保持和发挥水平速度，尤其是发挥水平速度。运动员在单足跳和跨步跳时脚的着地动作更加自然，接近走或跑步的着地动作。这样不仅能最大限度地减少各跳水平速度的损失，而且着地点恰到好处，正好使身体重心压在支撑腿上，使支撑和用力蹬伸程度加大，着地动作更加集中用力，从而加快了着地动作的快速完成。

因而，我们认为现代三级跳远的着地技术应该强调快速集中用力，也就是要集中运动员的意志、着地时蹬和摆的动作，以及身体各部位的协调配合为一点，并作用于身体重心。如果过分强调过去所一贯提倡的扒地或刨地动作，则容易造成着地动作制动，和过早或过晚发力，使力量不能很好地集中作用于身体重心，在着地时往往打击地面的声音很响，而实际效果却不好。

因此说，速度型三级跳远的着地技术动作更加自然，接近走或跑步的着地动作。而过去所一贯提倡的扒地或刨地动作将不再成为技术重点。在平时的训练过程中，跳跃练习应该在快速助跑情况下完成，强调快速跳跃的意识，以便培养运动员快速跳跃的动力定型。在这里本书推荐下列练习来发展运动员快速着地的技术动作，以尽量减少各跳水平速度的损失。

（1）六步快速助跑五级跨步跳。

采用六步助跑，第一跳以起跳腿单足跳开始，其余几跳均为跨步跳。要求快速助跑，助跑与起跳的衔接快速，以及各跳的着地动作快速，最终以最快的速度完成五级跨跳。

（2）六步快速助跑十级跨步跳。

采用六步助跑，第一跳以起跳腿单足跳开始，其余几跳均为跨步跳。要求快速助跑，助跑与起跳的衔接快速，以及各跳的着地动作快速，最终以尽可能快的速度完成十级跨跳。

（3）六步快速助跑五级单足跳（左右腿交替）。

采用六步助跑，先以起跳腿开始跳第一跳，然后再以摆动腿开始跳第一跳，左右腿交替进行。要求快速助跑，助跑与起跳的衔接快速，以及各跳的着地动作快速，并以最快的速度完成五级单足跳。

（4）六步快速助跑十级单足跳（左右腿交替）。

采用六步助跑，先以起跳腿开始跳第一跳，然后再以摆动腿开始跳第一跳，左右腿交替进行。要求快速助跑，助跑与起跳的衔接快速，以及各跳的着地动作快速，并以尽可能快的速度完成十级单足跳。

（5）60米计时跨步跳。

在60米的距离内，运动员以最大的动作幅度、尽可能快的速度完成跨步跳。

（6）60米计时单足跳（左右腿交替）。

在60米的距离内，运动员左右腿交替，以最大的动作幅度、尽可能快的速度完成单足跳。

（7）加快三跳节奏形成快速跳跃的动力定型。

速度型三级跳远技术的特点是，第三跳在三跳中所占的比例最大，也就是说第三跳最远。说明运动员到第三跳时还具有很高的水平速度。只有当时还有很高的水平速度，才能使第三跳跳得远。这与运动员在助跑中尽量发挥水平速度，并在前两跳中较好地保持了水平速度有直接关系。

因此，速度型三级跳远技术要求助跑快、助跑与起跳结合快，以及在正确完成技术动作前提下的三跳节奏快，并要求运动员在快速助跑的基础上加快三跳的节奏。只有助跑速度快，三跳的节奏才能快，要想助跑速度快，则必须加长助跑距离。所以，在三级跳远的技术训练中，要强调尽量采用全程助跑来进行练习，只有这样才有可能形成快速的三跳节奏。如果在训练中过多地采用中短程助跑进行技术练习，运动员就会习惯在相对较慢的速度下完成三级跳远技术，久而久之，就形成了跳跃的慢节奏，这是不可取的。衡量三级跳远运动员技术的好坏不在于跳的动作有多优美，而在于完成正确动作的前提下其三跳节奏的快慢。在快速助跑基础上的，能够正确完成动作前提下的快速的三跳节奏，是当今三级跳远技术训练应该追寻的目标。

（五）提高弱腿跳远技术和能力

速度型三级跳远技术目前还未引起人们的广泛注意，这种技术实际上是在平跳型基础上发展起来的，它继承了平跳型技术的优点，更加强调发挥和保持水平速度。与平跳型技术相比，最突出的特点是第三跳的远度明显加大，强调同时均衡发展两腿的跳跃能力，尤其是弱腿的跳跃能力。奥利维拉的跳远成绩为 8. 20 米，有关资料记载，他的弱腿也可跳过 8 米。我们注意到，这类运动员不仅在第三跳中表现出很强的实力，而且在空中动作中绝大部分都采用挺身式或走步式。说明运动员在第三跳中的弱腿跳远能力很强。当然，第三跳的远度与助跑中发挥的水平速度及在第一跳和第二跳中保持的水平速度有直接关系。鉴于这种情况，应该重视青少年三级跳远运动员弱腿跳远的训练。

1. 弱腿跳跃训练方法

我们在训练过程中应该先安排一定的弱腿跳跃练习，然后再进行跳远练习。只有弱腿的跳跃能力提高了，才有助于其跳远能力的提高。

（1）6~8 步助跑跳上海绵垫子。

学生采用 6~8 步助跑弱腿起跳，用单足跳的方式或跳远的方式跳上海绵垫子。如果用单足跳的方式是单足落在海绵垫子上，而用跳远的方式是双脚落在海绵垫子上。这种练习既安全又可调动学生的学习兴趣。

（2）6~8 步助跑单足三级跳远。

学生 6~8 步助跑采用弱腿进行单足三级跳远，然后双脚落入沙坑中。在这里要注意的是，在每一跳的着地过程中都要用全脚掌着地。

（3）6~8 步助跑跳栏架。

学生 6~8 步助跑用弱腿连续跳过栏架，栏架的高度和栏架之间的距离要根据学生的素质水平而定。

（4）6~8 步助跑跳皮筋。

学生 6~8 步助跑用弱腿连续跳过皮筋，这种练习比较安全，可以适当加高皮筋的高度来增加练习的难度，以达到提高练习的效果的目的。

（5）6~8 步助跑摸高。

学生 6~8 步助跑弱腿起跳，用起跳腿异侧臂单手摸高。

（6）6~8 步助跑弱腿跳远。

学生采用6~8 步助跑弱腿进行跳远，与一般的跳远没有什么差别，但应该要求学生注意空中技术动作及落地技术动作。

（7）10~12 步助跑弱腿跳远。

（8）14~16 步助跑弱腿跳远。

2. 在进行弱腿跳跃训练时应注意以下问题

（1）三级跳远技术在第三跳时仍具有较高的速度，根据这一情况，我们应该在快速助跑的情况下进行弱腿跳跃练习和跳远练习，以适应专项的需要。

（2）跳跃练习是跳远练习的基础，因此，我们应该在开始阶段进行跳跃练习，当运动员有了一定的基础之后，再进行跳远练习。

（3）一般来说，运动员用于第三跳的弱腿相对比较薄弱，在练习时要注意循序渐进，避免急于求成，造成局部负担量过重及伤害事故。

（4）在进行弱腿跳跃练习和跳远练习时，一定要注意强调两臂和摆动腿的大幅度摆臂动作，因为在第三跳时，运动员两臂和摆动腿的摆动动作是非常重要的。

第八节　三级跳远运动员的心理训练、训练监控、恢复训练与伤病预防

运动员长时间的身体活动或肌肉运动是引起运动性疲劳的主要原因，其直接表现为运动能力的下降。恢复训练是人体生理机能及能源物质恢复到运动前水平的重要过程，同时对运动损伤能够起到积极的预防作用。

一、心理训练

三级跳远运动员的心理训练应该紧密结合平时的专项训练及比赛，在平时的训练过程中应该从以下几个方面来进行。

（一）将平时的比赛和测验作为训练内容的重要组成部分

目前，世界田径强国几乎每周都安排有国际或国内的各种比赛和测验。他们一般是以训练周为周期来制订训练计划，在周末参加测验或比赛，已经将比赛作为训练过程中的一项重要内容。这样，不仅能够培养运动员的参赛能力和比赛经验，而且可以使运动员经常保持较高的训练水平和较好的竞技状态。训练的最终目是创造优异的运动成绩，而优异的运动成绩只有通过比赛才能获得。因此，对运动员来说，参赛能力尤其是在重大比赛中发挥自己水平的能力是十分重要的，而这种能力只有通过多参加

比赛才能获得，这一点已经越来越引起人们的重视。

（二）科学安排赛前的训练负荷

赛前训练是运动训练过程重要的组成部分之一，为此，各项目的教练员都非常重视赛前训练的安排。目前，国外的研究表明，经过系统训练所获得的生物学适应，要不断加以巩固，不然所获得的训练效果会逐渐消退。经过系统训练的运动员，突然降低运动负荷后，其肌肉中 ATP、CP、糖元等物质储备下降。

运动员经过系统训练已经适应了平时较大的运动负荷，如果赛前大幅度地降低运动负荷，就会使得身体的内环境遭到破坏，神经系统和肌肉的正常工作能力，甚至生活节律都会受到影响。从而，影响到专项技术水平的发挥。

目前，在国外的赛前训练中，已有不进行专门调整计划的趋势。赛前照样进行大运动量、大强度训练，并取得了非凡的成绩。美国的一些著名短跑运动员，在赛前的训练中仍然采用较大强度练习，他们的赛前训练与平时训练无多大差别，这些都值得我们深思。因此，只有科学地安排好赛前训练的负荷，才能使运动员处于良好的身体机能及心理状态，以利于获得优异的成绩。

（三）技术训练中重视提高运动员助跑的准确性

田径运动基本上是属于一种体能性的运动，只要跑得快、跳得高或投得远就能获得好的成绩。但三级跳远是一个比较特殊的项目，运动员只有在助跑准确的前提下充分发挥自己的最大体能，才能获得好的成绩。此外，在世界大赛中竞争是十分激烈的，运动员的成绩比较接近，助跑的准确性显得十分重要。而运动员要想在助跑中跑得准确，并不是一件容易的事情。因为助跑速度是非常快的，有的时候差一厘米就会犯规，因此，在三级跳远中助跑的准确性是十分重要的。如果比赛中运动员在起跳时犯了规，即使跳得再远也没有任何意义。同样，如果运动员在起跳时不上板，也会使成绩大打折扣。所以，在三级跳远训练的过程中，应该高度重视助跑的专门训练。

（四）培养运动员连续比赛的能力

目前世界田径赛事的发展趋势是连续几站进行系列比赛，我国高水平运动员必须适应这一特点。因此，在平时的训练过程中应该多安排一些测验和比赛活动。比如以训练周为周期来制订训练计划，或在周末参加测验或比赛等都是值得提倡的。

二、训练监控

运动训练监控是教练员进行科学训练的必要条件，也是科学化训练的重要组成部分，其中生理生化指标对运动员的身体机能检测与评定就显得尤为重要。训练中应运用生理生化指标，对运动员承受负荷的能力、身体机能状况等进行诊断，进而判定训练的科学性和有效性。

（一）生理学指标

1. 心率

训练监控中常用的心率指标有：基础时心率、安静时心率、运动时心率和运动后心率。基础心率随着运动员训练水平的提高而减慢。基础心率突然加快往往提示运动员运动负荷过大，机能状态下降，同时也有可能提示运动员睡眠质量不佳、赛前焦虑、有疾病的存在等可能性。

运动时心率可以用来监控运动强度。一般情况下，强度越大，运动时心率越快。系统耐力训练后安静时心率下降，同样负荷（亚极限以下强度）运动后即刻心率下降或心率恢复速度提高，说明心功能提高，有氧能力提高。

2. 血压

安静时血压升高20%左右，并持续两天以上时，可能是机能下降或过度疲劳的表现；运动时脉压差增加的程度比平时减少或出现梯形反应，提示运动员身体机能下降。

3. 最大摄氧量

由心肺氧转运、肌肉有氧代谢做功能力等决定，其大小的变化可以评价一个阶段有氧训练方法和负荷安排的合理性、有效性。

4. 体重

一段时间内体重连续下降，可能是由过渡训练或疾病导致的。

（二）血液及尿液生化指标

1. 血乳酸

血乳酸能够评定运动负荷强度，测定一次运动后最高血乳酸水平可精确定量分析运动强度。训练一个阶段后，同样负荷运动后血乳酸水平下降，则说明训练水平与运动能力有所提高；同样负荷运动后血乳酸清除速率提高，说明有氧能力提高。

2. 血红蛋白

一个阶段训练后，如果血红蛋白下降明显，说明运动员不能适应训练负荷；下降超过 20%为过度训练的表现之一。男运动员低于 120 克/升，女运动员低于 110 克/升时，可诊断为贫血。血红蛋白值过低，机体容易疲劳，恢复能力差，有氧代谢能力低；血红蛋白值过高时，对机体及运动也不利，青少年男子高于 180 克/升，女子高于 170 克/升，就会出现血液黏稠，血流减慢，给心血管造成严重负担。

3. 尿蛋白

尿蛋白既能够反映训练负荷强度，也可以反映负荷量度，尤其和强度关系密切。一个训练阶段后，在相同强度下尿蛋白量减少，这是机体的适应性反应。如果尿蛋白量不减反增，说明机体对训练不适应，身体机能下降，或疲劳未消除，存在过渡训练的可能，需要减少运动强度或运动量。

4. 血清睾酮

血清睾酮基础值高者适宜从事力量性运动项目。大负荷训练后睾酮下降，皮质醇上升，说明机体机能状态差或过渡疲劳；相同训练条件下，血清睾酮浓度高则是机能良好的表现。

5. 血清皮质醇

运动量过大时，皮质醇上升幅度加大，相同负荷时，皮质醇浓度上升幅度下降，是适应运动量的表现。恢复期，皮质醇浓度下降速度慢，浓度恢复时间延长，为机能状态差的表现。

6. 睾酮/皮质醇

比值低于训练期前 25%而又不回升的时候，应调整训练计划，或者增加恢复措施。

以上各项生理、生化指标，从不同的侧面反映运动负荷或机能的变化，具有自身的独立性。在训练监控中，应根据项目特点、运动员训练水平、监控目的及测试条件等情况，来选择和确定指标，进行综合全面的评价。例如，血乳酸能够评定运动负荷强度；而心率、尿蛋白等既与负荷强度有关，又与负荷量有关，还与身体机能状况有关。如果同时采用心率、血乳酸、尿蛋白等多项指标进行综合评定，既可较为全面地评定运动负荷的大小，又可客观了解机体对负荷的适应和恢复情况。

三、恢复训练

（一）训练学手段

（1）积极性休息：调整训练内容、转换训练环境、变换肢体活动部位等。

(2) 有氧训练：游泳、功率自行车、有氧操、有氧慢跑等。
(3) 整理活动：放松性慢走及慢跑。

(二) 充足的睡眠

自然睡眠、音乐催眠法等。

(三) 物理学方法

按摩、理疗、吸氧、针灸、推拿、气功等。

(四) 心理学方法

自我心理调整，进行心理咨询、音乐调节等。

(五) 药物疗法

黄芪、刺五加、参三七、维生素 B_{12}、三磷酸腺苷等。

(六) 营养学方法

合理膳食、运动性饮料及补剂等。

四、伤病预防

随着竞技运动技术水平的不断提高，运动员所开始从事某种专项运动训练的年龄也越来越早，从小就开始接受系统的专门训练是成为优秀运动员的必经之路。长期以来，在我国田径界一直普遍存在的问题是，参加全国田径分龄赛和少年田径赛名次比较好的运动员，若干年后只有很少的人还在从事田径训练。也就是说，这些有一定培养前途的少年运动员最终很少有人成为成年运动员，这其中一个很重要的原因是运动损伤所致。由于运动损伤，使得许多有发展前途的少年运动员不得不过早地离开了田径场。

(一) 青少年三级跳远运动损伤情况分析

1. 运动损伤的部位

从运动员损伤的部位来看，主要分布在踝、膝、大腿后群等部位，男女运动员的情况基本相似。这一方面说明在三级跳远项目中，踝、膝、大腿后群等部位的负荷比较大。另一方面，少年运动员的身体正处于生长发育时期，他们的踝、膝、大腿后群等部位相对比较薄弱，如果训练安排不当，尤其是局部负荷过重，使运动员不能得到及时的恢复，很容易造成这些部位的损伤。

2. 运动损伤的类型

从运动员损伤的类型来看，肌肉拉伤和关节劳损占的比重比较大。造成这种情况的主要原因是，运动员过多地进行跑跳和负重练习，使得有关肌肉和关节部位局部负荷过重，从而出现损伤。

3. 不同的训练内容对损伤的影响

根据我们的调查，青少年运动员在从事不同内容的训练时，运动损伤所发生的比例也有所不同。运动员的损伤大多发生在速度练习和技术练习中。这一方面是运动员在速度训练时的强度过大，教练员在速度训练时一般都采用计时的方法，要求运动员用尽可能大的强度来完成练习，超出了运动员的负荷能力。另一方面，在运动员的技术训练中，对基本技术重视不够，往往只重视专项的突出强度，由于基本技术基础不扎实，经常产生错误的动作。以上两个方面是导致运动损伤的主要原因。

青少年正处于生长发育时期，我们在训练过程中应该注意循序渐进，重视从小打好基础。在速度训练时应把重点放在发展速率，提高跑的能力，并同时学习和改进跑的基本技术，而不应该过分强调跑的强度。在专项技术训练时，不应该一味追求运动员所达到的强度。要从各个环节的基本技术抓起，由分解技术到完整技术。

4. 运动员的身体状况对损伤的影响

在我们的调查中发现，青少年三级跳远运动员在训练时不同的身体感觉与运动损伤的发生也有关系，运动员在疲劳和兴奋时都容易发生运动损伤。运动员在疲劳时身体机能下降，如果运动量过大，容易发生伤害事故。运动员在过度兴奋时，往往其动作幅度和用力程度超出自己的承受范围和承受能力，从而引起运动损伤。

5. 运动负荷与损伤的关系

青少年田径训练大纲是在国家体育总局的领导下，由专门的科研人员和专家所制定的用于指导和检查我国青少年田径运动员训练的纲领性文件。从我们的调查情况来看，目前青少年运动员在周训练次数、年分解技术练习次数、年完整技术练习次数等方面都大大超出了训练大纲所规定的要求。并且，其年全面身体训练、年专项身体训练、年专项技术训练的比例安排与训练大纲相比也不合理。专项技术和专项身体训练所占的比例过大，全面身体训练所占的比例过小。因此，从运动员总的运动负荷来看是过大的，过大的运动负荷超出了运动员身体的负担能力，必然导致运动损伤的发生。

6. 训练安排与损伤的关系

我们在调查中发现，在一次训练课中不同练习内容的组合与运动损伤有着直接的关系。“技术+速度和力量+速度训练”这种训练内容的安排运动员发生运动损伤的比例较大，尤其是“技术+速度”的训练课发生运动损伤所占的比例最大。而综合性地安排训练课的模式，其运动损伤发生的比例相对较小。这样避免了运动员局部负担量过重，从而减少了运动损伤的发生，适合青少年运动员的特点。

综上所述，青少年三级跳远运动员运动损伤较多发生在踝、膝、大腿后群等部位，并主要以肌肉拉伤和关节劳损的形式表现出来。运动损伤发生的时机主要在速度练习和技术练习中，运动员在疲劳和过度兴奋时较易出现伤害事故。我国青少年运动员的训练负荷过大是产生运动损伤的重要原因。不同训练内容的安排与运动损伤有着直接的关系，综合性训练内容的安排有利于防止运动损伤的发生。

（二）预防运动损伤的方法

通过牵伸训练能够提高运动员肌肉和关节柔韧性，增加肌肉的弹性和扩大关节的活动范围，有助于减少肌肉关节的伤痛，并预防该部位的损伤。牵伸训练主要分为四种类型：静态牵伸、PNF 牵伸、摆动牵伸及动态牵伸。

1. 静态牵伸

由静止状态开始缓慢地将肢体某部位移动至一个位置并保持一定时间，从而牵伸某一肌肉或某一肌肉群，使之处于伸展放松状态。

2. PNF 牵伸

通过加大身体某部位关节活动范围，从而使收缩的肌肉得到牵伸。在肌肉收缩的时候进行牵伸，可以使本来处于紧张的肌肉得到放松。

3. 摆动牵伸

通过反复摆动动作牵伸肌肉。

4. 动态牵伸

在肢体做动作的时候使参与该项运动的肌肉得到牵伸。

第八章 跳　高

第一节　跳高项目特性与发展趋势

一、项目特征

跳高运动员必须在快速助跑中用单脚起跳，通过自身最大的潜力，以最快的速度和最大的爆发力向上腾起后跃过尽可能高的高度。

跳高项目既要求运动员的速度、弹跳力和卓越的爆发力，又要求运动员拥有很高的专项技术水平，所以，体能和技能是跳高运动员竞技能力中的两大主导性因素。

二、发展趋势

1. 以发展速度为主的训练进一步深化

20 世纪 80 年代，我国跳高运动员朱建华接连 3 次创造男子跳高世界纪录，其成就与他多年训练中形成的快速的技术风格是分不开的。跳高技术要求运动员具有高度的速度能力，在训练中一切手段都要以速度为核心，这就是以发展速度能力为主的跳高训练。这种训练可以归纳为：以速度为前导，力求技术与力量的平衡；要选择快速练习的训练方法，手段多样化，各种训练内容、手段交替进行；通过多年训练，不断挖掘和发挥人体各个系统的快速能力。由此看出，提高助跑、起跳速度，进一步发挥人体能力是现代跳高技术的发展方向。

2. 以强度为主的训练

我国跳高运动有过辉煌的历史，曾经培养出郑凤荣、倪志钦、朱建华等高水平跳高选手。在跳高训练方面大胆探索、勇于创新，经过多年实践，总结积累了一整套行之有效的训练方法。著名教练员黄健在总结郑凤荣的成功经验后，在对倪志钦的训练中采用大强度训练，此后，逐渐发展和完善了大强度训练方法，并经过对多年实践的总结，发表了《跳高运动员的大强度训练》，对其特点和方法进行了全面总结。明确提出大强度训练是提高专项能力、身体素质水平和掌握先进技术动作的主要方法，是锻炼运动员意志品质、培养运动员比赛作风、丰富比赛经验和达到高水平的主要途径。同时，大强度训练可以调动和发挥人体机能的最大潜力。

但是，训练强度必须因人、因时而异。高水平运动员赛前一周技术训练强度应当控制在90%~95%，重在养精蓄锐，稳定技术节奏。而青少年运动员处于学习、掌握技术阶段，因此，技术训练时应适当控制训练强度，保证一定的跳跃次数和跳跃质量。过分强调强度还会影响技术的稳定性，对他们以后的发展不利。

3. 突出技术训练质量的观点进一步扩展

联邦德国在跳高运动方面取得过辉煌成就，曾培养出迈法特、亨克尔、默根堡等杰出的世界跳高明星，他们的经验主要是在训练中首先重视技术训练的质量。美国的跳高运动在世界上保持传统优势地位，除运动员天生的较好的身体素质外，还有先进的场地、设施，尤其是教练员对技术训练质量的重视，特别是重视助跑速度与起跳动作的完美结合。多年来，我国的训练工作者也一直在探索如何突出训练质量的问题，并在技术训练的许多方面达成了共识。

4. 科学化训练与多学科的渗透不断加强，技术研究不断深入

近年来，跳高成绩迅速提高，已经接近人体机能的极限，技术日臻完善。为了进一步提高成绩，必须从运动生物力学、运动心理学、运动医学、系统论等许多学科更深的层次来进一步探索提高的奥秘，进一步挖掘人体机能的潜力。

从20世纪50年代中期，苏联运动员邱金娜和斯捷潘诺夫先后创造女子和男子跳高世界纪录起，苏联就成为世界跳高强国之一，并在当时的世界跳高运动中占有明显优势。他们非常注重科学理论的指导，早在1936年米列夫斯基就提出了“运动员身体重心腾起速度的大小和方向决定其腾空轨迹的高度”，他认为起跳时的垂直速度对跳高成绩起着很重要的作用。同时通过培养出吉雅契柯夫等一批杰出的跳高明星，总结形成了一套完善的跳高训练体系，使苏联跳高运动长期保持先进水平。他们在训练中尤其重视技术练习，技术理论的研究比较深入，对高水平运动员重视技术质量和强度，对青少年注意抓基本功和基本技术。并认为，要始终重视技术，只要技术抓好了，素质

差可以弥补；素质很好，但技术差的运动员不仅容易受伤，而且达不到更高的运动水平。

第二节 跳高技术

跳高完整技术可分为三个阶段，即助跑、助跑与起跳、过杆与落地。以下介绍各阶段的技术要点。

一、助跑技术

助跑应根据个人的能力确定距离及弧度。助跑全程为直线与弧线的结合；身体内倾程度随助跑速度的逐渐加快由小到大，助跑速度逐渐加快，助跑的节奏应明显，直至起跳点时速度达最快。

二、助跑与起跳

助跑最后一步，当人体处于适当内倾的情况下，摆动腿应积极做下压着地动作，使人体重心尽快靠近起跳点的上方，并随之快速向前蹬送，重心的超越上体，使身体形成最佳的肩轴与髋轴交叉扭紧状态。摆动腿迅速蹬摆的同时，起跳腿以髋带动大腿积极前迈并由脚外侧迅速过渡到全脚掌，快速向前下方做积极“扒地”动作。摆动腿摆动肌在充分拉长的前提下，尽量缩短摆动半径，以髋发力迅速向前、向上、内扣上摆的同时，起跳腿快速蹬伸下肢各关节。

三、过杆与落地

起跳充分腾起并自然转成背对横杆后，身体自然地从仰卧姿势沿纵轴旋转。当头和肩、背和腰依次超越横杆时，两臂自然置于体侧，及时利用身体的补偿原理完成下潜和挺髋成“拱形”动作。当身体重心越过横杆时，及时含胸收肩屈髋，向上方迅速甩小腿，使整个动作自然连贯，肩背平稳落地（图 8-1、图 8-2）。

图 8-1　霍尔姆 2004 年奥运会冠军最好成绩 2.40 米技术图片

图 8-2　科斯塔迪诺娃 2.09 米技术图片

第三节 跳高运动员选材

根据国内外优秀跳高运动员的身体形态条件与身体技能特点，确定我国跳高项目选材的指标。

一、选材主要因素

后备人才运动员的选材，应在综合分析所选少年发育特征优势的基础上，通过初选、重点选拔和优选阶段。从身体形态、身体素质、技术、机能和心理几个方面运用科学的测试方法对测试数据进行评价，选拔出具有向世界水平冲击的跳高运动员。有关国内外优秀跳高运动员的资料表明：世界优秀跳高运动员身材高、体重轻、下肢长，并具有先天的弹跳能力、良好的速度和速度力量素质、较强的自信心和自控能力。选材主要需考虑以下几个方面。

（一）遗传

除考虑父母身高、体型遗传因素外，还可参考隔辈遗传和近亲遗传因素（叔、舅、姨）等。遗传选材法是通过对构成运动能力因素与遗传关系的研究，对被选运动员的直系或旁系亲属的运动史进行了解与分析，从而评定运动员在某一方面运动能力的方法。我们都知道遗传是一切生物所共有的特性，这种特性能使生物把它个体的特征在后代反映出来，这样首先选材是要看其父母的身高和父母双亲的身高。

（二）形态

1. 身高体形

跳跃运动员都要求身材高、体重轻、下肢长，身体的围度和宽度较小，臀部肌肉紧缩呈上翘状，跟腱长，脚弓高，脚趾短齐有力，脚掌富有弹性等。优秀跳高运动员身体形态是：身体高且修长、体重轻、重心高等，男子运动员不低于 190 厘米，女子应不低于 175 厘米，这是最理想的，这些就要求教练员预测他们成年时的身体高度和身体形态，身体形态要下肢比躯干长，小腿比大腿长，足弓要深，骨盆狭小，臀部紧缩，两腿不能呈 X 型或 O 型，踝关节细，跟腱处深凹等，这些在选材时是不可轻视的。选材时要根据不同年龄阶段青少年生长发育特点，既看他们现有的身体高度，又要考虑他们未来的发展潜力。如果有的苗子身高预测达不到理想高度，但弹跳力很好，速度、灵巧等素质十分突出，也可作为培养对象。

预测身高的方法：

儿子身高＝（父高+母高）×1.08/2；

女儿身高＝（父高×0.923+母高）/2。

2. 体重

克托莱指数（体重/身高×1000）表示每厘米身高的体重，是反映人体发育匀称度的重要形态指标。它受年龄、性别、人体生长发育规律及种族差异的影响，在评价时应综合考虑这些因素。跳跃运动员要求身高体轻，在人体成分中，瘦体重较大，脂肪较少，这对克服人体重力、腾越得更高、更远是有利的。世界优秀跳高选手的这个指数都相对较小，如舍贝里（2.42 米）为 381、帕克林（2.41 米）为 376、波瓦尔尼岑（2.40 米）为 373、朱建华（2.39 米）为 355、默根堡（2.39 米）为 368。根据中国青少年跳高运动员各年龄组的体重/身高指数均值统计，将此指数的选材标准定为：13 岁的男子 260～280，女子 250～270；15 岁的男子 300～330，女子 300～320；17 岁的男子 340～360，女子 330～350。

3. 下肢

下肢一定要长，从跳高成绩构成公式 H＝H1+H2－H3（H1 表示起跳结束瞬间身体重心离地面的高度；H2 表示重心腾起的高度；H3 表示重心腾起点到横杆之间的距离）。从中可以看出，H1 的大小主要取决于运动员的下肢长，下肢越长身体重心越高，H1 值也越大。在身高、体重等相同的情况下，下肢较长的运动员便赢得了天生的有利条件。为了运动员之间能准确地进行比较，采用腿长/身高×100 作为选材标准，《田径教学训练大纲》确定 13、15、17 岁男女都是 51%～54%，即下肢长占身高的一半以上。由于身材高、重心高，对获取预先高度与远度、加大腾越幅度和提高握竿点高度都是有利条件，所以现代跳远、三级跳远和撑竿跳高运动员的身高均呈上升趋势。如优秀三级跳远运动员的形态模型特征为：身高 1.86～1.88 米，体重/身高指数 406，腿长/身高指数 51%，证明以上三个形态指标的要求是跳跃运动员共同需要的。

二、技术

学习能力强，具备短时间内掌握跳高基本技术的能力，尤其是跑动中起跳向上的能力。有些人对新事物适应能力强，能够很快地掌握新的技能。这是一个综合指标，不仅要求青少年具有很好的身体素质还需要具有敏捷的思维、很好的表象能力等，这些需要后天生活中慢慢养成。教练员要在学员身上看到闪光点，看到成为优秀跳高运动员的潜能。

三、机能

生长发育正常，身体健康，神经系统灵活性高，协调支配能力较强，肌肉反应速度较快。机能选材法：通过对运动员生理机能的测评选拔运动员的方法。跳跃项目的特点要求运动员在短时间内最大限度地发挥出体能潜力，既要有很快的速度，又要有很大的力量，并把二者有机地结合起来，因此，肌肉活动强度很大，大脑皮层兴奋过程占优势。选材时一般采用台阶试验测定心功指数，心功指数属于一种定量负荷机能试验，是反映人体心脏功能水平的重要指标。安静时脉搏次数少，表明心脏收缩力量大，心脏泵血功能强；运动后即刻脉搏次数少，表明完成定量负荷时心脏机能出现“节省化”现象；恢复期脉搏次数少，表明心脏机能恢复得快，心功指数越小，表明心脏功能越好。

四、素质

在初选阶段应特别注重少儿先天自然弹跳能力强、灵敏协调性和柔韧性好、位移速度快、动作频率好、反应速度快。速度、弹跳力和快速力量，是跳跃运动员所具有的主要运动素质，是选材的重点指标。教练员在做身体素质测试时，还需要考虑到各个身体素质都有一个“敏感发展期”。一般来说速度的“敏感发展期”是在10~13岁，力量是在14~17岁，爆发力（弹跳力）是在13~16岁，爆发力的“敏感发展期”男孩是15~16岁，女孩是13~14岁。敏感期的形成原因是在这期间大脑皮质中的形态和生物化程度较强烈、较完善，对有关形成的刺激反应灵敏、刺激的痕迹能深刻地保留在大脑中，因而教练员如果对各种素质的敏感发展期内的少年儿童进行适当的训练，则就能收到事半功倍的效果，反之，如果过了敏感发展期，则将事倍功半。因此，在这“敏感发展期”间，如果训练等外因与遗传等内因配合得较好，则该项素质的发展就很快，所以教练员必须把“敏感发展期”和选材对象的年龄有机地结合起来。

（1）绝对速度。

跳跃运动要求在高速助跑中准确有力地完成起跳。助跑速度建立在绝对速度的基础之上，是决定跳跃成绩的重要因素。高度项目采用站立式起跑30米，远度项目采用站立式起跑60米测试绝对速度。

（2）弹跳力与快速力量。

《田径教学训练大纲》选取立定跳远、立定三级跳远、助跑摸高净跳高度、四步助跑五级跨步跳远和后抛铅球5项测验，它们能反映运动员的弹跳力、快速力量和全身协调性，并与跳跃项目虽然有共同特点，但各个项目的运动形式和要求又有所不同，对运动素质的要求也不尽相同，选材时不仅要重视运动素质的整体发展水平，而且应考虑不同项目的特点有所侧重，如跳远与三级跳远侧重于立定跳远、立定三级跳远和四步助跑五级跨步跳远，而跳高与撑竿跳高侧重于助跑摸高和后抛铅球等。

五、心理

应突出青少年神经类型的活泼型，自信、争强好胜、思维敏捷、运动智能与悟性较好。为了适应激烈的跳高竞赛，选材时必须重视心理测试与考察，选拔神经系统灵活性高，视动反应特别快，空间本体感觉好、定向能力强，有强烈进取心的运动员。跳跃运动因技术复杂，在空中要完成一系列动作，还有起跳板、横杆的制约等，对运动员的心理素质要求特别高。教练员可以运用各种困难的、多种变化的不利条件进行比赛，也可以让他们与高水平的或者年龄较大的组别的对手进行比赛，这样就能够观察他们在比赛中的各种表现。尤其是在比赛失败或者试跳不成功时，就要看他们能不能通过自己的意志来加以克服。比赛失败后，更要考虑他们能否从失败中总结经验教训，从而鞭策自己以更大的干劲和更高的要求来进行训练，如果他们具备这些优秀的心理品质，就预示着他们将来定会获得成功。

六、家庭

选拔那些喜爱跳高运动并有着强烈训练欲望的青少年时，家长的倾力支持也应作为选材考虑的因素。

(1) 时间上的支持：家长支持对运动员的成绩提高也是很有帮助的，现在的孩子有很多的补习班、辅导班导致他们没有太多的空暇时间。有了天赋，不经过大量科学系统的训练是不可能取得优异成绩的。如果得到家人的认同支持，将青少年的课下时间给予教练支配，经过大量科学系统的训练才可能培养出优秀的运动员。

(2) 经济上的支持：家庭条件好也可以为孩子提供大量的帮助，后期运动员需要参加大量的比赛，即“以赛代练”，如果家庭条件不好将会失去一部分比赛的机会，这不利于日后的发展。所以，在后期的选拔中也应将家庭条件考虑到选材中。

(3) 精神上的支持：家长对运动员精神上的鼓励对运动员训练及比赛有很好的帮助。家长的支持对运动员的成绩提高也是很有帮助的，如果得到家人的认同支持，教练员就能尽可能多地支配青少年的课下时间，只有经过大量科学系统的训练才能培养出优秀的运动员。

七、选材指标

青少年跳高运动员的选材，分为初级选材阶段（12~13 岁）、重点选材阶段（14~15 岁）、优选阶段（16~17 岁）。青少年跳高运动员的选材主要由身体形态、身体机能、身体素质、跳高技术标准四个方面进行（表 8-1~表 8-3）。

表 8-1　12~13 岁初选阶段选材标准

<table>
<tr><td>选材重点</td><td colspan="4">初步选定受遗传影响较大的各项指标评定少年儿童发育程度。在身体形态基本达到标准的前提下，选择跑、跳能力较强的、灵敏协调的少年儿童参加跳高专项基础训练
(1) 身体形态：身材高、躯干短、下肢长（尤其是小腿长者）、体重轻，身体围度和宽度较小
(2) 身体素质：在初选阶段应特别注重少儿先天自然弹跳能力、位移速度、动作频率和反应速度，以及灵敏协调性、柔韧性
(3) 技术：具备短时间内掌握跳高基本技术的能力，尤其是跑动中向上起跳的能力
(4) 机能：生长发育正常，身体健康，神经系统灵活性高，协调支配能力较强，肌肉反应速度较快
(5) 心理：应突出少年儿童神经类型的活泼型，自信、争强好胜</td></tr>
<tr><td rowspan="5">选材指标</td><td>类别</td><td>内容</td><td>男</td><td>女</td></tr>
<tr><td>身体形态</td><td>体重/身高
下肢长 B/身高
身高</td><td>300~350
≥53.0
≥165</td><td>290~350
≥53.0
≥152</td></tr>
<tr><td>机能</td><td>心功指数</td><td>≤9.0</td><td>≤9.0</td></tr>
<tr><td>身体素质</td><td>三十米起动跑（秒）
立定三级跳远（米）
后抛实心球（米，2 千克）
四步助跑摸高（米）</td><td>5.1~4.9
7.3~7.6
7.6~8.0
2.4~2.6</td><td>5.3~5.1
6.3~6.6
6.6~7.0
1.8~2.2</td></tr>
<tr><td>技术</td><td>跳高评定</td><td>起跳轻快有力，过杆动作舒展流畅</td><td>起跳轻快有力，过杆动作舒展流畅</td></tr>
</table>

表 8-2　14~15 岁重点选拔阶段选材标准

<table>
<tr><td>选拔重点</td><td colspan="4">重点选拔在形态和身体素质方面，在青春期发育变化后对跳高专项发展有利，而且速度素质和跳跃能力方面占有优势的少年运动员
(1) 身体形态：在发育期后，身体条件仍符合本项目的特点和要求
(2) 身体素质：运动能力在发育高潮期和训练的作用下，运动员的速度和跳跃能力等身体素质大幅度提高并处于相对较高水平
(3) 技术：跑、跳衔接能力强
(4) 身体健壮，各器官系统机能已具有一定的发展水平，特别是肌肉的性能和神经反应速度应具备较高水平
(5) 心理：运动员具有较高的自信心、心理适应和调整能力，比赛动机和兴趣爱好强烈</td></tr>
<tr><td rowspan="2">选材指标</td><td>类别</td><td>内容</td><td>男</td><td>女</td></tr>
<tr><td>身体形态</td><td>体重/身高
下肢长 B/身高
身高</td><td>290~380
≥52.5
≥177</td><td>280~370
≥52.5
≥165</td></tr>
</table>

（续表）

选材指标	机能	心功指数	6.0	6.0
	身体素质	60米站立式跑（秒） 立定三级跳远（米） 后抛实心球（米，注：男4千克，女3千克） 四步助跑摸高（米）	8.5~7.0 7.6~8.2 10.6~11.0 2.6~3.0	8.9~7.6 6.6~7.6 9.6~10.0 2.2~2.6
	技术	跳高评定	动作规范、自然、协调，助跑节奏感好，跑跳结合连贯，起跳有力效果好	动作规范、自然、协调，助跑节奏感好，跑跳结合连贯，起跳有力效果好

表8-3　16~17岁优选阶段选拔标准

优选重点	跳高专项能力发展水平、专项技术水平、应对训练与比赛中各种困难条件下心理适应能力和稳定性是否突出 （1）身体形态：接近或达到世界优秀跳高运动员的标准 （2）机能：具有较高水平，为承担大负荷训练及进一步发展跳高专项水平所必需的各种能力已打下良好的基础 （3）身体素质：具有良好的速度和速度力量素质及快速助跑下的垂直起跳能力 （4）技术：具有完善的技术并兼有个人技术风格 （5）心理：具有坚定的事业心，在激烈的竞争中，具备较强的心理控制能力及一定的应变能力，有拼搏精神			
选材指标	类别	内容	男	女
	身体形态	下肢长B/身高 身高	≥53 193±5	≥53 180±3
	机能	心功指数	3.5	3.5
	身体素质	立定三级跳远（米） 四步助跑摸高（米）	8.5~9.0 3.0~3.3	7.1~7.4 2.6~3.0
	技术	跳高评定	动作流畅、稳定性好、成功率高	动作流畅、稳定性好、成功率高

第四节　跳高运动员各年龄阶段训练任务与要求

一、年龄阶段划分

根据跳高运动员的年龄特点，分为基础训练阶段（12~13岁）、初级训练阶段（14~15岁）和初期专项训练阶段（16~17岁）。通过三个阶段的训练、比赛和选拔，确定国内备战奥运会的优秀选手。

二、各年龄段的生理特点及训练提要

（一）12~13 岁

1. 生理特点

（1）生长发育特点：男子处于青春发育前相对缓慢阶段；女子已具有青春发育特征，可塑性减少，脂肪出现积存。

（2）神经系统特点：男子兴奋与抑制转化快，稳定性差，可塑性强；女子神经系统容易出现注意力下降。

（3）心血管系统特点：男子心血管系统发育增长速度加快；女子血管发育落后于心脏发育水平，表现出青春期发育特征。

（4）骨骼与肌肉特点：男子骨骼发育快于肌肉，关节柔韧性好；女子骨骼与肌肉发育加速，出现脂肪堆积，相对力量和柔韧性下降。

2. 训练提要

根据该年龄段的生理、心理特点，教学训练的方法与手段应多种多样，避免单调枯燥的练习，多进行趣味性、对抗性练习与球类活动，场地应经常变换。要注意男女之间发育的不同阶段，注意区别对待的训练原则，要重视速度、速率与灵敏协调的发展，女子还要注意力量和柔韧性练习。

（二）14~15 岁

1. 生理特点

（1）生长发育特点：男子处于青春发育前期，身体各系统发育步入加速阶段；女子发育处于逐渐稳定平衡阶段，男女差异加大。

（2）神经系统特点：男子兴奋抑制转化加快，但神经系统进入稳定阶段，可塑性降低；女子神经系统稳定，但抗疲劳能力下降。

（3）心血管系统特点：男子心溶腔小，心脏收缩力量差，心脏调节功能也尚未完善；女子心肺功能发展速度进入稳定阶段。

（4）骨骼与肌肉特点：男子骨骼发育快于肌肉，关节柔韧性下降快，骨骼肌肉能力提高；女子由于内分泌作用，肌肉含水量加大，柔韧性降低。

2. 训练提要

该年龄段要在全面发展身体素质的基础上逐步提高专项能力。强调男子柔韧性和力量的练习，男女均需加强心血管系统的有氧耐力训练，促进心溶腔的发育。同时掌握完整背越式跳高技术，初步形成个人技术风格。加强心理训练，培养良好的个性心理品质。

（三）16~17 岁

1. 生理特点

（1）生长发育特点：男子生长发育处于相对缓慢、稳定阶段，大多数男子仍有发展的空间；女子发育则基本停滞。

（2）神经系统特点：男女均处于稳定阶段，但分化抑制能力显著，分析综合能力正在发展但尚不完善。

（3）心血管系统特点：男女心血管系统的发育水平日趋稳定，调节功能趋于完善。

（4）骨骼与肌肉特点：男子骨骼与肌肉系统随身体发育而趋于稳定，肌肉发育迅速；女子因力量的增长柔韧性减低。

2. 训练提要

该年龄段男女均需稳定技术，逐渐加大专项素质训练的成分，加大练习负荷与强度，抓住发育高峰期的有利时机，着重发展专项素质，继续加强短、中程跳高技术练习，提高专项能力，逐步形成鲜明的个体化运动特征。

三、各年龄阶段训练任务（表 8-4）

表 8-4　青少年跳高运动员各年龄阶段训练任务

年龄阶段	训练任务
12~13 岁	（1）促进加速生长过程，提高健康水平 （2）发展有氧能力，逐步提高心血管系统和呼吸系统 （3）以发展速率，提高灵敏、协调和弹跳能力为主导，全面发展身体素质 （4）学习掌握跳高基本技术、短跑、跨栏、跳远等多项技术与技能 （5）进行道德品质方面的教育，培养参加跳高训练的兴趣、良好的训练作风和习惯
14~15 岁	（1）进一步促进生长发育过程，继续提高健康水平 （2）在全面发展身体素质的基础上，逐步提高专项能力，学习并掌握完整背越式跳高技术，初步形成个人技术风格 （3）加强心理训练，培养良好的个性心理品质 （4）参加测验和比赛，不断积累比赛经验，提高比赛能力

（续表）

年龄阶段	训练任务
16~17 岁	（1）在全面身体素质提高的前提下，大幅度提高专项能力，突出速度和快速跳跃能力训练 （2）进一步提高跳高基本技术，特别是弧线助跑与跑跳结合技术，不断改进和完善跳高技术，逐渐达到自动化水平 （3）大量参加比赛，丰富比赛经验，提高比赛能力，努力创造优异成绩 （4）加强专业理论学习，提高对技术理解和训练规律的初步了解，增强训练的自觉性和积极性 （5）通过主、副项的比赛，培养心理适应能力，提高心理稳定性等心理素质

四、各年龄阶段训练要求（表 8–5）

表 8–5　青少年跳高运动员各年龄阶段训练要求

年龄阶段	训练要求
12~13 岁	（1）根据青少年的生理、心理特点，采用多样化的训练手段，发展基本技能、技巧和提高心肺功能 （2）通过观摩比赛和技术影片、图片，建立正确的基本技术概念 （3）技术训练时，分解和完整练习相结合，形成正确的动作结构和用力顺序，提高完成动作的效率 （4）训练负荷不宜过大，保持运动员的练习兴趣，防止训练成人化
14~15 岁	（1）素质训练强调速度、快速跳跃能力和协调灵活性的发展 （2）专项训练着重于基本技术、专项技术以中、短程跳高技术训练为主，训练手段应该多样化，增加运动技能储备，为后继训练打好基础 （3）训练负荷基本不超过负荷量和负荷强度要求 （4）参加全能或者多项比赛，提高训练的兴趣和积极性，促进全面发展
16~17 岁	（1）逐渐加大专项素质训练的成分，抓住发育高峰期的有利时机，着重发展专项素质 （2）继续加强短、中程跳高技术练习，提高专项能力 （3）结合训练实际，采用理论讲解和优秀运动员成长范例，培养运动员的训练热情和自觉性 （4）通过多项比赛积累有关比赛经验

第五节　跳高各项评价指标、训练负荷及训练任务与要求

一、各年龄阶段专项评价指标

综合评价与考核指标应根据跳高项目的特点，选择跳高运动员的身体素质、专项

成绩、技术评定三个方面进行评定与考核，将三个方面的成绩按比例计算，所得总分确定训练成效的排序。比例分别为：身体素质50%，技术评定30%，专项成绩20%（表8-6、表8-7）。

表8-6 男子、女子专项成绩指标

级别/项目	12~13岁			14~15岁			16~17岁		
分级	优	良	及格	优	良	及格	优	良	及格
男跳高成绩（米）	1.55 1.65	1.45 1.54	1.30 1.44	1.85 1.95	1.75 1.84	1.60 1.74	2.01 2.10	1.91 2.00	1.80 1.90
女跳高成绩（米）	1.46 1.56	1.36 1.45	1.25 1.35	1.66 1.75	1.56 1.65	1.45 1.55	1.76 1.84	1.64 1.75	1.56 1.63

注：及格60~75分、良好75~85分、优秀86~100分。

表8-7 跳高技术评价标准

等级	优秀	良好	及格
标准	助跑速度快，步点准确，节奏感强	助跑速度较快，步点基本准确，有明显的节奏感	助跑速度均匀，有步点，有节奏感
	快速助跑中积极完成起跳，摆动腿蹬摆积极，屈膝上摆方向正确，带动身体沿纵轴旋转，身体向上向后引导及时	快速助跑中比较积极地完成起跳，摆动腿蹬摆比较积极，屈膝上摆方向基本正确，带动身体沿纵轴旋转，身体向上向后引导比较及时	助跑中完成起跳动作连贯，摆动腿蹬摆基本协调，屈膝上摆方向基本正确，带动身体沿纵轴旋转，身体向上向后引导基本及时
	杆上挺髋充分、反弓合理	杆上挺髋比较充分、反弓比较合理	杆上有挺髋动作、反弓基本合理
	过杆时收、甩小腿及时，肩背着地缓冲好	过杆时收、甩小腿比较及时，肩背着地缓冲比较好	过杆时收、甩小腿基本及时，能肩背缓冲着地

二、跳高身体素质评价指标

身体素质是背越式跳高运动员进行专项训练的最基本的条件，身体素质可以分为一般身体素质和专项身体素质训练。一般身体训练要全面发展和增强有机体运动，使其肌肉得到发展，机体、机能和协调能力得到增强和提高。通常一般的身体训练是为了提高弹跳力、力量、速度、耐力、灵敏、协调和柔韧性等素质。专项身体素质训练是高质量发展有机体的能力运动，使其肌肉得到发展，以接近背越式跳高的专项练习。跳高专项身体训练包括专项速度训练、专项力量训练、专项耐力训练和专项柔韧及协调性训练（表8-8、表8-9）。

表 8-8 男子身体素质测试内容和指标

级别 项目	12~13 岁			14~15 岁			16~17 岁		
分级	优	良	及格	优	良	及格	优	良	及格
30 米起动跑（秒）	4. 50 4. 40	4. 60 4. 50	4. 70 4. 60	4. 10 4. 00	4. 30 4. 20	4. 50 4. 30	4. 10 3. 65	3. 80 3. 75	4. 00 3. 90
60 米站立式跑（秒）	8. 10 8. 00	8. 40 8. 30	8. 60 8. 50	7. 50 7. 40	7. 70 7. 60	8. 00 7. 90	7. 10 7. 00	7. 30 7. 20	7. 50 7. 40
立定三级跳远（米）	7. 26 7. 50	7. 01 7. 25	6. 80 7. 00	7. 80 8. 10	7. 55 7. 85	7. 30 7. 60	8. 50 8. 90	8. 25 8. 65	8. 00 8. 40
后抛 2 千克的实心球（米）	11 12	9 10	7 8	16 18	14 16	12 13	19 20	17 18	14 15
四步助跑摸高（米）	0. 66 0. 70	0. 59 0. 65	0. 50 0. 58	0. 80 0. 90	0. 70 0. 80	0. 65 0. 70	1. 00 1. 05	0. 95 1. 00	0. 85 0. 95
四步助跑过杆（米）	1. 51 1. 60	1. 41 1. 50	1. 35 1. 40	1. 76 1. 83	1. 66 1. 75	1. 53 1. 65	1. 92 2. 02	1. 84 1. 91	1. 75 1. 83

表 8-9 女子身体素质测试内容和指标

级别 项目	12~13 岁			14~15 岁			16~17 岁		
分级	优	良	及格	优	良	及格	优	良	及格
30 米起动跑（秒）	4. 50 4. 45	4. 60 4. 55	4. 70 4. 65	4. 25 4. 20	4. 35 4. 30	4. 50 4. 40	3. 70 3. 65	3. 85 3. 70	4. 00 3. 90
60 米站立式跑（秒）	8. 60 8. 50	8. 80 8. 70	9. 00 8. 90	8. 20 8. 10	8. 50 8. 40	8. 70 8. 60	8. 00 7. 90	8. 20 8. 10	8. 50 8. 40
立定三级跳远（米）	6. 41 6. 60	6. 21 6. 40	6. 10 6. 20	6. 81 7. 00	6. 61 6. 80	6. 40 6. 60	7. 51 7. 80	7. 30 7. 50	7. 00 7. 29
后抛 2 千克的实心球（米）	10 11	8 9	6 7	12 13	10 11	8 9	14 15	12 13	10 11
四步助跑摸高（米）	0. 57 0. 60	0. 51 0. 56	0. 45 0. 50	0. 66 0. 70	0. 59 0. 65	0. 50 0. 58	0. 75 0. 80	0. 73 0. 78	0. 70 0. 75
四步助跑过杆（米）	1. 39 1. 45	1. 31 1. 38	1. 25 1. 30	1. 56 1. 66	1. 46 1. 55	1. 40 1. 45	1. 71 1. 75	1. 63 1. 70	1. 56 1. 62

三、各年龄阶段训练负荷（表 8-10）

表 8-10 青少年跳高各年龄阶段训练负荷

分 类	负荷方面	13~15 岁	16~17 岁	18~22 岁	23~27 岁	28 岁以上
训练时间	课时间（小时）	1.5~2	2~2.5	2.5~3	2~2.5	2~2.5
	周训练课次（次/周）	4~6	6~8	6~8	6~8	6~8
	月训练课次（次/月）	16~24	24~32	24~32	24~32	24~32
	年训练课次（次/年）	192~288	192~384	192~384	192~384	192~384
	年比赛次数（次/年）	6~8	8~12	15~20	20~30	15~25
训练比重（%）	技术训练	20	25	30	50	50
	专项素质	30	35	40	30	30
	一般素质	50	40	30	20	20
训练负荷	年跳高次数（次/年）	720	720	720	720	720
	周全程跳高次数（次/周）	大 15	大 20	大 25	大 25	大 15
		中 15	中 15	中 15	中 15	中 10
		小 10	小 10	小 10	小 10	小 10
	周中程跳高次数（次/周）	大 10	大 10	大 10	大 10	大 10
		中 8	中 8	中 8	中 8	中 8
		小 6	小 6	小 6	小 6	小 6

注：“大、中、小”分别代表大强度、中等强度和小强度。

四、跳高项目训练的任务与要求

（一）专项跳高训练（表 8-11）

表 8-11 跳高技术评价标准

等级	优秀	良好	及格
标准	助跑速度快，步点准确，节奏感强。	助跑速度较快，步点基本准确，有明显的节奏感。	助跑速度均匀，有步点，有节奏感。
	快速助跑中积极完成起跳，摆动腿蹬摆积极，屈膝上摆方向正确，带动身体沿纵轴旋转，身体向上向后引导及时。	快速助跑中比较积极地完成起跳，摆动腿蹬摆比较积极，屈膝上摆方向基本正确，带动身体沿纵轴旋转，身体向上向后引导比较及时。	助跑中完成起跳动作连贯，摆动腿蹬摆基本协调，屈膝上摆方向基本正确，带动身体沿纵轴旋转，身体向上向后引导基本及时。
	杆上挺髋充分、反弓合理。	杆上挺髋比较充分、反弓比较合理。	杆上有挺髋动作、反弓基本合理。
	过杆时收、甩小腿及时，肩背着地缓冲好。	过杆时收、甩小腿比较及时，肩背着地缓冲比较好。	过杆时收、甩小腿基本及时，能肩背缓冲着地。

（二）跳高身体素质评价指标

身体素质是背越式跳高运动员进行专项训练的最基本的条件，身体素质可以分为一般身体素质和专项身体素质训练。一般身体训练要全面发展和增强有机体运动，使其肌肉得到发展，机体、机能和协调能力得到增强和提高。通常一般的身体训练是为了提高弹跳力、力量、速度、耐力、灵巧、协调和柔韧性等素质。

专项身体素质训练是高质量发展有机体的能力运动，使其肌肉得到发展，以接近背越式跳高的专项练习。跳高专项身体训练包括专项速度训练、专项力量训练、专项耐力训练和专项柔韧及协调性训练（表 8-12、表 8-13）。

表 8-12 男子身体素质测试内容和指标

级别 / 项目	12~13 岁			14~15 岁			16~17 岁		
分级	优	良	及格	优	良	及格	优	良	及格
30 米起动跑（秒）	4.50 4.40	4.60 4.50	4.70 4.60	4.10 4.00	4.30 4.20	4.50 4.30	4.10 3.65	3.80 3.75	4.00 3.90
60 米站立式跑（秒）	8.10 8.00	8.40 8.30	8.60 8.50	7.50 7.40	7.70 7.60	8.00 7.90	7.10 7.00	7.30 7.20	7.50 7.40

（续表）

级别 项目	12~13岁			14~15岁			16~17岁		
分级	优	良	及格	优	良	及格	优	良	及格
立定三级跳远（米）	7.26 7.50	7.01 7.25	6.80 7.00	7.80 8.10	7.55 7.85	7.30 7.60	8.50 8.90	8.25 8.65	8.00 8.40
后抛2千克的实心球（米）	11 12	9 10	7 8	16 18	14 16	12 13	19 20	17 18	14 15
四步助跑摸高（米）	0.66 0.70	0.59 0.65	0.50 0.58	0.80 0.90	0.70 0.80	0.65 0.70	1.00 1.05	0.95 1.00	0.85 0.95
四步助跑过杆（米）	1.51 1.60	1.41 1.50	1.35 1.40	1.76 1.83	1.66 1.75	1.53 1.65	1.92 2.02	1.84 1.91	1.75 1.83

表8-13　女子身体素质测试内容和指标

级别 项目	12~13岁			14~15岁			16~17岁		
分级	优	良	及格	优	良	及格	优	良	及格
30米起动跑（秒）	4.50 4.45	4.60 4.55	4.70 4.65	4.25 4.20	4.35 4.30	4.50 4.40	3.70 3.65	3.85 3.70	4.00 3.90
60米站立式跑（秒）	8.60 8.50	8.80 8.70	9.00 8.90	8.20 8.10	8.50 8.40	8.70 8.60	8.00 7.90	8.20 8.10	8.50 8.40
立定三级跳远（米）	6.41 6.60	6.21 6.40	6.10 6.20	6.81 7.00	6.61 6.80	6.40 6.60	7.51 7.80	7.30 7.50	7.00 7.29
后抛2千克的实心球（米）	10 11	8 9	6 7	12 13	10 11	8 9	14 15	12 13	10 11
四步助跑摸高（米）	0.57 0.60	0.51 0.56	0.45 0.50	0.66 0.70	0.59 0.65	0.50 0.58	0.75 0.80	0.73 0.78	0.70 0.75
四步助跑过杆（米）	1.39 1.45	1.31 1.38	1.25 1.30	1.56 1.66	1.46 1.55	1.40 1.45	1.71 175	1.63 1.70	1.56 1.62

第六节　跳高训练计划

一、制订训练计划的依据与要求

训练计划是对未来训练过程预先做出的设计，它是根据田径运动训练过程的规律和专项特点，在对运动员起始状态的科学诊断和目标预测的基础上，结合训练条件、科研指导力量、医务监督水平及后勤保障能力而预先做出的理论设计，是运动员达到目标的基本保证。

（一）依据

（1）根据训练的目的和任务。

（2）根据训练的年限和时间。

（3）根据运动员的基本条件。

（4）根据现有的场地、器材、科研等条件。

（二）要求

（1）在制订训练计划时，一定要从运动员的现有条件（如技术、素质、文化程度、意志品质等）出发。

（2）目标和任务要具体，所采用的完成任务措施要切实可行。

（3）根据运动员的具体情况定出各阶段的具体目标。

（4）要发挥运动员的积极性，发挥科研人员的作用，共同研究整个训练过程和实现预定的计划。

二、多年与年度训练计划

（一）多年训练计划

多年训练计划是对运动员从开始训练到成为一名优秀的跳高运动员的全过程进行长期的远景规划。这对于技术复杂、要求素质水平高的跳高项目来说，就显得更为重要。多年训练计划的划分，应该根据人体生长发育的全过程，并且考虑到各种素质发展的敏感期，合理安排训练（表 8-14）。

表 8-14　各种身体素质发展的敏感期

运动素质	发展的最佳年龄
灵敏性	10~12 岁
协调性	10~13 岁
速度	11~13 岁、16~17 岁
有氧耐力	9~11 岁、15~18 岁
速度力量	9~10 岁、14~17 岁
绝对力量	14~17 岁、18~22 岁
速度耐力	15~17 岁、18~22 岁

（1）运动员的基本情况分析。

①身体机能指标：肺活量、最大吸氧量、血型、血红蛋白、血乳酸、血压、脉搏、神经类型和视觉反应时等，如果是女队员应了解月经初潮年龄等。

②形态指标：身高、坐高、下肢长、跟腱、大小腿围、体重、足弓高、骨盆宽度等。

③身体素质指标：30 米起跑、60 米纵跳、立定三级跳远、跨越式跳高、立定跳远、劈叉下桥。

④心理指标：基本情绪、性格、气质、动机等个性心理特征。

⑤专项技术能力指标：助跑的节奏、助跑的动作幅度、助跑的速度、完整技术动作规范性。

⑥智力指标：注意力、适应能力、对技术的模仿能力、对训练的适应能力、对技术的理解能力和文化程度等。

（2）多年训练计划的目标。

跳高多年训练计划的目标是一个多层次的有序的整体目标系统，它包括专项的多年远景目标、参加多次主要比赛的运动成绩和比赛名次目标、各阶段训练的序列目标和各种竞技能力目标。

（3）阶段划分和各阶段的任务。

根据运动员竞技能力的发展规律和现代训练的特点，可将跳高训练全过程划分为引导训练阶段、基础训练阶段、初级专项训练阶段。各阶段均有不同的任务和要求。

（4）制订多年训练计划的注意事项。

①要保证训练的连贯性，每年之间的衔接和在一年内各个时期的衔接要安排好。

②根据每年提高运动员技能的生理限度安排负荷量。

③有目的地逐年提高运动员专业理论水平，提高分析能力，培养独立思考能力，增强练习的自觉性。

④有目的地培养运动员的意志品质，鼓励他们在训练中克服困难，在比赛中勇于与强手竞争。

⑤在训练中要保持一定的教学因素比例，这不但对新手掌握技术、改进技术有利，而且对运动员巩固和熟练已掌握的跳高技术或矫正错误都是必不可少的。

多年训练中，每个时期训练的内容比例不同。引导期身体训练占的比例较大；在基础训练阶段和初级阶段，专项技术训练开始逐渐增加。这种训练安排有利于运动员在训练中渐渐适应训练负荷的安排，从而减少伤病的发生，最终为运动员取得优异成绩和延长运动寿命打好基础。

（二）年度训练计划

全年训练计划是多年训练计划的基础，制订多年科学的训练计划是实现多年远景规划的必要前提。全年训练可以分为单周期、双周期、多周期进行，全年训练包括以下内容：

（1）全面发展身体素质，提高专项能力，发展各种技能、专项成绩与各项任务。

（2）改进和不断完善跳高技术、比赛安排，对训练成果进行检查与评价。

（3）培养刻苦耐劳的意志品质。

（4）学习专项理论知识，提高专项理论水平，达成年度训练的任务与要求。

通常每个大周期可以分为准备期、比赛期和过渡期，各个时期都有鲜明的特点，在制订年度训练计划时要保持训练的连续性，逐步提高竞技能力，培养竞技状态，力争在重要比赛中创造佳绩（表 8-15）。

表 8-15　跳高全年训练计划示例

时期	第一训练周期			第二训练周期		
时间	准备期	第一比赛期	过渡期	准备期	比赛期	过渡期
	5 个月	2 个半月	半个月	2 个月	1 个月	3 周
一般任务	提高健康水平，发展身体素质，学习和改进基本技术，增强意志品质	发展专门素质，培养竞技状态	调整、恢复	进一步发展各项素质	熟练完成技术	积极恢复消除疲劳
专项任务	提高专项能力和技术水平，逐步掌握完善技术	发展竞技状态，提高比赛能力	—	进一步提高专项能力	保持最佳竞技状态	—
比赛	1~2 次	4~6 次	—	1~2 次	5~8 次	—
负荷	小到大	中到小	小	中、较大	中	小
强度	小到中	中到最大	小	较大	大	小
练习手段	以多种多样一般练习为主，少量的辅助练习为辅	以专门练习为主，手段相对集中	越野跑、球类活动	以专门练习为主	比赛、一般积极性比赛为辅	越野跑、各种球类活动为主
恢复	自然恢复	采用综合恢复措施	—	同第一准备期	同第一比赛期	—

（续表）

时期	第一训练周期			第二训练周期		
时间	准备期	第一比赛期	过渡期	准备期	比赛期	过渡期
	5个月	2个半月	半个月	2个月	1个月	3周
检查与评定	身体素质发展水平恢复状况		—	竞技状态与技术水平		心理、生理恢复水平

（三）训练过程与控制

1. 训练的契合过程

作为田径教练员和教师都应该掌握田径运动训练的基本结构，掌握训练实施的基本流程，并在此基础上不断完善与细化，以提高训练的针对性和科学化水平。

根据跳高训练时间跨度的长短，训练过程一般分为多年训练、年度训练、阶段训练、周训练及课训练等多种类型。不同训练过程有不同的特点和任务。跳高多年训练的全过程包括一般基础、专项基础、专项提高、专项最佳、专项保持五个阶段。

在训练中，可以把训练阶段目标划分为若干具体独立而又彼此联系的训练任务，并根据训练任务选择具有针对性的各种练习手段。运动员通过多次重复完成各种练习，逐一实现各个具体任务，从而逐步接近直至达到训练的总目标。在训练任务实现的整体过程中，参与操作的人员都需要达成共识和行动上的高度统一。跳高身体素质训练应按身体素质的发展、敏感期的先后顺序进行安排，即柔韧—有氧能力与反应速度—最大速度与速度力量—最大力量、无氧耐力与力量耐力。在专项基础训练阶段的技术训练应重点培养基本技术的正确性，在后期逐步形成自己的专项技术风格与特点。

2. 赛前训练与参赛的计划和控制

赛前训练与参赛的计划和控制，目的是使运动员能在主要比赛时达到最佳竞技状态。训练计划的制订在很大程度上都是围绕着最佳竞技状态的形成、发展与科学调控规律而进行的。在赛前和比赛中所表现出来的运动状态则为竞技状态，竞技状态的表现有程度差异，分为“最佳竞技状态”“一般竞技状态”“较差竞技状态”和“很差竞技状态”四种。一般而言，“最佳竞技状态”的表现是达到上年度最高成绩的98%以上，依次为96.5%~98%，95%~96.5%和95%以下。这表明“最佳竞技状态”是运动员在重大比赛中所要追求的最高目标，而这一状态的保持时间，优秀运动员为7~10天，儿童和少年运动员则只能保持3~5天或5~7天。当比赛恰好处在此时段内，运动员才能创造出上佳的运动成绩。

一般而言，比赛时间是固定不变的，而运动员的竞技状态却是动态可变的，运动员状态调整好了，最佳竞技状态就能在比赛时出现，如果控制得不好，运动员最佳状态不是在大赛前的热身赛中过早出现，就是在大赛后出现，从而影响运动训练的时效。大赛中，运动成绩的表现不仅依靠运动员的运动潜能和训练水平，而且依靠最佳竞技状态的适时调整。赛前训练的安排应着重考虑运动员的训练水平、个性心理特征、生物节律、训练负荷、训练的内容手段和方法、比赛的等级和竞争的激烈程度、与前次重大比赛的间隔时间及比赛的地点等。

对不同训练水平的运动员来说，赛前训练与竞技状态调控的基本规律是一致的，只是在具体安排时要有一定的区别。赛前训练的安排特点为：①大强度的强化训练，即在赛前训练阶段的开始，应对机体施加一个大的刺激；②减量训练，即在大强度的训练之后，立即安排中小强度的减量训练，以调节机体因大强度训练而造成的疲劳；③其他因素（如营养、恢复等）的科学调控。

赛前训练包括"大负荷强化训练"和"减量训练"两个阶段。大负荷强化训练包括量强化阶段和强度强化阶段，顺序为先强化量，后强化强度。强化的水平应是前低后高。减量训练阶段则以小量、中小强度进行训练，顺序是先减量后减强度。大负荷强化训练阶段占赛前训练总时间的2/3左右，而减量训练则占1/3左右。

大赛前的运动负荷控制要事先确定参加模拟比赛或热身赛的次数与时间，对训练内容与负荷有要求，而且恢复措施到位。对专项技术强度高峰出现的时机要严格控制。模拟比赛或训练时，应尽量按比赛的方案进行，如准备活动、起跳高度、间隔时间、比赛条件模拟等。要考虑连续两天的比赛安排（及格赛与决赛）来进行完整技术训练。对跳高专项指标的检测，是教练员赛前掌握运动员机能状况的常用方法，如赛前10天左右检查30米跑、助跑摸高、力量、多级跳的成绩；测量与身体机能密切相关的生理生化指标等。要根据运动员的机能状况调整训练内容与负荷，以保证最佳竞技状态出现在比赛日。参加比赛时要注意以下几点。

①技术方面：不宜过大地改变技术，如临时改变助跑步点、起跳点、助跑节奏等。

②战术方面：根据自己的身体状况、对手情况和升高计划等，来确定起跳的高度和免跳计划。通常起跳高度以低于本人最好成绩20厘米左右为宜，在试跳关键高度前，至少要跳4~5次。要熟练掌握跳高竞赛规则和裁判方法，正确运用"免跳"给对手造成精神压力或干扰对手的比赛节奏。

③心理方面：对运动员的比赛能力和水平要做切合实际的估计，对比赛的成绩有所预测。通常以超常发挥、正常发挥和失常发挥来评估比赛结果。要树立必胜的信心，争取超常发挥自己的水平，过大的心理负担和压力会影响比赛的正常发挥。

④物质方面：参赛时要准备好比赛的相关证件、服装、标志物、营养补剂等，还要准备好比赛用鞋，应至少准备两双合适的跳高鞋，并备有不同型号的鞋钉，以备不同场地之需。

⑤准备活动：准备活动与训练水平的发挥有直接的关系，周密的准备活动计划是

比赛成功的重要保证。不同的准备活动时间、内容、强度都会对比赛产生不同的影响，跳高准备活动的内容、时间、负荷应随着比赛的节奏来安排，尽量使运动员在跳关键高度时表现出最佳状态。

3. 高水平运动员的训练计划

训练计划是对未来训练过程预先做出的设计，它是根据田径运动训练过程的规律和专项特点，在对运动员起始状态的科学诊断和目标预测的基础上，结合训练条件、科研指导力量、医务监督水平及后勤保障能力而预先做出的理论设计，是运动员达到目标的基本保证。

多年训练计划的制订一般以重大比赛，如奥运会、亚运会、全运会等四年周期为依据。多年训练计划是框架式或大纲式的，但年度的专项指标及素质指标应是明确的，训练任务和主要训练手段是清楚的。

制订全年训练计划要考虑该年度在多年训练规划中的任务与作用，运动员上一年度完成训练计划的情况，本年度重要比赛的日程安排等。阶段训练计划是由数周构成，制订阶段训练计划要注意训练内容、训练负荷、训练节奏等因素。

周训练计划是一个小周期的训练安排，要根据不同训练阶段的任务和运动员的具体情况来制订。比赛周的训练安排因人、因时、因地而异，要区别对待，要从实际出发，从运动员的具体情况出发，包括体、技能状况，神经兴奋状况，心理状况，训练比赛习惯等（图 8-3、表 8-16）。

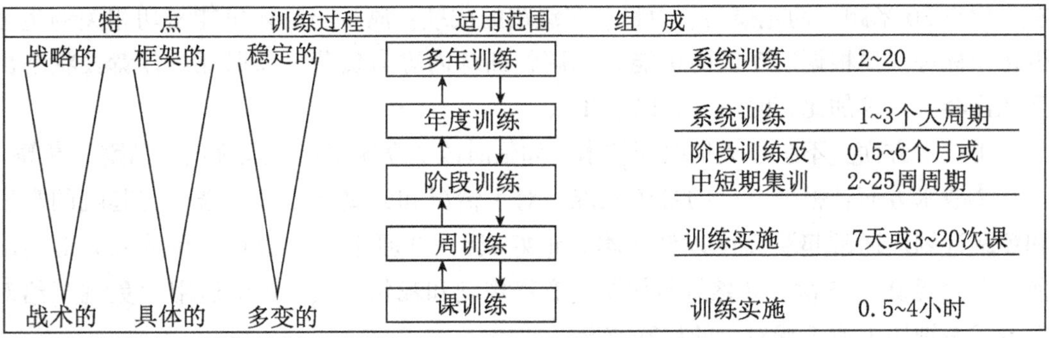

注：每一个大周期包括一个准备期，一个比赛期及一个过渡期。

图 8-3　运动员多年训练图解

表 8-16　各阶段训练任务与计划

阶段	任务与要求
基础阶段（13~15 岁）	建立正确技术概念，初步形成完整技术；专项技术以中、短程跳高技术为主
初级阶段（16~17 岁）	不断完善技术，继续加强短、中程跳高技术练习

（续表）

阶段（岁）	任务与要求
提高阶段（18~22 岁）	巩固技术，提高技术的稳定性
高级阶段（23~27 岁）	初步建立个体化技术，技术达到最高水平
保持阶段（28 岁以上）	加强薄弱环节的训练；保持系统的训练，建立个体化技术

三、根据运动员素质发展敏感期制订训练计划

跳高运动员不仅要具有力量和速度力量，而且他们还要具有很好的柔韧性和高度的协调性，以及良好的“跳高感”。由于青少年运动员的身体条件与成年运动员有所不同，因此，在对青少年跳高运动员的训练过程中，一定要注意循序渐进的科学训练方法，而这些素质的获得是运动员在身体发展的敏感时期得到培养的。全面发展身体素质的任务虽贯穿在各个年龄阶段，但根据各素质的发展有敏感期特点，必须遵循这个规律。

四、跳高训练中应注意的问题

训练、比赛中常见问题（表 8-17）。

表 8-17 训练中跳高易出现问题、产生原因及应对措施表

易出现问题	产生原因	应对措施
(1) 起跳前减速，甚至有停顿现象	助跑节奏不稳定，起跳前降低重心太多，放脚时过分前伸，上体后仰产生较大制动；初学者由于技术不熟练，有怕杆心理也会造成在起跳前减速或停顿	反复在杆前做助跑起跳练习，注意助跑后几步身体重心平稳，最后一步起跳时放脚要快；用皮筋代替横杆克服害怕心理
(2) 起跳时身体过早倒向横杆	由于助跑最后 1~2 步不能适度保持身体内倾，过早地向横杆方向转体，注意力过分集中在腾空动作上，过早做过杆成桥的姿势	加强杆前弧线助跑练习或跳上海绵垫等练习，注意起跳前的身体内倾和起跳垂直向上的动作及摆腿摆臂的方向
(3) 起跳时摆动脚擦地	摆腿时蹬伸用力不够，大小腿折叠不够，小腿过早踢出	采用弧线连续上步快速而有力的蹬摆起跳，摆腿用力蹬地后立即上收、小腿折叠，以髋带腿向前上方摆出

（续表）

易出现问题	产生原因	应对措施
(4) 放脚不正确	助跑弧线小或在弧线上突然跑切线甚至最后1~2步跑成直线，造成起跳放脚时膝关节向外撇与横杆成平行，不仅影响起跳方向，也易使踝、膝关节损伤	加大助跑弧线，防止弧线上跑切线（弧线跑五步）；注意放脚的方向
(5) 摆腿起跳时臀部后坐	迈步起跳时髋送不出去，摆腿时没有以髋带腿；由于髋关节灵活性差，送髋摆腿动作也受到一定的限制	迈步起跳时摆动腿积极地送髋，起跳脚着地时髋快速移上支撑点；加强髋关节灵活性练习
(6) 最后两步倒体过早	弧线跑的概念不清，助跑弧线太小，速度过缓，助跑距离太短；弧线上保持身体内倾至最后一步快速由内倾转成垂直掌握不好	建立正确弧线助跑概念，观摩优秀运动员技术录像及正确示范；注意弧线跑时身体倾斜角度应有小—大—零的合理变化；加大助跑弧线练习，反复做全程助跑练习等
(7) 助跑加速不匀，节奏紊乱，致使起足失败	助跑步点不准确，缺乏节奏感，学生对横杆有恐惧感，注意力不集中	调整助跑距离，找出最适宜的助跑步点，采用画线、设标记、听节拍等培养学生的节奏感；用橡皮筋代替横杆克服恐惧心理
(8) 助跑速度过快，致使跳不起来	可控速度掌握不好，腿部力量差，支撑能力不够	控制跑的速度和节奏，加强腿部力量训练
(9) 坐着过杆，做不出送髋动作	腾空后害怕肩背着垫，不敢做两臂外展和头后仰的动作，起跳后摆动腿放不下来，髋送不出去	可采用垫上送髋，倒体成桥，原地高台过杆和助跑过杆等练习
(10) 身体与横杆斜交叉过杆	起跳前倒体太早，影响了沿纵轴转体，摆动腿沿横杆摆的动作用力不够	采用杆前助跑起跳，起跳时注意摆动腿的摆动方向和防止倒体过早的动作；3~5步助跑起跳摆动腿触高物并沿纵轴转体90°~270°，摆动腿用力向内摆
(11) 大腿后侧和小腿擦落横杆	起跳后挺髋仰头下潜和大小腿折叠上摆不够，过杆时收腿不及时	杆前做原地背越式过杆练习，注意体会空中挺髋动作和过杆时收腿的时机
(12) 头肩先着垫	落地高度过高（垫子太低）；过早收大腿，喜欢后滚翻	加高海绵垫，做原地背越式过杆练习，注意纠正落地位置不正确和落地时身体过于放松的错误

（续表）

易出现问题	产生原因	应对措施
（13）落地时双手先撑地	害怕肩背着垫，腾空时失去身体平衡	垫上后倒肩背着垫练习，在较高的起跳位置做有杆或无杆的原地背越式练习
（14）助跑弧线的曲率不当	（1）在助跑中，身体内倾不是逐渐加大，而是一开始进入弧线时，身体内倾最大，跑至最后两步时身体反而直立起来，表现在助跑路线上有跑直线的不合理现象。 （2）在助跑中，身体内倾没有变化，表现在助跑路线上有跑圆弧的不合理现象。 （3）在助跑中，身体内倾由大变小，表现在助跑上有绕弯的不合理现象。 学生未能掌握好弧线助跑的技术，形成正确的弧线并依靠本体感觉来控制身体内倾的变化	检查学生的助跑步点及路线是否正确，可以按照弧线助跑的技术要求，对每一步进行检查，通常每一步跑进方向的转折（一般称转折角）应逐渐加大

第七节 跳高训练方法与手段

一、技术训练

在跳高技术训练中应抓住主要技术环节和基本技术的训练。跳高技术训练围绕训练的主要任务进行，包括技术、速度训练、力量训练、弹跳训练、灵敏训练、柔韧训练、协调训练。

（一）专项技术训练的方法

背越式跳高技术最大的优越性是弧线助跑起跳，弧线助跑起跳为充分发挥助跑速度和利用助跑速度提高起跳效果创造了有利的条件。在专项技术训练中应把掌握弧线助跑技术、助跑起跳技术和腾空过杆技术作为专项技术训练的主要内容。在训练中大多采用完整练习与分解练习相结合的训练方法。

1. 掌握正确的背越式跳高技术概念

学习掌握正确的背越式跳高技术，对于跳高教练员和运动员而言是至关重要的。一般通过观看背越式跳高的完整或分解的技术录像、图片、示范和有关研究文献资料，使运动员建立起正确的背越式跳高技术概念。通过讲解、示范背越式技术，使运动员明确正确的背越式跳高技术理念及技术要求。要明确跑得快、跳得高的道理，明确自己的技术特点和技术训练时的要求，在训练中做到心中有数。只有正确地理解教练的训练意图，训练中教练员与运动员才能达到思想和行动的高度统一，从而掌握正确的跳高技术。

2. 弧线助跑技术训练的方法（图 8-4）

（1）要点：

弧线助跑训练中，首先要抓好直线跑的技术动作，在此基础上再进入弧线跑的教学与训练中。整个助跑过程要做到放松、加速、有节奏，身体姿态要与助跑的速度、节奏等相适应。

（2）方法：

①直线 30~60 米的放松大步加速跑。

②在直径为 15 米左右的圆圈上进行弧线跑。

③由直线进入弧线跑练习。

④5~7 步弧线助跑练习。

⑤全程助跑练习。

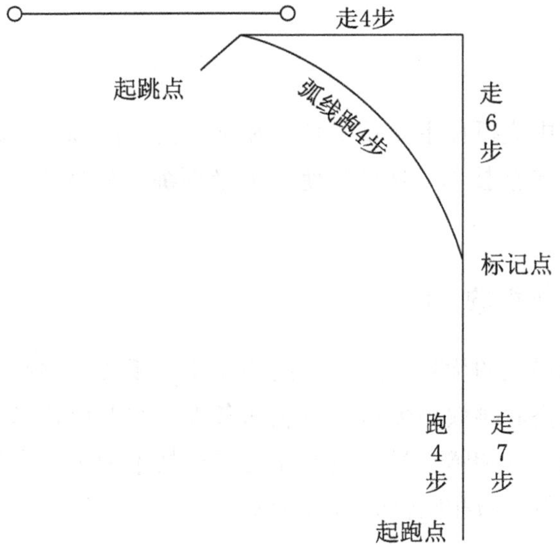

图 8-4　跳高弧线助跑技术图

（3）要求：

①直线跑与弯道跑练习时，要做到放松、加速、有节奏地快跑。

②弧线助跑时注意控制整个身体躯干向内倾斜。掌握好 5 步弧线助跑摆动腿支撑进入弧线的技术。

③全程助跑速度由慢到快逐渐加速。要注意助跑的加速节奏，训练中要做好弧线助跑与起跳的有机结合。

④确定合理的全程弧线助跑路线和起跳点，做到准确、快速、有节奏。

3. 助跑与起跳结合技术的训练方法

（1）要点：

助跑最后一步摆动腿支撑技术是助跑与起跳结合训练的重点，在保持身体内倾的状态下，摆动腿的有力支撑蹬伸、快速摆动和起跳腿的快速出腿和支撑蹬伸，以及摆动腿与起跳腿的快速协调配合等是训练的难点。

（2）方法：

①沿着直径为 15 米左右的圆圈进行弧线助跑起跳练习。

②由直线进入弧线助跑的起跳练习。

③连续 3 步弧线助跑起跳练习。

④5~7 步弧线助跑跳上高台练习。

⑤全程助跑跳高练习。

⑥5~7 步弧线助跑起跳，用头、手、摆动腿的膝做“触高”练习。

⑦全程助跑起跳练习（跳上高架或海绵台，图 8-5）。

图 8-5 助跑起跳技术图

（3）要求：

①弧线助跑时的技术与弯道跑相似，跑时注意控制身体躯干向内倾斜。

②助跑最后一步摆动腿的着地支撑和蹬摆技术，会直接影响助跑与起跳的衔接和起跳动作的正确完成，是训练重点，要沿弧线的切线方向起跳。要避免出现起跳前减速和停顿的现象。

③弧线助跑接起跳练习时，要强调摆动腿的“趴、蹬、送、摆、快”等。

4. 起跳技术训练的方法

（1）要点：

在起跳技术训练中，要强调摆动腿支撑摆动与起跳腿的摆动支撑技术，强调两条腿的蹬摆配合技术。摆动腿要蹬、摆、送髋积极；起跳腿出腿要快、准，支撑稳定。起跳时摆动腿快速屈腿摆动，起跳腿沿助跑弧线的切线方向放脚，充分起跳。

（2）方法（图 8-6）：

①摆腿和摆臂练习。

②起跳腿出腿练习、摆动腿蹬摆模仿练习。

③原地和行进间起跳练习。

④5 步弧线助跑起跳练习。

⑤俯角斜板和俯角斜板助跑道起跳练习。

⑥短或中程助跑起跳头、手、膝触高物练习。

⑦全程助跑起跳练习。

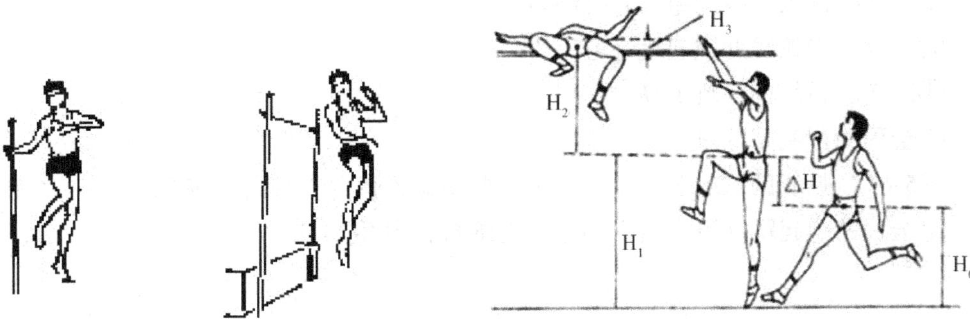

图 8-6 起跳技术图

（3）要求：

①在摆动腿蹬摆练习时，要求摆动腿有明显的蹬地送髋动作；加速上摆时，要注意带动同侧髋部向上。

②起跳腿支撑时，不宜过大弯膝降低身体重心，要形成有力的支撑，要求出腿时做到“低、平、快、准、稳”。起跳时要注意蹬摆配合，要形成“内倾起跳”。

③要注意摆动腿支撑时与起跳腿的蹬摆配合；起跳腿支撑时与摆动腿的蹬摆配合，蹬摆配合要做到以摆带蹬，蹬摆结合。

5. 过杆落垫技术训练的方法

（1）要点：

过杆要依次完成仰头、倒肩、展体、挺髋、甩腿动作，要加强上杆、杆上、杆下的技术训练。

（2）方法（图 8–7）：

①原地倒肩、挺髋背弓练习。

②高台起跳倒肩、挺髋练习。

③高台起跳过杆、落垫练习。

④3～5 步助跑起跳过杆、落垫练习。

⑤利用弹板起跳过杆练习。

⑥利用橡皮筋代替横杆的过杆练习。

图 8–7 过杆落垫技术图

（3）要求：

①落垫练习要用肩背落垫，原地过杆练习要体会仰头—倒肩—挺胸—展髋—甩小腿的动作感觉，要求依次、连贯地完成过杆动作。

②3～5 步高台跳起的过杆练习是掌握过杆技术的主要手段，要体会起跳—竖体—转体—倒肩—挺髋—过杆的动作次序。可由双脚起跳开始练习，但应及时地过渡到单腿起跳，要注意头部位置在过杆中的作用。

6. 完整技术训练的方法

（1）要点：

在背越式跳高完整技术训练中，要贯彻“以速度为中心”的训练思想，做到“跑得快、跳得高、过得去”。要求助跑加速、放松、有节奏；助跑与起跳衔接连贯；起跳积极充分向上；过杆动作依次、连贯；最后要安全落垫。

（2）方法（图8-8）：

①进行全程弧线助跑起跳练习。

②5~7步助跑起跳过杆练习。

③全程助跑起跳过“万能架”练习。

④全程助跑背越式完整过杆练习。

⑤不同强度和难度的完整技术练习。

⑥负重完整技术练习。

图8-8 跳高完整动作图

（3）要求：

①训练中，应逐步加快助跑速度和提高练习的强度，助跑放松、自然、加速、有节奏。

②弧线助跑起跳时要跑5步弧线，以外侧支撑步进入弧线助跑，注意身体躯干向内倾斜，注意摆臂、摆腿及蹬摆的协调配合。

③加强心理定向训练，培养冷静、果断、自信的心理品质。

（二）跳高速度练习方法

跳高运动员各技术结构不同，要求的形式各不相同，助跑是人体的位移速度，起跳需要肌肉收缩的动作速度，在完成起跳腾空、越过横杆的过程中，反应速度是十分重要的。

1. 专项速度训练的方法

跳高的专项速度包括助跑速度、起跳速度和过杆速度。发展助跑速度主要是提高在助跑距离内发挥最大速度的能力，同时又要与快速起跳紧密地结合起来；发展起跳速度在于充分利用助跑速度，加快起跳腿肌肉由退让转换为克制工作的速度，还要加快起跳腿的蹬伸速度和摆动腿、臂的摆动速度；发展过杆速度在于及时形成杆上的背弓动作及加快两腿上甩使身体离开横杆的速度。

（1）助跑速度训练的要点：

在助跑速度训练中，要强调在正确的跑动技术的基础上，不断提高助跑的速度和节奏，助跑与起跳要紧密结合。

（2）助跑速度训练的方法：

①直线和弧线20~30米加速跑练习。

②利用胶带快速高抬腿练习。

③滑轮牵拉助跑训练。

④阻力伞助跑速度训练。

⑤全程助跑速度计时练习。

（3）助跑速度训练的要求和注意事项：

①在直线和弧线跑时，要放松、加速、有节奏地进行快跑。

②利用胶带的助力和阻力作用进行快速高抬腿练习的时间一般为5~10秒。

③牵拉速度训练可在直线、弧线助跑中运用，牵拉用力的速度要由慢到快，防止速度过快受伤。

④阻力伞速度训练可在直线、弧线或全程助跑中使用。

（4）起跳速度训练的要点：

在起跳速度训练中，要强调摆动腿快速支撑摆动和起跳腿快速支撑蹬伸的能力，注意提高腿的快速蹬摆配合的速度和能力。

（5）起跳速度的训练方法：

①快速摆腿和摆臂练习。

②胶带牵拉起跳腿出腿的练习。

（6）起跳速度训练的要求和注意事项：

①快速摆腿、摆臂练习时，可将胶带牵拉与徒手练习交替使用，要注意摆动的速度与幅度。

②利用胶带拉力快速完成起跳腿的出腿支撑动作，要使肩、髋、膝、踝在同一个平面上。

③利用胶带拉力快速完成摆动腿的摆动动作，以加快摆腿速度。

④自上而下的快速助跑起跳练习时，要注意起跳腿与摆动腿的蹬摆配合。

（7）过杆速度训练的要点：

过杆要快速依次完成仰头、倒肩、展体、挺髋、甩腿等动作。

（8）过杆速度训练的方法：

①高台起跳快速过杆练习。

②全程弧线助跑，快速起跳过杆练习。

③高台负重起跳过杆、落垫练习。

（9）过杆速度训练的要求和注意事项：

①利用高台过杆练习，要强调仰头—倒肩—挺胸—展髋—甩小腿动作的速度与幅度。

②全程助跑完整练习时，横杆高度不宜过高，重点体会快速过杆动作。

③负重高台过杆练习，可负重（如液体水衣等）进行，要注意头部位置在过杆中的作用。

2. 专项力量的训练方法

（1）要点：

发展跳高的专项力量，主要是提高起跳的专项力量水平，即提高摆动腿快速着地缓冲蹬伸的能力和摆动的力量；提高起跳腿快速着地缓冲的能力和蹬伸的力量；提高起跳腿、摆动腿、躯干、上肢协调的集中爆发力。跳高专项力量训练要着重发展和提高专项肌肉的力量和收缩速度，尤其是完成起跳动作的速度力量。跳高专项力量的训练可分为负重练习、克服自重练习和对抗练习等。

（2）方法：

①负重练习，通常采用杠铃负重半蹲、全蹲、坐蹲、卧推、抓举、挺举及负重半蹲跳等手段（负重半蹲时双脚平行站立或前后站立）。

②“跳深”练习，不同高度和方式的跳深练习（单脚或双脚）。

③不同距离的单足跳和跨步跳练习。

④利用助力进行壶铃蹲跳练习（全蹲或半蹲）。

⑤利用助力进行“拉杆跳”练习（全蹲或半蹲）。

⑥利用瑞士球进行力量练习。

（3）训练要求及注意事项：

①利用杠铃进行负重练习时，负重量的大小应以不破坏技术动作的结构为原则。注意完成动作的速度，用力尽量与跳高技术的要求相一致。

②进行“跳深”练习时，由低台向高台跳深，可以发展快速蹬伸的力量与幅度；由高台向低台跳深，可以发展退让与克制力量的转换速度。跳深的台高一般为 20、40、60、80 厘米，要循序渐进，注意安全。

③跨步跳练习一般采用 3、5、10 级，注意跨跳的速度与幅度。

④借助外力的壶铃蹲跳练习，向上蹬伸时助力方向向上，下落时助力方向向下，可发展下肢的力量及退让与克制的转换速度，全蹲跳可与半蹲跳结合进行。

⑤“拉竿跳”练习时，借助外力的助力与阻力作用，可发展下肢肌肉退让与克制收缩力量，提高退让与克制工作的转换速度。

⑥跪仰挺髋起练习时，可徒手或负重进行。

⑦“跳深”两步接起跳练习时，注意摆动腿先落地，紧接着起跳腿上步起跳，两脚间距由近到远逐步进行。

3. 专项耐力的训练方法

在发展一般耐力的基础上，要重视发展跳高所需的专项耐力。通过大量的专项跳跃练习、强度不大的中短程助跑过杆练习、全程助跑的跳高练习、参加测试和比赛等，使运动员适应跳高比赛情况，进而不断提高其专项耐力。

（1）在较短的时间内完成较多次数的跳高练习，如半小时完成过杆 30 次（中等强度）。

（2）在较长时间内完成一定强度和次数的跳高练习（如 150 分钟完成过杆 40 次，包括中等强度和大强度）。

（3）连续两天各完成一定强度和一定数量的过杆练习（类似及格赛与决赛）。

4. 专项柔韧性的训练方法

发展专项柔韧素质，提高跳高运动员的动作幅度，常用的训练方法有：

（1）各种牵拉性的练习。

（2）利用“PNF”方法，发展专项柔韧性的练习。

（3）利用瑞士球发展柔韧性的练习。

（4）利用器械发展柔韧性的练习。

5. 专项灵敏与协调性的训练方法

在专项灵敏与协调性训练时，要着重提高跳高运动员对动作结构和运动节奏变化的控制能力，提高对各种复杂环境的应变能力，常用的手段有：

（1）变换速度的各种练习，如快慢交替的变速跑，在一定距离的跑程中提出不同的速度要求等。

（2）变换方向的各种练习，听信号或看信号完成各种动作的练习，追逐跑游戏，球类活动等练习。

（3）变换节奏的各种练习，全程距离的节奏跑练习，快速大步跑转换成快频率跑的练习，听信号的节奏跑练习等。

（4）在不同的环境和条件下进行训练，经常在更新的环境中进行练习，模拟比赛环境进行练习等。

（三）教练员在训练中所关注的焦点和在教学中的任务

在训练过程中，教练员会根据跳高技术的重点和难点对运动员进行观察，它们是决定跳高成绩的关键因素，并在此基础上改进和提高跳高的完整技术。

1. 跳高技术的重点

（1）助跑方面。

使人体从静止状态尽快地发挥出速度，最后达到所要求的助跑速度是助跑的最终目的。助跑要平稳、有弹性、节奏明显，助跑与起跳是完成技术动作的关键。

（2）起跳方面。

在起跳技术中，身体各个部分之间的协调配合是教学的重点，以助跑最后一步摆动腿的积极后蹬为动力，推动髋部迅速前移至身体的有利位置，从而改变人体运动方向，充分发挥摆动腿的摆动作用，对提高起跳效果有利。

（3）腾空与落地技术。

合理利用人体腾起的高度，运用各种动作，控制和调节人体在空中的旋转和补偿运动，使人体迅速顺利越过横杆，是完善过杆技术与否的标准。要想使技术动作更加具有成效，必须通过一系列有节奏的动作完成过杆动作，并根据时空感觉调节横杆高度。

2. 跳高技术的难点

（1）助跑节奏。

（2）助跑与起跳衔接。

（3）起跳前过早倒杆，不能充分向上。

（4）过杆不能形成依次连贯的技术动作。

3. 改进和提高跳高的完整技术

（1）加强全程助跑起跳练习，重点强调动作的连贯性和节奏性。

（2）依据个人能力，确定个人助跑速度，在全程助跑过程中得到改进与提高。

（3）根据练习者掌握技术的情况，分别采用相应的有效手段，改进有关技术环节的动作，提高和巩固跳高完整技术。教练员要注重培养运动员分析和发现、纠正错误动作的能力，开展研究性学习活动。

（4）进行跳高完整技术的技术评定。

（5）组织各种教学比赛和测试赛。

（四）跳高主导性身体素质训练中应注意的问题

跳高技术训练要从实际出发，贯彻“以速度为中心”的训练指导思想，教练员要创造性地设计和运用各种训练手段，指导运动员掌握正确合理的背越式跳高技术。

由于速度是背越式跳高的动力源，因此弧线助跑的技术是背越式跳高技术最主要的基本技术之一；而快速弧线助跑接起跳技术是背越式跳高技术中最关键的技术。如何充分利用弧线助跑速度来提高起跳效果，在快速助跑中跳得更高，是跳高教练员和运动员关注的热点。在跳高实践中，绝大多数运动员存在着加快助跑速度反而跳不起来的现象，表现为起跳前减速、停顿、助跑与起跳脱节等。要解决这些问题，必须正确认识快速助跑起跳的机制，这样才能在训练中取得好的效果。“跑得快而跳不起来”的现象，既有技术因素也有能力方面的原因，主要为：在快速助跑起跳迈步出腿时，起跳腿出腿放脚不到位，或没有沿助跑的切线方向迈步出腿，出腿速度慢、屈髋、屈膝，没有形成良好的支撑用力动作结构，导致跑得快，撑不住；起跳腿着地支撑、缓冲及快速蹬伸的能力弱，肌肉关节不能负荷较大的冲击，即通常所说的“撑不住，跳不起”；起跳过程中摆动腿摆动的速度慢，使起跳蹬摆脱节，没有充分发挥摆动腿与起跳腿协调配合的积极作用，起跳方向不是向上而是向前。

以上是影响快速助跑起跳的主要原因。要想跑得快、跳得高、过得去，就必须设法解决这些问题，跳高训练应从各个领域设法挖掘人体的极限运动能力。在确定训练方向时，应考虑以下几个方面。

第一，从助跑速度方面有所突破，因为加快助跑速度有利于获得更大的垂直速度和腾起初速度。

第二，跳高技术将朝着速度、力量、技术、个人特点完善结合的方向发展，其显著特征是使身体各部分发挥出更大的集中爆发力。

第三，通过建立科学的专项力量训练体系和选择有效的训练手段，来提高运动员在快跑中跳得更高的能力。

在选择和设计训练手段时，要注意以下几个方面的问题。

第一，处理好环节与整体的关系。在跳高训练过程中，缺乏正确的“环节—整体”观念，往往会出现重视起跳腿的训练，而忽视摆动腿的训练；重视起跳腿的蹬伸训练，而忽视起跳腿“前支撑”的缓冲能力的训练；重视起跳腿训练，忽视起跳腿与摆动腿的蹬摆配合训练；重视下肢力量训练，忽视躯干及上肢力量的训练；重视大肌群力量训练，忽视小肌群和薄弱环节的力量训练等现象。这种只重视环节而忽视整体效应的做法是难以取得良好效果的。

第二，力量与速度紧密结合。在专项力量训练时要体现快速的特征，不仅要提高最大力量，而且更要重视快速力量的发展。不仅要重视抗阻力的力量训练，而且要重视抗阻力与减阻力的转换训练。抗阻力的力量训练（杠铃负重、人工抗阻等）在保证技术动作正确的前提下，要尽可能“快”地完成动作；在借助外力的减阻力力量练习时，如借助外力的“拉杆跳”练习，要特别强调下肢伸肌群由退让收缩（膝、髋关节屈曲）向克制收缩（膝、髋关节伸展）的转换速度。

第三，要体现力量的专项化特点。在力量训练时要考虑动作速度、动作幅度、动作结构、用力方向、肌肉工作方式，供能系统、神经肌肉系统和心理因素的专项适应性要求。专项力量训练必须与技术紧密结合，才能发挥力量训练的效果，才能使力量转化为专项运动的能力。如在起跳专项力量训练时，要注意起跳腿单腿前支撑快速着地、缓冲、蹬伸的技术特点，传统大重量双腿垂直负重全蹲、负重坐蹲慢起等练习则不利于起跳专项力量的发展；传统的负重或拉胶带摆腿练习只注重了摆腿的力量发展，而忽略了摆动腿快速支撑蹬伸—摆动—制动的特点。

第四，将不同的训练内容（专项力量、弹跳、速度、技术等）根据不同训练阶段的具体任务组合起来进行循环练习，这种方法有利于全面、协调、渐进地提高专项素质和技术水平。如将壶铃半蹲跳（力量）+30 米加速跑（速度）+助跑起跳摸高（技术）+负重背弓起（专门练习）组合起来进行循环练习。另外要注意由易到难的组合方式，如力量练习手段由壶铃蹲跳—负重半蹲（双腿—单腿支撑）—负重半蹲跳的逐渐过渡；弹跳练习手段由多级跳（徒手—负重）—跳栏架（由低到高）—拉杆跳（由徒手到负重）—跳深（由低到高）—斜板起跳（徒手到负重）等逐渐过渡。

对于青少年运动员而言，要抓好基本技术训练，对于有一定训练水平的运动员，则要明确不同训练年度或训练阶段要解决的主要技术问题，在技术训练中要突出重点。跳高训练应从少年时期抓起，在少年时期，要力求速度与技术的相互适应，抓好快速助跑起跳衔接的技术，形成快速助跑、快速起跳的技术风格。青年时期要力求速度、力量与技术的协调发展，在保持快速助跑起跳的情况下，逐渐加大起跳幅度，抓好快速助跑起跳的技术和能力，尤其是助跑最后一步摆动腿加速蹬摆的技术能力和起跳腿快速着地支撑缓冲、蹬伸的技术和能力。成年时期要使速度、幅度、技术和个人特点相互结合，形成既有速度又有幅度的“速度—幅度”型技术，尽可能大地挖掘运动员的潜力，使运动员表现出最佳的个人技术特点，以获得最大的腾起初速度和合理的腾起角度，从而取得优异的运动成绩。

第八节　跳高运动员的心理训练、训练监控、恢复训练与伤病预防

一、心理训练

（一）专项心理特征

1960 年 1 月 31 日，美国黑人约翰·托马斯在纽约的一次室内跳高比赛中跳出 2.17 米的高度，此后又在 2 月和 3 月间跳过 2.18 米和 2.196 米，托马斯身高 1.96 米，长着一双修长有力的腿，是理想的跳高身材。4 月，托马斯以 2.17 米的成绩打破世界纪录，之后接二连三地把跳高世界纪录提高到 2.177 米、2.184 米和 2.229 米，一时间，托马斯成为田径界头号引人注目的人物，被称为“黑色火箭”。

1960 年 9 月罗马奥运会上，锐不可当的托马斯却遭遇了意想不到的惨败。苏联选手夺走了冠亚军，托马斯和苏联新秀布鲁梅尔三次较量，结果三次战败，苏联运动员

的秘密武器在于先进的技术加上强大的心理优势。跳高需要信心但也不能盲目自信，防止心理上低估对手的力量。苏联运动员在罗马奥运会上的成功，使跳高运动进入了一个新阶段——技术训练与心理训练相结合的时代。

近年来，跳高运动员除了在能力上的较量外，强手之间的竞争也越来越激烈，除此之外，更主要是心理上的较量，运动员只有心理上强大了，才有可能成为重大比赛的获胜者。目前，心理训练已经成为跳高运动员的重要组成部分，运动员的心理状态会直接影响比赛成绩，面对场上众多观众的呐喊及意想不到的干扰，只有良好的心理状态，才能使运动员在场上应对处变不惊，保持最佳竞技状态。

（二）专项必备的心理品质

跳高运动员应该具备必胜的信心、顽强的意志、自我控制能力，以及果断、独立工作的心理素质。将心理训练列入训练计划中并同身体训练、技术训练和战术训练有机结合起来，才能使运动员在紧张而激烈的训练和比赛中，保证心理上的稳定，才能达到最佳水平的状态。

（三）心理训练手段

1. 感知觉训练

跳高运动员的感知觉训练主要来自于外部信息等的感知，在教学训练中通常利用不同高度的悬挂物作为视觉信号，进行助跑起跳触高练习，训练起跳能力以便达到起跳提高的目的。

（1）按照画好的弧线和步点标记练习助跑，以便达到调整步长，逐渐形成准确的步长感觉。

（2）全程助跑计时，逐渐培养时间感觉。

（3）外部信号进行节奏练习，培养节奏感。

（4）在弹板上进行节奏练习，以便体会腾空练习。

（5）站在和海绵垫同高度的弹板上做原地背越式过杆练习，体会腾空感觉。

（6）在做助跑起跳跳上高架时，教练员用手拖住运动员的腰部体会展体挺髋的感觉。

2. 表象训练

表象训练通常所说的是过电影，又叫念动训练，是运动员在回忆完整的技术动作的表现。

（1）观看先进的运动员比赛的录像，有条件的进行技术动作分析。

（2）努力回忆技术动作的口诀，助跑、起跳，完整技术练习。

（3）在进行技术动作时体会助跑、内倾、加速、快速起跳、高摆腿。
（4）在比赛中利用每次间歇的 1 分钟左右的时间体会过电影的感觉。
（5）模拟比赛现场的表象训练，横杆的高度和及格标准以上的高度。

3. 集中注意力训练

集中注意力的训练可以是多方面的，注意的对象可以是外部的也可以是内部的聚精会神、专心听讲，对跳高运动的热爱会使训练收效显著。在比赛中学会忘掉自己、忘掉对手、忘掉紧张的环境，把注意力放在每一次试跳上。提高抗干扰能力，消除各种干扰，集中注意力，争取胜利。

4. 意志品质的培养和训练

现代比赛的特点是运动成绩高速增长，运动员的技术水平非常接近，才有可能征服不断升高的横杆。

（1）树立为跳高运动而奋斗的远大目标。
（2）培养勇于克服困难的能力。
（3）培养坚持精神。
（4）培养自控能力，提高动作的稳定性。

5. 自信心的培养

（1）帮助运动员分析自己的潜力。
（2）在日常训练中，要注意自己的精神状态，要用积极的情绪和态度感染和帮助人。
（3）把跳高运动员的过杆架之间的距离缩短或者拉长来体现横杆变窄或者变低的错觉。
（4）进行弹板练习时采用踏板或者弹板起跳。

（四）赛前易出现的心理障碍及其克服办法

在跳高比赛时造成运动员心理障碍的因素有很多，如场地、器材、气候、环境、观众、对手、语言、能力、准备情况等，都会影响比赛的状况。因此，运动员应进行全面的身体素质训练和心理训练，提高和保持竞技状态，掌握合理技术，树立信心。赛前进行放松练习，转移注意力，减轻紧张和焦灼的程度，放松心情，调至最佳备战状态。

二、训练监控

实行训练监控和伤病预防是青少年跳高训练中不可或缺的组成部分，身体机能监控是科学掌握训练过程的重要手段，教练员可以采取以下几种方法对运动员的训练进行监控。

（一）生理、生化指标监控

运动员身体机能评定是一个多指标、多层次、多因素的整体综合评定，可根据评定的目的和测试对象的年龄、运动专项、训练水平等具体情况选择测试指标。

（二）自我监控

在运动实践中，运动员可从以下两方面进行自我监控。

（1）主观方面：饮食、睡眠、排汗量、神经反应、训练欲望等。

（2）客观方面：血压、心率、体重、心理等是否有异常现象。

（三）运动监控

在训练场上对实际训练计划、训练效果和训练质量进行检查、评价，并实施监控。

（1）专门训练器械测量法：分析和评价运动员的专项水平，并对具体训练手段实施控制。

（2）专项训练手段测量法：分析和评价运动员的专项水平，并对具体训练手段实施监控。

三、跳高运动员的恢复训练

在训练中不断增加运动负荷，有意识地打破机体内环境的相对平衡，使之发生向较高机能水平的转化，在较高运动负荷水平上获得相对平衡，这个过程称为训练适应。如果运动员在运动训练和日常生活的总负荷超过运动员机体的承受能力，则可能导致疲劳及过度疲劳。

（一）合理安排训练

恢复是一个生理过程，而这一过程自运动过程开始就开始了，因此，恢复要贯穿于恢复训练过程之中，跳高是一项技术性非常强的运动项目，对运动员的力量、弹跳、速度、协调灵巧及心理素质等方面要求非常高，要求运动员机体恢复更充分。从一堂课到下一堂课，从一周到多周，从月到年以至多年训练过程都需要作出科学的训练安排，合理地安排运动训练，在训练中负荷必须逐渐增加以使机体适应，并且避免运动性伤病，教练员应该不断调整运动训练负荷（量和强度），以便运动员的机体有机会恢复和超量恢复。

（二）整理活动

整理活动是消除疲劳、促进体力恢复的一种良好方法。教练员、运动员应该给予足够的重视。剧烈运动后进行整理活动，可以使心血管系统、呼吸系统仍保持较高水平，有利于乳酸的排除。整理活动还可以使肌肉及时得到放松，可以避免由于局部循环障碍而影响代谢过程，造成恢复时间的延长。

（三）水疗

热水刺激能够扩张血管、促进血液循环与新陈代谢，加速代谢废物的排泄，改善神经、肌肉的营养，同时可以使汗腺的分泌增加，放松肌肉，安抚神经，达到疲劳消除的目的。温水浴的水温为40±2摄氏度，每次10~15分钟，勿超过20分钟。

（四）心理疗法

心理疗法主要是意念运动。运动后，通过一定的套语暗示，可以消除神经紧张、心理压抑，降低中枢神经系统的兴奋性，加速疲劳的消除和机能的恢复，目前常用的有自我暗示和自我催眠，如在全身自然疏通的状态下进行心理暗示。在设计暗示时，不需要考虑语言的修饰和语言的逻辑性，暗示放松时间为10分钟左右。

（五）吸氧

空气中含氧20.94%，二氧化碳0.03%，氮78.09%，在高强度训练时，因为缺氧而大量产生乳酸，使机体很快产生疲劳，所以吸氧是有效的恢复方法之一，吸氧可以根据具体条件，采用高压氧、常压氧、氧舱、小氧瓶等方式进行。

（六）营养

要保证运动员健康，有效地促进运动疲劳消除，还应该特别注意运动员的饮食营养，合理饮食营养是保证运动员良好机能状态，减缓疲劳发生，促进运动后疲劳消除的物质基础，运动员的合理营养基本要求有：

（1）热量平衡。

（2）热源质比例适当。

（3）充足的维生素。

（4）食物易于消化吸收，有利于维持酸碱平衡。

（5）睡眠。

四、跳高运动员的恢复训练原则

随着现代跳高运动员水平的不断提高，优秀跳高运动员的训练负荷（训练强度、量、密度，周训练次数等）越来越大，因而恢复过程也日益显得越来越重要。恢复训练已经成为高级跳高运动员训练过程中的一个重要内容。所谓恢复训练，是指使用合理的恢复手段与方法，加速消除运动员体力和精神上的疲劳，使机体活动能力得到恢复和提高。

提高运动员目前所采用的恢复训练手段方法有以下几种。

（一）教育学恢复手段与方法

1. 合理安排间歇和休息

当运动员完成短时间的少量练习后，其体力很快就能恢复，如果运动员力不能及，只能导致过度训练，造成神经系统能力的衰竭。在这种情况下，可能需要数月的时间才能恢复，由此可见，在跳高训练中，训练课之间及小训练周期之间，适宜的间歇具有重要的意义。

在跳高训练中，一周训练 6 天，休息 1 天。在一周内也会安排 1~2 天的减量训练，在一个月的训练中，一般是一周大，一周减量，另外是一周、两周甚至三周加量训练后进行一周减量调整，以便充分恢复体力。

2. 合理安排训练内容及各内容的顺序

训练后的恢复方式有两种：一种是消极性休息；另一种是积极性休息。前者是在训练和比赛之间停止练习，完全休息从而使机体得到恢复；后者是在训练和比赛之后不停止训练，而是改变训练内容。例如，在大强度技术训练之后进行球类活动，或者在树林中进行轻松的慢跑等，这种积极性休息有助于转移运动员的注意力，使中枢神经系统的机能能力得到较快的恢复。另外，还可以使机体各器官系统保持一定的活动水平，有利于肌肉代谢废物的消除和氧气及营养物质的供应，促进能源物质的再合成。因此，在跳高训练中同时运用积极性休息方式。合理安排运动负荷和灵活调整负荷。

我国著名跳高运动员朱建华的训练安排明显地体现了这个特点，一个月四周的安排是速度周→力量周→技术周→弹跳周，而且训练内容经常交换，训练手段花样繁多。这种训练安排很有科学性，使运动员感到训练十分有趣，乐此不疲。

（二）医学生物学恢复手段

1. 营养

由于运动员大强度训练和比赛必然要消耗大量的能量，所以要考虑如何既能及时补充能源物质，又能不过多增加体重，尤其是女子跳高运动员，更应该十分重视营养物质的种类与数量。世界水平的优秀跳高运动员都应该配有专门的营养师，以保证足够的营养物质和较轻的体重，向世界高水平冲击。

2. 理疗恢复手段

在大强度训练课后，应该采取一定理疗手段来加速恢复过程，常用的有按摩、热敷、沐浴等。

（1）按摩可以加快血液循环，加速机体代谢过程，提高或者降低中枢神经系统兴奋性，促进机体的恢复。按摩一般采用手按摩和震动按摩，没有现代化设备的可以在训练后自己按摩或者和同伴一起相互做局部按摩，以达到肌肉放松的目的。

（2）热敷对消除肌肉疲劳具有良好的作用，在冬季里采用热敷效果更好，可以直接用热水袋进行热敷。

（3）沐浴能够促进血液循环，使肌肉紧张度得到缓解，达到消除疲劳的目的，沐浴的方法常用的有热水浴、冷水浴、温水浴，根据需要可以采用不同的方法，如热水或者冷水的淋浴、盐水浴、蒸汽浴、淡水浴、苏打碳酸浴等。

（4）放松恢复沐浴一般是在训练的 30 分钟后进行为宜，过早沐浴会提高机体的需氧量，不利于乳酸盐的排泄，水温在 32~40 摄氏度时，对于心脏活动和神经系统具有镇静作用。由于有机体的适应能力，不要采用一种单一的恢复手段，而应该将各种恢复措施综合起来运用。如果一天训练两次，在训练课之间最好采用局部性恢复训练手段，大强度训练或者比赛期必须综合使用各种恢复手段。

（5）卫生饮食和外界自然因素是改善中枢神经系统状况的有效手段，这些能够提高有机体的生命力，有助于运动员更有效地进行训练和更快地恢复。

3. 心理学恢复的手段与方法

心理学恢复手段有放松训练、自我暗示、呼吸调整等。此外，丰富运动员的文化生活，培养运动员的业余文化爱好，如听音乐，就是一种简便易行而又对心理恢复非常有效的手段，也可以结合按摩收听音乐。

除了注意恢复的手段与方法外，对恢复训练的水平测试也很重要。测定机体恢复水平，对继续进行大负荷训练极为重要，因为这是为恢复训练提供“反馈信息”，是实现对恢复训练的最佳控制必不可少的条件。最简单的方法可以采用“皮尔郎”测试反应时。具体做法是主试者把一米长的木尺安在墙上，尺的上端与墙上一个标志放平，让被试者将尺的下降距离量出，再算出反应时。当人体处于疲劳状态时，反应速度会有某些下降，如果恢复后，反应速度应该达到正常水平或者略有提高，可以用反应速度的变化评定恢复训练的效果。另外，还可以利用纵跳高度的变化来评定训练恢复的情况。当然，有条件时进行某些生理机能检查测试，更能准确地了解运动员恢复水平。

五、伤病预防

在训练过程中要高度重视运动员的防伤防病，它对运动员今后的发展前途和运动生涯有着重要的影响。运动员在训练中的伤害事故的责任是教练员和运动员双方的，所以防止伤害事故的发生必须由教练员做起，从实际出发切实监督好运动员的训练。

（一）产生伤病的主要原因

（1）错误的技术动作和不规范的技术动作造成的运动损伤。

（2）准备活动与放松整理活动不充分，运动时机体局部负担过重和运动技术错误而发生运动损伤。

（3）适应状况不良，个人生理限制与心理状态不良。

（4）不良的气候因素、安全保护措施，场地器材安放不合理等造成的运动损伤。

（二）常见跳高项目运动损伤

（1）膝关节、踝关节、腰部肌肉及颈椎部的扭伤。

（2）膝关节内外侧副十字韧带和半月板损伤。

（3）腿部肌肉拉伤。

（三）预防措施

运动损伤发生后，应及时采取措施，防止伤病对运动员的机体带来破坏，影响正常训练，根据少儿发育特点应考虑以下应对措施。

（1）科学的监控措施：根据产生伤病的原因，采取有效的科研、防治和保障机制。

（2）场地设施质量保障：落实训练场地器材的维修、合理摆放及安全措施，保障训练计划执行的科学性和跳高技术的规范性。

（3）充分的准备活动：每次训练课应做好准备活动；训练中注意间隔放松，防止局部负担过重；训练结束也应做相应的放松整理和拉伸活动，加强自我保护意识。

（4）加强思想教育：加强训练后的管理，教育少儿运动员养成有规律的生活习惯，注意学习、休息、娱乐、餐饮、更衣。

（5）合理的应急处理预案：发生急性损伤，需紧急处理，并及时送医疗室治疗；积极治疗、康复，配合医生、教练进行伤病后的康复训练保证机体的能力，加强易伤部位肌肉力量练习。

（四）注意事项

根据青少年在生长发育过程中的生理特点和身体素质的发展规律，以及运动定向的生理学依据，在青少年跳高训练中应注意：

（1）避免跳跃着地动作过猛及做单一肢体长时间、负荷较大或左右腿负荷不匀的动作。

（2）负重练习要慎用，过重负荷可能会使骨化过早完成，影响身高的发育。

（3）在充分发展其柔韧性时，也要重视发展关节的牢固性，以防关节损伤。

（4）在生长加速期，多采用伸展练习发展力量，要有计划地发展小肌群的力量和伸肌力量，促进青少年肌肉平衡发展。

损伤的预防是非常重要的，教练员应经常提醒运动员对防伤防病的认识，要让运动员认识到，一旦运动员出现伤病，轻则影响训练，重则影响比赛的发挥。

（五）产生伤病的主要原因

（1）对预防运动损伤的意义认识不足。

（2）训练前准备活动或训练后放松整理活动不充分，训练时机体局部负担过重和运动技术错误而发生运动损伤。

（3）运动负荷安排不当，疲劳没有及时恢复造成机体各系统紊乱产生伤病。

（4）练习新技术动作时用力不恰当。

（5）不同部位跳高的损伤有：踝关节、腰、膝关节及大小腿肌肉和韧带。

（六）应对措施

运动损伤的预防是针对运动损伤的原因而进行的，从运动损伤的特点和原因可知，运动损伤的预防措施有以下几方面。

（1）加强防伤观念，时刻要有安全意识，克服麻痹思想。

（2）认真做好准备活动，加强易拉伤部位的力量训练。

（3）合理安排好运动负荷。

（4）重视准备活动和训练后的恢复放松。

（5）加强易伤部位的建设性训练。

（6）在阶段转换，进行新的方法、手段训练时，应安排适应阶段。

（7）加强场地器材的安全措施和安全检查。

（8）对已受伤的部位应采用积极有效的措施并及时治疗，避免再度受伤，同时加强恢复性训练，切忌消极对待。

（9）提高运动员的自控能力，经常反映自身状况及心理感受，以利于及时调整运动负荷。

第九章 撑竿跳高

第一节 撑竿跳高项目特性与发展趋势

一、项目特性

撑竿跳高项目极具挑战性和观赏性，是田径运动中技术最为复杂的项目之一。

要求运动员具有良好的速度、力量和技能发展水平，同时还要求人体的动作与撑竿的弹性运动完美融合，通俗地说，就像拿着撑竿去跳远，通过起跳的力量与速度对撑竿的冲击，把动能完美地转化为势能，最终把人弹起越过横杆。现代撑竿跳高与过去撑竿的最大不同，就是撑竿能够弯曲，并把能量储存在竿上弹起，同时能够根据不同人具体的情况定制不同磅级和重量的撑竿，以利于发挥每个人的运动天赋，创造更好的成绩。

二、发展趋势

当前撑竿跳高运动的发展趋势仍主要集中在提高运动员的握竿高度、使用撑竿的磅级、腾越高度和充分保持撑竿在助跑与起跳时的向前速度方面。此外，女子撑竿跳高男子化的特征越发明显，在素质方面，对全面身体训练及专项训练能力的要求也越来越高。在技术方面，运动员正确跳弯撑竿的能力和竿上动作在时空方面的精准程度是训练的主要目标，其中的重点是：加快人体的助跑速度；掌握进攻性的加速起跳和大幅度的鞭打式摆体技术；在动作后程形成充分的“倒悬垂”和“倒立”姿势。技术从小抓起也是一个显著的发展特点。

第二节　撑竿跳高技术

完整的撑竿跳高技术分为持竿助跑、插穴起跳、悬垂、摆体、伸展、转体推竿和过杆落地等技术阶段。世界著名运动员布勃卡和伊辛巴耶娃的技术众所周知，但对初学撑竿跳高项目的青少年来说，他们的技术标准也是无法企及的，因此，我们对撑竿跳高技术环节的总体要求做一个全面的了解（以右手为例），以便在今后的撑竿跳高技术训练中形成较为规范的动作（图 9-1）。

图 9-1　撑竿跳高助跑插穴起跳至过杆技术动作连续图

一、持竿助跑

两手握距同肩宽，上手拇指在撑竿外侧，下手拇指在撑竿下侧，两肩正对跑道且放松，上握点位于同侧髋附近。助跑的起动方式有站立和行进两种，起动时撑竿与地面的夹角可随握竿高度和风向的不同做适当的调整，一般在 60~70 度左右（图 9-2）。

助跑时两肩自然放松，高抬大腿逐渐加速至起跳。撑竿在助跑开始时斜置于体前，然后逐渐回归至身体的正前方。加速方式可因人而异，倒数 6~4 步时达到助跑的最高速度，然后保持较快的起跳进攻速度。在助跑后程竿头要逐渐下降到水平部位，随着前翻拉力的增加，运动员要力争保持正直的上体姿势，为了防止身体前翻，必须高抬大腿，加快步频，积极追竿起跳。青少年撑竿跳高运动员的助跑通常为 12~16 步。

二、插穴起跳

通常在助跑的倒数第 2 步开始进行送举竿插穴，此时持竿上手在髋附近，强调向前上方送举撑竿，要求倒数第 2 步结束时，右手送举至胸前颌部，左手高于左肘关节。最后一步起跳脚着地时，两手臂是伸直状态，在上臂位于右耳侧（在插穴起跳过程中，上手的运动轨迹应是随身体的运动不间断地指向前上方）。完成上述动作的同时，强调身体的移动要积极跟进（图 9–2）。

图 9–2　助跑起跳

在整个举竿插穴过程中，左手始终高于左肘的高度，左手高于左肘可以加大撑竿与地面的夹角，这一角度对于起跳竖竿是十分重要的。

助跑最后一步因积极起跳相对较短，起跳腿积极快速地进行起跳（起跳点的位置应是起跳脚尖在上握点垂线下方），上手臂充分伸展，下手臂紧张用力支撑撑竿（肩关节大于 90 度，肘关节不小于 90 度），这种支撑将有利于弯竿及竿上动作的平衡。起跳腿缓冲不宜过大，蹬伸动作积极充分，摆动腿屈膝前摆，头部稍抬并正对前方。在起跳的蹬伸阶段躯干要注意伸展，其中胸部向前上方的积极运动十分重要，这将为竿上的后续动作奠定良好的基础。

撑竿跳高起跳技术的最大变化是产生了“自由起跳”的动作概念。所谓“自由起跳”就是要设法减小起跳过程中撑竿对于人体的约束，要求运动员的起跳点控制在静态插穴（即直竿状态）时上手握点的垂线下方（如果起跳点过近，撑竿就会对人体产生较大的约束，导致先弯竿后起跳的结果，从而损失人体的运动速度），只有当起跳腿蹬伸时竿头才能触及穴斗底端（撑竿这时才开始弯曲），运动员的主观感觉就好像是跳上撑竿一样。这种技术的核心实质上是起跳时机相对提前，即撑竿未获得最终支撑时人体的起跳已经开始，这样在起跳初期的一个瞬间内就摆脱了撑竿的约束（自由起跳），从而尽量保持人体的运动速度，为悬垂摆体奠定动量方面的基础。另外，无约束状态也有利于充分举竿，以加大撑竿与地面的夹角，进而促进撑竿的向前运动。由于在起跳时撑竿尚未触及穴斗底端，所以运动员常有一种无支撑的感觉，这就要求上手及肩部要有一个向上坚挺的用力过程。

三、悬垂

悬垂是从起跳脚离地起到身体背弓最大止。悬垂前段实质上是起跳的继续。要求人体离地后，利用助跑起跳所获得的速度使躯干继续快速前移，深入竿下并把起跳腿保留在体后，使身体形成最大背弓（图 9-3）。

图 9-3　起跳悬垂动作

悬垂的深度取决于助跑和起跳的速度，所以起跳过程中人体的运动速度是悬垂的基础。悬垂时下手的位置很重要，要求运动员继续向上用力。悬垂是起跳与摆体之间不可忽视的联系环节，它既是起跳的延续，又是摆体的必要前奏。

四、摆体

摆体是从悬垂结束（身体最大背弓）起，到团身时髋角最小时止。摆体动作完成的质量将直接影响“人—竿”系统的两个转动（人竿转和人摆）效果，继而影响到运动员的握竿高度和腾越高度。另外，摆体也是人体重心由握点之下向握点之上转移的必要运动阶段。

良好的摆体技术应在摆体的第一部分（悬垂结束到身体摆至 45 度角时）表现出明显的鞭打动作效应，即在悬垂结束时下握点相对制动（下手推压撑竿），随之肩部制动（这样躯干的动量就会逐渐向下传递），同时起跳腿以较直的状态做“兜扫”式摆动，其发力点应是起跳脚（起跳脚形成鞭梢效应）。

摆体的第二部分继续压肩兜腿团身。由于鞭打效应提供了相当的速度储备，在此基础上团身动作不仅易于完成，而且等于有了一个速度的叠加，从而使臀部的快速上移得以实现。兜腿团身时两脚的运动方向应指向上握点，不要抬头，动作具有“团身”的外形特征。团身结束时的良好体位是两膝在臀部垂面以内，同时臀略高于肩（图 9-4）。

图 9-4　摆体

由于鞭打用力时撑竿处于弯曲状态，即上握点处于不断地向前方移动的过程中，这种动轴转动使人常有“下沉”的感觉，所以往往不好发力，因此，掌握鞭打摆体的起始时机是十分重要的。

五、伸展

玻璃纤维竿在大幅度弯曲后即开始快速反弹，其反弹幅度与最大弯竿量直接有关。在撑竿反弹的同时，人体也要由团身状态逐步伸展成直臂倒悬垂状态，这一运动过程约占跳跃总时间的 25%～30%。

伸展阶段是人体利用撑竿弹性力量的主要阶段，其效果将直接影响到运动员的腾越高度。人体的运动与撑竿的运动协调配合，充分并有效地利用撑竿的反弹力量，努力把人体弹向尽可能的高度，是伸展阶段的基本任务。而伸展阶段技术上的重点则是人体的伸展方向和伸展速度。

由于撑竿的反弹方向不仅向上，而且向侧前，所以在伸展的开始部分双腿应向后上方伸出，这样才能保证人体有一个向上的合力。为了保持这一合力，双手用力压竿并控制身体及臀部向上握点窜伸等动作就显得相当重要。

人体的伸展应与撑竿的反弹协调配合，迅速发力，而这就需要伸展阶段具有足够的工作距离，以保证身体充分展开，所以积极快速的摆体动作就显得尤为重要，它可以使运动员及时完成良好的摆腿团身状态，从而保证足够的伸展时间和合理的伸展方向及较快的伸展速度。伸展后程，下手臂肘关系角度逐渐缩小，最后形成前臂贴紧撑竿。伸展结束时（撑竿此时即将弹直），良好的身体姿势是形成“直臂倒悬垂”状态。

六、转体推竿和过杆落垫

当人体和撑竿几乎伸直时，身体要完成一个绕纵轴的转体，这一阶段的拉引动作主要靠上手臂完成，这时要注意收紧下颌，两腿伸直并拢，以尽量保证身体靠近撑竿运动。引体和转体是连贯性的用力过程，不应有任何停顿。

在推竿过程中，两腿不要过早放下，要积极有力地向下推展上手臂的肩、肘关节，这样不仅可以增加向上的动力，而且良好的单臂支撑倒立姿势也有助于增加腾越高度。推竿完成瞬间上手应顺势将撑竿推向助跑道方向，以免撑竿碰落横杆，造成失败。

推离撑竿后即转入无支撑的腾空阶段，这时要注意调整身体各部分的位置，充分利用其补偿效应。当身体重心上升到最高位置时，已越过横杆的双腿开始下压，并收腹、含胸成弓身姿势。当臀部越过横杆时，向上扬臂、抬头，使整个身体依次越过横杆。

落垫时要注意安全，控制身体使腿缓冲落垫或背部柔和地落在海绵垫上。

第三节　撑竿跳高运动员选材

一、选材的主要因素

青少年的选材首先要考虑那些喜爱撑竿跳高项目并敢于接受挑战刺激的人，其次，还要考虑其他相关的方面，这样训练的驱动力才能持久，选材主要考虑以下几个方面。

1. 兴趣爱好

兴趣爱好是最好的老师，也是青少年参加运动训练的持久动力，是青少年选材中最值得重视的一个方面。

2. 遗传

主要参考父母身高、运动素质水平、隔代遗传和家族病史等因素。

3. 身体形态

首先注重选择身体匀称、修长，跟腱细长，膝踝关节围细，指距长于身高，骨龄减年龄不超过 1.5 岁的青少年。

4. 生理机能

能承受较大强度的运动负荷，有良好的心肺功能，不易疲劳，具有较好的恢复能力。

5. 身体素质

下肢爆发力好，动作速度快，协调灵敏，具有较全面的身体素质。

6. 技术

动作自然流畅，起跳能力强，竿上感觉良好。

7. 心理素质

勇敢、顽强，敢于拼搏，勇于挑战自我，有较强的自我控制能力，思维敏捷，领悟学习动作的能力较强。

二、选材指标

根据国家体育总局竞赛年龄分组规定，青少年撑竿跳高运动员的选拔也对应分为以下三个阶段：12~13 岁为初步选材阶段，14~15 岁为重点选材阶段，16~17 岁为优选阶段。根据这三个不同年龄阶段，从遗传、身体形态、生理机能、身体素质及技术评定五个方面进行筛选，其中遗传主要在初步选材阶段进行，这三个阶段的选材标准如表 9-1~表 9-3 所示。

表 9-1　12~13 岁选材标准

选材重点	(1) 考虑运动能力的遗传情况 (2) 身材比例协调，重心较高、体形匀称、手臂较长、跟腱较长、膝踝关节围度小、关节灵活、足弓明显、柔韧性好 (3) 喜爱跳跃项目，性格开朗、活泼，模仿力强，好胜心理强 (4) 跑跳动作自然、轻快有力			
选材指标	类别	内容	男	女
	遗传因素	身体形态 运动能力遗传		

（续表）

选材指标	身体形态	身高（厘米） 体重（千克） 指间距大于身高（厘米）	170~165 56±2 1~3	165~155 48±2 1~2
	生理机能	血红蛋白（克/分升） 肺活量（毫升）	13 3000~3200	12 2800~3000
	身体素质	起动30米跑（秒） 立定跳远（米） 跳远（米） 引体向上（次）	5.1~4.9 2.30~2.20 4.30~4.70 5~6	5.3~5.1 2.10~1.90 3.70~4.00 3~4
	技术评定	跑跳等动作	完成动作协调舒展自然、轻快有力	

表9-2　14~15岁选材标准

选材重点	（1）身体形态符合项目的要求 （2）学习动作时接受能力强，善于思考 （3）身体素质发展全面，动作速度与位移速度较好 （4）初步掌握撑竿跳高技术，有一定的专项素质水平 （5）在初步选材心理品质的基础上，增加意志品质和自控与调整能力等因素			
选材指标	类别	内容	男	女
	身体形态	身高（厘米） 体重（千克） 指间距大于身高（厘米）	180~170 68±3 2~5	170~165 50±2 2~5
	身体机能	血红蛋白（克/分升） 肺活量（毫升）	14 3500~4000	13 3200~3500
	身体素质	30米持竿跑（秒） 4步助跑5级跨步跳（米） 单杠（肋木）团身摆体（次）	5.0~4.7 14 20	5.4~5.0 12 15
	技术评定	短距离助跑撑竿跳高技术	基本动作规范，完成动作流畅自然	

表9-3　16~17岁选材标准

选材重点	（1）身体形态符合项目的发展要求 （2）具有较好的领悟及天分 （3）身体素质发展全面，动作速度与位移速度较好 （4）较熟练地掌握撑竿跳高技术，专项素质已具备较高水平 （5）敢于对技术动作进行新的尝试，勇于探索			
选材指标	类别	内容	男	女
	身体形态	身高（厘米） 体重（千克） 指间距大于身高（厘米）	185~175 71±3 2~5	175~170 53±2 2~5

（续表）

选材指标	身体机能	血红蛋白（克/分升） 肺活量（毫克）	14 4000 以上	13 3500 以上
	身体素质	30 米持竿跑（秒） 4 步助跑 5 级跨步跳（米） 单杠（肋木）团身摆体（次）	4.8~4.5 15 25	5.2~4.8 13 20
	技术评定	全程助跑撑竿跳高技术	基本动作规范，完成动作流畅自然	

第四节　撑竿跳高运动员各年龄阶段生长发育特点、技术训练要点及训练要求

一、各年龄阶段生长发育特点

运动员的机体是由父母遗传而来，因此，先天性的因素在其机体中占有很大的比例。研究表明，在形态机能、素质等方面有许多指标是后天不能改变的或者改变的程度很小，如身高、体形等，最大吸氧能力的 93.4%，最大脉搏率 85.9%，血乳酸浓度 81.4%，以及红肌、白肌纤维，骨骼肌纤维数量等都取决于遗传的支配，通过训练和加强营养不易得到大的改变。因此要选拔先天指标较优的青少年进行培养。

青少年发育期的重要阶段青春发育期高潮到来的早晚对选拔的运动员出成绩有较大相关，一般来说在正常年龄开始发育时稍延长的青少年成材率较高。发育期高潮持续时间的长短与其运动能力的增长与成绩的增长呈正相关。研究表明，以速度、耐力、技术性为主的项目应选择发育晚的青少年为主，撑竿跳高项目也基本符合这一发展趋势。目前我们常用骨龄测定的方法来判断发育高潮期持续时间的长短。

二、各年龄阶段撑竿跳高的技术要点和训练要求（表 9-4）

表 9-4　撑竿跳高技术要点及各年龄段的要求

环节	技术要点	各年龄阶段要求		
		12~13 岁	14~15 岁	16~17 岁
持竿助跑	双手握距与肩同宽，手臂及肩自然放松，身体正直，助跑重心高，富有弹性，动作连贯流畅	持竿正确，掌握持竿走、跑技术；跑动自然，身体姿势正确	掌握中程助跑完整技术。助跑节奏明快，持竿规范，助跑重心高，轻快有力，身体姿势正确，自然放松	掌握全程助跑完整技术。持竿规范，助跑时双腿自然高抬折叠，后蹬有力，重心高，节奏明快，身体姿势正确

（续表）

环节	技术要点	各年龄阶段要求		
		12~13岁	14~15岁	16~17岁
插穴起跳	插穴从倒二步开始，双手随右腿摆出将撑竿沿着体侧向前上方送出，当右腿着地时，左手位于胸正前方，右手位于下颌或额前上方。随着左腿前摆，左手继续前送，右手继续向前上方送举，当起跳脚着地时，右手继续上举接近垂直，左手控制撑竿。完成起跳时人体与撑竿应保持在一个纵向平面上，上手的运动轨迹应是随身体的运动不间断地指向前上方。起跳时，当起跳腿踏上并经过支撑垂直面起跳点时，双手与肩胸髋继续保持向前上方跟进，摆动腿折叠前摆，起跳腿快速蹬伸，身体充分伸展，向前上方跳起。运动员的起跳点控制在静态插穴时（即直竿状态）上手握点的垂线下方，起跳时撑竿没有明显的弯曲	通过软竿练习，初步学习掌握降竿插穴、送举竿和起跳动作；初步掌握短助跑弯软竿起跳；熟悉撑竿特性	助跑与起跳衔接自然清晰，起跳向前上方伸展跟进有力。较熟练地掌握插穴起跳技术。进一步熟练弯软竿起跳技术。初步具备“自由起跳”的动作特征	助跑起跳加速节奏明显；熟练掌握插穴起跳技术；起跳伸展充分有力，身体移动跟进速度快。熟练掌握起跳弯竿技术。明显具备“自由起跳”的动作特征
悬垂 摆体 伸展	充分保持起跳形成的伸展反弓姿势，下手及胸继续向前上跟进；开始摆体时双手用力下压起跳腿加速兜摆，具有明显的鞭打有力特征；团身至背水平时，双手继续压肩，同时向后上方伸展；伸展后程，下手臂肘关节角度逐渐缩小，最后形成前臂贴紧撑竿。伸展结束时（撑竿此时即将弹直）良好的身体姿势是形成“直臂倒悬垂”	通过软竿练习，学习体会起跳悬垂、摆体及伸展技术。熟悉撑竿特性	进一步巩固起跳悬垂技术，学习大幅度的鞭打式摆体技术。熟悉撑竿反弹特性，基本掌握倒体伸展动作，伸展时左手前臂能贴紧撑竿	悬垂形成充分的反弓；保持跟进的同时压肩摆体清晰有力，鞭打动作明显；伸展充分并与撑竿反弹配合良好
转体推竿和过杆落垫	转体推竿时，身体重心尽可能与撑竿贴近，双手依次用力时要连贯、自然，及时地借助撑竿的反弹力完成倒立动作；推离撑竿时注意身体的避让过杆动作，最后注意安全落垫	能基本连贯地完成转体推竿及过杆落垫动作	转体推竿时，身体重心能基本靠近撑竿，有一定的倒立动作。过杆动作协调自然。	转体推竿动作连贯自然有力，身体重心与撑竿重心贴近，有明显的倒立动作。推竿后重心位于右肘之上过杆。能熟练掌握过杆的避让动作及安全落垫

三、各年龄阶段的训练要求（表 9-5）

表 9-5　各年龄阶段的训练要求

年龄段	要　求
12～13 岁	①根据少儿特点，采用各种手段方法，使少儿对撑竿跳高项目产生浓厚的兴趣 ②抓住素质发展敏感期，着重发展动作速度 ③全面发展一般身体素质 ④学习体操的各种翻滚、摆动及倒立等练习，在练习中结合专项进行一些游戏练习 ⑤通过各种持竿游戏练习，培养弯竿弹伸的感觉 ⑥适当参加一些小竞赛，以培养少儿的好胜心理
14～15 岁	①巩固和提高全面身体素质水平，适时发展专项身体素质 ②在弯竿的情况下逐渐加大各种练习的难度，让少儿体验挑战新动作的乐趣 ③初步学习与掌握完整技术要点，规范技术动作 ④参加多种项目的比赛，积累比赛经验，创造观赏高水平比赛的机会，为今后训练比赛打下基础 ⑤提高体操训练的难度，并与专项技术相结合进行练习 ⑥在发展动作速度的基础上，注意移动速度的培养与提高
16～17 岁	①注意技术训练时的动作细节要求，培养与保持个人的技术特点 ②完善技术动作节奏，不断提高专项素质水平 ③继续培养对撑竿跳高的兴趣爱好 ④加强全面身体素质训练，特别是腰腹及肩带力量的训练 ⑤防止伤害事故的出现，加强医务监督 ⑥保持系统训练

四、专项训练与一般身体素质训练的主要内容

（一）专项训练（表 9-6）

表 9-6　专项训练任务与要求

任　务	专项练习	要　求
熟悉掌握玻璃纤维撑竿的性能	走或跑两步送举竿起跳压竿 短助跑起跳弯竿（软竿） 短助跑起跳摆伸（软竿） 短助跑起跳摆伸转体（软竿）	及时送举竿到位，起跳蹬摆腿有力 摆伸时快速充分压肩 摆伸转体时应注意以脚领先引导身体的窜伸

（续表）

任 务	专项练习	要 求
发展持竿跑、起跳的能力	不同距离持竿（重竿）跑 不同距离的持竿跑接起跳（在没有穴斗的跑道上进行） 各种高重心的跑跳练习 跳远 持竿全程助跑起跳 持竿标志跑接起跳 持竿跑接活动穴斗起跳 短助跑起跳抓吊绳	大小腿折叠，高抬大腿，身体正直 持竿姿势正确，能有效抵抗撑竿的前翻拉力 助跑与起跳的快速衔接 起跳前的助跑节奏明快 起跳时身体充分伸展，保持正直 起跳腿的蹬伸充分
发展悬垂摆体能力	（体操专门练习） 肋木举腿 单杠悬垂举腿 单杠摆体 吊环（皮筋）悬垂摆体 吊绳短助跑起跳摆窜	由屈腿完成到直腿完成 摆动时要振胸压肩 注意动作节奏 注意腿部的兜扫动作
发展摆伸过杆能力	（体操专门练习） 单杠腾身回环 吊环（皮筋）悬垂摆窜 垫上后滚翻过杆	摆窜压肩动作要连贯，可加保护完成 后滚伸展的时机准确
改进完整技术，提高完整技术节奏的能力	短助跑完整技术 中程助跑完整技术 全程助跑完整技术 全程持竿节奏跑	注意助跑加速与全程助跑的节奏 注意竿上动作的连贯性与节奏

（二）一般身体素质训练（表 9–7）

表 9–7　一般身体素质训练的任务与要求

任 务	练习名称	要 求
发展速度素质	30 米行进间跑 60 米跑 快速后蹬跑	注重位移速度
发展爆发力	立定跳 立定三级跳 4 步助跑 5 级跨步跳 负重半蹲跳 前、后抛练习 连续跳栏架 拉皮筋提、摆腿	注意全身协调爆发用力 高重心，快速发力 躯干保持稳定 注意完成动作速度

（续表）

任务	练习名称	要求
发展身体协调能力	空翻、侧手翻等 跨栏 单双杠练习 蹦床跳翻	体会身体发力感觉 跑跨结合自然 感知完成动作时的身体空间位置
发展柔韧性	静力牵拉、踢摆	减少肌肉对抗，放松完成
发展上肢力量	直立推、倒立推、卧推、抓举、直臂头后拉、引体向上、单杠屈伸上	多方向用力完成动作，全面发展；练习上肢力量时不用保护带，以发展手腕力量
发展下肢力量	全蹲、半蹲、快速高半蹲、负重屈小腿	协调发展腿部前后肌群力量
发展腰腹力量	垫上负重屈收腿练习、吊绳后仰举腿练习、俯卧两头起、肋木举腿等	注意在上固定的情况下进行腰腹肌练习
发展踝关节力量	提踝走、直腿跳、平衡垫站立等	充分体会由脚跟到脚尖的发用力

第五节　撑竿跳高各项综合评价与测试指标

撑竿跳高是一项技术复杂，对速度与力量素质要求较高的项目，应根据这一特点，对青少年撑竿跳高运动员的专项技术、身体素质、专项成绩三个方面进行综合考核与评定，其三方面成绩的得分要按相应的比例进行计算（专项技术 45%，身体素质 40%，专项成绩 15%，在 12~13 岁年龄段无专项成绩要求，评价时只做专项技术与身体素质的评价，其比例为专项技术 40%，身体素质 60%），然后得出总分以判断训练效果（注：及格 60~75 分，良好 75~85 分，优秀 86~100 分）。

一、撑竿跳高专项技术评价标准

（一）技评内容与标准（占专项技术的 60%，表 9-8）

表 9-8　撑竿跳高技评内容与标准

	及格（60~75 分）	良好（75~85 分）	优秀（85~100 分）
评价内容	持竿正确，助跑及助跑节奏基本平稳，送举竿动作能够完成但不够准确，起跳伸展有所	持竿正确、自然，身体正直。助跑重心高、有弹性、连贯，有一定的节奏，送举竿及时清晰，起跳伸展充分，具有悬	持竿正确，放松自然，身体正直，助跑重心高，蹬摆有力，富有弹性和节奏，助跑位移速度较快。送举竿及时清晰，起跳蹬摆主动有力，伸展充分，具有自由起跳的特征。悬垂肩、胸、髋跟进自然，有一定

（续表）

	及格（60~75分）	良好（75~85分）	优秀（85~100分）
评价内容	欠缺，起跳后有一定的倒体团身动作	垂摆体的动作轮廓。完整技术基本流畅且节奏基本合理	反弓。摆体有一定幅度，起跳腿有“兜扫”动作。伸展方向基本正确，有一定的伸展幅度。过杆及落垫动作基本合理。完整技术动作节奏合理

（二）各年龄阶段专项能力评价指标（占专项技术的40%，表9-9）

表9-9　各年龄阶段专项能力及成绩评价表

年龄		12~13岁		14~15岁		16~17岁	
性别		男	女	男	女	男	女
握高（米）	优			4.40	3.30	4.60	3.70
	良			4.20	3.20	4.50	3.50
	及格			4.00	3.10	4.40	3.40
60米持竿跑（秒）	优			8.1	8.2	6.9	7.7
	良			8.2	8.4	7.1	7.9
	及格			8.3	8.6	7.2	8.1

二、撑竿跳高身体素质评价指标（表9-10）

表9-10　身体素质评价表

年龄		12~13岁		14~15岁		16~17岁	
性别		男	女	男	女	男	女
60米（秒）	优	8.10	8.60	7.40	8.00	6.80	7.40
	良	8.20	8.70	7.50	8.10	6.90	7.50
	及格	8.30	8.80	7.60	8.20	7.00	7.60
立定三级跳远（米）	优	7.20	6.90	8.40	7.30	8.70	7.60
	良	7.00	6.70	8.00	7.20	8.40	7.50
	及格	6.80	6.50	7.80	7.00	8.20	7.40

（续表）

年龄		12~13岁		14~15岁		16~17岁	
性别		男	女	男	女	男	女
跳远（米）	优	4.90	4.60	6.20	5.20	6.90	5.70
	良	4.70	4.40	5.80	5.00	6.70	5.50
	及格	4.50	4.20	5.50	4.80	6.50	5.30
卧推（千克）	优	40	20	60	40	75	55
	良	35	15	55	35	70	50
	及格	30	10	50	30	65	45
抓举（千克）	优	30	15	45	30	60	45
	良	25	10	40	25	55	40
	及格	20	5	35	20	50	35
直臂头后拉（千克）	优	10	7.5	20	15	35	25
	良	7.5	5	15	12.5	30	20
	及格	5	2.5	10	10	25	15
深蹲（千克）	优			90	60	120	90
	良			70	45	110	80
	及格			50	30	100	70
单杠团身摆体（次）	优	6	5	12	10	25	20
	良	4	4	10	7	20	15
	及格	3	3	8	5	15	10

三、撑竿跳高专项成绩评价指标

综合评价与考核成绩最终是根据以上三个方面的成绩中占多数的成绩为最终评价成绩（表9-11）。

表9-11　专项成绩评价表

年龄		12~13岁		14~15岁		16~17岁	
性别		男	女	男	女	男	女
全程助跑撑竿跳高（米）	优	3.80	2.70	4.50	3.40	4.80	4.00
	良	3.50	2.60	4.30	3.20	4.70	3.80
	及格	3.30	2.50	4.10	3.00	4.60	3.60

四、各年龄阶段训练负荷（表 9-12）

表 9-12 各年龄阶段训练负荷时间与训练比重

分类	负荷方面	12~13 岁	14~15 岁	16~17 岁
训练时间	课时间（小时）	1~1.5	1.5~2	2~2.5
	周训练课次	3~5	5~6	6~8
	月训练课次	13~20	20~25	25~30
	年训练课次	150~200	200~240	260~300
训练比重（%）	技术训练	35	35	40
	专项素质	20	30	35
	一般素质	45	35	25

第六节　撑竿跳高训练计划的制订与训练比赛中应注意的问题

一、制订训练计划的依据与内容要求

（一）制订训练计划的依据

1. 训练目标

对运动员所要达到的训练目标，需制订适合运动员的最佳训练计划，因此制订计划时要考虑实现训练目标的需要。

2. 起始状态

运动员训练的起始状态是运动训练过程的起始点，也是下一训练阶段的基础，为实现训练目标，制订的训练计划要符合运动员现实情况，这样不仅能让运动员看到努力的方向与前景，又能使运动员的运动状态产生预期的变化。

3. 运动训练客观规律

任何训练计划都不能脱离运动训练规律，只有这样才能稳步地提高运动水平，制订训练计划时要考虑运动训练过程的连续性与阶段性；运动员的机体在负荷下的适应性与劣变性；训练活动的集群性和个体性；运动训练过程的多变性与可控性等基本特性，同时还要考虑技术训练特点，身体素质的发展规律等，这样在制订计划时就会有的放矢。

4. 组织实施运动训练的客观条件

制订计划要考虑训练客观条件，运动量与强度的控制、恢复条件情况，这些直接影响训练效果的因素都应在制订计划时给予充分的考虑。

（二）训练计划的内容要求

（1）制订计划时运动员的基本情况。
（2）确定训练指标。
（3）划分训练阶段，提出阶段训练任务。
（4）确定实现训练目标的基本对策。
（5）安排本计划周期内的比赛场次。
（6）计划训练量与强度的安排。
（7）选择训练方法与手段。
（8）确定各种手段、练习的负荷要求。
（9）恢复措施的施法与手段。
（10）训练效果的检查与评定安排。

二、训练计划的种类与内容

训练计划按时间周期划分可分为多年训练计划、年度训练计划、阶段训练计划（通常年度计划中包括了阶段计划）和周训练计划。

（一）多年训练计划

根据大纲要求的分组年龄阶段划分，多年训练计划时间区间为 4~6 年，多年训练计划与年度训练计划是一个整体，训练计划与目标的确定需要根据年度训练实效及时做出调整和修正。

对于青少年撑竿跳高训练来说，4~6 年的时间也正是打基础和进一步完善技术的阶段，因此要系统地规划如何全面发展身体素质及专项能力，不断完善撑竿跳高技术。

多年训练计划的主要内容如下。

（1）运动员的基本情况分析。

它包括身体机能指标；形态指标；身体素质指标；心理指标；智力水平。

（2）多年训练计划的目标。

它包括专项素质与能力的长远分阶段的增长目标；参加训练与比赛的成绩目标。

（3）阶段划分与各阶段的任务。

根据运动员竞技能力的发展规律和现代训练的特点及我国青少年竞赛年龄分组的情况，在青少年的多年训练规划中分为：引导训练阶段（12~13 岁）、基础训练阶段（14~15 岁）、初级专项训练阶段（16~17 岁）。各阶段有不同的训练任务与要求。

（4）制订多年训练计划应注意以下几点。

①保证训练的系统性，每年之间的衔接，与年度内的衔接要平稳过渡。

②根据每年运动员身体能力状况安排负荷量与强度，如跳跃的次数与强度，根据每年提高后的情况制订下一年度的计划，保证逐年增加。

③有针对性地对运动员进行基本技术及专业技术理论的培养，提高运动员理解与分析技术动作的能力，培养独立思考能力，增强训练的自觉性。

④有目的地培养运动员的意志品质，在训练与比赛中不断提高运动员不怕困难、勇于挑战的品质。

⑤在训练中始终要注意不断改进、完善技术。

多年训练计划中，根据运动员的不同年龄阶段安排适宜的训练时间、课次及训练内容比重（表 9-12）。

不同时期训练的内容比例是不同的，其安排的主要目的是保证运动员系统地、全面地提高身体素质，逐步掌握基本技术与专项技术，减少运动员伤病的发生，以促使运动员长期稳定地提高成绩。

（二）年度训练计划

根据多年训练计划的安排及年度竞赛计划的情况，合理安排年度内各训练阶段的任务与目标，达到促进全面发展身体素质，提高专项能力及运动成绩的目的。

1. 年度训练计划内容及各时期的任务

（1）年度训练计划内容（见训练计划内容部分）。

（2）年度训练计划各时期的任务。

按传统的单周期计划安排，可分为准备期、比赛期、调整期。

①准备期的任务。

全年训练的重点，是运动员改进技术，全面提高身体素质水平，培养良好意志品质的重要阶段，同时在训练过程中学习基本技术与专项理论知识。

②比赛期的任务。

在全面发展身体素质水平的基础上，加强专项能力的训练，强化专项技术的训练，提高竞技状态，完成预定的比赛成绩目标等。

③调整期的任务。

消除训练比赛带来的疲劳，治疗伤病；总结一年的训练情况；进行积极性休息，保持身体训练水平，根据运动员的竞技水平及下一年度的竞赛计划制订新一年度计划。

2. 年度训练计划中应注意的几个问题

训练方法与手段的选择要根据训练的不同阶段进行调整，也应注意避免采用过多的训练方法与手段，在训练中要注意动作细节的规范性。现代训练实践表明，训练负荷的比例要求已经越来越不明显，而取代为对专项能力的要求越来越高，很多方法手段都带有明显的专项特征，无论是处于哪个训练阶段，强调专项训练强度始终要达到一定标准，低强度的、大量重复次数的训练模式也渐渐被取代。

①注意每年之间的衔接，运动量与强度提升后在下一年训练中要有新的变化与体现，防止停留在原来的基础上循环。

②在身体训练与技术训练的同时，要注意加强运动员技术理论的掌握。

③通过不断变换训练方法与手段，培养运动员的意志品质，勇于拼搏、敢于探索。

④制定的年度目标与任务，要符合运动员实际，要让运动员通过一定的努力才能达到，又要注意不制定过高目标使运动员看不到希望与可能。

⑤在引导阶段训练时，要注意基本技术的训练与掌握，注重技术动作细节的规范要求。

⑥注意训练方法与手段的循序渐进，不仅要注意激发运动员训练的兴趣，还要注意减少超出运动员能力过多的练习。

⑦加强全面训练，防止局部负担过重，防止伤病的出现。

（三）周训练计划

周训练计划可以把训练的方法内容列入，同时可以把训练的执行情况做较为详细的记录，训练计划会因为不可抗力、人为因素等进行调整，及时记录计划的变化情况，对正确把握系统训练有着重要作用。此外，参加训练的运动员数量对计划的训练量也有一定的影响，应注意保证能达到一定的训练量。目前，国内业余训练对训练计划的要求基本上是各地统一的，在此我们就不一一赘述了。

第七节 撑竿跳高训练方法与手段

一、技术训练方法和手段

1. 建立正确的技术概念

（1）简要讲解撑竿跳高的发展概况和现代技术特点。

（2）观看教练员或掌握技术较好的示范动作，使对撑竿跳高技术有一个初步了解。

（3）利用各种直观教具，如撑竿跳高技术录像或完整技术图片等，简要讲解撑竿跳高主要的技术环节。

2. 学习持竿与持竿助跑技术

（1）讲解持竿的方法，首先介绍撑竿的组成部分，根据起跳腿确定双手握竿的位置，并做示范，然后原地学习体会持竿技术。此时应注意肩部和握竿双手要放松，不能太紧张（图 9–5）。

图 9–5 持竿

（2）原地降竿、举竿，手持撑竿，竿头与地面夹角接近 90 度，通过上手肘部的弯曲，下手小幅度地下降，逐渐将撑竿降到水平位置，然后经耳侧向额前上方进行举竿（图 9–6）。

图 9-6　原地降竿练习

（3）持竿走或慢跑，注意持竿时肩部和双臂与两腿迈步动作的协调配合，做到协调、自然。

（4）持竿小步跑、高抬腿跑、后蹬跑等，可由慢开始，然后逐渐加快，使人和竿协调配合（图 9-7）。

图 9-7　持竿高抬腿跑

（5）持竿加速跑，要求稍含胸，跑时步子要有节奏，高抬大腿尽量与地面平行，后蹬充分，身体重心要高，有弹性地进行持竿跑。在教学中应注意持竿后的肩和腿摆动的协调配合（图 9-8）。

图 9-8　持竿加速跑

3. 学习竿上悬垂

（1）在单竿上或吊绳上做悬垂练习。

悬垂于单竿上或吊绳上后起跳腿伸直，摆动腿屈膝折叠，形成弓箭步动作，注意肩部放松双臂伸直，不要拉引身体，下肢拉开幅度较大。

（2）原地竿上悬垂练习。

撑竿直立于地面，上握手尽量向上握，下握手在下辅助控制身体，两手握距同肩宽，两手紧握撑竿悬垂于撑竿上，两臂控制住撑竿以使两腿形成弓箭步动作，即起跳腿伸直滞留在体后，摆动腿屈膝折叠（图 9–9）。

为了使学生能更好地体会“悬垂”动作，可双人配合做这一练习，一名学生进行，而另一名学生双手扶住同伴的肩及后背，帮助其体会在竿上的“悬垂”动作（图 9–10）。

图 9–9　竿上悬垂

图 9–10　双人练习竿上“悬垂”动作

（3）上一步竿上悬垂练习。

双手握竿置于额头前上方（20~30 厘米处），迈起跳腿并将竿头抵住地面，随后蹬地起跳，使人体悬垂于竿上。上握手握竿的位置不要太高，与双臂伸直后的高度一致即可，随后可根据学生掌握动作的熟练程度，适当增加上握手的高度。

（4）走动竿上悬垂练习。

双手握竿置于额头前上方（20~30 厘米处），向前走动 2~4 步将杆头抵住地面做起跳，使人体悬垂于竿上向前摆动落地，可在连续走动中进行练习。开始学习该动作时，上握手握竿的位置不要太高，与双臂伸直后的高度一致即可，随后可根据学生掌握动作的熟练程度，适当增加上握手的高度（图 9–11）。

在教学中应注意起跳与上举动作配合的一致性，在竿上悬垂时切勿拉引撑竿。

图 9-11　走动竿上悬垂练习

（5）高台上起跳悬垂练习。

站立跳箱或高台上，进行上一步或跑动两步做起跳悬垂于竿上，形成充分的弓箭步后即可自然地将跳腿与摆动腿并拢落入沙坑或海绵坑内（图 9-12）。

图 9-12　高台上起跳悬垂练习

起跳腿蹬地动作要充分，并且位于体后，这样人体和竿子才能较好地向前滚动。

4. 学习举竿插穴与起跳技术

（1）原地做举竿插穴。

双手持竿使撑竿与地面接近平行，起跳腿在前，摆动腿在后，当摆动腿向前迈腿的同时，上握手翻腕，向前上方举竿，左肘朝下抬到头前，当以上动作结束时摆动腿正好落地。当向前迈起跳腿的同时，上握手继续向前上方举竿，起跳腿蹬伸的同时上握手正好伸直，做到举竿与蹬伸的协调一致。

（2）连续上一步起跳举竿。

双臂弯曲自然将撑竿置于胸前 20~30 厘米，竿头触地。起跳腿向前迈步的同时撑竿开始向上举，摆动腿折叠前摆，起跳腿快速落地，起跳腿蹬伸的同时两手将撑竿向头前上方举，离地的瞬间将撑竿举到最高位置，摆动腿大腿与地面平行，小腿自然放松。随后起跳脚跕一步，摆动腿自然下落，连续做这一练习（图 9-13）。

图 9-13　连续上一步起跳举竿

起跳充分，注意起跳脚的放脚动作，做到全脚掌滚动式着地，体会撑竿上举与起跳蹬摆的同时。

（3）平地上举竿插穴。

走动或跑动 2~4 步在平地上进行举竿练习，可结合起跳来做。要求举竿与下肢跑动配合协调到位，起跳蹬伸与向上举竿协调一致。熟练后，可连续进行此练习。

（4）上一步举竿起跳悬垂。

把竿子插入沙坑或穴斗内，将撑竿放在右肩上，上握手握竿（握杆点不要太高），摆动腿在前，起跳腿在后，上体前倾。这时，向前迈起跳腿，同时上握手将竿推举到头前上方，下握手很快握住撑竿，然后进行起跳并悬垂于竿上。撑竿前倒时即可自然收回起跳腿，与摆动腿并拢落入沙坑或海绵坑内。

教学中应注意起跳腿蹬地动作要充分，并且只位于体后。左臂屈肘控制住撑竿，但不要“抱竿”，尽量使身体贴近撑竿。

（5）上两步起跳竿上悬垂。

把竿子插入沙坑或穴斗内，将撑竿放在肩上，上握手握竿（握杆点不要太高），起跳腿在前，先迈出摆动腿，然后快速迈出起跳腿做上两步起跳悬垂练习。

教学中应注意身体在竿上的平衡，体会通过双臂控制撑竿。起跳一定要积极充分，使人体向前方腾起，握点不宜太高，保证人体能够和竿一起竖立起来。

（6）走动 2~4 步起跳竿上悬垂。

双手握竿举至头前方（20~30 厘米处），走动 2~4 步后将竿头插入沙坑或穴斗内进行起跳悬垂，然后随撑竿前倒自然收回起跳腿，与摆动腿并拢落入沙坑或海绵坑内。握点不宜太高。

教学中应注意身体在竿上的平衡，体会通过双臂控制撑竿。起跳一定要积极充分，使人体向前方腾起，握点不宜太高，保证人体能够和竿一起竖立起来。

（7）2-4-6 步插穴起跳。

双手持竿，杆头对准穴斗，持竿助跑 2-4-6 步，然后进行插穴起跳练习。握杆点不宜太高，保证身体能够和竿一起树立起来。

教学中注意把重点放在后两步助跑上，要连贯积极向前。技术熟练然后可适当增加助跑距离和步数。起跳时全脚掌着地，起跳充分腾起。人体在杆上维持好平衡，上手手臂充分伸直，整个动作协调连贯，动作舒展大方。

（8）短距离助跑插穴起跳练习。

持杆助跑 6～8 步，然后做插穴起跳练习。熟练后加长助跑距离和步数到 12～14 步。

教学中要求学生在倒数第二步开始做举竿插穴动作，教练员在倒数第二步处放一明显标志，提醒学生及时做出举竿插穴动作。

（9）丈量助跑距离。

撑竿跳高助跑步点的丈量与跳远步点的丈量方法基本相同，可采用“乘 2 减 2 法”（如 6 步助跑，那么 6×2＝12 步，即走 12 个自然步）或“反跑法”进行丈量步点。但由于助跑时手持撑竿，跑动的节奏和步幅容易变化，步点不准确，因此需要反复进行助跑，用较为固定的节奏来确定步点。

撑竿跳高助跑时要求高抬腿，高重心，跑动有弹性、有节奏，且节奏清晰。一般采用逐渐加速的方法，跑至倒数 4～6 步时开始积极加速，竿头也随之逐渐降低至与地面接近平行。

5. 学习悬垂摆体接举腿技术

（1）利用器械摆体举腿。

双手虎口正反握单杠或上握手在上，下握手在下握住吊绳，悬垂于器械上，弓箭步拉开，然后肩部发力，起跳腿直腿向前摆动，然后双腿收腹举腿，团身后向上伸展。教师可一只手放在学生的肩部，一只手在腰部进行辅助练习，辅助其完成动作，也可起到保护作用（图 9–14）。

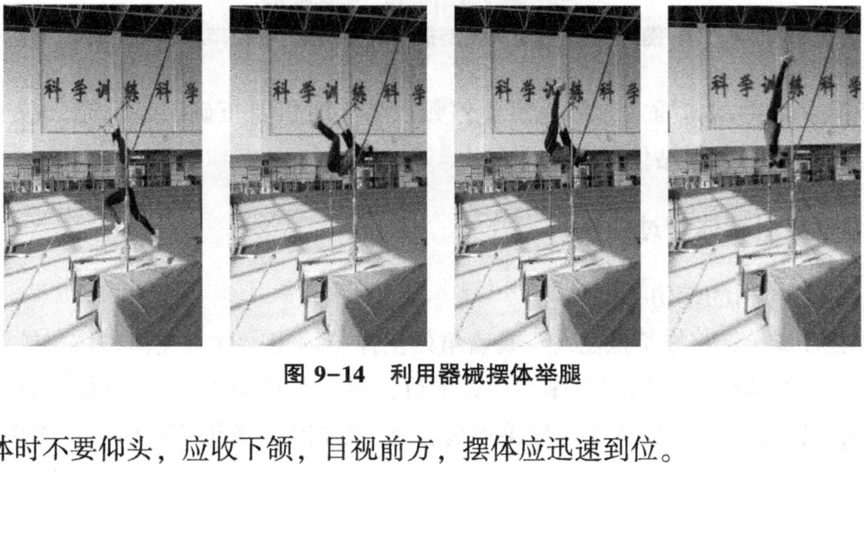

图 9–14　利用器械摆体举腿

摆体时不要仰头，应收下颌，目视前方，摆体应迅速到位。

（2）高台起跳摆体举腿练习。

站在1.5~1.6米高度的台上，将撑竿置于头前上方（20~30厘米处）向前跑动二三步举杆起跳悬垂，而后向前摆体、收腹举腿和伸展。练习时起跳要积极向前上方跳起，收腹举腿要迅速到位。伸展时身体尽量贴近撑竿，利用撑竿充分伸展，但上手臂切勿做“拉引动作”。

教学时为了减轻运动员心理负担同时起到保护作用，教练员可以站在运动员一侧，用手拉一下撑竿，便于运动员顺利完成收腹举腿的动作。

（3）短距离助跑插穴起跳摆体举腿练习。

选择适宜的握杆点，助跑4~6步，在穴斗内进行插穴起跳并做出腾空步后，肩部发力，起跳腿迅速向前摆动与摆动腿靠拢，双腿迅速有力收举双腿向胸前靠，然后沿撑竿纵轴向上伸展（图9-15）。

图9-15　短距离助跑插穴起跳摆体举腿练习

最后几步的助跑与插穴起跳连贯不停顿，举竿时机要正确，起跳充分拉开。向上伸展充分，不屈髋，紧贴住撑竿。

6. 学习拉引转体与过杆技术

（1）持竿拉引的模仿技术练习。

双手握住撑竿，将撑竿抵住穴斗或墙角处使撑竿固定，背对支撑物体，撑竿靠近腰的左侧部位，摆动腿屈膝抬起与撑竿接近平行，然后双臂用力沿撑竿纵轴做拉引动作，同时摆动腿借助拉引顺势沿撑竿向撑竿顶端前伸，做拉引转髋推竿的动作（图9-16）。

图 9-16 持竿拉引的模仿技术练习

练习时注意整个身体要靠近撑竿做动作，尽量保持身体的平衡。整个转体推杆动作要顺势、连贯，切勿与撑竿脱离再进行转体推竿动作。

（2）利用器械拉引转体。

上一二步跳起握住绳、环或杠，悬垂摆体、收腹举腿后做拉引转体动作。如果条件允许可以越过适当高度的横杆进行练习。

（3）高台上利用器械拉引转体。

站在高台上握住绳、环或杠向前走动或跑动 2~4 步起跳，悬垂摆体、收腹举腿后做拉引伸展转体动作，然后松手落在海绵坑内。

教学中注意运动员控制器械的能力，要求运动员整个身体靠近器械垂直轴做动作，尽量保持身体的平衡。为了使运动员能够充分体会拉引转体过杆的动作，可以结合越过较低高度横杆或用皮筋为横杆进行练习。

（4）徒手过杆。

在垫子上做后滚翻、团身、推手成倒立，然后收腹屈体越过横杆。

另一种斜对跳箱助跑 2~4 步，双手撑跳箱做侧手翻空中并腿，而后转体越过横杆。越过横杆的双腿应有所下压，并收腹、含胸成弓身姿势。当臀部越过横杆时，向上扬臂、抬头，使整个身体依次越过横杆（图 9-17）。

图 9-17 徒手过杆

教学中强调运动员完成动作要舒展协调，过杆后充分利用身体各环节的补偿效应，有意识地躲杆。

7. 学习撑竿跳高完整技术

（1）短助跑插穴起跳过杆练习。

持竿助跑6~8步进行插穴起跳，悬垂摆体，收腹举腿，拉引转体越过一定高度的横杆。为了减轻运动员心理负担，可以用橡皮筋代替横杆。练习时高度不宜太高，可根据学生掌握动作情况由低向上逐渐升高。

强调助跑节奏、举竿的时机及完整技术动作各部分衔接配合连贯。

（2）中程距离助跑插穴起跳过杆练习。

持竿助跑10~12步进行插穴起跳，悬垂摆体，收腹举腿，拉引转体越过一定高度的横杆。为了减轻运动员心理负担，可以用橡皮筋代替横杆。练习时高度不宜太高，可根据运动员掌握动作情况由低向上逐渐升高。

要强调助跑节奏、举竿的时机及完整技术动作各部分衔接配合连贯。

（3）全程助跑插穴起跳过杆完整技术练习。

随着助跑起跳技术的提高，逐步加长助跑距离至全程助跑14~18步，并适当提高握竿点，持竿助跑采用逐步加速，最后几步助跑积极向前，举竿到位、摆体积极向前，收腹举腿充分到位，然后拉引转体过杆。横杆的高度可以逐渐升高。

强调助跑节奏、举杆的时机，插穴位置要准确，起跳充分、积极，以及完整技术动作各环节技术动作要到位。

（4）完整技术过杆的技术评定与达标测验。

根据运动员学习情况进行技术考试，并根据技术掌握程度给予技术评定，同时要求运动员达到一定标准。

8. 学习尼龙竿弯竿技术

（1）上一步顶竿弯竿练习。

将撑竿竿头抵住穴斗或墙角，上握手握竿置于额头前上方（20~30厘米处），摆动腿在前，起跳腿在后。起跳腿上一步蹬伸的同时，摆动腿屈膝折叠向前摆动。与此同时下握手屈肘大于90度向前抵住撑竿，使撑竿弯曲。这时上手手臂充分伸直，肩部充分拉开，并与起跳腿形成“弓”形，控制1~2秒后退回原地（图9-18）。

图 9-18 上一步顶竿弯竿练习

教学中先用磅数小点的撑竿，手握竿子的尾部，这样容易把竿顶弯。

（2）走动或跑动 2~4 步顶竿。

持竿走动或跑动 2~4 步，将竿头抵住穴斗或墙角做顶竿动作。这时起跳腿蹬直支撑住，起跳脚始终不离开地面，人体躯干积极向前并通过下握手作用于撑竿，使竿弯曲，保持 1~2 秒后退回原地。

教学中教练员可以根据运动员学习情况在起跳点处用右手助推运动员肩后部位或用左手助拉撑竿的中部，以帮助运动员顶弯撑竿。

（3）高台上 2~3 步助跑弯竿。

站在 1.5~1.6 米高度的台上，将撑竿抵住穴斗，上握手握竿置于头前上方（20~30 厘米处），向前跑动 2~3 步后向前上方起跳，起跳的同时下握手屈肘大于 90 度向前抵住撑竿将撑竿顶弯，身体在空中形成“弓箭”步。两手控制住撑竿直到双腿并拢落地（图 9-19）。

图 9-19 高台上 2~3 步助跑弯竿

练习时用较小磅数的撑竿，然后换较大磅数的竿子，让运动员逐步适应。

（4）短、中程助跑插穴起跳弯竿。

持竿助跑 8~12 步起跳，起跳后下握手屈肘大于 90 度将撑竿顶弯，身体在空中形成“弓箭”步。随后撑竿弯曲继续向前滚动，直到双腿落在海绵坑里。

在弯竿练习中特别要强调下握手手臂始终向前上方抵住撑竿，只有这样才能避免由于撑竿弯曲后松手反弹而伤及身体。因此，运动员在训练弯竿技术时要特别重视这一点。

（5）中程助跑插穴起跳弯竿摆体收腹后倒举腿练习。

选择适宜的握杆点，8~12 步助跑后进行插穴起跳，整个身体形成“背弓”后，随着竿子向前滚动，通过双臂控制撑竿进行摆体和团身。这时，下握手始终抵住撑竿，而后利用撑竿反弹紧贴住撑竿伸展。然后身体随着竿子向前下落而顺势落在海绵坑里。

（6）中程助跑起跳弯竿、过杆。

在上一个练习的基础上，架起横杆，助跑起跳弯竿后摆体举腿、伸展、转体推竿越过横杆。

为了减轻运动员心理负担，可以用橡皮筋代替横杆。练习时高度不宜太高，可根据运动员掌握技术情况由低向上逐渐升高。

（7）全程助跑完整技术。

在（5）、（6）的基础上加长助跑距离至全程距离助跑（14~18 步），做出全程助跑完整技术练习。完整技术练习时要注意整个动作的协调配合，特别是最后几步助跑和举竿插穴起跳的协调配合，各技术环节动作清晰、合理。

在进行完整技术教学时，不过多强调某一技术环节，强调整个动作的连贯、到位，勇敢地完成技术动作。落垫时要注意安全，正确的落地动作是使背部柔和地平落在海绵包上。

二、撑竿跳高技术教学中学生常出现的错误及纠正方法

（一）持杆跑时竿子与上下肢脱节，持竿摆动与上下肢配合不协调

1. 产生原因

（1）双手握竿太紧，肩部过于紧张。

（2）不习惯持竿助跑，持竿摆动与助跑配合不协调。

（3）双臂及腰部力量较差，双臂不能完全控制住撑竿。

2. 纠正方法

（1）体会肩部下沉使肩部得到放松，双手持竿尽量放松，不要握得太紧。

（2）握竿高度要适合降低，以减轻竿子对手臂的负担。

（3）持竿加速跑，重点体会上下肢的摆动配合，特别注意肩部上下起伏要配合跑动的节奏。

（4）开始练习时，持竿先做小步跑，不急于加速，逐渐适应竿子的重量。

（二）持竿助跑上体不能保持正确姿态，过分前倾或后仰

1. 产生原因

（1）握竿点太高，竿子的前翻重量加大，为保持平衡，迫使上体后仰。
（2）两手握竿太窄，使手臂负担加重，用上体后仰来维持身体平衡。
（3）持竿后身体的本体感觉与实际不符。

2. 纠正方法

（1）适当降低握竿高度。
（2）选用磅数小的撑竿做持竿跑，以减轻手臂的负担。
（3）持竿跑时将撑竿持于体前，体会上体前倾和后仰所带来的本体感觉的变化。
（4）持竿跑时重心要高，稍含胸，有意识地控制身体不要后仰。

（三）持竿助跑时“坐”着跑

1. 产生原因

（1）腰部和腿部力量差，使身体重心下降形成后坐跑。
（2）使用的竿子磅数太大，握点太高，给身体的负担过重，大腿跑动时抬不起来，形成后坐。
（3）向前蹬地送髋意识薄弱及本身习惯问题。

2. 纠正方法

（1）增加腿部和腰部力量。
（2）初练时，助跑距离不要太长，速度适宜，逐渐加速。
（3）撑竿磅数和握竿高度要适当降低。
（4）走动或慢跑体会蹬地送髋动作要领。

（四）最后几步跑动不积极，拉大步或减速

1. 产生原因

（1）举竿插穴技术不熟练，缺乏举竿插穴的信心。
（2）加速时机没有掌握，缺乏后几步加速意识。

（3）助跑前几步过于紧张或加速过早，后几步不能放开加速。

（4）降竿较晚，不能随着降竿“追着竿子”进行加速。

（5）起跳点不准确，后几步不能放开加速。

（6）握竿点较高，距离较短，向前冲量不够。

2. 纠正方法

（1）原地反复进行举竿插穴的模仿练习，使举竿插穴技术动作更加熟练，形成举竿自动化。

（2）反复进行短程助跑插穴起跳技术练习，强化后几步加速意识，也可在助跑道旁放置加速标志，作为“加速”提醒。

（3）反复进行合理节奏的持竿助跑，特别要注意前几步要蹬开，并且放松。

（4）反复进行“降竿举竿”练习，体会借助撑竿下降进行助跑加速。

（5）反复丈量步点，直至找到后几步能够放开加速的助跑距离。

（6）降低握竿高度或延长助跑距离。

（五）插穴起跳竿子竖立后不能向前滚动，而是静止或向其他方向倾倒

1. 产生原因

（1）举竿插穴动作配合较晚，助跑倒数第二步摆动腿迈步时，上握手翻腕举竿。

（2）最后一步起跳腿向前迈步起跳时，上握手上举与起跳腿蹬伸配合不一致。

（3）起跳点近，起跳方向不正确，向前性不够。

（4）握竿点较高，助跑起跳前的速度和力量不够。

（5）插穴位置不正确，直接抵住穴斗底部或距离穴斗底部较远，使撑竿不能顺利地向前滚动。

（6）后几步助跑不积极或起跳不充分。

2. 纠正方法

（1）进行原地举竿插穴的模仿练习，使举竿插穴技术动作与下肢协调配合。

（2）反复进行短程助跑插穴起跳技术练习，特别注意举竿的时机配合。

（3）反复丈量步点，直至起跳点准确或无较大差距。

（4）握竿点不宜太高，能使撑竿竖起向前倾倒为宜。力争每次起跳后能够使身体落在海绵坑中间或靠后的位置。

（5）双臂向前举竿要积极，力争使竿头落于距离穴斗底部10~20厘米处。

（6）缩短助跑距离，强调后几步助跑积极向前，起跳积极充分。

（六）起跳后起跳腿向前甩出，上体也随之后仰

1. 产生原因

（1）最后几步助跑不积极，起跳向前性不够。

（2）竿子的磅数太大，握竿点太高。

（3）上手臂没有保持大于 90 度控制住撑竿。

（4）下握手做出拉引动作。

（5）起跳后躯干向前进攻意识薄弱。

（6）起跳不充分，以至于摆体过早。

2. 纠正方法

（1）反复进行短程助跑插穴起跳练习，重点放在后几步助跑的积极程度和起跳的向前性上。

（2）选用磅数小的撑竿和适宜的握竿点进行练习。

（3）下手臂大于 90 度，且有意识地控制撑竿不放松，坚持到人体随着竿子的弯曲向前滚动落在海绵坑里。

（4）强调上握手与起跳配合一致，上手臂上举充分，使肩和胸充分拉开。

（5）进行上一步举竿插穴的模仿练习，强化躯干向前进攻意识。

（6）在练习时重点放在起跳拉开上。

（七）摆体举腿时，双腿团身不到位

1. 产生原因

（1）摆体意识薄弱，空中下肢所处位置不清楚。

（2）做出拉引动作，使双腿和上体形成两头起的动作。

（3）起跳不充分，两腿过早向前甩出，双腿上举不能控制。

（4）摆体速度慢，没有向前的摆动速度，双腿举腿不到位。

（5）上肢或腰腹肌力量差。

2. 纠正方法

（1）利用单杠、吊绳进行悬垂摆体练习，加强空中身体的本体感觉。

（2）通过短程助跑直杆跳练习，强化利用双臂直臂用力摆体。

（3）在练习时重点放在起跳拉开上。

（4）利用单杠、吊绳进行悬垂摆体练习，强化摆体速度。

（5）加强肩带和腰腹肌的力量。

（八）摆体举腿时身体旋转失去平衡

1. 产生原因

（1）摆体举腿时没有控制住撑竿，特别是下握手没有抵住撑竿，人体失去平衡。

（2）摆体举腿没有到位就过早做出转髋动作，造成身体旋转。

（3）撑竿磅数过小或握杆点较低，撑竿向前滚动速度较快，导致双臂不能控制身体的旋转。

（4）起跳方向不正确。

（5）助跑或起跳向前的冲量不够。

2. 纠正方法

（1）利用吊绳或吊环反复做悬垂摆体后翻举腿练习，体会下握手用力动作。

（2）站在高台上用 2~3 步的助跑起跳弯竿悬垂摆体腿练习。

（3）选择磅数较大的撑竿或提升握竿高度，使撑竿向前滚动适合自身摆体举腿。

（4）反复进行上一步顶竿练习，体会正确的起跳方向。

（5）增加助跑步数，加强后几步速度。

（6）重点放在起跳上，强调起跳充分向前。

（九）伸展时没有利用撑竿反弹

1. 产生原因

（1）两臂没有控制住撑竿，伸展时身体离开撑竿，失去支撑点。

（2）举腿团身不到位，伸展方向不正确。

（3）撑竿弯曲不够，反弹不能作用于身体。

（4）撑竿磅数过小，撑竿滚动速度过快。

2. 纠正方法

（1）加强上肢的控制能力，伸展时体会贴住撑竿，沿撑竿纵轴进行伸展。

（2）利用吊绳或单杠做举腿伸展动作，体会正确的伸展方向。

（3）加强下握手对撑竿的作用力或选择磅数较小的撑竿。

（4）选择磅数较大的撑竿。

（十）过杆时身体背越过杆，不能做出转体动作

1. 产生原因

（1）空中转体意识薄弱。
（2）握竿点太低，身体甩出去后来不及做出转体动作。
（3）竿上控制动作能力差，做不出转体动作。

2. 纠正方法

（1）原地体会借助撑竿转体技术动作。
（2）在吊绳上反复进行拉引转体技术练习，体会正确的转体时机和动作。
（3）选择适宜的握竿高度，反复体会转体技术动作。
（4）加强上肢力量练习，爬绳或用单杠做连续快速引体向上动作，提高上肢控制能力。

（十一）越过横杆后落在海绵包的位置较为危险（如落垫位置距离穴斗较近）

1. 产生原因

（1）转体过早。
（2）助跑起跳向前的冲量不够，竿子没有竖直就完成了转体过杆动作。
（3）撑竿磅数过大。
（4）握竿点过高。

2. 纠正方法

（1）在吊绳上反复进行伸展转体技术练习，体会正确的转体时机和动作。
（2）重点放在最后几步助跑和起跳上，强调起跳要充分且向前性好。
（3）选择磅数较小的撑竿。
（4）适当降低握竿高度。

（十二）过杆时身体过于倾斜，落垫的位置位于海绵垫两侧

1. 产生原因

（1）举竿插穴动作时机不正确。举竿时上握手没有举到头的正前方，撑竿移动根据上握手举竿的方向向一侧移动。

（2）伸展的方向不正确。

（3）撑竿磅数过大或过小。

2. 纠正方法

（1）反复进行插穴起跳举竿练习，体会上握手上举的正确位置。

（2）反复做 4~5 步助跑的插穴举竿模仿练习。

（3）快速助跑体会插穴起跳的正确技术，特别注意上握手举竿的时机和位置。

（4）选择磅数适宜的撑竿。

第十章 铅 球

第一节 铅球项目特性与发展趋势

一、项目特性

铅球属于体能主导类快速力量型项目，在其竞技能力构成要素中，体能和技能居于主导位置。其中，快速力量是铅球项目体能训练中的关键。铅球是田径运动中投掷类的竞技项目，是由士兵们的比赛投掷炮弹活动演变而来的。为克服投掷圈直径的限制增加助跑距离，推铅球助跑技术主要有滑步和旋转两种。推铅球属于非周期性运动项目，即由一系列不同的单个技术动作组合而成，从而构成一个完整、连续的技术动作。由于器械较重并且铅球比赛规则要求铅球必须由单手从肩上推出，这对铅球的握持提出了要求。在最后用力时，身体经历了由侧弓到反弓的过程，为拉长肌肉初长度、增加用力距离奠定了基础。

投掷原理表明，铅球的出手初速度、出手角度是决定铅球成绩的主要因素，其中出手的初速度是最重要的因素。铅球出手的初速度主要是由最后用力推球的距离和时间决定的。用力距离越长，时间越短，则推铅球的瞬间爆发功率越大，出手速度就越大。铅球的出手初速度的15%~20%来自滑步，80%~85%来自最后用力，最后用力的加速能力主要取决于运动员的专项力量发展水平。另外，与掌握完善的推铅球技术也有密切的关系。

铅球的出手角度对投掷远度也有影响。在实践中，世界优秀运动员的出手角度比理论的数字要小一些。据不完全统计，他们的出手角度在36°左右。铅球出手的角度，对每一个运动员来说，都具有相对的稳定性。这主要取决于运动员的身高、臂长及专项技术掌握的程度。铅球的出手高度也是影响铅球成绩的重要因素。实际上，在出手瞬间，运动员髋、膝、踝的充分蹬伸既提高了出手高度，也影响了出手速度与出手角度。

二、发展趋势

铅球项目的技术动作经过一百多年的发展，由原地推铅球、上步推铅球、侧滑步推铅球，发展演变为现代背向滑步推铅球和旋转推铅球两种技术，并被世界优秀铅球运动员所采用。多年来，推铅球被看作是田径运动中最能反映力量的项目。目前，推铅球的男子世界纪录是由美国运动员巴恩斯创造的 23. 12 米，女子世界纪录是由俄罗斯运动员利索夫斯卡娅创造的 22. 63 米。尽管旋转推铅球技术在近几年得到了迅速的发展，但许多世界级的优秀运动员还在用滑步技术。

目前，世界优秀运动员采用背向滑步推铅球和旋转推铅球两种技术。背向滑步推铅球技术动作简单容易掌握，对逐步提高运动成绩具有良好的效果，目前被我国大多数初学者和青少年所采用。

随着对铅球项目发展规律认识的不断加深，科研工作的不断深入，铅球技术获得不断改进和完善，训练方法和手段的专项化程度越来越高，训练过程更加科学，运动技术水平越来越高，且当今铅球项目朝着追求更快出手速度的趋势发展，这必将使未来竞技场上的竞争日益激烈。

第二节　铅球技术

一、铅球技术的动作结构要点（以右手为例）

（一）背向滑步推铅球技术的动作结构要点（以右手推球为例）

铅球属于非周期性项目，为了便于分析技术动作，我们把一整套连续技术动作按照顺序分解为握球和持球、预备、滑步、转换（过渡）、最后用力和维持平衡 6 个部分。

1. 握球和持球

（1）握球。

①动作要领：五指自然分开，把铅球放在食指、中指和无名指的指根上，拇指和小指扶在球的两侧（图 10-1）。

②动作要求：做到指实掌虚，依据运动员的手指力量和喜好选择四指分开或并拢的方式。若其手指力量较强，可将铅球放置指尖处，增加出手距离。

图 10-1 握球示意图

（2）持球。

①动作要领：将球放在锁骨窝处，贴着颈部和下颚，肘部稍外展并略低于肩（图 10-2）。

②动作要求：在保证遵守规则的前提下，做到人球一体。这有利于控制铅球、完成后续动作和发挥肌肉力量。

图 10-2 持球示意图

2. 预备

（1）预备姿势。

①动作要领：背对投掷方向，持球贴近投掷圈的后沿站立，身体重心落在右脚掌上，左脚置于右脚跟后方 20~30 厘米处，以脚尖触地，维持身体平衡（图 10-3）。

②动作要求：上体保持正直，两眼平视，两肩与地面平行。

（2）团身动作。

①动作要领：上体前倾，屈膝下蹲，头部和左腿向弯曲的右腿靠拢，完成团身动作（图 10-4）。

②动作要球：两腿协调配合，右腿弯曲程度视运动员个人情况而定，右脚稍提踵且保持身体平衡。

图 10-3　预备姿势

图 10-4　团身动作示意图

3. 滑步

滑步是由臀部主动后移、积极后摆左腿、蹬伸右腿、回收右脚来完成滑步动作。

（1）动作要领。

①两腿动作顺序：即蹬摆左腿在前，蹬收右腿在后，最后是回收右小腿。

②左腿蹬摆后应保持与躯干成一直线，直到最后用力开始。

③当右腿蹬伸完成时，铅球约处在右小腿的 1/2 处外侧的垂直面上。当右腿回收后，铅球约处在右膝的上方偏外侧。

④团身结束时，右大腿与躯干的夹角为 50～60 度，右腿滑动结束时为 80～90 度（图 10-5）。

（2）动作要求：

①团身后滑步前臀部主动后移。

②左腿（摆动退）带动髋部沿水平方向积极向投掷方向低、平后摆。

③右腿（支撑腿）积极向投掷方向低、平蹬伸并快速拉收，有利于完成“超越器械”动作。

④注意非投掷臂和躯干与下肢动作的配合。右脚内旋快速内收并以前脚掌着地。

⑤适宜的滑步速度和加速直线性。右髋、右膝同时内旋，双肩位于右膝垂直上方。

图 10-5　滑步动作示意图

4. 转换（过渡）技术

转换技术是指从运动员回收右小腿结束到左脚落地。其任务是保持或适当增加铅球在滑步中获得的水平速度，并为最后用力形成合理的身体姿势。当运动员右脚以前脚掌落地瞬间及时发力，右膝积极转扣。左脚快速落地并稍外转，与投掷方向约成45度。为保证迅速过渡到最后用力，两脚着地间隔时间尽可能地缩短并保持较好的预备姿势。

5. 最后用力

最后用力阶段是从左脚积极落地到铅球出手。它是铅球技术中最重要的阶段，占铅球出手速度的80%~85%。它直接决定着铅球的出手速度、出手角度和出手高度，最终决定投掷远度（图10-6）。

图10-6　最后用力示意图

（1）用力顺序。

①蹬转：右脚落地瞬间迅速蹬转。

②送：积极送髋，形成超越器械动作。

③抬：在左臂引导下，上体迅速抬起。

④挺：挺胸、展髋。

⑤推拨：上臂带前臂用力，手指拨球。

（2）左侧制动支撑。

①左脚以脚内侧快速落地、支撑。

②形成以左脚—左膝—左髋—左肩为轴的制动支撑。

6. 维持身体平衡

铅球出手后，为了防止犯规，运动员通常采用换步、旋转和降低身体重心减缓冲力，以维持身体平衡。

（二）各年龄段铅球技术训练要求

必须以铅球定义为准则实施铅球技术训练。各年龄段铅球技术训练要求见表 10-1 和表 10-2。

表 10-1 青少年标枪技术要点及各年龄阶段要求

技术环节	技术要点（以右手投掷为例）	各年龄阶段技术要求		
		12~13 岁	14~15 岁	16~17 岁以上
握法	五指自然分开，把铅球放在食指、中指和无名指的指根上，拇指和小指扶在球的两侧	自然放松	自然放松	自然放松
持球方法	将球放在锁骨窝处，贴着颈部和下颚，肘部稍外展并略低于肩	肘部固定住	肘部稍外展并略低于肩	肘部稍外展并略低于肩
预备	背对投掷方向，持球贴近投掷圈的后沿站立，身体重心落在右脚掌上，左脚置于右脚跟后方 20~30 厘米处，以脚尖触地，维持身体平衡	上下肢协调配合，维持身体平衡	上下肢配合自然协调，并保持身体平衡	上下肢配合自然协调，并保持身体平衡
滑步	滑步是由臀部主动后移、积极后摆左腿、蹬伸右腿、回收右脚来完成滑步动作	团身后滑步前臀部主动后移，左腿（摆动腿）带动髋部沿水平方向积极向投掷方向低、平后摆。右腿（支撑腿）积极向投掷方向低、平蹬伸并快速拉收，有利于完成“超越器械”动作。注意非投掷臂和躯干与下肢动作的配合。右脚内旋快速内收并以前脚掌着地。适宜的滑步速度和加速直线性。右髋、右膝同时内旋，双肩位于右膝正上方	团身后滑步前臀部主动后移，左腿（摆动腿）带动髋部沿水平方向积极向投掷方向低、平后摆。右腿（支撑腿）积极向投掷方向低、平蹬伸并快速拉收，完成“超越器械”动作。注意非投掷臂和躯干与下肢动作的配合。右脚内旋快速内收并以前脚掌着地。适宜的滑步速度和加速直线性。右髋、右膝同时内旋，双肩位于右膝正上方	团身后滑步前臀部主动后移，左腿（摆动腿）带动髋部沿水平方向积极向投掷方向低、平后摆。右腿（支撑腿）积极向投掷方向低、平蹬伸并快速拉收，完成“超越器械”动作。注意非投掷臂和躯干与下肢动作的配合。右脚内旋快速内收并以前脚掌着地。适宜的滑步速度和加速直线性。右髋、右膝同时内旋，双肩位于右膝正上方

（续表）

技术环节	技术要点（以右手投掷为例）	各年龄阶段技术要求		
		12~13 岁	14~15 岁	16~17 岁以上
转换（过渡）技术	当运动员右脚以前脚掌落地瞬间及时发力，右膝积极转扣。左脚快速落地并稍外转，与投掷方向约成 45°。为保证迅速过渡到最后用力，两脚着地间隔时间尽可能地缩短并保持较好的预备姿势	保持或适当增加铅球在滑步中获得的水平速度，并为最后用力形成合理的身体姿势。当运动员右脚以前脚掌落地瞬间及时发力，右膝积极转扣。左脚快速落地并稍外转，与投掷方向约成 45°。两脚着地间隔时间尽可能地缩短并保持较好的预备姿势	保持或适当增加铅球在滑步中获得的水平速度，并为最后用力形成合理的身体姿势。当运动员右脚以前脚掌落地瞬间及时发力，右膝积极转扣。左脚快速落地并稍外转，与投掷方向约成 45°。两脚着地间隔时间尽可能地缩短并保持较好的预备姿势	保持或适当增加铅球在滑步中获得的水平速度，并为最后用力形成合理的身体姿势。当运动员右脚以前脚掌落地瞬间及时发力，右膝积极转扣。左脚快速落地并稍外转，与投掷方向约成 45°。两脚着地间隔时间尽可能地缩短并保持较好的预备姿势
最后用力	（1）用力顺序：右脚落地瞬间迅速蹬转，积极送髋，形成“超越器械”动作，左臂引导下，上体迅速抬起，挺胸、展髋，上臂带前臂用力，手指拨球。（2）左侧制动支撑：左脚以脚内侧快速落地、支撑，形成以左脚—左膝—左髋—左肩为轴的制动支撑	用力顺序正确，左脚以脚内侧快速落地、支撑，形成以左脚—左膝—左髋—左肩为轴的制动支撑。最后发力步幅不宜过大，以避免出现“坐投”现象	用力顺序正确，左脚以脚内侧快速落地、支撑，形成以左脚—左膝—左髋—左肩为轴的制动支撑。最后发力步幅不宜过大，以避免出现“坐投”现象	用力顺序正确，左脚以脚内侧快速落地、支撑，形成以左脚—左膝—左髋—左肩为轴的制动支撑。最后发力步幅不宜过大，以避免出现“坐投”现象
平衡动作	铅球出手后，为了防止犯规，运动员通常采用换步、旋转和降低身体重心来减缓冲力，以维持身体平衡	交换腿或向前跨一大步控制身体平衡	交换腿或向前跨一大步控制身体平衡	根据自身能力可尝试采用“鱼跃”动作控制身体平衡

表 10-2 各年龄段铅球技术训练与要求

年龄组	主要技术训练	技术要求
12~13 岁	学习铅球基本技术和铅球技术专门性练习	初步掌握较规范的铅球技术
14~15 岁	进一步改进和完善铅球技术	铅球技术更加规范和稳定
16~17 岁	对技术环节进行调整和改进，使铅球技术更趋完善和稳定	规范的技术形成个人的技术风格

依据运动员身体形态和素质特点，将速度与力量有机结合，使铅球技术更为合理、更为实效，其铅球技术动作流畅、舒展，并将规范的铅球技术贯穿于整个训练与比赛中。

（三）背向滑步推铅球技术的速度—节奏要点

背向滑步推铅球是一个身体给铅球加速的完整过程。在这个过程中，身体和铅球一直处于运动状态。为了便于分析，我们把这个过程分为三个阶段：初加速阶段—保持速度（或略加速）阶段—主要加速阶段。其中，初加速阶段是指滑步开始到右脚落地；保持速度阶段是指右脚落地到左脚落地；主要加速阶段是指最后用力（图 10-7）。

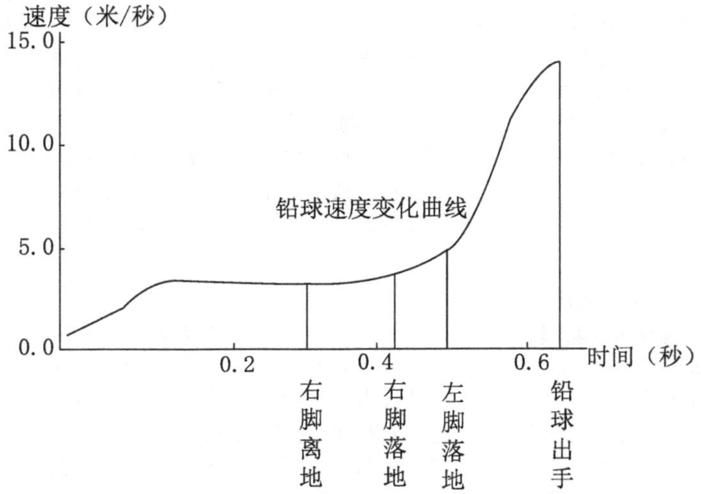

图 10-7　优秀运动员背向滑步推铅球技术中铅球运行速度示意图

滑步阶段是使人体和铅球获得一定的速度；保持速度阶段是滑步和最后用力的衔接阶段，是技术训练的难点；最后用力阶段是铅球获得最大出手速度的关键。我们应该根据推铅球完整技术的速度—节奏，对具体动作过程提出恰当的要求。

（四）各年龄段背向滑步推铅球技术要求及评价标准（表 10-3、表 10-4）

表 10-3　背向滑步推铅球技术要点及各年龄段要求

技术环节	技术要点（以右手投掷为例）	各年龄段技术要求		
		12~13 岁	14~15 岁	16~17 岁
握球持球	握球动作自然，握好球后，把铅球放在右侧锁骨外端，贴住颈右侧，掌心向内。站立身体姿势端正	握球、持球动作正确，身体姿势端正	握球、持球动作正确，身体姿势端正	握球、持球动作正确，身体姿势端正

（续表）

技术环节	技术要点（以右手投掷为例）	各年龄段技术要求		
		12~13 岁	14~15 岁	16~17 岁
预备	身体背对投掷方向；身体重心在右脚；右膝弯曲；左膝靠近右小腿；背部肌肉拉长和放松；左臂自然下垂或向投掷反方向伸出；右臂动作不变；眼看前下方	预备动作基本正确，身体姿势端正	预备动作正确，身体姿势端正	预备动作正确，身体姿势端正
滑步	（1）滑步过程下肢动作协调 （2）滑步结束左脚落在抵趾板内沿；右脚内扣落地；右膝弯曲到一定角度；身体重心落在右前脚掌；上体向投掷反方向伸展；躯干与地面的夹角尽量小；左臂向后下方伸出；右手臂动作不变；眼看前下方	能够完成滑步动作	能够流畅完成滑步动作。动作基本正确，没有大的偏差。动作具有一定的稳定性。人体达到一定的运动速度	能够流畅完成滑步动作。动作正确、协调、自然、稳定。人体达到较快的运动速度
最后用力	最后用力前形成良好姿势；身体重心位移到位；全身协调用力。铅球出手时左腿充分蹬直；右腿充分蹬伸；抬头、挺胸，面对投掷方向；右臂伸直，左侧身体形成强有力的支撑，铅球出手角度为 37°~40°	能够顺利完成最后用力动作	能够较好完成最后用力动作，给铅球加速明显	能够较好完成最后用力动作，动作协调，给铅球加速节奏合理
维持平衡	铅球出手后快速交换两腿位置并降低身体重心，防止犯规	能够做正确的换腿动作	能够完成结束动作	能够在高速完成最后用力动作后完成结束动作

10-4　背向滑步推铅球技术评价标准

技术环节	优秀	良好	及格
评价内容	握球、持球动作正确，身体姿势端正。滑步前开始动作正确，动作自然，滑步动作流畅，身体平稳，滑步与最后用力衔接连贯，没有减速，最后用力前身体姿势正确；最后用力动作充分；身体和器械加速明显；全程技术节奏明显；出手角度合理	握球、持球动作正确，身体姿势端正。滑步前开始动作正确，滑步动作身体基本平稳，滑步与最后用力能够衔接，没有明显减速。最后用力前身体姿势基本正确，最后用力动作比较充分，身体和器械有加速，有少量动作缺陷，全程技术节奏基本合理，出手角度大致合理	握球、持球动作正确，身体姿势端正。滑步前开始动作正确，滑步动作身体基本平稳，滑步与最后用力能够衔接，最后用力前身体姿势基本正确，身体和器械有加速，有动作缺陷，全程技术有节奏感，出手角度大致合理

（五）旋转推铅球技术要点（以右手推球为例，图 10-8）

为了便于分析技术和训练，一个完整的旋转推铅球技术可分为：握球和持球、预备、旋转、腾空—过渡阶段、最后用力、维持平衡 6 个部分。

图 10-8　旋转推铅球技术

1. 握球和持球

旋转推铅球的握持球与背向滑步推铅球基本相同，但位置稍向颈侧后方移动，以便对抗旋转过程中铅球的离心力，保持铅球稳定。

2. 预备

运动员背对投掷方向站立，两脚左右开立，距离大致与肩同宽，持球臂的肘部向外展开与肩齐平，上体前屈或微前屈，身体自左向右转动，同时身体重心偏向于右腿，身体扭转到最大程度完成预摆动作。预摆动作结束时，身体重心偏向于双脚的前脚掌，以便于进行第一转。

3. 旋转

预摆结束后，身体重心一边由右侧移向左侧，一边以身体左侧为轴进行旋转，左脚、左膝关节的转动早于上体，有利于增加旋转的速度。当身体重心偏向于左脚后，右脚尽量晚离地，右脚的最后蹬伸动作有利于增加旋转速度。右脚离地后右腿沿左侧身体轴旋转，同时向投掷方向摆动，右腿摆动的幅度因人而异。当身体继续向投掷方向运动，面对（或略过）投掷方向时左侧蹬地离开地面，这个蹬伸动作不宜过大，膝关节过度蹬伸会使身体重心快速升高，不利于后续动作的完成。当左脚即将蹬离地面时，整个身体处于向投掷方向倾斜并有一定程度扭转姿势。旋转推铅球技术是“人体—铅球系统”旋转和位移的复合运动，非实体旋转轴的确定、旋转轴与身体各环节之间的关系及在运动中的变化是技术训练中需要重点注意的难点。

4. 腾空—过渡阶段

当左脚蹬离后，整个身体处于腾空状态，在腾空阶段身体重心应保持平稳，身体适当加大了扭转的程度。腾空阶段结束后，右脚落地—左脚落地的过渡阶段是重要的技术环节，将决定最后用力的效果。右脚落地后与投掷反方向夹角为45°~90°，左脚尽量靠近右腿摆动，左脚尽快落地，左脚落地与投掷方向夹角为25°~45°。在这个过程中整个身体呈伸展、扭紧状态，为最后用力创造良好的条件。

5. 最后用力

右、左脚都落地后进入最后用力阶段，身体动作协调配合，转动和向投掷方向同时进行，整个身体围绕左侧身体的旋转轴进行旋转，身体重心快速由右脚转移到左脚，在左侧强有力支撑用力作用下，身体形成弓形用力姿态，拉长拉紧各部位肌肉，然后利用“弓”的反振和弹绷，借助身体肌肉拉长后的快速收缩，右臂加速用力，将铅球沿切线方向投出。优秀运动员旋转推铅球出手角度一般在30°~35°。“人体—铅球系统”在高速旋转—向前运动状态下进入最后用力阶段，动作难度大，需要充分注意左侧身体的支撑用力动作的合理性，尽量避免以身体中间为轴的转动，减少人体给铅球的作用力。

6. 维持平衡

铅球投出后迅速转动身体，下降重心，防止犯规。旋转推铅球技术使人体和铅球在快速转动的形式下向投掷方向运动，呈现出双脚的双支撑—单支撑—腾空—双支撑动作过程，通过最后用力阶段使铅球沿切线方向投出。动作复杂且难以控制，在运动中保持良好的平衡是运动员充分发挥自身能力的重要条件之一。

（六）旋转推铅球技术各年龄段训练要求（表10-5）

表10-5　各年龄段训练要求

组别	要求
12~13岁	①根据少儿的生理、心理特点，训练采用多样化的手段，发展基本技能、技巧和心肺功能 ②着重发展速度、弹跳、灵敏、柔韧和耐力等素质 ③在技术训练中，将分解和完整练习相结合，形成正确的动作结构和用力顺序，以提高完成动作的效率 ④培养正确的推球意识和良好的意志品质 ⑤训练负荷不宜过大，保持运动员的练习兴趣
14~15岁	①全面发展身体素质的基础上，增加发展专项素质比例 ②以快速力量为主，全面发展身体各环节的力量 ③技术训练，重视完整技术中的衔接和明快的动作节奏 ④培养良好的意志品质和较强的忍耐力 ⑤提高比赛能力，要求在比赛中保持较高的自信心
16~17岁	①巩固全面身体训练水平，逐步发展专项素质和专项能力。力量训练着重快速力量和绝对力量的结合 ②日益完善完整技术，使各技术环节衔接连贯、动作协调、稳定，体现出较强的动作节奏 ③应加强各关节的小力量训练及柔韧练习，防止受伤 ④在训练和比赛中，提高自我控制能力和抗干扰能力，有助于在比赛中正常发挥水平，并善于总结，不断提高认识 ⑤提高自我分析动作和感知能力，掌握基本理论知识，做到理论与实践相结合

二、铅球技术评价标准（表10-6）

表10-6　铅球技术评价标准（50%）

等级	优秀	良好	及格
评价内容	滑步前预备姿势，正确动作放松	滑步前预备姿势基本正确	滑步前预备姿势较正确
	握球稳定，手臂肌肉自然放松	握球稳定，手臂肌肉放松	握球稳定，手臂较放松
	滑步时摆蹬动作协调，幅度大，重心平稳	滑步时摆蹬动作比较协调，幅度较大，重心移动比较平稳	滑步时蹬摆动作基本协调，有一定幅度

（续表）

等级	优秀	良好	及格
评价内容	滑步与最后用力动作连贯，超越器械明显，工作距离长，用力顺序正确，动作环节衔接紧凑，速度节奏合理	滑步与最后用力动作较连贯，用力顺序较正确，超越器械较明显，有一定的工作距离	滑步时最后用力动作基本连贯，重心移动没有明显起伏，基本上做出了超越器械动作，有一定的工作距离
	出手角度合理，出手后身体平衡，不犯规	出手角度比较合理，出手后身体平衡，不犯规	出手角度基本合理，能维持身体平衡，不犯规
得分	50~43分	42~38分	37~30分

注：在推铅球技术教学训练中，技术评定由教练员安排进行。如果在大型运动会比赛和测试中，可聘请部分专家和教练员进行技术评定，并对每个运动员应有一个较为客观的评定和意见。

第三节　铅球运动员选材

一、选材主要因素

选材主要表现在以下几个方面：

（1）遗传：主要参考父母身高、隔代遗传及家族病史等因素。

（2）身体形态：要选择身材匀称、跟腱长、踝围细、指间距长于身高、骨龄与年龄差不超过1.5岁。

（3）生理机能：能承受较大运动负荷，有良好的心肺功能，不易疲劳，具有较好恢复的能力。

（4）身体素质：身体素质发展全面，腿部力量较好，动作速度快，灵敏协调，爆发力好。

（5）技术：动作自然、协调、流畅，滑步与最后用力衔接连贯合理，自下而上的发力效果好，有较强的推球意识，球感好。

（6）心理素质：有勇敢、顽强的意志品质；有吃苦耐劳的精神；有敏捷的思维能力；较强的自我控制能力。

（7）提示：在选材中，我们在尽量选择各项指标优秀的运动员的同时，也不能忽视身体条件一般但特点突出的运动员。

二、选材指标

根据国家体育总局竞赛年龄分组规定，青少年铅球运动员的选材分为初级选材阶段（12~13岁）和重点选材阶段（14~15岁）及优选阶段（16~17岁）。选材标准见

表 10-7~表 10-9。

表 10-7　2~13 岁选材依据和标准

<table>
<tr><td>选材依据</td><td colspan="4">(1) 考虑运动能力遗传的基本特点
(2) 选拔身材高大，体形匀称，形体偏宽形，指间距大于身高，跟腱较长，脚踝围度小，关节灵活，足弓明显，柔韧性好，动作幅度大的运动员
(3) 喜爱铅球，性格开朗、活泼，意志坚强，果断勇敢，模仿力强，具有一定的判断能力
(4) 神经类型为灵活型</td></tr>
<tr><td rowspan="5">选材指标</td><td>类别</td><td>内容</td><td>男</td><td>女</td></tr>
<tr><td>身体形态</td><td>身高（厘米）
体重（千克）
指间距大于身高（厘米）</td><td>170
60
3</td><td>165
55
2</td></tr>
<tr><td>生理机能</td><td>血红蛋白（克/分升）
脉搏（次/分）
肺活量（毫升）</td><td>11
55~65
3000</td><td>10
50~60
3000</td></tr>
<tr><td>身体素质</td><td>起动 30 米跑（秒）
立定跳远（米）
后抛 2 千克实心球（米）
坐位体前屈（厘米）
原地推 3 千克铅球（米）</td><td>5.0
2.20
16
20
10</td><td>5.1
2.00
13
25
7</td></tr>
<tr><td>技术评定</td><td>原地推铅球</td><td colspan="2">动作协调自然、有较强的爆发力和推球意识</td></tr>
</table>

表 10-8　14~15 岁选材依据和标准

<table>
<tr><td>选材依据</td><td colspan="4">(1) 身体形态符合本项目的要求
(2) 学习动作时接受能力强，善于动脑筋
(3) 身体素质发展全面
(4) 初步掌握背向滑步推铅球技术，有一定的专项素质水平
(5) 心理稳定、自控能力较好</td></tr>
<tr><td rowspan="4">选材指标</td><td>类别</td><td>内容</td><td>男</td><td>女</td></tr>
<tr><td>身体形态</td><td>身高（厘米）
体重（千克）
指间距大于身高（厘米）</td><td>180
75
5</td><td>170
60
5</td></tr>
<tr><td>身体机能</td><td>血红蛋白（克/分升）
脉搏（次/分）
肺活量（毫升）</td><td>12
55~65
4000</td><td>11
50~60
3500</td></tr>
<tr><td>身体素质</td><td>起动 30 米跑（秒）
立定三级跳（米）
后抛铅球（米）
坐位体前屈（次）</td><td>4.4
7.00
15（4 千克）
20</td><td>4.6
6.50
12（3 千克）
25</td></tr>
</table>

（续表）

选材指标	身体素质	原地推铅球（米） 滑步推铅球（米）	11（4千克） 12（4千克）	10（3千克） 11（3千克）
	技术评定	背向滑步推铅球	基本动作规范，流畅自然，球感好，爆发力强	

表 10-9　16~17 岁选材依据和标准

选材重点	（1）身高、指间距已基本定型，应按优秀标枪运动员的形态特征选材 （2）快速力量、专项投掷能力及协调性具有向高水平发展的潜力 （3）基本技术结构合理，助跑节奏感强，动作流畅，专项意识好 （4）比赛能力、应变能力和心理素质好，意志品质好 （5）身体健康状况好，能够承受较大训练负荷			
选材指标	类别	内容	男	女
	身体形态	身高（米） 体重（千克） 指间距大于身高（厘米）	1.85 85 8	1.73 75 5
	身体机能	血红蛋白（克/分升） 脉搏（次/分） 肺活量（毫升）	14~15 55~65 4200 以上	13~14 50~60 3500 以上
	身体素质	起动 30 米跑（秒） 立定三级跳（米） 后抛铅球（米） 坐位体前屈（厘米） 背桥距（厘米） 助跑投小球（米）	4.0 8.5 14（5千克） 20 30 75	4.2 7.3 13（4千克） 22 18 65
	专项成绩	原地投铅球（米） 全程助跑投铅球（米）	13（5千克） 14（5千克）	12（4千克） 13（4千克）
	技术评定	投铅球技术	技术动作规范，协调性好，爆发力强，速度节奏好并能较熟练地掌握投铅球的完整技术	

第四节　铅球运动员各年龄阶段训练任务与要求

一、根据青少年铅球后备人才的年龄，大致可划分为三个训练阶段

（1）引导训练阶段（12~13 岁）。

（2）基础训练阶段（14~15 岁）。

（3）初级专项训练阶段（16~17 岁）。

二、各年龄段的生理特点

(一) 12~13 岁

(1) 生长发育特点：男子处在青春发育前期，女子已进入青春发育期，身体形态发育出现突增现象。

(2) 骨骼和肌肉特点：骨骼富有弹性，但硬度小；肌纤维较细，肌力弱易疲劳，身体各部肌肉发育不平衡。

(3) 心血管系统特点：心脏发育尚未完善，心容量较小，心率较快，但血管发育较好，血管壁弹性好，开始出现青春期高血压。

(4) 神经系统特点：神经活动过程不稳定，兴奋和抑制过程在皮质很容易扩散，表现为活泼好动，注意力易分散，动作不协调、不准确。分化能力尚不完善，掌握复杂精细动作困难，但女子分化抑制发展较早。

(二) 14~15 岁

(1) 生长发育特点：男子进入青春发育期，身体形态有明显的变化。女子发育则渐趋平衡稳定，男女差异加大。

(2) 骨骼和肌肉特点：男子肌肉生长落后于骨骼的生长，肌力和耐力都较差，关节柔韧性下降。

(3) 心血管系统特点：心容量相对较小，心脏收缩力量较差，心率较快，心脏调节功能尚未完善，青春期高血压出现增多。

(4) 神经系统特点：神经活动过程趋于稳定，反应潜伏期缩短，分化能力提高，皮质抑制调节机能达到一定强度，分析综合能力明显提高，但分化能力尚不完善。青春期神经系统受内分泌腺活动的影响，会使稳定性暂时下降，男子表现出动作不协调，女子更明显。

(三) 16~17 岁

(1) 生长发育特点：男子生长发育虽然趋于相对稳定、缓慢阶段，但仍有发展空间，女子发育则基本停滞。

(2) 骨骼和肌肉特点：骨质钙化作用增强，骨的坚固性和负重能力增强，肌肉横向发展较快，小肌肉群也迅速发育，是躯干力量增长最快的时期，因肌力增长使柔韧性下降。

(3) 心血管系统特点：男女心血管系统的发育趋于完善和稳定。

(4) 神经系统特点：男女均处于稳定阶段，分化能力进一步完善，能掌握和完成复杂精细的动作。

三、各年龄阶段训练任务（表 10-10）

表 10-10　青少年铅球运动员各年龄阶段训练任务

年龄阶段	训练任务
12~13 岁	①全面发展运动员的身体素质，提高运动员的速度能力、灵敏和柔韧性 ②初步掌握投铅球的基本技术，培养兴趣 ③发展这个阶段运动员的快速鞭打能力 ④培养运动员高尚的道德和意志品质
14~15 岁	①进一步发展运动员的身体素质 ②熟练掌握投铅球的完整技术，形成正确的技术动作，逐步提高最后用力效果 ③进一步发展快速鞭打能力 ④培养和发展运动员的心理素质，提高比赛能力，在比赛中保持较高的自信心
16~17 岁	①继续提高运动员全面身体素质，发展力量、速度素质 ②巩固和熟练投铅球的完整技术 ③继续培养运动员心理素质，提高比赛能力 ④发展运动员的专项投掷能力 ⑤对运动员进行专项理论教育

四、各年龄阶段训练要求（表 10-11）

表 10-11　各年龄阶段训练要求

组别	要求
12~13 岁	①根据少儿的生理、心理特点，训练采用的手段多样化，发展基本技能、技巧和心肺功能 ②着重发展速度、弹跳、灵敏、柔韧和耐力等素质 ③技术训练，分解和完整练习相结合，形成正确的动作结构和用力顺序，提高完成动作的效率 ④培养正确的推球意识和良好的意志品质 ⑤训练负荷不宜过大，保持运动员的练习兴趣
14~15 岁	①全面发展身体素质的基础上，增加发展专项素质比例 ②以快速力量为主，全面发展身体各环节的力量 ③技术训练，重视完整技术中的衔接和明快的动作节奏 ④培养良好的意志品质和较强的忍耐力 ⑤提高比赛能力，要求在比赛中保持较高的自信心

（续表）

组别	要求
16~17 岁	①巩固全面身体训练水平，逐步发展专项素质和专项能力。力量训练要着重于快速力量和绝对力量结合 ②日益完善完整技术，使各技术环节衔接连贯、动作协调、稳定，体现出较强的动作节奏 ③应加强各关节的小力量训练及柔韧练习，防止受伤 ④在训练和比赛中，提高自我控制能力和抗干扰能力，能在比赛中正常发挥水平，并善于总结，不断提高认识 ⑤提高自我分析动作和感知能力，掌握基本理论知识，做到理论与实践相结合

第五节　铅球各项评价指标、训练负荷及训练任务与要求

一、各年龄阶段专项评价指标（表 10-12）

表 10-12　各年龄段专项测试内容和成绩指标（10%~20%）

年龄		12~13 岁		14~15 岁		16~17 岁	
性别（铅球重量）		男（3 千克）	女（3 千克）	男（4 千克）	女（3 千克）	男（5 千克）	女（3 千克）
原地推铅球	优	12.00 米	8.00 米	12.00 米	12.00 米	14.50 米	14.00 米
	良	11.00 米	7.00 米	11.00 米	11.00 米	13.50 米	12.50 米
	及格	10.00 米	6.00 米	10.00 米	10.00 米	12.50 米	11.50 米
滑步推铅球	优	12.50 米	9.00 米	13.00 米	13.00 米	16.00 米	15.00 米
	良	11.50 米	8.00 米	12.00 米	12.00 米	15.00 米	13.50 米
	及格	10.50 米	7.00 米	11.00 米	11.00 米	13.50 米	12.50 米

二、铅球身体素质评价指标（表 10-13）

表 10-13　各年龄段身体素质测试内容和成绩指标（30%~40%）

年龄		12~13 岁		14~15 岁		16~17 岁	
性别		男	女	男	女	男	女
起动 30 米（秒）	优	4.8	5.0	4.7	4.9	4.6	4.8

（续表）

年龄		12~13 岁		14~15 岁		16~17 岁	
性别		男	女	男	女	男	女
起动 30 米（秒）	良	4.9	5.1	4.8	5.0	4.7	4.9
	及格	5.0	5.2	4.9	5.1	4.8	5.0
立定三级跳远（米）	优	—	—	7.00	6.20	8.00	6.50
	良	—	—	6.80	6.00	7.50	6.30
	及格	—	—	6.50	5.80	7.00	6.00
后抛实心球铅球（米）	优	18（2 千克）	15（2 千克）	14（4 千克）	13（3 千克）	16（5 千克）	14.5（3 千克）
	良	16（2 千克）	14（2 千克）	13（4 千克）	12（3 千克）	15（5 千克）	13.5（3 千克）
	及格	15（2 千克）	12（2 千克）	12（4 千克）	11（3 千克）	13（5 千克）	12.5（3 千克）
坐位体前屈（厘米）	优	23	26	25	28	25	28
	良	20	22	23	25	23	25
	及格	18	18	20	22	20	22

三、各年龄阶段训练负荷

根据青少年的生长规律来看，训练课的组织形式应该丰富多样，将全面身体素质训练与专项训练相结合，学习与改进技术动作相结合。各年龄阶段训练负荷见表 10-14。

表 10-14 青少年铅球各年龄阶段训练负荷

分类	负荷方面	12~13 岁	14~15 岁	16~17 岁
训练时间	课时间（小时）	1~1.5	1.5~2	2~2.5
	周训练课次	3~5	5~6	6~8
	月训练课次	13~20	20~25	25~30
	年训练课次	150~200	200~240	260~300
	年比赛次数	1~2	3~4	4~6
训练比重（%）	技术训练	20	30	35
	专项素质	30	35	40
	一般素质	50	35	25

（续表）

分类	负荷方面	12~13 岁	14~15 岁	16~17 岁
训练负荷	年投掷总量（次）	≥4000	≥4000	≥4500
	标准铅球（次）	≥1000	≥1200	≥1200
	轻球和其他轻器械（次）	2000	≥2000	≥2000
	重铅球（次）	—	—	≥500
	双手投掷（次）	≥1000	≥800	≥800

四、铅球项目训练的任务与要求

（一）专项投掷技术训练（表 10–15）

表 10–15　专项投掷训练任务与要求

任　务	名　称	要　求
熟悉球性，增强推铅球感觉	双手倒球	手指伸直，拨球时手指用力
发展上体用力动作	原地向下推铅球	两脚开立，基本与肩同宽，将球置于肩部，躯体向地下快速推球
提高全身协调用力的能力	原地转体推铅球	两脚开立，基本与肩同宽，屈腿转肩，向前上方推球
提高全身协调用力的能力	原地正面推铅球	两脚前后开立，右腿屈膝，左腿支撑，上体稍后仰，向前上方推球
提高全身协调用力的能力	原地侧向推铅球	身体侧对方向站，两腿基本同肩宽，向前上方推球
学习和提高最后出手的动作	原地背向推铅球	原地准备姿势，把铅球推出去
提高运动员的滑步速度和技术	徒手滑步练习	双腿动作协调，右脚落地到位
提高滑步能力	拉收腿的练习	支撑腿快速蹬收成最后用力的预备姿势
改进和提高推铅球的完整技术动作	持轻和标准铅球的完整技术练习	运动员持轻球做完整的推铅球技术练习

（二）一般身体素质训练（表 10-16）

表 10-16 一般身体素质训练任务与要求

任 务	内 容	要 求
发展上肢力量	卧推、坐推等	注意动作速度
发展全身协调力量	挺举、抓举等	注意动作正确和动作速度
发展下肢力量	半蹲、跨步蹲等	注意动作速度
发展协调快速力量	持杠铃快挺等	注意动作速度
发展爆发力和投掷能力	前抛、后抛等各种抛掷练习	注意协调用力和出手时机
发展速度和下肢灵活性	跑的练习	多种距离、多种姿势跑的练习
发展协调性和下肢灵活性	多种跨栏练习	注意动作正确性
发展下肢快速力量	各种跳跃练习	单足、双足多种姿势跳跃练习
发展躯干力量	腹、背肌练习	身体姿势端正
发展核心力量	悬挂练习、体操等	身体姿势端正、动作平稳
发展关节力量	建设性训练	数量多、强度低的腕关节、踝关节、膝关节练习

第六节 铅球训练计划

一、制订训练计划的依据与要求

训练计划是提高运动成绩的重要手段。制订计划时既要考虑到现实目标的需要，又要考虑到主客观提供的可能性。

（一）依据

（1）训练的目的和任务。
（2）训练的年限和时间。
（3）运动员的基本条件。
（4）现有的场地、器材、科研等条件。

（二）要求

运动员的竞技能力，无论是体能、技能、战术能力，还是心理能力及智力水平，都要根据科学的训练计划，进行长期的科学化、系统化训练，才能得到较大的改善和提高。

在制订训练计划时，一定要从运动员的现有条件（如素质、技术、文化程度、意志品质等）出发。目标和任务要具体，所采用的完成任务措施要切实可行。

根据运动员的具体情况定出各阶段的具体目标。要发挥运动员的积极性，发挥科研人员的作用，共同研究整个训练过程和实现预定的计划。艰苦的训练与激烈的比赛需要运动员具备较高的心理素质，优秀铅球运动员要具备能够高度集中注意力的能力、自我激励能力和自我控制能力等，同样需要在科学化的训练计划中实施，才能更好地提高各方面的竞技能力。

二、训练计划的种类和内容

（一）全程性多年训练计划

运动员发展铅球竞技能力是长期而又艰巨的，因此多年训练计划是保证系统的长期训练的必要条件。

从运动员接受基础训练开始，到个人的竞技水平的高峰期，再到运动员停止参加竞技能力的训练全过程的训练规划和设计，就是运动员的全程性训练计划。以下为多年训练的主要内容

（1）运动员的基本情况分析。

运动员的基本情况分析，包括以下几个方面。

①身体机能指标：肺活量、最大吸氧量、血型、血红蛋白、血乳酸、血压、脉搏、神经类型和视觉反应时等。如果是女队员，应了解其月经初潮年龄等生理状况。

②形态指标：身高、坐高、臂长、胸围、臂围、体重、胸廓形态、肩宽和骨盆宽等。

③身体素质指标：30 米跑、立定跳远、后抛铅球、投小垒球、投小球、肩带柔韧性、耐久力。

④心理指标：基本情绪、性格、气质、动机等个性心理特征。

⑤专项技术能力指标：投铅球的出手初速度、完整铅球技术的稳定性、在投铅球过程中对铅球的控制力等。

⑥智力指标：注意力、对铅球的适应能力、对技术的模仿能力、对训练的适应能力、对技术的理解能力和文化程度等。

（2）多年训练计划的目标。

投铅球多年训练计划的目标是一个多层次的、有序的整体目标系统，它包括专项的多年训练目标、参加多次主要比赛的运动成绩和比赛名次目标、各阶段训练的序列目标和各种竞技能力目标。

（3）阶段划分和各阶段的任务。

①阶段划分。

根据运动员生理和心理技能的生长发育特点和规律，以及在训练负荷下运动员的机体所产生的适应性变化规律来看，铅球运动员的全程性多年训练大致包括：基础训练阶段、专项提高阶段、最佳竞技阶段、竞技保持阶段。各阶段均有不同的任务和要求，而最佳竞技阶段是四个阶段中最重要的核心阶段。

②各阶段的任务。

基础训练阶段的训练任务主要是发展一般运动能力；专项提高阶段的的任务是以提高专项竞技能力为主；最佳竞技阶段的主要任务是创造专项优异成绩；竞技保持阶段的任务即努力保持专项竞技水平，可看作是最佳竞技阶段尽可能长的延续。

（4）制订多年训练计划应注意以下几点。

①将运动员的后天获得性竞技能力与其先天遗传性竞技能力的最佳组合。

②根据每年提高运动员技能的生理限度安排负荷量，如规定每年投枪次数和强度、速度和距离、跳跃的次数和负荷的总量。

③各个训练阶段有不同的负荷要求，要保证训练的连贯性，每年之间的衔接和在一年内各个时期的衔接要安排好。

④有目的地培养运动员的意志品质，鼓励他们在训练中克服困难，在比赛中勇于与强手竞争。

⑤在训练中要保持一定的教学因素比例，这不但对新手掌握技术、改进技术有利，而且对运动员巩固和熟练已掌握的投铅球技术或矫正错误都是必不可少的。

在青少年投铅球多年训练的过程中，应该逐年提高专项投掷的次数和强度，并做到因人而异，有针对性地安排训练内容和负荷，见表10-17。

表10-17 青少年铅球运动员的多年训练安排

内容	12~13岁	14~15岁	16~17岁
全面身体训练比例	80%	60%	50%
专项训练比例	20%	40%	50%
专项投铅球（次/年）	1000	2000	3000
其他抛掷（次/年）	1500	3000	4000

（续表）

内容	12~13 岁	14~15 岁	16~17 岁
速度练习（千米/年）	40~50	40~50	40~45
跳跃练习（组/年）	2000~3000	2500~3500	3000~3500
标准铅球重量（男）	500 克	600 克	700 克
标准铅球重量（女）	400 克	500 克	600 克

全年训练中，每个时期训练的内容比例不同。从表 10-17 中可见，基础期身体训练占的比例较大，专项提高阶段和最佳竞技阶段专项技术训练逐渐加大。这种训练安排，有利于运动员在训练中渐渐适应训练负荷的安排，从而减少伤病的发生，最终为运动员取得优异的成绩延长运动寿命打好基础。

（二）年度训练计划

1. 年度训练计划各时期的任务和安排

（1）准备期是全年训练的基础，是铅球运动成绩实现质的飞跃前训练量的积累。主要任务有：

①发展各项机能，提高专项能力。

②不断改进和完善专项技术。

③培养吃苦耐劳的意志品质。

④学习专项理论知识，提高专项理论水平。

各级运动员准备期训练内容比例安排见表 10-18。

表 10-18　准备期训练内容比例安排

级别	准备期		
	一般能力训练	专项能力训练	技术训练
引导阶段	50%	30%	20%
基础阶段	40%	30%	30%
初级专项阶段	30%	50%	20%

（2）比赛期的任务与安排。

比赛是检验运动员前期训练成果最好的手段，也只有通过比赛，铅球运动员长期训练的成果才能得到大众的认可。因此，在年度训练计划中必须高度重视运动训练计划的安排。划分好年度训练阶段，并确定好运动训练的任务，安排比赛的时间、次数及主次。根据比赛的目的，将比赛划分为四种类型：竞技性比赛、训练性比赛、检查性比赛及适应性比赛。

①任务：

· 创造理想的成绩，实现目标。

· 在比赛条件下，培养和发展运动员的专项机能和综合能力。

· 检查运动员对技术的掌握和稳定程度，检验专项身体素质的发展情况、训练计划安排是否科学、战术设计与运动员的个人配合是否得当。

· 通过比赛，提高运动员对比赛场地、气候、饮食、对手、裁判员等各方面因素的适应能力。

②安排：

· 每个大周期安排一两次主要比赛。

· 在准备期后期及比赛前期安排训练性比赛。

· 重大比赛比赛前，安排检查性比赛。

· 重大比赛比赛前，安排适应性比赛。

（3）休整期的任务与安排。

随着运动竞技水平的提高，比赛次数相应增加，同时也反映出现代运动训练水平和竞赛水平的提高，但是身体在经历过全力以赴的比赛后，身体不能再承受过量的竞赛。因此，每次比赛结束后，运动员无论是心理还是生理上都需要恢复和调整。

①任务：

· 积极性休息，消除比赛带来的疲劳，恢复体能。

· 总结一年的训练。

· 为下一年的训练计划做准备。

②安排：

· 对前期训练情况进行分析并总结。运动员统计训练量和自我训练小结，然后教练员和运动员共同总结。

· 制订下一年训练计划。

· 安排恢复训练。

· 保证每周专项训练，保持机能水平。

2. 年度训练中应注意的几个问题

（1）年度训练的负荷量和强度是不断变化的，但要力求在重大竞赛时，运动员的身体各项机能水平达到最佳状态。

（2）年度训练的量和强度要与运动员生理机能水平等相适应。

力量训练和爆发力训练，在全年训练中均要安排并贯彻始终，但训练的量和强度在各个时期中有所不同。

（3）训练过程中要遵循量变到质变的规律，发展体能、技能、战术能力等，首先都要将负荷量加大，再逐渐提高负荷强度，但应避免负荷量度和强度的同时加大。

（4）经过高强度训练后，要进行恢复性训练，以缓解疲劳、恢复体能。

（5）对引导和基础阶段运动员的训练，要注意练习的趣味性，要注意运动员的年龄特征，选用手段要新颖，要能激发运动员的兴趣。

（6）心理训练应在年度训练和比赛中进行。

（7）对运动员要加强安全教育，防止意外事故的发生。

（三）周训练计划安排

采用重复训练方法的主要优点：有利于提高最大力量；有利于发展身体肌肉的协调性；有利于保证动作的准确性；有利于加快动作速度；有利于加大动作的幅度；有利于节省“神经能量”；有利于提高体内雄性激素水平。

（1）准备期冬季阶段周训练示例见表 10-19（假设运动员所举的重量是：卧推 100 千克= 100%；全蹲 100 千克= 100%；高翻 100 千克= 100%）。

表 10-19　准备期冬季训练阶段周训练计划范例

时间	主要任务	主要内容	负荷量、强度
周一	发展力量素质提高投掷能力	卧推：60%× 8 次；70%×8 次；80%×8 次；60%×8 次 向斜上方快推：40 千克×8 次×3 组（具体重量是根据假设运动员所举的重量来设定的，下同） 全蹲：60%×8 次；70%×8 次×3 组 半蹲跳：60%×8 次×3 组 加速跑 30 米×6 次；抓举 4～6 组；深正面上步双手头后向前上方掷实心球 30～40 次；上步单手投小球 20～30 次；立定跳远、立定三级跳远各 10～15 次	大、中、大
周二	发展柔韧素质改进技术	肋木练习；持球柔韧练习；原地投铅球 20 次；专项投铅球 15～20 次；立定跳远 15 次；跳栏架 50～60 次	大、中
周三	发展速度提高专项小力量	跑的专门练习；加速跑 30 米×4 次；持铅球跑 30 米×4 次；双手持杠铃片弓步双臂上举 10 次×4 组；两臂振摆 10 次×4 组；肩绕环 10 次×4 组；腰绕环左右 8 次×4 组；跨步跳 10 级×4 组；单腿跳 10 级×2 组	小、中
周四	提高投掷能力发展专项“鞭打”速度	各种反应跑；加速跑 40 米×4 次；正面上步双手头后向前上方掷实心球 30～40 次；上步单手掷小球 30～40 次；单足跳 10 次 ×3 组	大、中

（续表）

时间	主要任务	主要内容	负荷量、强度
周五	同周一	同周一	大、中大
周六	发展力量素质提高投掷能力	提拉：80千克×10次×3组；100千克×10次×3组；仰卧起坐：10~15千克×7~8次×5组。侧提：20千克×10次×5组	中、中大

在准备期，杠铃的力量训练基本按照上述安排进行。在准备大比赛，杠铃力量训练的主要手段要在赛前的3周左右达到最高强度，个别训练手段的最大强度可与比赛接近，但不能少于1周，主要训练手段训练强度达到最高时，到赛前一直进行保持性训练。

（2）比赛期冬季阶段周训练示例（表10-20）。

比赛周与准备期的训练内容稍有变化，更加注重体现动作的连贯性，否则过分集中于专项负担，导致运动员的神经系统和局部肌群疲劳伸直损伤。

表10-20　比赛周训练计划安排

时间	训练周	比赛周
周一	发展速度提高专项能力	发展速度、弹跳力
周二	改进投铅球技术发展力量（中等强度）	完善技术（中等强度）
周三	一般身体训练	专项力量和力量练习
周四	同周一练习	积极性休息或轻微活动
周五	同周二（但强度要大）	赛前准备活动
周六	发展力量和速度	比赛
周日	积极性休息	积极性休息

（3）竞赛期冬季阶段周训练示例见表10-21（假设运动员所举的重量是：卧推100千克= 100%；全蹲100千克= 100%；高翻100千克= 100%）。

表10-21　竞赛期前训练阶段周训练计划

时间	主要任务	主要内容	负荷量、强度
周一	发展力量素质提高投掷能力	加速跑30米×6次；抓举4组；卧推4组；半蹲跳10次×4；正面上步双手头后向前上方掷实心球10次；上步单手投小球10次；立定跳远、立定三级跳远各10次	中下、中
周二	改进专项技术发展速度与下肢爆发力	原地投铅球10次；专项投铅球8次；立定跳远、立定三级跳远各10次；加速跑30米×6次	中下、中

（续表）

时间	主要任务	主要内容	负荷量、强度
周三	发展专项“鞭打”速度提高投掷能力	正面上步双手投后向前掷实心球15次；投掷步掷小球20次；短程助跑掷小球20次；跑跳步练习	中、大
周四	调整	柔韧练习；各种反应练习；游戏或垫上操	小、小
周五	改进专项技术发展速度和下肢爆发力	加速跑30米×4次；持球跑30米×4次；投球原地模仿练习10次；侧向上两步投铅球模仿练习10次；专项模仿练习10次；单足跳左、右各20米×3组；跨步跳10级×3组	中、中
周六	发展速度力量，提高投掷能力	加速跑60米×6次；专项模拟练习30次投铅球；卧推：60%×3次，70%×3次，80%×3次，60%×3次	中、大

三、根据运动员素质发展敏感期制订训练计划

铅球运动员不仅要具有力量和速度，更要具有较高的柔韧素质和协调性，以及良好的“铅球感”。由于青少年运动员的身体条件与成年运动员有所不同，因此，在对青少年铅球运动员的训练过程中，一定要注意采用循序渐进的科学训练方法。而这些素质的获得一般是运动员在身体发展的敏感时期得到培养的。

全面发展身体素质的任务虽贯穿在各个年龄阶段，但根据各素质发展的敏感期，应把发展快速鞭打能力、跑跳能力、协调能力放在引导阶段和基础训练为重点，并优先发展这些素质，把力量素质放在第三年龄阶段以后重点发展。若违背这一规律，即过早、过多地发展力量将会阻碍协调能力、动作速率和动作幅度，会给成年训练带来无法弥补的损失，大大影响运动成绩的提高。因此，结合标枪项目的年龄特征与敏感期运动员的生长发育特征制订训练计划，进行训练监控是十分必要的，如表10-22~表10-24所示。

表10-22　引导训练阶段（12~13岁）

任务	内容	要求
初步了解正确的持铅球、最后用力	持握器械或徒手进行旋转或滑步、最后用力的反复练习	注意动作顺序
发展协调快速的鞭打能力	掷小石子、丢沙包、掷垒球、羽毛球掷远	注意动作速度

（续表）

任务	内容	要求
发展全面身体素质，提高健康水平，促进身体正常发育	原地纵跳、立定跳远、徒手或肩负沙袋前后体前屈、俯卧撑、爬绳、体操、徒手或手持哑铃上下交替振臂、投实心球或大小球类各种游戏	发展和提高练习者的兴趣，使身体得到全面的发展
发展爆发力	前后抛实心球、纵跳、单脚跳、立定跳远、立定三级跳等各种跳跃练习	注意协调用力和出手时机，课后应重点进行拉伸放松
投掷能力	投掷轻铅球、掷小球、小石子等各种轻器械	体会动作的用力顺序
发展速度	跑的练习，持球跑、加速跑、往返跑、变速跑、反应跑	多种距离、多种姿势跑的练习
发展协调性和下肢灵活性	体操、多种跨栏、绳梯练习、立卧撑	注意动作正确性
发展下肢力量	各种跳跃类游戏	简单易行
发展躯干力量	腹、背肌练习	身体姿势端正
发展灵敏性	反应跑、贴人游戏等	简单易行
不断加强肩、肘关节部位的力量及柔韧性练习，防止受伤	徒手或负重肩绕环、压肩、背桥、拉伸、“满弓”等	注意热身活动开，动作平稳
加强组织性、纪律性和集体主义教育，培养勇敢顽强的意志品质	组织各种机体游戏或集体活动，在其中培养参与者的这些品质	人人都积极参与

表 10-23　基础训练阶段（14~15 岁）

任务	内容	要求
掌握投铅球的完整技术，巩固和提高全程助跑投掷技术	模仿练习（持器械或徒手）原地、滑步投球练习等	体会正确的用力顺序，避免错误动作反复出现
发展快速鞭打能力	原地和滑步投球、鞭打吊球、掷小球、小石子等	注意动作正确和动作速度
继续加强全面发展身体素质，进一步提高健康水平，重点是跑跳能力、协调性及柔韧性	肩负杠铃做发展下肢和躯干的各种练习、跑的练习、绕桩跑、急停急跑、转髋练习、两人顶肩、桥、持枪转肩等	使运动员得到全面发展

（续表）

任务	内容	要求
发展专项能力	仰卧拉、头后拉、单手持杠铃片做最后用力练习、投轻球、拉橡皮筋、垒球、手榴弹、小石子、胶球（原地、上步、全程）	注意用力顺序，动作速度要快
增强膝、腰、肩、肘等易伤部位的肌群力量	小肌群力量练习	训练中应集中注意力
发展速度	持球跑、短距离加速跑、反应跑、起跑、往返跑、变速跑、接力跑	全力冲刺、充分调动机体神经系统兴奋
发展身体协调性和灵敏性	体操、多种跨栏、绳梯练习、立卧撑、转髋练习、各种球类运动、反应跑、贴人游戏等	注意动作正确性
继续发展下肢力量	各种跳跃类游戏、多级跳远、助跑跳远、立定跳、立定三级跳、助跑三级跳、跳深等	练习前充分进行准备活动，课程结束后注意放松拉伸进行恢复
继续发展躯干力量	腹、背肌、负重转体、提拉	身体姿势端正
不断加强肩、肘关节部位的力量及柔韧性练习，防止受伤	徒手或负重肩绕环、压肩、背桥、拉伸、“满弓”等	注意热身活动开，动作平稳
培养比赛能力	思想诱导、克服困难的能力、参加各种测试和比赛、模拟训练	有计划和针对性对运动员进行各种手段，使运动员在训练或比赛中克服困难培养比赛能力
加强组织性、纪律性和集体主义教育，培养勇敢顽强的意志品质	引导和训练，并且还应经常性地组织各种机体游戏或集体活动，在其中培养参与者的这些品质	人人都积极参与还应经常性对运动员进行思想教育

表 10-24　初级专项训练阶段（16~17 岁）

任务	名称	要求
熟练掌握投铅球完整技术	完整投铅球、投小球、掷小石块	以完整技术为主，不断建立动力定性，并逐步提高最后用力顺序
进一步发展全面身体素质	各种跑跳类练习、专项练习手段、轻重量的仰卧拉、单双手头后拉、轻器械等	安排大力量训练时应传授运动员正确的动作要领，并逐渐加大运动强度
培养和发展运动员良好的心理素质，提高比赛能力	完整投球、技战术训练、心理诱导、模拟训练	教练员积极进行引导和时时监控，将运动员的状态调控到赛前最佳状态

（续表）

任务	名称	要求
进一步提高协调快速力量	持杠铃快挺、头后拉、仰卧拉等	注意动作速度
发展爆发力和投掷能力	俯卧撑、立定跳、助跑跳远、多级跳、跨步跳、蹲跳、抓举、高翻、仰卧拉、头后拉、单手持杠铃片做最后用力、前抛、后抛实心球等各种抛掷练习等	注意协调用力和出手时机，课后进行放松练习
进一步发展速度	跑的练习、持球助跑等	多种距离、多种姿势跑的练习
发展协调性和灵敏性	上下肢配合练习、体操、多种跨栏、绳梯练习、立卧撑、转髋练习、各种球类运动、反应跑等	注意动作正确性
发展下肢快速力量	深蹲、半蹲、跳远、三级跳、肩负杠铃半蹲连续跳、单足、双足多级跳跃、跳深等	注意动作的规范性
发展柔韧性	压肩、顶肩、背桥、拉伸等	注意热身活动，平稳、柔和
进一步培养比赛能力	思想诱导、克服困难的能力、参加各种测试和比赛、模拟训练	有计划和针对性地对运动员进行各种手段，使运动员在训练或比赛中克服困难培养比赛能力
加强组织性、纪律性和集体主义教育，培养勇敢顽强的意志品质	引导和训练，应经常性地组织各种机体游戏或集体活动，在其中培养参与者的这些品质	人人都积极参与还应经常性对运动员进行思想教育

四、投铅球训练和比赛中的问题及对策

训练和比赛中易出现问题、产生原因及应对措施。

1. 训练中常见问题

在推铅球练习中，及时纠正错误动作是训练中一个很重要的任务。错误动作一旦形成了动力定型，不仅妨碍运动员掌握技术，而且对他们进一步提高技术水平也将产生不利的影响。

（1）推球时手指、手腕挫伤。

产生原因：①手指、手腕力量较差，推球时用力过猛。②推球时持球手指完全放松或用不上力。③推球时肘下降。④概念不清，没有做屈腕指拨球动作。

纠正方法：① 注意发展手指、手腕的力量，加强手指、手腕力量练习，如双手指

拨球、抓球练习，以及指俯卧撑和持轻器械屈腕练习等。②明确概念，掌握手腕及手指推拨球的时机，多做原地徒手或利用较轻的铅球做屈腕手指拨球练习。③加强肘关节动作正确性的练习，控制肘关节的下降。要求握球时手指有一定紧张程度；用较轻的铅球进行练习。

（2）推球时肘关节下降，形成抛球。

产生原因：①持球时肘关节位置过低；②最后用力时，头部过早转向投掷方向，使铅球过早离开颈部；③概念不清，最后用力顺序不正确。

纠正方法：①通过反复的练习和重点提示，加深学生对“推”铅球的认识和理解，明确铅球出手的瞬间，球不能离开锁骨窝，注意持球时肘关节自然抬起，不能下降，否则易成为“抛”铅球。②徒手练习或持球练习时，帮助者站其侧方，帮助肘关节抬起。③强调头不要过早转向投掷方向，滑步时两眼仍看前下方。④明确概念和正确的用力顺序，挺胸抬肘，推拨球，反复进行原地侧向推铅球的练习。

（3）推球时用不上腰背和下肢的力量，单纯用手臂的力量。

产生原因：①技术动作概念不清，认为推铅球只是手臂动作，投掷臂过早用力；②生活中习惯用力方法的干扰；③想加快推球速度，过早伸臂推球；④最后用力姿势不正确，重心在两腿之间；⑤用力顺序不明确，身体各部分的动作不协调。

纠正方法：①明确推铅球的正确技术概念和用力顺序；②运动员做好预备姿势后，教练员或同伴在前面抵住运动员的右手，或是教练员或同伴在后面拉住运动员的左手，要求运动员反复做蹬腿和抬体推球动作；③原地推球，利用下肢和腰背力量将球送出，投掷臂不做推球动作；④练习同上，投掷臂有推球动作但不用力，以后逐渐结合投掷臂的力量；⑤徒手模仿最后用力技术，体会正确的用力顺序；⑥利用轻球或实心球做下肢蹬转和躯干“鞭打”动作，要求运动员顺势将球推出。

（4）推球时臀部后坐。

产生原因：①右脚蹬地不充分，髋部未能转至正对投掷方向；②最用力时两脚前后之间的距离过长，怕出圈犯规，髋部不能前送。

纠正方法：①教练员站在运动员后面，两手扶其髋，推球时帮助送髋；②徒手做最后用力练习，要求用右手触及右前上方一定高度和远度的标志物。

（5）推球时身体向左侧倾倒。

原因：①概念不清，对左臂的运动路线不了解，对左臂及左肩动作的意义不清楚。②想利用转左肩、左臂来加强右臂推球力量。③左臂过分向左后方摆动；左脚的位置过于偏左，造成左侧支撑不稳。推球时过早撤换左脚，左肩与左臂也随之左转。

纠正方法：①明确左臂的运动路线，加强对制动左臂、固定左肩的意义的认识；先将左臂肘固定于体侧，做原地和正面推球。②模仿练习，加深体会正确技术。③推球时用左肩触及标志物；在地上画出两脚正确的落地位置，要求滑步后两脚落在标志上。教练员在体后抵住运动员的左肩，帮助其控制身体的转动。

（6）推球时出手角度过低或者过高。

产生原因：①左脚支撑无力或膝关节弯曲；②蹬伸不充分，推球时低头或者肘关节抬得过高，造成出手过低或肘关节下降造成抛球。

纠正方法：在投掷前方一定远度和高度处悬一标志物，要求推出的球触及标志物（标志物的高度和远度根据学生的成绩而定）。用力时胸部要充分展开肩部发力，使臂向前上方快速推出。

（7）滑步后动作停顿。

产生原因：①左脚落地不积极；②右腿力量弱，滑步后重心下降。

纠正方法：①背对投掷方向，两脚左右开立，两腿快速蹬地；②成最后用力姿势，左腿稍向上抬（不宜过高），然后积极下落，左脚着地后，右脚用力蹬地；③持球连续滑步后结合最后用力的动作；④加强腿部力量的训练。

（8）滑步后上体过早抬起，重心在两腿之间。

产生原因：①右腿的拉收动作不完善，一是收腿速度慢，二是收的距离短；②滑步过程中左臂向左摆动，带动了上体的移动；③滑步前先抬起上体，重心过分向投掷方向移动。

纠正方法：①徒手和持球连续做收腿练习；②教练员在运动员的右侧（稍后）拉住左手，进行滑步练习。

（9）滑步与最后用力脱节。

产生原因：①摆动腿（左腿）落地不积极，没有迅速取得双脚支撑；②滑步过程中左臂向左摆动，带动了上体的移动。

纠正方法：①通过讲解、示范等，使运动员明确左腿摆动后要积极主动下落，迅速取得双脚支撑，使身体处于最后用力前的最有利姿势；②反复进行徒手或持轻器械的侧向滑步与最后用力的结合练习，加深体会当滑步左脚一着地就开始进行最后用力。

（10）滑步距离太短。

产生原因：①蹬地和摆腿力量不够或结合不好；②拉收小腿的距离短。

纠正方法：①在地上画出两脚落地标志，要求运动员滑步后落在标志上；②徒手或持球练习蹬摆的动作。

（11）滑步时重心起伏大。

产生原因：蹬地或摆腿的方向过于向上；右脚力量不足，膝关节弯曲幅度过大。

纠正方法：①滑步动作中的一个难点是先摆后蹬、低滑快落。运动员往往出现先蹬后摆，甚至不摆只蹬的错误动作，形成蹬跳，重心起伏较大，左腿的落地势必迟缓、停顿。因此在教学中不要在开始就强调摆幅和滑步时收腿的距离，要以“快”为主，要求运动员在滑步前重心先稍向后移；左腿摆动时，要求触及后方（投掷方向）的标志物。②通过讲解、示范、观看教学录像等，使运动员明确身体重心的移动轨迹，身体的移动要快，右腿不能离地过高。③反复进行徒手或持轻器械的滑步练习，加深体会身体重心先向投掷方向移动，然后左腿的摆和右腿的蹬密切配合，上体不能抬起，身体不左转，保证重心的相对平稳。

（12）最后用力瞬间出手时仅靠手臂力量“拨球”。

产生原因：初学者对拨球的概念较模糊，认为拨球就是用手腕与手猛力拨出去，导致推铅球时主要靠手臂用力的错误技术，不能联系身体用力方面的技术性去理解拨球。

纠正方法：在做多种原地侧面转体推超重物的练习（杠铃片）后立即进行推较轻的物体（如羽毛球、乒乓球等）的练习，这样从重到轻就能够体会到身体用力到手臂用力的过渡。

（13）出手前的“蹬地”腾空或单脚支撑动作。

产生原因：对蹬地概念理解不透彻，蹬地腿用力瞬间的脚掌向后拉，形成后蹬跑动作，作用力在整个脚掌上，髋关节没有转动上体就向前冲，身体控制不住而出现单脚支撑或腾空，甚至球还在手上两腿就在空中前后交换了等错误动作。

纠正方法：理清概念，蹬地腿落地时脚掌要内扣，作用力在前脚掌内侧。多做肩负重或双手斜拉皮条的侧向转体的蹬地练习，练习时要注意转髋与蹬地腿的协调配合。

（14）形成“身体超越器械”的退让性动作。

产生原因：不清楚身体超越器械的概念，常有两种情况出现：①退让性的身体超越器械，即平衡侧做退让性后撤，有意让持有铅球侧的身体变成超越平衡臂侧的错误。②不是由于送髋转体推动身体超越器械，而是挺着肚子正对着投掷方向的错误。

纠正方法：明确身体超越器械的概念，加强下肢和腰腹肌肉力量，多做腰部（腹部）系皮条的抗阻练习或做些超等长的仰卧起坐、掷实心球的练习，能有效地纠正这一错误。

（15）滑步时不能蹬摆结合。

产生原因：蹬地腿与摆动腿用力的时间不一致，多数人只蹬腿不摆腿，这样滑步距离短并且带有向上跳动作，重心不稳，力不集中；少数人只摆腿不蹬腿，滑步时脚掌拖地，摩擦力太大，脚掌难以形成内扣，影响速度的发挥。

纠正方法：通过做负重练习可以纠正这一错误，摆动腿踝关节拉着皮条（皮条拉动的方向与摆动方向一致），蹬地腿负适当的重物后做团身滑步动作，主要是训练两腿的协调性，若要增加蹬地腿力量，结合半蹲或深蹲效果会更佳。

（16）平衡臂的“制动”阻碍身体向前发力的错误。

产生原因：①对制动的概念较笼统，做出来的制动动作太保守，把制动当成夹臂、含胸、缩体的错误动作。②制动的时间不准确，身体投影点还没有接近支撑腿就停下来，变成身体后倒，失去了身体向前的冲量。

纠正方法：左侧平衡臂牵拉胶条，在矮单杠下（矮杠正好与胸部同高），做原地背向推铅球动作，从徒手过渡到推实心球最后推铅球练习。牵拉皮条的目的是不让手臂向后转，横杠则是控制投掷臂侧身体过早向前转动而产生退让。

（17）滑步后缺乏“送髋、转体”推球的错误。

产生原因：没有正确理解概念，造成只转体而不送髋的不完整动作，主要是髋关节不够灵活和蹬地腿力量不够所致。

纠正方法：在蹬地腿的股四头肌处系一皮条，使皮条能够把大腿拉向前，肩负适当重量的杠铃反复做蹬地送髋的动作，如配合单脚跳来加强蹬地腿和支撑腿的做功力量，可以取得更理想的效果。

（18）头部转动太快。

产生原因：练习推铅球时，头不要先于身体向左转动，因为头部在推铅球时能起到引领的作用。它能带动主体的运动方向；如果转动得过快，往往带动身体的左侧后撤形成不了左侧强有力的支撑。

纠正方法：在练习时，注意头不要过早地转向投掷方向，使头、颈、躯干为一体，这样能有目的地抑制左侧的后倒或者是左肩的后撤。

（19）最后用力时上体向前的鞭打不够，身体后坐。

产生原因：在推铅球时身体的重心没有前移至左脚；上体太死没有随着身体的重心升高和前移。

纠正方法：应该多做一些徒手的最后用力练习，随着身体重心前移至左腿，待重心达到最高点时，注意挺胸抬头，右臂发力将球推出，收腹含胸低头，右腿跟进至左脚后跟附近，最后被动向前跨出，动作熟练后再做左右脚的换脚支撑练习。

2. 比赛中常见问题（表 10–25）

表 10–25 比赛中投铅球易出现问题、产生原因及纠正方法表

易出现问题	产生原因	应对措施
推球时肘关节下降，形成抛球	①持球时肘关节位置过低 ②最后用力时，头部过早转向投掷方向，使铅球过早离开颈部 ③概念不清，最后用力顺序不正确	①通过反复的练习和重点提示，加深学生对“推”铅球的认识和理解，明确铅球出手的瞬间，球不能离开锁骨窝，注意持球时肘关节自然抬起，不能下降，否则易成为“抛”铅球 ②徒手练习或持球练习时，帮助者站其侧方，帮助肘关节抬起 ③强调头不要过早转向投掷方向，滑步时两眼仍看前下方 ④明确概念和正确的用力顺序，挺胸抬肘，推拨球，反复进行原地侧向推铅球的练习

（续表）

易出现问题	产生原因	应对措施
推球时用不上腰背和下肢的力量，单纯用手臂的力量	①技术动作概念不清，认为推铅球只是手臂动作，投掷臂过早用力 ②最后用力姿势不正确，重心在两腿之间 ③用力顺序不明确，身体各部分的动作不协调	①明确推铅球的正确技术概念和用力顺序 ②徒手模仿最后用力技术，体会正确的用力顺序 ③利用轻球或实心球做下肢蹬转和躯干“鞭打”动作，要求学生顺势将球推出
滑步后动作停顿	左脚落地不积极；右腿力量弱，滑步后重心下降	背对投掷方向，两脚左右开立，两腿快速蹬地；成最后用力姿势，左腿稍向上抬（不宜过高），然后积极下落，左脚着地后，右脚用力蹬地；持球连续滑步后结合最后用力的动作；加强腿部力量的训练
滑步后上体过早抬起，重心在两腿之间	右腿的拉收动作不完善，一是收腿速度慢，二是收的距离短；滑步过程中左臂向左摆动，带动了上体的移动；滑步前先抬起上体，重心过分向投掷方向移动	徒手和持球连续做收腿练习；教练员在运动员的右侧（稍后）拉住左手，进行滑步练习
受对手表现的影响，导致情绪上的波动，最终影响成绩	①自信心不足 ②求胜心切，对自己要求过于高	①尽量不去看对手的比赛，专心想自己的动作，按照自己的节奏进行比赛 ②摆正心态去比赛，不要把胜负看得太重
在比赛情况下错误的心理状态	①精神和心理紧张与压力有关。 ②缺乏自信	①在比赛前或期间，做放松练习（深呼吸练习、听音乐等） ②比赛之前运动员之间自拟题目进行讨论，以减轻加在自身的心理负担

五、教练员在训练中所关注的焦点和在教学中的任务

在训练过程中，教练员会根据投铅球技术的重点和难点对运动员进行观察，并在此基础上完善铅球的完整技术。

（一）铅球技术的重点

（1）最后用力阶段是铅球获得最大出手速度的关键。

（2）出手初速度。

指铅球质心出手瞬间的速度，它是滑步速度和最后用力的投掷速度的合速度。铅球的出手初速度取决于作用在器械上力的大小、力的作用距离和时间。也就是说，有较大的作用力和较长的工作距离，则铅球出手的初速度就更大。

（3）出手角度。

指铅球出手瞬间，初速度的方向和出手点的水平方向所构成的夹角。在实际推铅球中由于地斜角（指铅球出手点与落地点两所连成的直线与地面的夹角）的存在，推铅球的出手角度要小于45°，同时，铅球运动员最佳出手角度与出手初速度有关。

（4）动作技术流畅程度。

在完成推铅球技术过程中，动作技术协调、用力顺序正确、完成得越流畅，其成绩越好。技术完成的流畅性同时也表明了技术完成的质量，可以作为评定技术的指标，同时也是影响成绩的因素之一。

（二）铅球技术的难点

（1）保持速度阶段是滑步和最后用力的衔接阶段，是技术训练的难点。

（2）平衡：旋转推铅球技术使身体和铅球在快速转动的形式下向投掷方向运动，有双脚的双支撑—单支撑—腾空—双支撑动作过程，通过最后用力阶段使铅球沿切线方向投出。动作复杂且难于控制，在运动中保持良好的平衡是运动员充分发挥自身能力的重要条件之一。

（3）在第一旋转和腾空—过渡阶段，为保证旋转的平稳性，人体在旋转过程中应保持身体重心平稳，旋转过程中膝关节、髋关节尽量保持相对控制的“锁紧”状态，避免过大的屈伸动作，以尽量减小身体重心的上下起伏。

（三）改进和提高铅球的完整技术

（1）学习握、持球的方法，建立对推铅球正确的肌肉感觉。握好球后，可做两手的交换传递，单臂持球向上托举铅球练习，围绕腰间两手做传递练习。

（2）原地侧向推铅球练习：投掷者侧对投掷方向，两脚开立比肩稍宽，左脚尖与右脚跟几乎在一条直线上。右腿膝关节弯曲，体重落于右腿，左膝自然伸直，用前脚掌内侧着地，身体向右转体，借助于躯干的反振，右腿蹬转，左腿配合积极有力地支撑，通过全面协调的用力将球推出。

（3）原地背向推铅球的练习：投掷者背对投掷方向，两脚前后开立比肩稍宽，身体前屈，下蹲，按侧向推铅球的要求将球推出。

（四）教练员在投铅球教学中的任务（表 10-26）

表 10-26　教练员在投铅球四个阶段教学中的任务

阶段	目的	教练员的任务	运动员的目标
预备阶段	为铅球的投掷做好前期准备	①给运动员创造一个安全的环境 ②观察运动员预备阶段是否放松、姿势是否正确	①上体保持正直，两眼平视，两肩与地面平行 ②维持身体平衡
滑步/旋转阶段	为铅球出手做准备	①观察动作的规范程度 ②观察四肢姿势和右臂的伸展	①动作规范、用力流畅 ②投掷臂取得伸直状态而不是被“锁住”
过渡阶段	保证迅速过渡到最后用力	观察过渡时身体的起伏	保持或适当增加铅球在滑步中获得的水平速度，并为最后用力形成合理的身体姿势
最后用力阶段	提高铅球的出手速度、固定出手角度和出手高度，最终提高投掷远度	①从侧面或后面观察 ②观察铅球出手时的角度 ③观察肢体和躯干的动作	发展躯干和下肢的爆发力，防止动作脱节、卸力，避免影响投掷效果
维持平衡阶段	铅球出手后向前跨出一大步，防止犯规	确认运动员正确的穿着	确保安全

（五）投铅球训练中应处理好的关系

1. 运动员的后天获得性竞技能力与其先天遗传性竞技能力的关系

先天性遗传途径是重要基础。无论运动员所居住地的气候、饮食等生活条件，还是经济因素、社会条件等对运动员的竞技能力都会产生很大的影响。

2. 技术训练与体能、技能、战术能力及心智发展的关系

诸因素之间全面、协调地发展，是教练员设计和实施训练计划的根本点。

3. 一般力量训练和专项力量训练的关系

发展铅球运动员的专项力量时，必须根据铅球项目的特征来确定专项力量训练的内容与方法手段，在动作结构、肌肉工作性质、用力时间的动力学特征及心理定向上

尽可能与专项动作保持一致。

4. 大负荷训练与训练效益的关系

大负荷训练是取得优异成绩的基础，但大负荷训练并不意味着追求大负荷量和更多的训练时间，而是追求以使用比赛要求的高质量训练效果，要尽量避免低层次、低水平的无效训练。

5. 多年系统训练和短期训练的关系

儿童阶段、少年阶段、青年阶段、成年阶段如何训练、如何恢复、如此比赛、如何衔接，这是教练员必须认真思考的课题。

6. 训练与比赛的关系

按比赛的要求进行训练，不同水平的比赛有不同的训练要求。

第七节　铅球训练方法与手段

一、推铅球技术教学的方法

（一）建立正确完整的铅球技术概念

通过教练员讲解，使运动员初步了解推铅球场地、器材规格等，使运动员了解铅球的技术特点、锻炼价值等一般知识，提出学习要求，调动学生运动员推铅球的积极性和主动性，并提出推铅球训练中有关安全措施和具体要求，训练提示如下：

（1）讲解、示范、观看录像、图片等手段，让运动员对铅球技术有概括的了解。

（2）简要介绍推铅球的场地、器材规格和比赛规则。

（3）简要介绍国内、外推铅球项目的开展情况，树立训练的信心。

（二）学习推铅球的最后用力技术

1. 练习方法

学习握、持球的方法，建立对推铅球的正确肌肉感觉。握好球后，可做两手的交换传递、单臂持球向上托举铅球练习、围绕腰间两手做传递练习。

（1）原地正面的推铅球练习：练习者正对投掷方向，两脚平行开立比肩稍宽，右手持实心球或者较轻的铅球于肩上，靠近颈部。然后屈膝下蹲，上体向右扭转，右肩下沉，左臂和左肩稍向内扣，然后下肢迅速蹬起，利用躯干和手臂的力量将球向前上方推出，体会用力的顺序。

（2）原地侧向推铅球练习：投掷者侧对投掷方向，两脚开立比肩稍宽，左脚尖与右脚跟几乎在一条直线上。右腿膝关节弯曲，体重落于右腿，左膝自然伸直，用前脚掌内侧着地，身体向右转体，借助于躯干的反振，右腿蹬转，左腿配合积极有力的支撑，以全面协调的用力将球推出。

（3）原地背向推铅球的练习：投掷者背对投掷方向，两脚前后开立比肩稍宽，身体前屈，下蹲，按侧向推铅球的要求将球推出。

2. 训练提示

（1）最后用力技术是推铅球技术的重要组成部分。在训练中，可采用徒手模仿、推实心球、推轻铅球和标准铅球，来帮助运动员体会和掌握最后用力的动作过程和用力顺序。

（2）自始至终抓右腿的蹬伸和躯干的鞭打动作，强调上、下肢的协调用力。

（3）开始学习时，练习的速度可以慢一些，但动作的幅度要大，待掌握正确的技术后，可提高练习速度。

（4）利用不同的高—远方向或远—高方向的标记，控制运动员推球的出手角度。

（5）开始练习时，先在圈外，后在圈内或圈内、圈外交替进行练习，克服投掷圈限制的心理影响。

（6）推球结束后，躯干要保持正确的姿态，不向左侧倾斜，不向前弯曲，控制头部动作，不要过早向左扭转。

（三）学习背向滑步技术

1. 训练方法

（1）腿的摆动练习：运动员成预备姿势站立好以后，左手拉住约与肩同高的固定物或同伴的手，然后左腿回收，靠近右腿时大腿用力向后上方摆出。

（2）摆动腿的落地练习：练习者成预备姿势后，右腿用力向左脚着地位置处快速收拉，同时左腿迅速向体后摆出一步，两脚几乎同时着地，恢复到原来的预备姿势。

（3）投掷圈外徒手背向滑步练习：背对投掷方向站立，预备动作完成后，左腿用力向后摆出，右腿顺势蹬伸，右脚滑行到圆心附近时，两脚先后着地。

（4）持球滑步练习：动作方法和要求同徒手滑步，持球时增加了一定的难度，容易产生提前离开身体的错误动作，因此滑步时要注意克服。

2. 训练提示

(1) 滑步练习中强调以摆动腿带动身体滑行，注意控制身体重心的起伏，以增大水平方向的速度。

(2) 非投掷臂在滑步过程中始终伸向胸前，头部保持正直，保证滑步结束时，上体虽稍有抬起，但仍背对投掷方向，形成身体扭紧状态。

(3) 滑步动作要有节奏感，速度适宜，不要过分强调步距，并且注意与最后用力结合，在滑步结束刹那，立即做蹬伸右腿转髋动作。

(4) 练习时先轻球，后标准球；先圈外后圈内，并逐渐要求充分利用投掷圈直径，增加练习难度。

(四) 学习滑步推铅球完整技术

1. 练习方法

(1) 徒手模仿背向滑步推铅球技术。

(2) 投掷圈外背向滑步推轻铅球练习。

(3) 投掷圈内背向滑步推轻铅球练习。

(4) 投掷圈内背向滑步推铅球练习。

2. 训练提示

(1) 徒手模仿和推轻铅球练习，应根据运动员掌握技术情况区别对待，着重于掌握完整技术的节奏。

(2) 开始学习时要注意完成技术动作的正确性和连贯性，不求远度。

(3) 重视滑步与最后用力的衔接，保持加速节奏。

(五) 改进和提高背向滑步推铅球技术

1. 练习方法

(1) 投掷圈内进行完整技术练习：为改进技术动作，可用不同重量的铅球进行练习。

(2) 采用各种专门练习进行分解技术及完整技术练习，逐渐形成具有个体特点的推铅球专项技术。

(3) 进行不同形式的比赛和测验、技评和达标测验。通过比赛或测验，教练员对运动员掌握的技术动作给予客观评价，并结合达标测验，发现运动员技术中的问题，对运动员的成绩提高提供帮助。

2. 训练提示

（1）根据运动员的个人特点，结合现代推铅球技术的要求，选用适合本人的专项技术。

（2）改进和掌握技术应以发展身体素质练习为主；提高技术应以完整技术练习为主。

（3）改进和掌握技术与发展身体素质练习同步进行，使运动员逐步加深对技术概念的理解。

（4）随训练的不断进行，适当组织各种竞赛活动，提高运动员心理素质水平，丰富比赛经验，促进技术的完善。

二、铅球专项技术训练手段

（一）力量素质

推铅球是速度力量型项目。力量是铅球运动员重要的素质之一，优秀铅球运动员的力量训练在整个训练中占有重要的位置。优秀运动员力量练习的简单分类，即一般力量、专门力量、专项力量和核心力量。其中，一般力量是基础；专门力量是一般力量和专项力量的中间（过渡）力量；专项力量和核心力量是最重要的，它的水平高低直接影响着专项成绩。

1. 一般力量

一般力量是人体整个肌肉系统完成任何动作所需的基础力量。由于一般力量是基础，在正常训练情况下每次训练课都应该（可以）进行一般力量训练。

2. 杠铃力量练习

在进行杠铃力量训练时，对身体主要肌群采用隔日训练的方法。根据人体的生理特点，一次最大强度力量训练后，肌肉要完全恢复需要48~72小时。根据适应性原则，若要经过训练使力量素质获得较大的提高，一次力量训练后不能待肌肉完全恢复后再进行下一次力量训练。当运动员经过一个阶段的大负荷力量训练后，再经过一个阶段的恢复，力量素质会获得提高。但相同部位肌群连续的大负荷力量训练后，再经过一个阶段的恢复，力量素质会获得提高。但相同部位肌群连续的大负荷练习而没有适当的恢复，致使疲劳积累过深，又影响训练的效果。所以，合理的训练节奏是非常重要的。我国和国外优秀铅球运动员的训练实践证明，同一部位大肌群隔日进行训练的安排是适宜的。

具有较高水平的运动员在进行一般力量训练时，主要在80%左右的强度上采用重复训练法来进行力量训练，在适当的阶段将重复训练法与大强度（金字塔）训练法或小强度训练法相配合，使整个一般力量训练起伏有序。合理的训练安排保证了一般力量的稳步提高。

从生理的角度讲，肌肉在以80%左右的强度工作时，工作的形式主要是以募集更多的运动单位来实现运动的。在以90%的强度工作时，主要是通过运动中枢神经发放神经冲动的强度和频率来实现工作的。采用80%左右强度进行训练，除了能够发展力量外，还能够节省“神经力量”，这对于运动员长时间采用大负荷力量训练是十分有利的。

采用重复训练法，应根据运动员的不同情况，对于不同的肌群和具体手段，练习强度应有所区别。例如，上肢力量中卧推的练习强度以80%左右为宜；躯干力量中高翻的练习强度以80%左右为宜；下肢力量中下蹲的练习强度以70%左右为宜。当采用重复训练法时，在练习过程中重要的一点是要掌握好提高训练强度的时机。这里主要是提出两点：一是提高平均强度的时机；二是提高最高强度的时机。

3. 专门力量

专门力量是练习动作与专项技术动作有某些相似的力量练习，即专门力量。国外称专门力量是基础力量和专项力量的中间过渡性力量。在做专门练习中，除了一般阻力练习之外，还要重视反应力量在专门力量中的运用。

训练手段有带阻力的技术模仿练习或专门练习，如手拉橡胶带做滑步动作、最后用力动作练习等，在专门训练器械上做全身协调性练习等。这些练习不仅能够发展专门力量，同时还能够部分地改进专项技术动作，是好的练习手段。

每周进行2~3次练习，每次练习3~4组、每组8~10次。这种练习对神经和身体局部的刺激比较大，所以每次练习的次数和组数都不宜很多。专门力量训练后一般用铅球进行专门投练习，有利于不同训练内容的结合和转换。

4. 专项力量

专项力量是严格符合专项技术的要求所表现出的力量。

训练手段可以采用以推铅球完整技术投掷重铅球。用重铅球投掷成绩作为衡量专项力量水平的标准。

在训练过程中几乎每次训练课都进行专项力量练习。在训练课中练习的顺序一般是先进行杠铃力量练习，然后用完整技术或专门技术投掷重铅球。这样安排有利于力量素质的发展，有利于一般力量与专项力量的结合和转化，有利于力量练习与技术练习相结合，提高练习的整体效果。

5. 建设性训练

建设性训练就是巩固和加强小肌肉群、关节、肌腱和韧带等的力量训练，进而提高全身整体能力的发挥，防止伤病的出现。其练习特点是动作速度慢、次数多、强度低，如加强脚和踝关节能力的训练就有沙坑里面小跳，提踵，脚绑橡胶带做屈、伸、内旋、外旋练习等手段。加强膝关节能力的训练就有大腿屈伸练习、静力和半静力练习及在训练器上做练习等。

6. 核心力量

（1）泡沫滚轴训练（图 10–9）。

与传统的体能训练相比，泡沫轴训练是一种在不平衡状态下进行的抗阻练习，它使下背部与腹部的肌肉群在训练时同时做功，具有增强核心区域肌群，稳定躯体和传输能量的作用。在人体的整条运动链中，力量是基础，尤其是核心区域肌肉的力量的提升，有助于提高身体的控制力和协调性。反过来，运动员能否充分发挥力量水平，取决于身体的协调性及平衡在运动链中的协调配合能力。泡沫轴的组合练习要求在动态及非稳定状态下维持身体平衡，这就需要动用强大的核心肌群的力量保证练习的顺利完成。

①仰卧屈膝抬腿。

图 10–9 仰卧屈膝抬腿

· 初始动作：仰卧，平躺在泡沫轴上。

· 动作方法：肩膀、臀部与泡沫轴贴合；双手置于体侧，前臂支撑地面，双腿屈膝打开与髋同宽，双脚支撑地面稳定身体。呼气时，屈膝抬腿向上，大小腿折叠 90 度，且小腿与地面平行；左手手掌放在左膝上，尽量保持身体的平衡，维持 2～3 秒；吸气时还原。反之亦然。

· 强度设计：10～15 次，2～3 组，间歇 30～60 秒。

· 注意事项：在整个运动过程中，注意收腹；放松颈部；肩膀和颈部紧贴在泡沫轴上；臀部、大腿和小腿成 90 度。

· 目标肌群：腹直肌、腹横肌、髂腰肌、髂肌、腹内斜肌、股四头肌。

②俯卧同侧腿臂支撑（图 10–10）。

图 10–10　俯卧同侧腿臂支撑

·初始动作：俯卧跪姿，将泡沫轴放在小腿胫骨前侧靠近膝关节的位置。

·动作方法：双手臂支撑于地面，打开与肩同宽，且肩膀位于手腕正上方；双脚远离地面。吸气时抬头，同时慢慢抬起左手臂和左腿直至与地面平行；呼气时还原，然后在另一侧重复上述完整动作。

·强度设计：动作维持 10~15 秒，重复 2~3 组。

·注意事项：尽量避免骨盆的转动，始终保持身体成一条直线。

·目标肌群：腹内斜肌、腹横肌、腹直肌、腹内斜肌、腹外斜肌、臀中肌、大收肌、股二头肌。

③同侧手脚侧支撑（图 10–11）。

图 10–11　同侧手脚侧支撑

·初始动作：侧卧，将泡沫轴放在小腿外侧靠近脚踝的位置。

·动作方法：双腿重叠压放于泡沫轴上；左臂支撑，屈右臂置于胸前做支撑。

吸气时，腿部、腰部和手臂同时用力，将臀部和腿部抬离地面，右臂上举的同时抬右腿向上，然后做另一侧。

·强度设计：动作维持 10~15 秒，重复 2~3 组。

·注意事项：抬起的一侧腿始终保持笔直状态。

·目标肌群：腹直肌、腹内斜肌、腹外斜肌、三角肌、肱二头肌、斜方肌、竖脊肌、腰方肌、臀中肌、股四头肌、阔筋膜张肌、腓骨肌。

④仰卧背桥抬腿（图 10−12）。

图 10−12　仰卧背桥抬腿

·初始动作：仰卧，将泡沫轴放在肩膀下方。

·动作方法：臀部贴着地面，膝盖弯曲，双脚平放于地，双手置于体侧。吸气时，双脚用力，抬臀离地，左腿支撑地面，伸展右腿，抬起右腿尽量与地面垂直，动作维持 2~3 秒左右；呼气时还原，反之亦然。

·强度设计：10~15 次，2~3 组，间歇 30~60 秒。

·注意事项：在动作完成过程中，注意不要屈膝，保持腿部伸直；放松颈部和肩膀；臀部抬起。

·目标肌群：腹直肌、腹横肌、竖脊肌、阔筋膜张肌、腹内斜肌、股中间肌、臀肌、股二头肌。

⑤俯卧屈臂收拉（图 10−13）。

图 10−13　俯卧屈臂收拉

·初始动作：俯卧撑姿势。

·动作方法：向下弯腰，屈双臂，前臂置于泡沫轴上打开与肩同宽；双腿向后伸展，且打开与肩同宽，收紧臀部，脚尖支撑，使身体成一条直线。吸气时，收腹屈臂向后，手肘伸向腹部的方向，同时臀部向上抬起，使身体形成倒“V”形，动作停留 2~3 秒；呼气时还原。

·强度设计：10~15 次，2~3 组，间歇 30~60 秒。

·注意事项：整个动作过程中，注意收腹夹臂。

·目标肌群：腹横肌、髂腰肌、腰方肌、腹内斜肌、臀大肌、股四头肌、股二头肌、三角肌、胸肌。

（2）垫上功能组合训练。

垫上功能性组合训练作为运动功能性训练中一种特殊的训练，能有效地将神经系统、肌肉骨骼系统联系起来，突出神经系统对肌肉骨骼系统的控制，加强神经系统对其他系统的支配，通过伸展紧张的肌肉、增强无力肌肉的肌力和改善全身的健康状况来重新训练身体，建立一种新的身体运动模式，使身体更好地适应各种运动，从而对神经系统控制下动作的完成起到了积极促进的作用，其简便性、实用性和有效性已得到业内人士的充分肯定。

①仰卧交叉抬腿（图 10–14）。

图 10–14　仰卧交叉抬腿

·动作方法：仰卧于垫上，双腿屈膝，脚心朝下，双手放于髋骨处，收腹，右腿抬起直至膝盖到达最高点，保持 10~15 秒，缓慢恢复到原位，换另一侧练习，重复练习 3~5 组。

·练习肌肉：腹直肌、股直肌、阔筋膜张肌、臀大肌、腹横肌、腹内斜肌。

·注意事项：动作时收腹，臀部保持不动。

②俯卧直臂抬腿支撑（图 10–15）。

图 10–15　俯卧直臂抬腿支撑

·动作方法：俯卧于垫上，双手双脚支撑，慢慢地抬起相反的手臂和大腿，身体平稳不动保持 15~20 秒，缓慢恢复到原位，换另一侧练习，重复练习 3~5 组。

· 练习肌肉：臀大肌、股二头肌、臀中肌、三角肌、大收肌、腹直肌。

· 注意事项：动作缓慢平稳。

③仰卧交叉腿起坐（图 10-16）。

图 10-16　仰卧交叉腿起坐

· 动作方法：仰卧于垫上，两腿屈膝抬起，小腿与地面平行，双手放于脑后，上体抬起，使右肘碰触左膝盖，右腿伸直，缓慢恢复到原位，换另一侧练习，重复练习 3~5 组。

· 练习肌肉：腹直肌、腹内斜肌、外斜肌、腹横肌、股直肌、股内侧肌、缝匠肌、阔筋膜张肌。

· 注意事项：脖颈伸直，臀部保持稳定。

④上体扭转扣地运动（图 10-17）。

图 10-17　上体扭转扣地运动

· 动作方法：坐于垫上，双手体前十字交叉紧握住，双腿屈腿抬起，以臀部为支撑，身体扭转并紧握的双手扣地，左右交换 30 次，重复练习 3~5 组。

· 练习肌肉：腹直肌、腹内斜肌、股二头肌、股外侧肌、背阔肌、缝匠肌、内收长肌。

· 注意事项：每次扭转都要扣地，脚不要触地。

⑤双人扭转提腿（图 10-18）。

图 10-18　双人扭转提腿

动作方法：仰卧于垫上，双手握住站立同伴的双脚，双脚并拢向同伴胸部竖起，同伴将脚向左右推动，在动作过程中要控制双腿不要触地，持续做 15~20 个，慢慢恢复至原始位置，重复练习 3~5 组。

练习肌肉：腹直肌、腹斜肌、髂腰肌。

注意事项：腹部用力，避免双腿触地。

7. 专项训练

（1）摆腰：摆腰主要分为杠铃方法与壶铃方法（图 10-19）。

①杠铃方法。

图 10-19　摆腰——杠铃方法

用来增强运动员的转体能力，具体动作是，双膝微屈，双手扛住杠铃杆，之后躯体左右转动，幅度要大，速度要快，在转腰至最大角度时，用脚步力量蹬地转回，体会转胯的感觉，开始时用 65% 的强度，快速反复做 10~20 次，渐次增加强度、减少次数。

②壶铃方法（图 10-20）。

图 10-20　提腰——壶铃方法

增加运动员的腰腹力量，以增强腰肌和髋关节爆发力为目的。双手持起壶铃，双脚比肩稍宽，下体保持原地不动，上身往右后方转动，壶铃后摆，右脚转髋，利用髋关节力量带动上身，使壶铃摆动，依据惯性使壶铃到左后方，依次训练，每组 12~15 次，每次六组，约间歇 1.5 分钟。

③单臂持壶铃跳（图 10-21）。

图 10-21　单臂持壶铃跳

左脚略靠前，右手持起壶铃放于肩上，身体保持直立，左手扶持壶铃保持平衡，腿部发力，由下至上，壶铃顶起，右臂上举壶铃，保持动作连贯，以此类推，每组12~15 次，锻炼肩部肌肉及核心力量和腿部发力顺序。

④持壶铃跳（图 10-22）。

图 10-22 持壶铃跳

腿部成马步状，上体直立，双手持壶铃，目视前方，挺胸抬头，腰部发力，跳起时脚跟先离地，落地时脚掌先着地，每组 12～15 次，做完之后应加速跑，锻炼腿部肌肉爆发力。

⑤跪姿推球练习（图 10-23）。

图 10-23 跪姿推球练习

成跪立姿势，身体侧对投掷方向，利用腰腹力量将重球推出，体会腰腹与手臂的协调发力，推球过程中加大肩髋扭转，利用转体的力量将球推出，锻炼腰腹肌力量和大臂力量。

⑥橡皮筋方法（图 10-24）。

· 方法 1：

图 10-24　橡皮筋练习方法 1

如上图所示，准备两根橡皮筋，一端固定，训练者成跪姿，将其中一根橡皮筋的另一端系于腰间，双手抓住另一根橡皮筋的一端，双手在体前做屈和伸的练习，提高肩关节的力量和稳定性。

· 方法 2：（图 10-25）

图 10-25　橡皮筋练习方法 2

如上图所示，固定橡皮筋的一端，另一端系于运动员的支撑腿的膝关节处，运动员做滑步的模仿练习，给支撑腿提供阻力可以提高运动员滑步过程的稳定性，为推铅球超越器械做好充分准备。

⑦悬吊带手段（图 10-26）。

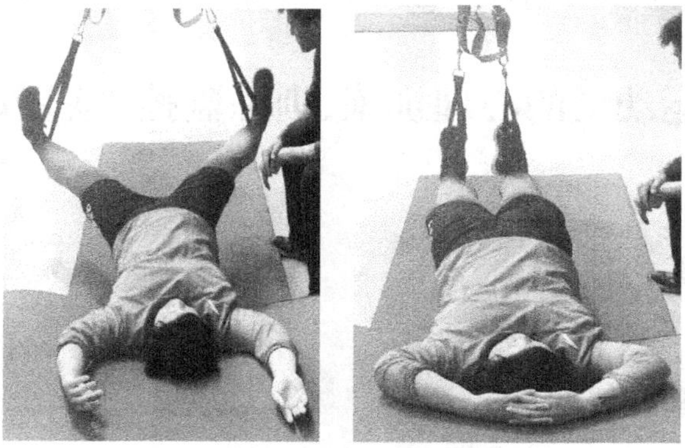

图 10-26　悬吊带手段

利用悬吊训练方法，提高运动员的下肢力量和稳定性，利用悬吊绳，提高对身体的控制能力，同时增强核心肌肉群的力量。

（二）速度素质

速度是人体进行快速力量的一种能力。铅球项目不仅需要动作速度快，还需要位移速度快。

1. 一般速度

一般跑跳练习可以发展速度，快频率的跑跳练习既能发展动作速度，也能使位移速度得到发展。

2. 专项速度

专项速度是严格符合专项技术的要求所表现出的速度。

（三）有氧训练

有氧训练的益处众所周知。铅球运动员保持系统、有计划的有氧训练将能提高运动员承受训练负荷和恢复的能力。球类运动、游戏、慢跑、骑车等都是很好的有氧训练方式。有训练水平的铅球运动员每周应至少进行 3 次以上、20 分钟以上的有氧训练才能满足训练的要求。

（四）专项协调训练

铅球需要的是在速度非常快的条件下的协调素质。在一般协调素质的基础上，以加快动作速度的方式练习协调性，如快速跑楼梯、快速交换腿就是下肢协调性练习。

在健身球上做一些练习能发展全身协调用力的能力，如坐在健身球上做推铅球最后出手练习等。利用健身球和悬挂训练可以很好地发展身体的核心力量和协调平衡能力。

第八节　铅球运动员的心理训练、训练监控、恢复训练与伤病预防

一、心理训练

（一）专项必备的心理品质

心理应激程度、赛前紧张状态将影响技术的发挥。比赛时心理应激程度过强、过度紧张将导致肌肉僵硬，从而阻碍动作技术的流畅表达，进而影响运动成绩。比赛时心理应激程度过低、过于放松，没有一定的紧张度，肌肉处于松软状态，会影响指令的传达速度，最终导致动作连贯性表象失常，也会影响成绩。因此，只有处于适宜的心理应激状态、保持肌肉适度的紧张才能使人体保持最佳紧张度，激活人体的心理潜能，有助于推铅球成绩的提高。

铅球运动员应该具备自信、顽强的意志，自我控制能力及遇事果断、独立工作的心理素质。在紧张而激烈的训练和比赛中，保证心理上的稳定，获得专项的心理素质，在平时训练比赛中达到最佳水平的状态。

（二）训练手段

（1）教练员应该有计划、有针对性地通过多种形式给运动员做思想诱导工作，树立正确的训练目的，正确对待训练中的困难，正确对待比赛，正确认识自己的优缺点，从而不断提高克服自己弱点的能力。

（2）在训练中培养运动员独立克服各种困难完成训练任务的能力。

（3）在不同的条件下参加测试和比赛、培养自我调节能力和抗干扰的能力。

（4）模拟训练是提高比赛能力不可或缺的环节之一，为了迎接重大比赛，要根据比赛日程、比赛地点、气候、场地、对手等进行尽可能相同条件的模拟训练。

二、训练监控

身体机能监控是科学掌握训练过程的重要手段，教练员可以在有条件的情况下采取以下几种方法对运动员的训练进行监控。

（一）生理、生化指标监控

运动员身体机能评定是一个多指标、多层次、多因素的整体综合评定，可根据评定的目的和测试对象的年龄、运动专项、训练水平等具体情况选择测试指标。目前，用于评定运动员机能状况的生化指标涉及心血管、内分泌、免疫、氧转运和利用、骨骼肌及组织损伤、物质能量代谢及代谢调节能力、神经系统等各方面，具体情况见表10–27。

表 10–27 生理、生化评定指标

评定系统	指 标
心血管系统	心率、血压、心电图
免疫系统	谷氨酰胺、免疫球蛋白 G、免疫球蛋白 M、免疫球蛋白 A、CD4/CD8 免疫细胞、自然杀伤细胞
内分泌系统	血睾酮、皮质醇、淋巴细胞、生长激素
氧转化系统	血红蛋白、血球压积、红细胞总量、血清铁蛋白、转铁蛋白
骨骼肌及组织损伤	肌酸激酶、乳酸脱氢酶、丙氨酸氨基酶、肌红蛋白、蛋组氨酸
物质与能量代谢系统	体重、体脂百分化、血尿素、氨基酸

（二）自我监控

在运动实践中，自我检查意识和方法有：

（1）主观方面：饮食、睡眠、排汗量、神经反应、训练欲望等。

（2）客观方面：血压、心率、体重、心理等是否有异常现象。

三、恢复训练

（一）身体疲劳的表现

①肌肉僵硬、肿胀、酸痛等；

②脉压减少，心率异常、血色素指标下降等；

③反应迟钝，头痛头晕，精神萎靡，注意力不集中，情绪激动等。

（二）恢复方法与手段

①自身恢复：运动员训练后，通过慢跑、深呼吸、自我放松、拉伸练习、变换节奏、休息睡眠、简单游戏与文娱活动等；

②物理恢复：理疗、针灸、热水浴、桑拿浴、电刺激等；

③生理生化恢复：主要以食补为主，同时注意维生素、微量元素、电解质的补充。

四、伤病预防

在训练过程中要高度重视运动员的防伤防病，它对运动员今后的发展前途和运动生涯有着重要的影响。运动员在训练中的伤害事故的责任是教练员和运动员双方的，所以防止伤害事故的发生必须由教练员做起，从实际出发切实监督好运动员的训练。

(一) 产生伤病的主要原因

(1) 对预防运动损伤的意义认识不足；
(2) 缺乏准备活动或准备活动不合理；
(3) 运动负荷安排不当；
(4) 局部长期负荷过大；
(5) 训练后恢复放松不够；
(6) 场地器材选用不当。

(二) 应对措施

运动损伤的预防是针对运动损伤的原因而进行的。从运动损伤的特点和原因可知，运动损伤的预防措施有以下几个方面。

(1) 加强防伤观念，时刻要有安全意识，克服麻痹思想；
(2) 认真做好准备活动；
(3) 合理安排好运动负荷；
(4) 重视训练后的恢复放松；
(5) 加强易伤部位的建设性训练；
(6) 出现伤病后应及时治疗，在伤病恢复期间不宜进行大负荷训练；
(7) 加强场地器材的安全措施和安全检查。

第十一章　标　枪

第一节　标枪项目特性与发展趋势

一、项目特性

掷标枪技术比较复杂，是一个多轴旋转的周期性与非周期性相结合的运动项目。它的完整技术要求运动员采用现代式握枪方法，由肩上持器械，经过一段直线助跑获得预先速度后接投掷步获得适宜的动能，通过爆发式的最后阶段，将力作用于标枪的纵轴上，使得标枪经肩上方投出去，以标枪飞行距离计算成绩的投掷项目。

标枪属于体能主导类快速力量型项目，集力量、速度、技术完美组合的项目。基于标枪项目的特征，要求运动员不仅要有良好的技能，在体能方面还要具有突出的爆发力和肩髋柔韧性，在跑、跳和协调性方面也要有良好的能力。掷标枪项目具有以全面身体素质为基础，各技术环节的紧密衔接为保证，爆发式的最后用力为核心，最快的出手速度为关键的特征。

二、发展趋势

掷标枪技术的发展趋势应在遵循技术原理的前提下，既要考虑到动作合理性，又要考虑到充分发挥个人特点，以达到最佳的投掷效果，使得助跑与最后用力衔接更加自然连贯。目前，世界优秀运动员的动作趋于简单、经济、实用。

随着运动员与教练员训练水平和认知水平的不断提高，掷标枪技术也发生了相应的变化。一些专家从运动生物力学等角度探讨合理技术，提出增加助跑速度和最后用力阶段适度加大转体动作提高标枪的出手速度的改进方法，以充分发挥掷标枪“鞭打”

动作机制的人体运动链效应。

向科学化、系统化方向发展成为当今运动训练的主流。将选材和训练密切结合、为运动员制订多年培养计划，从青少年时期学习和掌握正确的掷标枪技术、在全面发展的基础上加强专项能力的训练、重视训练的质量和有效强度及训练后疲劳的恢复，已经成为培养优秀标枪运动员的必由之路。世界标枪项目高水平国家都十分重视从儿童少年起培养、引导与激发他们对标枪运动项目的兴趣，全面发展他们的身体素质，逐步掌握和完善标枪技术，避免过早地进行大量的大力量训练和过多的大强度专项训练。

第二节　标枪技术

一、标枪技术的动作结构要点（以右手为例）

标枪属于非周期性项目，为了便于分析技术动作，我们把一整套连续技术动作按照顺序分解为握持枪、助跑、最后用力和标枪出手后维持身体平衡 4 个部分（图 11-1~图 11-3）。

图 11-1　助跑阶段

图 11-2　引枪交叉步阶段

图 11-3 最后用力阶段

二、掷标枪四个阶段的技术要点（以右手为例）

（一）握枪和持枪

1. 握法

握枪方法是将标枪斜放在掌心上，大拇指和中指握在标枪把手末端第一圈上沿，食指自然弯曲斜握在标枪上，无名指和小指握在把手上，也可将拇指和食指握在标枪把手末端第一圈上沿，其余手指按顺序握在把手上。

2. 持枪

持枪的方法是屈臂举枪于肩上，上臂与肩轴的夹角和上臂与前臂夹角约为 90 度，枪身稍高于头，枪尖稍低于枪尾。

（二）助跑阶段

1. 预跑阶段

预跑阶段主要是加速，在跑进中上体稍前倾，大腿积极前摆，用前脚掌着地，后蹬有力，动作放松而富有弹性，左臂摆动同正常跑，持枪臂随着跑动动作做小幅度前后自然摆动，助跑速度应和本人技术水平和身体素质相适应，优秀运动员的助跑速度通常相当于本人最大跑速度的 75%左右，在加速过程中进入投掷步。

预跑动作要点：①正确握枪；②持枪于右肩上方；③投掷臂放松；④面对投掷方向跑进；⑤助跑有节奏，直线逐渐加速。

2. 投掷步阶段

投掷步通常为 4~6 步，当投掷步为四步时，左脚踏上第二标志线后，迈右腿开始第一步（可称为引枪交叉步），第一、二步（可称为引枪侧跨步），运动员完成引枪动作，第三步为交叉步，第四步为最后用力步。

（1）引枪。

开始左脚踏上第二标志线进入投掷步阶段，迈右腿开始引枪，此时躯干向右转，投掷臂向后引枪，此时投掷臂还没有完全伸展开，将标枪由肩上沿标枪纵轴延长线后引。引枪时上体随投掷臂后引逐渐侧转，异侧肩向枪体靠拢，标枪保持平稳，此时人体后倾较小，基本与地面垂直，髋轴基本不向右转，左臂在胸前自然摆动，手腕内扣，保持较高的助跑速度，目视前方。当左腿前迈时，上体完全转至侧对投掷方向，投掷臂自然伸展，标枪应靠近身体与肩平行，完成引枪动作。

引枪动作要点：①沿标枪纵轴向后引枪；②投掷臂放松、舒展；③枪头位于头部位置；④面部侧对投掷区域，眼睛注视投掷方向；⑤两腿蹬摆有力，保持助跑速度。

（2）交叉步。

由左脚落地开始，左脚落地后积极向后蹬地，右腿膝关节自然弯曲，大腿带动小腿积极有力向投掷方向摆出，右脚脚跟外侧率先着地向前滚动，当右腿靠近左腿时，左腿快速有力蹬伸，促使右腿加快前摆。两腿的积极蹬摆动作使下肢加速向前，形成合理的超越器械动作，躯干后倾并适度加大向右转体，为最后用力创造良好条件。

交叉步动作要点：①左腿积极蹬地，右脚斜向前 45 度；②右膝领先前摆，肩髋扭转，超越器械；③左肩指向投掷方向；④躯干后倾，腾空低平；⑤右脚着地时左脚已超过右脚。

（3）第四步。

做好预备用力姿势。在交叉步右脚尚未落地之前，左腿就要积极前迈。右腿落地后身体重心落在右腿上，紧接着右腿积极蹬转、送髋，身体重心向前移动。撑左腿的同时将左臂拉向腰间，左腿支撑时，大腿不宜抬得过高，左脚全脚掌或内侧着地，做出强有力的制动支撑，左脚落地后脚尖微内扣，左脚脚尖与右脚脚跟落地点的位置尽量都在一条垂直线的左右两侧。第四步是最后用力步，这一步是为了最后用力时，给人体创造一个最佳支撑点，从而能在最后用力时将之前获得的速度更加充分地作用到人体，最后作用到标枪纵轴。

第四步动作要点：①身体重心起伏不宜过大；②右脚掌着地，左腿积极前伸；③左脚以全脚掌或内侧先着地；④肩、髋轴与标枪平行；⑤投掷臂伸展；⑥躯干后倾，形成用力前的有利姿态。

（三）最后用力

最后用力是标枪技术中最重要的一步，助跑和最后用力的衔接是重点，而最后用力是标枪技术中的难点。

投掷步的第三步右脚着地后，身体重心前移，身体重心超过支撑点垂直面，右腿进入蹬转动作，髋部迅速向前运动，推动右髋加速向投掷方向运动，这是投掷步向最后用力进行过渡衔接的动作，都是为了最后用力做准备。随着左脚落地，形成了以左腿和左臂为主的左侧支撑，为人体肌肉能更加充分地收缩提供条件，此时开始进入最后用力阶段，髋轴超过肩轴，髋部牵引着肩轴向投掷方向转动，同时投掷臂向上转动，带动前臂、手腕向上翻转，上体转为正对投掷方向，形成了“反弓”姿势。此时投掷臂处于身后，约与肩高、躯干成直角。被迫微屈的左腿做迅速有弹性的蹬伸，将左臂拉至左下方并制动，同时胸部积极前挺制动，并带动前臂向前上方做爆发性“鞭打”动作，使全身的力量通过手臂和手指作用于标枪纵轴。标枪离手一刹那，手腕和手指积极拨枪，能使标枪沿着纵轴按顺时针方向自转，这可以保持标枪在空中飞行的稳定性，提高标枪的滑翔效果。标枪出手的适宜角度约 30 度。掷标枪最后用力动作是从右脚开始的，发力顺序由下至上，依次通过腿、髋、躯干、肩、肘、手的一系列动作将标枪投出。

最后用力有两个技术环节，“满弓”和“鞭打”，右脚着地及时发力，膝、髋向前，挺胸、上臂上抬，手远置于体后，形成满弓，左侧有力制动与蹬伸，右侧以胸带臂沿标枪的纵轴的方向以鞭打形式将标枪投出，标枪与地面的夹角约 35 度。

最后用力动作要点：①右腿屈膝后快速蹬转，左腿积极插地并制动；②右髋前送，初步形成“反弓”，肩部伸展；③投掷臂快速向前上方翻转；④左腿与左臂进行配合完成制动，锁住身体；⑤整个身体形成“反弓”后身体积极上前扑打；⑥投掷臂爆发性地快速鞭打。

（四）标枪出手后的身体平衡

标枪出手后的动作不仅是为了防止犯规，对于投掷的远度还是或多或少有些影响，标枪出手后身体可以采取交换腿或鱼跃俯卧的姿势进行制动缓冲，一般采取鱼跃缓冲的方式能延长运动员对器械的用力距离，提高向前扑打的速度，对提高运动成绩有很大帮助。

缓冲动作要领：①右腿前跨出一大步，制动身体；②身体重心降低；③鱼跃方式向前扑打。

三、各年龄段标枪技术要点和要求（表 11–1）

表 11–1　青少年标枪技术要点及各年龄阶段要求

技术环节	技术要点（以右手投掷为例）	各年龄阶段技术要求		
		12~13 岁	14~15 岁	16~17 岁以上
握法	采用现代式握法，将标枪把手斜放在掌心上，用中指与拇指握在把手的上沿，其他手指自然握在把手上	自然放松	自然放松	自然放松
持枪方法	将标枪举至运动员的头部，与右前额同高，枪尖略低于枪尾，或枪的纵轴平行于地面	右肘稍向外放松舒展便于助跑和引枪	右肘稍向外放松舒展便于助跑和引枪	右肘稍向外放松舒展便于助跑和引枪
助跑预跑（8~12 步）	预跑阶段应协调放松逐渐加速至适宜程度，当左脚踏上标志线时，躯干与地面保持垂直，为进入投掷步做好准备	上下肢协调配合，动作自然连贯，投掷臂带动标枪始终控制在前后方向上的摆动，并保持标枪的稳定	持枪臂与下肢配合自然协调，并保持标枪的稳定	持枪臂与下肢配合自然协调，并保持标枪的稳定
投掷步（4~6 步）	投掷步前两步完成引枪动作，并做到两腿前摆、下压积极交替和积极“后扒”，第三步（交叉步）时，右腿大腿带动小腿低、平、快地积极前摆右脚脚跟外侧率先着地并向前滚动。促使第四步左腿积极着地，形成有利投掷的准备姿势	身体重量大部分压在弯曲的右腿上，躯干向后倾斜约 20~25 度，持枪臂保持在肩的延长线上	身体重量大部分压在弯曲的右腿上，躯干向后倾斜约 20~25 度，持枪臂保持在肩的延长线上	身体重量大部分压在弯曲的右腿上，躯干向后倾斜约 20~25 度，持枪臂保持在肩的延长线上
最后用力	投掷步的第三步右脚着地后，身体重心前移，身体重心超过支撑点垂直面，右腿进入蹬转动作，髋部迅速向前运动，推动右	用力顺序正确，做好左侧支撑和制动蹬伸动作，最后用力步不宜过大，以避免出现“坐投”现象	用力顺序正确，做好左侧支撑和制动蹬伸动作，用力方向通过标枪纵轴。	用力顺序正确，做好左侧支撑和制动蹬伸动作，用力方向通过标枪纵轴

（续表）

技术环节	技术要点（以右手投掷为例）	各年龄阶段技术要求		
		12~13 岁	14~15 岁	16~17 岁以上
最后用力	髋加速向投掷方向运动，这是投掷步向最后用力进行过渡衔接的动作，都是为了最后用力做准备。随着左脚落地，形成了以左腿和左臂为主的左侧支撑，为人体肌肉能更加充分地收缩提供条件，此时开始进入最后用力阶段，将左臂拉至左下方并制动，髋、胸部依次转向投掷方向，右手同时向外翻转，形成“反弓”，在左腿有力支撑下，完成最后用力鞭打动作。标枪的出手角度约为 30 度			
平衡动作	标枪出手后，向前上一大步，身体重心下降，缓冲向前惯性，也有速度快的运动员以“鱼跃”动作完成缓冲，避免犯规	交换腿或向前跨一大步控制身体平衡	交换腿或向前跨一大步控制身体平衡	根据自身能力可尝试采用“鱼跃”动作控制身体平衡

四、标枪技术评价标准（表 11–2）

表 11–2　青少年标枪技术评价标准

评价内容	优秀	良好	及格
握枪、持枪动作，身体姿势，助跑前开始动作	正确，端正，自然	握枪、持枪动作正确，身体姿势端正。助跑前开始动作正确	握枪、持枪动作基本正确，身体姿势端正，助跑前开始动作正确
助跑，速度，预跑、交叉步和最后用力衔接	助跑积极向前动作流畅速度快，预跑、交叉步和最后用力衔接连贯，没有减速	助跑速度较快动作流畅，预跑、交叉步和最后用力能够衔接，没有明显减速	助跑动作基本流畅，预跑、交叉步和最后用力能够衔接

（续表）

评价内容	优秀	良好	及格
最后用力前身体姿势、最后用力动作、用力顺序、快速鞭打使器械加速	最后用力前身体姿势正确成反弓形态，最后用力动作充分，顺序正确，快速鞭打使器械加速明显	最后用力前身体姿势基本正确，最后用力动作比较充分，用力顺序基本正确，快速鞭打使器械加速明显	最后用力前身体姿势基本正确，快速鞭打使器械有加速，有动作缺陷，速度节奏不太清楚
全程技术节奏	明显	基本合理	有节奏感
出手角度	出手角度最佳	出手角度合理	出手角度大致合理

五、标枪技术动作的生物学要求和技术提示

在实际训练过中教练员除了根据重点、难点对运动员技术进行目测，还通过录像间接观察结果进行分析，把动作原理与运动员自身特点紧密结合，进而在训练中进行评定，并向运动员提供反馈和完善技术动作，见表 11-3。

表 11-3　青少年标枪技术动作的生物学要求和技术提示

生物学要求	技术训练提示
助跑由周期性动作向非周期性动作转换	测量助跑，保证逐步加速和步频、步长的变化要合理
在交叉步后形成身体的理想后倾角	迅速地交叉步跑使下肢超越上体，投掷臂充分伸展，上体后倾，髋轴、肩轴与标枪平行
尽可能减少助跑速度的损失	流畅的引枪、迅速的下肢动作、快速的投掷步、双脚积极地蹬离地面和“打击式”落地，低姿势地进行交叉步、髋和肩关节的灵活性训练。进行一般动作节奏的训练，以及助跑节奏和模仿出手动作的训练
在制动支撑阶段保证动量通过髋、躯干、投掷臂形成的运动链向标枪的理想传递	身体左侧制动支撑、右髋前送，持枪在身后形成“满弓”。右肩积极前带和前臂的爆发式鞭打动作
在达到最大出手速度的情况下取得理想的标枪姿态角和出手角度	获得尽量长的加速路线，并且尽量沿着标枪纵轴用力，通过“满弓”姿势的爆发式“释放”有效利用身体力量，可在不同的风向和天气状况下练习投掷，注意投掷臂的正确姿势

第三节　标枪运动员选材

标枪运动员的选材，是根据人体生长发育和运动训练学的规律，综合分析所选青

少年在标枪项目上是否有被培养成国内外优秀标枪运动员的优势和潜质。

一、选材主要因素

选材主要表现在以下几个方面：

（1）遗传：主要参考父母、祖父母、外祖父母及父母近亲的身体形态、运动能力、个性特点、心理素质等遗传因素。

（2）身体形态：身高、指尖距与身高的差、克托莱指数、上臂围松紧差、骨盆/肩宽×100，骨龄–年龄差（小于二岁）、手长、躯干呈筒形。

（3）生理机能：磷酸原系统供能能力强，能承受较大强度运动负荷且不易疲劳，感官机能发达，本体感觉清晰准确，视觉、前庭分析器敏感，肺活量、心输出量大，血睾酮在定量负荷下恢复快。

（4）身体素质：身体素质发展全面，有速度、力量好和快速鞭打能力，肩关节、脊柱、髋关节柔韧性好，良好的跑跳能力，全身协调用力的效果好。

（5）技术：动作自然、协调、流畅，助跑与最后用力衔接连贯，原地投与全程助跑投枪的成绩差大。

（6）心理素质：有顽强的意志，高度自信，具有强烈的征服欲，鲜明的独立性和自我开放性，情绪状态有高度的自控性。

（7）其他：对标枪有浓厚的兴趣爱好，家长的积极支持。

（8）提示：在选材中尽量选择各项指标优秀、综合素质全面的运动员，同时不能忽视身体条件一般但特点突出的运动员。

二、选材指标

根据国家体育总局竞赛年龄分组规定，青少年标枪训练选材分为以下三个阶段：初级选材阶段（12~13 岁，表 11–4），重点选材阶段（14~15 岁，表 11–5），优选阶段（16~17 岁，表 11–6）。从身体形态、生理机能、身体素质、掷标枪成绩和技术评定 5 个方面的标准进行评定。

表 11–4 青少年标枪训练初级选材阶段（12~13 岁）选材标准

选材重点	（1）考虑运动能力遗传的基本特点 （2）选拔身材高大，体形匀称，指间距大于身高，跟腱较长，脚踝围度小，关节灵活，足弓明显，柔韧性好，动作幅度大 （3）喜爱标枪，意志坚强，果断勇敢拼搏，模仿力强，具有一定的判断能力 （4）神经类型选择反应快，准确，活泼，思维敏捷，接受能力强

（续表）

	类别	内容	男	女
选材指标	身体形态	身高（厘米） 体重（千克） 指间距大于身高（厘米）	一般不低于 170 60 大于 3	一般不低于 165 55 大于 3
	生理机能	血红蛋白（克/分升） 脉搏（次/分） 肺活量（毫升）	11 55~65 3000 以上	10 50~60 3000 以上
	身体素质	起动 30 米跑（秒） 立定三级跳（米） 后抛实心球（米） 坐位体前屈（厘米） 背桥距（厘米） 助跑投小球（米）	4. 8 6. 5 14（2 千克） 15 30 60	4. 8 6. 1 12（2 千克） 18 25 50
	专项成绩	原地掷标枪（米） 全程助跑掷标枪（米）	28（400 克） 35（400 克）	23（400 克） 30（400 克）
	技术评定	掷标枪技术	动作协调自然，有较强的爆发力，投枪意识与接受能力强	

表 11-5 青少年标枪训练重点选材阶段（14~15 岁）选材标准

选材重点	（1）身体形态符合本项目的要求 （2）身体素质发展全面，骨龄不超过日历年龄两岁 （3）较好地掌握标枪投掷技术，有一定的专项素质水平 （4）心理稳定；身体机能正常，有承受一定负荷的标枪专项训练的能力			
选材指标	类别	内容	男	女
	身体形态	身高（米） 体重（千克） 指间距大于身高（厘米）	一般不低于 180 75 5	一般不低于 170 62 5
	身体机能	血红蛋白（克/分升） 脉搏（次/分） 肺活量（毫升）	13. 5~15 55 ~65 3500 以上	13~14 50~60 3000 以上
	身体素质	起动 30 米跑（秒） 立定三级跳（米） 后抛铅球（秒） 坐位体前屈（厘米） 背桥距（厘米） 助跑投小球（秒）	4. 3 7. 8 15（4 千克） 18 30 70	4. 5 7. 0 12（3 千克） 20 20 60
	专项成绩	原地掷标枪（秒） 全程助跑掷标枪（秒）	31（600 克） 50~56（600 克）	26（500 克） 38~45（500 克）
	技术评定	掷标枪技术	动作规范，协调自然，枪感好，爆发力强，基本掌握完整掷标枪技术	

表 11-6　青少年标枪训练优选选材阶段（16~17 岁）选材标准

选材重点	（1）身高、指距已基本定型，应按优秀标枪运动员的形态特征选材 （2）协调性、快速力量、专项投掷能力具有向高水平发展的潜力 （3）基本技术结构合理，助跑节奏好，动作流畅，专项意识好 （4）比赛能力、应变能力和心理素质好，意志品质好 （5）身体健康状况好，能够承受较大训练负荷			
选材指标	类别	内容	男	女
	身体形态	身高（厘米） 体重（千克） 指间距大于身高（厘米）	一般不低于 188 85 8	一般不低于 175 75 5
	身体机能	血红蛋白（克/分升） 脉搏（次/分） 肺活量（毫升）	14~15 55~65 4200 以上	13.5~14 50~60 3500 以上
	身体素质	起动 30 米跑（秒） 立定三级跳（米） 后抛铅球（米） 坐位体前屈（厘米） 背桥距（厘米） 助跑投小球（秒）	4.0 8.5 14（5 千克） 20 30 75	4.2 7.3 13（4 千克） 22 18 65
	专项成绩	原地掷标枪（米） 全程助跑掷标枪（米）	38（700 克） 70（700 克）	30（600 克） 50（600 克）
	技术评定	掷标枪技术	动作规范，协调自然，枪感好，爆发力强，速度节奏好并能较熟练地掌握掷标枪的完整技术	

第四节　标枪运动员各年龄阶段训练任务与要求

一、根据青少年标枪后备人才的年龄，大致可划分为三个训练阶段

（1）引导训练阶段（12~13 岁）。

（2）基础训练阶段（14~15 岁）。

（3）初级专项训练阶段（16~17 岁）。

二、各年龄阶段的生理特点

（一）12~13 岁

（1）生长发育特点：男子处在青春发育前期，女子已进入青春发育期，身体形态

发育出现突增现象。

（2）骨骼和肌肉特点：骨骼富有弹性，但硬度小；肌纤维较细，肌力弱易疲劳，肌肉发育不平衡。

（3）心血管系统特点：心脏发育尚未完善，心容量较小，心率较快，但血管发育较好，血管壁弹性好，开始出现青春期高血压。

（4）神经系统特点：神经活动过程不稳定，兴奋和抑制过程在皮质很容易扩散，表现为活泼好动，注意力易分散，动作不协调、不准确。分化能力尚不完善，掌握复杂精细动作困难，但少女分化抑制发展较早。

（二）14~15岁

（1）生长发育特点：男子进入青春发育期，身体形态有明显的变化。女子发育则渐趋平衡稳定，男女差异加大。

（2）骨骼和肌肉特点：男子肌肉生长落后于骨骼的生长，肌力和耐力都较差，关节柔韧性下降。

（3）心血管系统特点：心容量相对较小，心脏收缩力量较差，心率较快，心脏调节功能尚未完善，青春期高血压出现增多。

（4）神经系统特点：神经活动过程趋于稳定，反应潜伏期缩短，分化能力提高，皮质抑制调节机能达到一定强度，分析综合能力明显提高，但分化能力尚不完善。青春期神经系统受内分泌腺活动的影响，会使稳定性暂时下降，少年表现出动作不协调，少女更明显。

（三）16~17岁

（1）生长发育特点：男子生长发育虽然趋于相对稳定、缓慢阶段，但仍有发展空间，女子发育则基本停滞。

（2）骨骼和肌肉特点：骨质钙化作用增强，骨的坚固性和负重能力增强，肌肉横向发展较快，小肌肉群也迅速发育，是躯干力量增长最快的时期，因肌力增长使柔韧性下降。

（3）心血管系统特点：男女心血管系统的发育趋于完善和稳定。

（4）神经系统特点：男女均处于稳定阶段，分化能力进一步完善，能掌握和完成复杂精细的动作。

三、各年龄阶段训练任务（表 11-7）

表 11-7 青少年标枪运动员各年龄阶段训练任务

年龄阶段	训练任务
12~13 岁	①全面发展运动员的身体素质，提高运动员的速度能力、灵敏性和柔韧性 ②初步掌握掷标枪的基本技术，培养兴趣 ③发展这个阶段的快速鞭打能力 ④培养运动员高尚的道德和增强意志力
14~15 岁	①进一步发展运动员的身体素质 ②熟练掌握掷标枪的完整技术，确定技术动作形式，逐步提高最终用力效果 ③进一步发展快速鞭打能力 ④培养和发展运动员的心理素质，提高比赛能力，在比赛中能保持较高的自信心
16~17 岁	①继续提高运动员全面身体素质 ②巩固和熟练掷标枪的完整技术 ③继续培养运动员心理素质，提高比赛能力 ④发展运动员的专项投掷能力 ⑤对运动员进行专项理论教育

四、各年龄阶段训练要求（表 11-8）

表 11-8 青少年标枪运动员各年龄阶段训练要求

年龄阶段	训练要求
12~13 岁	①根据少儿的生理、心理特点，训练采用多样化的训练手段，发展基本技能、技巧和提高心肺功能 ②着重发展速度、弹跳、灵敏、柔韧等素质 ③技术训练，分解和完整练习相结合，形成正确的动作结构和用力顺序，提高完成动作的效率 ④培养正确的投掷意识和良好的意志品质 ⑤训练负荷不宜过大，保持运动员的练习兴趣，防止训练成人化
14~15 岁	①在全面发展身体素质的基础上，增加发展专项素质比例 ②以快速力量为主，全面发展身体各环节的力量 ③技术训练，重视完整技术中的衔接和动作节奏 ④培养良好的意志品质和较强的忍耐力 ⑤提高比赛能力，要求在比赛中保持较强的自信心
16~17 岁	①巩固全面身体素质训练水平，逐步发展专项素质和专项能力。力量训练应注重快速力量和绝对力量结合 ②日益完善完整技术，使各技术环节衔接连贯、动作协调、稳定，体现出较强的动作

（续表）

年龄阶段	训练要求
16~17 岁	节奏，并逐步形成自己的技术风格 ③加强各关节的小力量训练及柔韧练习，防止受伤 ④在训练和比赛中，提高自我控制能力和抗干扰能力，能在比赛中正常发挥水平，并善于总结，不断提高认识 ⑤提高自我分析动作和感知能力，掌握基本理论知识，做到理论与实践相结合，为较好地过渡到高水平打好基础

第五节 标枪各项评价指标、训练负荷及训练任务与要求

一、各年龄阶段专项评价指标（表 11-9）

表 11-9 青少年标枪专项成绩指标评价标准

项目			12~13 岁		14~15 岁		16~17 岁	
性别			男	女	男	女	男	女
专项评价指标	投垒球 125 克（米）	优	70	60	85	73	96	79
		良	65	55	80	68	94	75
		及格	60	50	75	65	88	69
	投小球 300 克（米）	优			70	53	79	63
		良			65	48	73	57
		及格			60	44	68	53
	器械规格		男（400 克）	女（400 克）	男（600 克）	女（700 克）	男（700 克）	女（600 克）
	原地掷标枪（米）	优	30	24	39	30	48	35
		良	25	22	34	26	42	30
		及格	20	19	27	22	36	25
	助跑掷标枪（米）	优	35	30	55	42	68	50
		良	30	28	50	38	65	45
		及格	28	25	43	34	56	40

二、标枪身体素质评价指标（表 11-10）

在青少年标枪运动员各阶段的训练中，身体素质的发展情况是检测前期训练成效简单实用的方法，因此在训练中应定期进行素质测试，根据测试结果发现问题，及时调整修改后续的训练是十分必要的。在准备期，身体素质的测试一般在阶段训练的开始、中期和结束时进行。在比赛期，也应有选择地进行测试和考核。

表 11-10 青少年标枪各年龄段身体素质测试内容和成绩指标

年龄		12~13 岁		14~15 岁		16~17 岁	
性别		男	女	男	女	男	女
起动 30 米跑（秒）	优	4.6	4.6	3.8	4.2	3.6	4.0
	良	4.7	4.7	3.9	4.3	3.7	4.1
	及格	5.0	5.0	4.5	4.8	4.2	4.6
立定三级跳远（米）	优	6.5	5.5	7.0	6.2	7.8	6.5
	良	6.0	5.0	6.8	6.0	7.5	6.3
	及格	5.5	4.8	6.5	5.8	7.0	6.0
后抛实心球铅球（米）	优	16（2 千克）	14（2 千克）	14（4 千克）	13（3 千克）	16（5 千克）	14（3 千克）
	良	15（2 千克）	13（2 千克）	13（4 千克）	12（3 千克）	15（5 千克）	13（3 千克）
	及格	14（2 千克）	12（2 千克）	12（4 千克）	11（3 千克）	14（5 千克）	12（3 千克）

三、各年龄阶段训练负荷

根据青少年身心发育的特点，训练课的组织形式应该多样化，练习手段与游戏活动相结合，全面身体素质训练与专项训练相结合，学习与改进技术动作相结合。各年龄阶段训练负荷（表 11-11）。

表 11-11 青少年标枪各年龄阶段训练负荷

分 类	负荷方面	12~13 岁	14~15 岁	16~17 岁
训练时间	课时间（小时）	1~1.5	1.5~2	2~2.5
	周训练课次	3~5	5~6	6~8
	月训练课次	13~20	20~25	25~30

（续表）

分类	负荷方面	12~13岁	14~15岁	16~17岁
训练时间	年训练课次	150~200	200~240	260~300
	年比赛次数	1~2	3~4	4~6
训练比重	技术训练（%）	20	30	35
	专项素质（%）	30	35	40
	一般素质（%）	50	35	25
训练负荷	年投掷总量（次）	≥4000	≥4000	≥4500
	标准枪（次）	≥1000	≥1200	≥1200
	轻枪和其他轻器械（次）	2000	≥2000	≥2000
	重枪（次）			≥500
	双手投掷（次）	≥1000	≥800	≥800

四、标枪项目训练的任务与要求

标枪项目训练分为专项投掷训练和一般投掷训练。

（一）专项投掷训练

专项投掷训练要注意发展速度节奏和专项力量素质，分解练习要为完整技术服务（表11–12）。

表11–12　青少年标枪专项投掷训练的任务与要求

任务	名称	要求
控制标枪，沿标枪纵轴用力	正面或侧面插枪	用力时，两腿用力蹬伸的同时以胸带臂将标枪掷出，用力方向通过标枪纵轴，尽力使标枪插向前下方的地面。标枪落地点与标枪纵轴和投掷者身体成一条直线
掌握正确的鞭打动作，体会正确的用力顺序，发展投掷的爆发力	原地、上步或助跑鞭打小树枝练习	右腿蹬转送髋用力，推动身体重心前移至左腿上方时左腿快速蹬伸，以胸带臂向前上方鞭打。动作配合协调
体会躯干与肩部充分伸展而形成的背弓姿势，发展躯干和肩关节的柔韧性	扶肋木背弓	右腿快速蹬伸，送髋，两臂保持伸直，身体呈反弓形，左腿伸直

（续表）

任务	名称	要求
体会掷标枪时的翻肩、转体和背弓动作	扶肋木翻肩	右腿快速蹬转送髋，左腿前迈，身体转向投掷方向，拉左臂的同时投掷臂向上翻转
体会正确的动作顺序和用力方向	原地掷标枪	身体侧对投掷方向站立，右脚在前与投掷方向约成45度，左脚在后，用力时左脚前迈一步，蹬右腿，撑左腿，以胸带臂将标枪沿纵轴掷出，出手角度约为30度
体会助跑与最后用力的衔接	上步掷标枪	连续向前上3~5步，在最后一个交叉步形成适宜的超越器械的姿势，两腿用力蹬伸，以胸带臂将标枪沿纵轴掷出，出手角度约为30度
发展专项速度，提高控制标枪的能力	持枪交叉步	侧对投掷方向站立，投掷臂向后伸展，右手持枪与肩同高或稍高于肩。跑动时蹬摆有力，逐渐加速，控制好标枪
改进在助跑条件下投掷标枪技术，提高助跑与最后用力的衔接	短助跑投枪	预跑4~6步接交叉步后将标枪掷出
提高在助跑条件下投掷标枪技术，提高助跑与最后用力的衔接	全程助跑投枪	预跑8~12步接叉步后将标枪投出。助跑不断加速，与最后用力动作衔接紧密

（二）一般身体素质训练（表11-13）

青少年标枪运动员经过全面身体训练，发展各项身体素质，促进身体健康发育，为日后创造优异成绩打下坚实的基础。青少年标枪运动员的一般身体素质训练以发展速度、力量、灵敏、协调和身体各关节的柔韧性为主，同时进行其他体育项目的练习，掌握多种运动技能。训练内容要丰富多样，这样既能保持他们对训练的兴趣，又能获得实际的训练效果。

表11-13　青少年标枪一般身体素质训练的任务与要求

任务	内容	要求
发展上肢力量	持杠铃片肩绕环、卧推、引体向上、俯卧撑、直臂提拉、仰卧单双手头后快速拉橡皮带练习等	注意动作速度
发展全身协调力量	挺举、抓举（膝下）、前后抛实心球练习等	注意动作正确和动作速度
发展下肢力量	单足跳、半蹲、弓箭步走	注意动作速度

（续表）

任务	内容	要求
发展协调快速力量	持杠铃快挺、前后抛实心球等	注意动作速度
发展爆发力和投掷能力	前抛、后抛等各种抛掷练习	注意协调用力和出手时机
发展速度	各种跑的专门性练习、蛇形跑、下坡跑、往返跑等	多种距离、多种姿势跑的练习
发展协调性和下肢灵活性	各种球类练习、多种跨栏、绳梯练习	注意动作正确性防止受伤
发展下肢爆发力	立定、多级跳、跨步跳、蛙跳、跳栏架、跳高台阶、助跑跳高、助跑跳远、带不同重量的器械负重跳等	根据自己的能力进行训练，防止受伤
发展躯干力量	腹、背肌练习	身体姿势端正
发展核心力量	悬挂练习、体操等	身体姿势端正、动作平稳
发展柔韧性	行进间正踢腿、侧踢腿、肩绕环、持器械向前—向后转肩、“满弓”、压肩、背桥、拉伸练习等	注意热身活动开，动作平稳

第六节　标枪训练计划

一、制订训练计划的依据与要求

训练计划体现着运动活动中的基本决策。制订计划时既要考虑到现实目标的需要，又要考虑到主客观提供的可能性。

（一）依据

（1）训练的目的和任务。

（2）训练的年限和时间。

（3）运动员的基本条件。

（4）现有的场地、器材、科研等条件。

（二）要求

（1）在制订训练计划时，一定要从运动员的现有条件（如技术、素质、文化程度、意志品质等）出发。

（2）目标和任务要具体，所采用的完成任务措施要切实可行。

（3）根据运动员的具体情况制定各阶段的具体目标。

（4）要发挥运动员的积极性，发挥科研人员的作用，共同研究整个训练过程和实现预定的计划。

二、多年与年度训练计划

（一）多年训练计划

多年训练计划是对运动员从开始训练到成为一名优秀的标枪运动员的全过程进行的长期远景规划。这对于技术复杂、要求素质水平高的标枪项目来说，显得更为重要。

随着田径运动水平的高度发展和竞争的日益激烈，运动项目对运动员的要求也越来越高，要想把初级运动员培养成该项目的优秀运动员，必须充分发展专项所需要的体能、技能和心理能力。由于运动员这些竞技能力的提高和发展需要经过长时间的训练才能逐步实现，因此多年训练计划是保证系统长期训练的必要条件。科学地制订标枪运动员多年训练计划便日益受到重视。

1. 多年训练的主要内容

（1）运动员的基本情况分析。

运动员的基本情况分析，包括以下几个方面。

①身体机能指标：肺活量、最大吸氧量、血型、血红蛋白、血乳酸、血压、脉搏、神经类型和视觉反应时等。如果是女队员，那么应了解月经初潮年龄等。

②形态指标：身高、坐高、臂长、胸围、臂围、体重、胸廓形态、肩宽和骨盆宽等。

③身体素质指标：30 米起跑、立定跳远、后抛铅球、投小垒球、投小球、肩带柔韧性、耐久力。

④心理指标：基本情绪、性格、气质、动机等个性心理特征。

⑤专项技术能力指标：掷标枪的节奏、掷标枪的动作幅度、出手速度、助跑速度、完整标枪技术的稳定性、在掷标枪过程中对标枪的控制力等。

⑥智力指标：注意力、对标枪的适应能力、对技术的模仿能力、对训练的适应能力、对技术的理解能力和文化程度等。

（2）多年训练计划的目标。

掷标枪多年训练计划的目标是一个多层次的、有序的整体目标系统。它包括专项的多年远景目标、参加多次主要比赛的运动成绩和比赛名次目标、各阶段训练的序列目标和各种竞技能力目标。

(3) 阶段划分和各阶段的任务。

根据运动员竞技能力的发展规律和现代训练的特点，可将掷标枪训练全过程划分为：引导训练阶段、基础训练阶段、初级专项训练阶段。各阶段均有不同的任务和要求。

(4) 制订多年训练计划应注意以下几点。

①要保证训练的连贯性，每年之间的衔接和在一年内各个时期的衔接要安排好。

②根据每年提高运动员技能的生理限度安排负荷量，如规定每年投枪的次数和强度、速度和距离、跳跃的次数和负荷的总量。

③有目的地逐年提高运动员专业理论水平，提高分析能力，培养独立思考能力，增强练习的自觉性。

④有目的地培养运动员的意志品质，鼓励他们在训练中克服困难，在比赛中勇于与强手竞争。

⑤在训练中要保持一定的教学因素比例，这不但对新手掌握技术、改进技术有利，而且对运动员巩固和熟练已掌握的掷标枪技术或矫正错误都是必不可少的。

在青少年掷标枪多年训练的过程中，应该逐年提高专项投掷的次数和强度，并做到因人而异，有针对性地安排训练内容和负荷，见表 11-14。

表 11-14　青少年标枪运动员的阶段训练安排

内容	12~13 岁	14~15 岁	16~17 岁
全面身体训练比例	80%	60%	50%
专项训练比例	20%	40%	50%
助跑投枪（次/年）	1000	2000	3000
其他抛掷（次/年）	1500	3000	4000
速度练习（千米/年）	40~50	40~50	40~45
跳跃练习（组/年）	2000~3000	2500~3500	3000~3500
比赛标枪重量（男）	500 克	600 克	700 克
比赛标枪重量（女）	400 克	500 克	600 克

全年训练中，每个时期训练的内容比例不同。从表 11-15 中可见，引导期身体训练占的比例较大，基础训练阶段和初级阶段专项技术训练开始逐渐增加。这种训练安排，有利于运动员在训练中渐渐适应训练负荷，从而减少伤病的发生，最终为运动员取得优异成绩和延长运动寿命打好基础。

（二）年度训练计划

1. 年度训练计划各时期的任务和安排

（1）准备期是全年训练的基础，直接影响掷标枪运动成绩的提高，主要任务有：
①全面发展身体素质，提高专项能力。
②改进和完善掷标枪技术。
③培养吃苦耐劳的意志品质。
④学习专项理论知识，提高专项理论水平。
各级运动员准备期训练内容比例安排示例见表 11–15。

表 11–15 准备期训练内容比例安排

级别	准备期		
	一般能力训练	专项能力训练	技术训练
引导阶段	50%	30%	20%
基础阶段	40%	30%	30%
初级专项阶段	30%	50%	20%

（2）比赛期的任务与安排。

①任务：保持全面身体训练的比例，以发展专项能力为主；巩固、稳定和娴熟地完成完整掷标枪技术；提高竞技状态，完成比赛任务，达到预期的运动成绩和名次。

②安排：不同等级运动员比赛训练内容的比例安排，如表 11–16 所示。

表 11–16 比赛期训练内容比例安排

级别	准备期		
	一般能力训练	专项能力训练	技术训练
引导阶段	40%	30%	30%
基础阶段	30%	30%	40%
初级专项阶段	20%	30%	50%

（3）休整期的任务与安排。
①任务：
· 消除比赛带来的疲劳，治疗伤病。
· 总结一年的训练情况。
· 制订下一年的训练计划。

·采用积极性休息，保持身体训练水平。

②安排：

·总结训练，讨论分析问题。运动员统计训练量和自我训练小结，然后教练员和运动员共同总结。

·制订下一年训练计划。

·安排治伤、治病。

·保证每周专项训练，保持身体训练水平。

2. 年度训练中应注意的几个问题

（1）在全年训练中，应根据运动员水平合理地安排身体素质和技术训练。在全年的各个时期中，两者的训练比例要安排好。

（2）力量训练和爆发力训练，在全年训练中均要安排并贯彻始终，但训练的量和强度在各个时期中有所不同。

（3）技术训练，对引导和基础阶段的运动员来说，应以掌握和改进基本技术为主，不可偏重运动员过早地提高运动成绩。

（4）在技术训练中，要注意基础训练，不断提高标枪运动员的投掷能力。

（5）对引导和基础阶段运动员的训练，要注意练习的趣味性，要注意运动员的年龄特征。选用手段要新颖，要能激发运动员的兴趣。

（6）对运动员要加强安全教育，防止意外事故的发生。

（7）心理训练应在年度训练和比赛中进行。

（8）在制订年度训练计划时，选用的训练方法要考虑各时期、各阶段的主要任务并且有侧重，逐步提高多种能力的竞技状态。

3. 比赛周训练计划安排

比赛周训练内容与准备期稍有变化，要衔接好，体现连贯性，否则过分集中于专项负担，会使运动员的神经系统和局部肌群疲劳伸直损伤，见表11-17。

表11-17　比赛周训练计划安排

时间	训练周	比赛周
周一	发展速度提高专项能力	发展速度、弹跳力
周二	改进掷标枪技术发展力量（中等强度）	完善技术（中等强度）
周三	一般身体训练	专项力量和力量练习
周四	同周一练习	休息或轻微活动
周五	同周二（但强度要大）	赛前准备活动

（续表）

时间	训练周	比赛周
周六	发展力量和速度	比赛
周日	积极性休息	休息

（1）周训练计划。

准备期冬季阶段周训练示例见表 11-18。

表 11-18 准备期冬季训练阶段周训练计划范例

时间	主要任务	主要内容	负荷量、强度
周一	发展柔韧素质改进技术	肋木练习；持枪柔韧练习；加速跑 40 米×6 次；引枪 20 次；投掷步练习 20 次；原地掷标枪 10 次；上两步掷标枪 10～15 次；投掷步掷标枪 15～20；立定三级跳远 15 次；跳栏架 50～60 次	中、中
周二	发展力量素质提高投掷能力	加速跑 30 米×6 次；抓举 4～6 组；卧推 4～6 组；仰卧头后拉起重物 4～6 组；深蹲 4～6 组；半蹲跳 10 次×4；正面上步双手头后向前上方掷实心球 30～40 次；上步单手投小球 20～30 次；立定跳远、立定三级跳远各 10～15 次	大、中、上
周三	发展速度提高专项小力量	跑的专门练习；加速跑 30 米×4 次；行进间跑计时 20 米×6 次；持枪跑 30 米×4 次；持枪连续交叉步跑 20 米×4 次；双手持杠铃片弓步双臂上举 10 次×4 组；两臂振摆 10 次×4 组；肩绕环 10 次×4 组；腰绕环左右 8 次×4 组；跨步跳 10 级×4 组	中、中
周四	提高投掷能力发展专项“鞭打”速度	各种反应跑；加速跑 40 米×4 次；正面上步双手头后向前上方掷实心球 30～40 次；上步单手掷小球 30～40 次；短程助跑打竹条 20～25 次；单足跳 10 次 ×3 组	中、中
周五	发展柔韧素质改进技术	加速跑 40 米×6 次；肋木练习；持枪肩、腰部柔韧练习；专项技术模仿练习；原地掷标枪 10 次；上步 15～20 次；短程助跑掷轻枪 20 次；立定跳远 15 次	中、中
周六	发展力量素质提高投掷能力	加速跑 40 米×6 次；抓举、卧推、负重转体、仰卧头后拉、半蹲跳各 4～6 组；正面上步双手头后向前上方掷实心球 20 次；后抛实心球 10 次；单手掷重物 10 次；跑跳步练习	大、中、上

(2) 竞赛期冬季阶段周训练示例见表 11-19。

表 11-19 竞赛期前训练阶段周训练计划

时间	主要任务	主要内容	负荷量、强度
周一	改进专项技术发展速度与下肢爆发力	原地掷标枪 10 次；侧向上两步掷标枪 10 次；短程助跑掷标枪 8 次；持枪节奏跑 8 次；立定跳远、立定三级跳远各 10 次；加速跑 30 米×6 次	中小、中
周二	发展力量素质提高投掷能力	加速跑 30 米×6 次；抓举 4 组；卧推 4 组；仰卧头后拉起重物 4 组；半蹲跳 10 次×4；正面上步双手头后向前上方掷实心球 10 次；上步单手投小球 10 次；立定跳远、立定三级跳远各 10 次	中小、中
周三	发展专项“鞭打”速度提高投掷能力	正面上步双手投后向前掷实心球 15 次；投掷步掷小球 15~20 次；短程助跑打竹条 10 次；短程助跑掷小球 10 次；跑跳步练习	中、大
周四	调整	柔韧练习；各种反应练习；游戏或垫上操	小、小
周五	改进专项技术发展速度和下肢爆发力	加速跑 30 米、60 米×4 次；持枪跑 30 米×4 次；持枪原地模仿练习 10 次；侧向上两步掷标枪模仿练习 10 次；投掷步掷标枪模仿练习 10 次；单足跳左、右各 15 米×3 组；跨步跳 10 级×3 组	中、中
周六	发展速度力量提高投掷能力	加速跑 30 米、60 米×4 次；持枪跑 30 米×4 次；两人一组翻肩练习 10 次×4 组；掷胶球 10 次×2 组；掷垒球 10 次	中、大

三、根据运动员素质发展敏感期制订训练计划

标枪运动员不仅要具有速度和力量，而且他们还要具有很好的柔韧性和高度的协调性，以及良好的“标枪感”。由于青少年运动员的身体条件与成年运动员有所不同，因此，在青少年标枪运动员的训练过程中，一定要注意采用科学的训练方法。

全面发展身体素质的任务，虽贯穿在各个年龄阶段，但根据各素质的发展有敏感期特点，必须遵循这个规律，即把发展快速鞭打能力、跑跳能力、协调能力放在引导阶段和基础训练为重点，并优先发展这些素质，把力量素质放在第三年龄阶段以后重点发展。若违背这一规律，即过早、过多地发展力量将会阻碍协调能力、动作速率和动作幅度的发展，会给成年训练带来无法弥补的损失，大大影响运动成绩的提高。因此，结合标枪项目的年龄特征与敏感期制订训练计划，并进行训练监控是十分必要的，如表 11-20~表 11-22 所示。

表 11-20 引导训练阶段（12~13 岁）

任务	内容	要求
初步了解正确的持握枪—最后用力—投掷步节奏	持握器械或徒手进行交叉步、最后用力、完整投掷步的反复练习	注意动作顺序
发展协调快速的鞭打能力	打竹条、掷小石子、丢沙包、掷垒球、羽毛球掷远	注意动作速度
发展全面身体素质，提高健康水平，促进身体正常发育	原地纵跳、立定跳远、徒手或肩负沙袋前后体前屈、俯卧撑、爬绳、体操、徒手或手持哑铃上下交替振臂、投实心球或大小球类各种游戏	发展和提高运动员的兴趣，使身体得到全面的发展
发展爆发力	前后抛实心球、纵跳、单脚跳、立定跳远、立定三级跳等各种跳跃练习	注意协调用力和出手时机，课后应重点进行拉伸放松
投掷能力	投掷轻枪、掷小球、小石子等各种轻器械	体会动作的用力顺序
发展速度	跑的练习，持枪跑、交叉步跑、加速跑、往返跑、变速跑、反应跑	多种距离、多种姿势跑的练习
发展协调性和下肢灵活性	体操、多种跨栏、绳梯练习、立卧撑	注意动作正确性
发展下肢力量	各种跳跃类游戏	简单易行
发展躯干力量	腹、背肌练习	身体姿势端正
发展灵敏性	反应跑、贴人游戏等	简单易行
不断加强肩、肘关节部位的力量及柔韧性练习，防止受伤	徒手或负重肩绕环、压肩、背桥、拉伸、“满弓”等	注意热身要充分，动作平稳
加强组织性、纪律性和集体主义教育，培养勇敢顽强的意志品质	组织各种机体游戏或集体活动，在其中培养参与者的这些品质	人人都积极参与

表 11-21 基础训练阶段（14~15 岁）

任务	内容	要求
掌握掷标枪的完整技术，巩固和提高全程助跑投掷技术	模仿练习（持器械或徒手）原地、上步、全程助跑掷标枪练习等	体会正确的用力顺序，避免错误动作反复出现
发展快速鞭打能力	原地和上步打竹条、鞭打吊球、掷小球、小石子等	注意动作正确和动作速度

（续表）

任务	内容	要求
继续加强全面发展身体素质，进一步提高健康水平，重点是跑跳能力、协调性及柔韧性	肩负杠铃做发展下肢和躯干的各种练习、跑的练习、绕桩跑、急停急跑、转髋练习及两人顶肩、桥、持枪转肩等	使运动员得到全面发展
发展专项能力	仰卧拉、头后拉、单手持杠铃片做最后用力练习、投轻枪、拉橡皮筋、垒球、手榴弹、小石子、胶球（原地、上步、全程）	注意用力顺序，动作速度要快
增强膝、腰、肩、肘等易伤部位的肌群力量	小肌群力量练习	训练中应集中注意力
发展速度	持枪跑、交叉步跑、短距离加速跑、反应跑、起跑、往返跑、变速跑、接力跑	全力冲刺、充分调动机体神经系统兴奋
发展身体协调性和灵敏性	体操、多种跨栏、绳梯练习、立卧撑、转髋练习、各种球类运动、反应跑、贴人游戏等	注意动作正确性
继续发展下肢力量	各种跳跃类游戏、多级跳远、助跑跳远、立定跳、立定三级跳、助跑三级跳、跳深等	练习前充分进行准备活动，课程结束后注意放松拉伸进行恢复
继续发展躯干力量	腹背肌、负重转体、提拉	身体姿势端正
不断加强肩、肘关节部位的力量及柔韧性练习，防止受伤	徒手或负重肩绕环、压肩、背桥、拉伸、“满弓”等	注意热身活动开，动作平稳
培养比赛能力	思想诱导、克服困难的能力、参加各种测试和比赛、模拟训练	有计划和针对性地采用各种手段，使运动员在训练或比赛中克服困难，培养比赛能力
加强组织性、纪律性和集体主义教育，培养勇敢顽强的意志品质	引导和训练，并且还应经常性地组织各种机体游戏或集体活动，在其中培养运动员的这些品质	人人都积极参与还应经常性对运动员进行思想教育

表 11-22　初级专项训练阶段（16~17 岁）

任务	内容	要求
熟练掌握掷标枪完整技术	全程助跑引枪、打竹条、投小球、掷小石块	以完整技术为主，不断建立动力定性，并逐步提高最后用力顺序
进一步发展全面身体素质	各种跑跳类练习、专项练习手段、轻重量的仰卧拉，单双手头后拉、投轻枪、轻器械等	安排大力量训练时应传授运动员正确的动作要领，并逐渐加大运动强度

（续表）

任务	内容	要求
培养和发展运动员良好的心理素质，提高比赛能力	全程助跑掷标枪、全程助跑引枪、技战术训练、心理诱导、模拟训练	教练员积极进行引导和时时监控，将运动员的状态调控到赛前最佳状态
进一步提高协调快速力量	持杠铃快挺、头后拉、仰卧拉等	注意动作速度
发展爆发力和投掷能力	俯卧撑、立定跳、助跑跳远、多级跳、跨步跳、蹲跳、抓举、高翻、仰卧拉、头后拉、单手持杠铃片做最后用力、前抛、后抛实心球等各种抛掷练习等	注意协调用力和出手时机，课后进行放松练习
进一步发展速度	跑的练习，持枪助跑、持枪交叉步跑等	多种距离、多种姿势跑的练习
发展协调性和灵敏性	上下肢配合练习、体操、多种跨栏、绳梯练习、立卧撑、转髋练习、各种球类运动、反应跑等	注意动作正确性
发展下肢快速力量	深蹲、半蹲、跳远、三级跳、肩负杠铃半蹲连续跳、单足、双足多级跳跃、跳深等	注意动作的规范性
发展柔韧性	压肩、顶肩、背桥、拉伸等	注意热身活动，平稳、柔和
进一步培养比赛能力	思想诱导、克服困难的能力、参加各种测试和比赛、模拟训练	有计划和针对性地采用各种手段，使运动员在训练或比赛中克服困难，培养比赛能力
加强组织性、纪律性和集体主义教育，培养勇敢顽强的意志品质	引导和训练，应经常性地组织各种集体游戏或集体活动，在其中培养运动员的这些品质	人人都积极参与，还应经常性对运动员进行思想教育

四、掷标枪训练和比赛中的问题及对策

训练和比赛中易出现问题、产生原因及应对措施。

1. 训练中常见问题（表 11-23）

表 11-23　训练中掷标枪易出现问题、产生原因及应对措施

易出现问题	产生原因	应对措施
预跑阶段的速度呈逐渐减速的趋势，节奏不好	①未掌握助跑节奏 ②没有很好地掌握投掷步技术，思想过于集中做投掷步动作	①持枪加速跑练习 ②反复练习持枪加速跑转投掷步练习
引枪的位置和方向不正确，如标枪离身体太远、手臂过低或枪尖过高等	①肩关节柔韧性差 ②对枪头产生恐惧，怕挫伤头部 ③手臂缺乏空间感，控制枪的能力差	①多做发展肩关节柔韧性的专门练习 ②原地、走步和慢跑中练习引枪，提高手臂空间感。 ③练习引枪时，教练员或同伴在后面协助控制标枪的位置、方向
屈肘投枪	①在下肢完成部分投掷动作之前手臂就用力 ②投掷臂肩部的柔韧性较差	①加强运动员从背后尽可能远的地方做掷枪动作的意识，反复纠正 ②加强肩关节的柔韧性
投掷步与最后用力结合不好，出现减速、停顿、最后用力前姿势不正确等现象	①助跑速度过快，迫使过早地转入最后用力 ②第四步的步幅过大，增加了最后用力时右腿蹬地的难度，造成最后用力停顿 ③第四步腿抬得过高，落地慢，造成减速或停顿	①应适当减慢助跑速度，使助跑速度与最后用力技术相适应 ②缩短第四步的步长，左腿前迈不应过高，并积极落地 ③反复练习上两步投掷，并在地上画出第四步落地标志，以限制步长
最后用力前姿势不正确，主要是身体重心前移过早	①交叉步步幅过小，超越器械动作不明显 ②急于想做最后用力动作，迫使身体过早抬起 ③交叉步中身体重心前移，迫使左脚过早着地	①采用适中的速度反复做第三步和第四步的练习 ②做第三、第四步练习时，教练员或同伴在后面拉着标枪或队员的投掷臂
投掷步节奏不好，第三、第四步明显减速	①预跑段速度过快，增加了投掷步的难度，打乱了投掷步的节奏 ②第三、第四步向前迈腿的速度慢	①调整预跑段的速度 ②原地或助跑做第三、第四步练习，强调节奏 ③以短助跑做投掷步练习，速度逐渐加快

（续表）

易出现问题	产生原因	应对措施
	③在第一、第二步完成引枪时上体后倾	
最后用力顺序不合理，主要是手臂过早用力	①最后一步过大，造成“坐着”投枪 ②最后一步左脚落地过于偏左，造成最后用力时身体向右倒 ③助跑和投掷步速度过快，迫使上体前移，不能发挥下肢力量 ④左侧支撑制动不好，左肩后撤，改变了手臂和标枪行进的路线，削弱了投枪力量	①教练员应讲明合理投掷前姿势与正确最后用力顺序，明确最后用力前姿势的重要性 ②反复说明最后用力顺序和过程 ③不用全力反复投掷轻器械，如胶球、垒球等
“满弓”动作不充分	①左腿制动不好，左脚落地后左膝关节弯曲，造成身体重心前移，失去做满弓的条件 ②助跑速度过快，交叉步太小，右腿蹬转送髋不积极 ③最后用力时，上体过早向投掷方向移动	①原地徒手做蹬转送髋成满弓练习 ②用枪尖顶着墙，左脚上一步做满弓动作 ③两人配合做满弓练习
掷标枪时力量不能通过标枪纵轴	①握法不正确 ②引枪时持枪臂的右手低于肩肘，满弓时张腕 ③出枪时转腕、翻腕或拉枪	①改进握抢方法 ②反复练习引枪动作 ③多做翻肩转肘成满弓勿张腕动作 ④多做侧向交叉两步投枪练习
跳起来投枪，没有双支撑的用力意识	①交叉步右脚着地时身体重心太高，又缺乏前移，形成较大的右腿蹬地角 ②第四步支撑制动后，未做退让性弯曲	①采用交叉上步投小球或拉手做交叉上步鞭打练习。注意交叉步的右腿应弯曲着地蹬转送髋前移，左腿积极前插着地 ②左腿制动支撑，随后退让性弯曲，使重心通过左腿支点

2. 比赛中常见问题（表 11-24）

表 11-24　比赛中掷标枪易出现问题、产生原因及应对措施

易出现问题	产生原因	应对措施
助跑速度过快或过慢节奏被打乱，使进入投掷步时动作失去控制，导致最后用力是在极其困难情况下进行的	①比赛前步点没有丈量准确 ② 心理素质差造成的过度紧张 ③场地或气候的原因	①赛前做好充足的准备，精确丈量步点，凸显标志物位置，反复对步点进行检验 ②赛前教练员应对运动员进行心理辅导，运动员也应时刻提醒自

（续表）

易出现问题	产生原因	应对措施
		己，试投之前可尝试做几次深呼吸进行调整 ③多参加比赛以适应不同的环境和天气
交叉步不积极	①在交叉步时出现单脚跳步、垫步跑等缩短了工作距离 ②没有很好地掌握交叉步技术，思想不到位	①赛前进行连续交叉步练习 ②在进行试投前在头脑中想象一遍交叉步要领，集中注意力
最后用力前屈肘，出现“拉枪”动作	①好胜心强，太想用力，以至于破坏了用力顺序 ②左侧出现“坐撑”或左腿位置偏左 ③助跑速度过快，重心过早前移	①不要着急用力，尽量让自己放松 ②左腿支撑的位置要正确，最后用力时髋部要顶上去 ③助跑时速度不要太快，根据自身的能力调整助跑速度
背弓阶段持枪臂抬起过早、过高，缩短了挥臂距离	①肩部的柔韧性差 ②太想用力导致动作变形	①比赛之前和之中充分对肩部进行拉伸 ②调整自己的比赛状态，投掷之前想象一下动作的用力顺序
受对手表现的影响，导致情绪上的波动，最终影响成绩	①自信心不足 ②求胜心切，对自己要求过于高	①尽量不去看对手的比赛，专心想自己的动作，按照自己的比赛节奏进行 ②摆正心态去比赛，不要把胜负看得太重
在比赛情况下错误的心理状态	①精神和心理紧张与压力有关 ②缺乏自信	①在比赛前或期间，做放松练习（深呼吸练习、听音乐等） ②比赛之前运动员之间自拟题目进行讨论，以减轻加在自身的心理负担

五、教练员在训练中所关注的焦点和在教学中的任务

在训练过程中，教练员会根据掷标枪技术的重点和难点对运动员进行观察，它们是决定掷标枪成绩的关键因素，并在此基础上改进标枪的完整技术。

1. 技术重点

（1）助跑、投掷步与最后用力鞭打动作的连贯衔接。

（2）形成良好的超越器械和最后用力条件。

（3）形成正确的身体环节用力顺序。
（4）器械出手时投掷臂沿标枪纵轴用力。
（5）标枪出手时初始状态的控制。
（6）强有力的左侧支撑技术。

2. 技术难点

（1）保证完整技术动作过程的加速节奏。
（2）投掷步与身体的协调配合。
（3）引枪适宜时机的掌握。
（4）形成充分的身体“满弓”。
（5）鞭打出手过程中正确的以胸带臂“翻肩”和“翻肘”动作。
（6）出手动作过程中左腿积极的支撑用力。

3. 技术的改进

（1）加强全程助跑掷标枪练习，重点强调动作的连贯性和节奏性。

（2）依据个人能力，确定个人助跑速度，在全程助跑掷标枪过程中逐加速进行投掷。

（3）根据练习者掌握技术的情况，分别采用相应的有效手段，改进有关技术环节的动作，提高和巩固掷标枪完整技术。教练员要注重培养运动员发现、分析、纠正错误动作的能力，开展研究性学习活动。

（4）进行掷标枪完整技术的技术评定。

（5）组织各种教学比赛和测试赛。

4. 教练员在掷标枪教学中的任务（表11-25）

表11-25 教练员在掷标枪四个阶段教学中的任务

阶段	目的	教练员的任务	运动员的目标
助跑	加快运动员掷标枪的出手速度	①给运动员创造一个安全的环境 ②观察运动员助跑阶段是否放松有弹性地逐渐加速	①确定最佳助跑长度 ②持枪自然跑进
引枪	为器械出手做准备	①观察投掷步节奏 ②观察四肢姿势和右臂的伸展 ③投掷臂伸展放松	①采用声音或运动感觉反馈给运动员使其改善节奏 ②跑动中顺势向后引枪 ③投掷臂取得伸直状态而不是被“锁住”

（续表）

阶段	目的	教练员的任务	运动员的目标
交叉步	超越器械，为最后出手做准备	①观察交叉步时身体的起伏 ②观察交叉步节奏 ③观察交叉步是否合理	①右膝向前摆动，不要向上 ②左脚以全脚掌积极且低、平、快地蹬离地面 ③找到适合自己的节奏和技术
后期发力	从双腿传递速度至躯干	①从侧面或后面观察 ②观察标枪出手时左脚的位置 ③观察肢体和躯干的动作	①发展躯干和下肢的爆发力 ②防止左腿支撑偏大，影响支撑效果
维持平衡	标枪出手后向前跨出一大步，防止犯规	确认运动员正确地穿着衣物	确保安全

5. 掷标枪训练中应处理好的关系

（1）青少年和成年人训练的关系。

田径运动员获取优异成绩的年龄段，通常是在身心发育较为成熟的成人阶段，因而在青少年训练阶段不能进行早期的专项化，只能因势利导，系统训练。

（2）技术训练与体能、技能、心能发展的关系。

三者之间全面、协调地发展，是教练员设计和实施训练计划的根本点。

（3）多年系统训练和短期训练的关系。

儿童阶段、少年阶段、青年阶段、成年阶段如何训练、如何恢复、如此比赛、如何衔接，这是教练员必须认真思考的课题。

（4）大负荷训练与效益的关系。

大负荷训练是取得优异成绩的基础，但大负荷训练并不意味着追求大负荷量和更多的训练时间，而是追求以适用比赛要求的高质量训练效果，要尽量避免低层次、低水平的无效训练。

（5）训练与比赛的关系。

按比赛的要求进行训练，不同水平的比赛有不同的训练要求。

（6）一般力量训练和专项力量训练的关系。

安排标枪田径运动员的专项力量时，一定要根据标枪项目特征来确定专项力量训练的内容与方法手段，在动作结构、肌肉工作性质、用力时间的动力学特征及心理定向上尽可能与专项动作保持一致。

第七节 标枪训练方法与手段

一、技术训练

在标枪技术训练中应抓住主要技术环节和基本技术的训练。

(一)“反弓”单手摸脚跟

(1) 动作要领：两脚左右开立，提踵，上体向后倾，用双手触摸脚后跟，髋部挺出，成反弓状，然后两腿蹬伸将上体向前上方弹起，双臂随上体向前上方摆动（图 11-4）。

(2) 练习目的：体会蹬转送髋和背弓时肌肉的感觉。

图 11-4 “反弓”单手摸脚跟

(二) 拉臂推肩成“满弓”

(1) 动作要领：两人一组，运动员做好投掷的预备姿势，同伴一只手握住运动员的手，另一只手放在运动员的肩胛处，当运动员做送髋翻肩动作时，同伴协助做拉臂推肩动作（图 11-5）。

(2) 练习目的：体会形成“满弓”时的用力顺序及肌肉的本体感觉。

图 11-5　拉臂推肩

（三）持枪翻肩成“满弓”

（1）动作要领：运动员持枪，将枪尖指向墙壁，枪尖略高于枪尾，最后用力时翻肩“满弓”。位置固定好之后，原地做几下“满弓”练习，之后可以加投掷步“满弓”练习。练习期间枪尖尽量固定在墙上保持不移动，也可用右手固定枪尖替代墙壁的方式（图 11-6）。

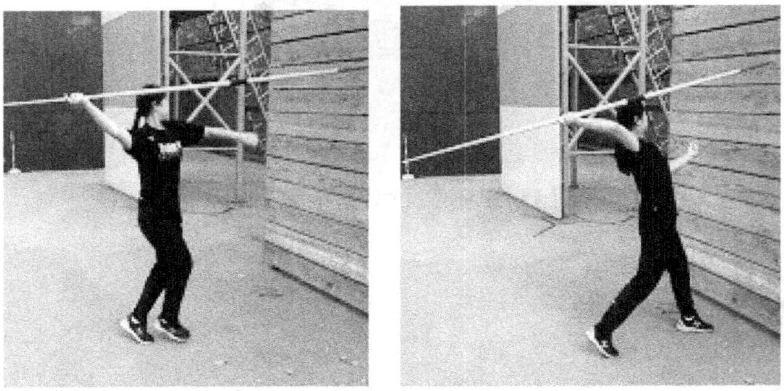

图 11-6　持枪翻肩

（2）练习目的：发展投掷臂、腰部的柔韧性和身体的协调用力，避免最后用力时重心过早前移，体会形成“满弓”时身体的协调用力顺序及肌肉的本体感觉。

（四）原地、上步、助跑拉橡皮带

（1）动作要领：身体侧对投掷方向，投掷臂手持胶带一端，另一端固定，及时翻肩和向左腿移动重心，沿直线前拉橡皮带。刚开始此练习时，教练员或同伴在前面，在运动员最后用力时拉住运动员的左手，运动员慢慢找到感觉之后，就可以单独进行练习（图 11-7）。

（2）练习目的：专项的模拟练习，体会肌肉的用力顺序。

图 11-7　拉像皮带

（五）直臂硬拉

（1）动作要领：两脚前后开立，左脚在前，右脚在后，双手持多功能弹力组合器，两臂伸直置于耳后，身体向后倒。动作开始后，蹬右腿，撑左腿，身体绷直向前快速牵拉，之后还原，连续做 8~10 个。站姿和跪姿依次进行（图 11-8）。

（2）练习目的：提高躯干和上肢的快速力量，体会最后用力向前扑打时肌肉的本体感觉。

图 11-8　直臂硬拉

（六）单手投重物（各种重量的铅球、实心球、实心枪、手榴弹）

（1）动作要领：可采用原地、上步、助跑和全程助跑进行投掷（图 11-9）。

（2）练习目的：发展运动员的专项力量和爆发力。

图 11-9　单手投重物

（七）原地掷小垒球

（1）动作要领：左手持小垒球，侧对投掷方向站立，向前上方掷出小垒球。

（2）练习目的：体会快速用力时肌肉感觉，掌握鞭打动作。

（八）原地上抛实心球

（1）动作要领：两脚左右开立与肩同宽，双手持实心球两臂伸直于头上方，脚后跟提起。动作开始后，球慢慢下放于两膝之间，两腿缓慢下蹲接近 90 度时，迅速向上蹬伸、送髋垂直向上将球抛出（图 11-10）。

（2）练习目的：提高下肢的快速爆发力，体会自下而上的身体用力顺序。

图 11-10　原地上抛实心球

（九）跪姿掷实心球

（1）动作要领：双膝跪地，双手头后持球，上体后倾，用髋发力，以胸带臂将球向前上方掷出（图 11-11）。

（2）练习目的：体会胸带臂的用力顺序。

图 11-11　跪姿掷实心球

（十）跳台阶

（1）动作要领：原地单腿交换跳台阶，踏上台阶的那只脚应是整只脚，而不是单纯的脚尖或前脚掌。向上跳起的时上体、髋部、腿要保持垂直，运动员依据自己的能力选择高度不同的台阶进行练习。

（2）练习目的：发展运动员的腿部力量，克服最后用力时"坐投"现象的出现。

（十一）肋木翻肩

（1）动作要领：身体侧对肋木侧向站立，右臂伸直，右手掌心向上握住肋木，左手向前扶握肋木。右腿快速蹬转送髋，左腿前迈，身体转向投掷方向，投掷臂向上翻转（图 11-12）。

（2）练习目的：贴近专项的模仿练习，建立正确的技术动作意识。

图 11-12　肋木翻肩

（十二）坐姿单手投小球

（1）动作要领：坐在物体上，距离墙 3~5 米，右手持小球，转体、挺胸、收腹、挥臂将小球掷出（图 11-13）。

（2）练习目的：体会正确的用力顺序。

图 11-13　坐姿单手投小球

（十三）原地、上步、助跑双手或单手掷实心球

（1）动作要领：面对投掷方向站立，双手持实心球于头后，两臂弯曲向后伸展，左脚在前，身体适度后倾，采用自下而上的用力顺序，以胸带臂将球掷出（图 11-14）。

（2）练习目的：更好地结合专项体会正确的用力顺序及方向，感受身体在最后用力时的蹬转、送髋、振臂将球向前上方掷出的感觉。

①单手掷实心球

②原地双手掷实心球

图 11-14　掷实心球

（十四）打枪尾

（1）动作要领：准备姿势同原地掷枪动作，右手握住标枪的尾部，最后出手后翻肩将标枪鞭打掷向前方，直至枪尖触地，接着转身继续进行此练习（图 11-15）。

（2）练习目的：发展前臂和手腕的力量。

图 11-15 打枪尾

二、力量训练

（一）单、双手持重物反身拉弓

（1）动作要领：双脚与肩同宽站立，投掷臂持杠铃片上举，动作开始后投掷臂下摆于胯下，当手摆至身前时，身体顺势向后转，左腿向前跨步，右侧转髋蹬地，左腿支撑，右侧蹬转送髋，成“满弓”进行鞭打（图 11-16）。

（2）练习目的：发展投掷臂、肩、胸大肌的专门力量和腰部柔韧性，为最后用力打好基础，体会协调用力顺序。

图 11-16 持重物反身拉弓

（二）肩负杠铃转体

（1）动作要领：两手握杠铃杆或两边的杠铃片于肩上，两脚开立，以脚的蹬转为开始，由下向上依次发力，躯干向一侧转动，转动后有一个制动，紧接着另一只脚蹬转送髋，上体转动、制动（图 11-17）。

（2）练习目的：重点发展运动员躯干两侧肌群的快速力量和身体的控制能力，建立自下而上的正确用力顺序。

图 11-17 肩负杠铃转体

(三) 仰卧头后拉举

(1) 动作要领：仰卧在体操凳或鞍马上，手持杠铃杆于胸前，双手尽量向后引，髋部向上顶，充分拉长胸部和肩带肌群，身体下振，借助反弹以胸带臂进行上拉鞭打(图 11-18)。

(2) 练习目的：发展肱三头肌和肘肌，以及腹部、躯干和肩带的专门力量，以胸带动手臂用力，体会大幅度的用力顺序和出手时的鞭打能力，同时加强肩带的柔韧性。

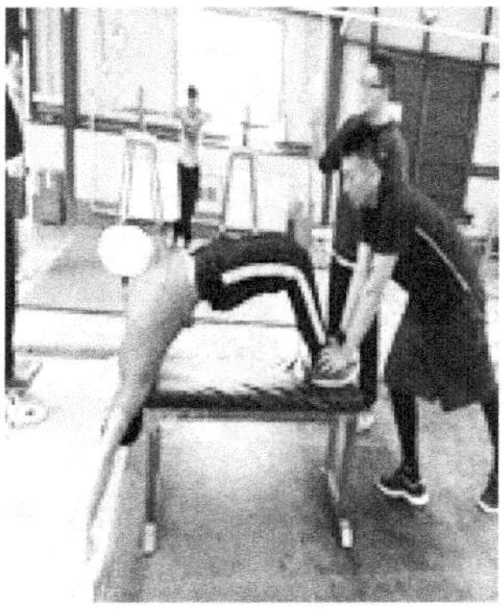

图 11-18 仰卧头后拉举

(四) 头后拉（站姿、跪姿）

(1) 动作要领：使用多功能爆发力训练平台，握住多功能带的一端，直臂向前拉，躯干和身体重心随着向前移动，连续进行牵拉（图 11-19）。

(2) 练习目的：发展躯干与上肢力量和稳定性。

图 11-19 头后拉

（五）站立头后拉举（单手、双手）

（1）动作要领：手持杠铃或铃片于头后，两脚平行或前后站立，自下而上的用力顺序，以胸带臂把杠铃快速鞭打至头上方（图 11-20）。

（2）练习目的：提高躯干、肩带和上肢的专门力量，体会身体的大幅度用力顺序。

图 11-20 站立头后拉举

（六）鞍马拉肩（双手、单手）

（1）动作要领：两腿前后站立同投枪动作，腰部贴近鞍马，手持杠铃片，尽量向后引，以胸带臂向上鞭打。

（2）练习目的：上肢和躯干的力量，体会最后用力时的用力顺序。

（七）持重物上步“满弓”

（1）动作要领：双脚开立与肩同宽，双手持重物举过头顶，动作开始后，双手顺势下摆，摆至最低点时双腿开始发力，自下而上进行传递，双手直臂向头后伸的同时，左脚向前跨出一大步，大小腿之间的夹角应为90°，左右腿交替进行（图11-21）。

（2）练习目的：体会最后用力时的发力顺序，发展躯干和肩部的力量和柔韧性。

图11-21　持重物上步“满弓”

（八）持重物快速转体

（1）动作要领：双手持杠铃片于胸前，两臂弯曲，可采用坐姿进行练习，躯干左右快速转动（图11-22）。

（2）练习目的：发展躯干快速转动力量。

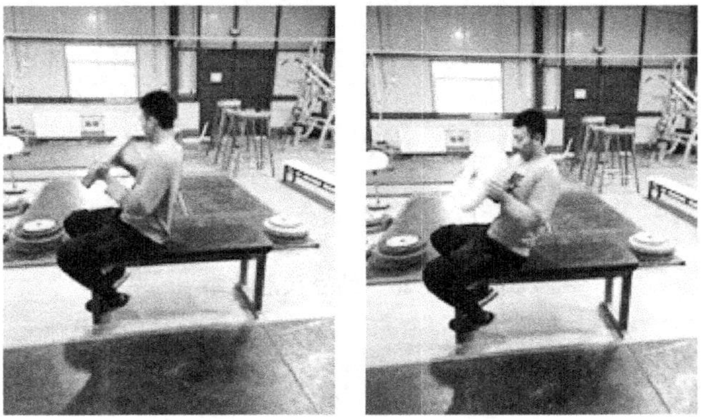

图11-22　持重物快速转体

（九）持重物腰绕环

（1）动作要领：双手握于杠铃片两侧置于胸前，并与肩持平，两臂伸直，双腿与肩同宽并微屈，向左侧进行绕环，在头部上方逆时针绕一圈之后回到起点，绕环的同时向前顶髋，脚跟提起，左右两侧依次进行绕环（图 11-23）。

（2）练习目的：发展上肢、躯干、腰腹和下肢的力量，加强腰腹和髋关节的灵活性，同时提高运动员的身体协调性。

图 11-23 持重物腰绕环

（十）转身抛重物

（1）动作要领：背对空地、墙壁或投掷网，两脚自然开立略宽于肩，双手持握实心球或杠铃片于胸前，上体向右侧转体，髋关节朝前，双腿微屈，身体成扭紧姿势，重心充分压在右腿上，蹬右腿，从下至上依次发力，最后向正对后方的投掷区方向出手，出手的同时双腿做到充分的蹬伸，器械在最高点出手，并将重心转移到左腿上，左右交替进行练习（图 11-24）。

（2）练习目的：发展下肢、髋部、躯干两侧和上肢的专门力量，建立大关节带动小关节的用力顺序。

图 11-24 转身抛重物

（十一）橡皮带辅助练习（跪姿、站姿）

（1）动作要领：双手持橡皮带跪于垫子之上或站立进行，两臂伸直固定贴于耳朵两侧，练习过程中手臂不可弯曲，身后同伴或教练员施予运动员一定的推力，运动员利用惯性向垫子方向用力，躯干接触垫子的瞬间直臂快速牵拉接触垫子，练习时动作要连贯、流畅且快速。同伴或教练员给运动员的力度一定要适当，才能真正达到此练习手段的目的（图 11-25）。

（2）练习目的：发展运动员肩部与躯干核心力量，提高运动员的身体稳定性。

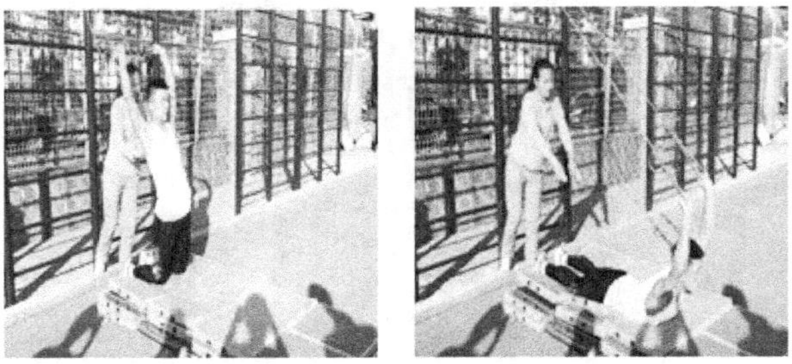

图 11-25 橡皮带辅助练习

（十二）负重平推

（1）动作要领：双手持重物于胸前，双脚左右或前后开立，自下而上的发力顺序，以胸带臂的形式将杠铃杆（片）向前推出，最后手腕快速下压，动作结束后迅速将杠铃杆（片）拉至胸前，快速重复练习这一动作（图 11-26）。

（2）练习目的：体会肌肉用力顺序和手腕的快速鞭打动作发展肌肉的快速力量。

图 11-26 负重平推

（十三）负重颈前（颈后）连续挺举

（1）动作要领：将杠铃放置胸前（肩上），两手自然握于两侧，以双脚发力为开始进行交换跳，同时双臂持杠铃在胸前（颈后）向上推，快速重复这一动作（图 11-27）。

（2）练习目的：体会肌肉用力顺序，发展肌肉的快速力量和协调能力。

图 11-27　负重颈后连续挺举

（十四）杠铃抡摆

（1）动作要领：将杠铃无片的一段固定，两脚左右开立约一肩半的距离，双手握住杠铃另一端，并直臂上推于头斜上方。转体向身体右侧，右臂微屈，此时身体重心完全在右腿上。腿、髋、躯干依次发力带动双臂向上摆至最高点后，顺势将杠铃拉至身体左侧，身体重心随着靠近身体一端的杠铃杆进行移动，左右交替进行练习(图 11-28)。

（2）练习目的：发展上下肢和躯干两侧肌群的快速力量，体会自下而上的用力顺序。

图 11-28　杠铃抡摆

（十五）负重直臂翻肩

（1）动作要领：双手宽握杠铃杆，根据自己的能力适当加大重量，使用身体的力量将器械直臂向后翻过去，之后原路直臂由后方翻至体前，前后翻肩反复进行。

（2）练习目的：提高肩关节的灵活性，同时加强肩关节周围小肌肉群的力量，降低肩关节发生伤病的概率。

（十六）负重挺髋

（1）动作要领：双手反握杠铃杆于腘窝处，两臂自然下垂，双脚与肩同宽同时成半蹲状态，两脚蹬地挺髋，向前送髋的同时两手向后推杠铃，控制好膝关节的角度，动作结束后迅速将杠铃杆拉至身后，连续重复进行（图 11-29）。

（2）练习目的：发展腿部和手臂快速力量，提高髋部的灵活性。

图 11-29 负重挺髋

（十七）负重交叉步

（1）动作要领：肩负杠铃，上体和头部保持不变，眼睛看前上方，原地进行连续交叉步（图 11-30）。

（2）练习目的：发展躯干的稳定性和下肢的快速力量，是非常好的一种专项练习手段。

图 11-30 负重交叉步

（十八）负重弓箭步走

（1）动作要领：肩负杠铃，上体保持正直、稳定，弓箭步上前走，向前弓箭步走的同时，后脚向前蹬送，增大移动距离（图 11-31）。
（2）练习目的：发展下肢力量和躯干稳定性。

图 11-31　负重弓箭步走

（十九）手腕屈伸

（1）动作要领：两脚开立与肩同宽成半蹲姿势，将杠铃杆放置膝盖上，手心朝上，手臂不动，手腕的屈伸幅度要大，速度要快（图 11-32）。
（2）练习目的：重点发展手腕和前臂力量。

图 11-32　手腕屈伸

三、专项速度训练

标枪运动员的速度训练，主要包括身体位移速度的训练和完成单个动作速度的训练。重视加强跑速的训练，发展跑速同时还应与掌握持枪助跑、引枪及投掷步技术相结合。在发展单个动作速度时，必须与技术训练相结合，做到练习动作与完整技术的用力结构和用力顺序相一致。

（一）专项动作速度训练手段

1. 鞭打竹条

（1）动作要领：单手持竹条，侧对投掷方向，左臂向前伸出，微屈稍内扣，右臂端平，手心向上，头微微偏向左侧，目视前方。右腿蹬送转髋向前用力，身体重心迅速前移，同时拉左臂配合左腿支撑制动，最后，自下而上的用力顺序，以胸带臂向前上方进行鞭打。

（2）练习目的：主要是发展腿、髋、躯干和肩部的专门快速力量，建立大关节带动小关节的用力顺序感觉，并且使运动员体会身体与器械的协调配合。

2. 徒手鞭打

（1）动作要领：目标定为树叶或悬吊球，助跑起跳进行鞭打，类似于跳远时跳板起跳动作，只是向前的冲击力稍微弱一些，鞭打一定要迅速。

（2）练习目的：在模仿练习中使运动员体会标枪出手时手臂的动作和速度，感受左侧积极支撑用力，还能够发展运动员对运动空间的感知觉。

3. 助力练习

（1）动作要领：在徒手或持器械练习中，教练员或同伴在运动员出手瞬间顺势向投掷方向推送他们的肩胛骨位置，给运动员向前的助力。

（2）练习目的：使运动员体会以胸带臂的用力顺序和快速出手时的用力感觉。

4. 对墙反弹球

（1）动作要领：投掷臂手持带球，非投掷臂手扶墙面双脚前后开立，左脚尖距离墙壁 20 厘米左右，向头上方墙面鞭打带球。当球反弹，立刻还原为预备姿势，连续进行鞭打带球练习。

（2）练习目的：发展躯干、肩带和投掷臂的速度力量，培养快速用力的节奏。

5. 跳深练习

（1）动作要领：从高处跳下，双脚落地瞬间紧接着向前方空地进行一个蛙跳，第二次起跳时摆臂要充分。

（2）练习目的：提高下肢的动作速度和反应力量，发展运动员的下肢爆发力。

6. 其他练习

持枪交叉步跑、持枪助跑、投轻枪、胶球、垒球、小石子、鞭打动作等练习，教练员也可以根据专项动作需要自行设计各种动作速度练习。

（二）助跑速度训练手段

（1）持枪助跑接投掷步的节奏跑练习。
（2）下坡跑持枪助跑。
（3）徒手或持枪连续交叉步跑15~30米。
（4）持枪助跑接引枪侧向交叉步跑。
（5）前后交叉步跑。
（6）持枪引枪跑。
（7）持枪全程助跑。
（8）全程助跑插枪。

四、柔韧性训练

加强与投掷用力有关环节的伸展与旋转的训练，突出肩带肌群、韧带的伸展和旋转的训练，注意循序渐进的训练，对柔韧性练习的幅度要求是逐步提高的，不能操之过急，否则容易造成软组织的损伤。

（一）持器械翻肩

（1）动作要领：双手持枪或软绳，依据自己的能力，调整两手之间的距离，动作开始后，臂向身后翻过去，之后直臂原路返回，随着肩部灵活性加强，可以慢慢缩短两手之间的距离（图11-33）。
（2）练习目的：加强肩部的柔韧性，防止伤病的发生，增加最后用力时的工作距离。

图11-33 持枪翻肩

（二）双手持枪绕“8”字

（1）动作要领：两腿开立，两手握枪距离宽于肩，向左转动上体，右臂在上，左臂在下，经左侧头上方直臂绕至身后，向右转体，左臂在上，右臂在下，经右侧头上方直臂绕至体前，连续进行绕环，两手握距逐渐缩短，左右绕 8 字交替进行。

（2）练习目的：此练习手段是发展肩袖关节柔韧性和灵活性的有效练习手段之一。

（三）负重肩绕环

（1）动作要领：双手持杠铃片进行前后绕环，绕环的同时，两臂尽量向耳侧贴紧，双腿蹬地发力进行绕环。还可采用平躺于鞍马之上进行绕环（图 11-34）。

（2）练习目的：主要发展肩带的灵活性。

图 11-34　负重肩绕环

（四）双人顶肩

（1）动作要领：两人配合，被顶的运动员背对肋木，同时双手反握肋木，身体放松，顶肩的运动员用肩顶住对方的肩胛骨，缓慢顶起，两人的背部不能触碰到，慢慢地调整高度（图 11-35）。

（2）练习目的：加强练习者肩部、背部的柔韧和灵活性，在做热身活动时，这种练习方法很有必要。

图 11-35　双人顶肩

（五）“下桥”

（1）动作要领：下腰之后，调整两臂与两脚之间的距离，身体重心移向肩部，脚尖踮起，两腿接近伸直状态，向上抬起（图 11-36）。

（2）练习目的：增强运动员肩关节、腰部的柔韧和灵活性。

图 11-36　“下桥”

（六）对抗拉肩

（1）动作要领：运动员做“满弓”动作，同伴拉着运动员投掷的那只手，刚开始的时候运动员被动牵拉，等到肩关节活动开之后，运动员就要进行主动的牵拉，同伴拉住运动员的手向后用力，运动员最后向前用力做动作，两个人都要使出最大的力气进行牵拉，动作持续 20~30 秒，根据自己情况调整组数（图 11-37）。

（2）练习目的：主要还是发展肩部的柔韧性，这种练习对肩部有伤病的运动员有很好的帮助，热身做完之后，做上几组对抗练习，可以起到缓解肩部疼痛的效果，还能防止伤病的加重。

图 11-37　对抗拉肩

（七）原地转髋

（1）动作要领：双手扶于肋木，双脚宽于肩站立。双脚同时跳起，转髋的同时，双脚也随之进行转动，朝向同一方向，一只脚尖着地，一只脚跟着地，再次跳起脚尖的方向改变，脚的着地位置也进行交换，双脚站立的位置始终不变。连续进行转髋练习（图 11-38）。

（2）练习目的：发展运动员髋部灵活性的同时也锻炼其下肢协调性。

图 11-38　原地转髋

（八）肋木满弓

（1）动作要领：背对肋木，双手握住适当高度的肋木，两臂伸直，双脚开立与肩同宽，并距离肋木大约 50 厘米左右，下蹲之后背部贴于肋木，蹬腿、送髋、顶肩，脚尖提起，两腿充分蹬伸，腹部收紧，突出髋胸的动作，下巴回收。动作流畅，之后迅速还原，连续快速进行，每组 8~10 个（图 11-39）。

（2）练习目的：发展躯干和肩关节的灵活性和柔韧性，建立最后用力时正确发力顺序。

图 11-39　肋木满弓

（九）"U"形船

（1）动作要领：双膝跪在垫子上，腿前部、髋部、腹部、胸部依次着地，双腿自然弯曲向头部方向用力，同时双手顺势撑地弯曲，紧接着用力向后推，头部后仰，整个身体呈“U”形姿势在垫子上滚动，滚动的幅度要尽量大，双手向后用力推时，要尽量能使自己恢复到跪在垫子上的初始状态。

（2）练习目的：发展运动员腰部的柔韧性、灵活性，增强腰腹部及上下肢的力量和协调用力顺序。

五、灵敏和协调性训练

对青少年来说，可以通过多种运动技能学习和体验有效提高灵敏和协调性，如各种球类游戏、球类活动、体操、技巧、游泳，以及田径运动中的各种跑、跳、投等练习。

第八节　标枪运动员的心理训练、训练监控、恢复训练与伤病预防

一、心理训练

（一）专项心理特征

心理训练的任务是为了使运动员充满信心地参加训练和比赛，从而获得良好的训练和比赛效果而进行的心理准备和调节。标枪运动员参加重大比赛，不仅会消耗很大的体力，而且要消耗很大的心理能量，所以运动员不仅要有良好的身体与技术训练水平，还必须要具备良好的心理素质。通过心理训练，使运动员在训练和比赛时的心理机能和个人心理特征得到良好的发展。

（二）专项必备的心理品质

标枪运动员应该具备必胜的信心、顽强的意志、自我控制能力，以及果断、独立工作的心理素质。只有将心理训练列入训练计划中并同身体训练、技术训练和战术训练有机结合起来，才能使运动员在紧张而激烈的训练和比赛中，保证心理上的稳定，获得专项的心理素质，在平时训练比赛中达到最佳水平的状态。

（三）心理训练手段

（1）教练员应该有计划、有针对性地通过多种形式给运动员做思想诱导工作，树立正确的训练目的，正确对待训练中的困难和比赛，正确认识自己的优缺点，不断提高克服自身弱点的能力。

（2）在训练中培养运动员独立克服各种困难完成训练任务的能力。

(3) 在不同的条件下参加测试和比赛，培养自我调节能力和抗干扰的能力。

(4) 模拟训练是提高比赛能力不可或缺的环节之一，为了迎接重大比赛，要根据比赛日程、地点、气候、场地、对手等进行尽可能相同条件的模拟训练。

(四) 赛前易出现的心理障碍及其克服办法

在标枪比赛时造成运动员心理障碍的因素有很多，如场地、器材、气候等，都会影响到运动员的比赛情绪，甚至观众们发出的声音也会分散运动员的注意力。例如，对手突然出现好成绩或成绩超过自己，从而打乱了运动员的比赛计划，导致思想紧张、动作僵硬、动作不协调、技术变形等最终影响比赛成绩。因此，运动员应进行全面身体素质训练和心理训练，提高和保持竞技状态，掌握合理技术，树立信心。赛前进行放松练习，转移注意力，减轻紧张和焦灼的程度，放松心情，调至最佳备战状态。

二、训练监控

实行训练监控和伤病预防是青少年标枪训练中不可或缺的组成部分，身体机能监控是科学掌握训练过程的重要手段，教练员可以采取以下几种方法对运动员的训练进行监控。

(一) 生理、生化指标监控

运动员身体机能评定是一个多指标、多层次、多因素的整体综合评定，可根据评定的目的和测试对象的年龄、运动专项、训练水平等具体情况选择测试指标。目前，用于评定运动员机能状况的生化指标涉及心血管、内分泌、免疫、氧转运和利用、骨骼肌及组织损伤、物质能量代谢及代谢调节能力、神经系统等各方面，具体情况见表11-26。

表 11-26　运动员身体机能评定系统与指标

评定系统	评定指标
心血管系统	心率、血压、心电图（T/R）
免疫系统	谷氨酰胺、IgG、IgM、IgA、CD4/CD8、NK 细胞
内分泌系统	血睾酮、游离睾酮、皮质醇、T/C、GH
氧转化系统	Hb、Hct、RBC、血清铁蛋白、转铁蛋白
骨骼肌及组织损伤	CK、LDK、ALT、肌红蛋白、蛋组氨酸
物质与能量代谢系统	体重、体脂百分数、血尿素、氨基酸

（二）自我监控

在运动实践中，运动员可从以下两方面进行自我监控。

（1）主观方面：饮食、睡眠、排汗量、神经反应、训练欲望等。

（2）客观方面：血压、心率、体重、心理等是否有异常现象。

三、恢复训练

（一）青少年恢复特点

运动训练和比赛必然会给运动员带来机体的疲劳，适度的疲劳如果能得到及时的恢复，会促进机体能力的提高，反之过多过大的运动负荷且又得不到恢复时，则会造成过度疲劳给运动员造成伤害。青少年运动员的特点是运动负荷后疲劳得快，但恢复得也快。要根据青少年运动员的年龄、发育程度、训练年限和训练水平科学合理地安排他们的训练，同时采取积极、有效的措施对他们进行恢复训练，使他们健康成长。

（二）恢复训练原则

根据项目特点，青少年标枪运动员的恢复训练应遵循以下原则：

（1）恢复训练要始终贯穿于整个训练计划的安排上，在大周期、年度、阶段、月、周、课时的训练计划中都要体现。

（2）通过有关检测和运动员的主观反应，及时了解运动员疲劳的程度和疲劳的部位，采取相应的恢复方法和手段。

（3）恢复训练要根据运动员的个体差异区别对待。

（三）青少年标枪恢复训练的方法和手段

青少年标枪恢复训练的方法和手段，基本包括以下五个方面：

1. 调整训练负荷和训练节奏

通过训练监控，确定运动员身体疲劳的程度，在训练安排上采取调整训练负荷和训练节奏的方法来达到恢复疲劳的作用。

2. 自身恢复

运动员训练后，通过慢跑、深呼吸、自我放松、拉伸练习、变换节奏、休息睡眠、简单游戏和文娱活动等方法进行自我调节性的恢复，尤其要重视对肩、肘、腰、膝的放松和恢复。

3. 物理恢复

通过拉伸、按摩、抖动放松、理疗、针灸、热水浴、桑拿浴、冷敷、冰敷、电刺激等方法进行恢复。

4. 生理生化恢复

利用食补、维生素、保健品、营养物质等在体内产生的生理生化效应来实现电解质的平衡，促进青少年标枪运动员疲劳的恢复。

5. 心理恢复

根据青少年生理和心理的特点，利用词语暗示、关怀鼓励、情绪控制、思绪转换、心理调节、改变训练环境、改变训练项目和内容等多种方法来进行心理恢复。

四、伤病预防

在训练过程中要高度重视运动员的防伤防病，它对运动员今后的发展前途和运动生涯有着重要的影响。运动员在训练中的伤害事故的责任是教练员和运动员双方的，所以防止伤害事故的发生必须由教练员做起，从实际出发切实监督好运动员的训练。

（一）产生伤病的主要原因

（1）对预防运动损伤的意义认识不足。

（2）训练前准备活动或训练后放松整理活动不充分，训练时机体局部负担过重或运动技术错误而发生运动损伤。

（3）运动负荷安排不当，疲劳没有及时恢复造成机体各系统紊乱产生伤病。

（4）练习新技术动作时用力不恰当。

（5）客观环境防备不足，如安全保护、天气变化和场地器材选用不当而造成运动损伤。

（6）训练组织管理欠妥，纪律松散或运动员训练时注意力不集中。

（二）应对措施

运动损伤的预防是针对运动损伤的原因而进行的。从运动损伤的特点和原因可知，运动损伤的预防措施有以下几方面：

（1）加强防伤观念，时刻要有安全意识，克服麻痹思想。

（2）认真做好准备活动，加强易拉伤部位的力量训练。

（3）合理安排运动负荷。

（4）重视准备活动和训练后的恢复放松。

（5）加强易伤部位的建设性训练。

（6）在阶段转换，进行新的方法、手段训练时，应安排适应阶段。

（7）加强场地器材的安全措施和安全检查。

（8）对已受伤的部位应采用积极有效的措施并及时治疗，避免再度受伤，同时加强恢复性训练，切忌消极对待。

（9）提高运动员的自控能力，经常反映自身状况及心理感受，以利于及时调整运动负荷。

第十二章 铁饼

第一节 铁饼项目特性与发展趋势

一、项目特性

掷铁饼属于非周期性技术项目。现代掷铁饼技术普遍为曲线与直线相结合的旋转式复合运动，是技能加体能，集技术、速度、力量于一体的人体运动链效应，在竞赛规则限定的2.50米直径投掷圈内，完成最大功率做功将器械掷远的运动项目。掷铁饼技术要求运动员具有全面的身体素质和良好的专项技能，除体能方面具有爆发力和协调能力外，旋转技术各环节的紧密衔接及最大的可控速度叠加，是掷铁饼技术的关键特征。

二、发展趋势

掷铁饼这项运动正在向科学化、系统化方向发展，从青少年时期学习和掌握正确的掷铁饼技术已成为当今运动训练的主流，在身体素质全面发展的基础上将选材与专项能力训练紧密结合，重视训练的质量和有效强度及训练后疲劳的恢复，从儿童少年抓起，制订突出个性化的多年培养计划，引导激发他们对投掷运动项目的兴趣已经成为培养优秀铁饼运动员的必由之路。在逐步掌握和完善掷铁饼技术的同时，规避过早地进行超负荷大力量训练，重视发展专项技术所需要的多运动链的协同与稳定能力，以赛代练、以赛促练，不断提高运动员的参赛能力。

(一) 现代掷铁饼技术的发展趋势

现代掷铁饼技术的特点是旋转平稳舒展，腾空时间短，身体重心和转动轴变化合理，整个动作协调连贯，加速节奏好，用力幅度大，出手速度快，最后用力时男运动员多采用“跳投”技术，女运动员多采用“支撑投”的技术。掷铁饼的过程由运动员身体旋转与直线向前的两种动作结合，使背向旋转技术在动作结构和节奏上得到不断改进与完善，动作幅度大、有效加速距离长、出手速度快，更符合生物力学要求。其技术的主要发展趋势如下：

（1）运用多样性训练手段，积极发展技术技能，努力提高器械出手速度；控制器械合理的出手高度、角度。

决定铁饼远度的影响因素，主要是器械的出手速度、出手高度和出手角度，发展铁饼专项技术的基本技能，应从初学者开始，采用各种不同的训练手段，帮助运动员建立合理控制器械的本体感觉。

（2）强化旋转与最后用力衔接的实效性，不断完善旋转与最后用力的可控加速技术。

背向旋转掷铁饼技术是运动员在 2.50 米直径投掷圈内旋转 1.5 圈完成的。这个过程是通过身体的位移加速和多关节的协同用力，使器械获得最大初速度。那么旋转与最后用力衔接的实效性，主要体现在技术动作的合理和速度叠加的自如掌控。

（3）注重基础素质训练与专项技术的有效结合，充分挖掘运动员个体特点与潜质。

每名运动员的身体形态、身体素质、专项技术都各有差异，有其独自的特性。因此，教练员应根据运动员自身特点和铁饼项目技术需要来发展基础素质，充分挖掘其潜在能力。

(二) 现代高水平铁饼运动员的技术特点

（1）器械出手速度快，并且有良好的出手初始状态。

高水平运动员投掷技术最显著的标志是可以将器械加速到相当高的出手速度，并且使器械保持良好的出手初始状态。

（2）最后用力器械加速距离长，尤其在双腿支撑鞭打阶段动作幅度大、速度快。

高水平运动员投掷技术非常注重最后用力做出较长的器械加速距离，特别是能保证双腿支撑下鞭打动作的大幅度和铁饼速度的高增值。

（3）旋转与最后用力积极有效衔接、多关节协同加速是衡量掷铁饼技术质量优劣的一个重要标志，就是旋转与最后用力能否做出积极、有效的衔接，从而保证对器械的连贯加速，取得最佳整体效果。

（4）通过旋转有效地提高人体-器械系统预先速度，并做出高质量的超越器械，这是现代高水平运动员掷铁饼技术的共同特征，也是衡量掷铁饼技术人体超越器械程度的重要参数之一。

（5）充分发挥个人技术、身体形态和素质的特点。

现代高水平运动员的掷铁饼技术具有较强的个性特征，这是在多年的专项训练基础上，把基本技术原理与运动员自身特点紧密结合的结果（表 12-1）。

表 12-1　男女铁饼纪录情况一览

项目	男子铁饼			女子铁饼（1 千克）		
	姓名	成绩（米）	时间（年）	姓名	成绩（米）	时间（年）
世界纪录（2 千克）	舒尔特（德国）	74.08	1986	雷恩斯（德国）	76.80	1988
世青纪录（1.75 千克）	内斯特伦科（乌克兰）	70.13	2008	威鲁达（德国）	74.40	1988
世少纪录（1.5 千克）	迪恩尼（澳大利亚）	67.74	2013	梁艳（中国）	60.50	2012
亚洲纪录（2 千克）	哈达迪（伊朗）	69.32	2008	肖艳玲（河北）	71.68	1992
亚青纪录（1.75 千克）	吴涛（辽宁）	64.51	2002	曹琪（内蒙古）	66.08	1993
亚少纪录（1.5 千克）	努尔买买提（新疆）	67.09	2000	栾志莉（山东）	59.58	1989
中国纪录（2 千克）	李少杰（山东）	65.16	1996	肖艳玲（河北）	71.68	1992
中青纪录（1.75 千克）	吴涛（辽宁）	64.51	2002	曹琪（内蒙古）	66.08	1993
中少纪录（1.5 千克）	努尔买买提（新疆）	67.09	2000	栾志莉（山东）	59.58	1989

第二节　铁饼技术

一、铁饼背向旋转技术的动作结构要点（以右手为例）

掷铁饼技术按照背向旋转的动作顺序，其技术结构可分为准备阶段（握持器械、预摆）、动量获得阶段（旋转加速）、最后用力阶段（最大加速）和缓冲阶段（器械出手后维持身体平衡）四个部分（图 12-1）。整个掷饼动作从开始预摆到铁饼出手是一个完整、连贯的加速过程。

预摆　进入旋转　左脚离地，形成左侧单支撑　右脚摆开，进入单支撑旋转　身体持续转动前移　左腿支撑转动，身体向投掷方向移动　短暂腾空　右脚落地，双腿并拢，形成右腿单支撑

右腿单支撑转动　左脚落地形成双支撑，开始用力　最后用力过程（11~14）　最后用力结束，铁饼出手　维持身体平衡

图 12–1　优秀女子铁饼运动员李艳凤（66.40 米）的技术图（引自西安体育学院）

二、掷铁饼四个阶段的技术要点（以右手为例）

（一）准备阶段（握持铁饼、预摆）

1. 握饼

五指自然分开，四指末端关节扣住铁饼一侧边缘，铁饼的垂直重心在食指和中指之间（①），饼的另侧边缘靠在手臂内侧，腕关节放松并伸直（②），拇指和掌心紧贴饼面（③），整个手臂尽量保持垂直和放松（图 12–2）。

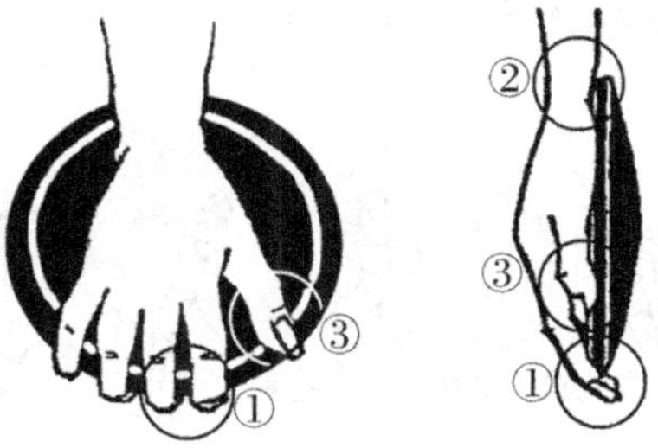

图 12–2　握饼技术示意图

2. 预摆

预摆的目的是为旋转创造有利条件，获得最适宜的工作状态。目前常见的预摆有两种，即直立式平摆或半蹲式平摆。

技术要点：背对投掷方向，两脚左右开立略宽于肩，站于圈内靠后沿处的投掷中线两侧。持饼臂自然下垂于体侧，目视前方。两腿屈膝自然下蹲，身体重心随自然放松的投掷臂的左右摆动而移动，同时身体完全扭转，肩轴和髋轴充分扭紧；两臂自然伸展与肩同高，将铁饼后摆至投影点与左脚脚跟重叠（图 12-3）。

图 12-3　预摆技术示意图

（二）动量获得阶段（旋转加速）

预摆结束后，以左脚前脚掌为轴向投掷方向转动，随着左臂和左肩前引，上体前倾向左转动，同时左膝外展，身体重心由右脚向左腿侧移，随之身体向投掷方向倾斜，投掷臂在身后放松牵引铁饼。当左膝、左肩和头即将转向投掷方向时，右腿蹬地抬起，绕左腿向投掷方向作弧形摆动，形成腾空前的单腿支撑（图 12-1 中的 1~6）。接着左脚蹬离地面推动身体向投掷圈的中心移动，这时右膝自然弯曲，以髋发力带动整个腿绕左腿向投掷方向转扣（右脚离地不能过高）。当左脚蹬离地面形成腾空时，右髋带动右腿快速内转落地。右脚落地后，身体成背对投掷方向的姿势。左肩内扣手臂自然屈于胸前，体重落在弯曲的右腿上，左腿迅速向右腿靠拢，左脚积极向投掷方向摆伸，以脚掌的内侧着地（图 12-1 中的 7~10），此时，身体处于最大限度的扭转拉紧状态，铁饼远远留在右后方，为最后用力做好准备（图 12-4）。

图 12-4　旋转技术（双脚支撑—左脚支撑—腾空—右脚支撑）示意图

（三）最后用力阶段（最大加速，图 12-5）

当左脚着地时，髋轴和肩轴形成最后用力十字扭紧的预备姿势，最大扭紧状态可达到 47°~63°。此时右脚继续蹬转，使右髋积极向投掷方向转动，形成送髋挺胸的满弓姿势。同时，左腿迅速用力蹬伸，形成左侧支撑制动，右腿继续蹬伸用力，使身体重心逐渐推向左腿。当体重完全移向左腿时，铁饼挥至右肩同高并以爆发式的快速用力将铁饼掷出，铁饼出手时沿顺时针方向转动向前飞行（图 12-1 中的 10~15）。

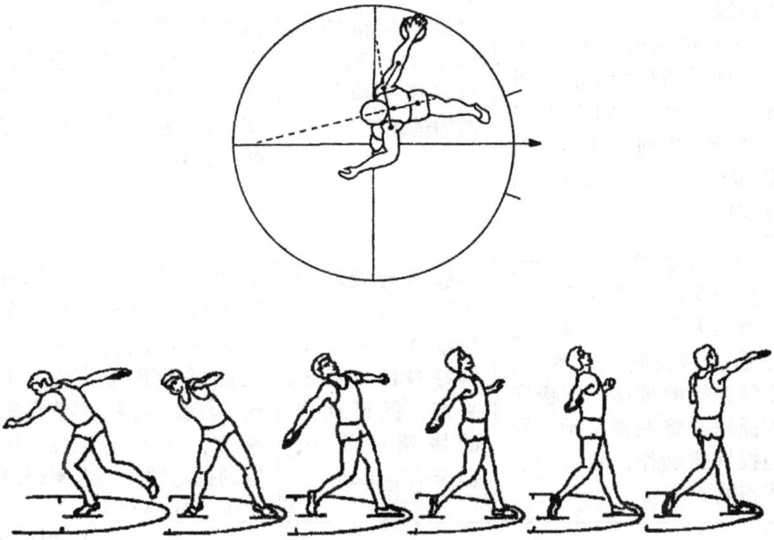

图 12-5　最后用力技术示意图

（四）缓冲阶段（维持身体平衡）

铁饼出手后，应及时交换两腿，同时降低身体重心，身体顺惯性左转或抬伸左腿以减缓向前的冲力，避免身体出圈犯规保持身体平衡（图 12-6，图 12-1 中的 16）。

图 12-6　缓冲技术示意图

三、各年龄段铁饼技术要点和要求（表 12-2）

表 12-2 掷铁饼技术要点及各年龄阶段要求

<table>
<tr><th rowspan="2">环节</th><th rowspan="2">技术要点
（以右手投掷为例）</th><th colspan="3">各年龄阶段技术要求</th></tr>
<tr><th>12～13 岁</th><th>14～15 岁</th><th>16～17 岁</th></tr>
<tr><td>准备阶段</td><td>持饼：五指自然分开，大拇指平靠铁饼，其余四指末关节勾住铁饼边缘
预摆：两脚左右开立略宽于肩，双臂展平与肩同高，肩轴与髋轴平行，然后向左前摆动，身体带动再向后摆动，身体充分扭转，重心向右移动，持饼臂放松</td><td>握饼与摆饼的姿势基本正确，充分发展平衡与协调的运动能力</td><td>原地和旋转投掷铁饼的基本姿势，力求技术动作正确、协调、放松、自然、圆滑</td><td>力求旋转投掷铁饼姿势正确，动作放松、自然到位，起转与旋转衔接好</td></tr>
<tr><td>动量获得阶段</td><td>身体重心移向左侧，以左脚、左膝、左肩为左侧支撑轴，视线转向投掷方向。右腿以大腿带动小腿，积极转动、落地，随后左腿在髋的带动下积极向右后方插腿并将左脚落地，形成原地投铁饼动作，髋轴与肩轴形成扭紧</td><td>能够进行旋转形成原地侧向投铁饼动作，一定保持好身体重心的平衡，保证动作的协调和放松，动作基本正确</td><td>动作正确，能够正确地形成原地背向投掷，投铁饼动作放松、自然、协调、有力，具有一定的稳定性</td><td>动作流畅，自然放松，在旋转中具有明显的加速动作，动作合理自动化，节奏感强，技术准确、稳定，形成完美超越扭紧姿势</td></tr>
<tr><td>最后用力阶段</td><td>形成原地投的预备姿势动作后，右腿蹬转并发挥腿、躯干、胸、臂、手全身的肌肉力量将饼掷出，左侧保持良好的支撑</td><td>动作基本到位，用力集中，能够平稳地投掷铁饼，饼感一定要好，从现在开始培养</td><td>动作到位，力量集中，由胸带臂，角度合理，动作自然、放松、协调，准确表现出良好的爆发力</td><td>动作到位，力量集中，饼运行轨迹正确，具有明显加速投掷效果，饼运行轨迹正确，角度合理，自然放松，速度、节奏清楚，用力集中，表现出较好的爆发力且饼感好，不犯规</td></tr>
<tr><td>缓冲阶段</td><td colspan="4">铁饼出手后，应及时交换两腿位置并立即降低身体重心，或转动身体来缓冲转动惯性，维持平衡，防止犯规</td></tr>
</table>

四、掷铁饼技术评价标准（表 12-3）

表 12-3 掷铁饼技术评价标准

	优秀	良好	及格
评价内容	握饼、持饼动作正确，身体姿势端正。旋转前开始动作正确，动作自然	握饼持饼动作正确，身体姿势端正。旋转前开始动作正确	握饼、持饼动作正确，身体姿势端正。旋转前开始动作正确
	旋转动作流畅、身体平稳，旋转与最后用力衔接连贯，无减速	旋转技术动作，身体基本平稳，旋转与最后用力能够衔接，没有明显减速	旋转动作身体基本平稳，旋转与最后用力能够衔接
	最后用力前身体姿势正确，最后用力动作充分，身体和器械加速明显	最后用力前身体姿势基本正确，最后用力动作比较充分，身体和器械有加速，有少量动作缺陷	最后用力前身体姿势基本正确，身体和器械有加速，有动作缺陷，速度节奏不太清楚
	全程技术节奏明显	全程技术节奏基本合理	全程技术有节奏感
	出手角度合理	出手角度大致合理	出手角度大致合理

五、铁饼技术动作的生物学要求和技术提示（图 12-7~图 12-9）

在实际训练过程中，教练员除了根据重点难点对运动员技术动作进行目测，还可通过录像进行多维技术分析，把生物学原理与运动员自身技术特点紧密结合，进而在训练中进行评定，并向运动员提供正确的技术动作反馈。

（一）掷铁饼背向旋转技术的五个时相要点

图 12-7 掷铁饼背向旋转技术的五个时相（引自北卡罗莱纳大学，于冰博士）

（1）双腿支撑时相技术要点：投掷臂大而放松的最大后摆，双臂与肩同高；肩轴与髋轴形成自然、协调的“十”字形扭紧后，左脚以前脚掌为轴，与左膝、左肩同时积极外旋，左臂大幅度自然伸展，身体重心由右移向左进入旋转（图 12-1 中的 1~2）。

（2）第一单支撑时相技术要点：右脚离地以左侧支点为轴，大幅度积极向投掷方向摆动，使身体形成起跑姿势，投掷臂后伸维持身体平衡，身体重心平稳积极地向前移动（图 12-1 中的 3~6）。

（3）腾空时相技术要点：左脚积极蹬离地面，使处于腾空状态的身体在空中仍继续积极转动，腾空技术是旋转加速的核心，也是最后用力前身体获得良好扭紧的最佳时机及重要环节。时间尽可能短，为加速两脚落地提供良好条件（图 12-1 中的 7）。

（4）第二单支撑时相技术要点：经过腾空时相，右脚积极落地形成单脚支撑，右脚落地后随着旋转惯量，骨盆继续积极转动，促进左脚快速落地；这一过程特别注意保持好身体的平衡，使身体重心支撑点在右脚前脚掌上，右膝尽量保持适宜用力姿势，肩轴和髋轴保持扭紧状态。该阶段技术是最后用力开始时，获得最后用力最大超越器械的关键技术（图 12-1 中的 8~9）。

（5）最后用力双支撑时相技术要点：左脚落地是旋转阶段的结束，既左腿随旋转惯量积极落地的同时，身体形成最大超越器械的双支撑最后用力局面。此时把来自身体每个环节的力量按顺序叠加用力，使用所有能够使用的关节，随着身体左侧强有力的制动，把角动量传递给身体右侧和投掷臂，有效地为器械加速（图 12-1 中的 10~15）。

最后用力左右侧双支撑的完美配合技术动作，是技术训练的关键。在左腿充分蹬伸和强有力支撑制动的同时（最后用力左膝有个微微弯曲再伸直的过程，图 12-1 中的 10~11）；右下肢各关节按顺序蹬转，推动身体重心积极向前（图 12-1 中的 10~15）；器械出手时挺胸、抬头、面对投掷方向；形成充分的转动支撑，最后用力投掷铁饼的合理技术（图 12-1 中的 15）。最后用力的铁饼出手角度约为 35°~37°。

铁饼出手后，由于身体向前的惯性易造成身体失去平衡而犯规。一般通过快速交换双腿，降低身体重心来缓解最后用力的向前速度，维持身体平衡（图 12-1 中的 16）。

（二）背向旋转技术的铁饼速度—节奏要点

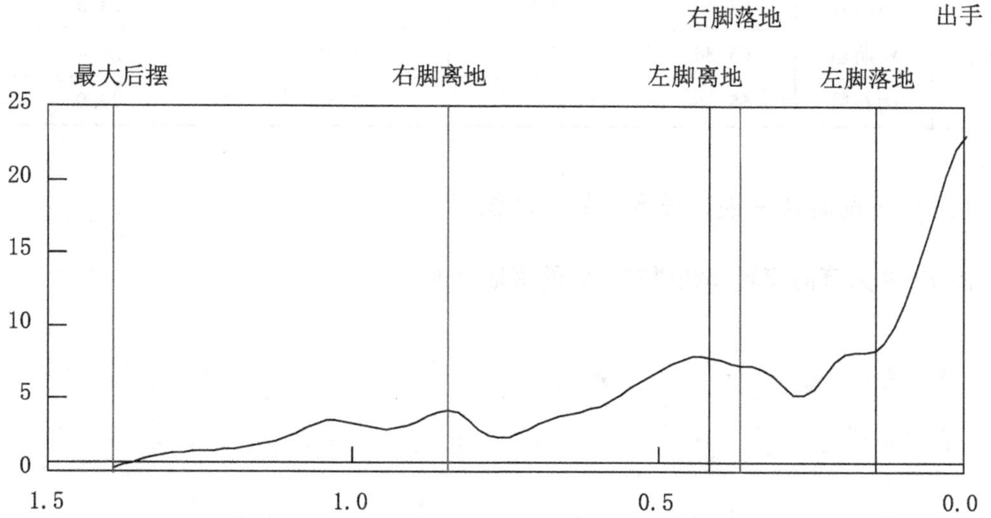

图 12-8　优秀铁饼运动员背向旋转技术的铁饼运行速度曲线图

图 12-8 中表示，铁饼从最大后摆进入旋转到最后用力出手，器械加速度的全过程。横坐标为投掷铁饼所用时间（每秒）；纵坐标为铁饼运行的速度（米/秒）。旋转投掷铁饼是人体给器械加速的完整过程，在这个过程中人体和器械一直处于运动状态。为了便于分析，我们可将器械的加速过程分为三个阶段。

（1）初加速阶段：从旋转开始到左脚离地，通过人体的转动使器械获得一定的可控速度。

（2）速度保持阶段：从左脚离地到左脚落地，人体在最短的时间内完成两个单支撑的支点转换，左脚离地后器械速度有明显下降趋势，左脚落地前器械恢复并保持了已获得的速度，形成最后用力前器械与身体最大超越的最佳姿势，此阶段是旋转技术训练的核心。

（3）主要加速阶段：从左脚落地到器械出手，是最后用力使器械获得最大出手速度的技术关键。如图 12-8 所示，训练中应对技术动作过程提出恰当的要求，掌握好掷铁饼技术的可控速度—节奏（表 12-4）。

表 12-4　世界田径锦标赛铁饼项目部分奖牌获得者最后用力参数

性别	姓名	成绩（米）	出手角度（度）	出手高度（米）	出手速度（米/秒）
男子	里德尔	67.34	35.0	1.65	25.5
	切夫辛科	66.90	36.0	2.05	26.3
	舒尔特	66.12	36.7	1.66	24.9

（续表）

性别	姓名	成绩（米）	出手角度（度）	出手高度（米）	出手速度（米/秒）
女子	布洛娃	67.40	34.6	1.49	24.5
	科斯坦	65.34	35.3	1.51	24.4
	闵春凤	65.26	36.8	1.58	23.9

（三）背向旋转掷铁饼技术脚的落地位置

图 12-9 为背向旋转掷铁饼技术脚的落地位置。

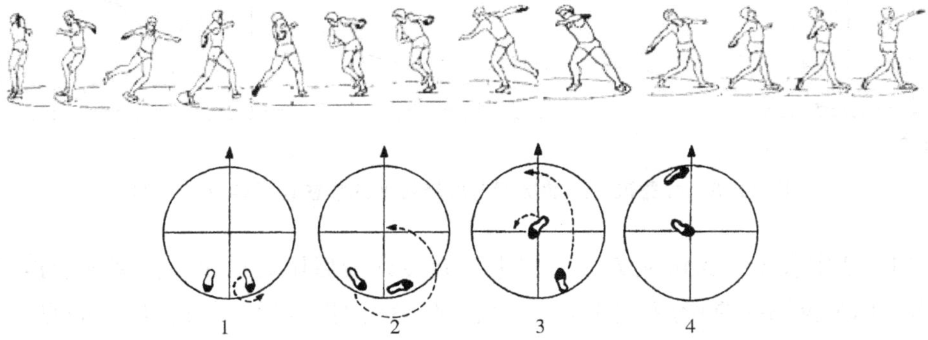

图 12-9　背向旋转掷铁饼技术脚的落地位置

六、铁饼运动员的竞技能力

所谓竞技能力，即指运动员参加竞赛、创造最佳运动成绩的能力。它是由不同表现形式和作用的运动技能、体能、智能及心理能力所构成，并综合地表现于专项竞技的过程之中。我国运动训练学者把它归纳为体能、技术、战术、心理、智力等七个方面（图 12-10）。

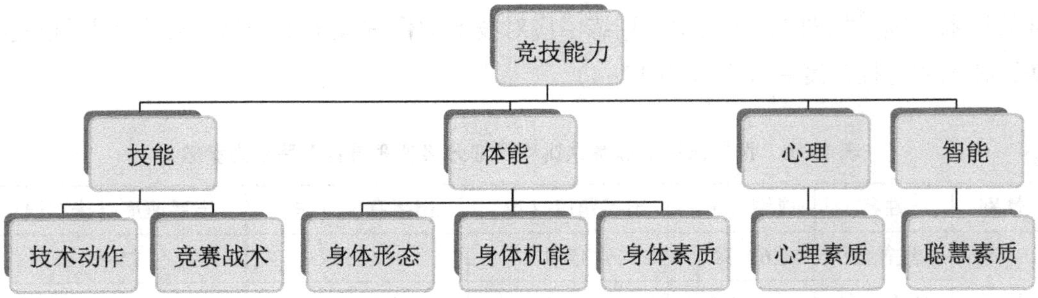

图 12-10　竞技能力结构（引自：田麦久）

（一）竞技能力与专项成绩的关系

（1）技能是运动员参与竞技最直接的表现手段。因此，参赛选手必须掌握特定的运动技巧，并学会运用比赛求胜的战术。

（2）运动员的体能水平、心理素质及专项运动智能水平，都直接或间接地反映在其技能表现之中。

（3）运动员的综合竞技能力中，任何一个子能力发展程度的不足，都有可能阻碍其总体竞技水平的提高。

（二）铁饼运动员的专项技能结构

铁饼运动员的专项技能结构如图 12-11 所示。

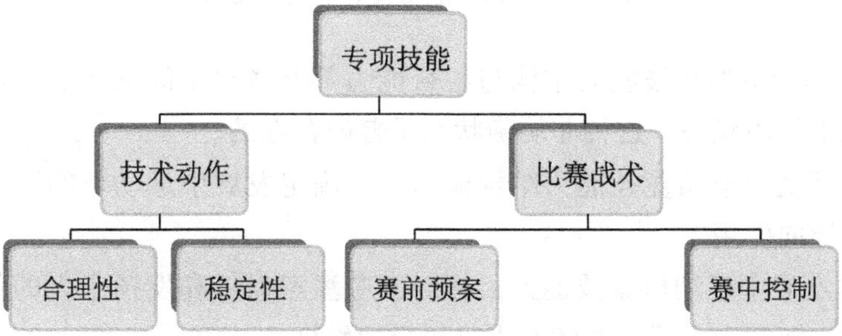

图 12-11 铁饼运动员专项技能结构

（三）铁饼运动员的专项体能结构

铁饼运动员的专项体能结构如图 12-12 所示。

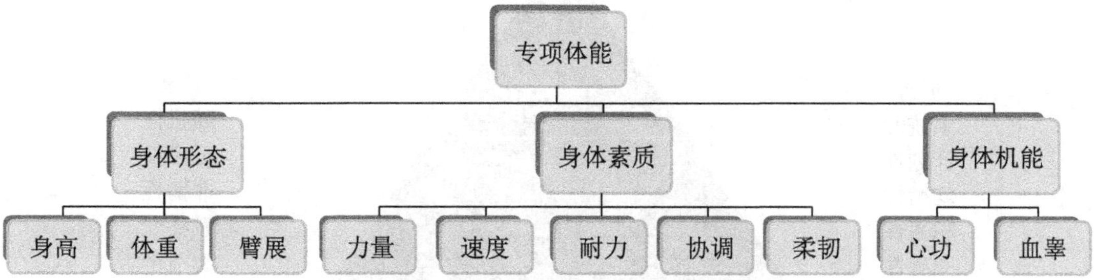

图 12-12 铁饼运动员专项体能结构

（1）体能通过运动员的形态特征、各生理系统的机能及运动素质表现出来。

（2）体能是形成运动员技能的基础，在运动员的体能、技能、心理能力相互联系、相互制约的关系中，它相当于竞技能力的“硬件”。

(3) 体能是竞技能力的物质基础。没有体能，竞技能力会成为无源之水。

(四) 铁饼运动员的心智能力与竞技能力结构的非均衡特征

铁饼运动员的心智能力与竞技能力结构的非均衡特征如图 12-13 所示。

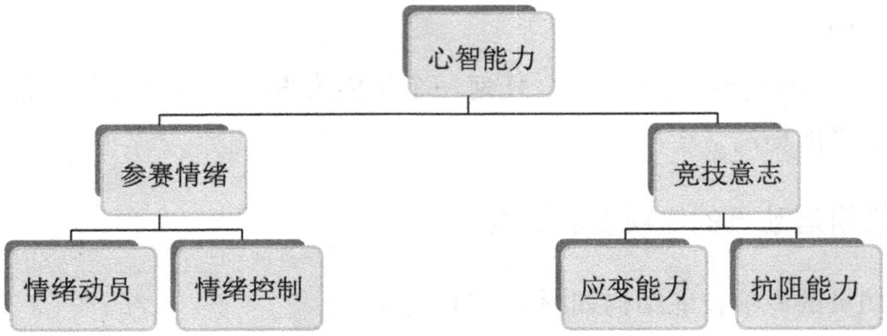

图 12-13 铁饼运动员心智能力结构

(1) 每名运动员的竞技能力结构与心智能力都有各自不同的特点，各个构成因素的发展大都呈不均衡状态，这种非均衡状态是普遍存在的。

(2) 建立优秀运动员竞技能力结构模型，可确定发展中运动员的竞技能力训练目标，起到远程导向作用。

(3) 建立发展中运动员竞技能力目标时，应注意保持和发扬个人的优势能力，考虑个体特点和心智能力水平，并随时进行相应的修订。

(五) 铁饼运动员竞技能力培养途径

铁饼运动员竞技能力培养途径如图 12-14 所示。

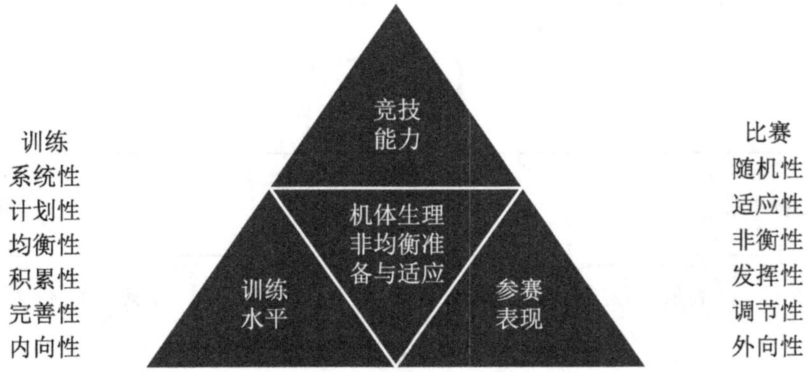

图 12-14 铁饼运动员竞技能力培养

第三节 铁饼运动员选材

铁饼运动员的选材是根据人体生长发育的规律和铁饼专项的运动训练学规律，通过对其遗传、身体形态、生理机能、身体素质、专项技术、心智素质等多种项目的综合评定，通过训练筛选青少年时期的运动员在铁饼项目上是否具备成为优秀铁饼运动员的优势和潜能，训练的过程也是选材过程。

一、选材主要因素

（1）遗传因素：主要参考父母的身高、隔代遗传及家族病史等因素。

（2）身体形态：要选择身材匀称、跟腱长、踝围细、指距长于身高，骨龄减去年龄不超1.5岁的运动员。

（3）生理机能：能承受较大强度运动负荷，有良好的心肺功能，不易疲劳，具有较好的恢复能力。

（4）身体素质：身体素质发展全面，足部力量较好，动作速度快，灵敏协调，爆发力好。

（5）专项技术：动作自然、协调、流畅，旋转与最后用力衔接连贯，有较强的掷饼意识，铁饼出手时有平稳、圆滑的饼感。

（6）心理素质：有勇敢、顽强的意志品质，有吃苦耐劳的精神，有敏捷的思维能力，较强的自我控制能力。

（7）提示：在选材中我们尽量选择各项指标优秀的运动员，但不能忽视身体条件一般但特点突出的运动员。

二、选材指标

根据国家体育总局竞赛年龄分组，青少年铁饼训练分为以下三个阶段：初级选材阶段（12~13岁）、重点选材阶段（14~15岁）、优选阶段（16~17岁）。从身体形态、生理机能、身体素质、掷铁饼成绩和技术评定五方面的标准进行评定（表12-5~表12-7）。

表12-5 铁饼12~13岁初级选材依据和标准

选材依据	（1）考虑运动能力遗传的基本特点 （2）选拔身材高大，体形匀称，指间距大于身高，跟腱较长，脚踝围度小，关节灵活，足弓明显，柔韧性好、动作幅度大的人 （3）选择喜爱铁饼，性格开朗、活泼，意志坚强、果断勇敢、模仿力强，具有一定的判断能力的人

（续表）

选材依据	（4）神经类型，选择反应快、准确，活泼，思维敏捷，接受能力强，富于创造性的人			
选材指标	类别	内容	男	女
	身体形态	身高（厘米） 体重（千克） 指间距大于身高（厘米）	一般不低于 170 60 大于 5	一般不低于 165 55 大于 5
	生理机能	血红蛋白（克/分升） 脉搏（次/分） 肺活量（毫升）	11 55~65 3500 以上	10 50~60 3000 以上
	身体素质	30 米起跑（秒） 立定跳远（米） 后抛实心球（米） 坐位体前屈（厘米）	5.2 2.10 12（3 千克） 20	5.5 1.90 12（2 千克） 25
	专项成绩	原地掷铁饼（米）	18（1 千克）	17（0.75 千克）
	技术评定	原地掷铁饼	动作协调自然、有较强的爆发力和投饼意识	

表 12-6　铁饼 14~15 岁重点选材依据和标准

选材依据	（1）身体形态符合本项目的要求 （2）学习动作时接受能力强，善于动脑筋 （3）身体素质发展全面 （4）初步掌握铁饼旋转技术，有一定的专项素质水平 （5）心理稳定、自控能力较好			
选材指标	类别	内容	男	女
	身体形态	身高（厘米） 体重（千克） 指间距大于身高（厘米）	一般不低于 180 75 5	一般不低于 170 60 5
	身体机能	血红蛋白（克/分升） 脉搏（次/分） 肺活量（毫升）	12 55~65 4000 以上	11 50~60 3500 以上
	身体素质	30 米起跑（秒） 立定三级跳远（米） 后抛铅球（米） 坐位体前屈（厘米）	4.4 7.00 14（4 千克） 20	4.8 6.50 12（3 千克） 25
	专项成绩	原地掷铁饼（米） 旋转掷铁饼（米）	25（1.5 千克） 30（1.5 千克）	20（1 千克） 25（1 千克）
	技术评定	旋转掷铁饼	动作规范，协调自然，饼感好，爆发力强	

表 12-7 铁饼 16~17 岁优选阶段选材依据和标准

<table>
<tr><td>选材重点</td><td colspan="4">(1) 身高、指距已基本定型，应按优秀铁饼运动员的形态特征选材
(2) 协调性、快速力量、专项投掷能力具有向高水平发展的潜力
(3) 基本技术结构合理，旋转节奏好，动作流畅，专项意识好
(4) 比赛能力、应变能力和心理素质好，意志品质好
(5) 身体健康状况好，能够承受较大训练负荷</td></tr>
<tr><td rowspan="7">选材指标</td><td>类别</td><td>内容</td><td>男</td><td>女</td></tr>
<tr><td>身体形态</td><td>身高（厘米）
体重（千克）
指间距大于身高（厘米）</td><td>一般不低于 185
80
5</td><td>一般不低于 175
70
5</td></tr>
<tr><td>身体机能</td><td>血红蛋白（克/分升）
脉搏（次/分）
肺活量（毫升）</td><td>13
55~65
4500 以上</td><td>12
50~60
4000 以上</td></tr>
<tr><td>身体素质</td><td>起动 30 米跑（秒）
立定三级跳远（米）
后抛铅球（米）
坐位体前屈（厘米）</td><td>4.0
8.0
16（4 千克）
20</td><td>4.4
7.0
13（3 千克）
25</td></tr>
<tr><td>专项成绩</td><td>原地掷铁饼（米）
全程掷铁饼（米）</td><td>30（1.5 千克）
35（1.5 千克）</td><td>25（1 千克）
30（1 千克）</td></tr>
<tr><td>技术评定</td><td>掷铁饼技术</td><td colspan="2">动作规范，协调自然，饼感好，爆发力强，能较熟练地掌握掷铁饼的完整技术</td></tr>
</table>

三、选材指标测试方法及要求

(一) 身体形态

投掷运动员的身体形态特征状况是运动员取得优异运动成绩的基础，好的身体形态可以为青少年投掷运动员提高专项训练水平及创造优异成绩提供较大的发展。身高和指尖距在田径投掷项目中占有重要地位，身材高大和臂展长的运动员可以提高投掷最后用力的工作距离和出手高度，对提高运动成绩有先天之利。体重表明身体的体质、营养状况和力量潜力等，在投掷项目选材中与身高占有同等重要的地位。投掷运动员的选材对象一般选择高大强壮的人，但过大的体重会与身高不成比例，不利于做好投掷动作，挑选运动员应以身材高大匀称为好，避免选拔肥胖、动作迟缓的人。

1. 身高

(1) 测量工具：电子或机械标准身高体重计（钢尺或直尺）。

(2) 测试要求：使用前应用标准钢尺校正，1 米的误差不得大于 0.1 厘米。同时应检查立柱与底板是否垂直，连接处是否紧密，有无晃动，零件有无松脱等情况，并及时加以纠正。

（3）测量方法：受试者赤足，立正姿势站在身高计的底板上（上肢自然下垂，足跟并拢，足尖分开成60°）。足跟、骶骨部及两肩胛区与立柱相接触，躯干自然挺直，头部正直，耳屏上缘与眼眶下缘呈水平位。测试人员站在受试者右侧，将水平压板轻轻沿立柱下滑，轻压于受试者头顶。测试人员读数时双眼应与压板水平面等高，记录员复述后进行记录，以厘米为单位，精确到小数点后一位，测试误差不得超过0.5厘米。

2. 体重

（1）测量工具：标准电子人体秤或标准电子身高体重计。

（2）测试要求：使用前需检验其准确度和灵敏度，准确度要求每千克误差小于0.1千克。检验方法，以备用的10、20、30千克标准砝码（或用等重标定重物代替）分别进行称量，检查指示读数与标准砝码误差是否在允许范围。灵敏度检验方法，置100克的砝码，电子体重计应显示0.1千克。

（3）测量方法：测试时，电子秤应放在平坦地面上，调整0点至刻度尺水平位。受试者赤足，身着短裤、短袖衫，站在秤台中央。测试人员读数以千克为单位，精确到小数点后一位。记录员复诵后将读数记录，测试误差不超过0.1千克。

3. 指尖距

（1）测量工具：标准钢尺或直尺。

（2）测试要求：使用前检查钢尺或直尺是否符合标准，测量墙壁或台面是否平坦。

（3）测量方法：受试者两臂侧平举，掌心向前，胸部和手臂贴紧测量墙壁或台面，测量左手中指到右手中指的直线距离。

（二）身体机能

心肺系统是影响人体运动机能的重要环节，其机能水平高低将直接影响运动员的运动能力。投掷属于大能量消耗型运动项目，对运动员的生理机能要求比较高。安静时的心率、血压和肺活量可以反映运动员的身体机能状况。肺活量是一个衡量肺容量，反映呼吸肌力量和呼吸器官发育状况的指标，心率与血压是反映心血管状况及承受运动负荷强度水平的基础指标，心功能指数能全面地反映心脏功能状况，安静时心率次数越少，说明心功储备力强，运动负荷即刻心率反映心脏承受负荷强度的心功水平，运动负荷后心率恢复得快，说明心脏功能良好。如运动员进行800米耐力负荷后心率上升到160~180次/分以上，休息3分钟下降到120次/分左右或接近安静时心率，证明这类运动员心血管功能较好，且抗疲劳能力较强，一般选拔运动员应尽量选择肺活量大、心率快速恢复能力强、血压平稳的运动员。

1. 安静时心率

（1）测试工具：听诊器、秒表。

（2）测试要求：受试者静坐5分钟。

（3）测试方法：指触法测量脉搏时，通常将食指、中指和无名指放在受试者一侧手腕桡动脉搏动处。脉搏测量时先以10秒为单位，连续测量3个10秒，其中两次相同并与另一次相差不超过1次时，即认为是相对安静状态，否则应适当休息后继续测量，直至符合要求。然后，再测量15秒脉搏乘以4，即为1分钟心率。

2. 血压

（1）测试工具：水银血压计。

（2）测试要求：被测量者至少安静休息5分钟，在测量前30分钟内禁止饮咖啡或运动。

（3）测试方法：先让被测者安静休息5分钟以上，取坐位，使手臂与心脏位置保持在同一水平，掌心朝上，将气袖展平，气袖中部对着肱动脉（上臂的中上1/3内侧）缚于上臂，气袖下缘距离肘窝2~3厘米，松紧度以能放下被测者1~2根手指为宜；将听诊器胸件放在肘部肱动脉上（注意不能接触气袖，更不能塞于气袖下），然后给气袖充气，待肱动脉搏动消失后，再将汞柱升高20~30毫米（或将汞柱升高到180毫米高度后试测，再酌情调整）；慢慢放出气袖中的空气，使汞柱以大约2毫米/秒的速度缓慢下降，当听到第一个动脉搏动声时所示的压力值即是收缩压；继续缓慢放气，至动脉搏动声刚刚消失时的压力值即是舒张压。

3. 肺活量

（1）测试工具：电子肺活量计。

（2）测试要求：使用电子肺活量计测试时，首先将肺活量计接上电源（可以用电池或用外接电源），按电源开关，显示屏上先闪耀“8888”，后显示0，表示仪器处于工作状态。

（3）测试方法：测试时，先将口嘴装在文式管的进气口，受试者手握文式管手把，保持导压软管在文式管上方的位置，头部略向后仰，尽力深吸气直至再不能吸气为止，然后将嘴对准口嘴做尽力的深呼气，直到不能呼气为止。此时显示器上显示的数据即为肺活量值。测试两次，取最大值，记录以毫升为单位，不计小数。

4. 心功指数（同800米测试）

安静时心率、运动负荷即刻心率、运动后恢复心率能全面地反映心脏功能状况，安静时心率次数越少，说明心功能储备力强，运动负荷即刻心率反映心脏承受负荷强度的心功能水平，运动负荷后心率恢复得快，说明心脏功能良好。

（三）身体素质

身体素质是体现投掷运动能力的基础，通常包括力量、速度、耐力、柔韧、灵敏、协调等基本素质。投掷运动员应该具有良好的柔韧、速度、力量和协调能力等素质。优异的投掷成绩是正确的技术与良好身体素质的结合。选拔和培养高水平的投掷运动员，必须重视身体素质的发展，制定科学的、适合投掷运动员身体素质综合发展水平的评价标准及身体素质发展均衡程度的评价标准。明确教练员训练的方向、确定训练的重点，为科学规划青少年投掷运动员身体素质训练提供相应的理论依据。

任何一项身体素质的薄弱都会导致成绩的降低，而有效的训练可以全面提高身体素质。不同运动员身体素质间的差异非常大，因此教练员一定要根据不同运动员身体素质的特点制订不同负荷的运动量，从而达到最好的训练效果。训练计划的制订必须要符合青少年运动员的生长发育特点。对处于不同年龄段的运动员，在训练中应根据各个运动员的不同训练需求制订适合其个人训练的最佳训练方法。

只有坚持全面提高运动员的基本身体素质为前提，在青少年时期就打下坚实的基础，才能在成年后创造优异的比赛成绩。

1. 30 米跑

（1）测试工具：秒表、发令枪或口哨、卷尺（50 米）。

（2）测试场地：田径场直道。

（3）测试要求：受试者两人一组，站立式起跑，每人试跑两次取最好成绩。

（4）测试方法：受试者站在起跑线后，听到发令枪声或哨声时开始起跑。计时员视受试者抬腿启动开表计时，受试者躯干部到达终点线的垂直面停表。以秒为单位记录测试成绩，精确到小数点后 2 位。

2. 立定三级跳远

（1）测试工具：卷钢尺、钉耙、铁锹。

（2）测试场地：跳远沙坑。

（3）测试要求：从原地开始做立定三级跳远，第一跳要单脚起跳，两手臂积极前摆带动身体，同时两脚用力蹬地后，一腿积极前摆，全脚掌落地，过渡到第二跳为跨步跳，第三跳要挺胸收腹双脚落地。

（4）测量方法：从起跳线至双脚落地的最近直线距离进行丈量。若手或臀着地，以身体触地的最近直线距离进行丈量，每人试跳两次取最好成绩。

3. 后抛铅球、实心球

（1）测试器材：2 千克实心球（男女丙）、3 千克铅球（女子乙）、4 千克铅球（男子乙）、卷钢尺。

（2）测试场地：投掷区。

（3）测试要求：两脚左右开立背向投掷方向，双手持球于体前，两腿下蹲使球接近地面，通过双腿用力蹬伸，上体迅速抬起伸髋后仰，两臂伸直用力向后上方将球抛出。

（4）测量方法：由投掷线至铅球或实心球落点最近直线距离丈量，每人两次，取最好成绩。

4. 800 米跑

（1）测试工具：秒表。

（2）测试场地：田径场。

（3）测试要求：受试者 8~10 人一组，站立式起跑，每位运动员配有一名计时员。

（4）测试方法：分计时员首先记录每位运动员安静时 15 秒脉搏，总计时员听到发令信号开表计时，当受试者的躯干部到达终点线垂直面时停表记录成绩。分计时员即刻记录到达运动员 15 秒的脉搏，运动员休息三分钟时记录 15 秒的恢复脉搏。

5. 坐位体前屈

（1）测量工具：坐位体前屈测量计。

（2）测试要求：测试前，用尺进行校正，即将直尺放在平台上，使游标的上面与平台呈水平，将游标的刻度调到 0 位。

（3）测量方法：受试者两腿伸直，两脚平蹬测试纵板坐在平地上，两脚分开约 10~15 厘米，上体前屈，两臂伸直向前，用两手中指尖逐渐向前推动游标，直到不能前推为止。测量计的脚蹬纵板内沿平面为 0 点，向内为负值，向前为正值。记录以厘米为单位，保留一位小数。测量两次，取最好成绩。

6. 握力

（1）测量工具：电子握力计或机械握力计。

（2）测试要求：测试前校准电子握力计的灵敏度，若使用机械握力计，需检查指针是否为归零状态。

（3）测量方法：受试者自然站立，手臂自然下垂，单手持握力计，测试时受试者不能有屈肘、抬臂、弯腰或依靠接触他物等动作，分别测试左右手，每只手连续测试两次，取最大值。

7. 背力

（1）测量工具：电子背力计或机械背力计。

（2）测试要求：测试前校准背力计的灵敏度，调整好牵拉手柄高度，测试时受试者不可屈臂、屈膝和身体后仰用力。

（3）测量方法：受试者两脚开立与肩同宽，上体前倾约30°，两腿伸直，两手握紧背力计牵拉手柄，腰背发力将上体用力抬起，每人测试两次，取最大值。

（四）专项技术

投掷运动员的专项技术训练水平是决定比赛竞技状态的主要因素之一，具备高水平专项技术训练的运动员在比赛中容易发挥或超常发挥，创造个人的投掷成绩纪录。在比赛中，运动员的专项技术水平受专项技术动作的稳定性、赛前训练安排、比赛目标、对比赛环境的适应能力、赛前准备活动、对手强弱、赛中机体抑制与兴奋的自控能力等直接或间接因素的影响。在投掷运动员的训练系统中，就专项技术训练的功能而言，专项技术练习的本身不只是完善专项技术动作的训练手段，也是提高专项机能的最佳方法。因为投掷属非周期性运动项目，完整技术动作较为复杂，每完成一次投掷都是运动员全身运动系统协调、配合用力的结果，它对参与投掷动作的肌群工作能力有直接的提高作用。所以，运动员通过投掷专项技术的练习，可以提高自己的速度、力量、协调等身体机能水平。

1. 铁饼原地掷技术

（1）测试器材：0.75千克铁饼（女子丙）、1千克铁饼（男子丙、女子乙）、1.5千克铁饼（男子乙）、卷钢尺（50~100米）。

（2）测试场地：标准铁饼圈。

（3）测量方法：由铁饼圈内沿至铁饼落点最近直线距离丈量，每人投掷两次取最好成绩。

（4）技术要求：两脚自然开立，身体侧对或背对投掷方向，单手握持铁饼，预摆后原地将铁饼掷出。

2. 铁饼旋转技术

（1）测试器材：0.75千克铁饼（女子丙）、1千克铁饼（男子丙、女子乙）、1.5千克铁饼（男子乙）、卷钢尺（50~100米）。

（2）测试场地：标准铁饼圈。

（3）测量方法：由铁饼圈内沿至铁饼落点最近直线距离丈量，每人投掷两次，取最好成绩。

（4）技术要求：背对投掷方向自然站立，单手握持铁饼，预摆后旋转 1.5 周将铁饼掷出。

（五）生理生化

通过生理生化指标的监测分析青少年女子投掷运动员不同年龄阶段的生理发育和身体健康状况，了解运动训练对青少年运动员生理机能等方面的影响，探讨生理生化指标在女子投掷运动员选材方面的应用，为投掷项目体育科研提供一定的理论依据。健康检查是了解运动员身体健康状况的重要组成部分，一般由医生进行诊断与评定。

1. 骨龄

（1）测试仪器：医用 X 光放射仪。

（2）测试要求：在三甲医院 X 光放射科拍摄左手的腕骨及手掌全片，无金属指环、手链或手表。

（3）测试方法：将拍摄人左手前臂和手掌自然放松地平放在 X 光片拍摄台面上，五指自然分开伸直并垂直于前臂。医生通过 X 光片观察左手掌指骨、腕骨及桡尺骨下端的骨化中心的发育程度，采用国人 05 新方法手腕骨发育等级来评判骨龄发育程度。骨龄与生活年龄的差值类型评判为：早熟（≥1）、正常（±1）、晚熟（≤-1）。

2. 骨密度

（1）测试仪器：骨密度测试仪。

（2）测试要求：在三甲医院或省市级体育科学研究所放射科拍摄肺部全片，无金属物。

（3）测试方法：胸透全称荧光透视，为常用 X 线检查方法。它是利用 X 线具有穿透性、荧光性和摄影效应的特性，使人体在荧屏上形成影像，由于人体组织有密度和厚度的差别，当 X 线穿透人体不同组织时，X 线被吸收的程度也不同，所以到达荧屏上的 X 线量就有所差异，形成黑白对比不同的影像，为医生的诊断提供依据。

3. 心电图

（1）测试仪器：电子心电图仪。

（2）测试要求：三甲医院医学检查。

（3）测试方法：心电图反映的是人体心脏活动过程中的电变化，它记录了心脏收缩速率、节律，反映心脏有无肥大，心肌有无缺血，心脏兴奋和传导是否正常，其出现异常现象时，也就说明机体出现了问题。

4. 血常规

（1）测试仪器：血细胞分析仪。

（2）测试要求：三甲医院的医学检查，受试者空腹采取静脉血 2 毫升，检查前一天晚上应该避免吃油腻的食物。

（3）测试方法：血常规检查是临床上最基础的化验检查之一，一般是取静脉血。血常规检查项目包括红细胞计数、白细胞计数、血红蛋白水平及血小板数量、红血球压积等。血红蛋白含量反映携氧和承载负荷强度水平。我国正常女子每升血液中血红蛋白含量约为 110~140 克，青少年女子运动员为 110~155 克，低于 105 克/升为贫血，如果血红蛋白和红细胞数量减少到贫血的程度，会导致运动员运动能力低下。

5. 尿常规

（1）测试仪器：尿常规分析仪。

（2）测试要求：在三甲医院进行医学检查，受试者最好使用晨尿检查。

（3）测试方法：主要涉及尿液颜色、pH 值、红细胞、白细胞、尿蛋白浓度等指标。正常尿液呈草黄色，且清晰透明，若放置过久，尿液的酸碱度会改变，尿内的黏液蛋白、核蛋白等逐渐析出则出现轻度混浊。正常的尿应该是弱酸性的，正常人尿液中可偶见红细胞和少数白细胞及小圆形上皮细胞，如果尿中出现大量红细胞、白细胞或小圆形上皮细胞，这些都是生殖感染疾病的征兆。一般人每日排出蛋白质量比较少，尿常规检查中常规定性检测为阴性。正常的尿液中有微量葡萄糖，定性试验为阴性。以上检查若出现阳性反应，则可能是出现了某种疾病。

6. 肝功五项

（1）测试仪器：乙肝荧光定量 PCR 检测系统。

（2）测试要求：三甲医院的医学检查，受试者空腹采取静脉血 2 毫升，检查前一天晚上应该避免吃油腻、辛辣的食物，晚上注意休息。

（3）测试方法：肝功五项检测主要是针对人体肝脏代谢物质指标的检查，可分为白蛋白、转氨酶、胆红素、磷酸酶及胶原五类物质，不同种类物质指标的异常反映出的是不同的肝组织损伤情况。例如：表面抗原（HBsAg）体内是否存在乙肝病毒；表面抗体（抗-HBs）是否有保护性；e 抗原（HBeAg）病毒是否复制及具有传染性；e 抗体（抗-HBe）病毒复制是否受到抑制；核心抗体（抗-HBc）是否感染过乙肝病毒。通过肝功能五项检查，可以区分乙肝大三阳和小三阳，排除肝功能是否异常。

（六）心理素质评定

随着竞技体育的不断发展和科学研究水平的不断提高，运动员之间的技战术训练水平、身体素质越来越接近。因此，在竞技体育中，要想赢得比赛，运动员过硬的心理素质也是必不可少的。特别是投掷项目，运动员通过几次试投就要决出比赛名次，这对运动员的心理素质要求很高，尤其是心理稳定性、自信心等，更大地考验了运动员心理素质与运动技术水平相互结合的能力。在剧烈的比赛中，场上的情况千变万化，运动员面对强大的对手和观众的喧哗，心理变化很复杂，各种心理状态自然导致不同的结果。投掷运动员应具备独立调节和控制心理活动的能力。

1. 接受力（悟性）

一名优秀的投掷运动员，学习能力和掌握各种运动技术的能力，尤其是投掷意识及训练中对技术要求的理解和本体感觉的把控，表现为学习悟性。而早期投掷意识的发现和定向培养则是至关重要的。只有那些悟性强、具有运动天赋的运动员，才可能攀上世界的顶峰。运动员的悟性主要体现在运动技能学习时的接受能力，即掌握体育专项技能的速度和控制能力。

2. 应变力

随机应变的能力和反应力是近义词，包括预测判断和应变力因素。运动员在比赛中，主要表现在反应敏捷、思维敏捷和准确的判断能力及审时度势随机应变的调节能力。

3. 抗干扰力

抗干扰能力是运动员非常重要的心理素质之一。所谓抗干扰力就是为了保持良好的竞技状态，运动员在赛前或赛中克服外部环境给心理造成的影响或干扰。如在投掷比赛中，场内广播或观众噪音及恶劣天气的干扰等，当运动员技术水平相当、难度相差不大的情况下，比赛实际就是比临赛时的抗干扰能力，谁在临赛时的抗干扰能力强，那么他就有可能在比赛中获胜，反之，就有可能失败。

4. 意志品质

意志品质是影响我国投掷运动员的重要心理因素，它会直接影响运动员技战术水平的发展，间接决定比赛成绩。意志品质指一个人的果断性和坚韧性，自制力及勇敢顽强、主动独立的精神。意志品质是在克服困难过程中表现出来的，也是在克服困难过程中培养出来的。我国投掷运动员的年龄、训练年限、学历、运动等级、入选的不同级别队伍、参加的不同级别比赛，对运动员的意志品质都具有重要影响。教练员要在全面深入了解全队队员不同意志品质特征的基础上，结合技战术训练、身体训练或综合训练，对运动员的意志品质提出不同的要求；在不同的客观环境、身体状况下安排特殊的训练，或者是模拟性训练来培养运动员的意志品质；加强对运动员的思想教育，促进运动员意志品质的提高。

第四节 铁饼运动员各年龄阶段训练任务与要求

一、铁饼训练阶段的划分

根据青少年后备人才的划分年龄，大致可为三个训练阶段：引导训练阶段（12~13岁）、基础训练阶段（14~15岁）、初级专项训练阶段（16~17岁）。

二、各年龄段的生理特点

（一）12~13岁

（1）生长发育特点：男子处在青春发育前期，女子已进入青春发育期，身体形态发育出现突增现象。

（2）骨骼和肌肉特点：骨骼富有弹性，但硬度小；肌纤维较细，肌力弱、易疲劳，身体各部肌肉发育不平衡。

（3）心血管系统特点：心脏发育尚未完善，心容量较小，心率较快，但血管发育较好，血管壁弹性好，开始出现青春期高血压。

（4）神经系统特点：神经活动过程不稳定，兴奋和抑制过程在皮质很容易扩散，表现为活泼好动，注意力易分散，动作不协调、不准确。分化能力尚不完善，掌握复杂精细动作困难，但女子分化抑制发展较早。

（二）14~15岁

（1）生长发育特点：男子进入青春发育期，身体形态有明显的变化。女子发育则渐趋平衡稳定，男女差异加大。

（2）骨骼和肌肉特点：男子肌肉生长落后于骨骼的生长，肌力和耐力都较差，关节柔韧性下降。

（3）心血管系统特点：心容量相对较小，心脏收缩力量较差，心率较快，心脏调节功能尚未完善，青春期高血压出现增多。

（4）神经系统特点：神经活动过程趋于稳定，反应潜伏期缩短，分化能力提高，皮质抑制调节机能达到一定强度，分析综合能力明显提高，但分化能力尚不完善。青春期神经系统受内分泌腺活动的影响，会使稳定性暂时下降，男子表现出动作不协调，女子更明显。

（三）16~17 岁

（1）生长发育特点：男子生长发育虽然趋于相对稳定、缓慢阶段，但仍有发展空间，女子发育则基本停滞。

（2）骨骼和肌肉特点：骨质钙化作用增强，骨的坚固性和负重能力增强，肌肉横向发展较快，小肌肉群也迅速发育，是躯干力量增长最快的时期，因肌力增长使柔韧性下降。

（3）心血管系统特点：男女心血管系统的发育趋于完善和稳定。

（4）神经系统特点：男女均处于稳定阶段，分化能力进一步完善，能掌握和完成复杂精细的动作。

三、各年龄阶段训练任务与要求（表 12–8）

表 12–8　各年龄阶段训练任务与要求

年龄阶段	训练任务与要求
12~13 岁	①根据少儿的生理、心理特点，训练采用的手段多样化，发展基本技能、技巧和心肺功能 ②着重发展速度、弹跳、灵敏、柔韧和耐力等素质 ③技术训练，分解和完整练习相结合，形成正确的动作结构和用力顺序，提高完成动作的效率 ④培养正确的投掷意识和良好的意志品质 ⑤训练负荷不宜过大，保持运动员的练习兴趣
14~15 岁	①在全面发展身体素质的基础上，逐渐增加发展专项素质比例 ②以快速力量为主，全面发展身体各环节的力量 ③技术训练，重视完整技术中的衔接和明快的动作节奏 ④培养良好的意志品质和较强的忍耐力 ⑤提高比赛能力，要求在比赛中保持较高的自信心
16~17 岁	①巩固全面身体训练水平，逐步发展专项素质和专项能力。力量训练着重于快速力量和绝对力量相结合 ②日益完善完整技术，使各技术环节衔接连贯，动作协调、稳定，体现出较强的动作节奏 ③应加强各关节的小力量训练及柔韧练习，防止受伤 ④在训练和比赛中，提高自我控制能力和抗干扰能力，能在比赛中正常发挥水平，并善于总结，不断提高知识水平 ⑤提高自我分析动作和感知能力，掌握基本理论知识，做到理论与实践相结合

第五节 铁饼各项评价指标、训练负荷及训练任务与要求

根据铁饼项目的特点，针对青少年运动员的专项技术、身体素质、专项成绩三个方面进行评定与考核，将三个方面的成绩按比例计算，所得总分确定训练成效的排序。三个方面的比例分别为：专项技术30%、身体素质50%、专项成绩20%。

一、铁饼各年龄阶段专项成绩评价指标（表12-9）

表12-9 各年龄段专项成绩指标评价标准

年龄			12~13岁		14~15岁		16~17岁	
性别			男	女	男	女	男	女
铁饼（千克）		等级	1.0	0.75	1.5	1.0	1.5	1.0
专项评价指标	原地掷铁饼（米）	优	28	25	30	30	38	35
		良	23	22	27	27	36	32
		及格	20	20	25	25	34	30
	旋转掷铁饼（米）	优	—	—	35	35	45	42
		良	—	—	32	32	42	37
		及格	—	—	30	30	40	35

二、铁饼各年龄阶段身体素质评价指标（表12-10）

表12-10 各年龄段身体素质指标评价标准

年龄		12~13岁		14~15岁		16~17岁	
性别		男	女	男	女	男	女
30米起跑（秒）	优	4.8	5.0	4.4	4.7	4.2	4.5
	良	4.9	5.1	4.6	4.9	4.4	4.7
	及格	5.0	5.2	4.8	5.0	4.6	4.9
立定三级跳远（米）	优	6.5	5.5	7.00	6.20	7.80	6.50
	良	6.0	5.0	6.80	6.00	7.50	6.30
	及格	5.5	4.8	6.50	5.80	7.00	6.00

（续表）

年龄		12~13 岁		14~15 岁		16~17 岁	
性别		男	女	男	女	男	女
后抛实心球、铅球（米）	优	16（2 千克）	14（2 千克）	14（4 千克）	13（3 千克）	16（5 千克）	14（3 千克）
	良	15（2 千克）	13（2 千克）	13（4 千克）	12（3 千克）	15（5 千克）	13（3 千克）
	及格	14（2 千克）	12（2 千克）	12（4 千克）	11（3 千克）	14（5 千克）	12（3 千克）
坐位体前屈（厘米）	优	24	25	25	28	26	28
	良	22	23	23	25	24	25
	及格	20	21	20	22	22	22

三、铁饼各年龄阶段训练负荷

根据青少年运动员身心发育的特点，训练课的组织形势应该多样化，练习手段与游戏活动相结合，全面身体素质训练与专项训练相结合，学习与改进技术动作相结合，各年龄阶段训练负荷（表 12-11）。

表 12-11 铁饼各年龄阶段训练负荷时间与训练比重

分类	负荷方面	12~13 岁	14~15 岁	16~17 岁
训练时间	课时间（小时）	1~1.5	1.5~2	2~2.5
	周训练课（次）	3~5	5~6	6~8
	月训练课（次）	13~20	20~25	25~30
	年训练课（次）	150~200	200~240	260~300
训练比重（%）	技术训练	20	30	35
	专项素质	30	35	40
	一般素质	50	35	25

四、铁饼项目训练的任务与要求

投掷铁饼的训练环节多而复杂，教学中应根据教学对象，设计和采用各种专门练习。在教学手段的运用上，应注意徒手模仿练习与持器械练习相结合、分解技术练习与完整技术练相结合、慢速动作练习与快速动作练习相结合，还要注意专项技术练习和专项投掷练习相结合、专项投掷练习和专项力量练习相结合、一般力量练习和柔韧协调素质练习相结合，最终以不断提高成绩为目标。青少年铁饼项目训练分为基础素质训练和专项投掷训练。

（一）铁饼专项投掷训练

专项投掷训练的顺序是发展速度和节奏在前，发展力量在后。专项投掷训练要注意发展速度节奏和专项力量素质，分解练习要为完整技术服务（表 12-12）。

表 12-12　铁饼专项投掷训练的任务与要求

任务	名称	要求
熟悉饼性，增强手指力量	双手交换拨饼	向上拨饼，向前拨饼，滚饼
发展上体用力动作	原地直腿平投掷铁饼	两脚开立侧对投掷方向，基本与肩同宽，平摆双臂与肩同高，转体挥臂投掷铁饼
提高全身协调用力的能力	原地转体铁饼	两脚开立，基本与肩同宽，屈腿转髋转肩，向前上方投掷铁饼
提高全身协调用力的能力	原地正面投掷铁饼	两脚前后开立，右腿屈膝，左腿支撑，上体稍后仰，向前上方投掷铁饼
提高全身协调用力的能力	原地侧向投掷铁饼	身体侧对方向站，两腿基本同肩宽，向前上方投掷铁饼
最后出手的动作技术	原地背向投掷铁饼	原地准备姿势，完整地原地投掷铁饼
提高运动员的旋转速度和技术	徒手旋转练习	双腿动作协调，右脚落地积极迅速，左脚落地到位迅速准确
提高旋转的平衡能力	多周旋转	侧向站立，进行侧向连续的多周旋转，3~4 圈
改进旋转投掷铁饼完整技术动作	持轻、标准和加重铁饼完整技术练习	运动员持轻器械、标准器械、重器械，做完整的投掷铁饼的练习

1. 铁饼技术训练重点

①最后用力是决定投掷铁饼远度的重要技术环节，对远度的贡献率约占 60%～70%。初学者要认真规范原地掷铁饼基本技术，通过原地投掷的基本功练习，建立正确的身体左侧支撑和右侧多关节协同用力本体感觉。

②旋转是铁饼获得速度的途径，通过旋转移动速度的叠加，为最后用力创造最佳的用力条件；旋转动作中良好的身体平衡和适宜的水平速度节奏，旋转轴的平稳变换和旋转结束时良好的超越器械，快速有效地与最后用力衔接并高质量完成最后再加速的动作。

③正确的旋转动作幅度和工作顺序，以躯干主导下肢发力时机，完成人体动作链

与铁饼的逐步加速。

2. 铁饼技术训练难点

①动作链，即多关节协同用力，是对初学者投掷能力培养的难点，需要反复强化正确的技术概念和动作控制方式，通过各种形式的技术模仿，建立动作链的本体感觉。

②正确的用力时机和动作顺序，掷铁饼技术在很大程度上需要躯干的扭紧，髋带动腿部及全身多关节的协同动作来完成，而不是简单地依靠上体和投掷臂将铁饼掷出，因此，肢体放松、动作舒展、离心超越器械的技能掌握极其重要。

③旋转掷铁饼技术，是通过肢体旋转轴的不断变化，在身体重心的连续移动中使铁饼获得最大可控速度的叠加，那么，只有把各个动作部分连贯衔接才能取得预期的整体技术效果，而初学者往往在原地投时最后用力技术掌控得较好，一旦加上身体的旋转移动，最后用力技术就面貌全非，旋转成绩还超不过原地投掷成绩。

④平时训练铁饼技术和成绩较好，比赛却总超不过平时训练的水平。

3. 铁饼技术训练常见的错误与纠正方法（表 12–13，表 12–14）

表 12–13 旋转技术训练易出现的问题、产生原因及应对措施

易出现问题	产生原因	应对措施
进入旋转不能形成身体左侧旋转轴并倒向投掷方向	进入旋转时身体重心由右向左侧移不充分，头、左肩、左臂快于左膝和左脚外旋引导身体进入旋转，造成身体急于向投掷方向倾倒	以髋带左肩、左臂、左膝和左脚，协同一体发力外旋进入旋转，左臂在身体前方和左侧尽量划大弧线伸展，积极向投掷方向引领，帮助身体重心由右向左侧移。左脚尖和左膝在转动过程中始终保持一致并领先于左臂和左肩。在原地徒手进行身体重心由右腿向左腿侧移后旋转一周或在跑道上沿直线反复进行旋转一周练习
旋转过程中身体水平向前移动不足，步幅小或腾空过高	开始旋转时没有形成身体左侧旋转轴，且左肩高于右肩；进入旋转时左腿转蹬和右腿前摆转扣力量不足	开始旋转时左手触摸身体左侧尽量远的标识； 在身后右脚踝关节系橡皮带，原地扶肋木做进入旋转动作练习，加强下肢动作力量；进入旋转后右脚落在前方的标识上，逐步前移标识
腾空后两脚落地位置过于偏左或偏右	第一转左腿转蹬与右腿大幅度前摆离地时间偏早或偏晚，造成腾空后两脚落地位置偏左或偏右	在投掷圈或地面标出正确的双脚落地位置，练习中双脚踩在标识上反复体会；以掷铁饼技术的步法连续快速旋转 5~8 周，反复练习加强下肢动作专门协调性
旋转后不能形成身体扭紧和超越器械	旋转过程中左肩没有“扣住”，左臂打开过早，造成身体左转甚至后仰	肩扛木棍或轻杠铃杆，双臂伸展搭在上面进行背向旋转模仿练习，体会左肩的“封闭”姿势； 双手扶栏杆反复做进入旋转和双脚落地动作，体会躯干扭紧和超越器械动作姿势

表 12-14　最后用力技术训练易出现的问题、产生原因及应对措施

易出现问题	产生原因	应对措施
只用投掷臂投饼	①身体环节用力顺序不正确。 ②下肢、髋部和腰部力量不足	①建立正确的最后用力技术概念。 ②采用用力顺序与技术要求相近的素质练习（如立定跳远、后抛铅球和抓举）加强力量
用力过程中上体前倾或臀部后坐	①右腿和右髋的发力动作积极主动性不够。 ②身体左侧支撑不稳固。 ③左腿和左髋在制动支撑动作中蹬伸过早，造成向后的分力过大	①通过持小竹条鞭打、拉固定物或拉橡皮带练习反复体会右腿和右髋的发力动作。 ②教师或同伴扶住双肩或髋部，体会背部肌肉收紧的“满弓”鞭打姿势和左侧支撑。 ③模仿练习，体会左腿和左髋制动支撑动作与投掷臂鞭打出手动作的适宜配合时机
出手动作中身体左倒	①出手动作中左腿、左髋制动支撑动作无力，左脚向外侧转动。 ②头部向左后方向转动	①左脚放在立柱旁做最后用力徒手模仿，完成动作时将左肩和左臂绕到立柱前面。 ②左脚踩在砖或低台阶上，完成动作时登上高处，并以固定的左脚支持体重。 ③铁饼出手后将视线盯住铁饼片刻
旋转后不能形成身体扭紧和超越器械	①旋转过程中左肩没有“扣住”，身体左转甚至后仰。 ②旋转后右脚落地后身体重心不能压在右腿上	①肩扛木棍，双臂搭在上面进行背向旋转模仿练习，体会左肩的“封闭”姿势。 ②双手扶栏杆反复做进入旋转和双脚落地动作，动作结束姿势中重心充分压在右腿上

（二）基础身体素质训练

少年铁饼运动员经过全面身体训练，发展各项身体素质，促进身体健康发育，为日后创造优异成绩打下坚实的基础。少年铁饼运动员的基础身体素质训练以发展速度、力量、灵敏、协调和身体各关节的柔韧性为主，同时进行其他体育项目的练习，掌握多种运动技能。训练内容要丰富多样，这样既能保持他们对训练的兴趣，又能获得实际的训练效果（表 12-15，表 12-16）。

表 12-15　基础身体素质训练的任务与要求

任务	内容	要求
发展上肢力量	俯卧撑、扩胸、卧推、卧拉等	注意动作速度
发展全身协调力量	高立抓、后提拉、高翻、抓举等	注意动作正确和动作速度
发展下肢力量	壶铃蹲、箭步蹲、负重登台等	注意动作速度
发展协调快速力量	持杠铃蹲跳、快挺等	注意动作速度
发展爆发力和投掷能力	前抛、后抛等各种抛掷练习	注意协调用力和出手时机

（续表）

任务	名称	要求
发展速度和下肢灵活性	各种跑的练习	多种距离、多种姿势跑的练习
发展协调性和下肢灵活性	多种跨栏练习	注意动作正确性
发展下肢快速力量	各种跳跃练习	单足、双足多级跳跃
发展躯干力量	腹肌、背肌等躯干肌肉练习	身体姿势端正
发展核心力量	悬挂练习、体操等	身体姿势端正、动作平稳
发展关节稳定性	建设性训练	强度低、次数多、时间长的四肢各关节非稳定条件下的平衡练习

表 12-16　年度身体素质训练周期负荷模式

训练负荷	准备期			比赛期		过渡期
	一般素质	基础力量	速度/爆发力	赛前期	赛期	
负荷强度	小	中	大	大	中	趣味性、娱乐性有氧运动，积极性休息与恢复
	30%~70%	70%~90%	90%~100%	95%~100%	80%~85%	
负荷量	大	中	小	小	小	
	3~5 组	5~8 组	2~3 组	3~5 组	2~3 组	
	10~30 次	5~10 次	1~3 次	1~2 次	3~5 次	

第六节　铁饼训练计划

运动训练是竞技体育活动的重要组成部分，提高运动员的竞技能力和运动成绩是运动训练活动的目的。教练员和运动员是运动训练活动的主体，教练员是运动训练计划的制订者、组织者和指导者；运动员是训练计划的实践者。所以，运动训练必须遵循客观规律，科学地制订和认真地执行训练计划，才能取得成功。

一、制订训练计划的依据与要求

训练计划体现着运动活动中的基本决策，制订计划时既要考虑到现实目标的需要，又要考虑到主客观条件提供的可能性。

（一）依据

（1）运动员起始状态诊断、基础运动能力及综合状况分析。

（2）运动员的年龄阶段、训练年限、可训练周期与时间。

（3）运动员的基本现状，上阶段训练实施效果评估。

（4）制定训练目标和任务（专项成绩目标、运动能力目标）。

（5）训练场地设施、器材，科研服务等可提供的条件状况。

（二）起始状态诊断与训练目标设计要求

（1）在制订训练计划时，一定要从运动员的现有条件（技术、素质、文化程度、意志品质等）出发。

（2）目标和任务要具体，所采用的完成任务措施要切实可行。

（3）根据运动员的具体情况定出各阶段的具体目标。

（4）要发挥运动员的积极性，发挥科研人员的作用，共同研究整个训练过程和实现预定的计划。

二、多年与年度训练计划

（一）多年训练计划

多年训练计划是对运动员从开始训练到成为一名优秀的铁饼运动员的全过程进行长期的远景规划。随着田径运动水平的高度发展和日益激烈的竞争，对运动员的要求也越来越高，要想把初级运动员培养成该项目的优秀运动员，必须充分发展专项所需要的体能、技能和心智能力。由于运动员这些竞技能力的提高和发展，需要经过长时间的训练才能逐步地实现，因此多年训练计划是保证系统的长期训练的必要条件。

多年训练的目标设定包括以下几点。

（1）个体总目标与年龄阶段目标。

少年铁饼运动员的多年训练计划目标，应是多层次有序的整体目标系统，它包括专项成绩、身体素质及各种竞技能力的远景目标和各年龄阶段参加主要比赛的运动成绩、比赛名次、身体素质及各种竞技能力的训练目标。

（2）个体各年龄阶段的训练任务与要求。

根据现代科学训练原则和运动员生长发育规律及竞技能力发展的状况，明确少年铁饼运动员引导训练阶段、基础训练阶段、初级专项训练阶段等不同训练时期的任务和要求。

（3）医务监督和定期综合竞技能力评价。

①运动员健康状态医务检查（血常规、尿常规、肝肾功能、心电图、胸透、骨龄等）。

②运动能力测试（身体形态、身体机能、身体素质、铁饼技术）。

③分析评价运动员个体竞技能力各年龄阶段的优势与不足。

(4) 制订多年训练计划应注意以下几点。

①要保证训练的连贯性，每年之间的衔接和年内各个时期的衔接要安排好。

②根据每年提高运动员技能的生理限度安排负荷量。如规定每年投掷次数、强度、身体素质的负荷总量。

③有目的地逐年提高运动员专业理论水平，提高分析能力，培养独立思考能力，增强练习的自觉性。

④有目的地培养运动员的意志品质，鼓励他们在训练中克服困难，在比赛中勇于与强手竞争。

⑤在训练中要保持技术教学的规范，这不但对新手掌握技术、改进技术有利，而且对运动员巩固和熟练已掌握的掷铁饼技术或矫正错误也是必不可少的。

在少年掷铁饼多年训练的过程中，应该逐年提高专项投掷的次数和强度，并做到因人而异，有针对性地安排训练内容和负荷（表 12-17）。

表 12-17 少年铁饼各年龄阶段训练负荷比重

分类	12~13 岁	14~15 岁	16~17 岁
课时间（小时）	1~1.5	1.5~2	2~2.5
周训练课（次）	3~5	5~6	6~8
月训练课（次）	13~20	20~25	25~30
年训练课（次）	150~200	200~240	260~300
技术训练（%）	20	30	35
专项素质训练（%）	30	35	40
一般素质训练（%）	50	35	25
技术训练课（次/年）	30~40	60~72	91~105
专项素质训练课（次/年）	45~60	70~84	104~120
综合素质训练课（次/年）	75~100	70~84	65~75
比赛（次/年）	12~24	24~30	24~30

全年训练中，每个时期训练的内容比例不同。从表 12-17 中可见，引导期身体训练占的比例较大，基础训练阶段和初级阶段专项技术训练开始逐渐增加。这种训练安排有利于运动员在训练中逐渐适应训练负荷的安排，从而减少伤病的发生，最终为运动员取得优异成绩和延长运动寿命打好基础。

（二）年度训练计划

年度训练计划各时期的任务和安排如下。

1. 准备期

（1）准备期的任务与安排。

①任务：

准备期是全年训练的基础，直接影响掷铁饼运动成绩的提高，其主要的任务有：

· 全面发展身体素质，提高专项能力。

· 改进和完善掷铁饼技术。

· 培养刻苦耐劳的意志品质。

· 学习专项理论知识，提高专项理论水平。

②安排：

各级运动员准备期训练内容比例安排示例（表12-18）。

表12-18　青少年铁饼准备期各年龄阶段训练负荷比重

分类	12~13岁	14~15岁	16~17岁
课时间（小时）	1~1.5	1.5~2	2~2.5
周训练课（次）	3~5	5~6	6~8
月训练课（次）	13~20	20~25	25~30
技术训练（%）	20	30	35
专项素质训练（%）	30	35	40
一般素质训练（%）	50	35	25
投掷铁饼（次/周）	1	2	2
投掷轻器械（次/周）	2	1	1
投掷重器械（次/周）	0	1	2
综合力量（次/周）	1~2	2	2
速度（次/周）	1~2	2	2
跳跃（次/周）	1~2	2	2
有氧耐力（次/周）	1	1	1
比赛（次/月）	1~2	2	2

（2）准备期周训练计划示范。

· 引导阶段准备期周训练计划示范（12~13岁，表12-19）。

表12-19　青少年铁饼12~13岁准备期周训练计划示范

星期	主要任务	主要内容	负荷/时间
一	发展灵敏协调素质，学习铁饼基本技术	准备活动：慢跑、游戏、行进间体操。 基本部分：跑的专门练习、铁饼技术模仿练习。 结束部分：慢跑、垫上多维肌肉静力牵拉放松	中/90分钟

（续表）

星期	主要任务	主要内容	负荷/时间
二	发展关节力量素质，加强躯干稳定性能力	准备活动：慢跑、游戏、行进间体操、肌肉牵张 基本部分：多维静力支撑、非稳定性平衡支撑 结束部分：慢跑、垫上泡沫桶肌肉按摩放松	中/ 90 分钟
三	发展有氧耐力，提高心肺功能	准备活动：慢跑、行进间体操 基本部分：足球、篮球、手球、越野跑（任选） 结束部分：垫上多维肌肉静力牵拉放松	小/ 60 分钟
四	休息		
五	发展速度跳跃素质，学习铁饼旋转技术	准备活动：慢跑、游戏、行进间体操 基本部分：铁饼投掷练习，速度、跨栏、跳跃练习。 结束部分：慢跑、垫上肌肉静力牵拉放松	中/ 90 分钟
六	发展核心力量素质，加强关节稳定性能力	准备活动：慢跑、球类练习、行进间体操 基本部分：垫上腰腹背肌、非稳定性平衡支撑 结束部分：慢跑、垫上泡沫桶肌肉按摩放松	中/ 90 分钟
日	休息	积极性恢复	

·基础阶段准备期周训练计划示范（14~15 岁，表 12-20）。

表 12-20 青少年铁饼 14~15 岁准备期周训练计划示范

星期	主要任务	主要内容	负荷/时间
一	改进铁饼基本技术，加强灵敏协调素质	准备活动：慢跑、游戏、行进间体操 基本部分：铁饼投掷练习、跑的专门练习、跨栏 结束部分：慢跑、垫上多维肌肉静力牵拉放松	大/ 120 分钟
二	发展关节力量素质，加强躯干稳定性能力	准备活动：慢跑、球类练习、行进间体操 基本部分：多维静力支撑、非稳定性平衡支撑 结束部分：慢跑、垫上泡沫桶肌肉按摩放松	大/ 120 分钟
三	发展速度跳跃素质，加强专门投掷能力	准备活动：慢跑、游戏、行进间体操 基本部分：专门投（重饼、小铁球），速度、跳跃练习 结束部分：慢跑、垫上多维肌肉静力牵拉放松	大/ 120 分钟
四	加强有氧耐力，提高心肺功能	准备活动：慢跑、行进间体操 基本部分：球类（足球、篮球、手球）练习、越野跑 结束部分：肋木或垫上多维肌肉静力牵拉放松	中/ 90 分钟
五	改进铁饼旋转技术，加强核心力量素质	准备活动：慢跑、游戏、行进间体操 基本部分：铁饼投掷练习，非稳定性腰腹背肌 结束部分：慢跑、垫上多维肌肉静力牵拉放松	大/120 分钟

（续表）

星期	主要任务	主要内容	负荷/时间
六	发展速度跳跃素质，加强关节稳定性能力	准备活动：慢跑、球类练习、行进间体操 基本部分：非稳定性平衡支撑、跨栏、跳箱 结束部分：慢跑、垫上泡沫桶肌肉按摩放松	大/120 分钟
日	休息	积极性恢复	

· 初级专项阶段准备期周训练计划示范（16~17 岁，表 12-21）。

表 12-21　少年铁饼 16~17 岁准备期周训练计划示范

星期	主要任务	主要内容	负荷/时间
一	改进铁饼基本技术，加强灵敏协调素质	准备活动：慢跑、游戏、行进间体操 基本部分：铁饼投掷练习、跑的专门练习、跨栏 结束部分：慢跑、垫上多维肌肉静力牵拉放松	大/180 分钟
二	加强关节力量素质，提高躯干稳定性能力	准备活动：慢跑、球类练习、行进间体操 基本部分：多维静力支撑、非稳定性平衡支撑 结束部分：慢跑、垫上泡沫桶筋膜按摩放松	大/180 分钟
三	加强专门投掷能力，提高速度跳跃素质	准备活动：慢跑、游戏、行进间体操 基本部分：专门投（铁棒或小铁球）、速度、跳跃练习 结束部分：慢跑、垫上多维肌肉静力牵拉放松	大/180 分钟
四	加强有氧耐力，提高心肺功能	准备活动：慢跑、行进间体操 基本部分：球类（足球、篮球、手球）练习、越野跑 结束部分：肋木或垫上多维肌肉静力牵拉放松	中/120 分钟
五	改进铁饼旋转技术，加强核心力量素质	准备活动：慢跑、游戏、行进间体操 基本部分：铁饼投掷练习，非稳定性腰腹背肌 结束部分：慢跑、垫上多维肌肉静力牵拉放松	大/180 分钟
六	加强专门投掷能力，提高关节稳定性能力	准备活动：慢跑、球类练习、行进间体操 基本部分：专门投（重饼）、非稳定性平衡支撑 结束部分：慢跑、垫上泡沫桶筋膜按摩放松	大/180 分钟
日	休息	积极性恢复	

2. 比赛期

（1）比赛期的任务与安排。

①任务：

· 以发展专项能力为主，保持全面身体训练的比例。

· 巩固、稳定和娴熟地完成完整掷铁饼技术。

· 提高竞技状态，完成比赛任务，达到预期的运动成绩和名次。

②安排：

不同等级运动员比赛训练内容的比例安排示例（表 12-22）。

表 12-22　少年铁饼比赛期各年龄阶段训练负荷比重

分类	12~13 岁	14~15 岁	16~17 岁
课时间（小时）	1~1.5	1.5~2	2~2.5
周训练课（次）	3~5	5~6	6~8
月训练课（次）	13~20	20~25	25~30
技术训练（%）	30	30	40
专项素质训练（%）	30	40	40
一般素质训练（%）	40	30	20
投掷铁饼（次/周）	2	2	2
投掷轻器械（次/周）	1	1	1
投掷重器械（次/周）	0	1	1
综合力量（次/周）	1~2	2	2
速度（次/周）	1~2	2	2
跳跃（次/周）	1~2	2	2
有氧耐力（次/周）	1	1	1
比赛（次/月）	2	2	2

（2）比赛期周训练计划示范。

①引导阶段比赛期周训练计划示范（12~13 岁，表 12-23）。

表 12-23　少年铁饼 12~13 岁比赛期周训练计划示范

星期	主要任务	主要内容	负荷/时间
一	改进铁饼基本技术，加强灵敏协调素质	准备活动：慢跑、行进间体操、肌肉牵张 基本部分：投掷轻饼和技术模仿，速度、跨栏练习 结束部分：慢跑、垫上多维肌肉静力牵拉放松	小/ 90 分钟
二	发展关节力量素质，加强躯干稳定性能力	准备活动：慢跑、游戏、行进间体操、肌肉牵张 基本部分：多维静力支撑、非稳定性平衡支撑 结束部分：慢跑、垫上泡沫桶肌肉按摩放松	小/ 90 分钟
三	改进铁饼基本技术，加强节奏灵敏素质	准备活动：慢跑、行进间体操、肌肉牵张 基本部分：铁饼投掷和技术模仿、节奏跑、跳跃 结束部分：慢跑、垫上多维肌肉静力牵拉放松	小/ 90 分钟

（续表）

星期	主要任务	主要内容	负荷/时间
四	休息		
五	发展核心力量素质，加强关节稳定性能力	准备活动：慢跑、游戏、行进间体操、肌肉牵张 基本部分：垫上腰腹背肌、非稳定性平衡支撑 结束部分：慢跑、垫上泡沫桶肌肉按摩放松	小/ 90 分钟
六	完善铁饼旋转技术，发展速度跳跃素质	准备活动：慢跑、行进间体操、肌肉牵张 基本部分：投掷轻饼、速度、跨栏、跳跃 结束部分：慢跑、垫上多维肌肉静力牵拉放松	小/ 90 分钟
日	比赛	学习体验竞赛规则，了解赛程，检验铁饼技术	

②基础阶段比赛期周训练计划示范（14~15 岁，表 12-24）

表 12-24　少年铁饼 14~15 岁比赛期周训练计划示范

星期	主要任务	主要内容	负荷/时间
一	改进铁饼基本技术，加强动作速度与节奏	准备活动：慢跑、行进间体操、肌肉牵张 基本部分：铁饼投掷练习、跑的专门练习、跨栏 结束部分：慢跑、垫上多维肌肉静力牵拉放松	中/ 120 分钟
二	加强躯干稳定性，巩固关节力量素质	准备活动：慢跑、游戏、行进间体操、肌肉牵张 基本部分：多维静力支撑、非稳定性平衡支撑 结束部分：慢跑、垫上泡沫桶肌肉按摩放松	中/ 120 分钟
三	加强专门投掷能力，巩固速度跳跃素质	准备活动：慢跑、行进间体操、肌肉牵张 基本部分：专门投（重饼）、速度、跳跃练习 结束部分：慢跑、垫上多维肌肉静力牵拉放松	中/ 120 分钟
四	改进铁饼旋转技术，加强核心力量素质	准备活动：慢跑、行进间体操、肌肉牵张 基本部分：铁饼投掷练习、非稳定性腰腹背肌 结束部分：慢跑、垫上多维肌肉静力牵拉放松	中/ 120 分钟
五	加强关节稳定性能力，发展速度跳跃素质	准备活动：慢跑、游戏、行进间体操、肌肉牵张 基本部分：非稳定性平衡支撑、跨栏、跳箱 结束部分：慢跑、垫上泡沫桶肌肉按摩放松	中/120 分钟
六	巩固铁饼旋转技术，加强核心力量素质	准备活动：慢跑、行进间体操、肌肉牵张 基本部分：投掷轻饼、稳定性腰腹背肌、速度 结束部分：慢跑、垫上多维肌肉静力牵拉放松	中/120 分钟
日	比赛	巩固比赛控制技能，检验铁饼技术	

③初级专项阶段比赛期周训练计划示范（16~17 岁，表 12-25）

表 12-25　青少年铁饼 16~17 岁比赛期周训练计划示范

星期	主要任务	主要内容	负荷/时间
一	巩固铁饼技术，提高速度跳跃素质	准备活动：慢跑、行进间体操、肌肉牵张 基本部分：铁饼投掷练习、速度、跳跃练习 结束部分：慢跑、垫上多维肌肉静力牵拉放松	大/180 分钟
二	加强专门投掷能力，提高躯干稳定性能力	准备活动：慢跑、行进间体操、肌肉牵张 基本部分：专门投（重饼）、非稳定性腰腹背肌 结束部分：慢跑、垫上泡沫桶筋膜按摩放松	大/180 分钟
三	巩固铁饼技术，提高灵敏协调素质	准备活动：慢跑、行进间体操、肌肉牵张 基本部分：铁饼投掷练习、节奏跑、跨栏 结束部分：慢跑、垫上多维肌肉静力牵拉放松	中/120 分钟
四	巩固绝对力量素质，提高爆发能力	准备活动：慢跑、行进间体操、肌肉牵张 基本部分：抓举、高翻、卧推、半蹲、跳深练习 结束部分：肋木或垫上多维肌肉静力牵拉放松	中/120 分钟
五	巩固铁饼旋转技术，加强核心力量素质	准备活动：慢跑、行进间体操、肌肉牵张 基本部分：铁饼投掷练习、起跑、加速跑 结束部分：慢跑、垫上多维肌肉静力牵拉放松	中/120 分钟
六	调整体力	准备活动：慢跑、行进间体操 基本部分：肌肉多维牵拉 结束部分：人工按摩	小/90 分钟
日	比赛	提高比赛掌控技能，检验铁饼技术	

3. 休整期

（1）休整期的任务与安排。

①任务：

· 以有氧练习为主，保持身体训练水平。

· 总结一年的训练情况。

· 制订下一年的训练计划。

· 采用积极性休息，保持身体训练水平。

②安排：

各级运动员休整期训练内容比例安排示例（表 12-26）。

表 12-26　青少年铁饼运动员休整期各年龄阶段训练负荷比重

分类	12~13 岁	14~15 岁	16~17 岁
课时间（小时）	1~1.5	1.5~2	2~2.5

（续表）

分类	12~13 岁	14~15 岁	16~17 岁
周训练课（次）	3~5	5~6	6~7
月训练课（次）	12~20	20~24	24~28
技术训练（%）	20	20	20
专项素质训练（%）	20	30	30
一般素质训练（%）	60	50	50
投掷铁饼（次/周）	1	1	1
投掷轻器械（次/周）	1	1	1
投掷重器械（次/周）	0	0	0
综合力量（次/周）	1~2	1~2	1~2
速度（次/周）	1~2	1~2	1~2
跳跃（次/周）	1~2	1~2	1~2
有氧耐力（次/周）	1~2	1~2	1~2
比赛（次/月）	0	0	0

（2）休整期周训练计划示例。

①引导阶段休整期周训练计划示例（12~13 岁，表 12-27）。

表 12-27　青少年铁饼 12~13 岁休整期周训练计划示例

星期	主要任务	主要内容	负荷/时间
一	保持灵敏协调素质和关节、躯干稳定性能力	准备活动：慢跑、游戏、行进间体操 基本部分：速度、跨栏、跳跃、垫上稳定性练习 结束部分：慢跑、垫上多维肌肉静力牵拉放松	小/90 分钟
二	休息	积极性恢复	
三	发展有氧耐力，保持心肺功能	准备活动：慢跑、游戏、行进间体操 基本部分：越野跑、足球、篮球、手球（任选） 结束部分：垫上多维肌肉静力牵拉放松	小/ 60 分钟
四	休息	积极性恢复	
五	保持多关节、躯干稳定性能力	准备活动：慢跑、游戏、行进间体操、肌肉牵张 基本部分：多维静力支撑、非稳定性平衡练习 结束部分：慢跑、垫上多维肌肉静力牵拉放松	小/ 90 分钟
六	休息	积极性恢复	
日	休息	积极性恢复	

②基础阶段休整期周训练计划示例（14~15 岁，表 12-28）

表 12-28 青少年铁饼 14~15 岁休整期周训练计划示例

星期	主要任务	主要内容	负荷/时间
一	保持灵敏协调素质和关节、躯干稳定性能力	准备活动：慢跑、游戏、行进间体操 基本部分：速度、跨栏、垫上稳定性练习 结束部分：慢跑、垫上多维肌肉静力牵拉放松	小/ 120 分钟
二	保持关节力量素质和躯干稳定性能力	准备活动：慢跑、球类练习、行进间体操 基本部分：多维静力支撑、非稳定性平衡练习 结束部分：慢跑、垫上泡沫桶肌肉按摩放松	小/ 120 分钟
三	保持有氧耐力，提高心肺功能	准备活动：慢跑、行进间体操 基本部分：球类（足球、篮球、手球）、越野跑练习 结束部分：肋木或垫上多维肌肉静力牵拉放松	小/ 90 分钟
四	保持速度跳跃素质和关节稳定性能力	准备活动：慢跑、球类练习、行进间体操 基本部分：非稳定性平衡支撑、跨栏、跳跃练习 结束部分：慢跑、垫上泡沫桶肌肉按摩放松	小/120 分钟
五	保持铁饼旋转技术和核心力量素质	准备活动：慢跑、游戏、行进间体操 基本部分：铁饼技术模仿、非稳定性腰腹背肌 结束部分：慢跑、垫上多维肌肉静力牵拉放松	小/120 分钟
六	休息	积极性恢复	
日	休息	积极性恢复	

③初级专项阶段休整期周训练计划示例（16~17 岁，表 12-29）

表 12-29 青少年铁饼 16~17 岁休整期周训练计划示例

星期	主要任务	主要内容	负荷/时间
一	保持灵敏协调素质和关节、躯干稳定性能力	准备活动：慢跑、游戏、行进间体操 基本部分：速度、跨栏、垫上稳定性练习 结束部分：慢跑、垫上多维肌肉静力牵拉放松	小/120 分钟
二	保持核心力量素质和关节、躯干稳定性能力	准备活动：慢跑、球类练习、行进间体操 基本部分：多维静力支撑、非稳定性平衡支撑 结束部分：慢跑、垫上泡沫桶筋膜按摩放松	小/120 分钟
三	保持有氧耐力，增强心肺功能	准备活动：慢跑、行进间体操 基本部分：球类（足球、篮球、手球）、越野跑 结束部分：肋木或垫上多维肌肉静力牵拉放松	小/90 分钟
四	保持灵敏协调素质和关节、躯干稳定性能力	准备活动：慢跑、游戏、行进间体操 基本部分：速度、跨栏、垫上稳定性练习 结束部分：慢跑、垫上多维肌肉静力牵拉放松	小/120 分钟

（续表）

星期	主要任务	主要内容	负荷/时间
五	保持核心力量素质和关节、躯干稳定性能力	准备活动：慢跑、球类练习、行进间体操 基本部分：多维静力支撑、非稳定性平衡支撑 结束部分：慢跑、垫上泡沫桶筋膜按摩放松	小/120 分钟
六	保持有氧耐力，增强心肺功能	准备活动：慢跑、行进间体操 基本部分：球类（足球、篮球、手球）、越野跑 结束部分：肋木或垫上多维肌肉静力牵拉放松	小/90 分钟
日	休息	积极性恢复	

在年度训练中，除做好各时期的任务与安排外还应注意的问题。

· 在全年训练中，应根据运动员水平合理地安排身体素质和技术训练。在全年的各个时期中，两者的训练比例要安排好。

· 力量训练和爆发力训练，在全年训练中均要安排并贯彻始终，但训练的量和强度在各个时期中有所不同（表 12-30）。

· 技术训练，对引导和基础阶段的运动员来说，应以掌握和改进基本技术为主，不可偏重运动员过早地提高运动成绩。

· 在技术训练中，要注意基础训练，不断提高运动员的投掷能力。

· 对引导和基础阶段运动员的训练，要注意练习的趣味性，要注意运动员的年龄特征。选用手段要新颖，要能激发运动员的兴趣。

· 对运动员要加强安全教育，防止意外事故的发生。

· 心理训练应在年度训练和比赛中进行。

· 在制订年度训练计划时，选用的训练方法要考虑各时期、各阶段的主要任务并且有侧重，逐步提高多种能力的竞技状态（表 12-31）。

表 12-30　铁饼年度训练周期负荷建议

时期	训练负荷		训练要求
	强度	量	
准备期	小	大	以改进专项技术和加强抗阻训练为核心
赛前期	中	中	以巩固专项技术和保持抗阻训练为核心
比赛期	大	小	以保持专项技术和降低抗阻训练为核心
过渡期	小	小	积极性休息，专项技术和抗阻训练之外的趣味性有氧训练

表 12-31 铁饼板块式训练负荷建议模式

分类	专项技术	各种投掷	一般身体训练	基础力量训练	速度、跳跃训练
训练频率（周）	2~3 次	1~2 次	1~2 次	1~2 次	1~2 次
训练手段（个）	技术+	专门投+	3~8+	2~6+	2~3+
负荷强度	95%~100%	95%~100%	30%~70%	70%~100%	95%~100%
负荷密度	无间歇	无间歇	无间歇	无间歇	30~90 秒
负荷次数（组）	3~10	2~5	20~30	15~20	10~15
负荷组数	3~6	4~6	2~3	3~4	3~5
组间休息	1~3	1~3	3	3	3

三、运动员素质发展敏感期的训练计划

铁饼运动员不仅要具有规范的专项技术及良好的“饼感”，而且要具备良好的身体素质基础，具有很好的速度、力量及高度的协调性、灵敏性，由于青少年运动员处在生长发育时期，其身体条件与成年运动员有所不同，因此，在对青少年铁饼运动员的训练过程中，一定要注意全面发展及循序渐进的科学训练方法，特别是在运动员身体发展的敏感时期，更要掌握好这些素质的训练与培养。

根据运动员生长发育敏感期的特点，将全面发展身体素质的任务贯穿于各个年龄阶段，遵循这个规律制订训练计划，就能达到事半功倍的大效果。如把发展速度节奏、灵敏协调、规范基本技术放在引导训练阶段和基础训练阶段作为重点，优先发展巩固这些基本素质，把力量素质（包括基础力量、专项力量）放在初级专项阶段作为重点发展。避免在引导和基础训练阶段过早、过多地发展力量素质，从而错过灵敏素质发展敏感期的大好时机，给后期训练带来无法弥补的损失和瓶颈，影响专项水平的提高。因此，结合铁饼项目的技术特征和青少年生长发育敏感期来制订训练计划，并在执行过程中进行医务监控，观察运动员的身体状态和疲劳反应，随时调整计划，这是十分必要的。青少年铁饼运动员敏感期训练计划示例见表 12-32~表 12-34。

表 12-32 （12~13 岁）素质发展敏感期周训练计划示例

星期	主要任务	主要内容	要求
一	发展灵敏协调素质，学习基本技术	准备活动：慢跑、游戏、行进间体操 基本部分：跑的专门练习、灵敏协调练习、铁饼技术模仿 结束部分：慢跑、垫上多维肌肉静力牵拉放松	各种练习重视规范基本技术，培养运动员正确控制肢体动作，建立正确用力的本体感觉，铁饼的模仿练习要求动作舒展放松、协调自然

（续表）

星期	主要任务	主要内容	要求
二	发展关节稳定素质，加强躯干及远端支撑稳定能力	准备活动：慢跑、游戏、行进间体操、肌肉牵张练习 基本部分：非稳定性平衡支撑，近、远端多维静力支撑（板块训练） 结束部分：慢跑、垫上泡沫桶肌肉按摩放松	板块训练，注意肢体动作顺序，以变换练习部位达到局部休息的目的，每个手段之间尽量无间歇，一般3~6个手段为一个板块（即一组或一个循环），做2~3组；每组之间休息3分钟
三	发展有氧耐力，提高心肺功能	准备活动：慢跑、行进间体操 基本部分：足、篮、排、手球（任选其一）、越野跑练习 结束部分：垫上多维肌肉静力牵拉放松	有氧耐力练习主要任务有两个，一是提高心肺功能，发展内脏器官抗疲劳的能力；二是通过有氧耐力练习让身体充分排汗，使疲劳积累的身体得到积极性恢复
四	休息		
五	发展速度节奏能力，规范铁饼旋转技术	准备活动：慢跑、游戏、行进间体操 基本部分：铁饼投掷技术练习、跨栏、速度或跳跃练习 结束部分：慢跑、垫上多维肌肉静力牵拉放松	少年运动员的注意力和兴奋时间一般保持比较短，所以，要在其体力最好、注意力最集中、兴奋点最高时进行技术和速度节奏练习，体会多关节协同用力的动作顺序，注意身体重心的移动和最后用力的联动用力时机
六	发展核心力量素质，加强关节稳定能力	准备活动：慢跑、球类、行进间体操练习 基本部分：垫上腰腹背肌、非稳定性平衡支撑（板块训练） 结束部分：慢跑、垫上泡沫桶肌肉按摩放松	注意各种练习动作的正确性，板块练习要求同周二，一个板块6~8个手段，做3~5组，组内无间歇，组间休息3~5分钟。不可忽视训练后肌肉的充分放松
日	休息	积极性恢复	

表 12-33 （14~15 岁）素质发展敏感期周训练计划示例

星期	主要任务	主要内容	要求
一	改进铁饼基本技术，加强速度节奏、灵敏协调能力	准备活动：慢跑、游戏、行进间体操 基本部分：铁饼投掷练习、跑的专门练习、跨栏、跳跃练习 结束部分：慢跑、垫上多维肌肉静力牵拉放松	巩固正确的技术动作，逐渐提高动作速度与节奏难度，避免错误动作的重复，体会正确的多关节协同用力工作顺序。一般专项技术练习在前，其他类练习在后

（续表）

星期	主要任务	主要内容	要求
二	发展关节力量素质，加强躯干稳定性能力	准备活动：慢跑、球类练习、行进间体操 基本部分：多维静力支撑+非稳定性平衡支撑（板块训练） 结束部分：慢跑、垫上泡沫桶肌肉按摩放松	此阶段板块练习要适当增加负荷与难度，注意动作的正确和动作控制，一个板块6~10个手段，练习3~5组，组内无间歇，组间休息3~5分钟。不可忽视训练后肌肉的充分放松
三	发展速度节奏，加强专门投掷能力	准备活动：慢跑、游戏、行进间体操 基本部分：专门投（重饼、小铁球）、速度、跳跃练习 结束部分：慢跑、垫上多维肌肉静力牵拉放松	专门投练习，一般采用稍重一点的器械，只做原地投掷练习，主要让运动员体会最后用力推躯干的最大扭紧，左腿有力支撑，右腿积极转蹬送髋用力到全面发展，多种距离、多种姿势跑跳练习
四	加强有氧耐力，提高心肺功能	准备活动：慢跑、行进间体操 基本部分：球类（足球、篮球、手球）、越野跑练习 结束部分：肋木或垫上多维肌肉静力牵拉放松	有氧耐力练习主要任务有两个，一是提高心肺功能，发展内脏器官抗疲劳的能力；二是通过有氧耐力练习让身体充分排汗，使疲劳积累的身体得到积极性恢复
五	改进铁饼旋转技术，加强近、远端支撑和躯干稳定能力	准备活动：慢跑、游戏、行进间体操 基本部分：铁饼投掷练习、非稳定性腰腹背肌（板块训练） 结束部分：慢跑、垫上多维肌肉静力牵拉放松	技术练习注意动作节奏与速度，用力顺序正确，出手速度要快，板块身体训练适当增加负荷与难度，注意动作的正确和动作控制，一个板块6~8个手段，练习3~5组，组内无间歇，组间休息3~5分钟
六	发展速度节奏，加强关节稳定性和爆发力	准备活动：慢跑、球类练习、行进间体操 基本部分：非稳定性平衡支撑、速度、跨栏、连续跳箱练习 结束部分：慢跑、垫上泡沫桶肌肉按摩放松	训练中应高度集中注意力，关节稳定性训练要募集更多的肌肉参与工作。速度练习要全力冲刺，跨栏的练习注意动作节奏与频率，跳箱练习注意缩短落地弹起时间
日	休息	积极性恢复	

表 12-34 （16~17 岁）素质发展敏感期周训练计划示例

星期	主要任务	主要内容	要求
一	改进铁饼旋转技术，加强速度节奏，提高灵敏协调能力	准备活动：慢跑、游戏、行进间体操 基本部分：铁饼投掷练习、灵敏协调练习、跨栏、跳跃练习 结束部分：慢跑、垫上多维肌肉静力牵拉放松	完整技术练习，注意一气呵成，巩固建立正确旋转技术的动力定型，并逐步提高可控旋转速度与动作节奏，完善联动速度叠加用力技术。保持灵敏协调能力

（续表）

星期	主要任务	主要内容	要求
二	加强关节力量素质，提高远端支撑及躯干稳定能力	准备活动：慢跑、球类练习、行进间体操 基本部分：多维静力支撑、非稳定性平衡支撑（板块训练） 结束部分：慢跑、垫上泡沫桶筋膜按摩放松	板块练习要继续增加负荷与难度，注意动作正确和动作控制，一个板块8~12个手段，练习3~5组，组内无间歇，组间休息3~5分钟。要重视训练后肌肉筋膜的充分放松
三	加强专门投掷能力，提高速度、跳跃能力	准备活动：慢跑、游戏、行进间体操 基本部分：专门投（重饼、铁棒或铅球）、速度、跳跃练习 结束部分：慢跑、垫上多维肌肉静力牵拉放松	专门投仍以原地投掷练习为主，适当增加旋转投掷练习，前者器械重量可逐渐递增，后者旋转练习器械重量应控制在标准饼重量的0.5倍以内。专项投掷能力练习形同双刃剑，有利也有弊
四	加强有氧耐力，提高心肺功能	准备活动：慢跑、行进间体操 基本部分：球类（足球、篮球、手球）、越野跑练习 结束部分：肋木或垫上多维肌肉静力牵拉放松	有氧耐力练习主要任务有两个，一是提高心肺功能，发展内脏器官抗疲劳的能力；二是通过有氧耐力练习让身体充分排汗，使疲劳积累的身体得到积极性恢复
五	改进铁饼旋转技术，加强远端支撑与专项核心力量能力	准备活动：慢跑、游戏、行进间体操 基本部分：铁饼投掷练习、非稳定性腰腹背肌（板块训练） 结束部分：慢跑、垫上多维肌肉静力牵拉放松	技术练习后的板块练习，主要是增加躯干的稳定性及专项技术所需的核心力量，一个板块5~8个手段，练习3~5组，组内无间歇，组间休息3~5分钟。训练后注意肌肉的充分放松
六	加强基础和专项力量，提高专门投掷能力，巩固关节稳定性能力	准备活动：慢跑、球类练习、行进间体操 基本部分：大力量、专门投（网前投重饼或小铁球）、非稳定性平衡支撑（板块训练）练习 结束部分：慢跑、垫上泡沫桶筋膜按摩放松	此阶段的大力量训练，除了掌握正确的动作要领，应逐渐加大运动负荷，通过提高力量强度，获得基础力量的发展。同时要注意基础能力的迁移性转化训练，如上肢力量训练组间穿插投掷练习，下肢力量训练组间穿插跳跃练习等
日	休息	积极性恢复	

四、掷铁饼比赛中的问题及对策（表 12-35）

表 12-35 铁饼比赛中易出现的问题、产生原因及应对措施

易出现问题	产生原因	应对措施
赛前准备活动掌控不好，比赛发挥不出训练水平	①精神过于紧张，心理压力过大，造成赛时技术变形。 ②缺乏自信，赛前按比赛要求训练，准备得不足	①赛前教练员应对运动员进行心理辅导，运动员赛中时刻提醒自己放松，试投之前可尝试做几次深呼吸进行调整 ②赛前训练按比赛要求进行准备活动，有准备就会有自信
赛前准备活动很兴奋，赛中却动员不起来，正式比赛不如赛前试投成绩好	①比赛前过于兴奋造成赛时中枢神经疲劳 ②赛时心理过度紧张，太想用力，没有试投时放松，造成技术动作变形	①准备活动要适度，不要做到大汗淋漓再去检录，较长时间坐等比赛开始 ②赛前准备活动投掷练习不要太多，主要是熟悉技术动作 ③严格要把控好自身体力，调整全赛程中每一投前的准备活动 ④放松自己的比赛心态，投掷之前想象正确的动作和用力顺序
起转速度过快，导致最后用力动作失去控制，身体过于左倒	①取胜心切，太想用力，太想要成绩，以至于破坏了旋转和最后用力顺序 ②起转时左肩后倒左臂引领速度过快，造成身体重心失去平衡，同时也破坏了最后用力的最大扭紧	①起转要平稳，在注意动作幅度的同时，身体重心随左侧上下肢要协同向外转动，由右侧向左侧移动，并逐渐加速 ②起始不要急着用力加速，尽量让自己放松，起转支撑腿的位置和腾空后双脚落点位置要正确，最后用力左臂不要打开过早，要最大限度扣紧，使躯干形成最大超越器械状态
最后用力时铁饼溜手打网	①旋转不到位，最后用力两脚位置偏右 ②求胜心切，急于用力，破坏了动作节奏 ③场地或气候的原因，雨中比赛，圈滑、饼滑	①调整起转时两脚站位，往左稍稍移动，降低背向旋转难度，保持动作幅度和移动速度，最后用力双脚落点位置正确 ②放松心态，注意技术的发挥 ③多在不同的环境下训练，以适应恶劣天气参赛
受对手表现的影响，导致情绪上的波动，最终影响成绩	①面对强手自信不足 ②急于求胜，心浮气躁 ③轻敌或过高估计自己	①做好赛前预案，尽量发挥训练水平，做好自己的技术动作 ②专心按照自己的节奏进行比赛，摆正心态，不要把胜负看得太重

五、教练员在训练教学中的任务

（一）教练员在掷铁饼教学中的任务

1. 训练要求

根据不同年龄阶段提出系统身体运动功能训练计划。

（1）教练员要系统地掌握功能解剖学、生物力学、生理学和动作规范等基本理论。

（2）训练中贯彻身体运动功能训练五大基本原则：

①运动大肌肉群带动小肌肉群——“激活联动原则”。

②核心力量是提高传动效率——“刚体效益原则”。

③动力链是实现技术最大效应——“动力传递原则”。

④动态拉伸和筋膜等系统恢复——“能量再生原则”。

⑤稳定和灵活是提高运动功能——“优先发展原则”。

（3）将身体功能训练与专项技战术训练有机统一起来，完善训练课结构。

（4）逐一建立不同动作模式标准化流程，提高动作模式训练质量。

2. 训练目标

（1）改善运动链发力模式，增强小肌肉基础稳定。

（2）增加绝对力量，增强基础心肺耐力。

（3）以功能性力量训练为主，增强关节稳定能力，提高完成动作的协调能力。

3. 训练思路

（1）11~12 周以功能性训练为主。

（2）8~10 周以爆发力训练为主。

（3）1~3 周以力量训练为主。

（4）4~7 周以稳定性训练为主。

4. 完善训练课结构（从三段式向四段式过渡）

（1）传统“三段式”训练课结构。

①准备部分：热身慢跑、肌肉牵拉、行进间体操或专项准备活动。

②基本部分：专项技术、一般体能或专项体能强化，负荷递增。

③恢复部分：放松慢跑、肌肉静态拉伸、按摩等。

（2）现代“四段式”训练课结构。

①动作激活：神经肌肉激活、动作准备、有氧运动等。

②专项准备：核心柱力量、专项动作激活、技术强度准备等。

③基本部分：递增负荷、专项模拟、板块训练内容等。

④恢复再生：动态拉伸、筋膜放松、高强度有氧运动等。

（3）“四段式”训练课结构优点。

①动作模式准备是激活神经——肌肉的高效路径，优于单纯的拉伸和关节活动。

②重视人体动力系统的关键部位——脊柱功能、核心柱力量的训练，可以提高高强度训练的功率和效率。

③高强度有氧能够使肌肉达到最佳工作温度——最佳工作温度在39°C~40°C，肌肉黏滞性最低、伸展性弹性最高、酶活性最强。

④即刻恢复和多元化恢复可以实现体能恢复、能量再生、预防损伤。

（二）掷铁饼训练中应处理好的关系

1. 少年与青年及高水平训练的关系

田径运动员获取优异成绩的年龄段，通常是在身心发育较为成熟的成人阶段，因而在青少年训练阶段不能进行早期的专项化，只能因势利导，系统训练。

2. 专项技术训练与体能、心智发展的关系

三者之间全面、协调地发展，是教练员设计和实施训练计划的根本点。

3. 多年系统训练和短期训练的关系

在引导阶段、基础阶段、初级专项阶段如何训练、如何恢复、如此比赛、如何与青年阶段和高水平阶段衔接，这是教练员必须认真思考的课题。

4. 训练负荷与效益的关系

适宜的训练负荷是取得优异成绩的基础，教练员不要一味盲目地追求大负荷量和更多的训练时间，而应“以赛代练”加强青少年运动员的参赛能力，高质量的训练负荷是保障少年运动员打好基础，取得优异成绩的根本。

5. 训练与比赛的关系

按比赛的要求进行训练，不同水平的比赛有不同的训练要求。

6. 一般力量训练和专项力量训练的关系

一般力量是基础，专项力量是关键，两者都是提高铁饼专项水平的根本保证，并贯穿于全程训练的始终。教练员应根据铁饼项目技术特征，来把控各年龄阶段不同时期一般力量与专项力量训练的内容与方法手段，根据专项技术动作结构、肌肉工作性质、用力时的动力学特征及青少年运动员的生长发育和心理定向，尽可能趋于专项技术需要。

第七节　铁饼训练方法与手段

一、技术训练

在全年训练计划中，技术训练应根据各阶段的目标选用相应的练习作为核心手段，训练手段的选用应遵守个体化原则，并与训练目标相结合。

（一）初学者铁饼技术训练步骤

（1）了解和分析初学者的基本情况。

在教授初学者掷铁饼技术之前，首先要了解其基本身体情况、训练水平、智力水平和心理特征等，以便根据初学者不同特点安排合理的练习内容。

（2）建立正确的技术概念。

可以采用讲解、示范、观看优秀运动员训练和比赛，以及观察技术图片和录像等方式，使初学者对掷铁饼技术有直观的认识。

（3）熟悉器械，学习持握方法、摆饼和滚饼。

（4）学习原地掷铁饼。

（5）学习正向或侧向旋转掷铁饼。

（6）学习背向旋转掷铁饼。

（二）初学者铁饼技术训练方法

1. 熟悉器械

（1）建立正确控制铁饼的本体感觉（图 12-15）。

①注意铁饼投掷安全，掌握正确的握持铁饼方法。

②在地面上直线滚饼，将铁饼按顺时针方向由四指末端关节依次滚出。

③直臂向上抛铁饼，离手前用食指末端拨饼。

图 12-15　滚饼与抛饼练习

（2）任务：

学习正确持握铁饼和拨饼，建立投掷铁饼离心状态下手指末端的本体感觉。

（3）要求：

①学习握饼，注意五指自然分开，手掌平靠住铁饼，在能控制住铁饼的原则下，四指末节扣饼略少为好。

②学习摆饼，要注意身体带动，投掷臂放松，体会摆动中铁饼离心力的感觉，以及体会髋轴与肩轴的扭转和肩轴与持饼臂形成的拉引角，即以肩为轴在体侧前后左右重复摆动。逐渐加大动作幅度，体会摆动动作。

③学习滚饼和拨饼，目的是体会铁饼出手的动作。手指自然拨饼，食指最后离饼，铁饼顺时针自转出手。一般为两脚前后开立，左脚在前，双腿微屈，上体前倾，投掷臂垂直放松，以肩为轴在体侧前后摆动。当铁饼摆到身体前下方或斜上方最远处时，由小指到食指依次拨饼，最后铁饼从食指末节离手。尽量控制铁饼沿直线向前或斜上方顺时针滚动。

④坐姿单臂挥片，发展转体后立即爆发的加速度能力，因旋髋动作受限，没有器械出手感觉。

⑤立姿单臂挥片，发展胸-肩肌群力量，体会最后用力整体运动链的有序传导，建立腿—髋—躯干—臂的协调用力感。

2. 原地掷铁饼

初学者学习原地掷铁饼的意义：提高自控能力，以正确的出手姿势为起点体会协调性和节奏感，以静止姿势为起点提高发力能力。

（1）原地掷铁饼动作要求。

①正面原地掷铁饼（图 12-16）。

面对投掷方向，两脚左右开立与肩同宽，或两脚前后开立略宽于肩；将铁饼向身后摆动，同时躯干向右后方扭转，双腿微屈并降低身体重心。随铁饼回摆动作蹬伸双腿并前送右髋，带动投掷臂将铁饼掷出。

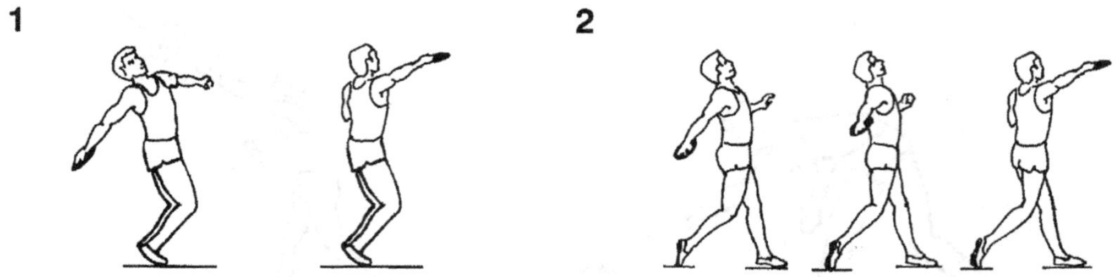

图 12-16　正面原地掷铁饼

②侧向原地掷铁饼（图 12-17）。

身体左侧面对投掷方向，两脚自然开立略宽于肩，右脚跟与左脚尖在一条直线上。将铁饼向身体右后摆动，同时躯干向右后方扭转，身体重心移向右腿，并降低重心。完成预摆动作时躯干形成最大扭紧，随铁饼回摆动作，右腿向投掷方向蹬转发力送髋，带动上体和投掷臂在左侧有力支撑状态下将铁饼掷出。

图 12-17　侧向原地掷铁饼

（2）任务：学习掌握右腿发力转蹬，髋的旋转及左侧支撑。

（3）要求：投掷臂持饼在体后，蹬地发力将饼向正前方掷出；使用不同器械或不同重量的铁饼练习。

3. 旋转技术模仿练习

模仿练习的意义：在无负荷条件下，比较容易体会动作协调性，提高自控能力，通过分解动作和各部分动作的有机关联，建立正确的技术动作过程，模仿技术训练可以发现和纠正在完整的投掷动作过程中不易发现的习惯性错误。

（1）旋转一圈掷铁饼（图 12-18）。

①方法：

· 面向投掷方向，右脚在圈外，徒手或持饼后摆。

· 右腿向圆心跨步，左脚以前脚掌为支撑开始旋转，同时扣脚尖和膝关节带动下肢旋转。

·腾空后落地成最后用力前的准备姿势，然后将铁饼掷出。

图 12-18 正面旋转掷铁饼

②任务：学习体会旋转接最后用力。

③要求：分解与完整技术结合。

·移动身体重心进入左腿支撑的旋转。

预摆结束后，身体重心移向左腿。以左脚前脚掌为轴进入旋转动作，右脚蹬离地面（徒手或持小铃片反复练习）。

·左腿向前推动身体重心进入右腿支撑的旋转。

移动身体重心进入左腿支撑旋转，当左膝和左肩即将转向投掷方向时，右脚离地，右腿沿大半径的弧线绕过左腿。右脚以前脚掌落地并支撑体重（徒手或持小铃片反复练习）。

·通过旋转形成最后用力的预备姿势。

在前面动作基础上，左脚向投掷方向移动并迅速落地。体重压在右腿上，身体扭紧形成最后用力预备姿势（徒手或持小铃片反复练习）。

·由徒手或持小铃片行进间连续旋转过渡到圈内徒手或持铁饼旋转投掷技术练习。

（2）背向旋转掷铁饼（图 12-19）。

①方法：

·徒手或手持小铃片原地单腿支撑旋转 180°~360°。

·徒手或手持小铃片行进间连续旋转 180°~360°。

·徒手或手持小铃片背向旋转技术模仿练习。

·背向旋转对墙投掷小橡胶球、小实心球。

·背向旋转网前或室外掷小铁球、木棒、铁饼。

图 12-19 背向旋转掷铁饼

②任务：将分解技术连接成完整技术。

③要求：分解技术练习，以体会和建立移动中身体重心稳定和肢体平衡的本体感觉；完整技术练习时强调控制节奏和正确的最后用力前的准备姿势；在学习和掌握掷铁饼技术的过程中，可以根据初学者具体情况采用多种训练方法和手段，包括分解与完整技术相结合的模仿练习、标准器械不同强度的重复投掷练习、将不同重量器械相组合的投掷练习，以及与身体训练手段相组合的投掷练习等。

（三）实心球、橡胶球对墙投

投掷各种实心球、橡胶球的意义：单臂或双臂投掷实心球、橡胶球，发展上肢、肩和腿部肌群的牵张反射能力，通过各种实心球、橡胶球的专项投掷，提高投掷力量和出手爆发力。

（四）投掷轻器械

投掷轻器械的意义：原地或旋转投掷轻器械，可用相对比赛器材轻的铁饼、铁球、铃片、木棒等体会动作节奏和速度，通过较大幅度的动作和较高的出手速度掌握动作，完善动作链的协调性和正确的投掷技术。青少年训练应全年大量使用轻器材，随着运动员年龄的增长，逐步减少或弃用轻器材。

（五）投掷重器械

投掷重器械的意义：随着专项投掷技术的熟练，采用原地或旋转投掷重器械，如使用比比赛器材相对较重的铁饼、铁球、铃片、铁棒等进行练习，可加深对动作结构的体会，提高发力动作质量，提高出手的最大加速度，发展专项力量。但初学者及铁饼技术尚不熟练的少年运动员不宜过早采用，因为旋转投掷重器械对加速的负面影响较大。

二、力量训练

相对铁饼技术而言，力量是基础，没有力量就没有动力，更谈不上掷铁饼所需的爆发力。铁饼运动员的成绩表现是技术与力量的完美结合。

（一）力量训练的原则

（1）全面性原则（单关节和多关节周边大小原动肌群、对抗稳定肌群等无弱链）。
（2）专项性原则（铁饼技术所需）。
（3）手段多样性原则（综合效益、趣味性）。
（4）负荷逐渐递增原则。
（5）平衡发展原则（肢体原动肌与对抗肌力量平衡、两侧肌群力量平衡）。

（6）区别对待原则。

（二）掷铁饼技术所需的力量

掷铁饼技术是人体在运动中通过核心部位的“稳定”为四肢肌肉的发力建立“支点”，为上下肢动作链的力量传递创造条件。因为掷铁饼运动是由躯干核心稳定开始，强有力的躯干核心和稳定的髋部运动是力量训练的终极目的。

（三）力量训练方法

1. 身体功能性力量训练

有力量才有速度、灵活，力量是所有运动的动力来源，是预防运动损伤最重要的基础。力量素质好，关节稳定性和对身体的控制能力都会更好，这也会大大减少损伤的发生。

（1）徒手多维肌肉牵拉训练手段（图 12-20）。

组图① 组图② 组图③ 组图④ 组图⑤

图 12-20 徒手多维方向肌肉牵拉

（2）徒手肌肉牵张及中、远端负荷训练手段（图 12-21）。

组图① 组图② 组图③ 组图④ 组图⑤

图 12-21 侧弓步牵拉加阻力带侧移、负荷转体弓步侧上举

（3）徒手躯干稳定性训练手段（图 12-22）。

组图① 组图② 组图③ 组图④ 组图⑤

图 12-22 膝肘撑侧桥起、脚肘撑侧桥起、仰卧屈腿桥起

（4）徒手稳定性、负荷稳定性训练手段（图 12-23）。

组图① 组图② 组图③ 组图④ 组图⑤

图 12-23 单腿支撑燕飞、单腿支撑负荷及弓步蹲起、仰卧负荷单臂推举

（5）徒手非稳定性训练手段（图 12-24）。

组图① 组图② 组图③ 组图④

图 12-24 球上俯卧撑、仰卧顶髋、腹肌练习、背肌练习

2. 固定器械的力量训练

固定器械的力量训练在稳定的外部支撑，单关节、单轨迹的负荷运动下，动作状态完全稳定，因此该训练对神经肌肉控制能力的影响较小，相对比较安全（图 12–25）。

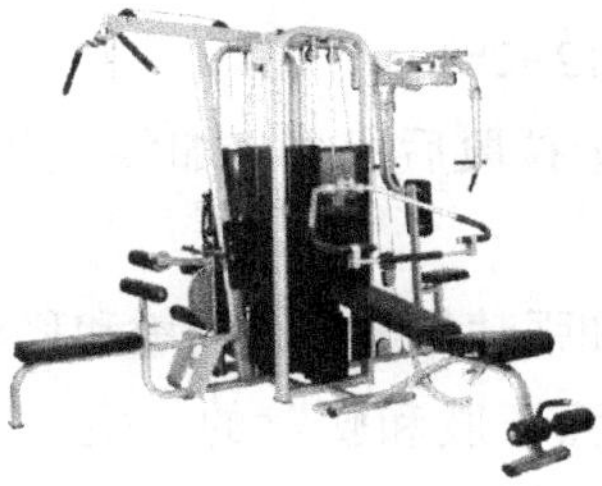

图 12–25

3. 非固定器械的力量训练

非稳定的外部支撑，多关节协同的负荷运动，使非固定器械的力量训练的动作状态不完全稳定，对神经肌肉控制能力的影响较大，能较多地激活神经，关节相对易损伤（图 12–26）。

图 12–26

4. 非稳定状态的力量训练

完全不稳定的外部支撑，多关节协同的负荷运动，使非稳定状态的力量训练的动作状态高度不稳定，对神经肌肉控制能力的影响更大，能有效地激活神经，提高对肌纤维更多的募集（图 12–27）。

图 12–27

5. 板块组合力量训练

（1）板块组合训练 A（图 12-28）。

①屈体手爬背伸：主要是牵拉股后肌群，加强上肢力量和躯干的稳定性（图 12-28①）。

②小栏架侧移跑：主要是加强动作节奏、灵敏和移动速度（图 12-28②）。

③半蹲抱球转体：主要加强下肢和腰髋的稳定，练习时注意躯干扭紧动作幅度（图 12-28③）。

④土耳其负重起：对腰腹核心及多关节稳定、远端支撑的身体平衡有积极作用（图 12-28④~⑦）。

⑤下肢多维伸展：加强踝关节、膝关节和髋关节稳定，练习时注意躯干和上肢动作平衡（图 12-28⑧~⑪）。

⑥跪姿侧后抛球：主要加强躯干和背肌爆发力，练习时注意手臂动作幅度（图 12-28⑫⑬）。

⑦小栏架单足跳：主要加强踝关节、膝关节和髋关节的稳定与协同用力（图 12-28⑭）。

⑧负重仰卧起坐：主要加强腰腹核心及上肢力量，练习时注意以胸带臂和动作幅度（图 12-28⑮）。

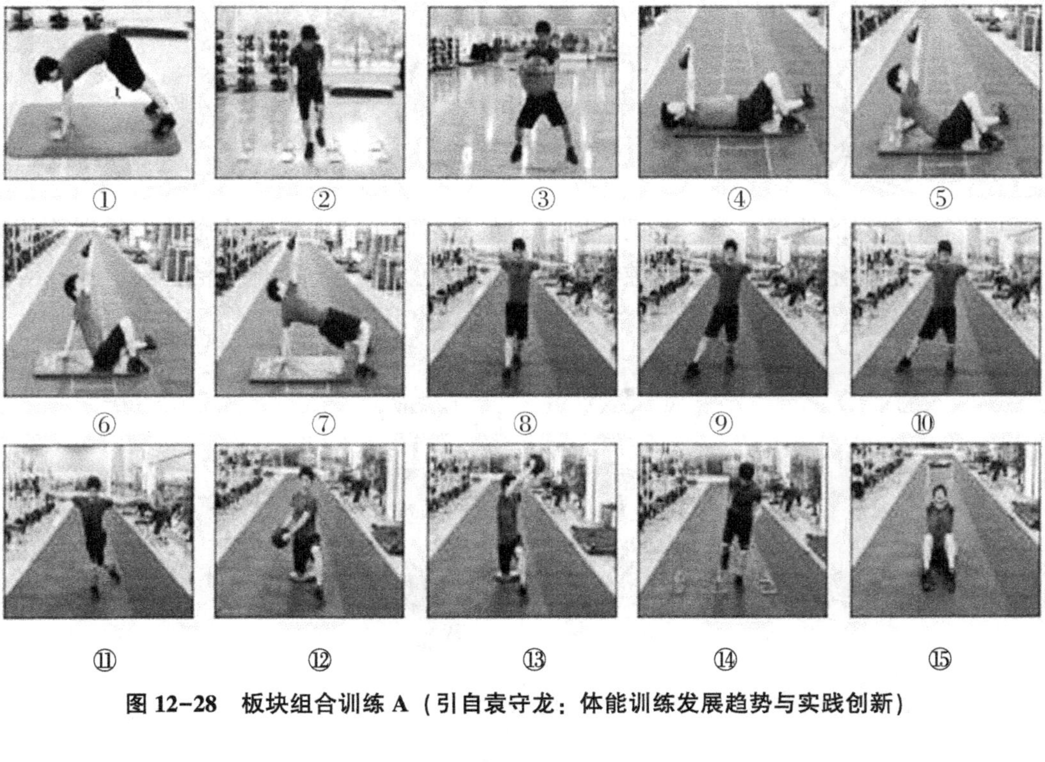

图 12-28　板块组合训练 A（引自袁守龙：体能训练发展趋势与实践创新）

（2）板块组合训练 B（图 12-29）。

①实心球侧向对墙投：加强身体核心区域力量，练习时注意两脚站位及躯干扭紧髋部发力（图 12-29①~③）。

②弹力带跪姿牵拉与扩胸：主要加强上肢胸肌与背阔肌力量，练习时注意核心躯干的稳定（图 12-29④⑤）。

③气垫球单、双脚多向跳跃：主要加强踝关节的稳定性和控制能力（图 12-29⑥⑦）。

④推垫子跑与腹肌上推：主要加强后蹬、腰腹肌力量与躯干控制力（图 12-29⑧⑨）。

⑤半蹲单手交换冲拳：主要体会下肢稳定与腰部发力（图 12-29⑩）。

⑥跪姿独轮推伸：主要加强腹背肌、上肢力量与躯干控制力（图 12-29⑪⑫）。

⑦徒手弓箭步走：主要加强髋部稳定，练习时注意动作幅度（图 12-29⑬）。

⑧壶铃蹲起：主要加强股四头肌力量与躯干控制力（图 12-29⑭⑮）。

图 12-29 板块组合训练 B（引自袁守龙：体能训练发展趋势与实践创新）

（3）板块组合训练 C（图 12-30）。

①弹力带负阻跑：主要加强下肢抗阻能力，提高踝关节、膝关节的爆发力（图 12-30①）。

②电跑台冲刺跑：主要加强下肢的动作频率和速度控制（图 12-30②）。

③弹力带牵拉跳：主要加强多关节协同抗阻能力，提高躯干与下肢的爆发力（图 12-30③~⑤）。

④原地向上纵跳：主要加强多关节协同用力，提高下肢的爆发力（图 12-30⑥⑦）。

⑤双脚连续跳箱：主要加强多关节协同用力，提高躯干与下肢的爆发力（图 12-30⑧~⑪）。

⑥跳箱栏架组合：主要加强踝关节稳定性和爆发力（图 12-30⑫⑬）。

⑦单足高台跳深：主要加强踝关节稳定性（图 12-30⑭⑮）。

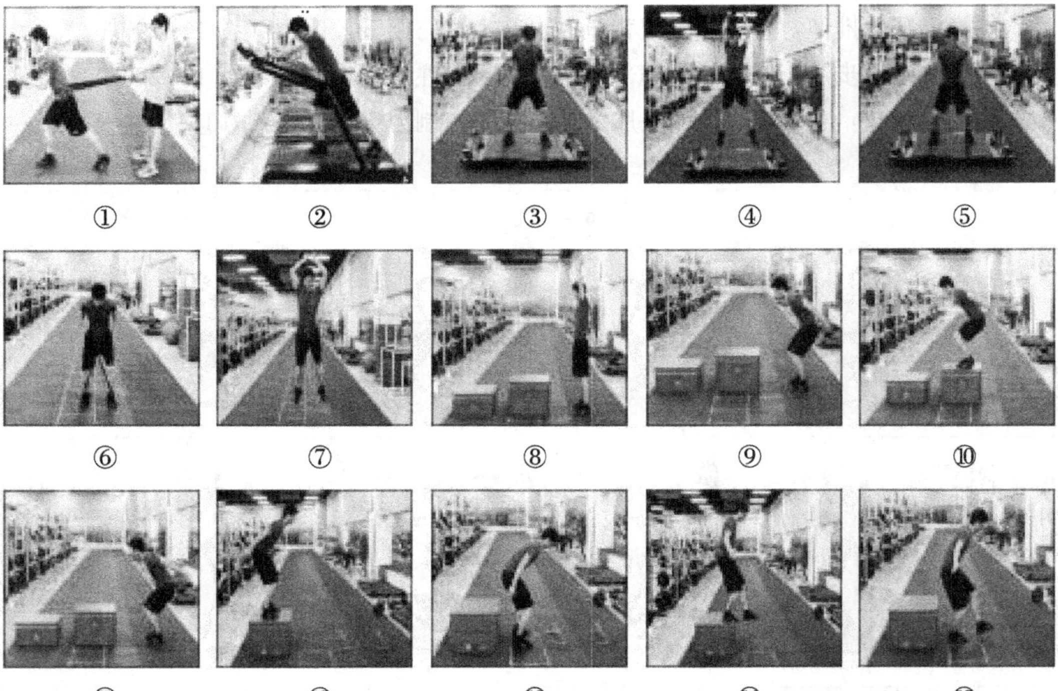

图 12-30　板块组合训练 C（引自袁守龙：体能训练发展趋势与实践创新）

（4）板块组合训练 D（图 12-31）。

悬吊训练是在动作高度不稳定的状态下，多关节、多维化的关节减速运动，能有效激活神经-肌肉系统的控制能力，募集身体更多的控制稳定和平衡的肌肉参与运动。

图 12-31　板块组合训练 D（引自袁守龙：体能训练发展趋势与实践创新）

（5）板块组合训练 E（图 12-32）。

图 12-32　板块组合训练 E（引自袁守龙：体能训练发展趋势与实践创新）

铁饼专项功能性训练，具有循序渐进、多关节与多维度整合及本体感受器官参与的特点，要求在负荷与速度变化的过程中完成各种功能动作。

例如，多维方向重心变化、加大转体动作幅度、减小或递减支撑面、使用不对称负荷、表面接触动态化、加入不稳定支撑面、远端支撑、延长制动时间、逐渐增加阻力矩、逐渐增加负荷（表12-36~表12-38）。

表12-36　非稳定环境的组合训练

方法		示例
1	改变阻力矩	肢体或负重位置的变换
2	改变支撑面的大小	双腿站立变为单腿站立
3	限制一个或几个反馈刺激	闭眼或不给予语言提示
4	改变支撑面的稳定性	在平衡板、平衡垫或瑞士球上支撑
5	施加未预期的外力	人为地破坏运动员的稳定状态
6	以上五个途径的组合	非稳定支撑下改变阻力矩

表12-37　发展各种力量素质负荷强度的基本结构

负荷因素	最大力量	速度力量	力量耐力
强度（%）	80~100	40~70	10~30
次数（次）	1~5	5~8	20~25
组数（组）	1~5	3~5	3~5
间歇（分钟）	4~5 2~4	3~4 1~2	1~2 45~90秒
速度	较慢	快	最快

表12-38　循环式力量耐力训练负荷基本结构

负荷	训练方式1	训练方式2	训练方式3
负荷强度（%）	40~70	30~40	10~30
次数（次）	10~15	15~20	20~30
组数（组）	3~5	3~5	3~5
项目（个）	5~6	6~8	6~8
间歇	无	无	无
休息（秒）	60	60~90	90~120

板块练习是根据训练的具体任务，采用循环练习法建立若干练习站点，运动员按照规定的顺序、路线、时间依次完成各站点规定的练习内容和次数。其特点是练习项

目之间几乎无间歇，通过变换锻炼不同部位肌群，既能缓解局部肌群的疲劳，又可节省训练时间。一般是，先练大肌群后练小肌群或先练多关节肌群后练单关节肌群。原则上应先安排爆发力练习，之后是非爆发式的核心练习，最后是辅助性练习。循环练习对少年运动员改善心脏、呼吸系统的有氧耐力有一定的效果（表 12-39，表 12-40）。

表 12-39　不同时期的专项与抗阻训练负荷

时期	负荷强度		抗阻训练目标	周训练课次
	运动技能	抗阻训练		
准备期	低	高	一般肌肉耐力和维度（初期） 专项力量和功率（后期）	3~4
赛前期	中	中	专项力量和功率	2~3
比赛期	高	低	保持赛前针对性训练目标	2~3
过渡期	可变	可变	非针对性（专项外的拓展）	1~2

表 12-40　抗阻训练负荷的周期模式

周期	准备期			比赛期		过渡期
	基础力量	专项力量	爆发力	高峰	保持	娱乐性运动，可不做力量训练
负荷强度（%）	中、低	高	高	很高	中等	
	50~75	80~90	85~95	≥93	80~85	
负荷量	中、高	中	中	低	很低	
	3~6 组	3~5 组	3~5 组	2~3 组	3~5 组	
	10~20 次	5~8 次	2~5 次	1~3 次	3~5 次	

三、平衡、稳定、灵敏和协调性训练

田径运动中的各种跑、跳、跨栏练习对青少年来说，是学习和体验多种运动技能，有效提高灵敏和协调性的训练方法，另外，各种垫上运动、体操、技巧、游戏、球类、舞蹈、绳梯、小栏架等，也是少年运动员敏感期训练不可或缺的一部分（图 12-33~图 12-35）。

图 12-33　引自小林敬和身体控制训练基础动作

图 12-34　引自小林敬和身体控制训练基础动作

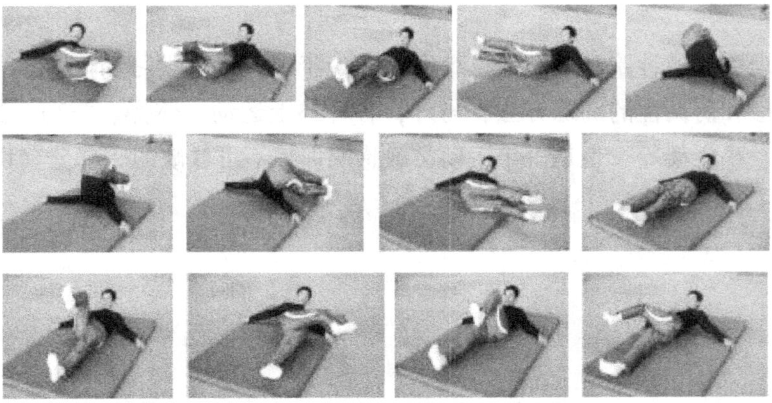

图 12-35　引自小林敬和身体控制训练基础动作

第八节 铁饼运动员的心理训练、训练监控、恢复训练与伤病预防

一、心理训练

(一) 专项心理特征

心理训练的任务是为了使运动员充满信心地参加训练和比赛，从而获得良好的训练和比赛效果而进行的心理准备和调节。标枪运动员参加重大比赛，不仅会消耗很多体力，而且要消耗很多心理能量，所以运动员不仅要有良好的身体与技术训练水平，还要必须具备良好的心理素质。通过心理训练，使运动员在训练和比赛时的心理机能和个人心理特征得到良好的发展。

(二) 专项必备的心理品质

铁饼运动员应该具备必胜的信心、顽强的意志、自我控制能力，以及果断、独立工作的心理素质。只有将心理训练列入训练计划中并同身体训练、技术训练和战术训练有机结合起来，才能使运动员在紧张而激烈的训练和比赛中，保证心理上的稳定，获得专项的心理素质，在平时训练比赛中达到最佳水平的状态。

(三) 心理训练手段

(1) 教练员应该有计划、有针对性地通过多种形式给运动员做思想诱导工作，树立正确的训练目的，正确对待训练中的困难，正确对待比赛，正确认识自己的优缺点，从而不断提高克服自己弱点的能力。

(2) 在训练中培养运动员独立克服各种困难完成训练任务的能力。

(3) 在不同的条件下参加测试和比赛，培养自我调节能力和抗干扰的能力。

(4) 模拟训练是提高比赛能力不可或缺的环节之一，为了迎接重大比赛，要根据比赛日程、比赛地点、气候、场地、对手等进行尽可能相同条件的模拟训练。

(四) 赛前易出现的心理障碍及其克服办法

在比赛时造成运动员心理障碍的因素有很多，如场地、器材、气候等，都会影响到运动员的比赛情绪，包括观众们发出的声音也会分散运动员的注意力。当某对手突然取得好成绩超过自己，会打乱自己的比赛计划，导致思想紧张、动作僵硬、动作不协调、技术变形等，最终影响比赛成绩。因此，运动员应进行全面身体素质训练和心

理训练，提高和保持竞技状态，掌握合理技术，树立信心。赛前进行放松练习，转移注意力，减轻紧张和焦灼的程度，放松心情，调至最佳备战状态。

二、训练监控

实行训练监控和伤病预防是少年运动员训练中不可或缺的组成部分，身体机能监控是科学掌握训练过程的重要手段，教练员可以采取以下几种方法对运动员的训练进行监控。

（一）生理、生化指标监控

运动员身体机能评定是一个多指标、多层次、多因素的整体综合评定，可根据评定的目的和测试对象的年龄、运动专项、训练水平等具体情况选择测试指标。目前，用于评定运动员机能状况的生化指标涉及心血管、内分泌、免疫、氧转运和利用、骨骼肌及组织损伤、物质能量代谢及代谢调节能力、神经系统等各方面，具体情况见表12-41。

表 12-41　青少年铁饼运动员身体机能评定系统与指标

评定系统	评定指标
心血管系统	心率、血压、心电图（T/R）
免疫系统	谷氨酰胺、IgG、IgM、IgA、CD4/CD8、NK 细胞
内分泌系统	血睾酮、游离睾酮、皮质醇、T/C、GH
氧转化系统	Hb、HCT、RBC、血清铁蛋白、转铁蛋白
骨骼肌及组织损伤	CK、LDK、ALT、肌红蛋白、蛋组氨酸
物质与能量代谢系统	体重、体脂百分比、血尿素、氨基酸

（二）自我监控

在运动实践中，运动员可从以下两个方面进行自我监控。

（1）主观方面：饮食、睡眠、排汗量、神经反应、训练欲望等。

（2）客观方面：血压、心率、体重、心理等是否有异常现象。

三、恢复训练

（一）青少年恢复特点

运动训练和比赛必然会给运动员带来机体的疲劳，适度的疲劳如果能得到及时的恢复，会促进机体能力的提高，反之过多、过大的运动负荷又得不到恢复，则会造成过度疲劳给运动员带来伤害。青少年运动员的特点是运动负荷后疲劳得快，但恢复得也快。要根据青少年运动员的年龄、发育程度、训练年限和训练水平科学合理地安排他们的训练，同时采取积极有效的恢复性训练，使他们健康成长。

(二) 恢复训练原则

根据项目特点，青少年铁饼运动员的恢复训练应遵循以下原则：

(1) 恢复训练要始终贯穿于整个训练计划的安排上，在大周期、年度、阶段、月、周、课时的训练计划中都要体现。

(2) 通过有关检测和运动员的主观反应，及时了解运动员疲劳的程度和疲劳的部位，采取相应的恢复方法和手段。

(3) 恢复训练要根据运动员的个体差异区别对待。

(三) 青少年铁饼运动员恢复训练的方法和手段

少年铁饼运动员恢复训练的方法和手段，基本包括以下 5 个方面：

1. 调整训练负荷和训练节奏

通过训练监控，确定运动员身体疲劳的程度，在训练安排上采取调整训练负荷和训练节奏的方法来达到恢复疲劳的作用。

2. 自身恢复

运动员训练后，通过慢跑、深呼吸、自我放松、拉伸练习、变换节奏、休息睡眠、简单游戏和文娱活动等方法进行自我调节性的恢复，尤其要重视对肩、肘、腰、膝的放松和恢复。

3. 物理恢复

通过拉伸、按摩、抖动放松、理疗、针灸、热水浴、桑拿浴、冷敷、冰敷、电刺激等方法进行恢复（图 12-36，图 12-37）。

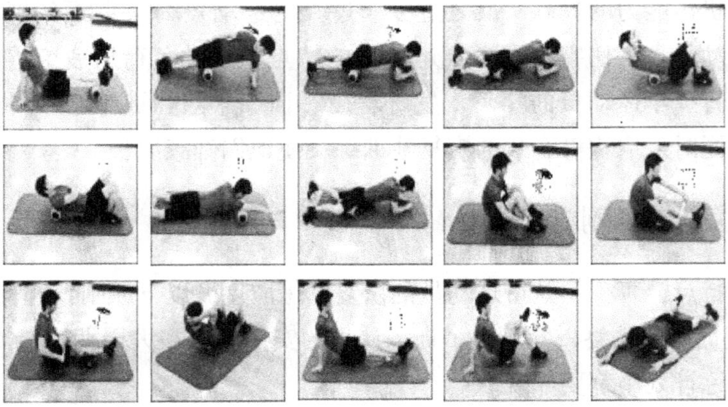

图 12-36　引自袁守龙：泡沫轴、按摩棒软组织放松练习手段

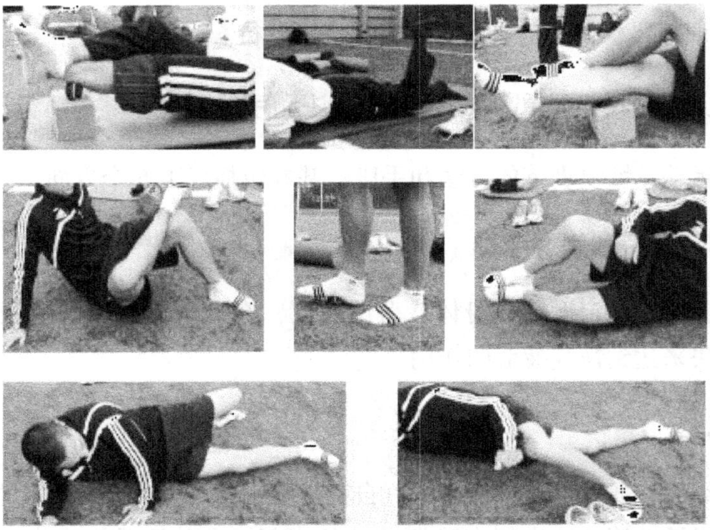

图 12-37　引自袁守龙：按摩球软组织放松练习手段

肌肉软组织放松再生，主要用于训练结束后即刻肌肉放松，其主要部位有：小腿后群、大腿前后群及内外两侧肌群、腰背部肌群等，通过滚动、加压按摩，加快肌肉组织内的血液、淋巴循环和新陈代谢速率，从而达到放松效果。每个动作持续 30~60 秒，动作过程中要注意让整条肌肉都受到按摩刺激，并且在疼痛点处保持停留一段时间。

4. 生理生化恢复

利用食补、维生素、保健品、营养物质等在体内产生的生理生化效应来实现电解质的平衡，促进青少年铁饼运动员疲劳的恢复。

5. 心理恢复

根据青少年生理和心理的特点，利用词语暗示、关怀鼓励、情绪控制、思绪转换、心理调节、改变训练环境、改变训练项目和内容等多种方法来进行心理恢复。

综合以上内容，还可参考如下恢复和再生方法：筋膜放松法、有氧恢复法、拉伸放松法、按摩放松法、营养恢复法、经络放松法、穴位放松法、瑜伽放松法、音乐放松法、环境放松法、芳香放松法和心理放松法。

四、伤病预防

在训练过程中要高度重视运动员的防伤防病，它对运动员今后的发展前途和运动生涯有着重要的影响。运动员在训练中的伤害事故的责任是教练员和运动员双方的，所以防止伤害事故的发生必须由教练员做起，从实际出发切实监督好运动员的训练。

（一）产生伤病的主要原因

（1）对预防运动损伤的意义认识不足；

（2）训练前准备活动或训练后放松整理活动不充分，训练时，身体局部负担过重和运动技术错误而发生运动损伤；

（3）运动负荷安排不当，疲劳没有及时恢复造成机体各系统紊乱产生伤病；

（4）练习新技术动作时用力不恰当；

（5）客观环境防备不足，如安全保护、天气变化和场地器材选用不当而造成运动损伤；

（6）训练组织管理欠妥，纪律松散或运动员训练时注意力不集中。

（二）应对措施

运动损伤的预防是针对运动损伤的原因而进行的。从运动损伤的特点和原因可知，运动损伤的预防措施有以下几个方面：

（1）加强防伤观念，时刻要有安全意识，克服麻痹思想；

（2）认真做好准备活动，加强易拉伤部位的力量训练；

（3）合理安排好运动负荷；

（4）重视准备活动和训练后的恢复放松；

（5）加强易伤部位的建设性训练；

（6）在阶段转换，进行新的方法、手段训练时，应安排适应阶段；

（7）加强场地器材的安全措施和安全检查；

（8）对已受伤的部位应采用积极有效的措施并及时治疗，避免再度受伤，同时加强恢复性训练，切忌消极对待；

（9）提高运动员的自控能力，经常反映自身状况及心理感受，以利于及时调整运动负荷。

第十三章 链　球

第一节　链球项目特性与发展趋势

一、项目特性

链球属于是体能加技能，集力量、速度、技术完美组合的项目。体能主导类快速力量型项目，要求运动员不仅有良好旋转投掷的技能，在体能方面还要具有突出的快频率爆发用力的能力，以及在跑、跳和协调性方面的良好能力。掷链球项目是具有以全面身体素质为基础，各技术环节的紧密衔接为导链，快频率连续爆发式的最后用力动作为核心，最快的出手速度为关键的特征。

掷链球项目是田径运动中训练周期相对较长的运动项目之一，它的基本运动形式是通过高速旋转加速运动的方法把器械投出去，旋转的速度直接影响着运动成绩。链球项目不同于其他投掷项目的最大区别是当进入运动状态后，器械的自身就变成了一个力量体，进而与人体之间形成了一个力量体系。

旋转过程中的加速运动技术占整个掷链球技术的80%~90%，而最后用力中的加速用力技术只占整个投掷技术的10%~20%，这是掷链球技术与其他投掷项目的不同之处。应用正确的技术方法旋转，建立“人—球”一体的良好用力体系，努力提高旋转速度是链球运动员训练中的重中之重。

二、发展趋势与选材

目前，由于链球项目的速度属性，国内外优秀运动员训练中仍注重专项速度这条主线。为更有效地提高专项技术的加速效果，近年来，优秀链球运动员训练中呈现以下趋势：一是在专项技术训练上更注重追求整体速度最佳效益；二是更加注重紧密结合专项技术用力特征的专门练习手段的应用。

随着我国教练员们对掷链球技术水平的认知不断提升，大家不断认识到，从少年起就要不断地引导、培养并激发他们对连续性旋转投掷运动项目的兴趣与能力，这一点是十分重要的。此外全面发展青少年运动员的身体素质，逐步掌握和完善掷链球技术，但注意要避免过早地进行过量的大力量训练和过多的大强度专项训练。

向科学化、系统化方向发展成为当今运动训练的主流。教练员应将选材和训练密切结合，为每一名运动员制订多年培养计划、从青少年时期学习和正确理解掌握正确的投掷链球的技术、在全面发展的基础上加强专项能力的训练、重视训练的质量和有效强度及训练后疲劳的恢复，是广大教练员必须遵循的路线。

结合我国当下的实际情况，在选材过程中主要分为以下几个阶段，在此供教练员参考选择。

（一）初选阶段（12~13 岁）

初选阶段是培养优秀链球运动员的早期阶段，这一阶段的工作直接影响到以后培养优秀运动员的多少与优劣。初选对象大部分为在普通业余体校和中小学尚未开始专门训练的少年儿童。

这一阶段对少年运动员发育的类型和发育程度要及时进行鉴别、预测、追踪，区别早熟型、晚熟型，选择那些正常发育、发育高潮持续时间长和身体发育晚的优秀苗子。

此阶段选材的重点是：进行家系调查及个人健康状况与运动史的询问，进行发育程度鉴别及发育期长短的跟踪检查，阶段末（13 岁）再进行全面的测试，并根据发育情况进行评价。

1. 身体形态

身高、体型相对较大，臂展和指间距较长、身体健壮而不臃肿的骨架型体态。

2. 身体素质

速度与灵活性较好，具有较强的抛掷能力和快速用力能力，另外其他素质应尽量全面，可以选择的内容有 30 米跑、60 米跑、立定跳远、立定三级跳远、原地纵跳、后抛实心球、左肩上侧抛实心球（以右手投掷为例）等。

3. 心理素质

初选时心理素质指标可以不作为重点，作为辅助参考。

4. 技术方面

动作舒展协调，运动节奏意识强，旋转能力突出，相对平衡能力较好。

（二）重点选拔阶段（14~15 岁）

重点选拔阶段是培养优秀运动员的基础训练阶段，选拔对象大部分是重点业余体校运动员或已开始接触链球项目基础训练的体育运动学校运动员。此阶段的主要任务是通过基础训练阶段观察和各种指标的测定，进一步选拔那些有发展前途的运动员为优秀运动员集训队或运动学校重点班的苗子。

这一阶段的重点是：鉴别发育期长短，评定生理机能，评价身体素质增长速度，观察基本技术接受能力、意志品质及心理素质。在阶段末（15 岁）进行选材测试，综合评价运动员从事链球运动的可塑性和潜力。

重点选拔阶段的第一项就是健康检查，健康检查的内容可以参照平时体检的项目。另外，还要调查所选对象的受伤史、疾病史、遗传病史等情况，并对其进行综合分析评价，以确保后续训练中有良好的健康状况。

1. 身体形态、生理机能、身体素质和心理素质

身体形态和身体素质都要定期测试，内容与初选时基本相同，但更注重速度、力量能力的培养。另外，在日常训练和比赛测验中要观察所选对象的心理素质表现，较为全面地进行对比评价。

2. 运动技术

技术方面要尽量选拔旋转速度快，动作自然放松流畅，旋转节奏明显，加速能力突出的运动员。

3. 发育程度

发育程度要定期进行跟踪检测测定，测定主要内容为身高、体重及骨龄。对该阶段的男运动员可以观察喉结的变化情况，女运动员观察胸和臀部变化，并结合骨龄情况分析了解运动员后期发育情况。

4. 增长速度

除了对身体形态、身体素质、运动成绩等方面进行定期的测试外，还应计算其成绩增长速度，根据其前 1~2 年的成绩增长速度，可以对以后 4~5 年的运动成绩做出预测，原始水平高、提高速度快的苗子最好。要特别注意的是，有时成绩增长快是由于身体发育加速造成的，早熟型的人的高增长速度是不会持久的。

（三）优选阶段（16~17 岁）

这一阶段是初步培养优秀链球运动员专项运动能力的阶段，优选阶段对象大多在各个省市的田径管理中心集训队或体育运动学校重点班，经过了几年初级训练，应该表现出了一定的链球才能。

主要任务是评价运动员的专项运动能力、身体素质和技术能力，发现和选拔在链球专项上有可能达到世界先进水平的青少年运动员作为省市、国家优秀后备力量。选材内容与重点选拔基本一致，但是更注意心理素质方面的标准要求。

这一阶段运动员身体条件方面除体重外基本都已定型，特别是身高、肩宽、指间距，应符合优秀链球运动员的形态特征。

优选阶段的运动员应具有良好的协调性、很好的快速力量及专项投掷能力，具有向高水平发展的潜在能力。

这一阶段运动员表现出的技术结构基本合理，动作幅度大，旋转速度快，加速节奏明显，动作流畅，专项意识强。

通过一定的比赛锻炼，具备了一定的专项能力、应变能力和良好的心理素质，并逐渐形成了良好的比赛能力，具有较强的事业心。

第二节 链球技术

由于受投掷圈直径的限制，目前世界上普遍应用的掷链球技术有两种，一种是三圈旋转投掷技术，另一种是应用较为广泛的四圈旋转投掷技术，两种技术方法所不同的是三圈旋转技术的第一圈是用左脚跟为轴点直接进入旋转，四圈旋转技术第一圈则用左脚前脚掌进入旋转。男女运动员在掷链球技术上并无大的差别。

一、链球技术的动作结构要点（以向左侧旋转投掷为例）

掷链球技术按照动作结构分为；握法、预摆、旋转、最后用力和维持身体平衡五个部分（图 13-1）。

图 13-1 链球技术的动作结构

二、掷链球五个阶段的技术要点（以向左侧旋转投掷为例）

（一）握法

先用左手食指、中指和无名指中段和小指末节将环勾住，拇指关节不弯曲，然后再用右手的四个指节紧紧包扣在左手指缝的指根部位，右手拇指扣握在左手食指上，左手的食指再扣握在右手的拇指上，两拇指交叉相握，成扣锁式握法（图 13-2）。

图 13-2 握法

（二）预备姿势和预摆

（1）预备姿势。

运动员背对投掷方向，两脚左右分开与肩同宽或稍宽于肩，脚尖稍向外展，站立于投掷圈内后沿，左脚靠近投掷圈中心线，右脚稍远，两腿弯曲，上体右转并稍前倾，链球放在身体右侧圈外稍后方，双手紧扣环柄，两臂伸直（图 13-3）。

图 13-3 预备姿势

(2) 预摆方法。

为了在旋转前使链球先获得一定的速度，一般都抡摆 2~3 周。开始抡摆时，先把链球向前右上拉起，同时将体重移向左腿。当球抡摆至左后方高点时，体重又移至右腿。左脚跟抬起，躯干沿身体纵轴向右下方移动，这时两臂要伸直，以保持最大半径的抡摆。球从左上方向右下运行时，体重移至左腿，完成第 1 次抡摆。第 2 次抡摆的速度要更快些，幅度要更大些，在整个抡摆中髋部要做对抗离心拉力的补偿动作，使身体很稳固地完成抡摆。预摆的轨迹在一定程度上决定了后续链球运行的轨迹，为了提高旋转的整体速度，当代掷链球技术要求预摆采用大幅度、高速度的方式进行预摆。

(三) 旋转技术

旋转技术分为三圈和四圈两种技术，旋转的目的是为了在投掷器械时获取更大的初速度（图 13-4）。优秀运动员大都采用四圈旋转技术，目的是增加对器械加速的轨迹和距离，使器械获得更大的增量和速度。无论采用三圈还是四圈旋转技术，每圈旋转过程都由双支撑和单支撑两个阶段构成。旋转时投掷者应始终与链球成为一个整体，围绕稳固的旋转轴以较大的旋转半径，在保持良好身体平衡的情况下变化支撑形式，下肢协调用力逐渐加速。从人体生物力学角度看，双支撑阶段是每圈旋转中有效加速阶段。

图 13-4 旋转技术

1. 第一圈

第一圈旋转是在预摆结束后链球到达最低点瞬间开始的。此时两腿弯曲，上体保持与地面垂直，身体重心较低，左脚前脚掌积极向左后方捻转，右脚以前脚掌支撑配合蹬转，脚跟外转，在两脚动作协调配合下，推动身体向左移动，这一阶段要求两臂伸直，躯干要保持相对正直，当身体转至 180°时，进入单支撑阶段，此时右脚离地，右腿带动右髋围绕左轴积极转动完成第一圈旋转，单支撑阶段的右脚落地前要使髋横轴和肩横轴之间形成一定的扭转角，形成上下肢之间的扭紧状态，右脚积极着地，使下肢尽可能大幅度地完成对上肢的超越，右脚落地标志着第一圈单支撑阶段的结束和第二圈双支撑阶段的开始（图 13-5）。

图 13-5　第一圈

第二圈和以后的各圈旋转中，为了尽可能加大双支撑阶段有效用力过程，要努力使左脚尖和躯干转动到链球的高点方向 180°时，右脚积极离地做下肢超越动作。在旋转中，要始终保持左侧良好的旋转轴。由于旋转的速度不断加快，旋转器械的轨迹会发生一些变化（图 13-6）：①链球运行斜面的倾斜度逐圈加大，从第 1 圈旋转的37°~38°左右到最后一圈，逐渐接近最后用力的出手角度 41°~43°。②链球运行的最低点逐圈向右前下方移，最高点向左后上方移。③在旋转中左脚虽然是沿一条直线向正对投掷方向移动，而右脚在向投掷方向的移动中，却逐渐向左脚靠近，因此脚迹形成的是一个倒梯形的形态。

图 13-6　链球轨迹斜面变化

2. 第二圈（图 13-7）

图 13-7　第二圈

3. 第三圈（图 13-8）

图 13-8 第三圈

4. 第四圈（图 13-9）

图 13-9 第四圈

（四）最后用力（图 13-10）

最后用力是掷链球最重要的技术组成部分，它直接关系到出手速度、出手角度和出手高度，右脚在结束最后一圈旋转着地后标志着最后用力的开始，此时运动员下肢对器械形成了最大幅度的超越，髋横轴和肩横轴达到最大扭转幅度，两臂充分伸展，链球在远离身体的右后上方，两膝弯曲，由于最后一圈旋转速度较快，链球高速下行到达身体右前方时，弯曲的双腿开始蹬伸，左腿向上伸展，右腿蹬转，把右髋推上去，并使身体重心左移升高，链球沿身体左侧弧线上行。接着左腿做强有力的支撑，右脚左转蹬送，两腿迅速向上蹬伸，躯干伸展，头向后仰，链球快速运行上升至左肩高度时，挥动双手将球顺运行的切线方向掷出。

要注意的是，为了更好地做到旋转和最后用力的衔接，要把最后用力动作当作旋转的延伸和继续，要以最大的转动半径和角速度来完成它。

图 13-10　最后用力

（五）维持身体平衡

器械出手后，由于身体向前的惯性易造成身体失去平衡而犯规。一般采用的有效方法是器械出手后快速地降低身体重心来缓解最后用力的向前速度，维持身体平衡，也可以采用器械出手后交换双腿来维持身体平衡。

三、各年龄段链球技术要点和要求（表 13-1）

表 13-1　青少年链球技术要点及各年龄阶段要求

环节	技术要点（以向左侧投掷为例）	各年龄阶段技术要求		
		12~13 岁	14~15 岁	16~17 岁
预摆阶段	握法：（略） 预摆：抡摆时，先把链球向前右上方拉起，同时将体重移向左腿。当球抡摆至左后方高点时，体重又移至右腿。左脚跟抬起，躯干沿身体纵轴向右下方移动，两臂伸直，以保持最大半径的抡摆。球从左上方向右下运行时，重心移至左腿，当代掷链球技术要求预摆采用大幅度、高速度的方式进行，要求运动员对器械的加速能力更强，进入旋转的速度更快	持握器械的姿势正确，能完成正确的预摆动作。要求运动员完成预摆动作时协调放松，上下肢配合基本合理	能在预摆 2~3 次后完成器械出手动作，能利用预摆速度完成 1~2 圈的旋转动作。要求动作姿势基本正确，用力顺序基本合理，动作协调、放松	预摆节奏合理，幅度较大，动作协调，基本形成合理预摆进入旋转的节奏，链球运行轨迹幅度大，轨迹面合理，动作放松、自然到位。预摆和旋转衔接流畅
旋转阶段	旋转的过程直接影响着人体对器械的加速效果，在第一圈以左脚前脚掌为轴进入旋转时，要求左膝要弯曲压住，躯干尽可能保持正直，右脚离地进入单脚支撑旋转后，右髋围绕左髋要走圆 第二至第四圈旋转中，要尽可能	能够完成 1~2 圈对器械的加速旋转动作，清楚旋转过程中髋横轴和肩横轴之间的动作特点和关系，	能够完成 3 圈旋转技术，左侧轴转动较为合理，下肢对器械的超越较大，初步形成了良好的旋转	能够完成 4 圈完整的旋转技术，形成良好的器械加速节奏，左侧转动轴合理，链球运行轨迹面清晰、合理、圆滑，身体各部位没

（续表）

环节	技术要点（以向左侧投掷为例）	各年龄阶段技术要求		
		12~13 岁	14~15 岁	16~17 岁
旋转阶段	地加长双支撑阶段的用力过程，要求右脚做到晚抬快落。要正确处理好人和器械的关系，每一圈旋转中，从体前低点 0° 到高点 180°，人体和器械处于面对面的关系，单支撑阶段右腿以右膝带动右髋积极的超越链球。整个旋转过程中，要求有良好的左侧旋转轴，上肢放松动作幅度大，要有逐圈加速的旋转节奏	旋转动作基本合理，身体重心控制得较好，链球运行轨迹曲线基本合理	有节奏，动作放松、连贯、流畅、自然、协调、有力。动作的衔接性较好，且有一定的稳定性	有多余用力情况，各圈旋转中下肢对器械超越现象明显。旋转技术流畅、自然协调、合理。初步形成了自己的技术风格，建立了动作的加速节奏，使技术逐渐自动化
最后用力阶段	要求充分地利用最后一圈旋转结束时髋横轴超越肩横轴所形成的躯干反向扭紧的势能状态，两腿充分向上蹬伸，头向后仰，充分打开胸腔，左腿支撑有力，右腿尽可能充分把右髋推上去，沿圆的切线顺势快速挥臂把球投出。需注意的是，要把最后用力动作当作旋转的延伸和继续，要以最大的转动半径来完成最后用力动作	能完成预摆接最后用力动作、旋转 1~2 圈接最后用力动作。用力顺序基本合理，基本学会对链球的控制用力	能完成旋转 3 圈后和最后用力动作的衔接，下肢伸展充分，动作到位，力量集中，角度合理，动作自然放松、协调，表现出良好的爆发力	能完成完整旋转技术和最后用力之间的衔接，最后用力中没有明显的停顿和多余用力现象，下肢伸展充分，器械运行轨迹正确，具有明显加速投掷效果，出手角度合理，自然放松，且表现出较好的爆发力，不犯规
缓冲阶段	器械出手后，由于身体向前的惯性易造成身体失去平衡而犯规。一般采用的有效方法是器械出手后快速降低身体重心或交换两腿来缓解最后用力向前速度，维持身体平衡			

四、掷链球技术评价标准（表 13-2）

表 13-2 青少年掷链球技术评价标准

项目		优秀	良好	及格
评价内容	预摆阶段	链球预摆动作正确，预摆动作幅度大，动作自然放松，身体重心的转移合理。链球有很好的运行轨迹	链球预摆动作基本正确，身体转动幅度较大，动作自然，较为流畅，虽然链球能快速地进入旋转，但链球运行的轨迹欠佳	预摆动作基本正确，能顺利地进入旋转，但动作幅度不够大，动作的速度不够快，动作的流畅程度相对较差，链球的运行轨迹曲线不好

（续表）

项目		优秀	良好	及格
评价内容	旋转阶段	全程投技术加速节奏明显，旋转逐圈对器械的加速合理，动作完整、流畅，链球的斜面角逐圈增加合理，各圈动作衔接程度好，旋转与最后用力衔接连贯，没有减速情况，各圈对器械加速的幅度逐渐增加，链球运行轨迹清晰、圆滑。旋转结束后能形成良好的超越器械动作	全程投技术加速节奏基本合理，动作较为完整和流畅，链球的斜面角逐圈增加，但各圈增加的幅度差别较大。虽没有明显的停顿现象，各圈动作衔接不好，身体基本平稳，没有出现过大起伏现象和明显减速	能很好地完成全程旋转技术，加速节奏基本合理，但旋转过程中各圈加速的幅度相差较大，有明显停顿现象，身体存在对器械加速不合理现象，需要逐渐对技术进行完善
	最后用力阶段	最后用力身体姿势和用力顺序正确，用力动作连贯、流畅，下肢蹬伸积极，躯干伸展充分，身体没有出现多余的用力动作，对器械加速现象明显，用力幅度较大	最后用力前身体姿势基本正确，用力动作比较连贯、流畅，下肢蹬伸不够充分，过分追求上肢用力，对器械加速现象较为明显	最后用力前身体姿势基本正确，身体对器械有加速，但加速的能力较差，用力过程中身体出现多余的用力动作，动作不够放松流畅，有明显停顿现象
	全程	全程技术节奏明显 出手角度合理	全程技术节奏基本合理 出手角度大致合理	全程技术有节奏感 出手角度过大或过小

五、链球技术动作要求和技术提示

掷链球技术分为：抡摆链球阶段、三圈或四圈的动量积聚阶段和最后用力阶段。在预摆阶段链球开始运动加速，经过两圈或三圈的预摆加速，逐步过渡到旋转阶段，链球经过旋转阶段获得最大的动量积聚，在最后用力阶段，以最大的能力再次创造附加速度，在出手前将所有的动量转移到链球上，链球技术没有专门的缓冲阶段，所以保持最后用力阶段的姿势即可。

（一）入门阶段（图 13-11）

（1）明确掷链球的安全措施。

（2）采用双腿加速，双臂前伸保持正直。

（3）熟练掌握左肩、肩上投掷。

（4）使用大量不同的器材。

（5）在学习向后投掷的过程中，要利用整个身体加速。

图 13-11 入门阶段

（二）预摆阶段（图 13-12）

（1）介绍器械和握法，双脚稍宽于肩站立。
（2）在双腿之间摆动链球，在摆动中寻找平衡的身体姿势。
（3）介绍摆动幅度与增量的关系。

图 13-12 预摆阶段

（三）最后用力阶段（图 13-13）

（1）初步学习抡摆与最后用力阶段的连接。
（2）链球出手后，身体姿势不变，目视远方，维持身体平衡。

图 13-13 最后用力阶段

（四）学习完整技术动作阶段（图 13-14）

（1）两次预摆进入旋转。

（2）采用脚跟滚动到脚趾的旋转方式进入最后用力阶段。

（3）使用不同的长链或短链器材练习。

（4）努力把各个阶段连接成一个整体。

图 13-14　完整技术动作阶段

第三节　链球运动员选材

链球运动员选材要求相对身材较为高大，体型匀称，指尖距大，身体协调平衡能力好，并具有旋转速度快，动作自然放松，旋转节奏明显，加速能力突出等特点。

一、选材主要因素

选材在链球运动员的培养过程中占有重要地位，选材主要包括遗传、身体形态、身体机能、身体素质、技术、心理和发育程度等多方面的综合内容。一般对青少年链球运动员选材的总体要求是：

（1）遗传因素：除要充分考虑父母身高、体型遗传因素外，还可参考隔辈遗传和近亲遗传因素，以及父母及家族的运动经历等因素。

（2）身体形态方面：青少年链球运动员选材要注重于骨架型运动员，并通过骨龄监测等科学的方法手段及时观察运动员的身体形态变化，判断和预测该运动员未来是否能成长为身高、臂长、肩宽、体壮等特征的运动员。

（3）身体素质方面：通过基础训练和测试，选择那些相对一般力量较强，爆发力较好，特别是肌肉的协调用力能力好，运动节奏和加速能力突出，动作放松的运动员。

（4）神经类型：掷链球运动不但要求运动员有很好的速度灵活性，同时也要求具有良好的平衡能力才能完成快速、稳定的旋转技术。在选材的神经类型方面要选拔那些大脑前庭器适应能力强，神经灵活性相对稳定的运动员。

（5）心理素质和智力：链球运动员不但要有良好的心理素质，同时也要具备一定的抗压能力，要选拔那些智力水平较高，善于动脑思考，悟性高，接受能力快和喜爱该项运动，并且具有强烈的事业心和吃苦耐劳的运动员。

（6）生理机能和生化指标：心肺功能较好，承受运动负荷能力强，运动后恢复能力较快，原始的血睾酮值相对较高。

二、选材指标

根据人体生长发育规律和运动素质发展敏感期的特征要求，我国链球运动员青少年选材基本分为三个阶段（表13-3～表13-5）：初选阶段（12～13岁）、重点选拔阶段（14～15岁）和优选阶段（16～17岁）。

表13-3　青少年链球训练初级选材阶段（12～13岁）选材标准

选材依据	(1) 考虑运动能力遗传的基本特点 (2) 选拔身材相对较高大，体形匀称，形体偏宽形，指间距大于身高，脚踝围度小，关节灵活，柔韧性好、动作幅度大。下肢腰、髋灵活，反应能力强 (3) 喜爱链球，性格开朗、活泼，意志坚强，果断勇敢，模仿力强，具有一定的判断能力 (4) 神经类型灵活且稳定，大脑前庭器适应能力强			
选材指标	类别	内容	男	女
	遗传因素	身体形态 运动能力遗传	指间距≥身高	
	身体形态	身高（厘米） 体重（千克） 指间距大于身高（厘米）	>175 ≤75 3～8	>165 ≤ 65 5～10
	生理机能	血红蛋白（克/分升） 脉搏（次/分） 肺活量（毫升）	≥12 55～65 >3000	≥11 50～60 >3000
	身体素质	起动30米跑（秒） 立定跳远（米） 坐位体前屈（厘米） 后抛2千克实心球（米） 1～2圈旋转掷链球（米）	<5. 1 >2. 30 ≥20 ≥14 >35（4千克）	<5. 3 >2. 10 ≥25 ≥13 >30（3千克）
	技术评定	1～2圈旋转掷链球	预摆进旋转动作高低点准且协调自然，有较强的加速意识	

表13-4　青少年链球训练重点选材阶段（14～15岁）选材标准

选材依据	(1) 身体形态符合本项目的要求 (2) 学习动作时接受能力强，善于自主学习 (3) 身体素质发展全面，有较强的加速旋转能力 (4) 在旋转过程中能较好地控制链球高低点的位置 (5) 初步掌握多圈旋转技术，并且旋转加速意识明显 (6) 心理稳定、自控能力较好

（续表）

	类别	内容	男	女
选材指标	身体形态	身高（厘米） 体重（千克） 指间距大于身高（厘米）	>180 < 80 ≥5	>175 <75 ≥5
	身体机能	血红蛋白（克/分升） 脉搏（次/分） 肺活量（毫升）	12 55 ~65 ≥4000	11 50~60 ≥4000
	身体素质	起动 30 米跑（秒） 立定三级跳（米） 立定跳远（米） 后抛铅球（米） 坐位体前屈（厘米） 3~4 圈旋转掷链球（米）	<4. 5 ≥7. 1 ≥2. 4 ≥14（4 千克） ≥20 >55（4 千克）	<4. 9 ≥6. 5 ≥2. 3 ≥13（3 千克） ≥25 ≥50（3 千克）
	技术评定	3~4 圈掷链球	旋转技术流畅，链球运行轨迹正确，旋转加速合理，能够较好地利用链球对身体产生的离心力对链球加速，爆发力强	

表 13-5　青少年链球训练优选阶段（16~17 岁）选材标准

	类别	内容	男	女
选材依据	（1）身体形态符合项目的要求 （2）喜爱所从事的专项，学习动作时接受能力强，善于思考 （3）心理健康，身体素质发展全面 （4）能够熟练掌握完整的圈旋转掷链球技术，专项素质水平达到较高水准 （5）心理素质稳定、自控能力较好			
选材指标	类别	内容	男	女
	身体形态	身高（厘米） 体重（千克） 指间距大于身高（厘米）	≥183 ≥85 >5	≥178 ≥75 >5
	身体机能	血红蛋白（克/分升） 脉搏（次/分） 肺活量（毫升）	13 55 ~65 >4500	12 50~60 >4000
	身体素质	起动 30 米跑（秒） 立定三级跳（米） 立定跳远（米） 后抛铅球（米） 3~4 圈旋转掷链球（米）	<4. 2 ≥7. 3 ≥2. 7 ≥16（5 千克） ≥60（5 千克）	<4. 5 ≥6. 5 ≥2. 5 ≥ 15（4 千克） ≥ 63（3 千克）
	技术评定	完整掷链球技术	动作流畅，链球运行轨迹圆滑，高低点逐圈增加合理，每圈单支撑时间小于双支撑时间，有明显加速，旋转与最后用力衔接连贯	

第四节　链球运动员各年龄阶段训练任务与要求

一、根据青少年链球后备人才的年龄，大致可划分为三个训练阶段：

（1）引导训练阶段（12~13 岁）。

（2）基础训练阶段（14~15 岁）。

（3）初级专项训练阶段（16~17 岁）。

二、各年龄阶段的生理特点

（一）12~13 岁

（1）生长发育特点：人体生长迅速增长，即出现生长高峰，人体最重要的生长高峰是青春发育期，男孩子大约在 14 岁，女孩子大约在 12 岁。人体在处于青春期发育时大部分的营养物质和能量都用于生长，所有这个阶段的孩子很容易疲劳，训练中也不能保持平时的量与强度，这时在保证充分营养的情况下，适当训练能够刺激身体生长。

（2）骨骼和肌肉特点：骨骼富有弹性，但硬度小，肌纤维较细，肌力弱易疲劳，身体各部分肌肉发育不平衡。

（3）心血管系统特点：心脏发育尚未完善，心容量较小，心率较快，但血管发育较好，血管壁弹性好，开始出现青春期高血压。

（4）神经系统特点：神经活动过程不稳定，兴奋和抑制过程在皮质很容易扩散，表现为活泼好动，注意力易分散，动作不协调、不准确。分化能力尚不完善，掌握复杂精细动作困难，但少女分化抑制发展较早。

（二）14~15 岁

（1）生长发育特点：男子进入青春发育期，身体形态有明显的变化。女子发育则渐趋平衡稳定，男女差异加大。

（2）骨骼和肌肉特点：男子肌肉生长落后于骨骼的生长，肌力和耐力都较差，关节柔韧性下降。

（3）心血管系统特点：心容量相对较小，心脏收缩力量较差，心率较快，心脏调节功能尚未完善，青春期高血压出现增多。

（4）神经系统特点：神经活动过程趋于稳定，反应潜伏期缩短，分化能力提高，皮质抑制调节机能达到一定强度，分析综合能力明显提高，但分化能力尚不完善。青春期神经系统受内分泌腺活动的影响，会使稳定性暂时下降，男子表现出动作不协调，女子更明显。

（三）16~17 岁

（1）生长发育特点：男子生长发育虽然趋于相对稳定、缓慢阶段，但仍有发展空间，女子发育则基本停滞。

（2）骨骼和肌肉特点：骨质钙化增强，骨的坚固性和负重能力增强，肌肉横向发展较快，小肌肉群也迅速发育，是躯干力量增长最快的时期，但会因肌力增长使柔韧性下降。

（3）心血管系统特点：男女心血管系统的发育趋于完善和稳定。

（4）神经系统特点：男女均处于稳定阶段，分化能力进一步完善，能掌握和完成复杂精细的动作。

三、各年龄阶段训练任务（表 13-6）

表 13-6　青少年链球运动员各年龄阶段训练任务

年龄阶段	训练任务
12~13 岁	（1）全面发展运动员的身体素质，提高运动员的速度、灵敏和柔韧性 （2）初步掌握掷链球的基本技术，培养兴趣 （3）发展这个阶段运动员的旋转能力 （4）培养运动员高尚的道德和意志品质
14~15 岁	（1）进一步发展运动员的身体素质 （2）熟练掌握掷链球的完整技术，确定技术动作形式，逐步提高最后用力效果 （3）进一步发展快速旋转能力 （4）培养和发展运动员的心理素质，提高比赛能力，在比赛中保持较高的自信心
16~17 岁	（1）继续提高运动员全面身体素质 （2）巩固和熟练掷链球的完整技术 （3）继续培养运动员心理素质，提高比赛能力 （4）发展运动员的专项投掷能力 （5）对运动员进行专项理论教育

四、掷链球各年龄阶段训练要求（表 13–7）

表 13–7 掷链球各年龄阶段训练要求

年龄阶段	训练要求
12~13 岁	(1) 紧密结合少儿的生理、心理特点，训练采用的手段力求多样化、兴趣化 (2) 身体训练方面着重发展速度、弹跳、灵敏、协调、柔韧和快速反应能力 (3) 技术训练方面以徒手模仿练习、轻器械摆转和旋转练习为主，重点学习发展基本技能 (4) 培养正确的投掷意识和良好的意志品质 (5) 训练负荷不宜过大，要始终保持运动员的练习兴趣
14~15 岁	(1) 在全面发展身体素质的基础上，逐渐增加适量的专项素质训练 (2) 以快速力量为主，全面发展身体各环节的协调用力能力 (3) 在技术训练中，应重视完整技术下对器械良好的加速节奏的培养 (4) 培养良好的意志品质和较强的吃苦能力 (5) 逐步培养比赛能力，要求在比赛中保持较高的自信心
16~17 岁	(1) 进一步提高全面身体训练水平，逐步发展专项素质和专项能力，力量训练注重快速力量和专项力量的发展 (2) 逐步完善整体技术，使技术各个动作环节衔接连贯、协调稳定，并有较强的动作节奏 (3) 为防止未来大强度训练中的伤害事故，训练中应重视加强各关节支持的练习和小肌肉群力量的训练 (4) 在训练和比赛中，努力提高自我控制能力和抗干扰能力，积极培养心理素质 (5) 学习和掌握基本理论知识，培养提高自我分析和感知能力

第五节 链球各项评价指标、训练负荷及训练任务与要求

一、各年龄阶段专项评价指标（表 13–8）

表 13–8 青少年链球专项成绩指标评价标准

项目	12~13 岁		14~15 岁		16~17 岁	
	男	女	男	女	男	女
链球（千克）	3	2	4	3	5	3

（续表）

项目			12~13岁		14~15岁		16~17岁	
			男	女	男	女	男	女
专项评价指标	原地抡摆投掷链球（米）	优	32	30	—	—	—	—
		良	30	28	—	—	—	—
		及格	28	26	—	—	—	—
	旋转1~2圈掷链球（米）	优	38	36	48	46	—	—
		良	35	34	45	43	—	—
		及格	32	31	42	40	—	—
	全程技术掷链球（米）	优	—	—	57	53	65	60
		良	—	—	53	50	60	56
		及格	—	—	50	47	58	52

二、链球身体素质评价指标（表13-9）

青少年链球运动员各阶段的训练，身体素质的发展情况是检测前期训练成效简单实用的方法，因此在训练中定期进行素质测试，根据测试结果发现存在的问题，及时调整修改后续的训练是十分必要的。在准备期，身体素质的测试一般在阶段训练的开始、中期和结束时进行，在比赛期，也应有选择地进行测试和考核。

表13-9　各年龄段身体素质指标评价标准

年龄		12~13岁		14~15岁		16~17岁	
性别		男	女	男	女	男	女
30米跑（秒）	优	4.9	5.0	4.4	4.7	4.1	4.5
	良	5.0	5.1	4.6	4.9	4.2	4.6
	及格	5.1	5.2	4.8	5.0	4.4	4.7
立定三级跳远（米）	优	6.5	5.8	7.0	6.5	7.7	6.7
	良	6.3	5.6	6.8	6.3	7.5	6.5
	及格	6.0	5.2	6.5	6.0	7.2	6.3
后抛实心球、铅球（米）	优	16（2千克）	14（2千克）	15（4千克）	13（3千克）	16（5千克）	14（3千克）
	良	15（2千克）	13（2千克）	14.5（4千克）	12.5（3千克）	15.5（5千克）	13.5（3千克）

（续表）

年龄		12~13 岁		14~15 岁		16~17 岁	
性别		男	女	男	女	男	女
后抛实心球、铅球（米）	及格	14（2 千克）	12（2 千克）	13（4 千克）	12（3 千克）	14（5 千克）	13（3 千克）
坐位体前屈（厘米）	优	24	25	25	28	26	28
	良	22	23	23	25	24	25
	及格	20	21	20	22	22	22

三、各年龄阶段训练负荷

在训练负荷的安排上要紧密结合青少年及少年儿童生理特点，训练课的组织形式应力求多样化，特别在儿童少年阶段的训练中，要严格控制训练负荷量和训练强度过大的情况出现。训练手段方面要力求专门化和趣味化相结合，全面身体素质训练与专项训练相结合，学习技术与改进技术动作相结合。各年龄阶段训练负荷（表 13-10）。

表 13-10　各年龄阶段训练负荷时间与训练比重

分类	负荷方面	12~13 岁	14~15 岁	16~17 岁
训练时间	每次课时间（小时）	1~1.5	1.5~2	2~2.5
	周训练课次（次）	3~5	5~6	6~8
	月训练课次（次）	13~20	20~25	25~30
	年训练课次（次）	150~200	200~240	260~300
训练比重（%）	技术训练	20	30	35
	专项素质	30	35	40
	一般素质	50	35	25

四、链球项目训练的任务与要求

（一）专项投掷训练

专项投掷训练要注意发展速度节奏和专项力量素质，分解练习要为完整技术服务（表 13-11）。

表 13-11 掷链球各年龄阶段专项训练任务与要求

年龄	任务	动作名称	动作方法和目的
12~13 岁	了解链球项目的技术特点，学习预摆和旋转技术，体会和培养旋转技术的肌肉感觉，基本掌握最后用力动作的用力顺序	(1) 不带器械旋转模仿练习 (2) 持木棒的旋转模仿练习 (3) 持袋球或较轻链球的预摆练习 (4) 持 2~3 千克链球预摆后原地投掷练习 (5) 持 2~3 千克链球旋转 1~2 圈投掷练习 (6) 持 2~3 千克链球做连续的多圈旋转练习	(1) 同掷链球技术，两臂舒展体前平举站立，体会双支撑用力结束积极上右腿 (2) 要求动作方法同掷链球技术 (3) 要求预摆动作符合掷链球技术要求，重点体会身体重心移动和支撑平衡 (4) 重点体会旋转和最后衔接技术 (5) 培养旋转能力和旋转节奏意识
14~15 岁	培养旋转的加速意识，学习正确的最后用力技术，逐步提高旋转和最后用力主要肌肉群的做功力量和能力。基本掌握 2~3 圈投掷技术	(1) 徒手和各种持器械旋转模仿练习 (2) 持小壶铃或实心球做最后用力技术 (3) 持 3~4 千克链球多圈旋转活动 (4) 原地或接一圈旋转的左脚外侧拨铃片活动 (5) 旋转 2~3 圈投掷链球 (6) 旋转一圈抛掷壶铃	(1) 建立旋转用力肌肉群的肌肉感觉 (2) 学习巩固最后用力技术动作 (3) 提高旋转能力 (4) 提高双支撑用力下肢拧转能力 (5) 发展基本技术 (6) 提高最后用力能力
16~17 岁	学习全程投掷技术，提高旋转中加速节奏意识，努力发展专项速度和专项力量，初步掌握投掷链球全程技术	(1) 3~5 千克链球完整技术投掷 (2) 2~4 千克链球高速多周旋转 (3) 10~15 千克加重器械多周抡摆 (4) 旋转 1~2 圈抛掷 5~10 千克壶铃 (5) 持 10~15 千克铃片做最后用力动作	(1) 掌握全程投掷技术节奏 (2) 提高旋转绝对速度 (3) 发展提高对抗器械离心力量能力 (4) 提高最后用力攻击力量 (5) 体会加强最后用力支撑能力

注：专项器械中较重的器械是男子运动员使用的标准。

（二）一般身体素质训练

青少年链球运动员经过全面身体训练，发展各项身体素质，促进身体健康发育，为日后创造优异成绩打下坚实的基础。青少年链球运动员的一般身体素质训练以发展速度、力量、灵敏、协调和身体各关节的柔韧性为主，同时进行其他体育项目的练习，掌握多种运动技能。训练内容要丰富多样，这样既能保持他们对训练的兴趣，又能获得实际的训练效果（表 13-12~表 13-14）。

表 13-12 12~13 岁链球运动员一般身体训练的任务与要求

年龄	任务	内容	要求
12~13 岁	进行以发展柔韧、协调性、灵活反应和跑跳能力为主的全面身体训练。 重点突出下肢及腰髋灵活快速反应能力训练	（1）各种体操练习： 徒手、肋木、垫上、行进间练习 （2）各种加速跑及跳跃练习： 30 米跑、60 米跑、立定跳远、立定三级跳远、多级蛙跳、单脚交换台阶跳、跳绳等 （3）下肢及腰髋灵活反应性练习： 各种栏侧练习、各种栏间练习、根据各技术特点以左脚为轴的快速转动练习、髋部快速助力练习、髋部最大力量阻力练习等 （4）各种抛掷活动： 上抛、前抛、下甩、后抛、各种侧抛活动 （5）发展躯干力量： 各种仰卧、腹卧抬体、转体等 （6）发展关节力量建设性训练： 膝、踝、髋的弯曲和转动及伸展性用力等	（1）注意动作幅度，逐渐拉伸韧带肌肉 （2）要求动作协调有弹性、有节奏 （3）要求动作幅度大、速度节奏快 （4）要求注意协调用力和出手时机 （5）要求身体姿势端正 （6）要求数量多、强度低

表 13-13 14~15 岁链球运动员一般身体训练的任务与要求

年龄	任务	动作名称	要求
14~15 岁	提高全面身体素质训练水平，努力提高爆发力和快速力量水平。突出专项旋转掷链球能力和平衡能力的训练	（1）各种柔韧性练习： 肋木、垫上、行进间练习 （2）各种灵活反应性练习： 行进间、垫上、球类游戏 （3）各种速度性跑跳练习： 各种起跑加速跑、立定跳远、立定三级跳远、跳伸、跳跃栏架等 （4）各种抛摆练习： 负重抛短链球、负重抛长链球、抛杠铃片、抛甩铁棍等 （5）力量： 快挺、快推、抓举、高拉、硬拉、半蹲提踵、卧推、引体、腰腹力量等 （6）各种快速旋转能力的训练： 双支撑转体、杠铃负重旋转练习、皮条助力双支撑	（1）要求动作伸展幅度大、不僵硬 （2）要求动作放松、协调有速度 （3）要求动作速度快、脚踝有弹性，有节奏 （4）将器械控制在高低点的合理区域，抛掷时要求有爆发力 （5）采用小负荷器械或对抗自身重量，动作节奏快、有爆发力 （6）采用小负荷器械或对抗自身重量，提高双支撑的有效性

表 13-14　16~17 岁链球运动员一般身体训练的任务与要求

年龄	任务	动作名称	要求
16~17 岁	努力提高专项身体素质指标 重点培养快速运动中的双支撑用力的有效性，进行适当的一般力量和专项力量训练	（1）发展跑跳能力训练： 各种短距离加速跑、各种爆发性跳跃 （2）一般力量训练： 负重左右转体、高抓杠铃、提铃至胸、做蹲杠铃、退让性硬拉等 （3）躯干及核心力量训练： 垫上核心操、负重腰背肌练习、悬挂练习、健身球练习、对抗性练习等 （4）重点发展专项素质及力量训练： 负重提踵、双支撑阶段持重物加速旋转、单支撑过渡双支撑阶段加速旋转的能力 （5）专项力量训练： 投掷不同重量的超重器械、重器械抡摆，持较重壶铃和铃片摆转、投掷短链超重链球	（1）整体提高各项跑跳能力指标 （2）有效地提高整体专项和一般力量指标 （3）着重努力提高躯干力量及平衡用力能力 （4）努力加强膝踝关节和有效的双支撑旋转的能力 （5）努力提高投掷动作中的专项肌肉群力量

第六节　链球训练计划

一、制订训练计划的依据与要求

训练计划体现着运动活动中的基本决策。制订计划时既要考虑到现实目标的需要，又要考虑到主客观提供的可能性。

（一）依据

（1）训练的目的和任务。

（2）训练的年限和时间。

（3）运动员的基本条件。

（4）现有的场地、器材、科研等条件。

（二）要求

（1）在制订训练计划时，一定要从运动员的现有条件（如技术、素质、文化程度、意志品质等）出发。

（2）目标和任务要具体，所采用的完成任务措施要切实可行。

（3）根据运动员的具体情况定出各阶段的具体目标。

（4）要发挥运动员的积极性，发挥科研人员的作用，共同研究整个训练过程和实现预定的计划。

二、训练计划的种类和内容

（一）多年训练计划

多年训练计划是对运动员从开始训练到成为一名优秀的链球运动员的全过程进行长期的远景规划。这对于技术复杂、要求素质水平高的链球项目来说，显得更为重要。

随着田径运动水平的高度发展和日益激烈的竞争，对运动员的要求也越来越高，要想把初级运动员培养成该项目的优秀运动员，必须充分发展专项所需要的体能、技能和心理能力。由于运动员这些竞技能力的提高和发展，需要经过长时间的训练才能逐步地实现，因此多年训练计划是保证长期系统训练的必要条件。科学地制订链球运动员多年训练计划便日益受到重视。

多年训练的主要内容如下。

教练员最重要的职责就是为运动员制订训练计划。优秀的链球运动员可能需要在24岁或者24岁以后才能达到链球运动成绩的顶峰，因此训练计划的制订是一个长期的过程。

（1）运动员的基本情况分析。

每个参加掷链球运动的人都有不同于其他人的特点，如不同的能力、接受力及对训练产生不同的反应，同样的训练，不同的人会产生不同的反应，世界上从来就没有哪一种训练计划是完美的，作为教练员必须理解这一点。

对制订训练计划有影响的因素包括：遗传史、生物年龄、训练年龄。

运动员遗传了他们父母在身体、心理及情绪上的特点，教练员首先应当认识到这些遗传特点。在这里，许多特点是可以通过系统的训练加以改变的，但改变的程度是受到运动员先天条件制约的，并不是每个运动员都具有获得奥运会冠军的先天条件，但每个运动员都具有充分利用他们所具有的先天条件的能力。

生物年龄是人类生长发育的年龄，同样年历年龄的年轻运动员，在成熟的程度上可能会处于不同的水平，他们之间在生物年龄上的差距有可能会达到四年之久。

每个掷链球运动员都具有不同的身体素质和运动经历。他们参加训练时间的长短会影响身体素质水平及承受训练的能力。训练年龄是教练员必须考虑的因素。

简单地说，训练年龄就是参加训练的年数。下面的表格有助于了解运动员年历年龄、生物年龄及训练年龄的重要性（表13-15）。

表 13-15

年历年龄（岁）	生物年龄（岁）	训练年龄（岁）
11	9	1
11	13	3

由此可以看出运动员承受训练能力可能是相似的，但教练员仍要考虑每个运动员对训练所产生的个体反应。

（2）多年训练计划的目标。

多年训练计划是一个漫长的阶段，在这个长期的过程中，教练员通常要着眼于运动员在某一个特定年度达到训练目标和运动成绩水平。

这需要将多年训练计划分为若干个年度训练计划，再将每一个年度训练分成若干训练时期。

（3）阶段划分和各阶段的任务。

阶段划分是指将多年度训练划分成若干阶段。每个训练阶段都应该有特殊的训练计划和目的。

任何训练计划任务和主要目的都是使运动员在最重要的赛季到来时做好充分的准备，并达到前所未有的比赛身体状态和心理状态。

在正确的地点和时间获得最佳的比赛成绩的情况称为“达到最佳状态”。

（4）制订多年训练计划应注意以下问题。

对于年轻又没有训练经验的运动员来说需要将实现成绩目标的周期缩短一些，但要注意年轻运动员不能朝着他们认为太远的目标努力训练，故而需要一步一步地努力去实现。

（二）年度训练计划

在年度训练计划中应采用倒算的方法为下一年度或下一赛季来制订训练计划。教练员和运动员首先要一起确定下一年度或季节的主要比赛应是哪些，在什么地方和什么时间举行，然后往回安排早期比赛期和训练期的训练内容，最后再安排训练年度开始时期的训练内容。所有的训练计划都应该是简单灵活的，因为教练员要根据运动员的进步情况以及教练员本身在知识和经验方面的提高随时对训练计划进行修改。

三、掷链球训练中应注意的问题

（一）训练和比赛中易出现问题、产生原因及应对措施

1. 训练中常见问题

我们的训练是以增强掷链球运动员投掷链球的整体素质能力的一个系统过程。它

是一个长期、循序渐进的，并且必须适合每一个掷链球运动员个人需要的过程。所有教练员制订的训练计划就是安排练习以提高每一个运动员对于投掷链球所需要的不同素质能力。

教练员之所以能够对训练进行计划，是因为训练必须遵循一定的原则。教练员只有充分地理解这些原则，才能制订出长期有效且因人而异的训练计划。而在训练原则中最重要的 3 个原则分别是：

（1）超量负荷原则。

训练负荷是指运动员在一次课中所进行的练习。施加负荷就是在训练中承受训练负荷的过程。当运动员承受了新的负荷时，其身体就会产生反应。这个反应就是运动员身体对训练负荷刺激产生的适应性反应。运动员身体最初的反应就是疲劳，但运动员停止承受负荷，就会从训练的疲劳中得到恢复和对训练负荷产生适应。

这种恢复和适应的过程不仅使运动员的素质恢复到原来的水平，而且可以达到一个更高的水平。如果在训练中的负荷不够大则不会产生或仅有很小幅度的超量恢复出现。但训练负荷过大，运动员就会在训练后的恢复上出现问题，从而造成运动员素质能力恢复不到原来的水平，这种现象是过度训练造成的(图 13-15)。

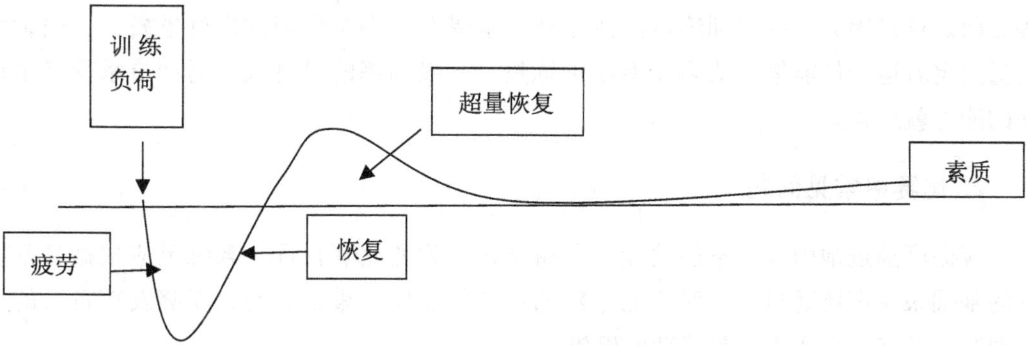

图 13-15　超量负荷原则图示

（2）可逆性原则。

如果运动员不遵循有规律的训练，也就没有施加负荷的过程，运动员的身体也就没有了适应性变化的必要。为了使训练有效，教练员必须了解运动员本身在训练过程中的适应性变化，这就是超量负荷原则与可逆性原则之间的关系。在科学范围内，不断增加的负荷量会使人体逐渐产生适应性的变化和超量恢复，从而达到更高水平的，也就是说更多的重复次数、更快的重复速度、更短的恢复时间、更大的重量效果。因此，循序渐进的超量负荷原则是最佳的提高方式（图 13-16）。

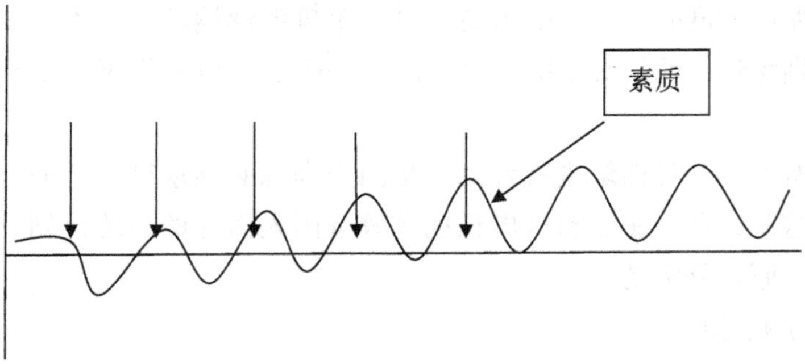

图 13-16　可逆性原则图示

当教练员不断地给运动员施加同样负荷时，运动员的素质能力在一开始时会提高到一定的水平，然后将保持在这个水平上，但如果两次训练负荷时间间隔得太长，运动员的素质能力将只能保持在初始的水平阶段上，因此需注意过于分散的训练负荷不能起到提高运动员素质水平的作用。

（3）专项化原则。

链球运动员的专项化原则是掷链球训练负荷的特有性质，从而使运动员在掷链球项目中产生特定的反应和适应，在制订长期训练计划时，一般训练总是安排在专项训练之前。这是因为，一般训练可以使运动员承受专项训练负荷的做好准备；一般训练的量决定着运动员能够完成多少专项训练量。一般训练的量越大，运动员承受专项训练的能力就越强。

2. 比赛中常见问题

应循序渐进地引导，不能给运动员树立达不到的比赛目标。教练员应根据日常训练的基础来制定比赛目标。对于低年龄的运动员要树立重在参与，能够发挥自己的日常训练的较好技术水平就是成功的思想。

（二）教练员在训练中所关注的焦点和在教学中的任务

要想使运动员更快地提高成绩，教练员首先要做的就是了解并掌握正确的技术。教练员在这一阶段更多是担当教师的角色来教授运动员，但在教学次序上集中体现在下列基本要素中：

1. 技术重点

（1）介绍器械（安全的重要性与握法方面）。
（2）最后用力阶段。
（3）发力姿势。
（4）动量积聚（双支撑加速、单支撑快速过渡）。

（5）准备阶段（预摆阶段）。

2. 强调要点

（1）在动量积聚阶段最适宜的速度。
（2）在发力姿势和最后用力阶段要增加速度。
（3）正确的发力姿势。
（4）在最后动作中关节的相继运动，把最适宜的速度转移到器械上。
（5）在最后用力阶段躯干要完全伸展。
（6）使用比竞赛用器械重量稍轻的器械练习、改进技术。
（7）丰富多样的练习形式，各种器械、投掷动作和练习条件。

3. 避免事项

（1）对还没有达到适宜的身体发展水平的年轻运动员介绍比赛技术。
（2）使用尺寸、重量不适合的及不符合空气动力学特征的器械。
（3）当学过的技术还没有合格，就开始学习新的技术。
（4）对于那些腹部和腿部肌肉没有达到适宜力量水平的运动员，不应安排过度的投掷动作练习。

第七节　链球训练方法与手段

一、技术训练

1. 抛球练习（图 13–17）

在训练过程中，教练员可以通过高抛实心球、前抛实心球、后抛实心球、左右侧抛实心球、左右旋转抛球等各种形式的抛球，使运动员明确理解并掌握自下而上的用力顺序。

图 13-17　抛球练习

2. 持器械转体练习（图 13-18）

（1）练习方法：

手持木棒、杠铃片、实心球、链球等器械进行原地连续旋转。

（2）练习目的：

提高躯干整体转动的灵活性。

图 13-18　持器械转体练习

（3）练习要求：

①两脚平行开立与肩同宽。

②两膝弯曲后下肢自然转动。

③两臂伸直与躯干保持成一个固定的等腰三角形。

④下肢与躯干同时成整体转动。

（4）注意事项：

①两脚站立过宽或过窄。

②直腿转体。

③两臂没有伸直或不固定。

3. 原地预摆练习（图 13-19）

（1）练习方法：

手持木棒、杠铃片、实心球、链球等器械进行预摆。

（2）练习目的：

提高人—球之间的协调性。

图 3-19 原地预摆练习

（3）练习要求：

①原地进行预摆、抡摆练习。

②当球上行且重心在右腿时，左脚迈进。

③当球下行且重心在左腿时，右脚迈进。

（4）注意事项：

①重心要低。

②动作要协调。

③要沿直线前进。

为提高人球之间的协调性，教练员还可以通过以下手段进行练习（图 13-20）：

①手持重器械从身体两侧向前抡摆方法一：

注意在练习时双脚要保持有力的支撑。抡摆的轨迹为身体两侧底，正前方高。

②手持重器械从身体两侧向前抡摆方法二：

注意在练习时双脚要保持有力的支撑，抡摆的轨迹为身体两侧高，正前方低。

③手持重器械从身体两侧向前抡摆方法三：

双脚在一个不稳定的环境中控制身体保持一个有力的支撑，再进行各种抡摆。

图 13-20　提高人球之间协调性的练习手段

4. 双脚旋转练习（图 13-21）

[双脚选择练习一]

（1）练习方法：

双脚有效地完成双支撑用力，缩短单支撑时间。

（2）练习目的：

理解正确的旋转技术，建立最初的肌肉感觉。

（3）注意事项：

①两臂伸直。

②可以 1~多圈旋转。

③多圈旋转要直线前进。

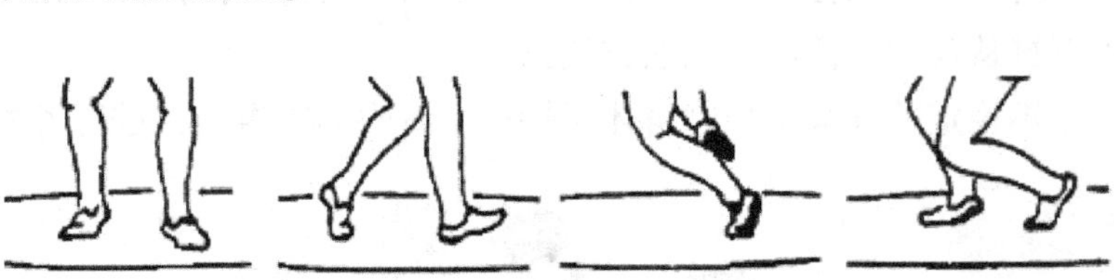

图 13-21　双脚旋转练习一

（4）练习要求：

①以左脚跟和右前掌为轴转动。

②左脚脚跟和右脚掌平转 180°。

③右脚抬起后前提落地，同时左脚继续旋转 180°。

［双脚旋转练习二］

（1）练习方法：

在进行链球旋转练习时，教练员可以采用类似此类的方法进行练习，帮助运动员建立正确的肌肉感觉（图 13-22、图 13-23）。

①方法一：

手持重物、实心球、长棍等，要求运动员保持双臂伸直，完成一圈或多圈的旋转练习。

②方法二：

模仿、手持重物均可在腰间佩戴弹力带做旋转练习。

图 13-22　双脚旋转练习二①

图 13-23　双脚旋转练习二②

5. 侧后抛器械（图 13-24）

（1）练习方法：

手持实心球、壶铃、链球等器械进行最后用力练习。

（2）练习目的：

发展最后用力技术及肌肉力量。

（3）注意事项：

①器械重量要适宜。

②重心要由右脚移至左脚。

③注意站位，确保安全。

图 13-24 侧后抛器械

（4）练习要求：

①背对投掷方向两脚平行开立。

②前倾屈膝双手持器械于两腿间。

③将器械右摆至远点后再由左后方抛出。

④在进行投掷练习时，同样可在腰间佩戴弹力带，通过增减负荷从而刺激与激活参与用力活动的肌肉神经元。

6. 完整技术投掷（图 13-25）

（1）练习方法：

可通过模仿、持器械、负重、弹力带等进行练习。

（2）练习目的：

明确并深刻理解技术动作；保证并加大有效动作幅度；发展专项力量。

（3）注意事项：

①链球以超标准重量 10% 为宜。

②每次课投掷量不超总量的 50%。

③与标准球配合投掷。

图 13-25 完整技术投掷

（4）练习要求：

①预摆使链球获得一定的预先速度。

②旋转圈数不断增加。

③旋转 3~4 圈对链球进一步加速。

④通过最后用力将链球掷出。

除技术方面的一些专项训练方法外，下面再简单介绍几项专项力量与专项素质的练习，给教练员提供一些理论上的借鉴，便于教练员灵活运用。

方法一：

双脚与肩同宽，做练习时身体不可晃动，通过此练习可提高对身体的控制能力，同时增强核心肌肉群的力量（图 13-26）。

图 13-26　专项练习方法一

方法二：

双脚与肩同宽，做练习时身体不可晃动，通过此练习可提高对身体的控制能力，增强核心肌肉群的力量，类似此方法还有高拉、高翻等（图 13-27）。

图 13-27　专项练习方法二

方法三：

负重单腿下蹲，双脚前后开立，与肩同宽，躯干保持正直，缓慢下蹲。此练习机能增强肌群力量，更能有效地防止链球运动员膝关节的损伤（图 13-28）。

图 13-28　专项练习方法三

方法四：

负重单腿下蹲，单脚站立，与肩同宽，躯干保持正直，缓慢下蹲后快速蹬伸发力。此练习可增强快速肌群力量，同样有效地防止链球运动员膝关节的损伤（图 13-29）。

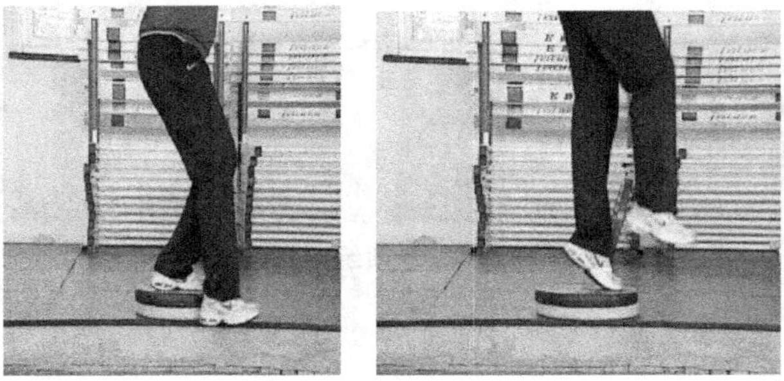

图 13-29　专项练习方法四

方法五：

最大负荷，身体平稳不动保持 15~20 秒，此练习可发展臀大肌、臀中肌、三角肌、大收肌、腹直肌（图 13-30）。

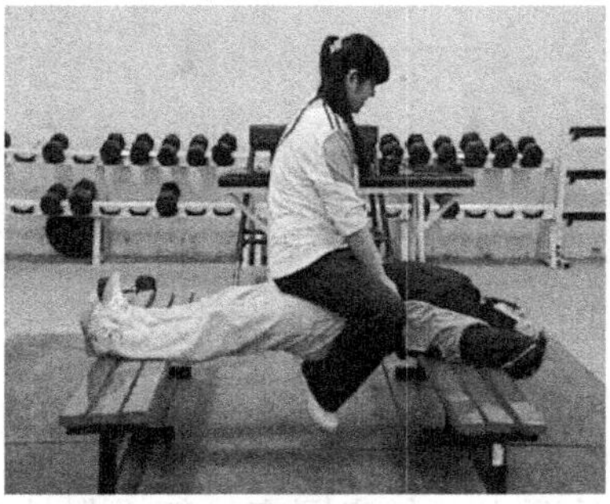

图 13-30　专项练习方法五

第八节 链球运动员的心理训练、训练监控、恢复训练与伤病预防

一、心理训练

（一）专项心理特征

心理训练的任务是为了使运动员充满信心地参加训练和比赛，从而获得良好的训练和比赛效果所进行的心理准备和调节。标枪运动员参加重大比赛，不仅会消耗很大的体力，而且要消耗很大的心理能量，所以运动员不仅要有良好的身体与技术训练水平，还必须具备良好的心理素质。通过心理训练，使运动员在训练和比赛时的心理素质得到良好的发展。

（二）专项必备的心理品质

链球运动员应该具备必胜的信心、顽强的意志、自我控制能力及处事果断、独立工作的心理素质。只有将心理训练列入训练计划中并同身体训练、技术训练和战术训练有机结合起来，才能使运动员在紧张而激烈的训练和比赛中，保证心理上的稳定，获得专项的心理素质，在平时训练比赛中达到最佳状态。

（三）心理训练手段

（1）教练员应该有计划、有针对性地通过多种形式给运动员做思想诱导工作，树立正确的训练目的、正确对待训练中的困难、正确对待比赛、正确认识自己的优缺点，从而不断提高克服自己弱点的能力。

（2）在训练中培养运动员独立克服各种困难、完成训练任务的能力。

（3）在不同的条件下参加测试和比赛，培养自我调节能力和抗干扰的能力。

（4）模拟训练是提高比赛能力不可或缺的环节之一，为了迎接重大比赛，要根据比赛日程、比赛地点、气候、场地、对手等进行尽可能相同条件的模拟训练。

（四）赛前易出现的心理障碍及其克服办法

在标枪比赛中，能造成运动员心理障碍的因素有很多，如场地、器材、气候等，都会影响运动员的比赛情绪，包括观众们发出的声音也会分散运动员的注意力，或某对手突然取得好成绩，会打乱自己的比赛计划，导致思想紧张、动作僵硬、动作不协调、技术变形等，最终影响比赛成绩。因此，运动员应进行全面身体素质训练和心理

训练，提高和保持竞技状态，掌握合理技术，树立信心。赛前进行放松练习，转移注意力，减轻紧张和焦虑的程度，放松心情，调至最佳备战状态。

二、训练监控

身体机能监控是科学掌握训练过程的重要手段，教练员可以在有条件的情况下采取以下几种方法对运动员的机能状况进行监控。

（一）自我监控

（1）运动员本体感觉方面：饮食、睡眠、排汗量、神经反应、训练欲望等是否正常，有异常要及时向教练员汇报。

（2）客观表现方面：血压、心率、体重、心理等是否有异常现象，教练员在训练中要及时掌握以上情况的变化。

（二）生理生化指标监控

运动员身体机能健康状况的评定是一个多方面的综合体，对不同运动项目运动员生理生化指标的监控，要根据运动员年龄、训练水平等选择测试指标。目前，用于评定运动员机能状况的生理生化指标涉及心血管、内分泌、免疫、氧转运和利用、骨骼肌及组织损伤、物质能量代谢及代谢调节能力、神经系统等各方面，具体内容见表13-16。

表13-16　链球运动员身体机能评定参考内容

评定系统	指标（以医学参考值为准）
心血管系统	心率、血压、心电图
免疫系统	谷氨酰胺、免疫球蛋白G、免疫球蛋白M、免疫球蛋白A、CD4/CD8免疫细胞、自然杀伤细胞
内分泌系统	血睾酮、皮质醇、淋巴细胞、生长激素
氧转化系统	血红蛋白、血球压积、红细胞总量、血清铁蛋白、转铁蛋白
骨骼肌及组织损伤	肌酸激酶、乳酸脱氢酶、丙氨酸氨基酶、肌红蛋白、蛋组氨酸
物质与能量代谢系统	体重、体脂百分比、血尿素、氨基酸

三、恢复训练

（一）身体疲劳的表现

（1）肌肉僵硬、肿胀、酸痛，运动能力下降。

（2）脉压减小，心率异常，血色素等生化指标异常。

（3）身体不适，反应迟钝，头痛、头晕，精神萎靡，注意力不集中，情绪波动较大。

（二）青少年恢复特点

运动训练和比赛必然会给运动员带来机体的疲劳。适度的疲劳如果能得到及时的恢复，会促进机体能力的提高，反之运动疲劳得不到恢复，则会造成过度疲劳给运动员带来伤害。青少年运动员的特点是运动负荷后疲劳得快，但恢复得也快。要根据青少年运动员的年龄、发育程度、训练年限和训练水平科学合理地安排他们的训练，同时采取积极措施有效地进行恢复训练，使他们健康成长。

（三）恢复训练原则

根据项目特点，青少年链球运动员的恢复训练应遵循以下原则：

（1）恢复训练要始终贯穿于整个训练计划的安排上，在大周期、年度、阶段、月、周、课时的训练计划中都要体现。

（2）通过有关检测和运动员的主观反应，及时了解运动员疲劳的程度和疲劳的部位，采取相应的恢复方法和手段。

（3）恢复训练要根据运动员的个体差异区别对待。

（四）恢复方法与手段

（1）自身恢复：适当减小运动负荷，训练后不仅可通过慢跑、深呼吸、拉伸肌肉、加强睡眠休息对机体进行恢复，还可通过参加简单游戏与文娱活动进行神经系统转移性恢复。

（2）物理恢复：按摩、理疗、针灸、热水浴、桑拿浴、肌电刺激等。

（3）生理生化恢复：主要以食补为主，同时注意维生素、微量元素、电解质的补充。

四、伤病预防

在训练过程中要高度重视运动员的防伤防病，它对运动员今后的发展前途和运动生涯有着重要的影响。运动员在训练中的伤害事故的责任是教练员和运动员双方的，所以防止伤害事故的发生必须由教练员做起。教练员除了合理安排训练负荷和正确应用训练手段外，还要把训练前的准备活动及训练后的放松活动作为训练课的一部分认真对待，从实际出发，对运动员提出严格的生活制度要求，同时切实做好日常训练和休息监管工作。

（一）产生伤病的主要原因

（1）对预防运动损伤的意义和危害性认识不足；

（2）准备活动不充分或准备活动方法不合理；

（3）运动负荷安排不当，机体发展不平衡；

（4）局部长期负荷过大，机体自我保护能力下降；

（5）训练后恢复放松不够，造成肌肉和机体僵硬，技术动作方法不准确；

（6）场地器材选用不当。

（二）应对措施

运动损伤的预防是针对运动损伤的原因而进行的，运动损伤的预防措施主要有以下几点：

（1）提高安全意识，加强防伤、防病教育，克服麻痹思想；

（2）认真做好训练前准备活动；

（3）合理安排好运动负荷，准确施用训练手段；

（4）重视训练后的放松活动和恢复；

（5）加强易损伤部位的建设性训练；

（6）出现伤病后应及时治疗，在伤病恢复期间不宜进行大负荷训练；

（7）加强场地器材的安全措施和安全检查，及时排除不安全隐患。

参考文献

[1] 孙南，熊西北，张英波．现代田径训练高级教程［M］．北京：北京体育大学出版社，2011.
[2] 美国田径运动协会．美国田径训练指南［M］．刘江南，编译．北京：人民体育出版社，2002.
[3] 文超．田径运动高级教程［M］．3 版．北京：人民体育出版社，2013.
[4] 李鸿江．田径训练指导［M］．北京：北京体育大学出版社，2012.
[5] 陈小平．当代运动训练热点问题研究［M］．北京：北京体育大学出版社，2005.
[6] 曾凡辉，王路德，邢文华，等．运动员科学选材［M］．北京：人民体育出版社，1992.
[7] 田麦久．运动训练学［M］．北京：人民体育出版社，2000.
[8] 戴勇，宋广林．优秀男子 400 米栏运动员速度节奏技术特征评价研究［J］．山东体育学院学报，2011，27（10）：67-70.
[9] 戴勇．优秀女子 400 米栏运动员技术类型特征分析与评价［J］．中国体育科技，2008，6（44）：110-114.
[10] 乔德平，许世岩．女子 400 米栏跨栏周期模式参考表［J］．四川体育科学，1990，2：20-27.